차명명의신탁 규제론

조세, 행정, 민사, 형사상의 실무상 이론과 쟁점

김 세 현

박영사

머리말

　우리 사회에는 부동산이나 주식, 사채, 예금 등에 관하여 거래를 할 경우 다른 사람의 명의를 차용하는 현상이 만연해 있었고, 이런 현상을 바꾸기 위한 입법들이 여러 영역에서 이루어져 왔다. 1993년부터 금융실명제가 시행되었고, 1995년에는 부동산실명법이 제정되어 일반적으로 부동산 명의신탁 약정 및 이로 인한 등기가 무효화되기에 이르렀다. 이와 같이 차명거래에 대한 규제 입법 등의 조치가 시행된 지 25년이 지났고, 최근에는 일부 차명거래에 관하여 형사처벌 규정이 입법화되기에 이르렀다. 또 다양한 차명거래에 관한 대법원의 입장을 보여주는 판결들도 계속하여 선고되고 있다. 예컨대 차명예금 및 차명주식의 계약당사자를 확정함에 있어 원칙적으로 명의대여자(명의수탁자)를 당사자로 보아야 한다거나, 실질주주(명의신탁자)는 원칙적으로 회사에 대하여 주주로서의 권리를 주장할 수 없다는 취지의 대법원 판결도 최근에 선고되었다. 또한 상속세 및 증여세법상 주식에 관한 명의신탁을 증여로 의제하는 것과 관련하여 두 번 이상의 차명거래에 관하여 일정한 경우 두 번 이상의 증여세 부과를 제한하는 취지의 대법원 판례도 잇따라 선고되고 있다. 그리고 최근 부동산실명법을 위반하여 무효인 명의신탁약정에 따라 마친 명의신탁 등기를 불법원인급여에 해당한다고 보기는 어렵다는 대법원 전원합의체 판결도 선고되었다.

　이와 같이 차명거래, 명의신탁은 널리 행하여지지만, 그에 대한 평가는 대체로 부정적이고, 이를 방지하거나 억제하기 위한 입법이 계속 이루어지고 있으며, 이와 관련된 대법원 판결들이 계속하여 선고되고 있다. 이것이 이 책을 쓰게 된 배경이 된다.

　지금까지 명의신탁에 관한 논의는 법학 교과서나 논문에서 단편적으로 이루어져왔다. 부동산 명의신탁은 민법 교과서 중 한 부분, 주식 명의신탁은 상속세 및 증여세법의 교과서 또는 세법 교과서 중 증여세의 한 부분으로 소개되었고, 예금 명의신탁은 계약당사자 확정이란 주제로 민법 교과서 중 일부나 일부 논문에 소개되었을 따름이다. 또한 형사상 조세포탈에 대하여는 조세범처벌법을 다룬 교과서나 일부 논문에 소개되었다. 그리고 사채 명의신탁에 관하여는 이를 다룬 논문이나 교과서가 전무하다고 할 수 있고, 부동산 명의신탁에 관한 과징금을 논의한 교과서도 거의 없는 것으로 보이며, 일부 논문에서만 이를 논의하고 있는 것으로 보인다.

저자는 예전부터 차명거래, 명의신탁이란 주제만으로 글을 쓰고 현행 제도를 분석하여 문제점이 있으면 그 개선방안을 제시할 수 있으면 어떨까 하는 막연한 생각을 가지고 있었다.

그러다가 서울행정법원 조세전담부에서 2년간 법인세, 소득세, 부가가치세, 상속세, 증여세, 지방세 등의 조세 실무와 행정 실무를 경험하게 되었고, 대전지방법원, 인천지방법원 부천지원, 서울남부지방법원 등에서 형사단독, 형사항소부, 형사합의부 등 형사 실무를 경험하였으며, 대전지방법원, 서울남부지방법원 등에서 민사합의부, 민사항소부 등 민사실무를 경험한 판사로서 세법과 형법뿐 아니라 행정법, 민법 등 차명거래, 명의신탁에 관한 다양한 분야를 두루 이해할 수 있는 여건이 되었다.

또한 차명거래, 명의신탁의 규제, 특히 조세·행정·민사·형사상의 이론과 실무에 관하여 연구를 하는 과정에서 2018년 여름 저자의 서울대학교 법학 박사학위 논문도 통과되었다. 이 책은 저자의 박사학위 논문에다가 최근까지 선고된 대법원 판례 및 법리를 대폭 보충한 것이다.

그러나 책 출판 작업은 그리 쉽지 않았다. 판사로서 근무를 하고 저녁이나 주말을 이용하여 책 집필 작업을 하였고 최근까지의 대법원 판례와 사실관계를 되도록 많이 보충하는 과정이 만만치 않았다.

이 책은 차명거래의 대상 중에서도 부동산, 주식, 사채, 예금(금융거래 포함)을 주로 다루고 있다. 그리고 위 대상들에 관한 조세상의 쟁점, 행정상의 제재 중 과징금과의 쟁점, 형사상 조세포탈죄의 쟁점, 민사상의 쟁점 등을 쉽게 이해할 수 있도록 실제 사례의 사실관계를 요약하여 전달하려고 노력하였다.

이 책의 장점은 차명거래, 명의신탁만을 큰 주제로 하여 이를 전면적으로 다룬 최초의 책이라는 점과, 기존 교과서에서는 자세하게 언급하지 않고 있는 실제 조세 사례, 조세포탈 사례, 과징금 사례, 민사 사례 등의 사실관계를 알기 쉽게 자세히 담고 있다는 점이다. 독자들이 실제 사례의 사실관계를 천천히 살펴보면 대법원의 법리를 보다 쉽게 이해할 수 있을 것으로 생각한다. 그리고 저자는 차명거래, 명의 신탁에 관하여 민사 법률관계, 조세 법률관계, 형사 법률관계, 행정 법률관계로 나누어 이를 분석하려고 노력하였다.

이 책을 준비하면서 저자도 차명거래, 명의신탁과 관련하여 조세포탈죄가 성립하는 경우와 그렇지 않은 경우, 명의신탁 증여의제 규정과 관련하여 조세회피목적이 인정되는 경우와 그렇지 않은 경우, 과징금을 부과해야 하는 경우와 과징금을 감경해야 하는 경우 등 실무상 쉽게 이해하기 어려웠던 부분을 이해하게 된 것 같은 생각이 든다. 기존의 선배 학자들과 실무가들의 논문, 교과서 등을 많이 참조하여 차명거래, 명의신탁에 대한 이해도를 높였고 그러한 면에서 기존의 선배님들에게 존경심이 들기도 한다.

한편, 이 책을 준비하면서 고마운 분들이 주위에 많이 계신다. 특히 저자에게 큰 깨달음과 가르침을 주신 박사 과정의 지도교수님이신 서울대학교 법학전문대학원의 윤지현 교수님께 깊은 감사의 말씀을 드린다. 또한 박사논문 작성 과정에서 많은 가르침을 주셨던 국내 조세법의 대가이신 이창희 교수님과 석사 과정의 지도교수님이자 국내 민사법학계의 최고 권위자이신 윤진수 교수님께도 깊은 감사의 말씀을 올린다. 그리고 그 동안 여러 가르침을 주신 이동진 교수님, 양인준 교수님, 박훈 교수님, 김해마중 변호사님께도 깊이 감사드린다. 또한 집필기간 동안 응원하여준 가족, 친인척, 주위 법조인들 및 경향 각지의 지인들에게 깊은 감사의 말씀을 드리고 이 분들과 이 책 출간의 기쁨을 함께 누리고 싶다. 그리고 이 책을 출판할 수 있게 허락해주신 조성호 이사님, 책 준비 과정에서 섬세하게 교정을 보아주신 김선민 부장님 등 박영사의 대표님 이하 관계자 여러분들께 깊은 감사의 말씀을 드린다.

이 책이 차명거래, 명의신탁과 그 규제에 관한 이론 및 실무에 대한 독자들의 이해도를 높이는 데 있어서 작은 도움이 되기를 기대해 본다.

2019년 7월

김 세 현

차 례

2장　차명거래의 규제 필요성　195

3장 법경제학적 분석 틀 및 규제 방법론　　267

6장 명의신탁 증여의제에서 과징금으로 399

결 론 415

약어표

서론

1. 이 글의 연구 목적과 대상

가. 이 글의 연구 목적

우리 사회에는 부동산이나 주식, 사채, 예금 등에 관하여 거래할 경우 다른 사람의 명의를 차용하는 현상이 만연해 있다. 이런 현상은 많은 경우 탈법적이거나 그 밖에 긍정적으로 평가하기 어려운 이유에서 이루어진다. 그리하여 이를 바꾸기 위한 입법들이 여러 영역에서 이루어져 왔다. 그 중 최초는 금융거래의 영역에 관한 것으로, 긴급명령이 1993. 8. 12. 공포·시행되면서 이른바 금융실명제가 실시되었다. 금융실명제에 관한 입법은 그 후로도 이어져 1997년에는 금융실명법이 제정되었으며, 2014. 5. 28. 법률 제12711호로 개정되었다. 이에 따르면 누구든지 불법재산의 은닉, 자금세탁행위 또는 공중협박자금조달행위 및 강제집행의 면탈, 그 밖에 탈법행위를 목적으로 타인의 실명으로 금융거래를 하여서는 아니 되고, 이를 위반할 경우 형사처벌을 할 수 있는 등의 내용이 위 법에 신설되었다. 금융실명법에 위와 같은 규정이 신설된 이유는 비자금 조성 및 조세포탈, 자금세탁행위 등의 탈법행위를 막기 위해서이고, 위 법의 시행으로 인하여 차명계좌를 공공연하게 사용해 왔던 고액 자산가들은 더 이상 차명계좌에 돈을 넣어 금융종합과세를 피할 수 없게 되었다. 한편 부동산 거래의 영역에서도, 부동산실명법이 1995. 3. 30. 입법되어 1995. 7. 1.부터 시행되면서 부동산의 권리변동에 관하여 실지명의를 의무적으로 사용하게 되었다.

이와 같이 차명거래에 대한 규제 입법 등의 조치가 시행된 지 25년이 지났고,

최근에는 일부 차명거래에 관하여 형사처벌 규정이 입법화되기에 이르렀다. 또 다양한 차명거래에 관한 대법원의 입장을 보여주는 판결들도 계속하여 선고되고 있다. 예컨대 차명예금 및 차명주식의 계약당사자를 확정함에 있어 원칙적으로 명의대여자를 당사자로 보아야 한다거나(예금은 대법원 2009. 3. 19. 선고 2008다45828 전원합의체 판결, 주식은 대법원 2017. 12. 5. 선고 2016다265351 판결), 실질주주(명의신탁자)는 원칙적으로 회사에 대하여 주주로서의 권리를 주장할 수 없다는 취지의 대법원 판결(대법원 2017. 3. 23. 선고 2015다248342 전원합의체 판결)도 최근에 선고되었다. 또 다른 한편으로는, 상증세법상 주식에 관한 명의신탁을 증여로 의제하는 것과 관련하여 두 번 이상의 차명거래에 관하여 일정한 경우 두 번 이상의 증여세 부과를 제한하는 취지의 대법원 판결(주식의 재차 매수 후 매도에 관하여는 대법원 2017. 2. 21. 선고 2011두10232 판결, 주식의 포괄적 교환에 관하여는 대법원 2018. 3. 29. 선고 2012두27787 판결, 합병에 관하여는 대법원 2019. 1. 31. 선고 2016두30644 판결)도 만들어져 가고 있다.

이와 같이 차명거래는 널리 행하여지지만, 그에 대한 평가는 대체로 부정적이고, 이를 방지하거나 억제하기 위한 입법이 계속 이루어지고 있으며, 이와 관련된 대법원 판결들이 계속하여 선고되고 있다. 이것이 이 글을 쓰게 된 배경이 된다. 이러한 배경 하에서 이 글을 통하여 달성하려는 목적은 다음과 같다.

1) 우선 이후의 논의를 위한 전제로서, 차명거래에 관한 현행법상 민사 법률관계, 조세 법률관계, 형사 법률관계, 행정 법률관계의 내용을 분석한다.

2) 다음으로 그러한 차명거래가 실제로 왜 일어나는지를 분석하여 차명거래를 규제할 필요가 있음을 논증한다.

3) 다음에 이어지는 부분이 이 글의 핵심이 될 터인데, 방금 말한 것과 같은 인식 하에 실제로 차명거래를 규제하자면 무엇을 어떤 식으로 규제해야 옳은가라는 일반적 이론을 제시한다.

4) 이와 같이 정립한 일반적 이론, 또는 이러한 이론이 담고 있는 총체적 시각에서 볼 때 현행법상 구체적·개별적 규제에는 어떤 잘못이 있고 어떻게 바로 잡아야 하는지를 따져보는 것이다.

나. 이 글의 연구 대상

1) 방금 말한 것과 같은 이 글의 연구는 다시 그 범위를 차명거래의 대상 중에서도 부동산, 주식, 사채, 예금(위 '예금'은 일반적으로 은행이나 그 밖의 금융기관에서 개설하는 '계좌'를 의미하는 것으로 사용하지만, 간혹 위 계좌를 이용하여 행하여지는 거래를 가리키는 의미로도 사용하였다)으로 한정하고자 한다. 현실적으로 차명거래는 그 거래의 대상이 되는 재산권을 다른 사람의 이름을 앞세워 보유하고자 하는 동기에서 비롯되는데, 그러한 재산의 종류로서 가장 흔한 것들로서 이러한 네 가지를 들 수 있으리라 생각하기 때문이다. 즉 현재 일반인들이 보유하고 있는 재산의 형태로서 가장 흔한 것은 부동산과 금융자산이라고 할 수 있고, 금융자산 중에는 다시 주식과 債權을 들 수 있다. 또 이러한 債權은 많은 경우 債券과 같은 유가증권의 형태로 보유하거나, 아니면 증권화되지 않은 단순한 예금의 형태로 보유한다고 여겨지기 때문이다. 이러한 네 가지 유형의 재산은 이와 같이 각각 많이 쓰이고 있을 뿐 아니라 그 법적·경제적 성격에도 뚜렷한 차이가 있다. 따라서 모든 종류의 재산에 관하여 망라하여 검토하기 힘든 이 글에서는, 일단 이러한 종류의 재산에 한하여 가.에서 말한 네 가지 작업을 수행하도록 한다. 물론 거기서 도출된 일반적 결론들은 아마도 차명거래에 이용되는 그 밖의 종류의 재산들 – 그러한 것들이 있다면 – 에 대하여도 일반적으로는 그대로 적용될 수 있으리라 생각한다.

2) 이 글에서는 차명거래를 하는 이유를 자세히 살펴보려고 한다. 그런데 차명거래를 실증적으로 분석한 第2章 第2節에 의하면, 차명거래는 크게 법령상(민사상·형사상·행정상·조세상)의 제한을 회피하고자 하는 등 일반적으로 정당화되기 힘든(곧 '부정한') 목적에서 이루어지거나 아니면 그와 같이 '부정'하다고는 할 수 없는 경우에 단순히 거래의 편의나 명의를 숨기기 위하여 이루어진다는 점을 확인할 수 있었다. 따라서 이 글에서는 위와 같이 부정한 목적이 있는 경우와 없는 경우 등 모든 차명거래가 검토의 대상이 되며, 각각의 경우에 규제의 필요성이 있는지, 또는 어떤 규제를 하여야 하는지 등을 살펴보고자 한다.

2. 이 글의 논의 전개 순서

이미 1. 가.에서 이 글에서 수행하고자 하는 작업의 내용을 개관하면서 어느 정도 말한 셈이지만, 좀 더 구체적으로 소개하자면 이 글에서 하는 논의의 전개순서는 다음과 같다. 우선 논의의 전제로 第1章에서는 차명거래에 관한 법률관계를 분석하되, 민사 법률관계, 조세 법률관계, 형사 법률관계, 행정 법률관계로 나누어 분석한다. 第1節은 차명거래, 차명계약, 명의신탁 등 관련 용례를 정리하여 이 글에서 해당 용어를 어떤 뜻으로 쓰는지를 분명히 한다. 第2節은 차명거래 내지 명의신탁에서 명의대여자와 명의차용자 사이에서 차용하는 대상이 되는 '명의'라는 것이 무엇이고 구체적으로는 도대체 어떤 것들이 '명의'라는 이름 하에 포섭될 수 있는지, 또 그런 '명의를 빌리는' 행위, 곧 '차명'은 어떤 식으로 일어나는지를 살펴본다. 第3節은 이런 차명거래가 생기는 경우 민사법적 시각에서는 명의대여자, 명의차용자, 매도인이나 매수인 같은 제3자를 포함하는 거래당사자들 중 누구와 누구 사이에 어떤 권리의무가 생기는지를 분석한다. 第4節에서는 차명거래의 현실적인 진행순서에 따라 위와 같은 거래당사자와 국가 사이에서 어떤 세금문제가 생기는가라는 측면에서 조세 법률관계를 분석한다. 第5節에서는 차명거래와 관련되는 형사 법률관계를, 第6節에서는 차명거래와 관련되는 행정 법률관계(특히 과징금을 중심으로)를 분석한다. 조세 법률관계 중 명의신탁 증여의제에 관한 논의는 第7節로 따로 추렸다. 뒤에서 자세히 살펴보지만 이러한 증여세는 일반적인 의미의 세금과는 다른 것이기도 하고, 또 워낙에 실무상 자주 문제가 되는 것이어서 논의할 거리가 풍부하기 때문이기도 하다.

第2章은 차명거래가 일어나지 않도록 막을 필요가 있는가를 분석한다. 第2章에서 자세히 보듯 차명 그 자체를 막아야 할 필요성은 없지만, 실제 차명거래가 왜 일어나는가를 따져보면 대부분의 차명거래는 무언가 부정한 목적으로 일어나고 있고 따라서 적어도 그러한 차명거래는 사회적으로 부정적 평가를 받아야 마땅하다. 第2章의 논지는, 그렇다면 차명거래 그 자체를 막을 이유는 없지만 부정한 목적의 차명거래에 대하여는 규제를 가할 필요가 있다는 것이며 이 章에서는 이를 논증하여 보고자 한다.

第3章에서는 차명거래 규제의 일반적 기준을 제시하되, 그 방법론으로서 법경제학적 분석의 틀을 사용한다. 第1節에서는 이 글의 범위 내에서 유용하다고 여겨지는 법경제학적 '틀' 그 자체를 간략하게 제시한다. 第2節에서는 이러한 틀에 따라서 차명거래의 특징인 정보의 비대칭성 개념에 관하여 살펴본 후, 그 결과에 터 잡아 몇 가지 서로 다른 차원에서 차명거래에 관한 규제의 일반적 방향을 제시한다.

우선 차명거래에 대하여는 '사후적·계약법적 접근'을 하기보다는 '사전적 규제'를 해야 된다는 점을 밝힌다. 다음으로는 규제의 방식으로서 포지티브 규제방식과 네거티브 규제방식 중 네거티브 규제방식이 타당함을 확인한다. 끝으로 실정법에서 사용하는 각종 규제의 방법과 관련하여, 사법상 거래를 무효로 한다거나, 아니면 형사법, 행정법, 세법에서 부과하는 각종 구체적 제재들을 어떻게 단독으로, 또는 조합하여 사용할 것인지에 관한 규제의 전반적 방향을 제시한다.

이러한 내용을 바탕으로 하여, 第4章에서 第6章까지의 부분에서는 현행법이 실제 두고 있는 규제의 내용을 살피고 평가한 다음, 이에 대한 입법론적 개선방향을 제시한다. 第4章은 현행 규제제도를 개관하고 第5章은 그러한 내용을 第3章에서 살펴본 내용에 비추어 비판하고 차이가 나는 부분에 관하여 새로운 방향을 제시한다. 그리고 명의신탁 증여의제에 관한 논의는 따로 第6章으로 추려내었다.

第7章은 글 전체의 결론으로, 차명거래의 법률관계에 관한 현행법 해석론으로 이 글이 도출해낸 몇 가지 명제를 요약하고 차명거래의 규제방법으로 내어놓은 새로운 개선방향 및 입법론을 요약한다.

1장

차명거래의 법률관계

제 1 절 용례의 정리

차명거래를 살펴보기에 앞서 관련 핵심 용어를 정리할 필요가 있다.

1. 차명거래

지금까지 '차명거래'라는 말을 정의하지 않은 채 사용하여 왔다. 여기서는 이 말부터 정의하여 보고자 한다. 차명거래는 우선 명의의 차용자와 명의의 대여자가 있음을 전제로 한다. 그리하여 명의차용자가 명의대여자와 합의 하에 명의대여자의 명의(이 개념에 관하여는 第2節에서 다시 더 자세한 것을 살핀다)를 겉으로 내세워 제3자와 법률행위를 하거나, 명의대여자가 명의차용자와 사이에서 한 일정한 약정에 근거하여 직접 제3자와 법률행위를 하는 경우 이를 보통 차명거래라고 부른다. 이는 거래를 할 때 보통 누가 그러한 거래를 하는지(또는 누가 그러한 거래의 당사자인지)를 거래의 상대방에게 밝혀서 함이 보통이라는 전제 하에, 다양한 이유에서 그러한 거래의 상대방을 '실제와 다르게' 밝히는 경우를 가리킨다. 그리고 여기서 '실제와 다르다'는 말은, 흔히 하는 말로 그러한 거래에서 발생하는 경제적·사실적 이익이나 관련된 위험이 귀속되는 주체가, 겉으로 드러나는 거래의 당사자와 다른 경우를 가리킨다고 할 수 있을 것이다.[1]

---

1) 이동진, "차명계약의 법리-차명예금 및 차명대출을 중심으로-", BFL 제46호, 서울대학교

2. 차명계약

일단 차명거래의 개념을 이와 같이 이느 정도 정의하면 차명계약이란 말은 차명거래의 개념을 이용하여 좀 더 쉽게 정의할 수 있다. 즉 이 글에서 말하는 '차명계약'이란 방금 말한 것과 같은 차명거래를 하여도 된다고 하는 합의를 내용으로 하는 계약을 의미한다.[2] 위와 같이 차명계약은 명의대여자와 명의차용자 사이에 이루어지는 계약이다.

따라서 이 글이 전제하는 용례에 따르는 한, 차명계약이 있어야 차명거래가 있을 수 있다. 반대로 타인의 명의를 함부로 허락 없이 冒用하거나(차명계약이 없는 경우이며, 이로 인한 거래는 '모용거래'라 부르기로 한다),[3] 실제로 존재하지 않는 虛無人의 명의를 이용하여 하는 거래, 거래의 명의를 밝히지 않기로 하고 하는 거래(無記名거래)[4]는 모두 차명거래가 아니다.

3. 명의신탁

가. 명의신탁의 개념

명의신탁은 판례에 의하여 성립된 제도인데, 대법원은 '일반적으로 명의신탁이라 함은 그 대내적 관계에서는 신탁자가 소유권을 보유하고 이를 관리·수익하면서 단지 공부상의 소유명의만을 수탁자로 하여 두는 것으로서 그 명의신탁의 대내적인 법률관계는 신탁자와 수탁자 사이에 체결된 일종의 신탁 체결에 의하여 성립되는 것'(대법원 1987. 5. 12. 선고 86다카2653 판결 등 참조)이라고 판시하고 있다. 이 말은 '대내적 관계'가 아닌 '대외적 관계'에서는 소유권이전등기의 명의인이 일반적인 경우와 마찬가지로 그 부동산의 소유권을 가지고 있음을 전제한다. 그리하여 부동산 소유권이라는 단일한 권리를 둘러싸고, '대내적 관계'와 '대외적 관계'가 분리되고 그 각각의 내용이 같지 않음을 의미한다. 이것이 명의신탁에 관한 일반적 설명

금융법센터(2011), 6.

2) 이동진, 위의 논문, 6.

3) 송덕수, "타인의 이름을 임의로 사용하여 체결한 계약의 당사자 결정", 법률신문 제2521호 (1996), 14 이하.

4) 김재형, "금융거래의 당사자에 관한 판단기준", 저스티스 제93호, 한국법학원(2006), 20 이하. 상법 제332조도 무기명 주식인수와, 명의모용 주식인수를 개념상 구분하면서 위 주식인수인도 상법상 주식인수인으로서 책임이 있다고 규정하고 있다.

의 내용이고 또 그러한 법률관계가 갖는 가장 큰 특징이다.

나. 명의신탁의 대상

위와 같은 판례의 개념정의에 의하면, 명의신탁은 일단 공부에 의하여 소유관계가 공시되는 재화, 즉 부동산 이외에 선박,[5] 자동차,[6] 중기나 건설기계[7] 등에 한하여만 인정되고, 또한 소유권에 관하여서만 명의신탁이 인정되어야 하는 것처럼 보인다. 그러나 판례는 여기에서 더 나아가 널리 등기, 등록 또는 신고하여야 법률행위의 효력이 인정되는 물권이나 기타 재산권에 관하여서도 명의신탁 개념을 사용하고 있다.[8] 즉 판례는 공부상 등록에 의하여 공시되는 재산권에 관한 사안 외에도 단순한 債權 등 契約關係에서도 명의신탁관계가 성립하는 것처럼 판시하고 있다.

대법원은 조선임야조사령에 의한 임야의 사정(査定)[9]에 있어서 명의신탁을 인정하였고, 전화가입청약에 있어서 전화가입권[10]에 관하여도 명의신탁이 가능하다는 취지를 밝혔다. 그리고 경매입찰[11]의 경우에도 명의신탁관계가 성립할 수 있는 것처럼 표현하고 있고 매매계약의 경우 매매계약의 매수인 명의[12]에 관하여도 명의신탁이 가능한 것처럼 표현하고 있으며, 주주명의[13]에 관하여도 명의신탁을 할 수 있다는 입장이다.

한편, 명의신탁은 물권의 경우에만 성립할 수 있을 뿐 채권의 경우에는 명의신탁이 불가능하다는 견해[14]도 있다. 그러나 명의신탁이란 법리가 판례에 의하여 전개되었다는 점에서 위와 같은 견해는 수정될 필요가 있다.[15] 즉 명의신탁이란 법리는 다른 나라에는 없고 우리나라 판례에 의하여 인정된 것인데, 판례가 부동산의

---

5) 대법원 1988. 11. 8. 선고 87다카2188 판결.
6) 대법원 1996. 6. 25. 선고 96다12009 판결.
7) 대법원 2007. 1. 11. 선고 2006도4498 판결.
8) 권오곤, "명의신탁에 관한 판례의 동향", 민사판례연구 제10권, 민사판례연구회(1988), 378.
9) 대법원 1971. 5. 24. 선고 71다512 판결.
10) 대법원 1971. 9. 28. 선고 71다1382 판결.
11) 대법원 1957. 10. 21. 선고 4290민상368 판결.
12) 대법원 1966. 9. 6. 선고 65다1271 판결.
13) 대법원 1992. 10. 27. 선고 92다16386 판결.
14) 곽윤직, 물권법 신정판, 박영사(1992), 391.
15) 양창수, "부동산실명법의 사법적 규정에 의한 명의신탁의 규율-소위 계약명의신탁을 중심으로-", 민법연구 제5권, 박영사(1999), 141.

소유권 이외에 물권이 아닌 채권의 경우와 계약당사자 명의에 관하여도 명의신탁을 인정하고 있으므로 이러한 경우도 명의신탁이 성립한다고 보아야 할 것이다. 게다가 명의신탁 법률관계의 핵심은 앞에서 말했듯이 어떤 권리에 관한 대내적·대외적 법률관계의 분리적 귀속 즉 分屬이므로, 그러한 분속의 개념을 인정할 수 있는 한 명의신탁의 가능성을 부정할 이유는 없는 것이다. 이 중 특히 계약당사자 지위에 관한 명의신탁 – 계약 당사자로서 갖는 법적 지위가 대내적·대외적 관계에서 서로 분리되는 결과가 된다 – 을 계약명의신탁이라고 부를 수 있고,16) 부동산실명법 제4조 제2항 단서에서는 계약명의신탁에 관한 명문 규정을 두었다.

따라서 주주명부에 나타나는 주주의 지위, 사채원부에 나타나는 사채권자의 지위, 공사채 등록법상의 투자자계좌부나 예탁자계좌부에 드러나는 투자자의 지위, 전자등록에 관한 입법인 전자단기사채법상의 전자등록된 고객계좌부 등의 권리, 2019. 9. 16. 시행될 예정인 전자증권법상의 전자등록된 전자등록계좌부 등의 권리 또는 예금계약에서의 예금자의 권리 등은 모두 명의신탁의 대상이 될 수 있는 것이고, 이를 전제로 그러한 권리에 관한 계약에서 계약의 당사자를 실제와 다르게 내세우는 경우 모두 계약명의신탁이라 할 수 있게 된다.17)

이러한 일반론에 반대하여 '명의신탁은 공부상의 소유 명의만을 명의수탁자에게 수탁하여 준 것이므로 계약당사자를 타인으로 현명한 것은 명의신탁으로 볼 수 없고 계약명의신탁이라는 용어를 사용해서도 아니 되며, 여기에 본래적 의미의 명의신탁 이론을 적용할 수도 없다'는 견해18)가 있다는 점은 아래 4.에서 보는 바와 같으나, '계약당사자 지위의 명의신탁 즉 계약명의신탁은 판례상 확고한 지위를 차지하게 되었다'19)고 할 것이므로 이 글에서는 일반론의 사용례처럼 계약당사자 지위 또는 명의에 관한 명의신탁을 계약명의신탁으로 보기로 한다.

---

16) 윤진수, "계약 당사자의 확정에 관한 고찰－특히 예금계약을 중심으로", 민법논고 I, 박영사 (2007), 282.
17) 주식과 사채에 관한 전자등록, 예탁제도, 채권등록 제도는 관련된 권리의 명의를 외부에 표시하는 새로운 방법을 담고 있다. 따라서 차명거래를 하는 방식에 관하여도 크게 영향을 미친다는 점에서 이 글 전체에서 아주 중요한 역할을 하므로 아래에서 자세히 살펴보도록 한다.
18) 송덕수, "타인의 명의를 빌려 체결한 토지분양계약의 효력", 민사판례연구 제14권, 민사판례연구회(1992), 83-85. 이 견해는 아래에서 보는 바와 같이 명의대여자가 스스로 제3자와 계약 체결행위를 한 경우를 계약명의신탁으로 논리 구성할 것이 아니라 허수아비행위 이론으로 논리 구성하려고 한다. 그리고 위 견해에 대한 비판은 아래에서 보는 바와 같다.
19) 양창수, 앞의 논문, 144.

다. 명의신탁의 유형(특히 부동산 명의신탁의 경우)

부동산실명법 시행 이전부터 부동산 명의신탁이 이루어졌는데 부동산실명법 시행 전후로 행해지는 형태가 구분되지는 않는 것으로 보인다. 그 유형은 명의신탁자와 명의수탁자 2인간의 거래인지 또는 부동산 매도인도 등장하는 3인간의 거래인지, 3인간의 거래의 경우 매도인과 계약을 체결한 매수인이 명의신탁자인지 아니면 명의수탁자인지 등을 기준으로 나누어지기 때문에, 부동산에 관한 명의신탁의 유형은 부동산실명법 시행 전후로 차이가 없기 때문인 것으로 보인다.

한편, 부동산 명의신탁의 명칭에 대하여는 여러 가지 견해가 있으나 다음과 같이 2자간 등기명의신탁, 3자간 등기명의신탁, 계약명의신탁으로 구분하기로 한다.[20)]

1) 2자간 등기명의신탁

2자간 등기명의신탁은 명의신탁자가 명의수탁자와 사이에 명의신탁약정을 하고 명의신탁자 소유의 부동산을 매매 또는 증여 등의 형식으로 명의수탁자 명의로 소유권이전등기를 하는 형식의 명의신탁을 말한다.

부동산 명의신탁이 부동산실명법 시행 후에 이루어진 경우에는 부동산실명법 제4조 제1항, 제2항에 의하여 명의신탁약정과 그 등기에 의한 물권변동이 무효이므로, 명의수탁자 명의의 소유권이전등기도 원인무효가 된다.

부동산 명의신탁이 부동산실명법 시행 전에 이루어졌고, 위 법에서 정한 위 법 시행일로부터 1년 이내에 실명등기 등을 하지 않은 경우에는 부동산실명법 제4조, 제11조, 제12조에 의하여 그 유예기간이 경과한 후에는 명의신탁약정과 그에 따른 등기에 의한 물권변동은 모두 무효가 된다.

2) 3자간 등기명의신탁

3자간 등기명의신탁은 명의신탁자가 명의수탁자와 명의신탁약정을 하고 명의신탁자가 직접 매매계약의 한 당사자가 되어 매도인과 계약을 체결하고 부동산을 매수하되 그 등기는 명의수탁자 명의로 경료하는 방식을 말한다.

3자간 등기명의신탁의 경우, 대법원 판례에 의하면, 부동산실명법에서 정한 유

---

20) 2자간 등기명의신탁은 양자간 등기명의신탁, 양자간 명의신탁 등으로 불리기도 한다. 그리고 3자간 등기명의신탁은 견해에 따라서 중간생략등기형 명의신탁, 중간생략 명의신탁 등으로 불리기도 한다. 예컨대 대법원 2008. 9. 25. 선고 2008다41635 판결 참조.

예기간의 경과에 의하여 기존 명의신탁약정과 그에 의한 등기가 무효로 되고 그 결과 명의신탁된 부동산은 매도인 소유로 복귀하므로, 매도인은 명의수탁자에게 무효인 등기의 말소를 구할 수 있게 되고, 한편 부동산실명법은 매도인과 명의신탁자 사이의 매매계약의 효력을 부정하는 규정을 두고 있지 아니하여 유예기간 경과 후에도 매도인과 명의신탁자 사이의 매매계약은 여전히 유효하므로, 명의신탁자는 매도인에 대하여 매매계약에 기한 소유권이전등기를 청구할 수 있고, 그 소유권이전등기청구권을 보전하기 위하여 매도인을 대위하여 명의수탁자에게 무효인 명의 등기의 말소를 구할 수도 있다.[21]

대법원 판례에 의하면, 3자간 등기명의신탁에 있어서는 명의신탁이 부동산실명법 시행 후에 이루어졌든지, 그 전에 이루어져 유예기간 이내에 실명등기를 하지 않았든지 상관 없이 부동산의 종국적인 소유자는 명의신탁자임을 전제로 한 것으로 보인다.

3) 계약명의신탁

계약명의신탁은 명의신탁자와 명의수탁자가 명의신탁약정을 하고 명의수탁자가 직접 계약당사자가 되어 부동산의 매도인과 매매계약을 체결하고 그 등기까지 명의수탁자 명의로 경료하는 방식이다. 부동산실명법 제4조 제2항에 의하면, 무효인 명의신탁약정에 따른 등기에 의한 부동산 물권변동은 무효이지만, 계약명의신탁에 있어서 매도인이 명의신탁약정 사실을 모르는 경우에는 그 물권변동은 유효하다. 따라서 계약명의신탁의 경우 매도인이 명의신탁약정에 대하여 선의인지 악의인지에 따라 소유권 귀속의 유무가 달라질 수 있다.

가) 매도인이 선의인 경우

매도인이 명의신탁자와 명의수탁자 사이의 명의신탁 약정 사실을 모르는 경우에는 명의신탁약정은 무효이지만, 매도인과 명의수탁자 사이의 매매계약은 유효이고 그에 따른 명의수탁자 명의의 소유권이전등기도 유효이다. 따라서 명의수탁자는 매도인뿐만 아니라 명의신탁자에 대한 관계에서도 부동산의 소유권을 유효하게 취득한다.[22]

다만, 명의수탁자는 명의신탁자가 제공한 매수자금으로 당해 부동산을 매수하였으므로 명의신탁자에게 부당이득반환의무를 지게 되는데, 대법원 판례에 의하면

---

21) 대법원 2011. 9. 8. 선고 2009다49193, 49209 판결, 대법원 2002. 3. 15. 선고 2001다61654 판결.
22) 대법원 2005. 1. 28. 선고 2002다66922 판결.

계약명의신탁의 시기가 부동산실명법 시행 전인데 유예기간 내에 실명등기가 되지 않은 경우에는 명의수탁자는 명의신탁자에게 당해 부동산 자체를 부당이득으로 반환하여야 한다.[23] 한편, 위와 같은 경우에도 유예기간 내에 부동산에 관하여 명의신탁자 명의로 소유권이전등기를 하는데 법률상 장애가 있었던 경우[24]나, 계약명의신탁 시기가 부동산실명법 시행 후에 이루어진 경우[25]에는 명의수탁자는 당해 부동산 자체가 아니라 명의신탁자로부터 제공받은 매수자금을 부당이득한 것이어서 명의신탁자에게 매수자금을 부당이득으로 반환해야 한다고 한다.

나) 매도인이 악의인 경우

매도인이 매매계약 체결 당시 명의신탁자와 명의수탁자 사이의 명의신탁약정 사실을 알고서 명의수탁자와 부동산 매매계약을 체결하였다면 부동산실명법 제4조 제1항, 제2항 본문에 의하여 명의신탁자와 명의수탁자 사이의 명의신탁약정과 명의수탁자 명의의 소유권이전등기가 모두 무효가 되어 매도인이 당해 부동산의 소유권을 여전히 보유하게 된다. 다만, 대법원 판례는, 악의의 매도인이 위와 같이 매매계약의 무효사실이 밝혀진 후에 계약명의자인 명의수탁자 대신 명의신탁자가 그 계약의 매수인으로 되는 것에 대하여 동의 내지 승낙을 함으로써 부동산을 명의신탁자에게 양도할 의사를 표시하였다면, 명의신탁약정이 무효로 됨으로써 매수인의 지위를 상실한 명의수탁자의 의사에 관계없이 매도인과 명의신탁자 사이에는 종전의 매매계약과 같은 내용의 양도약정이 따로 체결된 것으로 봄이 상당하고, 따라서 이 경우 명의신탁자는 당초의 매수인이 아니라고 하더라도 매도인에 대하여 별도의 양도약정을 원인으로 하는 소유권이전등기청구를 할 수 있다고 한다.[26]

4. 차명거래와 명의신탁의 관계

가. 차명계약과 명의신탁 약정의 개념상 구별

단순한 차명계약은 차명거래를 위하여 명의차용자가 명의대여자로부터 명의를

23) 대법원 2010. 2. 11. 선고 2008다16899 판결, 대법원 2008. 11. 27. 선고 2008다62687 판결 등 참조.
24) 농지개혁법 소정의 농지매매증명이나 농지법 소정의 농지취득자격증명의 발급요건을 충족시키지 못한 경우가 이에 해당할 것이다. 대법원 2008. 5. 15. 선고 2007다74690 판결.
25) 대법원 2007. 6. 14. 선고 2007다17284 판결, 대법원 2005. 1. 28. 선고 2002다66922 판결 등 참조.
26) 대법원 2003. 9. 5. 선고 2001다32120 판결 등 참조.

차용하기로 하는 계약을 의미한다. 이것이 앞에서 정의한 '차명계약'의 개념이다. 그런데, 名義信託 約定은 명의를 차용한다는 점에서는 차명계약과 유사하지만 여기서 더 나아가 '對內的 權利는 명의차용자가 갖되 對外的 權利는 명의대여자가 가지는 것으로 명의차용자와 명의대여자 사이에 의사의 합치를 이룬 약정'을 의미하므로, 위와 같은 약정 하에서는 名義借用者를 '名義信託者', 名義貸與者를 '名義受託者'라고 부를 수 있을 것이다. 이 글의 '차명거래' 개념은 사실 일반적으로 차명거래라고 할 때 포함되어야 하는 최소한의 요소만을 가지고 정의한 것인데, 이를 전제로 하는 한 '차명거래'와 '명의신탁'은 이와 같이 개념적 차원에서 구별된다.

나. 현실적인 구별 필요성 유무

위와 같이 차명계약과 명의신탁 약정은 개념상 구별되지만 현실적으로도 그러한 구별이 가능한지 생각하여 보자. 이를 위해서는 현실에서 부동산, 주식, 사채, 예금과 관련하여 명의신탁 약정이 없는 단순한 차명계약이 존재하는지를 살펴보면 된다.

우선 명의대여자가 스스로 제3자와 법률행위를 한 경우에는 독일의 허수아비 행위(Strohmanngeschäft) 이론[27]을 적용하여야 하고, 명의차용자가 명의대여자의 명의로 제3자와 법률행위를 한 경우[28]에는 타인의 명의를 사용하여 행한 법률행위

---

27) 송덕수 교수는 이 경우와 관련하여 허수아비(Strohmann)는 법률행위를 함에 있어서 사실적 또는 법적 근거에서 배후조정자(Hintermann)에 의하여 표면에 내세워진 자인데, 대리인으로서가 아니라 자신의 이름으로 행위를 하지만 배후조정자의 계산과 이익으로 행위하고 이러한 허수아비가 제3자와 행한 법률행위를 허수아비 행위라 부른다고 한다. 그리고 배후조정자와 허수아비 사이의 법률행위와 허수아비와 제3자 사이의 법률행위는 원칙적으로 가장행위가 아니어서 허수아비가 제3자와 행한 법률행위는 허수아비에게 효과가 귀속되고 허수아비는 그가 취득한 객체를 배후조정자에게 양도할 의무를 지며, 허수아비가 소유한 객체에 대하여는 외부관계에서 허수아비가 완전한 권리를 가지는 신탁관계가 존재하고, 예외적으로 허수아비에게 아무런 효과도 발생하지 않도록 한 경우에는 가장행위가 존재할 수 있다고 한다. 송덕수, 앞의 논문("타인의 명의를 빌려 체결한 토지분양계약의 효력"), 103-107.

28) 송덕수 교수는 이 경우에는 누가 행위당사자로 되는가는 법률행위의 해석으로 결정하여야 하는데, 행위자와 명의인 중 누구를 당사자로 하는 데 대하여 행위자와 상대방의 의사가 일치한 경우에는 falsa demonstratio non nocet 원칙(오표시 무해의 원칙. 잘못된 표시는 해가 되지 않는다)에 준하여 그 일치하는 의사대로 행위자 또는 명의인의 행위로 확정되어야 하고, 이러한 의사 일치가 없는 경우에는 규범적 해석을 하여 상대방이 합리적인 인간으로서 행위자의 표시를 어떻게 이해했는가를 본 후 행위자의 행위로 인정되는 경우에는 행위자에게 법률효과가 귀속하고 명의인 표시는 잘못된 표시에 불과하여 명의인에게는 아무런 효과가 발생하지 않으며, 명의인의 행위로 인정되는 경우에는 대리행위가 되므로 대리에 관한 규정을 적용하여 행위자에게 대리권이 있는 경우에는 민법 제114조에 의하여 명의인이 권리를

(Handeln unter fremdem Namen) 또는 차용명의 사용행위의 문제[29]로 해결하여야 하며 판례처럼 계약명의신탁으로 논리를 구성하여서는 안 된다는 견해[30]가 있다.

그러나 허수아비행위의 이론과 판례상 계약명의신탁의 이론 모두 계약의 상대방에 대한 관계에서는 명의수탁자(명의인)가 계약의 당사자가 되고, 독일에서도 허수아비는 배후조정인의 간접대리인(mittelbarer Stellvertreter)이지만[31] 허수아비와 배후조정인의 내부관계는 신탁(Treuhand)이라고 설명되므로,[32] 명의인이 스스로 계약을 체결한 경우를 계약명의신탁 관계로 설명하는 판례의 태도를 잘못되었다고 볼 수는 없다.[33] 또한 위 견해에 따르더라도 계약명의신탁에 있어서 실제로 계약을 체결한 행위자가 명의신탁자인지 명의수탁자인지는 그 효과에 있어서 차이는 없는 것으로 보이므로 명의수탁자가 행위자인 경우 허수아비행위 이론을, 명의신탁자가 행위자인 경우 차용명의 사용행위 이론을 적용하는 등 그 논리 구성을 분리할 필요도 없다.[34]

무엇보다 현실 속에서 일어나는 부동산, 주식, 사채, 예금에 관한 차명거래에 일반적으로 대·내외적 거래관계의 분속을 핵심으로 하는 명의신탁 약정이 포함되어 있다고 본다면, 차명거래와 명의신탁은 현실적으로 구별할 필요가 없다. 그런데 통상 차명계약에는 명의신탁 약정이 부가되는 경우가 많을 것이다. 차명계약에 명의신탁 약정이 부가된다는 것의 의미는 주로 명의신탁 약정의 대내적 측면과 관련이 있다. 대외적 측면은 둘 사이의 약정으로 정하여지는 문제가 아니기 때문이다. 그리하여 명의대여자 입장에서는 명의를 대여하고 대외적으로 명의대여자에게 귀속되는 수익을 대내적으로 명의차용자에게 귀속시키고 명의차용자가 원하는 경우 그에 관한 부동산의 등기, 주주명부의 명의개서, 사채원부에의 채권자 변경 기재,

---

취득하고 의무를 부담하고, 행위자에게 대리권이 없는 경우에는 무권대리가 되어서 명의인은 법률행위에 당연 구속되는 것은 아니나 민법 제130조에 의하여 무권대리행위를 추인하여 법률효과를 귀속시킬 수 있으며 표현대리도 가능하다고 한다. 이는 타인의 명의하의 행위로서 '타인의 명의로 하는 행위(Handeln in fremdem Namen)'와 구별된다고 한다. 송덕수, 앞의 논문("타인의 명의를 빌려 체결한 토지분양계약의 효력"), 86.

29) 송덕수, 앞의 논문("타인의 명의를 빌려 체결한 토지분양계약의 효력"), 86. 이 견해는 판례가 계약명의신탁에까지 명의신탁이론을 확대적용하는 것을 비판하면서 계약명의신탁은 본래의 명의신탁과 다르다고 한다. 송덕수, 앞의 논문("타인의 명의를 빌려 체결한 토지분양계약의 효력"), 83-85.

30) 송덕수, 앞의 논문("타인의 명의를 빌려 체결한 토지분양계약의 효력"), 83-85.

31) Schubert, Münchener Kommentar zum Bürgerlichen Gesetzbuch, 7. Aufl., 2015, BGB §164 Rn. 46.

32) Schubert, 위의 책, BGB §164 Rn. 49.

33) 윤진수, 앞의 논문, 294-295.

34) 윤진수, 앞의 논문, 282.

예금주 명의나 그에 관한 권리를 명의차용자에게 양도하기로 하는 의무를 부담함을 의미한다. 그런데 이러한 내용은 일반적인 차명계약에서도 적어도 묵시적으로 포함되어 있는 경우가 대부분이리라 생각할 수 있다. 반대로 이러한 약정이 전혀 없다고 하면, 그러한 경우에 과연 명의대여자가 정말로 명의만을 대여하여 준 것인지에 관한 의문이 제기될 것이기 때문이다.

따라서 차명계약만이 존재하는 경우와 여기에 명의신탁 약정까지 존재하는 경우는 개념상으로는 구분되나, 현실적으로 차명계약이 있는 경우에는 명의신탁 약정까지 포함되어 있다고 보아야 한다. 따라서 대외적 및 대내적 권리가 분리되는 명의신탁 약정이 동반된 차명거래와 대·내외적 권리가 분리되지 않고 명의신탁 약정이 동반되지 않는 차명거래는 구별할 필요가 없다.[35]

다. 용어의 정리

따라서 부동산, 주식, 사채, 예금에 관한 차명거래를 살펴봄에 있어서, 이 글에서는 이하 借名去來는 名義信託으로 인한 去來와, 名義借用者는 名義信託者, 名義貸與者는 名義受託者와 같은 의미로 사용하기로 한다.[36]

5. 실제소유자 개념

법령 및 판례에서는 명의차용자나 명의신탁자를 '실제소유자', '실질소유자', '실소유자'라고 부르기도 한다.

우선, 부동산실명법에서는 부동산 명의신탁자를 다른 용어로 부르지는 않는다. 그러나 구 상속세법(1996. 12. 30. 법률 제5193호로 상속세 및 증여세법으로 전면 개정되기 전의 것) 제32조의2 제1항[37]은 부동산, 주식, 사채 등에 관한 명의신탁에 있어서 명

---

35) 따라서 상증세법 제45조의2 소정의 명의신탁 증여의제 규정을 바라봄에 있어서 차명주식과 명의신탁 약정으로 취득한 주식은 실질적으로 동일한 개념으로 보아야 할 것이다.

36) 주식 및 사채에 관한 명의신탁으로 인한 증여의제 규정(상증세법 제45조의2 제1항)과 관련하여서, 위 조항은 과세요건을 명의신탁(위 상증세법 제45조의2의 제목이 '명의신탁재산의 증여 의제'이다)으로 규정하고 있으므로 차명거래, 명의차용자, 명의대여자라는 용어보다는 명의신탁, 명의신탁자, 명의수탁자라는 용어를 주로 사용하기로 한다.

37) 구 상속세법(1996. 12. 30. 법률 제5193호로 상속세 및 증여세법으로 전면 개정되기 전의 것) 제32조의2(제3자명의로 등기등을 한 재산에 대한 증여의제) ① 권리의 이전이나 그 행사에 등기·등록·명의개서등(이하 "등기등"이라 한다)을 요하는 재산에 있어서 실질소유자와 명의자가 다른 경우에는 국세기본법 제14조의 규정에 불구하고 그 명의자로 등기등을 한 날에

의신탁자를 '실질소유자'라고 표현하였고, 구 상증세법(1996. 12. 30. 법률 제5193호로 전문 개정되어 신설된 후 1998. 12. 28. 법률 제5582호로 개정되기 전의 것) 제43조 제1항[38])도 주식, 사채에 관한 명의신탁에 있어서 명의신탁자를 '실질소유자'라고 표현하였다. 그리고 주식 및 사채에 관한 명의신탁에 있어서 구 상증세법(1998. 12. 28. 법률 제5582호로 개정되어 신설된 후 2002. 12. 18. 법률 제6780호로 개정되기 전의 것) 제41조의2 제1항[39]) 및 구 상증세법(2003. 12. 30. 법률 제7010호로 개정되기 전의 것) 제41조의2 제1항,[40]) 현행 상증세법 제45조의2 제1항은 명의신탁자를 '실제소유자'[41])라고 표현하고 있다.

또한 판례는 명의신탁자를 '실제소유자',[42]) '실소유자',[43]) '실질소유자'[44]) 등으

실질소유자가 그 명의자에게 증여한 것으로 본다. 다만, 타인의 명의를 빌려 소유권이전등기를 한 것 중 부동산등기특별조치법 제7조 제2항의 규정에 의한 명의신탁에 해당하는 경우 및 조세회피목적 없이 타인의 명의를 빌려 등기등을 한 경우로서 대통령령이 정하는 때에는 그러하지 아니하다.

38) 부동산실명법이 1995. 7. 1.부터 시행됨에 따라 명의신탁 증여추정 대상에서 부동산을 제외하였다.
   구 상속세 및 증여세법(1996. 12. 30. 법률 제5193호로 전문 개정되어 신설된 후 1998. 12. 28. 법률 제5582호로 개정되기 전의 것) 제43조(명의신탁재산의 증여추정) ① 권리의 이전이나 그 행사에 등기등을 요하는 재산(토지와 건물을 제외한다)에 있어서 실질소유자와 명의자가 다른 경우에는 국세기본법 제14조의 규정에 불구하고 그 명의자로 등기등을 한 날에 실질소유자가 그 명의자에게 증여한 것으로 추정한다. 다만, 다음 각호의 1에 해당하는 경우에는 그러하지 아니하다.(이하 생략)
39) 구 상속세 및 증여세법(1998. 12. 28. 법률 제5582호로 개정되어 신설된 후 2002. 12. 18. 법률 제6780호로 개정되기 전의 것) 제41조의2(명의신탁재산의 증여의제) ① 권리의 이전이나 그 행사에 등기등을 요하는 재산(토지와 건물을 제외한다. 이하 이 조에서 같다)에 있어서 실제소유자와 명의자가 다른 경우에는 국세기본법 제14조의 규정에 불구하고 그 명의자로 등기등을 한 날에 그 재산의 가액을 명의자가 실제소유자로부터 증여받은 것으로 본다. 다만, 다음 각호의 1에 해당하는 경우에는 그러하지 아니하다.(이하 생략)
40) 구 상속세 및 증여세법(2003. 12. 30. 법률 제7010호로 개정되기 전의 것) 제41조의2(명의신탁재산의 증여의제) ① 권리의 이전이나 그 행사에 등기등을 요하는 재산(토지와 건물을 제외한다. 이하 이 조에서 같다)에 있어서 실제소유자와 명의자가 다른 경우에는 국세기본법 제14조의 규정에 불구하고 그 명의자로 등기등을 한 날(그 재산이 명의개서를 요하는 재산인 경우에는 소유권취득일이 속하는 연도의 다음 연도 말일의 다음날을 말한다)에 그 재산의 가액을 명의자가 실제소유자로부터 증여받은 것으로 본다. 다만, 다음 각호의 1에 해당하는 경우에는 그러하지 아니하다.
41) 상증세법 제45조의2는 '명의신탁재산의 증여 의제'라는 제목 하에 주식 등에 관하여 '실제소유자와 명의자가 다른 경우'에 '재산의 가액을 실제소유자가 명의자에게 증여한 것으로 본다'고 규정하고 있다.
42) 대법원 1984. 3. 27. 선고 83누531 판결은 '명의자인 원고가 소외 甲으로부터 이 사건 부동산을 명의신탁받거나 그에 관하여 소외 乙에게 소유권이전등기를 경료해 주면서 아무런 대가나 이익을 받은바 없다면 이 부동산의 "실제소유자"와 양도주체는 소외 甲이고 원고는 단순

로 표현하고 있다.

　　그리고 특정금융정보법 제5조의2 제1항[45])에서는 '고객을 최종적으로 지배하거나 통제하는 자연인'을 '실제 소유사'로 표현하고 있다. 또한 같은 법 제4조부터 제5조의2까지 및 동법 시행령 제5조 제3항의 위임을 받은 자금세탁방지 및 공중협박자금조달금지에 관한 업무규정(2015. 6. 30. 금융정보분석원 고시 제2015-20호로 개정된 것) 제20조 제1항[46])에서는 예금이나 금융거래에 관한 명의신탁과 관련하여 명의신

　　　한 명의수탁자에 불과하므로 원고에게 양도소득세를 부과한 과세처분은 실질과세의 원칙에 위배한 위법이 있다'고 판시하고 있다.

43) 대법원 2010. 3. 11. 선고 2009두18622 판결은 '명의신탁관계의 성립에 명의수탁자 앞으로의 새로운 소유권이전등기가 행하여지는 것이 반드시 필요한 것은 아니므로, 명의신탁자와 명의수탁자 사이에 명의신탁약정을 종료하기로 하고 제3자와 명의수탁자 사이에 새로운 명의신탁약정을 함으로써 애초의 명의신탁 부동산에 관하여 제3자와 명의수탁자 사이에 명의신탁관계가 성립할 수 있고, 이러한 경우 제3자는 새로운 명의신탁관계가 성립한 때로부터 명의신탁자로서 부동산 실권리자명의 등기에 관한 법률 제5조 제1항 제1호에 의한 과징금 부과의 대상이 될 수 있다'고 판시하면서 판시사항에서 '피고는 2007. 1. 중부지방국세청장으로부터 이 사건 부동산의 "실소유자"는 원고이고 … 라는 취지의 통보를 받고 …'라고 판시하여 명의신탁자를 '실소유자'라고 판시하고 있다.

44) 대법원 2008. 3. 27. 선고 2007다82875 판결은 '제3자가 명의수탁자의 배임행위에 적극 가담하는 행위란 수탁자가 단순히 등기명의만 수탁받았을 뿐 그 부동산을 처분할 권한이 없는 줄을 잘 알면서 명의수탁자에게 "실질소유자" 몰래 신탁재산을 불법처분하도록 적극적으로 요청하거나 유도하는 등의 행위를 의미하는 것이다'라고 판시하고 있다.

45) 특정 금융거래정보의 보고 및 이용 등에 관한 법률 제5조의2(금융회사등의 고객 확인의무) ① 금융회사등은 금융거래를 이용한 자금세탁행위 및 공중협박자금조달행위를 방지하기 위하여 합당한 주의로서 다음 각 호의 구분에 따른 조치를 하여야 한다. 이 경우 금융회사등은 이를 위한 업무 지침을 작성하고 운용하여야 한다.
　　1. 고객이 계좌를 신규로 개설하거나 대통령령으로 정하는 금액 이상으로 일회성 금융거래를 하는 경우 : 다음 각 목의 사항을 확인
　　　가. 대통령령으로 정하는 고객의 신원에 관한 사항
　　　나. 고객을 최종적으로 지배하거나 통제하는 자연인(이하 이 조에서 "실제 소유자"라 한다)에 관한 사항. 다만, 고객이 법인 또는 단체인 경우에는 대통령령으로 정하는 사항
　　2. 고객이 실제 소유자인지 여부가 의심되는 등 고객이 자금세탁행위나 공중협박자금조달행위를 할 우려가 있는 경우 : 다음 각 목의 사항을 확인
　　　가. 제1호 각 목의 사항
　　　나. 금융거래의 목적과 거래자금의 원천 등 금융정보분석원장이 정하여 고시하는 사항(금융회사등이 자금세탁행위나 공중협박자금조달행위의 위험성에 비례하여 합리적으로 가능하다고 판단하는 범위에 한정한다)

46) 자금세탁방지 및 공중협박자금조달금지에 관한 업무규정(2015. 6. 30. 금융정보분석원 고시 제2015-20호로 개정된 것) 제20조(정의) ① 고객확인이란 금융기관등이 고객과 금융거래를 하는 때에 자신이 제공하는 금융상품 또는 서비스가 자금세탁등에 이용되지 않도록 법 제5조의2에 따라 고객의 신원확인 및 검증, 거래목적 및 실소유자 확인 등 고객에 대하여 합당한 주의를 기울이는 것을 말한다.

탁자에 해당하는 출연자를 '실소유자'[47])로 표현하고 있다.

---

47) 자금세탁방지 금융대책기구인 FATF(Financial Action Task Force on Money Laundering)는 1989년 7월 파리 G7 정상회의에서 설립되었고, 1990년 자금세탁방지와 관련한 40개의 권고사항(Forty Recommendations)을 발표한 이래 권고사항의 이행을 세계적으로 촉구하고 있다. 이상 최성진, "차명거래와 자금세탁방지제도 – 고객확인제도를 중심으로 – ", BFL 제46호, 서울대학교 금융법센터(2011), 77. 우리나라도 2009년에 FATF에 가입하였다. 그런데 자금세탁방지 및 공중협박자금조달금지에 관한 업무규정 제20조 제1항의 '실소유자'란 용어는 FATF의 2003년 개정 권고사항 5, 23, 24, 33, 34 등에서 등장하는 Beneficial Owner를 번역하는 과정에서 도입된 용어로 보인다. 이상 김양곤, "자금세탁방지법 상의 실제 소유자의 확인 및 검증에 관한 소고", 경희법학 제53권 제2호, 경희대학교 경희법학연구소(2018), 473. 예컨대 위 2003년 개정 권고사항 5는 다음과 같이 규정하고 있다.

> FATF 40 Recommendations October 2003
> Customer due diligence and record – keeping
> 5. Financial institutions should not keep anonymous accounts or accounts in obviously fictitious names.
>   Financial institutions should undertake customer due diligence measures, including identifying and verifying the identity of their customers, when:
>   · establishing business relations;
>   · carrying out occasional transactions: (i) above the applicable designated threshold; or (ii) that are wire transfers in the circumstances covered by the Interpretative Note to Special Recommendation VII;
>   · there is a suspicion of money laundering or terrorist financing or
>   · the financial institution has doubts about the veracity or adequacy of previously obtained customer identification data.
>   The customer due diligence (CDD) measures to be taken are as follows:
>   a) Identifying the customer and verifying that customer"s identity using reliable, in – dependent source documents, data or information.
>   b) Identifying the beneficial owner, and taking reasonable measures to verify the identity of the beneficial owner such that the financial institution is satisfied that it knows who the beneficial owner is. For legal persons and arrangements this should include financial institutions taking reasonable measures to understand the ownership and control structure of the customer.
> FATF의 40개 권고안 2003년 10월
> 고객확인과 기록보관
> 5. 금융기관은 익명 또는 가명계좌를 개설해서는 안 된다.
>   금융기관은 다음과 같은 경우 고객신원 확인 및 검증조치를 포함한 고객확인의무를 이행하여야 한다.
>   · 계속적 사업관계(business relation)의 수립,
>   · 일회성 거래행위(occasional transactions)를 행할 때 : (i) 일정 금액(주석 : 1만 5,000 달러) 이상의 거래, (ii) 전신송금 관련 특별 권고사항 VII의 주석서(Interpretative Note)에 의해 규제되는 전신송금
>   · 자금세탁 또는 테러자금 조달의 의심이 있는 경우

생각건대, '실질'이라는 말은 세법에서 특별한 의미를 가진다. 국세기본법 제14조는 '실질과세'라는 제목 하에 '과세의 대상이 되는 소득, 수익, 재산, 행위 또는 거래의 귀속이 명의일 뿐이고 사실상 귀속되는 자가 따로 있을 때에는 사실상 귀속되는 자를 납세의무자로 하여 세법을 적용한다'고 규정하고 있다. 위와 같은 실질과세원칙을 조세회피를 위한 일정한 거래에 적용하면, 위 거래는 경제적 결과가 동일하고 원래의 법이 예정한 다른 거래로 재구성되는 결과가 발생할 수 있다.[48] 그리고 위와 같은 '재구성'의 가능성이 여러 가지일 경우에는 그 중 어떤 재구성이 가장 타당한지를 판단하기 위하여 경제적 '실질'이 문제된다.[49]

한편, 실제소유자, 실질소유자, 실소유자에서의 '실제'나 '실질' 또는 '실'이라는 말은 그 자체로 특별한 법적 의미를 가진다고 말할 수는 없다. 그럼에도 세법 관련 사건들에서는 이러한 용어들이 등장하는 것에 비추어 보아 아마도 위와 같은 말은 실질과세원칙에서의 '실질'과 같은 의미로 사용한 것으로 짐작할 수도 있다. 그리고 이는 어느 경우에나 앞에서 말한 것처럼 어떤 거래의 경제적, 사실상 이익이나 관련된 위험의 귀속을 가리키는 개념이라고 이해해야 한다. 한편 '소유자'라는 말은 '소유권자'를 가리키는 용어인데, 소유권은 엄밀하게 말하면 민법의 物件에 관하여만 쓸 수 있는 말이므로 많은 경우 소유자라는 말은 적절하지 않게 쓰이고 있다고 말할 수 있으며 실제로는 '권리자' 정도의 의미를 가지는 말이라고 할 것이다.

결국 '실제소유자', '실질소유자', '실소유자'는 모두 어떤 '권리가 실질적으로 귀속하는 사람' 또는 어떤 '법적 권리에 따르는 경제적 이익이나 관련된 위험이 귀속하는 사람'을 의미하는 말이라고 할 수 있다.

· 기존의 고객확인정보의 진실성이나 타당성에 의심이 있는 경우
고객확인의무는 다음과 같은 절차로 행해져야 한다.
  a) 신뢰성 있는, 독립적인 문서, 데이터 또는 정보(이하 '고객확인정보')를 이용하여 고객의 신원을 확인하고 검증할 것
  b) 실제 소유자(beneficial owner)를 확인하고(identifying), 실제 소유자를 검증할 수 있는 합리적인 조치(verifying)를 취하여 금융기관은 그 계좌의 실제 소유자가 누구인지 파악할 수 있어야 함. 법인 및 (신탁과 같은) 법률관계의 경우, 금융기관은 법인 등의 소유권과 지배구조를 파악하기 위한 합리적인 조치를 취해야 함 (이상 번역은 최성진, 앞의 논문, 87. 참조)

48) 이창희, 세법강의 제16판(2018년판), 박영사(2018), 85−91.
49) 윤지현, "채권자 취소권과 후발적 경정청구", 특별법연구 제14권, 사법발전재단(2017), 251.

제 2 절 명의와 실질의 분리

이 節에서는 차명거래 내지 명의신탁에서 명의대여자와 명의차용자 사이에서 차용하는 대상이 되는 '명의'가 과연 무엇이고 그러한 '명의'에는 도대체 어떤 것이 해당하는지, 그리고 그러한 각각의 '명의'에 따라 이를 '빌리는 행위', 곧 '차명'은 어떤 식으로 일어나는지를 살펴본다.

1. 명의가 무엇인지

지금까지 전제하여 온 것처럼 차명거래나 명의신탁에서는 명의대여자와 명의 차용자 사이에 名義와 實質이 분리하게 된다. 그렇다면 위와 같이 실질과 분리되는 '名義'란 어떤 것을 의미하는 것인지 살펴볼 필요가 있다.

名義라는 것은 법률행위를 함에 있어 대외적으로 내세워지는 것이라고 할 수 있다. 이는 앞에서 말했듯이 어떤 거래, 또는 그 법적 형식으로서 법률행위를 할 때 이를 누가 하는지를 통상 상대방에게 밝혀야 하기 때문에 필요한 개념이다. 즉 이러한 거래를 '누가 하는지'를 드러내는 것이 민법학에서 흔히 말하는 '현명(顯名)'이고, 여기서 드러내는{곧 '현(顯)'} 대상이 되는 것이 곧 '명의'이다.

그런데 차명거래를 할 때 현명의 상대방이 문제가 되는 경우는 사실 별로 없다. 상대방은 대개 명의차용자가 누구인지를 알고 있을 것이기 때문이다(만약 상대 방마저 거래의 효과가 실질적으로 귀속되는 사람을 착각하고 있다면, 이는 많은 경우 사기죄의 문제가 될 것이다). 문제가 되는 것은 그 밖의 제3자, 즉 규제기관, 과세관청 등이다. 이들은 어떠한 거래나 그 대상이 되는 재산, 법률행위 등에 대하여 규제를 하거나 과세를 할 경우 일차적으로는 겉모습 또는 外觀을 보고 규제 등의 여부를 결정할 것이기 때문이다.[50] 이와 같이 규제기관, 과세관청 등이 거래나 그 대상이 되는 재산, 법률행위, 법률효과 등의 歸屬을 판단함에 있어 귀속 판단의 기준으로 삼는 겉모습 또는 외관을 '名義'라고 부를 수 있다. 그리고 '명의'는 바로 이러한 '겉모습

---

50) 규제기관, 과세관청 등의 능력에는 한계가 있으므로, 거래나 그 대상이 되는 재산, 법률행위나 법률효과가 어떤 사람과 결부된다는 의미의 '귀속'을 판단함에 있어서는 우선적으로 외관을 중시할 것이기 때문이다.

또는 외관'에 해당하는 가장 유력한 자료이기 때문에, 이를 빌리는 행위, 곧 차명이 현실적으로 문제가 되는 것이다. 그리하여 차명거래의 규제에 관한 한, 이와 같이 규제기관, 과세관청 등이 거래나 그 대상이 되는 재산, 법률행위, 법률효과 등의 歸 屬을 판단함에 있어 귀속 판단의 기준으로 삼는 겉모습 또는 외관을 名義라고 부르는 경우도 찾아볼 수 있다. 그리하여 만약 재산이나 재산권의 귀속이 공적 장부(公簿)[51]나 사인이 일정한 법형식에 따라 관리하는 사적 장부에 기재되어 관리되는 경우, 이러한 공·사적 장부는 규제기관, 과세관청 등이 귀속을 판단함에 있어서 중요한 자료가 되고, 위 장부상의 권리자로 내세워지는 명의를 위와 같은 '名義'[52]로 볼수 있다.[53] 즉 차명거래에서 말하는 '명의'는, 일정한 규제기관이나 과세관청이 관심을 갖는 범위 내에서는, 민법학에서 말하는 '현명'의 차원을 넘어 더 넓은 의미를 가질 수 있다.

이와 관련하여 두 가지 정도 사항을 덧붙여 두려고 한다. 우선 어떤 거래나 법률행위를 당사자로서 할 때에는 그 당사자가 누구인지를 밝혀야 한다. 즉 거래의 효과나 법률효과에도 귀속의 문제가 있다. 그런데 이러한 법률효과는 재산권의 귀속과 연결되므로, 만약 위에서 본 공·사적 장부의 기재에서 名義와 實質의 분리가 있다면, 그 기재의 원인이 되는 거래인 법률행위에서도 명의와 실질의 분리가 있는 것이 보통이다. 예컨대 부동산 명의신탁의 경우 부동산 등기부등본에 명의수탁자 명의로 소유권이전등기를 경료하려면 매매계약서에 명의수탁자를 매수인으로 기재할 필요가 있고, 명의수탁자 명의로 등기가 경료된 부동산을 타인에게 처분하려면 매매계약서에 명의수탁자를 매도인으로 기재할 필요가 있다는 것이다. 요컨대 어떤 거래나 법률행위의 결과로 얻게 되는 재산이나 재산권이 공·사적 장부에 기재되어 통일적으로 관리되는 경우가 아니라면, 위와 같은 법률행위의 표시나 외관이 규제 기관, 과세관청 등이 직무를 수행함에 있어서 중요한 판단 근거가 된다.[54]

---

51) 예컨대 부동산의 경우 등기까지 경료하는 경우를 생각해볼 수 있다.
52) 아래에서 살펴볼 부동산 등기부등본(등기사항전부증명서), 부동산 대장, 주주명부, 사채원부 및 이에 대한 전자적 기재가 여기에 해당할 것이다.
53) 법률행위가 物權과 관련이 있다면 公示方法과 관련하여 公簿상의 권리자로 내세워지는 명의를 위와 같은 '名義'로 볼 수 있고, 위와 같은 공시방법의 요건을 갖추지 못한 경우에 다른 공부가 있다면 그 공부상의 권리자로 내세워지는 '名義'로 볼 수 있다. 예컨대 미등기 부동산의 경우에 토지대장이나 건축물대장에 권리자로 등재되는 명의가 위와 같은 '名義'에 해당한다고 할 수 있다.
54) 법률행위가 物權과는 관련이 없고 오로지 債權과 관련된다면, 公示方法이 문제되지 않으므로, 債權行爲의 주체로 내세워지는 명의가 재산이나 재산권의 귀속을 판단함에 있어 중요한 역

다음으로, 바로 이 점과 관련하여 상증세법 제45조의2 소정의 명의신탁 증여의
제를 적용함에 있어서 주주명부 또는 사원명부가 작성되지 아니한 경우에는 주식
등변동상황명세서에 의하여 명의개서 여부를 판정한다는 조항이 있다(같은 조 제4
항).55) 사업연도 중에 주식 등의 변동사항이 있는 법인은 법인세법 제109조 제1
항,56) 제119조,57) 법인세법 시행령 제161조 제6항58)에 따라 주식등변동상황명세서
를 납세지 관할 세무서장에게 제출하여야 한다. 주식등변동상황명세서는 과세목적
상 협력의무 이행의 일환으로 사업연도 중 주식 등의 변동 상황을 기록하는 문서에
불과한 것이어서, 주주권 행사 등의 기초가 되는 주주명부와는 본질적으로 차이가
있다.59) 물론 민법에서 말하는 '현명'과도 무관하다. 그럼에도 입법자는 주주명부

할을 하게 된다. 예컨대 예금의 경우 예금주가 공·사적 장부에 기재되어 관리되는 것이 아
니므로 예금명의자로 표시되는 명의가 위와 같은 '名義'에 해당한다고 할 수 있다.
55) 상속세 및 증여세법 제45조의2(명의신탁재산의 증여 의제) ④ 제1항을 적용할 때 주주명부
또는 사원명부가 작성되지 아니한 경우에는「법인세법」제109조 제1항 및 제119조에 따라
납세지 관할세무서장에게 제출한 주주등에 관한 서류 및 주식등변동상황명세서에 의하여 명
의개서 여부를 판정한다.
56) 법인세법 제109조(법인의 설립 또는 설치신고) ① 내국법인은 그 설립등기일(사업의 실질적
관리 장소를 두게 되는 경우에는 그 실질적 관리장소를 두게 된 날)부터 2개월 이내에 다음
각 호의 사항을 적은 법인 설립신고서에 대통령령으로 정하는 주주등의 명세서와 사업자등
록 서류 등을 첨부하여 납세지 관할 세무서장에게 신고하여야 한다. 이 경우 제111조에 따른
사업자등록을 한 때에는 법인 설립신고를 한 것으로 본다.
1. 법인의 명칭과 대표자의 성명
2. 본점이나 주사무소 또는 사업의 실질적 관리장소의 소재지
3. 사업 목적
4. 설립일
57) 법인세법 제119조(주식등변동상황명세서의 제출) ① 사업연도 중에 주식등의 변동사항이 있
는 법인(대통령령으로 정하는 조합법인 등은 제외한다)은 제60조에 따른 신고기한까지 대통
령령으로 정하는 바에 따라 주식등변동상황명세서를 납세지 관할 세무서장에게 제출하여야
한다.
② 다음 각 호의 어느 하나에 해당하는 주식등에 대하여는 제1항을 적용하지 아니한다.
1. 주권상장법인으로서 대통령령으로 정하는 법인 : 지배주주(그 특수관계인을 포함한다)
외의 주주등이 소유하는 주식등
2. 제1호 외의 법인 : 해당 법인의 소액주주가 소유하는 주식등
③ 제2항에 따른 지배주주 및 소액주주의 범위, 그 밖에 필요한 사항은 대통령령으로 정한다.
58) 법인세법 시행령 제161조(주식등변동상황명세서의 제출) ⑥ 법 제119조의 규정에 의한 주식
등변동상황명세서는 기획재정부령으로 정하며, 동 명세서에는 주식등의 실제소유자를 기준
으로 다음 각 호의 내용을 적어야 한다.
1. 주주등의 성명 또는 법인명, 주민등록번호·사업자등록번호 또는 고유번호
2. 주주등별 주식등의 보유현황
3. 사업연도 중의 주식등의 변동사항
59) 대법원 2017. 5. 11. 선고 2017두32395 판결의 판시사항 참조.

가 작성되지 않은 비상장회사 – 오히려 대부분의 경우를 차지한다 – 의 주식 명의
신탁의 경우에는 상증세법 제45조의2 제1항만으로는 증여세 제재를 할 수 없으므
로,[60] 입법으로써 과세근거가 될 名義의 범위를 규정하여 증여세 제재를 할 수 없
는 문제를 해결한 것으로 보인다.[61] 이는 지금까지 살펴본 것처럼 차명거래의 규제
라는 측면에서 볼 때, '명의'의 개념은 규제기관이나 과세관청이 담당하는 업무를
수행할 때 1차적인 판단 근거로 삼게 되는 자료에 나타나는 기재와 관련되어 있음
을 가리키는 대표적인 사례이다.

헌법재판소[62]도 다음과 같이, 즉 '주식등변동상황명세서는 사실상 과세관청에
대하여 주식의 소유권을 공시하는 것이다. 과세정보와 실질적인 법률관계를 다르게
함으로써 과세행정에 초래하는 지장을 제재하려는 취지와 증여의제 규정 적용의
형평성에 비추어 볼 때, 모든 법인이 과세관청에 제출하는 주식등변동상황명세서
등의 기재도 명의개서의 기준으로 추가한 입법자의 선택에는 합리적인 이유가 있

---

60) 대법원 2014. 5. 16. 선고 2011두11099 판결은 '이 사건 법률조항(주주명부 또는 사원명부가
     작성되지 아니한 경우에는 법인세법 제109조 제1항 및 제119조의 규정에 의하여 납세지 관
     할 세무서장에게 제출한 주주 등에 관한 서류 및 주식등변동상황명세서에 의하여 명의개서
     여부를 판정한다는 것을 규정한 조항)은 주식등변동상황명세서 등에 주식 등의 소유자 명의
     를 실제 소유자와 다르게 기재하여 조세를 회피하려고 하였더라도 주주명부나 사원명부 그
     자체가 없어 명의개서가 이루어지지 아니한 경우에는 상증세법 제45조의2 제1항 본문을 적
     용할 수 없었던 문제점을 보완하여 그러한 경우에도 증여세를 과세하려는 데 그 입법 취지가
     있다'고 판시하고 있다.
61) 한편, 위 규정은 주주명부가 없는 경우에만 적용되므로, 만약 주주명부가 있는 경우에는 주
     식등변동상황명세서 등에 주식의 소유자 명의가 실제 소유자와 다르게 기재되어 있다고 하
     더라도, 명의자 앞으로 주식에 대한 명의개서가 이루어지지 아니하였다면 명의자에게 상증
     세법 제45조의2 제4항을 적용하여 증여세를 과세할 수는 없다(위 대법원 2011두11099 판결).
     또한, 판례는 주식등변동상황명세서 등이 제출되면 그 시점에 주식 등의 변동상황이 회사를
     비롯한 외부에 명백하게 공표되어 명의신탁으로 인한 증여의제 여부가 판정될 수 있으므로,
     실제소유자와 명의자가 다른 주식의 변동사실이 외부에 분명하게 표시되었다고 볼 수 있는
     위 명세서 등의 제출일을 증여세 목적에 따른 증여의제일로 본다(위 대법원 2017두32395 판
     결. 위 판례는 앞서 본 '과세관청이 주식등변동상황명세서 등을 과세자료로 활용할 수 있다
     고 하더라도 이는 과세목적상 협력의무 이행의 일환으로 사업연도 중 주식 등의 변동 상황을
     기록하는 문서에 불과한 것이어서, 주주권 행사 등의 기초가 되는 주주명부와는 본질적으로
     차이가 있다. 또한 주식등변동상황명세서에는 주주명부의 명의개서일과 같이 당해 회사가
     주식양도사실을 확인한 일자가 별도로 나타나 있지도 않다'는 이유로 '이러한 주식등변동상
     황명세서 등에 비록 주식의 양도일이나 취득일이 기재되어 있다고 하더라도, 바로 그 시점에
     다수의 주주와 관련된 법률관계를 처리할 목적에서 마련된 주주명부에 명의개서가 이루어진
     것과 동등한 효력을 부여할 수는 없다'고 한다).
62) 헌법재판소 2012. 5. 31. 선고 2009헌바170, 172, 2010헌바22, 68, 118, 218, 340, 410, 2012헌
     바36, 96(병합) 전원재판부 결정.

다. 조세회피 방지, 세원의 적절한 포착 및 조세징수 비용의 감소는 중대한 공익이며, 구체적인 행위 태양, 명의신탁으로 회피할 수 있는 조세액의 크기에 따라 법원이 차별화한 적용을 하고 있다'는 설시를 남기고 있다.

결론적으로 헌법재판소는 상증세법 제45조의2 제4항이 재산권 및 자유로이 계약을 체결할 권리를 과잉금지원칙에 위배되게 제한한다고 볼 수 없어 헌법에 위반되지 않는다고 판단하였다. 이 글에서 계속하여 살펴보는 차명거래의 규제는 대체로 규제기관의 규제나 과세관청의 과세를 피하기 위하여 하는 경우에 이루어진다 (그러한 입장이 옳은가 하는 것은 물론 이 글이 아래에서 주로 논의하는 대상이다). 따라서 차명거래의 규제나 과세에 관한 한 '차명'이나 관련된 '명의'의 개념이 순수하게 민법적 시각 – '현명' 개념을 중심으로 하는 – 에서 이루어질 수 없음은 자명하다. 좀 더 중요한 것은 그러한 규제나 과세를 담당하는 행정기관이 단순한 명의대여자와 명의차용자를 쉽게 구별해 낼 수 있는가 하는 점이기 때문이다. 그러한 점에서 볼 때 입법자가 주주명부 등이 없는 비상장회사의 경우에 명의신탁 증여의제의 제재를 하기 위하여 주식등변동상황명세서상의 주주 '명의'를 기준으로 상증세법 제45조의2 제1항 소정의 명의개서 여부를 판단하도록 한 것은 타당하다고 할 것이다.

이와 관련하여 비상장회사가, 실제로는 별달리 중요한 의미를 가지지 않는 주주명부란 것을 유지하고 있으면서,[63] 실제로는 주식에 관하여 명의신탁을 하였음에도 주주명부에는 명의신탁자만을 주주로 등재한 반면 주식등변동상황명세서에는 주주 명의를 명의수탁자 명의로 기재한 경우가 있을 수 있다. 대법원 2014. 5. 16. 선고 2011두11099 판결의 사안이 그러하다.

이러한 경우 과세관청이 납세지 관할 세무서장에게 제출된 주식등변동상황명세서를 바탕으로 주식 명의신탁이 있다고 판단하여 명의신탁 증여의제 규정에 의하여 명의수탁자에게 증여세부과처분을 한 경우를 생각해보자. 앞서 본 바와 같이 실무상 과세관청의 입장에서는 주식등변동상황명세서상의 주주 '명의'를 기준으로 명의개서를 판단할 수밖에 없을 것이다. 그럼에도 납세의무자가 위 증여세부과처분에 불복하여 위 처분의 취소를 구하는 소를 제기한 경우에, 과세관청의 입장에서는 '주식등변동상황명세서는 주주명부상 명의개서된 내용을 그대로 반영하여 작성하

---

[63] 주주명부가 법인설립 신고 및 사업자등록신청을 하면서 편의에 따라 임시로 작성하여 제출한 서류에 불과하고 실제 주주의 변동상황을 제대로 반영하지 못하는 경우가 이와 같다고 할 수 있다.

도록 되어 있으므로, 주식등변동상황명세서가 주주명부와 다르게 기재될 수밖에 없었던 특별한 사정을 납세의무자가 주장·입증하지 못하는 한 주식 명의신탁으로 인한 증여세 부과처분은 적법하다고 보아야 하고, 납세의무자가 주주명부상 명의개서가 이미 이루어졌다는 전제에서 주식등변동상황명세서를 작성·제출하고서도 뒤늦게 명의개서가 이행되지 않았다고 주장하는 것은 신의성실의 원칙에 반하여 허용될 수 없다'고 주장할 수도 있다. 위 대법원 2011두11099 판결은 결론적으로 '주주명부가 작성되어 있는 경우에는 명의자 앞으로 주식에 대한 명의개서가 이루어지지 아니하였다면 설령 주식등변동상황명세서 등에 주식의 소유자 명의가 실제 소유자와 다르게 기재되어 있다고 하더라도 명의자에게 구 상증세법 제45조의2 제3항을 적용하여 증여세를 과세할 수는 없다'고 하여 부정적인 입장이다.

생각건대, 법인세의 과세표준 및 세액을 신고할 때 첨부하여 제출하는 서류인 주식 및 출자지분 변동상황명세서를 주주명부와 동일시할 수는 없으나, 실제의 사실관계가 주식에 관한 명의신탁이 있었고 그런 연유로 주식등변동상황명세서에는 명의수탁자가 일정 주식을 보유하는 것으로 기재하였는데, 주주명부상에만 이러한 사실을 반영하지 못한 경우에는 증여세 부과처분이 적법하다고 보아야 한다. 왜냐하면 명의신탁 증여의제 규정은 조세회피 목적의 차명거래를 억제하고 이를 제재하기 위한 일종의 제재 규정인데, 위와 같이 실제로 명의신탁이 있었고 그러한 외관도 어느 정도 갖추어져 있는 경우에는 위와 같은 제재를 가할 필요가 있고, 위와 같은 사안을 제재하는 것이 위 명의신탁 증여의제 규정의 입법 취지에도 들어맞는다고 할 수 있기 때문이다. 오히려 명의신탁이 있었고 주식등변동상황명세서상의 주주 '명의'에 명의신탁이 표시되었음에도 단지 주주명부상 주주 '명의'에 명의신탁임을 드러내는 외관이 나타나지 않았다는 이유로 이를 제재할 수 없다면, 제재의 공백이 생길 수 있어 명의신탁을 억제하려는 명의신탁 증여의제 규정의 입법취지에 맞지 않기 때문이다. 따라서 위 대법원 2011두11099 판결은 타당하지 않다고 보아야 한다.

한편, 이러한 일반론을 전제로 하여, 그리고 일반론을 개진하기 위해서 미리 예로 든 구체적인 사례를 제외하고, 이하에서는 부동산, 주식, 사채, 예금의 경우 '명의'에는 또 어떤 것들이 있는지를 살펴보고자 한다.

2. 차명부동산

가. 등기부와 대장

차명부동산의 경우, 공부로는 등기부와 대장이 있다.

등기부란 부동산에 관한 권리관계 또는 부동산 표시에 관한 사항을 기재하는 공적 장부를 말하며,[64] 토지등기부와 건물등기부로 구분된다(부동산등기법 제14조 제1항).[65] 등기부란 '전산정보처리조직에 의하여 입력·처리된 등기정보자료를 대법원규칙이 정하는 바에 따라 편성한 것'이고 그 중 '1필의 토지 또는 1개의 건물에 관한 등기정보자료'가 등기기록이다(부동산등기법 제2조 제1호, 제3호).[66]

한편 대장은 부동산 자체의 현황을 명확히 파악하기 위하여 시장·군수·구청장이 작성하는 장부로서, 조세의 부과징수라는 행정목적 달성을 위하여 작성되어 왔으며, 여기에는 토지대장과 임야대장 및 건축물대장 등이 있다.[67]

나. 등기부와 대장의 관계

등기부와 대장은 밀접한 관계가 있다. 미등기의 토지 또는 건물에 관한 소유권보존등기는 대장에 최초의 소유자로 등록되어 있는 자 또는 그 상속인, 그 밖의 포괄승계인이 신청할 수 있으므로 대장을 근거로 이루어진다고 할 수 있다.[68] 그 이후에 부동산의 권리관계에 변동이 생기면 등기부에 변경사항이 기재된 후 등기부를 근거로 대장상의 권리관계가 변동된다. 반면 권리관계가 아니라 현황이나 지번, 지목 등의 사실적 사항이 변경되면 우선 대장을 중심으로 변경이 이루어진 후 등기

---

64) 사법연수원, 부동산등기법(2016), 4.
65) 현행법상 등기할 수 있는 권리는 소유권·지상권·지역권·전세권·저당권·권리질권·채권담보권 및 부동산임차권(부동산등기법 제3조 각 호), 부동산환매권(부동산등기법 제53조)과 신탁(부동산등기법 제81조 이하)이다. 사법연수원, 위의 책, 4.
66) 등기기록에는 부동산의 표시에 관한 사항을 기록하는 표제부와 소유권에 관한 사항을 기록하는 갑구, 소유권 외의 권리에 관한 사항을 기록하는 을구를 둔다(부동산등기법 제15조 제2항). 다만 구분건물 등기기록에는 1동의 건물에 대한 표제부를 두고 전유부분마다 표제부·갑구·을구를 둔다(부동산등기법 시행규칙 제14조 제1항).
67) 사법연수원, 앞의 책, 5.
68) 부동산등기법 제65조(소유권보존등기의 신청인) 미등기의 토지 또는 건물에 관한 소유권보존등기는 다음 각 호의 어느 하나에 해당하는 자가 신청할 수 있다.
   1. 토지대장, 임야대장 또는 건축물대장에 최초의 소유자로 등록되어 있는 자 또는 그 상속인, 그 밖의 포괄승계인

부의 변경도 이루어진다. 등기부와 대장이 불일치하게 되면[69] 권리관계는 등기부의 기재를, 권리관계 외의 사항[70]은 대장의 기재를 우선시한다.[71]

그리고 등기는 공동신청주의가 원칙이나 등기의 성질상 등기의무자의 존재를 생각할 수 없는 경우로서 미등기부동산의 소유권보존등기[72]는 명의인의 단독 등기신청이 가능하다.

다. 등기부와 대장의 법률상 지위

민법 제186조는 '부동산에 관한 법률행위로 인한 물권의 득실변경은 등기하여야 그 효력이 생긴다'고 규정하여, 부동산의 물권변동을 위하여는 당사자의 의사표시만으로는 부족하고 등기라는 공시방법을 갖추어야만 한다는 성립요건주의(형식주의)[73]를 채택하고 있다.[74] 따라서 물권변동을 원하는 당사자들은 등기부에 등기를 경료하여야 물권을 변동시킬 수 있다.

그런데 토지대장이나 건축물대장상으로는 명의자로 등재되어 있으나 등기부에는 등기가 기재되지 않은 경우나 등기부가 작성되어 있지 않아 미등기 상태인 경우도 있다.

앞서 본 바와 같이 우리나라는 형식주의를 채택하고 있기 때문에, 토지대장이나 건축물대장의 변경행위만으로는 토지나 건축물에 대한 실체상의 권리관계에 어떤 변동을 가져오는 것은 아니다.

그러나 대장에 일정한 사항을 등재하거나 변경하는 행위는 관계 법령에 따라

---

69) 신청정보 또는 등기기록의 부동산의 표시가 토지대장·임야대장 또는 건축물대장과 일치하지 아니한 경우, 등기관은 등기신청을 각하하여야 한다(부동산등기법 제29조 제11호).

70) 토지의 개수는 지적공부상의 토지의 필수를 표준으로 하여 결정되는 것으로 1필지의 토지를 수필의 토지로 분할하여 등기하려면 관련 법이 정하는 바에 따라 먼저 지적공부 소관청에 의하여 지적측량을 하고 그에 따라 필지마다 지번, 지목, 경계 또는 좌표와 면적이 정하여진 후 지적공부에 등록되는 등 분할의 절차를 밟아야 되고, 가사 등기부에만 분필의 등기가 이루어졌다고 하여도 이로써 분필의 효과가 발생할 수는 없으며 분할 전 토지는 여전히 한 필지의 토지로 존재한다고 보아야 한다(대법원 1990. 12. 7. 선고 90다카25208 판결, 대법원 1984. 3. 27. 선고 83다카1135 판결, 대법원 1995. 6. 16. 선고 94다4615 판결 등 참조).

71) 사법연수원, 앞의 책, 6.

72) 부동산등기법 제23조(등기신청인) ① 등기는 법률에 다른 규정이 없는 경우에는 등기권리자와 등기의무자가 공동으로 신청한다.
② 소유권보존등기 또는 소유권보존등기의 말소등기는 등기명의인으로 될 자 또는 등기명의인이 단독으로 신청한다.

73) 동산의 경우는 민법 제188조(동산물권양도의 효력, 간이인도)가 성립요건주의의 근거가 된다.

74) 곽윤직·김재형, 물권법[민법강의 Ⅱ] 제8판, 박영사(2015), 45.

담당공무원이 필요서류를 제출받아 검토하고 실제 현황을 조사하고 확인하는 과정을 거쳐 이루어진다. 따라서 일단 대장에 등재가 되고 나면 등재된 대로 토지나 건축물의 현황이 공적으로 증명되는 효과가 발생한다. 그래서 행정청이 건축허가를 하거나, 조세를 부과하거나[75] 손실보상 등을 하는 등 행정처분을 함에 있어서는 일응 대장에 기재된 바가 진실에 부합한다는 전제를 가지고 그 처분을 하게 되고, 그 결과 대장에 등재하는 것은 그것과 관련된 행정처분의 상대방에게 영향을 미치게 된다.[76]

라. 명의와 실질의 분리

앞에서 차명거래로 인한 명의와 실질의 분리에 관하여 기본적으로, 겉으로 드러난 권리의 귀속과, 이러한 권리에 발생하는 경제적 이익이나 관련된 위험의 귀속이 다른 경우를 가리킨다고 전제하였다. 그렇다면 부동산과 관련하여서 명의와 실질이 분리되는 것은 다음의 경우를 일컫는다고 할 수 있다. 즉 등기된 부동산의 경우는 등기부상의 명의인과 '실제소유자'[77]가 분리되는 것을 말한다. 방금 말하였듯이 차명거래는 부동산의 현황 등과 같은 사실의 문제가 아니라, 권리의 귀속을 실질과 다르게 하기 위하여 하는 것이다. 따라서 대장이 아니라 등기부의 기재가 문제되는 것이고, 그러한 의미에서 등기부의 기재가 '명의'에 해당한다고 할 수 있는 것이다. 다만 미등기된 부동산의 경우는, 등기부의 기재가 없는데다가 대장의 기재가 궁극적으로 등기부의 기재 내용에 영향을 미치므로, 그러한 점에서 대장상의 명의인과 실제소유자가 분리되는 것을 두고 차명부동산에서 명의와 실질이 분리되는 것이라고 말할 수 있다.

---

75) 재산세의 납세의무자는 과세기준일 현재 재산을 사실상 소유하고 있는 자인데(지방세법 제107조 제1항), 공부상 소유자와 사실상 소유자가 다를 경우에는 신고의무를 부과하고 신고가 없으면 공부상 소유자에게 부과한다(지방세법 제107조 제2항). 그런데 여기에서 '공부상의 소유자'란 등기된 토지는 등기부등본상의 소유자, 미등기된 토지는 토지대장, 임야대장상의 소유자이다. 조명연, "공공사업에 관한 보유과세의 문제점", 법학논고 29집, 경북대학교 출판부(2008), 311-312.

76) 김정중, "건축물대장 변경행위 등의 처분성", 재판자료 제120집 : 행정재판실무연구 Ⅲ, 법원도서관(2010), 96-97.

77) 앞에서 말한 대로 실질 '권리자' 정도의 표현이 적절할 것인데, 부동산 명의신탁의 경우에만 실질 소유자라고 쓸 수는 있을 것이다. 한편 주식 및 사채에 관하여는 상증세법 제45조의2 제1항 본문에서 '실제소유자와 명의자가 다른 경우'라고 규정하고 있어 '실제소유자'란 용어를 쓰고 있음은 앞서 본 바와 같다.

3. 차명주식

가. 주주명부

주식과 관련하여, 상법은 주주명부제도를 두고 있는데, 그 이유는 주식을 발행하고 양도함에 따라 주주가 계속 변화하는 등 단체법적 법률관계가 복잡하고 수시로 변동할 수 있는 것과 관련하여, 다수의 주주에 관한 법률관계를 획일적이고 명확히 하기 위한 처리기준을 마련하기 위해서이다. 회사의 입장에서는 주주에 대한 실질 권리관계를 조사하지 않고도 주주명부의 기재에 따라 주주권을 행사할 수 있는 자를 확정할 수 있는 편리함이 있다. 또 한 가지 덧붙이자면, 그렇기 때문에 단체법적 법률관계의 복잡함이나 수시 변동과 같은 문제가 발생하지 않는 비상장법인의 경우 굳이 주주명부가 작성되어 관리되는 일이 드물다는 것이다.

주식양도는 양도의 합의와 주권의 교부로 완성된다(상법 제336조 제1항). 한편 주식양도를 회사에 대항하기 위해서는 주주명부에서의 기재 즉 명의개서가 필요하다(상법 제337조 제1항). 주주명부는 이와 같이 기본적으로 주식을 발행한 회사를 위한 것이고,[78] 우리 법에서는 부동산 등기와 같이 권리 변동의 요건으로서 성격을 갖고 있지 않다. 회사의 입장에서는 주주명부에 기재된 주소로 주주총회 소집 통지 등을 하고, 회사가 정한 날에 주주명부에 기재된 주주에게로 신주인수권 등을 귀속시킬 수 있다.

이와 관련하여 주식을 인수하거나 양수하려는 자(명의차용자)가 다른 사람의 명의(명의대여자)를 빌려 회사의 주식을 인수하거나 양수하고 그 타인의 명의로 주주명부에 기재를 하는 경우를 주식에 관한 차명거래라 할 수 있다. 즉 위와 같은 경우가 명의와 실질이 분리되는 경우이다.

나. 상장주식

상장회사의 발행 주식을 취득하려는 자는 증권회사에 자신의 명의로 매매거래계좌를 개설하고 증권 매매거래를 위탁하게 된다. 증권회사가 증권시장에서 거래소를 통하여 매수한 주식은 계좌명의인의 매매거래계좌에 입고된다.

---

78) 노혁준, "전자증권법의 상법상 쟁점에 관한 연구―주식관련 법리를 중심으로―", 비교사법 제24권 제4호, 한국비교사법학회(2017), 1666.

또한 상장회사의 발행 주식을 취득한 투자자는 증권회사에 주식을 예탁하고, 증권회사는 예탁받은 주식을 다시 한국예탁결제원에 예탁하게 된다. 이때 투자자와 예탁자는 각각 투자자계좌부와 예탁자계좌부에 기재된 증권 등의 종류·종목 및 수량에 따라 예탁증권 등에 대한 공유지분을 가지는 것으로 추정되고(자본시장법 제312조 제1항), 예탁증권 등 중 주식의 공유자(이하 '실질주주'라고 한다)는 주주로서의 권리 행사에 있어서는 그 공유지분에 상당하는 주식을 가지는 것으로 본다(자본시장법 제315조 제1항). 그리고 한국예탁결제원은 주주명부폐쇄기준일의 실질주주에 관하여 주주의 성명 및 주소 등을 주권의 발행인 등에게 통지하고, 그 통지를 받은 발행회사 등은 통지받은 사항에 관하여 실질주주명부를 작성·비치하여야 한다(자본시장법 제315조 제5항, 제316조 제1항). 그리고 실질주주명부의 기재는 주주명부의 기재와 같은 효력을 가진다(자본시장법 제316조 제2항).

상장주식과 관련하여서 명의와 실질이 분리되는 것은 실질주주명부상의 주식의 명의인과 실제 소유자가 분리되는 것을 의미한다고 말할 수 있다. 주식의 귀속과 관련하여 겉으로 드러나는 유일한 기재가 실질주주명부상의 그것이기 때문이다. 그리하여 규제기관이나 과세관청은 기본적으로 실질주주명부의 기재를 근거로 규제나 과세 권한의 발동 여부를 정할 것이고, 그러한 의미에서 실질주주명부에 기재된 주주가 해당 주식에 대한 실질 권리자와 다르게 되는 현상은 문제가 된다는 것이다. 즉 상장주식과 관련하여 주식 명의신탁을 하면 주주명부상 명의인과 실제소유자가 달라지지는 않으나 발행회사가 작성하여 비치하는 실질주주명부상의 명의인과 실제소유자가 달라지고, 위 실질주주명부의 기재는 주주명부의 기재와 동일한 효력을 가지므로, 실질주주명부상의 '명의'와 '실질'이 분리되는 현상을 차명주식이라고 말할 수 있다.

다. 주주명부 등이 없는 비상장주식

상장회사가 아닌 소규모의 비상장회사 등은 주주명부 또는 사원명부가 작성되지 아니한 경우가 있다. 그런데 상증세법 제45조의2 소정의 명의신탁 증여의제 규정을 적용함에 있어서는 '주주명부 또는 사원명부가 작성되지 아니한 경우에는 법인세법 제109조 제1항[79] 및 제119조[80])에 따라 납세지 관할세무서장에게 제출한 주

---

79) 법인세법 제109조(법인의 설립 또는 설치신고) ① 내국법인은 그 설립등기일(사업의 실질적 관리 장소를 두게 되는 경우에는 그 실질적 관리장소를 두게 된 날)부터 2개월 이내에 다음

주 등에 관한 서류 및 주식등변동상황명세서에 의하여 명의개서 여부를 판정'하게
된다(상증세법 제45조의2 제4항).[81]

따라서 비상장주식과 관련하여서 명의와 실질이 분리되는 것은 위 법인세법 규
정에 따라 납세지 관할세무서장에게 제출한 주주 등에 관한 서류 및 주식등변동상
황명세서상의 주식 명의인과 실제소유자가 분리되는 것을 의미한다고 할 것이다.
이에 관하여는 이미 앞의 1.에서 설명하였다.

라. 전자증권법[82](2019. 9. 16. 시행 예정)

2019. 9. 16. 시행될 예정인 전자증권법이 시행될 경우에는 주식에 관하여도 전
자등록이 이루어지게 된다.

전자증권법이 시행되면 자본시장법에 따라 증권시장에 상장하는 주식에 대하
여는 반드시 전자등록을 신청해야 하고,[83] 주식의 발행인이 스스로 원하여 전자등
록 신청을 하는 경우에도 주식의 전자등록이 이루어지는데, 이러한 경우 주주명부
제도[84]는 그대로 존속하게 된다.[85] 전자증권법에 의하면, '전자등록'이란 '주식등

각 호의 사항을 적은 법인 설립신고서에 대통령령으로 정하는 주주등의 명세서와 사업자등
록 서류 등을 첨부하여 납세지 관할 세무서장에게 신고하여야 한다. 이 경우 제111조에 따른
사업자등록을 한 때에는 법인 설립신고를 한 것으로 본다.(이하 생략)

80) 법인세법 제119조(주식등변동상황명세서의 제출) ① 사업연도 중에 주식등의 변동사항이 있
는 법인(대통령령으로 정하는 조합법인 등은 제외한다)은 제60조에 따른 신고기한까지 대통
령령으로 정하는 바에 따라 주식등변동상황명세서를 납세지 관할 세무서장에게 제출하여야
한다.

81) 상속세 및 증여세법 제45조의2(명의신탁재산의 증여 의제) ④ 제1항을 적용할 때 주주명부
또는 사원명부가 작성되지 아니한 경우에는 「법인세법」 제109조 제1항 및 제119조에 따라
납세지 관할세무서장에게 제출한 주주등에 관한 서류 및 주식등변동상황명세서에 의하여 명
의개서 여부를 판정한다.

82) 주식·사채 등의 전자등록에 관한 법률을 지칭함은 글 서두에 밝혀둔 바와 같다.

83) 전자증권법 제25조 제1항.

84) 실질주주명부는 현행 상장주식과 관련하여 주식거래 결제를 위하여 주주명부상에 한국예탁
결제원이 주주로 등재되고, 주주명부에 의해서는 회사가 주주를 확정할 수 없게 되자, 자본
시장법이 주주명부와는 별개로 실질주주명부를 만들어 여기에 주주명부와 같은 효력을 부여
하였기 때문에 생긴 것이다. 그러나 전자증권법이 시행되면 주주는 전자등록부에 주식의 권
리자로 직접 등록될 뿐, 현행과 같이 한국예탁결제원이 전자등록부에 주식의 권리자로 등록
된다거나 실질주주명부를 만들어 실질주주를 관리하지는 않게 된다. 즉 전자증권법이 시행
되면 주주명부상 형식적 주주(한국예탁결제원)와 실질주주로 구별되지 않고, 주주명부도 상
법상 주주명부와 실질주주명부 등으로 이원화되지도 않을 것이므로, 실질주주명부 제도는
사라지게 된다.

85) 전자증권법 제37조 제6항은 전자등록제도하에서도 주주명부 제도가 유지됨을 전제로 한 규

의 종류, 종목, 금액, 권리자 및 권리 내용 등 주식등에 관한 권리의 발생·변경·소멸에 관한 정보를 전자등록계좌부에 전자적 방식으로 기재하는 것'[86])을, '전자등록계좌부'란 '주식등에 관한 권리의 발생·변경·소멸에 대한 정보를 전자적 방식으로 편성한 장부로서 고객계좌부, 계좌관리기관등 자기계좌부 등'[87])을 말한다.

한편 주식에 관하여 전자등록계좌부에 전자등록된 자는 주식에 대하여 전자등록된 권리를 적법하게 가지는 것으로 추정하고,[88]) 전자등록된 주식을 양도하는 경우에는 계좌 간 대체의 전자등록을 하여야 그 효력이 발생한다(양도의 성립요건).[89]) 발행인은 전자등록된 주식에 대해서는 증권 또는 증서를 발행해서는 아니 되고,[90]) 이를 위반하여 발행된 증권 또는 증서는 효력이 없으며,[91]) 전자등록된 주식의 권리자는 전자등록기관을 통하여 배당금, 원리금, 상환금의 수령 등 주식에 관한 권리를 행사할 수 있는데, 전자등록된 주식의 권리자는 전자등록기관을 통하여 권리를 행사한다는 뜻과 권리 행사의 내용을 구체적으로 밝혀 전자등록기관에 신청하여야 한다. 이 경우 고객계좌부에 전자등록된 권리자는 계좌관리기관을 통하여 이를 신청하여야 한다.[92])

따라서 전자증권법이 시행되어 주식 등의 종류, 종목, 금액, 권리자 등에 관한 정보가 전자등록계좌부(고객계좌부, 계좌관리기관 등 자기계좌부)에 전자적 방식으로 기재될 경우, 명의와 실질이 분리되는 것은 전자증권법에 따라 전자등록계좌부인 고객계좌부[93])상의 주식 명의인과 실제소유자가 분리되는 것을 의미한다고 말할 수

정이다.

주식·사채 등의 전자등록에 관한 법률 제37조(소유자명세) ⑥ 발행인은 제4항 전단에 따른 통지를 받은 경우 통지받은 사항과 통지 연월일을 기재하여 주주명부등을 작성·비치하여야 한다. 다만, 해당 주식등이 무기명식인 경우에는 그러하지 아니하다.

86) 전자증권법 제2조 제2호.
87) 전자증권법 제2조 제3호.
88) 전자증권법 제35조 제1항.
89) 전자증권법 제35조 제2항.
90) 전자증권법 제36조 제1항.
91) 전자증권법 제36조 제2항.
92) 전자증권법 제38조 제1항, 제2항.
93) 주식·사채 등의 전자등록에 관한 법률 제22조(고객계좌 및 고객관리계좌의 개설 등) ① 전자등록주식등의 권리자가 되려는 자는 계좌관리기관에 고객계좌를 개설하여야 한다.
② 제1항에 따라 고객계좌가 개설된 경우 계좌관리기관은 다음 각 호의 사항을 전자등록하여 권리자별로 고객계좌부를 작성하여야 한다.
1. 권리자의 성명 또는 명칭 및 주소
2. 발행인의 명칭

있다. 주식의 귀속과 관련하여 겉으로 드러나는 기재가 고객계좌부상의 그것이기 때문이다. 그리하여 규제기관이나 과세관청은 기본적으로 고객계좌부의 기재를 근거로 규제나 과세권한의 발동 여부를 정할 것이고, 그러한 의미에서 전자등록계좌부인 고객계좌부에 기재된 주주가 해당 주식에 대한 실질 권리자와 다르게 되는 현상은 문제가 된다는 것이다. 즉 전자등록된 주식과 관련하여 주식 명의신탁을 하면 전자등록계좌부인 고객계좌부상의 명의인과 실제소유자가 달라지게 된다. 비록 앞서 본 바와 같이 전자증권법하에서 주주명부 제도가 유지되더라도, 전자증권법은 주주명부제도와 전자등록제도와의 조화를 위하여, 전자등록기관이 주식 발행인으로부터 주식의 소유자명세 작성을 요청받은 후 주식 발행인에게 통지를 하는 경우 통지받은 사항과 통지 연월일을 기재하여 주주명부 등을 작성·비치할 의무를 부과하고 있다.[94] 이로 인하여 고객계좌부상의 주식 명의인과 주주명부상의 주식 명의인이 일치하게 될 것이다. 따라서 전자증권법이 시행되면, 고객계좌부상의 '명의'와 '실질'이 분리되는 현상, 주주명부상의 명의인과 실제소유자가 분리되는 현상을 차명주식이라고 말할 수 있으나, 위 명의는 대체로 일치하게 될 것이다. 그리고 전자증권법이 시행되면, 위와 같이 전자등록계좌부인 고객계좌부의 명의가 중요하므로, 상증세법 제45조의2 소정의 명의신탁 증여의제 규정은 실제소유자와 '주주명부상 명의개서를 한 명의자'뿐 아니라 '전자등록계좌부인 고객계좌부상의 명의자'와 실제소유자가 다른 경우를 포함하는 것으로 개정할 필요가 있다.

4. 차명사채

가. 사채원부

기명사채의 양도방법에 관하여는 상법에 특별한 규정이 없는데 이는 일종의 지명채권이므로 민법상 지명채권의 양도방법에 의하되, 권리가 채권에 표창되어 있기 때문에 의사표시와 사채권의 교부로 양도의 효력이 발생하고,[95] 회사 및 제3자에게

---

3. 전자등록주식등의 종류, 종목 및 종목별 수량 또는 금액
4. 전자등록주식에 질권이 설정된 경우에는 그 사실
5. 전자등록주식등이 신탁재산인 경우에는 그 사실
6. 전자등록주식등의 처분이 제한되는 경우에는 그에 관한 사항
7. 그 밖에 고객계좌부에 등록할 필요가 있는 사항으로서 대통령령으로 정하는 사항

94) 노혁준, 앞의 논문, 1669.
95) 정동윤 집필대표, 주석상법 제5판[회사 (Ⅴ)](윤영신 집필부분), 한국사법행정학회(2014),

대항하기 위해서는 사채원부에 명의개서를 하고 사채권에 그 성명을 기재하여야
한다(상법 제479조 제1항). 즉 기명사채 양도의 효력요건은 의사표시 및 사채권의 교
부이고, 대항요건은 사채원부의 명의개서 및 사채권에의 성명 기재이다.

반면 무기명사채의 경우에는 사채권의 교부가 양도의 효력요건이지만(상법 제
65조, 민법 제534조), 대항요건에 관하여 상법 조항이 없으므로 사채원부의 명의개서
는 대항요건이 아니다.[96] 그런데 실제로 유통되는 사채는 대부분 무기명사채이므
로 사채원부는 거의 의미가 없고,[97] 기명사채가 존재한다고 하더라도 아래에서 보
는 공사채 등록법상 등록한 사채와 관련하여 공사채 등록기관에서는 기명사채의
등록발행을 받지 않고 있다고 한다.[98]

이와 관련하여 사채를 인수하거나 양수하려는 자(명의차용자)가 다른 사람의
명의(명의대여자)를 빌려 사채를 인수하거나 양수하고 그 타인의 명의로 사채원부
에 사채권자로 기재하는 경우를 사채에 관한 차명거래라 할 수 있다.[99] 사채의 귀
속과 관련하여 겉으로 드러나는 유일한 기재가 사채원부상의 그것이기 때문이다.
그리하여 규제기관이나 과세관청은 기본적으로 사채원부의 기재를 근거로 규제나
과세 권한의 발동 여부를 정할 것이고, 그러한 의미에서 사채원부에 기재된 사채
권자가 해당 사채에 대한 실질 권리자와 다르게 되는 현상은 문제가 된다는 것이
다. 즉 사채와 관련하여 사채 명의신탁을 하면 사채원부상 명의인과 실제소유자가
달라지므로, 사채원부상의 '명의'와 '실질'이 분리되는 현상을 차명사채라고 말할
수 있다.

102; 이철송, 회사법강의 제26판, 박영사(2018), 1024.
96) 무기명사채의 경우에는 사채권을 교부받아 이를 점유하고 소지하는 것만으로 제3자에게 대
항할 수 있다.
97) 송옥렬, 상법강의 제7판, 홍문사(2017), 1161.
98) 심인숙, "회사분할시 유로본드 투자자의 법적 지위", 민사판례연구 제32권, 박영사(2010),
709.
99) 논리상으로는 기명사채만이 차명거래가 문제되고, 무기명사채에서는 차명거래 문제가 발생
하지 않으나, 현재 무기명사채를 포함하여 모든 사채가 공사채 등록법에 의하여 등록발행되
고 있으므로 무기명사채의 경우에도 아래에서 보는 바와 같이 공사채 등록법과 관련하여 차
명거래가 문제된다.

나. 공사채 등록법[100]

사채에 관한 채권등록제도는 1970. 1. 1. 제정되어 시행된 공사채 등록법 제6조에 의하여 입법화되었는데, 공사채 등록법 제5조 제1항에 의하면 등록한 공사채에 대하여는 채권을 발행하지 아니하게 되어 있다. 채권등록제도는 채권자의 청구로 채권 발행 대신에 등록기관에서 비치하는 등록부에 채권 내용을 등록하는 것으로 채권이 없어도 등록만으로 권리를 행사할 수 있고 양도 등도 등록만으로 가능하도록 한 것이고, 현재 거의 모든 사채가 공사채 등록법상의 채권등록제도에 의하여 발행되고 있다.[101]

공사채 등록법상 등록된 기명사채는 발행회사 및 제3자에 대한 대항요건으로 등록부에 채권 내용의 등록 및 사채원부에의 기재 등을 필요로 한다.[102] 그리고 공사채 등록법상 등록된 무기명사채의 경우 이는 채권이 없는 무형의 권리로 유가증권이론이 적용되지 않으므로 당사자 간의 의사표시만으로 효력이 발생하는데(유효요건),[103] 발행회사 및 제3자에 대한 대항요건으로 등록부에 채권 내용의 등록을 필요로 한다.[104]

따라서 일단 공사채 등록법상 등록된 사채와 관련하여서 명의와 실질이 분리되는 것은, 기명사채의 경우에는 발행회사에 비치된 사채원부상의 명의인 및 등록기관이 보관하는 등록부상 사채권자 명의와 실제소유자가 분리되는 것을, 무기명사채

---

100) 공사채 등록법상 사채권 등록제도는 최초에는 종이로 된 공사채원부에 사채를 등록하는 제도였으나 위 원부는 현재 전자화되었다. 그래서 공사채 등록법에 의한 등록도 전자적 방식에 의한 등록이라고 할 것이다. 그러나 공사채 등록법에 의한 전자 등록은 예탁제도와 결합된 불완전한 형태의 전자적 방식에 의한 등록임에 반해 아래에서 보는 현행법상 전자단기사채와 관련되는 전자등록제도 또는 앞으로 시행될 예정인 전자증권법상의 전자등록제도는 예탁제도가 필요 없는 완전한 형태의 전자적 방식에 의한 등록이라는 차이점이 있다.

101) 박철영, "전자단기사채제도의 법적 쟁점과 과제", 상사법연구 제32권 제3호, 한국상사법학회 (2013), 20−21.

102) 공사채 등록기관에는 등록부가, 공사채 발행회사에는 사채원부가 비치되어 있는 것이다.

103) 일반적인 무기명사채의 경우에는 채권이 발행되면 채권의 교부가 양도의 효력요건이다(상법 제65조, 민법 제534조).

104) 공사채 등록법 제6조(등록 공사채의 이전) ① 등록한 무기명식 공사채를 이전하거나 담보권의 목적으로 하거나 신탁재산으로 위탁한 경우에는 그 사실을 등록하지 아니하면 그 공사채의 발행자나 그 밖의 제3자에게 대항하지 못한다.
② 등록한 기명식 공사채를 이전하거나 담보권의 목적으로 하거나 신탁재산으로 위탁한 경우에는 그 사실을 등록하고 발행자가 비치한 공사채원부에 그 사실을 기록하지 아니하면 그 공사채의 발행자나 그 밖의 제3자에게 대항하지 못한다.

의 경우에는 등록기관이 보관하는 등록부상 사채권자 명의와 실제소유자가 분리되는 것을 의미한다고 말할 수 있다.

　그런데 실무상 대부분의 사채 등록은, 공사채등록부상의 채권자 명의를 한국예탁결제원으로 하고 채권자가 지정하는 증권사의 계좌에 해당 증권을 예탁하는 일괄등록발행의 형태로 운영되고 있다. 일괄등록제도는 등록제도와 예탁제도를 결합한 제도로서, 자본시장법 제309조 제5항[105])에 근거하고 있다.[106])

　일괄등록과 관련하여, 등록사채는 증권회사 등을 통해 한국예탁결제원에 예탁되는데 예탁된 등록사채는 등록부에 한국예탁결제원 명의로 등록되고, 양도나 질권설정 등은 등록사채가 아니라 예탁공유지분의 이전으로서 공사채등록부상 등록이 아니라 기명사채이든 무기명사채이든 상관없이 채권의 교부와 효력이 동일한 계좌 간 대체(자본시장법 제311조 제2항[107]))에 의하게 된다.[108]) 한편 판례[109])는 예탁결제제

---

105) 자본시장과 금융투자업에 관한 법률 제309조(예탁결제원에의 예탁 등) ⑤ 예탁자 또는 그 투자자가 증권등을 인수 또는 청약하거나, 그 밖의 사유로 새로 증권등의 발행을 청구하는 경우에 그 증권등의 발행인은 예탁자 또는 그 투자자의 신청에 의하여 이들을 갈음하여 예탁결제원을 명의인으로 하여 그 증권등을 발행할 수 있다.

106) 일괄등록의 경우, 원리금 수령은 한국예탁결제원이 채권자를 대신하여 수행한다. 따라서 원리금은 지급일 당일, 채권자의 증권사 등의 계좌로 자동 입고된다. 또한 전환청구, 풋 옵션 행사 등의 권리행사청구는 채권자가 증권사로 하여금 수행하게 하고, 증권사는 한국예탁결제원에 청구내역을 통보하여 한국예탁결제원이 권리행사를 대행하게 된다.

107) 자본시장과 금융투자업에 관한 법률 제311조(계좌부 기재의 효력) ② 투자자계좌부 또는 예탁자계좌부에 증권등의 양도를 목적으로 계좌 간 대체의 기재를 하거나 질권설정을 목적으로 질물인 뜻과 질권자를 기재한 경우에는 증권등의 교부가 있었던 것으로 본다.

108) 채권등록제도는 유통 측면에서의 한계 때문에 1970년에 도입되었음에도 실제로 거의 운영되지 못하다가 이에 대한 보완책으로 1993년 예탁결제제도와 결합되면서 실제로 운영되게 되었는데{박철영, "전자등록제도 하에서의 사채관리에 관한 검토", 상사법연구 제30권 제2호, 한국상사법학회(2011), 223}, 사채의 예탁결제제도는 원칙적으로 상법상 유가증권인 사채권을 대상으로 하지만 사채권이 발행되지 않는 등록사채도 자본시장법상 의제증권(자본시장법 제4조 제9항)으로서 예탁결제제도의 대상이 되고, 공사채 등록법상 채권등록제도는 채권을 발행하지 않는다는 목적은 달성했으나 유통을 위하여 예탁결제제도와 결합하면서 권리이전 방법으로 공사채등록부상 등록이 아니라 계좌 간 대체의 방식을 채택하게 되었다.

109) 대법원 2015. 4. 23. 선고 2013다45402 판결. 위 판결은 '한국예탁결제원 명의의 공사채 등록이나 공사채 등록법에서 요구하는 대항요건의 구비는 공사채에 관한 증권 등의 발행과 결제업무의 편의 및 유통의 원활을 위한 것일 뿐 공사채에 대하여 실체적인 권리관계를 정하거나 공사채권자의 권리행사를 막기 위한 것이 아니고, 자본시장법은 공사채 등 증권의 실체적인 권리관계를 투자자계좌부의 기재에 의하여 판단하도록 규정하고 있는바, 원고들은 투자자계좌부에 이 사건 사채를 취득한 것으로 기재되어 있으므로, 원심은 원고들이 이 사건 사채의 사채권자라고 판단하였다. 관련 법리에 비추어 기록을 살펴보면, 원심의 위와 같은 판단은 정당하다'고 판시하였다.

도와 결합하여 등록부 명의자가 한국예탁결제원이 된다고 하더라도 사채권자는 한국예탁결제원이 아니라 사채에 투자한 투자자 개인이라고 한다. 그리고 현재 거의 모든 사채가 위와 같은 채권일괄등록제노틀 동해서 서래되고 있다고 힌다.110)

한편, 일괄등록제도에 대비되는 개념으로 개별등록제도111)가 있는데, 개별등록제도는 공사채등록부상에 채권자 본인 명의를 등재하고, 실제 채권자 명의의 등록필증을 채권자에게 직접 교부하는 등록발행의 형태이다.112) 개별등록제도상으로는 등록부 명의자가 개인이 되므로 사채권자는 당연히 사채에 투자한 투자자 개인이 된다.

요약하면, 공사채 등록법상 차명사채의 문제는, 개별등록되는 경우 명의와 실질이 분리되는 것은, 기명사채의 경우에는 발행회사에 비치된 사채원부상의 명의인 및 등록기관이 보관하는 등록부상 사채권자 명의와 실제소유자가 분리되는 것을, 무기명사채의 경우에는 등록기관이 보관하는 등록부상 사채권자 명의와 실제소유자가 분리되는 것을 의미한다고 말할 수 있다. 그리고 일괄등록의 경우 명의와 실질이 분리되는 것은, 기명사채의 경우에는 발행회사에 비치된 사채원부상의 명의인 및 투자자계좌부나 예탁자계좌부상 기재된 사채권자 명의와 실제소유자가 분리되는 것을, 무기명사채의 경우에는 투자자계좌부나 예탁자계좌부상 기재된 사채권자

---

110) 예탁기관에 개별등록발행된 사채는 실무상 없다고 한다. 심인숙, 앞의 논문, 709.

111) 일괄등록과 개별등록의 비교{한국예탁결제원 홈페이지 http://www.ksd.or.kr 참조(2018. 3. 29. 방문)}

	일괄등록	개별등록
공사채등록부상 채권자 명의	한국예탁결제원	채권자 본인
채권발행방법	채권자의 증권사 계좌에 예탁처리	채권자가 채권자등록청구→채권자 명의의 등록필증 교부
원리금 수령방법	채권자의 증권사 계좌에 자동입고 (한국예탁결제원이 원리금 수령을 대행함)	채권자 본인의 직접 원리금 지급기관을 방문하여 본인 명의의 등록필증을 제출하고 원리금 수령

112) 통상적으로 일괄등록이 불가한 발행조건(예탁, 권리행사가 불가한 경우)이거나, 채권 인수자가 개별등록을 요구하는 등의 불가피한 경우에만 개별등록형태로 발행되고 있다. 개별등록된 채권의 권리자가 등록필증을 교부받기 위해서는 채권등록청구서와 인감표, 신분증, 인감을 지참하고, 등록기관에 방문하여 채권자 등록청구를 하여야 한다. 개별등록의 경우, 예탁처리가 되지 않기 때문에 한국예탁결제원을 통한 권리행사 대행 업무가 불가능하다. 따라서 원리금 수령은 채권자 본인이 직접 원리금지급대행기관에 방문하여 본인 명의로 된 채권등록필증을 제출하고 채권자확인을 거쳐야 받을 수 있다. 또한 전환청구, 풋 옵션 행사 등의 권리행사청구도 채권자 본인이 직접 발행회사나 명의개서 대행기관으로 하여야 한다.

명의와 실제소유자가 분리되는 것을 의미한다고 말할 수 있다.

다. 전자단기사채법

전자단기사채법은 한국예탁결제원의 전자등록시스템 개발과정을 거친 후 2013. 1. 15.부터 시행되었는바 사채금액이 1억 원 이상이고 만기가 1년 이내인 요건 등을 갖춘 사채[113]의 경우 실물증권 발행으로 인하여 발생하는 문제를 해결하기 위하여,[114] 즉 사채권 없이 전자적으로 발행, 유통되도록 상법상 사채와는 다른 특례를 규정하고 있다.[115]

전자단기사채법에 의하면, '등록'이란 '전자단기사채등의 종류, 종목, 금액, 권리자 및 권리 내용, 발행 조건 등을 제5조 제2항에 따른 고객계좌부와 제6조 제2항에 따른 계좌관리기관등자기계좌부에 전자적 방식으로 기재하는 것'[116]을 말한다. 한편 전자단기사채에 관하여 계좌관리기관등자기계좌부 및 고객계좌부에 등록된 자는 해당 전자단기사채등에 대하여 등록된 권리를 적법하게 가지는 것으로 추정하고,[117] 전자단기사채를 양도하는 경우에는 계좌 간 대체하는 등록[118]을 하여야 그 효력이 발생한다(양도의 성립요건).[119] 그리고 누구든지 전자단기사채 등에 대하여 실물 증권을 발행하여서는 아니 된다.[120]

---

113) 전자단기사채법 제2조 제1호.
114) 박철영, 앞의 논문("전자단기사채제도의 법적 쟁점과 과제"), 17.
115) 전자단기사채법은 상법상 사채의 전자등록제도(상법 제473조 제3항)를 최초로 입법으로 실현화한 것이다.
116) 전자단기사채법 제2조 제4호.
117) 전자단기사채법 제13조 제1항.
118) 전자단기사채등의 발행 및 유통에 관한 법률 제9조(계좌 간 대체 등록) ① 전자단기사채등의 양도 등을 위하여 계좌 간 대체를 하려는 자는 다음 각 호의 사항을 구체적으로 밝혀 해당 전자단기사채등이 등록된 한국예탁결제원 또는 계좌관리기관에 계좌 간 대체 등록을 신청하여야 한다.
　　1. 해당 전자단기사채등의 종류, 종목 및 종목별 금액
　　2. 계좌 간 대체를 하려는 자 및 계좌 간 대체를 받으려는 자의 성명 또는 명칭
　　3. 그 밖에 전자단기사채등의 계좌 간 대체 등록과 관련하여 등록업무규정으로 정하는 사항
　　② 제1항에 따라 등록 신청을 받은 한국예탁결제원 또는 계좌관리기관은 지체 없이 계좌관리기관등자기계좌부 또는 고객계좌부에 해당 전자단기사채등의 계좌 간 대체 등록을 하여야 한다.
　　③ 제1항 및 제2항에 따른 계좌 간 대체 등록의 신청 및 등록의 방법과 절차에 관하여 필요한 사항은 대통령령으로 정한다.
119) 전자단기사채법 제13조 제2항.
120) 전자단기사채법 제14조.

따라서 전자단기사채법상으로 전자단기사채 등의 종류, 종목, 금액, 권리자 등에 관한 정보가 고객계좌부와 계좌관리기관 등 자기계좌부에 전자적 방식으로 기재될 경우, 명의와 실질이 분리되는 것은 전자단기사채법에 따라 고객세좌부[121])상의 사채 명의인과 실제소유자가 분리되는 것을 의미한다고 말할 수 있다.

라. 전자증권법

전자증권법이 2019. 9. 16. 시행되면 사채에 관하여도 전자등록이 이루어지게 되는데, 차명사채의 문제는 앞서 본 차명주식의 경우와 동일하다.

즉 전자증권법이 시행되어 사채 등의 정보가 전자등록계좌부(고객계좌부, 계좌관리기관 등 자기계좌부)에 전자적 방식으로 기재될 경우, 명의와 실질이 분리되는 것은 전자증권법에 따라 고객계좌부상의 사채 명의인과 실제소유자가 분리되는 것을 의미한다고 말할 수 있다.

그런데 전자증권법하에서는 사채원부 제도가 유지되고 있고,[122] 주식에서 본 바와 마찬가지로 사채원부제도와 전자등록제도와의 조화를 위하여, 전자등록기관이 사채 발행인으로부터 사채의 소유자명세 작성을 요청받은 후 사채 발행인에게 통지를 하는 경우 통지받은 사항과 통지 연월일을 기재하여 사채원부를 작성·비치할 의무를 부과하고 있다.[123] 이로 인하여 고객계좌부상의 사채 명의인과 사채원부상의 사채 명의인이 일치하게 될 것이다.

따라서 전자증권법이 시행될 경우 차명사채의 문제는 전자등록계좌부인 고객계좌부상의 명의인과 실제소유자가 분리되는 경우, 사채원부상의 명의인과 실제소유자가 분리되는 경우가 발생할 수 있으나 위 명의는 대체로 일치하게 될 것이다.

---

121) 전자단기사채등의 발행 및 유통에 관한 법률 제5조(고객계좌 및 고객관리계좌의 개설 등) ① 전자단기사채등의 권리자가 되려는 자는 계좌관리기관에 고객계좌를 개설하여야 한다.
② 제1항에 따라 고객계좌가 개설된 경우 계좌관리기관은 다음 각 호의 사항을 등록하여 권리자별로 고객계좌부를 작성하여야 한다.
1. 권리자의 성명 또는 명칭 및 주소
2. 발행인의 명칭
3. 전자단기사채등의 종류, 종목 및 종목별 금액
4. 전자단기사채등에 대하여 질권이 설정된 경우에는 그 사실
5. 전자단기사채등이 신탁재산인 경우에는 그 사실
6. 전자단기사채등의 처분이 제한되는 경우에는 그에 관한 사항
7. 그 밖에 대통령령으로 정하는 사항
122) 전자증권법 제37조 제6항.
123) 노혁준, 앞의 논문, 1669.

다만 전자증권법상 단기사채[124]의 경우에는 사채원부 제도가 사라지게 된다.[125] 따라서 위의 경우에는 앞서 본 바와 같이 사채원부 제도가 없는 전자단기사채법과 같이 명의와 실질이 분리되는 것은 전자증권법에 따라 전자등록계좌부인 고객계좌부상의 사채 명의인과 실제소유자가 분리되는 것을 의미한다고 할 수 있다.

5. 차명예금

부동산이나 주식, 사채의 경우 어떤 거래 행위를 통하여 권리 변동이 일어나면 그러한 권리 변동이 기재되는 일정한 공적·사적 장부가 존재하였다. 부동산의 경우 등기부가 특히 중요하였고, 주식이나 사채의 경우 발행법인이 관리하는 주주명부나 사채원부를 비롯하여, 이러한 주식이나 채권이 유가증권으로서 거래되는 경우 일정한 공적 성격을 갖는 기관이 관리하는 전자등록부 등이 존재하고 있거나 존재할 예정이다. 그리고 이러한 공적, 사적 장부의 존재를 통하여 규제기관이나 과세관청은 권리의 귀속이나 변동에 관하여 1차적인 판단을 내리게 되고, 따라서 이러한 장부에 기재된 내용이 권리의 실질 귀속과 다르면, 그러한 규제기관이나 과세관청이 정상적으로 권한을 행사하는 데 장애가 일어난다. 이것이 이 글에서 부정적으로 평가하는 차명거래라고 일단 대략 이야기할 수 있다. 이러한 의미에서 방금 말한 장부상으로 이루어진 권리자에 관한 기재가 곧 '명의'라고 이야기할 수 있는 것이다.

그런데 예금의 경우 거래 당사자가 갖는 것은 예금 채권(債權)이고 이러한 예금 채권의 귀속과 관련하여서는 부동산 등기부나 주식, 사채 등의 권리자를 기재하는 각종 장부에 비견할 만한 것이 존재하지는 않는다. 따라서 예금과 관련하여서는 예금 계약의 당사자로 누가 현명되어 있는지가 중요할 수밖에 없다. 이것은 앞에서 말한 계약명의신탁이 문제되는 전형적인 경우가 될 수도 있다. 그리하여 규제기관이나 과세관청도 결국 그러한 현명이나 그 내용이 기재된 은행의 서류 또는 예금주

---

124) 전자증권법상의 '단기사채등'(전자증권법 제59조 제1호 내지 제6호)의 개념은 전자단기사채법상의 '전자단기사채'(전자단기사채법 제2조 제1호 가목 내지 바목)의 개념과 동일하고, 전자증권법상 '단기사채등'에 대하여는 사채원부를 작성하지 않아야 하는바 이 점도 전자단기사채법상의 '전자단기사채'와 동일하다(전자증권법 제59조, 전자단기사채법 제31조).
125) 전자증권법 제59조.

의 통장 등의 기재에 따라 예금 채권의 귀속을 1차적으로 판단하게 되는 것이다.

따라서 예금과 관련하여서 명의와 실질이 분리되는 것은 다음의 경우를 일컫는 다고 할 수 있다. 명의수탁자가 직접 금융기관과 예금계약을 체결하여 자신 명의로 예금계좌를 개설한 후 명의신탁자가 출연한 예금을 위 예금계좌로 보관하되 위 계좌에 예입된 금원에 대한 실제 권리는 명의신탁자에게 보관하기로 하는 경우(즉 '계약명의신탁'에 해당한다)에, 실제 계좌의 명의인과 실제소유자가 분리되는 것이라고 말할 수 있다.

앞서 본 바와 같이 이 글에서는 차명예금을 좁은 의미의 예금 거래에 한정하지 않고, 그와 유사한 방식으로 이루어지는 일반적인 '금융상품'에 관한 거래를 모두 포함하는 의미로 사용하기로 하였다. 따라서 명의수탁자 명의의 계좌를 이용하여 '펀드' – 결국 투자신탁이나 투자회사 등의 수익증권을 매입하는 거래를 의미할 것이다 – 에 가입하거나 적금과 같은 특수한 유형의 예금에 가입하는 등의 금융거래를 하는 경우에도 이 글에서 말하는 차명예금의 범주에 포함된다고 할 것이다. 이는 물론 좁은 의미의 예금 거래와, 그 밖에 넓은 의미의 예금 거래에 관하여 같은 법리가 적용될 수 있기 때문에 가능한 용례이다.

제 3 절 민사 법률관계

이 節에서는 차명거래가 이루어지는 경우 민사법적 시각에서는 명의대여자, 명의차용자, 매도인이나 매수인 같은 제3자를 포함하는 거래 당사자 사이에서 누구와 누구 사이에 어떤 권리의무가 발생하는지를 분석한다.

1. 명의신탁의 법률관계

가. 부동산의 경우

1) 유효한 명의신탁인 경우(부동산실명법 시행 전 및 시행 후 종중, 배우자[126] 등에게 조세포탈 등 목적이 없는 경우[127])

부동산실명법은 명의신탁약정과 그에 따른 등기를 원칙적으로 무효로 하되(제4

---

[126] 부동산실명법은 명의신탁약정과 그에 따른 등기를 원칙적으로 무효로 하되(제4조), 부부 간의 명의신탁이 조세 포탈, 강제집행의 면탈 또는 법령상 제한의 회피를 목적으로 하지 않는 경우에 이를 허용하는 특례를 인정하고 있다(제8조 제2호). 따라서 부부 간에는 조세 포탈 등의 목적이 없는 한 명의신탁약정과 그에 따른 등기의 효력(제4조), 과징금(제5조), 이행강제금(제6조), 벌칙(제7조), 기존 명의신탁의 실명등기의무 위반의 효력(제12조)에 관한 부동산실명법 규정이 적용되지 않는다. 부동산실명법 제8조의 내용과 문장 구조에 비추어 보면, 부동산에 관하여 부부 간의 명의신탁 약정에 따른 등기가 있는 경우 그것이 조세 포탈 등을 목적으로 한 것이라는 점은 예외에 속한다. 따라서 이러한 목적이 있다는 이유로 등기가 무효라는 점은 이를 주장하는 자가 증명하여야 한다. 위 규정에서 '조세 포탈 등의 목적'은 명의신탁약정과 그에 따른 등기의 효력을 가리는 기준이 될 뿐만 아니라 과징금·이행강제금의 부과 요건, 형벌조항의 범죄구성요건에 해당한다. 이러한 목적이 있는지는 부부 간의 재산관리 관행을 존중하려는 특례규정의 목적과 취지, 부부의 재산관계와 거래의 안전에 미치는 영향, 조세 포탈 등의 행위를 처벌하는 다른 형벌조항과의 체계적 연관성 등을 고려하여 판단하여야 한다(대법원 2017. 12. 5. 선고 2015다240645 판결).

[127] 부부 간의 명의신탁약정은 특별한 사정이 없는 한 유효하고(부동산실명법 제8조 참조), 이때 명의신탁자는 명의수탁자에 대하여 신탁해지를 하고 신탁관계의 종료 그것만을 이유로 하여 소유 명의 이전등기절차의 이행을 청구할 수 있음은 물론, 신탁해지를 원인으로 하고 소유권에 기해서도 그와 같은 청구를 할 수 있는데, 이와 같이 명의신탁관계가 종료된 경우 신탁자의 수탁자에 대한 소유권이전등기청구권은 신탁자의 일반채권자들에게 공동담보로 제공되는 책임재산이 된다. 그런데 신탁자가 유효한 명의신탁약정을 해지함을 전제로 신탁된 부동산을 제3자에게 직접 처분하면서 수탁자 및 제3자와의 합의 아래 중간등기를 생략하고 수탁자에게서 곧바로 제3자 앞으로 소유권이전등기를 마쳐 준 경우 이로 인하여 신탁자의 책임재산인 수탁자에 대한 소유권이전등기청구권이 소멸하게 되므로, 이로써 신탁자의 소극재산이 적극재산을 초과하게 되거나 채무초과상태가 더 나빠지게 되고 신탁자도 그러한 사실을 인식하고 있었다면 이러한 신탁자의 법률행위는 신탁자의 일반채권자들을 해하는 행위로서 사해행위에 해당한다(대법원 2016. 7. 29. 선고 2015다56086 판결).

조), 종중이 보유한 부동산에 관한 물권을 종중[128] 외의 자의 명의로 등기한 경우, 배우자 명의로 부동산에 관한 물권을 등기한 경우, 종교단체의 명의로 그 산하 조직이 보유한 부동산에 관한 물권을 등기한 경우로서 조세 포탈, 강제집행의 면탈 또는 법령상 제한의 회피를 목적으로 하지 아니하는 경우에는 이를 허용하는 특례를 인정하고 있다(제8조). 따라서 위 경우에는 조세 포탈 등의 목적이 없는 경우는 명의신탁약정과 그에 따른 등기의 효력(제4조)에 관한 부동산실명법 규정이 적용되지 않고 결과적으로 명의신탁 약정 및 그로 인한 등기도 유효하게 된다. 또한 부동산실명법 시행 전에 성립한 명의신탁 약정 및 그로 인한 등기도 유효함은 물론이다.

유효한 명의신탁에 의하여 발생하는 법률관계는 대내적 관계와 대외적 관계로 나누어 살펴볼 수 있다.

우선 부동산 명의신탁과 관련하여, 판례이론[129]에 의할 경우 對內的 關係, 즉 명의신탁자와 명의수탁자 사이의 관계에서는 명의신탁자가 소유자가 되어 명의수탁자에 대하여 소유권을 주장할 수 있고,[130] 명의신탁자는 신탁재산을 관리·수익하며 명의수탁자의 동의 없이도 신탁재산을 제3자에게 처분할 수 있으며,[131] 명의수탁자는 명의신탁자에 대하여 소유권을 주장할 수 없다.[132] 한편, 부동산실명법 시행 전 명의수탁자가 명의신탁 약정에 따라 부동산에 관한 소유명의를 취득하고 같은 법 제11조의 유예기간이 경과하여 명의수탁자가 부동산의 완전한 소유권을 취득한 경우, 명의수탁자는 명의신탁자에게 부동산 자체를 부당이득으로 반환하여야 하고, 이때 명의신탁자가 명의수탁자에 대하여 가지는 소유권이전등기청구권은 부당이득반환청구권으로서 민법 제162조 제1항에 따라 10년의 소멸시효가 적용된다.[133]

---

128) 종중과 그 대표자를 같이 표시하여 등기한 경우를 포함한다.
129) 부동산실명법 시행 이전의 부동산 명의신탁뿐만 아니라 시행 이후의 유효한 부동산 명의신탁(종중재산의 명의신탁, 배우자 간 명의신탁 등)에 대하여 적용할 수 있을 것이다.
130) 대법원 1982. 11. 23. 선고 81다372 판결.
131) 대법원 1996. 8. 20. 선고 96다18656 판결. 따라서 명의신탁자가 부동산을 매도하는 것을 두고 민법 제569조 소정의 타인의 권리 매매라고 할 수 없다(위 대법원 판결 참조).
132) 대법원 1993. 11. 9. 선고 92다31669 판결.
133) 부동산실명법 시행 전에 명의수탁자가 명의신탁 약정에 따라 부동산에 관한 소유명의를 취득한 경우에 부동산실명법의 시행 후 같은 법 제11조의 유예기간이 경과하기 전까지 명의신탁자는 언제라도 명의신탁 약정을 해지하고 해당 부동산에 관한 소유권을 취득할 수 있었던 것으로, 실명화 등의 조치 없이 위 유예기간이 경과함으로써 같은 법 제12조 제1항, 제4조에 의해 명의신탁 약정은 무효로 되는 한편, 명의수탁자가 해당 부동산에 관한 완전한 소유권을 취득하게 된다. 그런데 부동산실명법 제3조 및 제4조가 명의신탁자에게 소유권이 귀속되는

한편 판례이론에 의할 경우, 對外的 關係에서는 명의수탁자가 소유자가 되어서 명의수탁자만이 소유권에 기한 물권적 청구권을 가지고, 명의수탁자의 일반채권자는 명의수탁자 명의의 재산에 대하여 강제집행을 할 수 있으며, 명의신탁자는 명의신탁을 이유로 명의수탁자의 일반채권자에 대하여 자기 소유권을 주장할 수 없다.[134] 명의신탁자의 일반채권자는 명의신탁재산에 대하여 강제집행할 수 없고,[135] 명의신탁자를 대위하여 해지권을 행사하여 명의신탁재산을 명의신탁자 명의로 환원시킬 수 있을 뿐이다.[136] 또한 명의수탁자가 명의신탁자의 승낙 없이 신탁목적물을 제3자에게 처분한 경우에는 제3자는 선악을 불문하고 소유권을 취득한다.[137] 제3자의 불법점유 또는 불법이전의 경우 명의수탁자는 반환 또는 원상회복을 침해자에 대하여 청구할 수 있으나, 명의신탁자는 명의수탁자를 대위함이 없이 직접 제3자에게 신탁재산에 대한 침해배제를 청구할 수 없다.[138]

한편, 판례이론에 의하면, 부동산 명의신탁에서 명의신탁자는 특별한 사정이 없는 한 명의신탁을 해지하고 명의수탁자에 대하여 신탁재산의 반환을 청구할 수 있다.[139] 그런 경우 대외적 관계에서는 명의신탁이 해지되더라도 부동산의 소유권이 당연히 명의신탁자에게 복귀하지 않고, 명의신탁자는 등기명의를 회복할 때까지 소유권을 제3자에게 대항할 수 없다.[140] 반면 대내적인 관계에서는 명의신탁자는 등기와 무관하게 명의수탁자에게 부동산의 반환을 구할 수 있고, 나아가 명의수탁자에 대하여 소유권에 기하여 등기관계를 실체적 권리관계에 부합하도록 하기 위하여 명의수탁자 명의의 등기말소를 청구할 수 있다.[141]

것을 막는 취지의 규정은 아니므로 명의수탁자는 명의신탁자에게 자신이 취득한 해당 부동산을 부당이득으로 반환할 의무가 있고(대법원 2002. 12. 26. 선고 2000다21123 판결, 대법원 2008. 11. 27. 선고 2008다62687 판결 등 참조), 이와 같은 경위로 명의신탁자가 해당 부동산의 회복을 위해 명의수탁자에 대해 가지는 소유권이전등기청구권은 그 성질상 법률의 규정에 의한 부당이득반환청구권으로서 민법 제162조 제1항에 따라 10년의 기간이 경과함으로써 시효로 소멸한다(대법원 2009. 7. 9. 선고 2009다23313 판결, 대법원 2016. 9. 28. 선고 2015다65035 판결 등 참조).

134) 대법원 1974. 6. 25. 선고 74다423 판결.
135) 대법원 1971. 4. 23. 선고 71다225 판결.
136) 대법원 1960. 4. 21. 선고 4292민상667 판결.
137) 대법원 1969. 10. 23. 선고 69다1338 판결.
138) 대법원 1979. 9. 25. 선고 77다1079 전원합의체 판결.
139) 대법원 1980. 12. 9. 선고 79다634 전원합의체 판결.
140) 대법원 1991. 1. 25. 선고 90다10858 판결.
141) 대법원 1998. 4. 24. 선고 97다44416 판결.

2) 무효인 명의신탁인 경우(부동산실명법 시행 후 종중, 배우자 등 일부 예외를 제외한 일반적인 경우)

부동산실명법은 명의신탁약정과 그에 따른 등기를 원칙적으로 무효로 하므로 (제4조), 일반적인 경우나 종중, 배우자, 종교단체의 경우에도 앞서 본 종중이 보유한 부동산에 관한 물권을 종중 외의 자의 명의로 등기한 경우, 배우자 명의로 부동산에 관한 물권을 등기한 경우, 종교단체의 명의로 그 산하 조직이 보유한 부동산에 관한 물권을 등기한 경우로서 조세 포탈, 강제집행의 면탈 또는 법령상 제한의 회피를 목적으로 하지 않는 경우가 아니면 부동산실명법 규정이 적용되고 결과적으로 명의신탁 약정 및 그로 인한 등기도 무효가 된다.

무효인 명의신탁에 의하여 발생하는 법률관계는 대내적 관계와 대외적 관계로 나누어 살펴볼 수 있다.

우선 부동산 명의신탁과 관련하여, 명의신탁자와 명의수탁자 사이의 對內的 關係에서 일반적으로 명의신탁자와 명의수탁자 사이의 명의신탁 약정은 무효가 된다 (부동산실명법 제4조 제1항). 그러나 명의신탁 약정에 따라 행하여진 부동산취득의 원인계약, 예컨대 3자간 등기명의신탁에서의 소유자와 명의신탁자 사이의 매매계약은 무효가 되지는 않는다.[142) 명의신탁 약정이 무효가 되면 그 약정에 기한 급부는 부당이득이 되지만, 그 반환을 구하는 것이 불법원인급여가 되지는 않는다.[143)

한편 명의신탁이 유효인 경우와 무효인 경우의 같은 점과 다른 점은 다음과 같다. 명의신탁이 유효인 경우에는 명의신탁자는 명의신탁을 해지한 후 명의수탁자에 대하여 소유권이전등기절차의 이행을 청구하거나 위 등기말소 청구[144)를 할 수 있고, 명의수탁자는 淸算義務로서 이에 응할 의무가 있다.[145) 명의신탁을 해지하면 해지 의사표시가 명의수탁자에게 도달한 날 발생하게 되어 장래에 향하여 해지 효

---

142) 대법원 2002. 3. 15. 선고 2001다61654 판결. 다만 계약명의신탁의 경우는 3자간 등기명의신탁과 다르다.

143) 대법원 2003. 11. 27. 선고 2003다41722 판결, 대법원 2019. 6. 20. 선고 2013다218156 전원합의체 판결.

144) 명의신탁이 해지된 경우 명의신탁자는 명의수탁자에 대하여 소유권에 기하여 등기관계를 실체적 권리관계에 부합하도록 하기 위하여 명의수탁자 명의의 등기말소를 청구할 수 있는 것이며, 반드시 소유권이전등기만을 청구할 수 있는 것은 아니다(대법원 1998. 4. 24. 선고 97다44416 판결).

145) 명의신탁자는 명의수탁자에 대하여 신탁해지를 하고 신탁관계의 종료 그것만을 이유로 하여 소유 명의의 이전등기절차의 이행을 청구할 수 있음은 물론, 신탁해지를 원인으로 하고 소유권에 기해서도 그와 같은 청구를 할 수 있고 이 경우 양 청구는 청구원인을 달리하는 별개의 소송이다(대법원 1980. 12. 9. 선고 79다634 전원합의체 판결).

과가 생긴다(장래효). 그리고 위와 같은 해지로 인하여 명의신탁자가 가지는 등기청구권은 소멸시효가 진행되지 않는다.[146] 그리고 명의신탁 약정에 부수하는 약정[147]도 유효하게 된다.

반면 명의신탁이 무효인 경우에는 별도의 의사표시가 필요 없이 당연히 무효의 효과가 발생하므로, 명의신탁 약정시부터 약정의 효력이 없게 된다(소급효). 2자간 등기명의신탁에서 명의신탁자는 명의수탁자에 대하여 소유권에 기한 방해제거청구로서 등기 말소청구를 할 수 있고 진정 명의 회복을 원인으로 소유권이전등기도 청구할 수 있다.[148] 그리고 위와 같은 무효로 인하여 명의신탁자가 가지는 등기청구권의 소멸시효기간은 신탁계약 해지 시부터 10년이다.[149] 그리고 명의신탁 약정에 부수하는 약정[150]도 무효가 된다.

---

146) 단순한 명의신탁은 명의신탁자가 소유권을 실질적으로 보유하고 명의수탁자는 동 부동산에 대하여 하등의 권한이 부여됨이 없이 단지 형식적으로만 등기명의를 갖게 되는 관계에 있으므로 특별한 사정이 없으면 명의신탁자는 언제든지 신탁을 해지하고 명의수탁자에 대하여 신탁관계의 종료만을 이유로 하여 소유명의의 이전등기절차이행을 구할 수 있음은 물론 신탁해지를 원인으로 하고 소유권에 기해서 그와 같은 청구를 할 수 있다고 할 것이고 이 경우의 동 등기청구권은 시효에 의해서 소멸되는 것이 아니다(대법원 1976. 6. 22. 선고 75다124 판결). 부동산의 소유자 명의를 신탁한 자는 특별한 사정이 없는 한 언제든지 명의신탁을 해지하고 소유권에 기하여 신탁해지를 원인으로 한 소유권이전등기절차의 이행을 청구할 수 있는 것으로서, 이와 같은 등기청구권은 소멸시효의 대상이 되지 않는다(대법원 1991. 11. 26. 선고 91다34387 판결).

147) 예컨대 명의신탁 기간 동안에 명의신탁 약정에 따른 의무를 제대로 이행하지 않을 경우 위약금 약정을 한 경우에 이러한 약정도 유효하게 된다.

148) 이 점은 명의신탁이 유효한 경우와 유사하다고 할 수 있다. 반면 3자간 등기명의신탁에서는 전 매도인에게 소유권이 복귀되므로 전 매도인이 명의수탁자에 대하여 소유권이전등기의 말소를 청구할 수 있고, 계약명의신탁에서 매도인이 선의이면 명의수탁자는 적법하게 소유권을 취득하므로 누구도 명의수탁자에게 등기의 말소나 이전청구를 할 수 없으며, 매도인이 악의이면 전 매도인에게 소유권이 복귀한다.

149) 부동산실명법 시행 전에 명의수탁자가 명의신탁 약정에 따라 부동산에 관한 소유명의를 취득한 경우 위 법률의 시행 후 같은 법 제11조의 유예기간이 경과하기 전까지 명의신탁자는 언제라도 명의신탁 약정을 해지하고 당해 부동산에 관한 소유권을 취득할 수 있었던 것으로, 실명화 등의 조치 없이 위 유예기간이 경과함으로써 같은 법 제12조 제1항, 제4조에 의해 명의신탁 약정은 무효로 되는 한편, 명의수탁자가 당해 부동산에 관한 완전한 소유권을 취득하게 된다 할 것인데, 같은 법 제3조 및 제4조가 명의신탁자에게 소유권이 귀속되는 것을 막는 취지의 규정은 아니므로 명의수탁자는 명의신탁자에게 자신이 취득한 당해 부동산을 부당이득으로 반환할 의무가 있다 할 것인바, 이와 같은 경위로 명의신탁자가 당해 부동산의 회복을 위해 명의수탁자에 대해 가지는 소유권이전등기청구권은 그 성질상 법률의 규정에 의한 부당이득반환청구권으로서 민법 제162조 제1항에 따라 10년의 기간이 경과함으로써 시효로 소멸한다(대법원 2009. 7. 9. 선고 2009다23313 판결 등 참조).

150) 예컨대 명의신탁 기간 동안에 명의신탁 약정에 따른 의무를 제대로 이행하지 않을 경우 위약

그리고 명의신탁 약정에 따라 행하여진 등기에 의한 부동산 물권변동도 무효가 된다(부동산실명법 제4조 제2항). 따라서 명의수탁자는 명의신탁자에 대한 관계에서는 물론 제3자에 대한 관계에서도 소유권을 주장할 수 없게 된다(對外的 關係). 2자간 등기명의신탁에서 명의수탁자 명의의 등기는 무효이므로 명의신탁자가 명의신탁 부동산에 대한 소유권을 보유한다. 따라서 명의신탁자는 명의수탁자를 상대로 소유권에 기한 방해제거청구권을 행사하여 명의수탁자 명의 등기의 말소등기 또는 진정명의 회복을 원인으로 하는 소유권이전등기를 구할 수 있다. 3자간 등기명의신탁에서는 명의수탁자 명의의 등기는 무효이므로 부동산의 소유권은 매도인인 전 소유자에게 남게 된다. 전 소유자인 매도인은 소유권에 기하여 명의수탁자 명의의 말소등기 또는 진정명의 회복을 원인으로 하는 소유권이전등기를 구할 수 있다. 다만 매도인과 명의신탁자 사이의 부동산 취득의 원인계약은 유효이고, 매도인은 명의신탁자에 대하여 소유권이전등기 의무를 부담하므로, 명의신탁자는 매도인을 대위하여 명의수탁자를 상대로 무효인 그 명의 등기의 말소를 구하고 아울러 매도인을 상대로 소유권이전등기를 청구할 수 있다.[151]

계약명의신탁에서도 명의신탁 약정은 무효가 되지만, 명의수탁자 명의의 등기의 효력은 전 소유자인 매도인이 명의신탁 약정이 있었음을 알았는지 여부에 따라 달라진다.

즉 매도인이 선의인 경우에는 명의수탁자는 명의신탁자뿐만 아니라 매도인에 대하여도 부동산에 관한 완전한 소유권을 취득하고, 명의신탁자는 매도인에 대하여 아무런 청구를 하지 못하며, 명의수탁자를 상대로 부당이득으로서 매매대금의 반환을 구할 수 있을 뿐이다.[152]

한편, 명의신탁자와 명의수탁자가 계약명의신탁약정을 맺고 명의수탁자가 당사자가 되어 매도인과 부동산에 관한 매매계약을 체결하는 계약명의신탁의 경우 그 계약과 등기의 효력은 매매계약을 체결할 당시 매도인의 인식을 기준으로 판단해야 하고, 매도인이 계약 체결 이후에 명의신탁약정 사실을 알게 되었다고 하더라도 위 계약과 등기의 효력에는 영향이 없다. 매도인이 계약 체결 이후 명의신탁약정 사실을 알게 되었다는 우연한 사정으로 인해서 위와 같이 유효하게 성립한 매매

금 약정을 한 경우에 이러한 약정도 무효가 된다.
151) 대법원 2011. 9. 8. 선고 2009다49193, 49209 판결.
152) 대법원 2005. 1. 28. 선고 2002다66922 판결.

계약이 소급적으로 무효로 된다고 볼 근거가 없다.[153)

반면 매도인이 악의인 경우에는 명의수탁자 명의의 등기는 무효가 되어 부동산의 소유권은 매도인에게 복귀한다. 매도인은 명의수탁자에게 등기의 말소를 구할수 있으나 명의신탁자는 매도인이나 명의수탁자에게 이전등기를 구할 수는 없다. 한편 무효사실이 드러난 이후에도 매도인이 계약명의자인 명의수탁자 대신 명의신탁자가 매수인이 되는 것에 동의하였다면, 매도인과 명의신탁자 사이에 종전 매매계약과 동일한 양도약정이 체결된 것으로 보고, 이 경우 명의신탁자는 매도인에 대하여 별도의 양도 약정을 원인으로 소유권이전등기를 청구할 수 있게 된다.[154)

그리고 위와 같은 명의신탁 약정 및 등기의 무효는 제3자에게 대항하지 못한다(부동산실명법 제4조 제3항). 따라서 제3자는 선의, 악의를 불문하고 보호된다.[155)

3) 소유권의 상대적 귀속

한편 부동산 소유권의 상대적 귀속을 인정하는 판례의 태도에 대하여, "일반적으로 소유권 등의 물권 나아가 채권 등의 권리가 관계적으로 분리되는 상대적 귀속의 구성은 상법 제103조와 같이 법률에 명시적으로 규정되어 있지 않는 한 인정되어서는 아니 된다"고 비판하는 견해[156)가 있다. 위 견해는 명의신탁자가 부동산의 불법점유자나 부실등기 명의인에 대하여 자신의 소유권을 주장하여 인도나 등기의 말소를 청구할 수 없으므로, 명의신탁자가 가지는 소유권은 누구에게나 주장·관철할 수 있는 지배권으로서의 성질이 없으므로 진정한 소유권이라고 할 수 없다는 점 등을 주요 근거로 한다.[157)

생각건대, 당사자들의 의사표시만으로 물권변동이 일어나는 의사주의(프랑스민법, 의용민법)와는 달리, 현행 민법은 형식주의를 채택하고 있어서 당사자들의 의사표시 이외에 등기나 인도 등의 공시방법을 갖추어야 물권변동이 일어난다. 형식주의 하에서는 등기나 인도 등의 공시방법을 갖추기 전에는 당사자 간에도 제3자에 대한 관계에서도 물권변동이 일어나지 않는다. 현행 민법은 형식주의를 채택하고

---

153) 대법원 2018. 4. 10. 선고 2017다257715 판결. 만일 매도인이 계약 체결 이후 명의신탁약정 사실을 알게 되었다는 사정을 들어 매매계약의 효력을 다툴 수 있도록 한다면 매도인의 선택에 따라서 매매계약의 효력이 좌우되는 부당한 결과를 가져올 것이기 때문이다.

154) 대법원 2003. 9. 5. 선고 2001다32120 판결.

155) 이러한 점은 명의신탁이 유효한 경우와 동일하다.

156) 양창수, "부동산실명법 제4조에 의한 명의신탁의 효력-소위 등기명의신탁을 중심으로-", 서울대학교 법학 제38권 제1호, 서울대학교(1997), 67-70.

157) 양창수, 위의 논문, 67-70.

있으므로 명의신탁자가 명의수탁자와의 관계에서 대내적인 권리를 보유한다고 하더라도 제3자와의 관계에서 등기를 경료하지 않은 이유로 소유권에 기한 물권적 청구권을 행사할 수는 없다. 따라서 이러한 대외적 물권석 청구권이 없는 소유권은 형식주의 법제 하에서 대내적으로도 소유권이라고 지칭하는 것은 무리라고 생각한다. 따라서 부동산 명의신탁의 경우 소유권이 대외적 관계 및 대내적 관계에서 분리되어 귀속된다고 설명하기보다는 대내적 관계에서 명의신탁자는 명의수탁자에게 물권적 권리가 아닌 일정한 채권적 권리를 가진다고 이해하는 것이 타당할 것이다. 위와 같이 생각하지만 이하에서는 원칙적으로 판례이론에 따라 명의신탁의 법리를 검토하기로 한다.

나. 주식, 사채, 예금의 경우

그리고 주식, 사채, 예금[158]에 관한 명의신탁의 경우도 앞서 본 바와 같이 계약명의신탁의 일종이므로,[159] 부동산에 관한 유효인 명의신탁일 경우의 판례이론과 유사하게 대내적 관계, 대외적 관계로 나누어서 법률관계를 살펴볼 수 있다. 그리고 주식, 사채, 예금에 관한 명의신탁의 경우도 유효인 부동산 명의신탁에 관한 판례이론과 유사하게 명의신탁을 해지하면 명의신탁자는 명의수탁자에 대하여 신탁재산의 반환을 청구할 수 있다. 그리고 대외적으로는 명의신탁을 해지하는 것만으로 명의신탁자가 곧바로 계약당사자의 지위를 취득하지는 못하고 명의수탁자도 명의신탁 해지에 따른 취득물 이전의무를 이행하려면 별도의 요건[160]을 구비하여야

---

158) 예금 명의신탁과 관련하여 금융실명제가 실시되기 전에는 명의신탁자를 계약당사자로 본다는 것이 판례(대법원 1992. 1. 21. 선고 91다23073 판결 등 참조)의 입장이었으나, 아래에서 보는 대법원 2009. 3. 19. 선고 2008다45828 전원합의체 판결 이후에는 원칙적으로 예금명의자를 예금계약의 당사자로 보고, 출연자를 예금계약의 당사자로 보는 경우는 극히 드물 것으로 예상된다. 다만 위와 같이 판례가 예금계약의 계약 당사자 확정에 관한 입장을 기존과 달리 정하였다고 하더라도 예금 명의신탁이 무효로 되는 것은 아니므로, 위 판례 이후에도 예금 명의신탁에 대하여는 부동산에 관한 유효한 명의신탁의 경우와 유사한 법리가 적용된다고 할 것이다.

159) 등기명의신탁과 구별되는 개념으로서 채권 등 契約을 체결함에 있어서 계약당사자의 명의를 신탁한다는 의미에서 계약명의신탁이라는 의미이다. 위 경우도 명의신탁의 유형이 2자, 3자간에 이루어질 수는 있다. 그러나 3자간에 이루어지는 명의신탁이 금융실명법에 위반되는 경우에는 허용되지 않는다고 할 것이다.

160) 주식 명의신탁과 관련하여 기존 판례(대법원 1992. 10. 27. 선고 92다16386 판결 등)는 '주주 명의를 신탁한 사람이 명의수탁자에 대하여 명의신탁계약을 해지하면 바로 주주의 권리가 명의신탁자에게 복귀하는 것이지 주식의 양도를 위하여 새로 법률행위를 하여야 하는 것은 아니다'라는 입장이었으나, 대법원 전원합의체 판결(대법원 2017. 3. 23. 선고 2015다248342

한다. 위와 같은 요건을 갖추기 전까지는 명의신탁이 해지되었다고 하여도 명의수탁자가 대외적인 권리를 가진다. 그리고 대내적으로는 명의신탁자와 명의수탁자 사이에 위임계약이 체결된 것과 같이 보아야 하므로,[161] 명의신탁이 해지되면 명의신탁자는 명의수탁자에 대하여 취득물 이전을 구할 수 있다. 이러한 법률관계는 채권적이거나, 꼭 채권적이라고 말하기는 어렵더라도 대·내외적 법률관계의 분속이 인정될 수 있으므로, 명의신탁 이론으로 설명하는 것에 큰 어려움은 없다.

2. 차명거래 대상별 고찰

가. 차명부동산

앞서 본 바와 같이 부동산에 관한 거래의 공시방법은 등기이므로 부동산에 관한 차명거래를 하는 경우에도 명의차용자가 명의대여자의 명의로 등기를 하게 된다.

그리고 부동산 명의신탁의 명칭에 대하여는 2자간 등기명의신탁, 3자간 등기명의신탁, 계약명의신탁으로 구분하기로 하였음은 앞서 본 바와 같다.

한편, 명의신탁이 3자간 등기명의신탁인지 아니면 계약명의신탁인지의 구별은 계약당사자가 누구인가를 확정하는 문제로 귀결되는데, 계약명의자가 명의수탁자로 되어 있다 하더라도 계약당사자를 명의신탁자로 볼 수 있다면 이는 3자간 등기명의신탁이 된다.

나. 차명주식

앞서 본 바와 같이 주식에 관하여도 차명거래가 이루어질 수 있다. 한편, 타인 명의로 주식을 인수하는 경우 명의상의 주식인수인과 실질적인 주식인수인 중에서 누구를 주주로 보아야 하는지에 관하여, 실질주주를 주주로 보는 實質說, 형식주주

전원합의체 판결)은 주주명부상 주주(명의수탁자)만이 원칙적으로 의결권 등 주주권을 행사할 수 있고, 이 경우 원칙적으로 회사가 주주명부상 주주(명의수탁자)의 주주권 행사를 부인하거나 주주명부에 기재를 마치지 아니한 자의 주주권 행사를 인정할 수 없다고 판시하여, 명의신탁자(실질주주)의 주주권을 인정하던 종전 판례의 입장을 변경하였으므로, 명의신탁자가 명의신탁 해지 후 대외적 관계에서 주주로 인정받으려면 일정한 요건을 거쳐야 할 것으로 보인다. 예금 명의신탁의 경우 명의신탁자가 예금주로 인정받기 위해서는 예금반환채권 양도의 방식 또는 예금계약 당사자의 지위 양도 방식을 거쳐야 할 것이다. 조민혜, "예금 명의신탁계약에 대한 사해행위취소와 원상회복 방법", 민사판례연구 제39권, 박영사(2017), 515 참조.
161) 이동진, 앞의 논문, 24; 조민혜, 위의 논문, 511.

를 주주로 보는 形式說이 대립하고 있었고 종래의 판례[162]는 實質說의 입장에서 명의차용자인 실질주주만이 회사에 대한 관계에서 주주권을 행사할 수 있는 주주에 해당한다고 보았다. 그러나 대법원 2017. 3. 23. 선고 2015다248342 전원합의체 판결은 '주식을 양수하였으나 아직 주주명부에 명의개서를 하지 아니한 경우 또는 주식을 인수하거나 양수하려는 자가 타인의 명의를 빌려 회사의 주식을 인수하거나 양수하고 타인의 명의로 주주명부 기재를 마친 경우, 특별한 사정이 없는 한 주주명부상 주주만이 원칙적으로 의결권 등 주주권을 행사할 수 있고, 회사 역시 주주명부상 주주 외에 실제 주식을 인수하거나 양수하고자 하였던 자가 따로 존재한다는 사실을 알았든 몰랐든 간에 주주명부상 주주의 주주권 행사를 부인할 수 없으며, 주주명부에 기재를 마치지 아니한 자의 주주권 행사를 인정할 수도 없다'라고 보아 形式說 및 상법 제337조 제1항[163]의 해석에 관한 雙方的 拘束說의 입장을 취한 것으로 보인다.[164] 위 전원합의체 판결은 주주명부에 기재를 마치지 않고도 회사에 대한 관계에서 주주권을 행사할 수 있는 특별한 사정이 있는 경우는 주주명부에의 기재 또는 명의개서청구가 부당하게 지연되거나 거절되었다는 등의 극히 예외적인 사정이 인정되는 경우에 한한다고 판결하였다.

생각건대, 위 전원합의체 판결은 단체법의 성격을 갖는 회사법상 행위를 객관적·획일적으로 처리할 필요가 있다는 점을 반영한 것으로 해석된다. 이에 따라 주주명부 등 외관과 형식을 중시함으로써 주식의 유통성이 제고되고, 주주명부의 기재에 회사도 구속되도록 하여 제3자와의 법률관계의 안정성도 폭넓게 가져올 수 있을 것으로 예상되므로, 단체법적 성격을 중시하는 形式說이 타당하다. 그리고 명의

---

162) '주식을 인수함에 있어 타인의 승낙을 얻어 그 명의로 출자하여 주식대금을 납입한 경우에는 실제로 주식을 인수하여 그 대금을 납입한 명의차용인만이 실질상의 주식인수인으로서 주주가 된다고 할 것이고 단순한 명의대여인은 주주가 될 수 없다'고 판시한 대법원 2004. 3. 26. 선고 2002다29138 판결 등 참조.

163) 상법 제337조(주식의 이전의 대항요건) ① 주식의 이전은 취득자의 성명과 주소를 주주명부에 기재하지 아니하면 회사에 대항하지 못한다.

164) 다만 위 전원합의체 판결이 形式說을 채택한 것은 아니라는 견해(대법원 재판연구관의 판례평석이다)로는 양민호, "타인의 승낙을 얻어 그 명의로 주식을 인수하거나 양수한 경우 주주권을 행사할 수 있는 자(대상판결 : 대법원 2017. 3. 23. 선고 2015다248342 전원합의체 판결)", 사법 제41호, 사법발전재단(2017), 672. 위 견해는 위 전원합의체 판결은 "극히 예외적인 사정이 없는 한 회사에 대한 관계에서는 주주명부상 주주만이 주주권을 행사할 수 있다고 보았으나, 이는 주식의 귀속이 주주명부의 기재에 따라 정해지기 때문이 아니라, 회사에 대한 관계에서 주주권을 행사할 자는 주식의 귀속을 불문하고 주주명부의 기재에 따라 정해져야 한다는 상법의 요청에 따른 것일 뿐" 形式說을 취한 것은 아니라고 설명하고 있다.

신탁에 관한 판례이론은 대외적 관계에서 명의수탁자에게 완전한 권리가 있다고 인정하는데, 形式說은 위 판례이론과 유사하게 대외적 법률관계의 측면에서 명의자에게 완전한 권리가 있음을 인정한 것이라는 점에서 위 판례이론에 부합하는 것이다.

반면 여기서 분명히 해 두어야 할 것은, 이러한 의미의 형식주주는 실질과세원칙의 적용 결과 면에서는 여전히 명의대여자에 불과하다는 점이다. 이러한 경우에도 역시 경제적 이익이나 위험은 명의대여자가 아니라 명의차용자가 부담하는 것이기 때문에, 주식 명의신탁에서 실질적인 경제적 이익이 실질주주에게 귀속한다면 실질과세원칙에 따라 형식주주가 아니라 실질주주에게 각종 세금 납부의무가 생길 것이다.

다. 차명사채

앞서 본 바와 같이 사채에 관하여도 차명거래가 이루어진다.

한편 타인 명의의 사채인수와 관련하여서도 주식에서와 마찬가지로 이론상 形式說과 實質說이 나뉠 수 있는데, 주식과 마찬가지로 단체법적 성격을 중시하는 形式說 즉 명의자(명의수탁자)를 사채권자로 봄이 타당하다.

한편, 차명사채가 주로 문제되는 것은 주식으로 전환할 수 있는 권리가 인정된 전환사채(Convertible Corporate Bond, CB)와 사채권자에게 신주인수권을 부여하는 신주인수권부사채(Corporate Bond with Warrant, BW)의 경우이다. 전환사채(CB)란, 발행회사의 주식으로 전환할 수 있는 권리가 인정된 사채를 말하고,[165] 신주인수권부사채(BW)란, 사채의 발행조건으로서 사채권자에게 신주인수권을 부여하는 사채를 말한다.[166] 실무상 전환사채나 신주인수권부사채를 차명으로 취득하기 위하여 차명계약 내지 명의신탁 약정을 통하여 전환사채를 취득하는 경우, 신주인수권을 차명으로 취득한 후 주식을 차명으로 인수하는 경우가 있다.[167]

---

165) 이철송, 앞의 책, 1039.
166) 이철송, 앞의 책, 1050.
167) '회사 대표이사가 회사돈을 횡령하여 회사가 발행한 분리형 신주인수권부 사채 중 신주인수권(워런트) 약 1,000만 주를 차명으로 구입하였고, 타인 명의로 산 신주인수권을 주가가 급등한 이듬해 사채업자에게 팔아 약 70억 원의 매매 차익을 얻어 투자금 대비 무려 28배에 달하는 차익을 얻었다'는 2016. 4. 29.자 연합뉴스 기사가 있었다.
http://www.yonhapnews.co.kr/society/2016/04/29/0701000000AKR20160429173500004.HTML(2018. 3. 18. 방문)

라. 차명예금

1) 거래 형태

예금계좌는 예금계좌 개설인의 명의가 있어야 하고, 개설인은 인감도장을 날인하거나 서명을 하여야 한다. 과거에는 위와 같은 예금 명의를 차용하는 거래가 우리 사회에 만연해 있었다.

금융실명제가 시행되기 이전에는 예금계약과 관련하여 부동산 명의신탁과 같이 실권리자가 아닌 타인이나 허무인 명의로 계좌를 개설하여 예금을 하는 경우가 많았다. 이 중 타인의 승낙 없이 허무인 명의로 이루어진 예금 형태나 타인의 명의를 도용하여 이루어진 예금 형태는 논외로 하고, 타인으로부터 차명 승낙을 얻어서 이루어지는 예금형태와 관련하여서는, 타인(명의대여자)이 은행에 가서 자신의 실지 명의로 예금을 개설해서 명의차용자에게 대여해 주는 형태와 명의차용자가 은행에 가서 명의대여자 명의(명의대여자로부터 대리권을 수여받았음을 증명하는 실명확인증표가 없는 경우에도)로 예금을 개설하는 두 가지 형태가 모두 가능하였다.

그러나 앞서 본 바와 같이 1993. 8. 13. 제정된 긴급명령에 의하여 실지명의에 의한 금융거래가 의무화되었고, 1997. 12. 31. 금융실명법이 제정·시행되었는데, 금융실명제가 시행된 이후에는, 명의차용자가 은행에 가서 명의대여자 명의로 예금을 개설할 수는 없게 되었다.[168] 금융실명제 시행 이후에는 명의대여자가 자신 명의로 예금을 개설한 후 이를 명의차용자에게 대여해주는 형태가 차명예금의 대표적이고 주된 형태가 되었다.

2) 예금주

차명예금에 관하여는 누구를 예금주로 볼 것인가[169]에 관하여 금융실명법 시행 전과 후로 판례가 변화하였다. 금융실명법 시행 전에는 출연자를 예금주로 보는 것이 대체적인 판례[170]의 입장이었다(이른바 客觀說). 그러나 금융실명법이 시행된

---

168) 명의차용자가 명의대여자로부터 대리권을 수여받았음을 증명하는 명의대여자의 실명확인증표와 명의차용자의 실명확인증표가 있으면 명의대여자 명의로 예금을 개설할 수 있으나, 이는 대리에 의하여 실지명의가 확인된 경우이므로 논외로 한다.
169) 누구를 예금주로 볼 것인지에 따라 예금반환채권의 귀속이 달라지고 금융기관의 입장에서는 예금주로부터 예금반환 요구가 있을 경우 그에게 예금을 지급할 의무가 생긴다. 즉 예금주가 누구인지에 관한 논의는 차명주식에 관한 논의에서 회사는 형식주주 또는 실질주주 중 누구의 업무처리 요구에 대응하여야 하는지 하는 논의와 유사하다고 할 것이다.
170) 대법원 1972. 5. 9. 선고 72다266, 267 판결, 대법원 1973. 2. 26. 선고 72다2448, 2449 판결.

이후 대법원[171]은 '긴급명령이 시행된 후에는 금융기관에 예금을 하고자 하는 자는 원칙적으로 직접 주민등록증과 인감을 지참하고 금융기관에 나가 자기 이름으로 예금을 하여야 하므로 원칙적으로 예금명의자를 거래자로 보아야 한다. 다만, 출연 자와 금융기관 사이에 예금명의자가 아닌 출연자에게 예금반환채권을 귀속시키기 로 하는 명시적 또는 묵시적 약정이 있는 경우에만 출연자를 예금주로 보아야 한 다'는 취지로 판시하였다.[172]

그러나, 최근 대법원 2009. 3. 19. 선고 2008다45828 전원합의체 판결[173]은 다 시 입장을 변경하여 '금융실명법 하에서는 일반적으로 예금계약서에 예금주로 기재 된 예금명의자나 그를 대리한 행위자 및 금융기관의 의사는 예금명의자를 예금계 약의 당사자로 보려는 것이라고 해석하여야 하므로, 예금계약의 당사자는 예금명의 자이다. 그리고 예금명의자가 아닌 출연자 등을 예금계약의 당사자라고 볼 수 있으 려면, 극히 예외적인 경우로 제한되어야 하고, 위와 같은 예외적인 경우는 예금계 약서 등의 증명력을 번복하기에 충분할 정도의 명확한 증명력을 가진 구체적이고

---

171) 대법원 2000. 3. 10. 선고 99다67031 판결. 이 판결은 이후 대법원 2009. 3. 19. 선고 2008다 45828 전원합의체 판결에 의하여 변경되었다.

172) 위 대법원 99다67031 판결은 '출연자가 금융기관 직원의 권유로 타인 명의를 차용하여 예금 을 하게 되었고 금융기관의 안내에 따라 예금명의자가 예금을 인출하지 못하도록 예금의 거 래인감란에 출연자의 인감을 함께 날인한 경우, 출연자와 금융기관 사이에는 예금반환채권 을 차용명의자가 아닌 출연자에게 귀속시키기로 하는 명시적 또는 묵시적 약정이 있었다'는 이유로 출연자를 예금주로 보았다.

173) 다수의견의 판시사항은 다음과 같다.
'금융실명거래 및 비밀보장에 관한 법률에 따라 실명확인 절차를 거쳐 예금계약을 체결하고 그 실명확인 사실이 예금계약서 등에 명확히 기재되어 있는 경우에는, 일반적으로 그 예금계 약서에 예금주로 기재된 예금명의자나 그를 대리한 행위자 및 금융기관의 의사는 예금명의 자를 예금계약의 당사자로 보려는 것이라고 해석하는 것이 경험법칙에 합당하고, 예금계약 의 당사자에 관한 법률관계를 명확히 할 수 있어 합리적이다. 그리고 이와 같은 예금계약 당 사자의 해석에 관한 법리는, 예금명의자 본인이 금융기관에 출석하여 예금계약을 체결한 경 우나 예금명의자의 위임에 의하여 자금 출연자 등의 제3자(출연자 등)가 대리인으로서 예금 계약을 체결한 경우 모두 마찬가지로 적용된다고 보아야 한다. 따라서 본인인 예금명의자의 의사에 따라 예금명의자의 실명확인 절차가 이루어지고 예금명의자를 예금주로 하여 예금계 약서를 작성하였음에도 불구하고, 예금명의자가 아닌 출연자 등을 예금계약의 당사자라고 볼 수 있으려면, 금융기관과 출연자 등과 사이에서 실명확인 절차를 거쳐 서면으로 이루어진 예금명의자와의 예금계약을 부정하여 예금명의자의 예금반환청구권을 배제하고 출연자 등 과 예금계약을 체결하여 출연자 등에게 예금반환청구권을 귀속시키겠다는 명확한 의사의 합 치가 있는 극히 예외적인 경우로 제한되어야 한다. 그리고 이러한 의사의 합치는 금융실명거 래 및 비밀보장에 관한 법률에 따라 실명확인 절차를 거쳐 작성된 예금계약서 등의 증명력을 번복하기에 충분할 정도의 명확한 증명력을 가진 구체적이고 객관적인 증거에 의하여 매우 엄격하게 인정하여야 한다.'

객관적인 증거에 의하여 매우 엄격하게 인정하여야 한다'고 판시하여 명의자가 아닌 출연자를 묵시적 약정으로 예금계약의 당사자로 볼 수 있다는 기존의 판례174)를 변경하였다.175) 차명예금에 있어서 거래당사자를 명의대여자로 본 금융실명법 시행 후의 대법원 판례의 변경은 계약당사자 결정에 있어서의 대법원 판례176)의 계속된 입장177)과도 일치한다.178)

생각건대, 차명예금의 법리에서도 차명거래를 방지함으로써 여러 조세회피 등을 방지하려는 금융실명법의 취지에 맞게 예금명의자를 예금주로 봄이 타당하다고 할 것이다. 한편 위와 같이 예금명의자를 예금주로 인정할 경우 어떻게 차명거래를 방지할 수 있는지를 생각해보자. 예금명의자를 예금주로 인정하게 되면, 출연자는 금융기관에 대한 관계에서 예금의 반환청구권을 갖지 못한다. 반면 출연자는 예금명의자와 사이의 내부적 법률관계에 의하여179) 예금명의자로부터 예금 상당액을 추후 반환받을 채권을 가진다고 할 것이다. 만약 예금명의자가 내부약정에 반하여 예금을 인출하여 스스로 착복하고 예금 상당액을 반환하지 않는 경우 이는 판례180)상 횡령죄가 된다는 것이나, 결국 예금명의자가 배신행위를 하고 예금명의자가 무자력일 경우에는 예금 상당액을 회수할 수 없는 위험이 있기 때문에 출연자의 입장에서는 위와 같은 위험을 우려하여 그러한 예금에 관한 차명거래가 억제될 수는 있

---

174) 대법원 2000. 3. 10. 선고 99다67031 판결.
175) 정대익, "타인명의 주식인수 시 주주결정에 관한 새로운 해석론", 비교사법 제21권 제1호(통권 제64호), 한국비교사법학회(2014), 264−265.
176) 대법원 1995. 9. 29. 선고 94다4912 판결.
177) '타인의 이름을 임의로 사용하여 계약을 체결한 경우에는 누가 그 계약의 당사자인가를 먼저 확정하여야 할 것으로서, 행위자 또는 명의인 가운데 누구를 당사자로 할 것인지에 관하여 행위자와 상대방의 의사가 일치한 경우에는 그 일치하는 의사대로 행위자의 행위 또는 명의자의 행위로서 확정하여야 할 것이지만, 그러한 일치하는 의사를 확정할 수 없을 경우에는 계약의 성질, 내용, 체결 경위 및 계약체결을 전후한 구체적인 제반 사정을 토대로 상대방이 합리적인 인간이라면 행위자와 명의자 중 누구를 계약 당사자로 이해할 것인가에 의하여 당사자를 결정하고, 이에 터잡아 계약의 성립 여부와 효력을 판단함이 상당하다'는 것이 그것이다.
178) 정대익, 앞의 논문, 265−266.
179) 예금명의자와 출연자 사이에는 출연자가 원하는 경우 예금명의자가 예금 상당액을 출연자에게 반환하여야 한다는 내부약정이 체결되어 있는 경우가 대부분일 것이다.
180) 타인의 금전을 위탁받아 보관하는 자가 보관방법으로 금융기관에 자신의 명의로 예치한 경우, 긴급명령이 시행된 이후라도 위탁자가 그 위탁한 금전의 반환을 구할 수 없는 것은 아니므로, 수탁자가 이를 함부로 인출하여 소비하거나 또는 위탁자로부터 반환요구를 받았음에도 이를 영득할 의사로 반환을 거부하는 경우에는 횡령죄가 성립한다(대법원 2000. 8. 18. 선고 2000도1856 판결, 대법원 2015. 2. 12. 선고 2014도11244 판결 등 참조).

을 것이다. 그런데 역시 이런 문제는 민사적인 차원의 것이고,[181] 규제법이나 세법에서는 출연자가 예금명의자로부터 예금 상당액을 회수할 수 없을 것을 우려하여 차명거래가 억제된다는 관점에서 접근하기보다는 이러한 차명거래를 한 당사자들을 규제하거나 이들에 대하여 세금상의 부담을 지우게 하여 차명거래를 억제한다는 관점을 가져 이와 다르다고 할 것이다.

3) 사해행위취소와 관련하여

출연자와 예금주인 명의인 사이의 예금주 명의신탁계약이 사해행위에 해당하여 취소되는 경우에는 사해행위로 인한 채권자취소권(민법 제406조) 행사가 가능한데, 취소에 따른 원상회복은 명의수탁자인 명의인이 금융회사에 대한 예금채권을 출연자에게 양도하고 아울러 금융회사에 대하여 양도통지를 하도록 명하는 방법으로 이루어져야 한다(대법원 2018. 12. 27. 선고 2017다290057 판결).

한편, 사해행위의 취소에 따른 원상회복은 원칙적으로 목적물 자체의 반환으로 해야 하고, 그것이 불가능하거나 현저히 곤란한 경우에 한하여 예외적으로 가액반환으로 해야 한다. 원물반환이 불가능하거나 현저히 곤란한 경우란 원물반환이 단순히 절대적·물리적으로 불가능한 경우만을 뜻하는 것이 아니라 사회생활상 경험법칙이나 거래 관념에 비추어 채권자가 수익자나 전득자로부터 이행의 실현을 기대할 수 없는 경우도 포함한다(위 대법원 2017다290057 판결 및 대법원 1998. 5. 15. 선고 97다58316 판결, 대법원 2009. 3. 26. 선고 2007다63102 판결 등 참조).

예금계좌에서 예금이 인출되어 사용된 경우에는 위와 같은 원상회복이 불가능하므로 가액반환만이 문제되는데, 명의신탁자와 명의수탁자 중 누가 예금을 인출·사용하였는지에 따라 결론이 달라진다. 명의신탁자가 명의수탁자의 통장과 인장, 접근매체 등을 교부받아 사용하는 등 사실상 명의수탁자의 계좌를 지배·관리하고 있을 때에는 명의신탁자가 통상 예금을 인출·사용한 것이라고 볼 수 있다. 그러나 명의신탁자가 사실상 명의수탁자의 계좌를 지배·관리하고 있음이 명확하지 않은 경우에는 명의신탁자가 명의인의 예금계좌에서 예금을 인출하거나 이체하여 사용했다는 점을 명의수탁자가 증명하지 못하면 명의수탁자가 예금을 인출·사용한 것으로 보아야 한다. 예금을 인출·이체하는 데 명의인 본인 확인이나 본인 인증 등을 거쳐야 한다는 점에 비추어 일반적으로는 명의인이 예금을 사용했다고 보는 것이

---

181) 아래 第5章 第1節 3.에서 보는 바와 같이 예금 명의신탁을 억제하기 위하여 명의신탁을 무효로 하는 방안도 있을 수도 있다.

보다 자연스럽기 때문이다(위 대법원 2017다290057 판결).

　　위 대법원 2017다290057 판결은 송금만으로는 증여로 볼 수 없다고도 판시하였다.[182]

　　위 대법원 2017다290057 판결의 사실관계는 다음과 같고, 여기에서 생각해 볼 점도 다음에서 제시한 바와 같다.

---

1. 甲은 2010. 3. 26. 乙에게 남양주시 소재 토지(이 사건 토지)를 매매대금을 12억 원으로 정하여 매도하고 乙로부터 매매대금을 본인 명의의 농협 계좌와 수표로 받은 다음 2010. 9. 17. 乙 앞으로 소유권이전등기를 마쳤다.

2. 甲은 이 사건 토지의 양도에 따른 양도소득세 신고를 하지 않았다. 북광주세무서장은 2015. 4. 1. 甲에게 양도소득세를 2015. 4. 30.까지 납부할 것을 고지하였으나 甲은 원심 변론종결일까지 납부하지 않았다. 2016. 10. 4. 기준 甲의 양도소득세 체납액은 7억 원이다.

3. 丙(피고 1)은 甲의 배우자이고, 丁(피고 2)은 甲의 아들이다.

4. 甲은 농협 계좌 또는 수표로 받은 매매대금을 자신의 국민은행 계좌 2곳에 나누어 입금하였다가 2010. 6. 30. 위 입금액 중 8억 원을 자신의 또 다른 국민은행 계좌로 이체하였다.

5. 甲은 2010. 8. 30. 위 국민은행 계좌를 해약하고 해약금 801,325,406원 중 7억 원을 丙 명의의 국민은행 계좌(丙 계좌)로, 1억 원을 丁 명의의 국민은행 계좌(丁 계좌, 위 두 계좌를 합하여 '이 사건 계좌'라 함)로 이체하였다(이 사건 이체행위).

6. 甲은 2010. 8.경 丙에게 그 명의의 계좌를 개설해 달라고 요청하여, 丙으로부터 2010. 8. 27. 개설된 丙 계좌의 통장과 도장을 건네받았다.

7. 丙은 2006년경 뇌출혈로 쓰러진 다음 건강상 이유로 경제 활동을 거의 하지 못하

---

182) 송금 등 금전지급행위가 증여에 해당하기 위해서는 객관적으로 채무자와 수익자 사이에 금전을 무상으로 수익자에게 종국적으로 귀속시키는 데에 의사의 합치가 있어야 한다. 다른 사람의 예금계좌에 금전을 이체하는 등으로 송금하는 경우 다양한 원인이 있을 수 있는데, 과세 당국 등의 추적을 피하기 위하여 일정한 인적 관계에 있는 사람이 그 소유의 금전을 자신의 예금계좌로 송금한다는 사실을 알면서 그에게 자신의 예금계좌로 송금할 것을 승낙 또는 양해하였다거나 그러한 목적으로 자신의 예금계좌를 사실상 지배하도록 용인하였다는 것만으로는 특별한 사정이 없는 한 송금인과 계좌명의인 사이에 송금액을 계좌명의인에게 무상으로 증여한다는 의사의 합치가 있었다고 쉽사리 추단할 수 없다. 이는 금융실명제 아래에서 실명확인절차를 거쳐 개설된 예금계좌의 경우에 특별한 사정이 없는 한 명의인이 예금계약의 당사자로서 예금반환청구권을 가진다고 해도, 이는 계좌가 개설된 금융회사에 대한 관계에 관한 것으로서 그 점을 들어 곧바로 송금인과 계좌명의인 사이의 법률관계를 달리 볼 것이 아니다(대법원 2018. 12. 27. 선고 2017다290057 판결).

여 광주 서구 ○○동에 있는 아파트에서 자녀 戊와 함께 생활하고 있다. 반면, 甲은 2010년 이 사건 토지를 매도하여 12억 원이 넘는 매매대금을 직접 받았고, 2010년과 2011년 수차례 해외에 출입국하기도 하였으며, 주민등록상 주소도 2009년 이래 광주에서, 남양주시, 정읍시 등으로 순차 이전하면서 활발하게 경제 활동을 하였다.

8. 丙 계좌에 입금된 7억 원은 2010. 8. 30. 이후부터 2010. 12. 29.까지 약 4개월간 대체출금이나 신탁출금이 되거나 수천만 원 이상의 거래금액이 수차례 현금으로 출금되어 잔액이 5만 원이 되었다.

9. 甲의 가족들인 丙, 丁, 戊 명의의 신규 계좌들은 대부분 국민은행 OO 지점에서 甲이 매매대금을 송금받은 자신의 계좌를 해지하면서 동시에 개설되었다. 甲은 국민은행 OO 지점에서 자신의 계좌로도 반복적으로 거래하였다.

10. 丁 계좌의 해지에 따른 해약금 101,332,450원 중 이자 1,332,450원은 甲의 국민은행 계좌로, 원금 중 일부인 6천만 원은 甲이 당시 전적으로 관리·사용한 것으로 보이는 丙 계좌로 이체되었다.

11. 원고(대한민국)는 양도소득세 채권을 바탕으로 법원에 ① 주위적으로 甲이 채무초과상태에서 丙 계좌로 7억 원을, 丁 계좌로 1억 원을 각 입금한 것은 丙, 丁에게 위 각 돈을 증여한 것으로서 사해행위에 해당하여 위 각 증여계약은 취소되어야 하고, 丙, 丁은 원고에게 원상회복으로 위 각 돈 및 이에 대한 지연손해금을 각 지급하여야 한다고 주장하고, ② 예비적으로 위와 같은 각 이체행위가 증여에 해당하지 않고 위 각 계좌가 甲이 사용한 차명계좌라면, 위 차명계좌를 이용한 이 사건 각 이체행위는 위 각 계좌에 입금된 각 돈에 관하여 甲과 丙, 丁 사이에 체결된 예금주 명의신탁계약으로서 사해행위에 해당하므로, 이는 취소되어야 하고, 丙, 丁은 원고에게 가액배상으로 위 입금된 각 돈 및 지연손해금을 지급하여야 한다고 주장한다.

Q1 : 甲과 丙, 丁 사이에 2010. 8. 30. 7억 원, 1억 원의 증여계약이 있었다고 보고 이에 대하여 사해행위 취소로 인한 가액반환을 청구한 경우, 위 청구는 타당한가?

Q2 : 甲과 丙 사이에 2010. 8. 30. 丙 계좌에 관하여 체결된 예금주 명의신탁 계약을 7억 원의 범위 내에서 취소하고 丙은 원고에게 7억 원 및 이에 대한 지연손해금을 지급하며, 甲과 丁 사이에 2010. 8. 30. 丁 계좌에 관하여 체결된 예금주 명의신탁 계약을 1억 원의 범위 내에서 취소하고 丁은 원고에게 1억 원 및 이에 대한 지연손해금을 지급하라고 청구한 경우, 위 청구는 타당한가?

A1 : 甲이 이 사건 이체행위로 이 사건 계좌에 입금된 돈을 丙, 丁에게 증여하였다고 보기 어렵다(앞서 본 6 ~10의 사정을 종합하면 송금만으로 증여로 보기는 어렵다).

A2 : 위 이체행위를 증여로 볼 수 없다면, 이 사건 계좌는 甲이 丙, 丁으로부터 명의를 차용한 차명계좌로 보아야 한다. 그런데 甲이 이 사건 계좌를 지배·관리하면서 출금하여 사용한 사실이 인정되어 甲에게 원상회복의 대상이 되는 돈이 반환되었으므로, 채권자취소소송은 이미 그 목적이 실현되어 더 이상 그 소에 의해 확보할 권리보호의 이익이 없어지게 된다.[183] 따라서 위 가액반환 청구를 인용하기는 어렵다.

3. 구상권과 관련하여

주식에 관한 명의수탁자가 명의신탁 증여의제에 따른 증여세를 납부한 경우, 국세기본법 제25조의2, 민법 제425조에 따라 명의신탁자를 상대로 행사할 수 있는 구상권의 범위가 자신이 부담한 증여세액 전부에 미치는지와 관련하여 최근 이를 정리한 대법원 판결(대법원 2018. 7. 12. 선고 2018다228097 판결)이 선고되었다.

물론 2018. 12. 31. 개정된 현행 상증세법상으로는 명의신탁 증여의제로 인한 증여세 납부의무는 명의신탁자에게 있으므로 명의수탁자가 증여세를 납부할 필요가 없으므로 위와 같은 논의는 별다른 의미는 없다. 그러나 2018. 12. 31.까지 이루어진 주식 등 명의신탁에 대하여는 종전 상증세법이 적용되므로 명의수탁자에게 이로 인한 증여세 납세의무가 있으므로, 명의수탁자의 구상권이 여전히 문제된다.[184]

위 대법원 2018다228097 판결은 '자신의 출재로 조세채무를 공동면책시킨 연대납세의무자는 다른 연대납세의무자에게 그 부담부분에 대하여 구상권을 행사할 수

---

183) 채권자가 채무자의 부동산에 관한 사해행위를 이유로 수익자를 상대로 그 사해행위의 취소 및 원상회복을 구하는 소송을 제기하여 그 소송계속 중 위 사해행위가 해제 또는 해지되고 채권자가 그 사해행위의 취소에 의해 복귀를 구하는 재산이 벌써 채무자에게 복귀한 경우에는, 특별한 사정이 없는 한, 그 채권자취소소송은 이미 그 목적이 실현되어 더 이상 그 소에 의해 확보할 권리보호의 이익이 없어지는 것이고, 이는 그 목적재산인 부동산의 복귀가 그 이전등기의 말소 형식이 아니라 소유권이전등기의 형식을 취하였다고 하여 달라지는 것은 아니다(대법원 2008. 3. 27. 선고 2007다85157 판결 등 참조).

184) 증여세의 부과제척기간은 10년이고(국세기본법 제26조의2 제1항 제4호 본문), 명의신탁 증여의제로 인한 증여세 납부가 문제되는 사안의 대부분은 증여세 신고를 하지 않은 경우이므로 이러한 경우는 부과제척기간이 15년이다(국세기본법 제26조의2 제1항 제4호 단서). 따라서 상당한 기간 동안 위 대법원 판결의 법리가 의미 있을 것으로 보인다.

있는데(국세기본법 제25조의2, 민법 제425조), 증여세는 원래 수증자에 대한 조세채권의 확보가 곤란한 경우에 비로소 증여자에게 연대납세의무가 인정되나, 명의신탁 증여의제에 따른 증여세는 일반적인 증여세와 달리 수증자에 대한 조세채권의 확보가 곤란하지 않더라도 명의신탁자가 명의수탁자와 연대하여 이를 납부할 의무가 있다[구 상증세법(2003. 12. 30. 법률 제7010호로 개정되기 전의 것) 제4조 제4항, 제41조의 2]. 따라서 주식에 관한 명의수탁자가 증여세를 납부한 경우 위 국세기본법 규정에 따라 명의신탁자를 상대로 구상권을 행사할 수 있다. 이때 그 구상권의 범위는 당사자들 사이에 증여세 분담에 관하여 별도로 약정하였거나 명의수탁자가 배당금 등 경제적 이득을 취득하였다는 등의 특별한 사정이 없는 한 자신이 부담한 증여세액 전부에 대하여 미친다고 보아야 한다'고 판시하였다.

즉 위 대법원 판결에 따르면, 명의수탁자가 명의신탁 증여의제로 인한 증여세를 납부하면 원칙적으로 이에 관한 전액을 명의신탁자에게 구상할 수 있고, 예외적으로 특별한 사정, 즉 명의신탁자와 명의수탁자 사이에 증여세 분담에 관하여 별도로 약정을 한 경우나 명의수탁자가 배당금 등 경제적 이득을 취득한 경우 등은 이와 달리 볼 수 있게 된다. 그래서 명의수탁자가 명의신탁자로부터 증여세 상당의 금원을 건네받아 증여세를 낸 경우 이를 증여로 보아 다시 증여세를 부과할 수 있는지가 실무상 문제되었는데, 명의수탁자가 스스로 낸 증여세 상당 금원을 명의신탁자에게 구상할 수 있으므로, 위 대법원 판결에 따라 이는 증여[185]가 아닌 것으로 정리되었다고 할 것이다.

그리고 위 대법원 판결은 명의수탁자가 명의신탁자에게 구상을 할 수 있는 근거를 민법상의 위임 즉 민법 제688조[186]라고 명시하면서, '명의수탁자가 명의신탁

---

185) 상속세 및 증여세법 제2조(정의) 이 법에서 사용하는 용어의 뜻은 다음과 같다.
   6. "증여"란 그 행위 또는 거래의 명칭·형식·목적 등과 관계없이 직접 또는 간접적인 방법으로 타인에게 무상으로 유형·무형의 재산 또는 이익을 이전(현저히 낮은 대가를 받고 이전하는 경우를 포함한다)하거나 타인의 재산가치를 증가시키는 것을 말한다. 다만, 유증과 사인증여는 제외한다.

186) 민법 제688조(수임인의 비용상환청구권 등) ① 수임인이 위임사무의 처리에 관하여 필요비를 지출한 때에는 위임인에 대하여 지출한 날 이후의 이자를 청구할 수 있다.
   ② 수임인이 위임사무의 처리에 필요한 채무를 부담한 때에는 위임인에게 자기에 갈음하여 이를 변제하게 할 수 있고 그 채무가 변제기에 있지 아니한 때에는 상당한 담보를 제공하게 할 수 있다.
   ③ 수임인이 위임사무의 처리를 위하여 과실없이 손해를 받은 때에는 위임인에 대하여 그 배상을 청구할 수 있다.

재산에 관하여 부담하는 각종 세금은 명의신탁약정에 따른 사무를 처리하는 데 지출한 비용으로서 명의신탁자는 이를 상환할 의무가 있고, 명의신탁 증여의제 규정에 따라 부담한 증여세는 특별한 사정이 없는 한 이러한 비용에 포함된다'고 판시한 데에 의의가 있다.

제 4 절   조세 법률관계

이 節에서는 차명거래에 관한 조세 법률관계가 민사 법률관계와 어떻게 달라질 수 있는가를 살펴본다.

1. 계약당사자의 확정과 실질과세

실질과세원칙을 한 마디로 정의하기는 쉽지 않다. 다만 국세기본법 제14조 제1 항이나 제2항이 이야기하듯이, 어떤 거래행위의 명의나 외관, 법적 형식이 그 실질과 다른 경우 실질에 따라 세법을 해석하거나 적용하여야 한다는 원칙 정도로 일단 이해하여 볼 수는 있다. 그리고 여기서 말하는 명의나 실질의 개념은 이미 앞에서 살펴본 내용에 따라 일단 이해하더라도 큰 무리가 없을 것으로 생각한다.

실질과세원칙은 이와 같이 명의나 외관, 법적 형식이 그 실질과 다름을 전제로 할 때 의미가 있고, 따라서 그러한 경우에 적용된다고 이해할 수 있다. 하지만 실질의 개념이 때로는 불분명하다는 점을 전제로 한다면, 이 원칙의 적용 여부를 따질 때에는 일단 명의나 외관, 법적 형식이 무엇인지를 먼저 분명히 하는 것이 좋을 수도 있다. 특히 차명거래가 계약의 형태로 이루어진다면, 이것이 차명거래인지 아닌지 여부를 따질 때에는 우선 계약이 누구의 명의로 이루어졌는지, 다시 말하여 '명의'의 측면에서 볼 때 계약의 당사자가 누구인지를 먼저 생각하여 볼 필요가 있다. 이것이 소위 '계약당사자의 확정' 문제이다.

이러한 '계약당사자의 확정' 문제는 기본적으로 민사법 문제로서, 민사법학의 설명에 따르면 당해 계약의 해석에 의하여 결정된다.

가. 부동산의 경우

다만 이를 문제된 자산 별로 유형화시켜 볼 수는 있을 터인데, 예를 들어 차명 부동산 거래에서는 명의수탁자[187]가 계약의 당사자가 된다고 이해함이 일반적이

---

187) 어떤 사람이 타인을 통하여 부동산을 매수하면서 매수인 명의 및 소유권이전등기 명의를 타인 명의로 하기로 한 경우에, 매수인 및 등기 명의의 신탁관계는 그들 사이의 내부적인 관계에 불과하므로, 상대방이 명의신탁자를 매매당사자로 이해하였다는 등의 특별한 사정이 없는 한 대외적으로는 계약명의자인 타인을 매매당사자로 보아야 하며, 설령 상대방이 명의신

다. 그 이유로는 대개 다음과 같은 것들이 들어진다.

① 일반적으로 부동산 거래에서 목적 대상물인 토지나 건물 등 부동산은 대체될 수 없는 특정물이고, 거래의 내용도 비정형적이고 개성적이며 일회적으로 이루어진다.

② 부동산을 양도하는 매도인의 입장에서는 채무의 이행을 실질적으로 담보하는 자력의 유무 등이 중요한 의미를 가지는데, 매도인으로서는 계약의 상대방이라고 생각하는 자를 외부에 명확하게 드러나게 하여 향후 채무이행이나 손해배상과 같은 책임 추궁의 대상으로 삼으려 할 것이므로, 상대방의 입장에서는 외부적으로 법률효과를 귀속시킬 것으로 표출된 사람을 당사자로 이해하는 것이 합리적이다.[188]

③ 계약 당사자 지위와 관련하여서는 법적 의미에서 법률행위의 효과를 귀속시킬 원래의 주체가 누구인가가 관건이고, 경제적 효과의 최종 귀속자(명의신탁자)가 누구인지는 별개의 문제이다.[189] 그런데 현행 민법이 물권 변동에 관한 형식주의를 채택하고 있으므로, 명의수탁자 명의로 등기가 경료될 것을 예정하고 있는 것이므로 법률적 귀속은 명의수탁자에게 귀속된다고 보아야 한다.

나. 주식이나 사채의 경우

한편, 차명주식의 문제에서는, 상장회사의 발행 주식을 취득하려는 자는 증권회사에 자신의 명의로 매매거래계좌를 개설하고 증권 매매거래를 위탁하게 되고, 매매거래계좌의 개설은 금융거래를 위한 것이어서 금융실명법이 적용되므로 실명 확인 절차를 거쳐야 하며, 매매거래의 위탁은 실명으로 하여야 한다. 증권회사가 증권시장에서 거래소를 통하여 매수한 주식은 계좌명의인의 매매거래계좌에 입고되는데, 위와 같이 입고된 주식은 위탁자인 고객에게 귀속되므로(상법 제103조), 그 주식에 대해서는 계좌명의인이 주주가 되고(대법원 2009. 3. 19. 선고 2008다45828 전원합의체 판결 등 참조), 계좌명의인에게 자금을 제공한 자(출연자)가 따로 있다고 하더

탁관계를 알고 있었더라도 상대방이 계약명의자인 타인이 아니라 명의신탁자에게 계약에 따른 법률효과를 직접 귀속시킬 의도로 계약을 체결하였다는 등의 특별한 사정이 인정되지 아니하는 한 마찬가지이다(대법원 2016. 7. 22. 선고 2016다207928 판결).

188) 양창수, 앞의 논문("부동산실명법의 사법적 규정에 의한 명의신탁의 규율 ─ 소위 계약명의신탁을 중심으로 ─), 170 ─ 171.

189) 양창수, 앞의 논문("부동산실명법의 사법적 규정에 의한 명의신탁의 규율 ─ 소위 계약명의신탁을 중심으로 ─), 171.

라도 그것은 원칙적으로 명의인과 자금을 제공한 자 사이의 약정에 관한 문제에 불과할 따름이다. 따라서 명의수탁자[190]를 계약당사자로 보아야 할 것이다.

　반면 비상장회사의 경우에는 이와 달리 보아야 한다. 비상장회사에서 차명으로 주식을 인수하거나 양수하는 경우, 경영진의 관여 아래 주식양도가 이루어지는 등으로 주주명부상 주주가 실질적인 주식양수인이 아니라는 것을 회사도 명확하게 알고 있는 경우가 많다. 그리고 그런 경우에 원칙적으로 형식주주만이 의결권 등 주주권을 행사할 수 있고, 회사가 형식주주의 주주권 행사를 부인하거나 실질주주의 주주권 행사를 인정할 수 없다는 취지의 대법원 2017. 3. 23. 선고 2015다248342 전원합의체 판결이 선고되기 이전에는 회사도 그러한 주식 인수인 등에게 주주권 행사를 인정하는 경우가 많았다. 그리고 상장주식을 취득하려는 자는 증권회사에 자신의 명의로 매매거래계좌를 개설하여야 하는데 위 계좌 개설 당시에 금융실명법이 적용되는 반면, 비상장주식을 취득하려는 자는 금융기관에 가서 자신 명의로 계좌를 개설할 필요는 없고 달리 금융실명법이 적용될 여지가 없다. 그리고 비상장주식의 인수 및 양수의 경우 계약당사자인 회사나 주식 매도인 입장에서는 주식 인수인이나 주식 양수인이 실질적으로 형식주주라고 인식하는 경우도 많을 것이다. 따라서 비상장회사의 경우에는 명의신탁자를 계약당사자로 보아야 할 것이다.

　한편 차명사채의 경우에, 거의 모든 사채가 공사채 등록법상 채권이 등록되어 발행되는데, 공사채 등록법에 따른 채권등록기관은 금융실명법이 적용되는 금융회

---

190) 대법원 2017. 12. 5. 선고 2016다265351 판결에서 대법원은 타인 명의로 주식을 인수하는 경우에 주식인수계약의 당사자 확정 문제에 관하여 ① 가설인 명의로 또는 타인의 승낙 없이 그 명의로 주식을 인수하는 약정을 한 경우와 ② 타인의 승낙을 얻어 그 명의로 주식을 인수하기로 약정한 경우를 나눈 후, 위 ①의 경우는 '가설인은 주식인수계약의 당사자가 될 수 없다. 한편 타인의 명의로 주식을 인수하면서 그 승낙을 받지 않은 경우 명의자와 실제로 출자를 한 자(실제 출자자) 중에서 누가 주식인수인인지 문제되는데, 명의자는 원칙적으로 주식인수계약의 당사자가 될 수 없다. 자신의 명의로 주식을 인수하는 데 승낙하지 않은 자는 주식을 인수하려는 의사도 없고 이를 표시한 사실도 없기 때문이다. 따라서 실제 출자자가 가설인 명의나 타인의 승낙 없이 그 명의로 주식을 인수하기로 하는 약정을 하고 출자를 이행하였다면, 주식인수계약의 상대방(발기설립의 경우에는 다른 발기인, 그 밖의 경우에는 회사)의 의사에 명백히 반한다는 등의 특별한 사정이 없는 한, 주주의 지위를 취득한다고 보아야 한다'고 판시하였고, ②의 경우에는 '계약 내용에 따라 명의자 또는 실제 출자자가 주식인수인이 될 수 있으나, 원칙적으로는 명의자를 주식인수인으로 보아야 한다. 명의자와 실제 출자자가 실제 출자자를 주식인수인으로 하기로 약정한 경우에도 실제 출자자를 주식인수인이라고 할 수는 없다. 실제 출자자를 주식인수인으로 하기로 한 사실을 주식인수계약의 상대방인 회사 등이 알고 이를 승낙하는 등 특별한 사정이 없다면, 그 상대방은 명의자를 주식인수계약의 당사자로 이해하였다고 보는 것이 합리적이기 때문이다'라고 판시하였다.

사 등이어서,[191] 실지명의로 채권등록[192]을 하여야 하여[193] 채권 등록시 실명확인 절차를 거쳐야 하므로, 상장주식에 관한 차명거래와 마찬가지로 명의수탁자를 계약당사자로 보아야 한다.

다. 예금의 경우

다음으로 차명예금의 경우에는 금융실명제가 실시되기 전에는 명의신탁자(출연자)를 계약당사자로 본다는 것이 판례[194]였다. 그러나 금융실명제가 실시된 이후 최근 대법원 2009. 3. 19. 선고 2008다45828 전원합의체 판결은 다음과 같이 판시하였다.

'일반적으로 예금명의자 및 금융기관의 의사는 예금명의자를 예금계약의 당사자로 보려는 것이 합리적이다. 출연자 등을 예금계약의 당사자라고 볼 수 있으려면 극히 예외적인 경우[195]로 제한되어야 한다.'

이것이 새로운 판례라고 할 때 지금에 와서는 명의수탁자를 계약당사자로 보아야 한다.

라. 실질과세원칙과 관련하여

지금까지 계약의 당사자 확정 문제를 두고 다소 장황하게 설명을 하였지만, 이는 어디까지나 민사법 문제이다. 이러한 민사법적 이해와 다르게 법률관계를 이해하고 이를 근거로 세법을 적용할 것인지 하는 것이 실질과세원칙의 문제임은 물론이다. 문제는 어떠한 경우에 이러한 명의 또는 법적 형식과 구별되는 실질이 있는가, 그러한 실질은 어떻게 판단하는가 하는 것이다. 이에 관한 일반적 기준이라고 할 만한 것은 현재로서는 존재하지 않는다. 다만 앞서 第3節 2.에서 살펴본 내용은

---

191) 금융실명법 제2조 제1호 하목, 금융실명법 시행령 제2조 제1호.
192) 금융실명법 제2조 제3호에 의하면 '등록'도 금융실명법상 '금융거래'에 해당하게 된다.
193) 금융실명법 제3조 제1항.
194) 대법원 1992. 1. 21. 선고 91다23073 판결은 '금융기관에 대한 기명식 예금에 있어서는 명의의 여하를 묻지 아니하고, 또 금융기관이 누구를 예금주라고 믿었는가에 관계없이, 예금을 실질적으로 지배하고 있는 자로서 자기의 출연에 의하여 자기의 예금으로 한다는 의사를 가지고 스스로 또는 사자, 대리인을 통하여 예금계약을 한 자를 예금주로 봄이 타당하다'고 판시하였다.
195) 위 대법원 2008다45828 전원합의체 판결은 이에 관하여 '금융기관과 출연자 등과 사이에서 실명확인 절차를 거쳐 서면으로 이루어진 예금명의자와의 예금계약을 부정하여 예금명의자의 예금반환청구권을 배제하고 출연자 등과 예금계약을 체결하여 출연자 등에게 예금반환청구권을 귀속시키겠다는 명확한 의사의 합치가 있는 경우'를 말한다고 판시하였다.

충분히 참고가 될 수 있다. 즉 해당 거래와 관련된 경제적 이익이나 그와 관련된 위험이 누구에게 귀속하는가 하는 점이다. 다시 말하여 어떤 계약의 당사자로서 민사법상 취급된다고 하더라도, 그 사람이 실제로 경제적 이익을 귀속받거나 관련된 위험을 부담하는 사람이 아니라면, 이 글에서 계속 말하여 온 '실질 권리자'에는 해당할 수 없다는 것이다. 그리고 이 글에서 말하는 '차명거래'는 기본적으로 명의대여자가 그러한 이익을 귀속받지도, 관련된 위험을 부담하지도 않는 거래이다. 따라서 실질과세원칙에 비추어 보면, 관련된 거래의 당사자가 민사법상 누구로 확정되든 간에 실질 권리자로서 납세의무를 지는 것은 명의차용자일 수밖에 없다.

즉 차명거래에 있어서 명의차용자는 명의대여자와의 내부관계에서 차명거래의 대상이 되는 부동산, 주식, 사채, 예금의 소유권을 자신이 가지기로 하는 차명계약을 맺은 상태이다. 이는 결국 차명거래에서 발생하는 경제적 이익은 명의차용자에게 귀속되고, 반면 그러한 거래가 생각만큼의 이익을 올리지 못하여 생기는 손실도 아울러 명의차용자가 부담함을 의미한다. 그러한 거래가 잘 되든, 잘 되지 않든 간에 명의대여자는 별다른 이익을 볼 것도, 특별한 손실을 볼 것도 없기 때문이다. 따라서 실질과세원칙상 실질 권리자인 명의차용자가 이로 인하여 발생하는 세금을 부담할 의무가 있는 것이다. 이러한 거래에서 문제되는 재산을 취득하거나 보유하거나 처분할 때 발생하는 세금에 관한 납세의무가 모두 같은 방식으로 명의차용자에게 귀속될 것이다. 차명예금의 경우에도 차명예금으로 인한 이자소득이나 그 밖의 소득에 대한 세금을 모두 명의차용자가 부담해야 한다.

물론 실질과세원칙 때문에 모든 세금을 항상 명의차용자(명의신탁자)가 납부할 의무를 진다는 말은 아니다. 세금의 성격에 따라서는 그냥 명의수탁자에게 세금을 물리기도 하는데, 판례에 따르면 취득세의 경우가 그러하다. 그리고 계약명의신탁에서 매도인이 선의인 경우에 명의수탁자와 매도인 사이의 매매계약이 유효하므로 매매대금이 매도인에게 지급될 경우 명의수탁자에게 취득세 납세의무가 성립할 뿐 명의신탁자에게 취득세 납세의무가 발생한다고 보기는 어렵다. 다만 계약명의신탁에서 매도인이 악의인 경우, 즉 그러한 명의신탁의 사실을 알고 거래한 경우 명의신탁자는 매매계약의 당사자가 아니고 명의수탁자와 체결한 명의신탁 약정도 무효가 되므로 부동산을 사실상 취득하였다고 볼 수 없어 취득세 납세의무도 없다고 본다.

2. 거래 단계별 현행법상의 조세 법률관계

지금까지 살펴본 일반론을 토대로, 이하에서는 실질과세원칙에 따를 때 차명거래의 진행순서에 따라 거래 당사자와 국가 사이에서 구체적으로 어떤 세금문제가 생기는가라는 조세 법률관계를 분석한다.

가. 취득시의 세금

1) 차명부동산에 관한 취득세

어떤 재산을 취득하는 시점에서 부담하는 세금의 종류는 많지 않다. 여기서는 지방세의 일종인 취득세를 살펴본다.

부동산을 취득한 자는 취득세를 납부할 의무가 있다(지방세법 제7조 제1항, 제2항).[196] 지방세법 제7조 제2항은 부동산 등의 취득은 민법 등 관계 법령에 따른 등기·등록 등을 하지 아니한 경우라도 사실상 취득하면 각각 취득한 것으로 보고 해당 취득물건의 소유자 또는 양수인을 각각 취득자로 한다고 규정하고 있다. 여기에서의 사실상 취득이란 일반적으로 등기와 같은 소유권 취득의 형식적 요건을 갖추지는 못하였으나 대금의 지급과 같은 소유권 취득의 실질적 요건을 갖춘 경우를 말한다(대법원 2006. 6. 30. 선고 2004두6761 판결 등 참조). 다만 판례는 이러한 논리를 연장하여, '실질적인 취득'의 요건은 갖추되 단순히 형식적 요건을 갖추지 못한 경우뿐 아니라, '실질적인 취득'이라고 보기 힘든 경우에도 취득세가 '거래세'라는 이유 ─ 사실 그렇게 볼 근거는 뚜렷하지 않으며 '거래세'가 그러한 의미의 말인지도 분명하지 않다 ─ 를 내세워 납세의무를 지우는 경우가 없지 않다.

예컨대, 2자간 등기명의신탁에서는, '명의수탁자가 부동산을 제3자에게 처분하는 경우 그 처분은 유효하므로 명의수탁자는 명의신탁 부동산을 사실상 유효하게 처분할 수 있는 지위를 갖게 되어 취득세 납세의무가 있다고 보는 것'이 판례의 입

---

196) 지방세법 제7조(납세의무자 등) ① 취득세는 부동산, 차량, 기계장비, 항공기, 선박, 입목, 광업권, 어업권, 골프회원권, 승마회원권, 콘도미니엄 회원권, 종합체육시설 이용회원권 또는 요트회원권(이하 이 장에서 "부동산등"이라 한다)을 취득한 자에게 부과한다.
② 부동산등의 취득은 「민법」, 「자동차관리법」, 「건설기계관리법」, 「항공안전법」, 「선박법」, 「입목에 관한 법률」, 「광업법」 또는 「수산업법」 등 관계 법령에 따른 등기·등록 등을 하지 아니한 경우라도 사실상 취득하면 각각 취득한 것으로 보고 해당 취득물건의 소유자 또는 양수인을 각각 취득자로 한다. 다만, 차량, 기계장비, 항공기 및 주문을 받아 건조하는 선박은 승계취득인 경우에만 해당한다.

장이다.197) 하지만 어떤 의미에서도 실질적으로 취득을 한 것으로 볼 수 없는 사람에게 왜 그러한 이유 때문에 취득세를 물려야 하는 것인지는 여전히 전혀 분명하지가 않다. 아무튼 이는 대법원이 취득세를 다소 특별한 세금으로 여기고 실질과세원칙과 무관하게 적용하기 때문에 가능한 결론이다.

판례는 3자간 등기명의신탁에서도 마찬가지로서, '부동산에 관한 매매계약을 체결하고 소유권이전등기에 앞서 매매대금을 모두 지급한 명의신탁자에게 계약상 또는 사실상의 잔금지급일에 지방세법상 사실상 취득에 따른 취득세 납세의무가 성립한다. 그리고 사실상의 취득자인 명의신탁자가 그 부동산에 관하여 매매를 원인으로 한 소유권이전등기를 마치더라도 이미 사실상 취득한 부동산에 관하여 형식적 요건을 추가로 갖춘 것에 불과하므로 새로운 취득세 납세의무가 성립하는 것은 아니다'라고 한다.198) 또한 판례199)는 '3자간 등기명의신탁 약정에 따라 명의수탁자 명의로 소유권이전등기를 마쳤다가 그 후 해당 부동산에 관하여 자신의 명의로 소유권이전등기를 마친 경우에도 마찬가지로 명의신탁자에게 새로운 취득세 납세의무가 성립하지 않는다'고 한다. 일단 실질과세와 무관하게 한 번의 취득에 대하여 명의수탁자에게 납세의무를 지웠으므로, 그 후의 명의 '회복'에 관해서는 별도의 취득세 납세의무를 지우지 않는 것이 물론 수미일관된 결론이리라 생각할 수 있다.

계약명의신탁에서는 다음과 같은 판결이 나와 있다.

'계약명의신탁에 의하여 부동산의 등기를 매도인으로부터 명의수탁자 앞으로 이전한 경우 명의신탁자는 매매계약의 당사자가 아니고 명의수탁자와 체결한 명의신탁약정도 무효이어서 매도인이나 명의수탁자에게 소유권이전등기를 청구할 수 있는 지위를 갖지 못한다. 따라서 명의신탁자가 매매대금을 부담하였더라도 그 부동산을 사실상 취득한 것으로 볼 수 없으므로, 명의신탁자에게는 취득세 납세의무가 성립하지 않고 명의수탁자에게 납세의무가 있다'는 것이 판례200)의 입장이다. 이 역시 명의수탁자가 '실질 권리자' 또는 '실질 소유자'가 아니라는 점은 전혀 고

197) 서울고등법원 2005. 12. 2. 선고 2004누18216 판결. 위 판결은 대법원 2006. 6. 2. 선고 2006두644 판결에 의하여 상고기각되었으나, 명의수탁자에 대한 취득세 부과는 상고이유에 포함되지 아니하여 대법원이 이 부분에 관하여 직접 판단하지는 않았다고 할 것이다.
198) 대법원 2013. 3. 14. 선고 2010두28151 판결, 대법원 2018. 3. 22. 선고 2014두43110 전원합의체 판결.
199) 위 대법원 2014두43110 전원합의체 판결.
200) 대법원 2017. 7. 11. 선고 2012두28414 판결.

려하지 않고 있음을 보여준다. 또한 '매도인이 선의인 계약명의신탁에서 명의수탁
자와 매도인 사이의 매매계약은 유효하므로, 매매대금을 모두 지급하면 소유권이전
등기를 마치지 않더라도 명의수탁자에게 취득세 납세의무가 성립한다. 그 후 그 부
동산을 제3자에게 전매하고서도 최초의 매도인이 제3자에게 직접 매도한 것처럼
소유권이전등기를 마친 경우에도 동일하다'는 것이 판례[201]의 입장이다.

2) 차명주식에 관한 간주취득세

주식은 그 자체로 취득세의 과세대상이 되지는 않는다.[202] 그런데 법인의 주식
을 취득함으로써 과점주주가 되면 그 과점주주가 법인의 부동산을 취득한 것으로
보아 간주취득세가 부과된다(지방세법 제7조 제5항[203]).[204] 그런데, 주식에 관하여 명
의신탁을 하여 명의수탁자 명의로 명의개서하였다가 다시 명의신탁자 명의로 명의
개서한 경우, 이는 실질주주가 주주명부상 명의를 회복한 것에 불과하므로 간주취
득세를 부과할 수는 없다.[205] 이 경우는 주식을 명의신탁한 때에 실질적으로 명의
신탁자가 명의수탁자 명의의 주식을 취득한 것이므로 이때 간주취득세 납세의무가
성립한다고 보아야 한다. 간주취득세라는 것 자체가 과점주주가 부동산을 실제로
취득하지도 않았음에도 법인의 부동산을 취득한 것으로 간주하여 그에게 취득세

---

201) 대법원 2017. 9. 12. 선고 2015두39026 판결.
202) 취득세의 과세대상을 열거하고 있는 지방세법 제11조, 제12조에는 주식에 관한 내용이 포함
    되어 있지 않다.
203) 지방세법 제7조(납세의무자 등) ⑤ 법인의 주식 또는 지분을 취득함으로써 「지방세기본법」
    제46조 제2호에 따른 과점주주(이하 "과점주주"라 한다)가 되었을 때에는 그 과점주주가 해
    당 법인의 부동산등(법인이 「신탁법」에 따라 신탁한 재산으로서 수탁자 명의로 등기·등록이
    되어 있는 부동산등을 포함한다)을 취득(법인설립 시에 발행하는 주식 또는 지분을 취득함으
    로써 과점주주가 된 경우에는 취득으로 보지 아니한다)한 것으로 본다. 이 경우 과점주주의
    연대납세의무에 관하여는 「지방세기본법」 제44조를 준용한다.
204) 최근 '이미 해당 법인이 취득세를 부담하였는데 그 과점주주에 대하여 다시 동일한 과세물건
    을 대상으로 간주취득세를 부과하는 것은 이중과세에 해당할 수 있기 때문에, 모든 과점주주
    에게 간주취득세를 부과해서는 안 되고 의결권 등을 통하여 주주권을 실질적으로 행사하여
    법인의 운영을 사실상 지배할 수 있는 과점주주에게만 간주취득세를 부과하는 것으로 위 조
    항을 제한적으로 해석하여야 한다. 따라서 주주명부에 과점주주에 해당하는 주식을 취득한
    것으로 기재되었다고 하더라도 그 주식에 관한 권리를 실질적으로 행사하여 법인의 운영을
    지배할 수 없었던 경우에는 간주취득세를 낼 의무를 지지 않는다고 보아야 한다'고 보아 실
    질적으로 법인의 운영을 사실상 지배할 수 있는 과점주주에게만 과점주주의 간주취득세 납
    세의무를 부담시켜야 한다는 취지의 대법원 판결(대법원 2019. 3. 28. 선고 2015두3591 판결)
    이 선고되었다.
205) 대법원 1999. 12. 28. 선고 98두7619 판결. 위 판결은 회사의 입장에서 명의상의 주식인수인
    과 실질적인 주식인수인 중에서 명의상의 주식인수인만을 주주로 인정하여야 한다는 形式說
    을 취한 대법원 2017. 3. 23. 선고 2015다248342 전원합의체 판결에서 폐기되지는 않았다.

부담을 지우는 것이므로, 여기에는 이미 실질적으로 이익이 귀속되고 위험을 부담하는 실질권리자에게 조세부담을 지운다는 실질과세원칙이 투영되어 있고, 주식 명의신탁이 있더라도 명의신탁 시에 실질권리자인 명의신탁자가 법인의 부동산을 취득한 것으로 보아 간주취득세 납세의무가 성립한다고 보는 것이다. 이는 부동산 명의신탁에서 실질적으로 이익이 귀속되고 위험을 부담하는 주체가 명의신탁자인 경우에도, 2자간 등기명의신탁에서 명의수탁자에게 취득세 납세의무가 있다고 보거나, 매도인이 악의이거나 선의인 계약명의신탁에서 명의수탁자에게 취득세 납세의무가 있다고 보는 판례의 입장과 배치된다고 할 것이다.

그리고 상증세법 제45조의2 제1항은 실제소유자와 명의자가 다른 경우 그 등기 등을 한 날에 그 재산의 '가액'을 증여한 것으로 간주하여 '증여세'를 부과한다는 것에 불과할 뿐 그 '재산' 자체에 대하여 증여의 법률효과를 의제하겠다는 것으로까지는 해석할 수 없다. 그리고 지방세법에 이와 같은 증여의제 규정이 없는 이상 위 조항을 '취득세'와 관련하여서까지 적용하여 그 '재산'을 증여받은 것으로 볼 수는 없다. 따라서 주식 명의신탁으로 명의수탁자는 주식을 취득한다고 볼 수 없고, 명의신탁 해지로 인한 명의신탁자 명의로의 명의개서는 '주식의 취득'에 해당한다고 볼 수 없으므로, 위 해지로 인하여 명의신탁자에게 간주취득세를 부과할 수는 없다.206) 따라서 여기서는, 비록 취득세의 영역이기는 하지만, 실질과세원칙이 작동하고 있는 셈이다.

3) 차명주식, 사채에 관한 증여의제로 인한 증여세

차명주식, 사채에 대하여는 상증세법 제45조의2 제1항 소정의 명의신탁 증여의제로 인하여 증여세를 부과하는 제재가 있다. 이에 관하여는 아래 第7節에서 자세히 살펴본다.

4) 차명예금에 관한 증여추정으로 인한 증여세

상증세법 제45조207) 제1항은 재산 취득자의 직업 등에 비추어 볼 때 재산을 자

---

206) 대법원 2010. 3. 11. 선고 2009두21369 판결.

207) 상속세 및 증여세법 제45조(재산 취득자금 등의 증여 추정) ① 재산 취득자의 직업, 연령, 소득 및 재산 상태 등으로 볼 때 재산을 자력으로 취득하였다고 인정하기 어려운 경우로서 대통령령으로 정하는 경우에는 그 재산을 취득한 때에 그 재산의 취득자금을 그 재산 취득자가 증여받은 것으로 추정하여 이를 그 재산 취득자의 증여재산가액으로 한다.
④ 「금융실명거래 및 비밀보장에 관한 법률」 제3조에 따라 실명이 확인된 계좌 또는 외국의 관계 법령에 따라 이와 유사한 방법으로 실명이 확인된 계좌에 보유하고 있는 재산은 명의자가 그 재산을 취득한 것으로 추정하여 제1항을 적용한다.

력으로 취득하였다고 보기 어려운 경우에는 재산취득자금에 대하여 증여로 추정한다고 규정하고 있고, 같은 조 제4항은 금융실명법상 실명이 확인된 계좌에 보유하고 있는 재산은 그 명의자가 재산을 취늑한 것으로 추징하여 제1항을 적용한다고 규정하고 있다.

실명이 확인된 계좌의 명의자와 자금 출연자는 동일하거나 상이할 수 있는데, 명의자와 출연자가 다르고 명의자의 명의를 차용하는 것에 합의가 있는 경우에는 차명예금의 문제가 발생한다. 한편 상증세법 제45조 제1항의 재산취득자금의 증여추정이 되려면 ① 재산의 취득, ② 취득자의 무자력, ③ 증여자의 존재 및 그 자력208) 등이 요구된다. 상증세법 제45조 제4항은 실명이 확인된 예금의 경우 명의자가 위 ① 요건인 재산을 취득한 것으로 추정하여 과세관청의 입장에서 위 재산취득자금의 증여추정 규정을 적용하기 쉽도록 한 것이다.209)

차명예금의 경우에는 명의차용자(출연자)가 별도로 존재하고 명의대여자(명의자)의 계좌는 차명예금이라는 사실을 입증하여 위 추정을 번복시켜야 명의대여자(명의자)에게 증여세가 부과되는 것을 막을 수 있다. 그런데 실무상 명의자 본인의

---

208) 위 요건은 법령에는 명시되어 있지는 않다. 그러나 대법원은 위 증여추정 규정은 당연히 증여자의 존재 및 자력을 전제로 하는 것으로 보인다{김동수, "차명예금에 대한 증여추정 과세제도에 관한 소고", 계간 세무사 2013년 봄호, 한국세무학회(2013), 95}. 특히 대법원 2010. 7. 22. 선고 2008두20598 판결은 상증세법이 2003. 12. 30. 개정되어 상증세법 제45조 제1항에서 규정하고 있던 '다른 자로부터'라는 문구가 삭제된 이후에도 여전히 무자력자의 재산취득자금 증여추정 규정의 적용을 위해 위 ③의 요건 즉 증여자의 존재를 과세관청이 입증해야 한다는 취지이다. 즉 위 판결은 '개정 후 법은 증여세에 있어서 이른바 완전포괄주의 과세방식을 채택하였으나 이와 같은 완전포괄주의 과세제도와 재산취득자금의 증여추정 규정에 따른 과세요건에 관한 증명책임의 소재나 범위와는 직접 관련이 있다고 보기 어려운 점, 개정후 법 제2조 제1항은 개정 전 법과 마찬가지로 "타인의 증여로 인하여 증여재산이 있는 경우에는 그 증여재산에 대하여 증여세를 부과한다"고 규정하고 있을 뿐만 아니라 개정 후 법 제4조 제4항 단서도 개정 전 법과 마찬가지로 증여자의 연대납세의무 제외 대상에 개정 후 규정을 포함시키지 아니함으로써 개정 후 규정이 적용되는 경우에도 여전히 증여자의 존재를 전제로 하고 있는 점 등을 고려하면, 위와 같은 개정이 있었다고 하여 재산취득자의 직계존속이나 배우자 등에게 재산을 증여할 만한 재력이 있다는 점에 관한 과세관청의 증명책임이 소멸되었다고 볼 것은 아니다'라고 판시하였다.

209) 박훈, "금융재산 관련 증여추정규정의 체계 정립 및 입증에 관한 소고-「상속세 및 증여세법」 제45조 제4항을 중심으로-", 조세와 법 제7권 제2호, 서울시립대학교 법학연구소(2014), 90-91. 즉 실명확인계좌의 경우 그 계좌에 예입되어 있는 재산이 반드시 명의자 소유의 재산이라고 볼 수 없는데, 위 상증세법 제45조 제4항에 의하여 일단 명의자의 소유로 추정하는 것이므로 명의자가 직업, 연령, 소득 및 재산 상태 등으로 볼 때 그 계좌 속 재산을 자력으로 취득하였다고 인정하기 어렵다면 그 재산을 증여받은 것으로 추정하여 증여세를 과세할 확률이 높아졌다고 할 것이다.

실명계좌인데 입금액을 증여받은 것인지 아니면 위 계좌가 차명예금인지의 구별은 쉽지가 않다.210) 따라서 상증세법 제45조 제4항의 신설로 인하여 차명예금임을 입증하지 못한 경우, 실명확인계좌 명의자는 실제로 증여받지 않았음에도 불구하고 위와 같은 증여추정을 받게 되어 증여세를 부과당하는 경우도 생길 수 있을 것이다.211)

나. 보유시의 세금

1) 차명부동산(재산세, 종합부동산세, 임대소득으로 인한 소득세)

차명거래로 인하여 재산을 취득한 후 보유하면서 발생하는 세금으로는 부동산과 관련하여서는 지방세법상 재산세, 종합부동산세법상 종합부동산세 등이 있다.

재산세는 토지, 건축물, 주택, 항공기 및 선박에 대하여 그 사실상 소유자를 납세의무자로 하여 과세하는 지방세이다.212) 그리고 납세의무자는 원칙적으로 재산세 과세기준일인 매년 6월 1일(지방세법 제114조) 현재 재산을 사실상 소유하고 있는 자이고213) 공부상 소유자로 등기·등록된 자가 아니므로, 실질소유자에게 과세한다. 그러므로 명의신탁된 재산에 대한 재산세의 납세의무자는 명의신탁자가 된다. 다만 명의신탁되거나 차명재산이라고 하더라도 특별히 명의신탁자나 실질소유자가 자신에게 납세의무가 있다고 주장하지 않으면 명의수탁자가 납세의무를 부담할 것이다.

또한 종합부동산세는 주택 및 토지의 소유사실에 대하여 과세하는 국세로서, 매년 과세기준일(6월 1일) 현재 국내에 소재한 재산세 과세대상인 주택 및 토지를 유형별로 구분하여 인별로 합산한 결과, 그 공시가격 합계액이 각 유형별 공제액을 초과하는 경우 그 초과분에 대하여 관할세무서장이 이를 부과징수한다. 종합부동산세의 납세의무자는, 주택에 관하여는 '과세기준일 현재 주택분 재산세의 납세의무자로서 국내에 있는 재산세 과세대상인 주택의 공시가격을 합산한 금액이 6억 원을 초과하는 자'(종합부동산세법 제7조 제1항)이고, 토지에 관하여는 '과세기준일 현재 토지분 재산세의 납세의무자로서 종합합산과세대상인 경우에는 국내에 소재하는 해당 과세대상토지의 공시가격을 합한 금액이 5억 원을 초과하는 자(종합부동산세법

210) 박훈, 위의 논문, 96-97.
211) 박훈, 앞의 논문, 98.
212) 지방세법 제105조, 제107조.
213) 지방세법 제107조.

제12조 제1항 제1호), 별도합산과세대상인 경우에는 국내에 소재하는 해당 과세대상 토지의 공시가격을 합한 금액이 80억 원을 초과하는 자(같은 항 제2호)'이다. 이와 같이 종합부동산세의 납세의무자는 주택, 토지에 관하여는 재산세의 납세의무자이므로 재산세에 관한 위의 논의가 그대로 적용된다. 즉 재산을 사실상 소유하고 있는 명의신탁자가 종합부동산세의 납세의무자이고 소유권 변동 후 신고 해태로 사실상의 소유자를 알 수 없으면 차명부동산 거래에서 명의수탁자가 납세의무를 부담할 수 있다.

그리고 부동산을 보유하면서 임대소득을 얻을 수 있다. 차명부동산의 경우 임대소득은 일반적으로 명의신탁자에게 귀속되므로 실질과세원칙상 이로 인한 소득세는 명의신탁자가 부담하여야 할 것이다.

2) 차명주식, 사채

차명주식의 보유시에는 배당소득, 차명사채의 보유시에는 이자소득이 문제된다. 차명주식, 사채의 경우에는 그 주식, 사채를 보유하는 기간 동안 배당소득, 이자소득이 있을 경우 실질과세원칙상 명의차용자(명의신탁자, 실질주주)가 종합소득세 납세의무를 부담할 것이나, 현실상 과세관청이 차명주식, 사채임을 알지 못할 경우에는 명의대여자(명의수탁자, 형식주주)가 배당소득, 이자소득으로 인한 종합소득세 납세의무를 부담할 것이다.

3) 차명예금

차명예금의 경우에도 그 예금을 보유하는 기간 동안 이자소득이 있을 경우 실질과세원칙상 명의차용자(출연자)가 종합소득세 납세의무를 부담할 것이나, 현실상 과세관청이 차명예금임을 알지 못하는 경우에는 명의대여자(명의자)가 이자소득으로 인한 종합소득세 납세의무를 부담할 것이다.

한편, 금융실명법 제5조[214])에 의하여 비실명 금융소득에 대하여는 90%(2014. 1. 1. 지방세법이 개정되기 전까지는 지방소득세까지 포함하면 99%가 되었고, 현행 지방세법 제92조 제1항에 의하더라도 지방소득세까지 포함하면 90%가 넘게 된다)가 세금으로 부과된다.

---

214) 금융실명거래 및 비밀보장에 관한 법률 제5조(비실명자산소득에 대한 차등과세) 실명에 의하지 아니하고 거래한 금융자산에서 발생하는 이자 및 배당소득에 대하여는 소득세의 원천징수세율을 100분의 90(특정채권에서 발생하는 이자소득의 경우에는 100분의 20(2001년 1월 1일 이후부터는 100분의 15)}으로 하며, 「소득세법」 제14조 제2항에 따른 종합소득과세표준의 계산에는 이를 합산하지 아니한다.

위 규정과 관련하여 '실지명의가 아닌(非실명) 금융거래'에 '차명거래'가 포함되는지가 문제된다.

우선 금융실명법 제2조 제4호에서는 '실지명의'에 대하여 '주민등록표상의 명의, 사업자등록증상의 명의, 그 밖에 대통령령으로 정하는 명의를 말한다'고 규정하고 있다. 같은 법 시행령 제3조에서는 '개인'의 경우는 '주민등록표에 기재된 성명 및 주민등록번호'215)(제1호), '법인'216)의 경우는 '법인세법에 의하여 교부받은 사업자등록증에 기재된 법인명 및 등록번호'217)(제2호), '법인이 아닌 단체'의 경우는 '단체를 대표하는 자의 실지명의'218)(제3호), '외국인'의 경우는 '출입국관리법에 의한 등록외국인기록표에 기재된 성명 및 등록번호'219)(제4호)라고 규정하고 있다.

금융실명법상 실명거래에 허무인 명의나 가명 거래가 포함되지 않는다는 점에는 의문이 없으나, 타인의 명의를 차용하여 금융거래를 하는 것이 실명에 의한 금융거래인지 여부는 명확하지 않다.

그런데 실명(실지명의)거래는 금융거래 명의자가 허명이나 가명이 아닌 실명으로 하는 거래로서 개인의 경우에는 주민등록표에 기재된 성명 및 주민등록번호, 법인의 경우에는 법인세법에 의하여 교부받은 사업자등록증에 기재된 법인명 및 등록번호 등으로 하는 것으로서, 비실명거래에 차명거래는 포함되지 않고 양 개념에는 서로 교차하는 부분이 있다고 할 것이다. 즉 아래 표와 같이 실명거래이면서 차명거래인 경우(사례 1), 실명거래이면서 차명거래가 아닌 경우(사례 2),220) 비실명거래이면서 차명거래인 경우(사례 3), 비실명거래이면서 차명거래가 아닌 경우(사례 4)221)가 있을 수 있다.

---

215) 다만, 재외국민의 경우에는 여권에 기재된 성명 및 여권번호(여권이 발급되지 아니한 재외국민은 재외국민등록법에 의한 등록부에 기재된 성명 및 등록번호).
216) 국세기본법에 의하여 법인으로 보는 법인격없는 사단 등을 포함한다.
217) 다만, 사업자등록증을 교부받지 아니한 법인의 경우는 법인세법에 의하여 납세번호를 부여받은 문서에 기재된 법인명 및 납세번호이다.
218) 다만, 「부가가치세법」에 의하여 고유번호를 부여받거나 「소득세법」에 의하여 납세번호를 부여받은 단체의 경우에는 그 문서에 기재된 단체명과 고유번호 또는 납세번호.
219) 다만, 외국인등록증이 발급되지 아니한 자의 경우에는 여권 또는 신분증에 기재된 성명 및 번호.
220) A가 A의 성명, 주민등록번호로 계좌를 개설한 후(실명거래) 위 계좌를 자신의 금융거래를 위해 사용하는 경우(非차명거래).
221) A가 성명, 주민등록번호 없이 자신의 명의로 계좌를 개설한 후(거래 현실상 가능한지 여부는 논외로 한다. 非실명거래) 위 계좌를 자신의 금융거래를 위해 사용하는 경우(非차명거래).

[차명거래와 실명거래]

구분	차명거래	非차명거래
실명거래	사례 1	사례 2
非실명거래	사례 3	사례 4

　　최근 2008년 삼성그룹에 대한 특검 조사 당시 드러난 이건희 회장의 차명계좌와 관련하여, 위 계좌가 금융실명법 제5조 소정의 비실명 자산소득에 대한 차등과세의 대상이 되는지 여부가 논란이 된 적이 있다. 이와 관련하여 2017. 10. 30. 국회에서 열린 정무위원회 종합감사에서 최종구 금융위원회 위원장은 이건희 회장의 4조 4,000억 원대 차명금융재산의 이자소득과 배당소득에 대하여 90%의 소득세 원천징수를 하겠다고 밝혔다.222) 그리고 금융위원회는 같은 날인 2017. 10. 30. 금융실명법 제5조 소정의 비실명자산소득에 대한 차등과세 규정과 관련하여 금융당국은 1999년 이래로 지금까지 '사후에 객관적 증거에 의해 확인된 차명계좌는 차등과세 대상이라는 원칙을 유지해 왔다'는 유권해석을 하였으므로 '사후에 객관적 증거에 의해 확인되어 금융기관이 차명계좌임을 알 수 있는 경우, 즉 검찰 수사, 국세청 조사 및 금감원 검사에 의해 밝혀진 차명계좌는 금융실명법 제5조의 차등과세 대상이다'라는 보도참고자료를 배포하였다.223) 그리고 금융위원회는 2018. 4.경 이건희 회장의 증권사 차명계좌 27개에 대하여 33억 9,900만 원의 과징금을 실제로 부과했다.224)

　　한편 대법원은 긴급명령 시행 이전에 개설된 예금이 은행 직원의 잘못 때문에 차명거래임이 밝혀졌고 이로 인하여 과징금과 고율의 이자소득세가 원천징수되었다고 주장하면서 은행을 피고로 하여 그 상당 금액의 손해배상을 청구한 사안225)에서, '긴급명령 제3조 제1항에서 말하는 "거래자의 실명에 의한 금융거래"라 함은 금융거래계약에 따라 금융기관에 대하여 금융자산 환급청구권을 갖는 계약상의 채권자인 거래자 자신의 실명에 의한 거래를 의미한다. 따라서 가명에 의한 거래, 거래자 자신이 아닌 타인의 실명에 의한 거래는 "거래자의 실명에 의한 금융거래"에 포

222) 지금까지 차명계좌는 허명이나 무명이 아닌 실명이라는 이유로 금융실명법 제5조를 적용할지 여부가 명확하지 않았는데 이를 적용하는 것으로 유권해석하겠다는 입장인 것이다. 이는 2008년 삼성 비자금 특검에서 이건희 회장의 차명계좌가 드러난 지 9년만이다. 이로 인하여 이건희 회장이 추가로 납부해야 할 소득세(분리과세에서 합산과세로 전환될 경우)는 1,000억 원이 넘을 예정이라고 한다.
223) 금융위원회 보도참고자료, "삼성 차명계좌 관련 과징금 및 차등과세 문제", 은행과(2017. 10. 30.), 2-3. http://www.fsc.go.kr 참조.
224) 이 부분에 대해서는 第3章 第2節 4. 나. 1) 참조.
225) 대법원 1998. 8. 21. 선고 98다12027 판결.

함되지 않는다'고 판시하여, '타인의 실명에 의한 거래'226)는 '非실명 금융거래'라고 판단하였다.

생각건대, 특정금융정보법 제5조의2 제1항 제2호 및 같은 법 시행령 제10조의2 제3항에서는 금융회사 등이 고객이 실제소유자인지 여부가 의심되는 등 고객이 자금세탁행위나 공중협박자금조달행위를 할 우려가 있는 경우에는 '실제 소유자'에 관한 사항 및 금융거래의 목적과 거래자금의 원천 등을 확인하도록 하고, 고객확인을 한 사항이 의심스러운 경우에는 그 출처를 신뢰할 만한 문서 · 정보 그 밖의 확인자료를 이용하여 그 진위 여부를 확인할 수 있도록 규정하고 있다. 그러나 금융실명법에서는 금융회사 등에게 실명으로 금융거래를 할 의무를 부여하고(제3조 제1항), 특정금융정보법에 따른 불법재산의 은닉, 자금세탁행위 등을 목적으로 타인의 실명으로 금융거래를 알선하거나 중개하여서는 안 될 의무를 부여하고 있을 뿐(제3조 제4항), 금융자산의 실제권리자에 대하여 조사 · 확인할 수 있음을 명문으로 요구하고 있지는 않다. 따라서 금융기관에게 명의인이 실제 권리자인지 여부를 조사할 의무가 있다고 볼 수는 없다.

금융실명법은 금융회사 등에게 실지명의로 금융거래를 할 의무를 부담하게 하는(제3조 제1항) 한편, 금융회사 등에게 비실명 자산소득에 대하여 90%의 원천징수세율을 부담하게 하고 있다(제5조). 금융회사 등은 원천징수의무자이고 실제 금융거래를 한 자가 원천납세의무를 부담하므로, 위와 같은 제재는 최종적으로 금융거래자에게 돌아간다고 할 것이다. 차명거래를 통하여 취득한 금융자산에서 발생하는 이자 및 배당소득에 대하여도 금융실명법 제5조 소정의 차등과세를 적용하면, 차명거래를 통하여 발생한 이자 및 배당소득에 대하여는 최종적으로 차명거래자가 90%의 소득세를 부담하게 되어 차명거래가 억제될 수 있다.

그리고 금융실명법의 제정취지가 차명거래가 허용됨을 전제로 금융거래를 할 경우 명의인의 실명만을 확인하도록 한 것에 불과하다고 보기는 어렵다. 비실명거래를 억제하려는 금융실명법의 취지상 비실명거래를 회피하는 도구로 차명거래를 이용하는 것도 억제될 필요가 있으므로, 해당 금융거래가 차명거래임이 밝혀졌다면 금융실명법상 실명거래에 해당하지 않는다고 보아야 할 것이다.227) 따라서 금융위

---

226) 차명거래라고 할 수 있다.
227) 同旨 이의영, "타인명의 예금의 법률관계와 보전처분", 저스티스 제109호, 한국법학원(2009), 112.

원회와 판례의 위와 같은 입장은 타당하다. 그러므로 차명계좌를 통하여 취득한 금융자산에서 발생하는 이자 및 배당소득에 대하여는 금융실명법 제5조 소정의 차등과세가 적용된다고 할 것이고, 이는 위 표상 '사례 3'에 해당한다고 할 것이다.[228] 이와 같은 입장을 취할 경우에, 차명거래이면서 실명거래인 '사례 1'은 현실적으로 존재하지 않는다고 할 것이고, 차명거래는 모두 非실명거래인 '사례 3'만 존재한다고 할 것이다.[229]

---

228) 그러나 '실지예금주와 명의상 예금주가 다르다고 할지라도 명의상 예금주의 성명과 주민등록번호로 거래한 것은 비실명예금으로 볼 수 없어 비실명자산에 대한 차등과세가 적용되지 않는다'는 것이 재결의 입장(국심 96광3281, 1997. 3. 10.)이다. 이재호, "차명거래의 과세문제", BFL 제46호, 서울대학교 금융법센터(2011), 53.
위 재결에서 청구법인은 1993년부터 1995년 기간중 甲 외 19인으로부터 제예금 약 3억 5,000만 원(이하 '쟁점예금')을 예치받고 동 기간중 제예금이자 약 5,000만 원을 지급하였다. 처분청은 쟁점예금의 명의자인 甲 외 19인은 실제예금주가 아니므로 쟁점예금이 비실명예금에 해당한다 하여 긴급명령 제9조에 의거 이자소득세 원천징수세율을 100분의 90으로 하여 1996. 3. 16 청구법인에게 1993년부터 1995년 귀속분 각 이자소득세 합계 약 5,000만 원을 결정 · 고지하였다. 청구법인은 이에 불복하여 1996. 5. 13 심사청구를 거쳐 1996. 9. 14 국세심판소에 심판청구를 제기하였다. 국세심판소는 '쟁점예금이 긴급명령 시행일(1993. 8. 12) 이후에 가입된 사실, 쟁점예금의 명의자와 실제예금주가 서로 다른 사실, 쟁점예금의 명의자인 甲 외 19인이 각자의 주민등록표상의 명의자인 사실 및 청구법인은 쟁점예금 수입시 긴급명령의 규정에 의한 실명확인을 필하였다고 주장하는 데 대하여는 청구법인과 처분청 간에 다툼이 없다. 현행 긴급명령상 실명거래의무는 일반거래자가 아닌 금융기관 종사자에게만 부여되어 있으며, 이에 따라 금융기관 종사자는 금융거래자의 외형상 나타난 주민등록증(개인의 경우), 사업자등록증(법인의 경우) 등에 의하여 실명여부를 확인해야 하는 것으로서 금융거래자가 자금의 실질소유자인지 여부까지 확인해야 하는 것은 아니라고 해석된다. 금융실명제는 금융거래의 실명화로 자금흐름이 명확하게 드러나도록 함으로써 금융거래자의 불법적인 증여 · 상속 · 수뢰 · 정치자금 수수 등의 위반행위가 쉽게 노출되도록 하는 Net Work 역할을 수행하고 있으며 이는 긴급명령에 의해서만 운용되는 것이 아니라 제반 조세법령, 형사법규, 행정규정 등이 유기적으로 연계되어 하나의 제도체계를 이루고 있는바, 금융거래자와 자금의 실질소유자가 다른 차명거래에 대하여 긴급명령에서는 이를 직접 금지하는 규정을 두고 있지 아니하며 만일 그 사유가 조세포탈, 범죄사실 은폐, 불법정치자금 수수 등과 관련된 경우에는 조세범 처벌법, 형법, 정치자금법 등 관련법이 정하는 바에 따라 처벌을 받게 되는 것이다. 한편, 재정경제원에서는 갑과 을이 합의하여 갑의 금융자산을 을의 명의로 거래한 자산이 긴급명령 제9조에 규정된 비실명자산에 해당되는지 여부에 대한 질의에 대하여 "실명확인된 계좌에 의하여 금융기관이 정상적으로 취급한 금융자산은 긴급명령의 규정에 의한 비실명자산에 해당되지 아니한다"고 회신(실명 46000-508, 1996. 11. 21)하고 있다. 위 내용 및 관련법령으로 미루어 보아 쟁점예금은 비록 실지예금주와 명의상 예금주가 다르다고 할지라도 명의상 예금주의 성명과 주민등록번호로 거래하였으므로 비실명예금으로 볼 수 없으며, 따라서 비실명자산소득에 대한 차등과세를 규정한 긴급명령 제9조를 적용하기 어렵다고 판단된다'고 하여 위 심판청구를 인용하였다.

229) 그 이유는 이 글에서 '차명거래'는 명의인으로부터 承諾을 받은 경우만을 의미하기로 정의하였기 때문이다. 만약 명의인으로부터 승낙을 받지 않은 경우인 명의도용, 허무인 명의의 거

그리고 앞서 본 바와 같이 금융실명법 제5조와 관련하여 '실지명의가 아닌(非실명) 금융거래'에 '차명거래'가 포함된다고 봄이 타당하므로, 차명금융거래에 대하여는 금융실명법 제5조 소정의 차등과세를 적용하여야 할 것이다. 그리고 이는 第1章 第7節이나 第5章 第1節 내지 第4節에서 살펴보는 차명거래에 관한 여러 가지 제재와 마찬가지의 제재 중 하나에 속하는 것으로 이해할 수 있다. 세금의 형태를 취한다고 하더라도 90%라는 세율은 어떤 징벌적인 성격을 갖는다고 볼 수밖에 없기 때문이다.

다. 처분시의 세금

차명거래로 인하여 재산을 취득한 후 처분하는 경우에 문제되는 세금으로는 양도소득세, 증권거래세(주식의 경우)가 있다.

1) 부동산(양도소득세)

명의신탁된 부동산의 처분과 관련하여서는 양도소득세가 문제된다.[230] 여기에서는 명의수탁자가 부동산을 매도한 경우 양도소득세 부담 문제를 생각해보고, 매도인의 양도소득세 문제는 항을 바꾸어 살펴보도록 한다.

가) 명의신탁 유형별 분석

Ⅰ. 2자간 등기명의신탁의 경우

1. 명의수탁자가 명의신탁자의 위임 내지 승낙을 받아 부동산을 제3자에게 양도한 경우

부동산실명법 시행 전 종래 대법원 판례는 명의신탁에 대한 제3자는 선, 악의를 불문하고 당해 부동산을 유효하게 취득하고, 위 양도로 인한 양도소득세 납세의무자는 당해 양도소득을 실질적으로 향유하는 명의신탁자라고 판단하였다.[231]

래도 위 차명거래의 개념에 포함시킨다면, 사례 1도 존재할 수 있다. A가 C의 성명, 주민등록번호로 도용하여 C의 성명, 주민등록번호로 계좌개설을 한 후(거래 현실상 가능한지 여부는 논외로 한다, 실명거래) B에게 계좌를 빌려주어 B가 C 명의 위 계좌를 자신의 금융거래를 위해 사용하는 경우가 그 예이다.

230) 이하 拙稿, "명의수탁자의 부동산 임의 처분시 양도소득세의 납세의무자", 행정판례연구 제20권 제1호, 박영사(2015), 289 이하; 拙稿, "명의신탁에 관한 세법상 쟁점", 2016년도 법관연수 어드밴스 과정 연구논문집 : 전문 분야 소송의 주요쟁점(조세/지식재산권/노동), 사법연수원(2017), 275 이하; 拙稿, "타인 명의를 이용한 행위에 관한 조세법적 연구", 사법논집 제64집, 사법발전재단(2017), 261 이하 참조.

231) 대법원 1993. 9. 24. 선고 93누517 판결, 대법원 1987. 11. 10. 선고 87누554 판결 등 참조.

　부동산실명법 시행 후에 명의신탁 등기가 이루어진 경우라도 명의수탁자가 명의신탁된 부동산을 명의신탁자의 위임 내지 승낙을 받아 양도하였다면, 부동산실명법 제4조 제3항에 의하여 제3자는 부동산을 유효하게 취득하고, 부동산실명법 제4조 제1항, 제2항에 의해서 명의신탁약정과 그에 따른 명의신탁등기가 모두 무효가 되므로, 명의신탁자는 명의수탁자에 대하여 원인무효를 원인으로 한 소유권이전등기말소를 구하거나 진정명의 회복을 원인으로 한 소유권이전등기를 구할 수 있으므로,232) 명의신탁자가 양도소득을 사실상 지배·관리·처분할 수 있는 지위에 있어서 양도소득세의 납세의무자가 된다.

　그런데 과세관청으로서는 특별한 사정이 없는 한 당해 부동산이 명의신탁된 것임을 알기 어려워 부동산등기부상의 소유명의자인 명의수탁자에 대하여 과세처분을 할 수밖에 없을 것인바, 이와 같은 사정을 고려하면 과세관청이 명의수탁자에게 한 양도소득세 과세처분의 위법이 중대, 명백하다고 볼 수는 없으므로 당연 무효라고 할 수 없고,233) 위법한 것으로 보아 이를 취소할 수 있다고 할 것이다.

2. 명의수탁자가 부동산을 임의로 제3자에게 양도한 경우

　이런 경우는 양도소득이 명의신탁자에게 환원되지 않는 한 명의신탁자는 사실상 소득을 얻은 자가 아니므로 양도소득세의 납세의무자는 명의수탁자가 된다.234) 이 때 양도소득이 명의신탁자에게 환원이 되었는지 여부에 대한 판단이 중요하다.

　참고로 대법원 판례는 명의수탁자가 임의로 허위채무 부담을 통해 강제경매의 방법으로 명의신탁된 부동산을 처분하였고, 이에 명의신탁자가 채권가압류, 손해배상청구소송 및 강제집행 등 강제적인 방법을 통하여 그 경락대금의 일부를 불법행위로 인한 손해배상액으로 수령하였더라도, 이는 명의신탁된 부동산의 양도로 인한 양도

---

232) 대법원 2002. 9. 6. 선고 2002다35157 판결 등 참조.
233) 대법원 1997. 11. 28. 선고 97누13627 판결 참조. 행정처분이 당연무효라고 하기 위하여는 처분에 위법사유가 있다는 것만으로는 부족하고 그 하자가 법규의 중요한 부분을 위반한 중대한 것으로서 객관적으로 명백한 것이어야 하며, 하자가 중대하고 명백한 것인지 여부를 판별함에 있어서는 그 법규의 목적, 의미, 기능 등을 목적론적으로 고찰함과 동시에 구체적 사안 자체의 특수성에 관하여도 합리적으로 고찰함을 요한다(대법원 2007. 11. 15. 선고 2005다24646 판결, 대법원 1995. 7. 11. 선고 94누4615 전원합의체 판결 등 참조)는 것이 대법원 판례의 입장이다. 대법원 판례의 입장은 소위 말하는 중대명백설의 입장인데, 중대명백설이 개인의 권리구제와 법적 안정성의 요청을 합리적으로 조정하기 위하여 고안된 이론이므로, 위 견해에 찬성한다. 윤인성, "행정처분의 당연무효 사유와 취소 사유의 구별기준에 대한 소고 -중대명백설에 대한 비판적 검토를 중심으로-", 특별법연구 제9권, 사법발전재단(2011), 105 참조.
234) 대법원 1999. 11. 26. 선고 98두7084 판결, 대법원 1991. 3. 27. 선고 88누10329 판결.

소득이 명의신탁자에게 환원되어 명의신탁자가 양도소득을 사실상 지배·관리·처분할 수 있는 지위에 있다고 볼 수 없다고 한다.[235)

Ⅱ. 3자간 등기명의신탁의 경우

1. 명의수탁자가 명의신탁자의 위임 내지 승낙을 받아 부동산을 제3자에게 양도한 경우

3자간 등기명의신탁의 경우, 명의신탁 약정과 명의수탁자 명의의 등기가 무효가 되므로 명의신탁된 부동산은 매도인 소유로 복귀하게 되지만, 매도인과 명의신탁자 사이의 매매계약은 여전히 유효하므로, 명의신탁자는 매도인을 대위하여 명의수탁자에 대하여 명의신탁된 부동산에 대한 등기말소청구 등을 통하여 매도인 명의로 회복등기를 한 다음 명의신탁자 명의로 소유권이전등기를 할 수 있어, 위 부동산의 최종 소유권자는 명의신탁자라고 할 수 있다.

따라서 3자간 등기명의신탁에 있어서 명의수탁자가 명의신탁자의 위임 내지 승낙하에 부동산을 제3자에게 양도하면 2자간 등기명의신탁에서와 마찬가지로 제3자는 선, 악의를 불문하고 당해 부동산을 유효하게 취득하고, 명의신탁자가 명의신탁된 부동산의 양도로 인한 양도소득을 사실상 지배·관리·처분할 수 있는 지위에 있으므로, 실질과세의 원칙상 명의신탁자가 양도소득세의 납세의무자라고 할 것이다.

2. 명의수탁자가 부동산을 임의로 제3자에게 양도한 경우

3자간 등기명의신탁에서 2자간 등기명의신탁의 경우와 마찬가지로 명의수탁자가 명의신탁된 부동산을 임의로 제3자에게 양도한 경우, 그 양도주체는 명의수탁자이고 그 양도소득이 신탁자에게 환원되지 아니하는 한, 명의신탁자는 사실상 소득을 지배·관리·처분할 수 있는 지위에 있다고 할 수 없으므로, 2자간 등기명의신탁에서와 마찬가지로 양도소득세의 납세의무자는 명의수탁자로 보아야 한다.

Ⅲ. 계약명의신탁의 경우

1. 명의수탁자가 명의신탁자의 위임 내지 승낙을 받아 부동산을 제3자에게 양도한 경우

매도인이 명의신탁약정사실을 알지 못한 계약명의신탁이 부동산실명법 시행 전에 이루어졌고 실명 등기를 하지 않고 같은 법 소정의 유예기간이 경과한 경우에 명의수탁자는 명의신탁자에게 명의신탁된 당해 부동산 자체를 부당이득으로 반환할 의무

---

235) 대법원 1999. 11. 26. 선고 98두7084 판결.

가 있다. 이와 같은 상황에서 수탁자가 신탁자의 의사에 따라 당해 부동산을 제3자에게 양도하고서 그 양도소득을 명의신탁자에게 환원하였다면, 당해 양도소득을 사실상 지배·관리·처분할 수 있는 자는 명의신탁자라고 봄이 타당하므로, 실질과세의 원칙에 의하여 명의신탁자를 당해 양도소득세의 납세의무자라고 보아야 한다.[236)

다만, 이 경우 과세관청으로서는 이와 같은 사정을 알 수 없으므로, 명의수탁자에 대한 과세처분의 적법성을 다투는 명의수탁자로서는 당해 양도소득의 실질적인 귀속자가 명의신탁자임을 입증하여야 할 것이다.

2. 명의수탁자가 부동산을 임의로 제3자에게 양도한 경우

이런 경우 매도인이 명의신탁약정이 있는 사실을 알았는지 아니면 몰랐는지에 관계없이, 또 제3자의 선·악의를 불문하고 그 양도행위는 유효하므로, 수탁자와 제3자 사이의 양도로 인한 양도소득세의 납세의무자는 그 양도소득이 신탁자에게 환원되지 아니하는 한 명의수탁자라고 할 수 있다.

IV. 양도소득이 환원되었는지 여부에 관한 판례의 기준 분석

1. 양도소득이 환원되지 않았다고 판단한 사례

가. 대법원 1999. 11. 26. 선고 98두7084 판결

1) 사실관계

명의신탁자가 부동산에 대한 명의신탁을 하였고, 명의수탁자의 상속인들이 부동산의 등기 명의를 반환하기를 거부하고 이를 횡령하려고 다른 사람들과 위 토지에 대하여 강제경매를 신청하여 위 토지가 낙찰되었고, 명의신탁자는 위 상속인에 대한 허위채권자들을 상대로 가압류 등의 조치를 취하였으며 그 상속인을 상대로 손해배상소송을 제기하였다. 명의신탁자는 이러한 조치 등을 통해서 명의신탁자가 명의수탁자의 상속인 및 그 공범들로부터 약 19억 원을 회수하였다. 과세관청은 명의수탁자에 의하여 임의 처분된 부동산 지분의 경락으로 인한 양도소득이 명의신탁자에게 환원되었다고 하여 명의신탁자가 양도소득세의 납세의무자라고 판단하였다.

2) 법원의 판단

법원은 이는 명의신탁된 부동산에 대한 양도대가가 아니고 그 대가가 환원된 것도 아니며 단지 명의수탁자의 상속인이 이를 임의로 처분한 불법행위로 인한 손해의 배상으로 수령한 것으로 보았다. 즉 명의신탁자는 양도소득세 납세의무자가 아니라

---

236) 김행순, "부동산의 중간생략등기, 명의신탁과 관련한 양도소득세의 몇 가지 문제", 조세법 실무연구 II, 재판자료 제121집, 법원도서관(2010), 420.

고 보았다.

나. 대법원 2013. 10. 11. 선고 2013두12379 판결(심리불속행 기각), 대구고등법원
　　2013. 5. 24. 선고 2012누2123 판결

1) 사실관계

명의신탁자가 부동산을 명의신탁하였는데, 명의수탁자가 명의신탁자의 동의 없이
그 중 일부 지분을 다른 사람에게 매도하여 소유권이전등기를 경료하여 주었다. 그
러다가 명의수탁자는 횡령 혐의로 고소당해서 수사를 받다가 사망하였고, 명의수탁
자의 아들, 배우자는 망인인 명의수탁자와 공모하여 부동산을 횡령하였다는 혐의로
기소되어서 유죄 판결이 확정되었다. 원고는 명의수탁자를 상대로 횡령한 토지를 반
환하고 횡령하지 않고 남은 부동산에 대한 반환 절차 및 부당이득한 돈을 반환하라
는 등의 소송을 제기하였고, 망인을 수계한 상속인들로부터 약 12억 원을 반환받는
등의 내용으로 화해권고결정이 확정되었다. 원고는 명의수탁자의 배우자를 상대로
손해배상소송을 제기하여 4억 원 등을 지급하라는 판결을 선고받고 위 판결이 확정
되었다. 원고는 위 화해권고결정을 통해서 약 1억 원을 회수하였고, 명의수탁자의
가족들은 원고를 위해서 위 형사절차 도중 4억 원을 공탁하였다. 과세관청은 명의신
탁자에 대하여 양도가액 11억 원이 원고에게 환원되었다고 보아 2009년 귀속 양도
소득세 337,875,140원을 부과·고지하는 처분을 하였다.

2) 법원의 판단

법원은 명의신탁자가 명의수탁자의 가족들로부터 일부 금원을 지급받은 것은 명
의신탁계약상의 채무를 이행 받은 것이 아니고, 명의신탁계약의 위약 또는 횡령에
관한 형사고소로 인한 형사소송 중의 변제공탁, 압류·추심이라는 민사집행 등을 거
쳐 이 사건 임야의 양도일로부터 상당한 기간이 경과된 후에야 회수하게 된 것이고,
그 명목 또한 부당이득반환 또는 손해배상에 상응하는 것이므로 이를 양도대가의 정
상적인 반환으로 보기는 어려운 점 등을 근거로 양도대가가 환원된 것이 아니라고
보았다. 즉 명의신탁자는 양도소득세의 납세의무자가 아니라고 본 것이다.

다. 서울고등법원 2014. 6. 24. 선고 2013누28758 판결(항소기각, 상고기간 도과로
　　확정), 서울행정법원 2013. 9. 11. 선고 2012구단16599 판결

1) 사실관계

명의신탁자가 명의수탁자에게 부동산을 명의신탁하였는데, 명의수탁자가 위 부
동산을 임의로 매도하였고, 매수인으로부터 일부 금원을 받았는데, 명의신탁자에

게 위 매도 사실이 발각되자, 그 수익을 명의신탁자에게 일부 반환하였고 명의신탁자는 사망하였다. 명의신탁자가 명의수탁자로부터 환원받지 못한 매매대금은 총 100,380,000원이다. 과세관청은 명의신탁자를 본래 납세의무자로 하여 양도소득세를 결정하면서 명의신탁자의 상속인들을 연대납세의무자로 하여 2008년도 귀속 양도소득세 260,014,430원을 결정·고지하였다. 명의신탁자의 상속인들은 명의수탁자가 부동산을 임의처분한 후 명의신탁자가 환원받지 못한 금액에 대해서는 사실상 소득을 얻은 것이 아니므로 이 부분에 관해서는 양도소득세 부과처분이 취소되어야 한다고 주장하면서 이 사건 소를 제기하였다(다른 청구 부분은 생략함).

2) 법원의 판단

양도소득이 모두 명의수탁자에게 귀속되었으나 명의신탁자나 그 상속인에게 환원되지 않는 상황이라면 이는 신탁자가 양도소득을 사실상 지배·관리·처분할 수 있는 지위에 있지 않다고 보아야 하므로 환원되지 아니한 금액에 대해서는 양도소득세 납세의무를 부담한다고 볼 수 없다. 오히려 이 부분의 양도소득세는 대외적 소유자이면서 양도소득이 실제로 귀속된 명의수탁자에게 부과되는 것이 실질과세의 원칙에 부합하는 것으로 판단된다. 이 사건 매매대금 중 명의신탁자나 그 상속인들이 환원받지 못한 100,380,000원에 관해서는 이를 양도가액에서 공제하고 양도소득세를 산정함이 상당하다고 판단된다. 환원되지 못한 부분은 명의신탁자가 양도소득세 납세의무자가 아니다.

라. 대법원 2011. 11. 24. 선고 2011두19918 판결(심리불속행기각), 서울고등법원 2011. 7. 22. 선고 2010누43565 판결(항소기각), 서울행정법원 2010. 11. 15. 선고 2009구단10805 판결

1) 사실관계 요약

원고(명의신탁자)는 자신이 운영하던 회사 직원 X의 명의를 빌려 토지를 매수하였는데, 농지점용허가를 받기 위해 위 직원의 부친(명의수탁자) 명의로 위 토지에 관하여 소유권이전등기를 경료하였다. 위 부친은 사망하였고, 명의수탁자의 상속인들은 위 토지에 관하여 상속지분을 경료하고 이를 제3자에게 매도하였다. 원고는 과세관청에게 위 매매에 관하여 실지거래가액에 의한 양도차익을 산정하여 2006년 귀속 양도소득세 과세표준의 기한후 신고를 하면서 양도소득세를 납부하였고, 피고는 위 매매에 따른 양도소득이 원고에게 귀속된 것으로 보아 원고에게 위 매매에 관하여 위 기한후 신고의 내용과 같이 2006년 귀속 양도소득세(가산세 포함) 184,704,860원을 결정하여 통지하는 이 사건 처분을 하였다. 그런데 위 매도과정을 자세히 보면,

위 토지의 매수인이 등기 명의자인 망인의 아들 X에게 토지의 매도 제의를 하였고, 이에 X는 원고에게 그와 같은 제의가 있음을 알렸으며, 원고는 망인의 상속인이 X를 포함한 2인만 있는 것으로 알고 위 토지 매도를 위임하였고, X는 매수인으로부터 받은 계약금 중 일부를 원고에게 지급하였다. 매수인은 매매계약에 따른 소유권이전등기를 진행하다가 망인의 상속인으로 두 명이 더 있는 것을 알게 되자 X에게 위 매매계약에 관하여 공동상속인 전원의 동의를 얻을 것을 요구하였고 한 명의 소재를 확인하지 못하였다. 원고는 망인의 상속인으로 2인이 더 있고 한 명의 소재가 확인되지 않는 등으로 위 매매계약의 이행이 정상적으로 진행되지 않자 X에게 위 매매계약을 해제하도록 하였고, 이에 X는 매수인에게 위 매매계약을 해제하고 계약금을 반환하겠다는 내용을 통지하였다. 한편, 원고는 그 무렵 X에게 이 사건 토지가 실제로는 원고의 소유로 망인에게 명의신탁된 것이라는 내용을 공증하여 줄 것을 요구하였는데, X는 그 요구에 응하지 않았다. 원고는 망인의 공동상속인인 X 등을 상대로 이 사건 토지에 관하여 원고 앞으로 부당이득을 원인으로 한 소유권이전등기절차를 이행하라는 내용의 민사소송을 제기하였다. 한편, 매수인이 X를 사기 혐의로 형사고소하자, X 등은 매수인과 다시 매매계약을 체결하였다. 원고는 X 등이 매수인과 매매계약을 체결하고 소유권이전등기를 경료해 준 사실을 알게 되자 X 등을 상대로 손해배상 또는 부당이득반환을 원인으로 이를 지급하라는 내용의 청구취지 및 청구원인 변경을 하였다. 원고는 민사소송에서 X 등으로부터 일부 금원을 지급받는 내용으로 승소판결을 받았고 그 무렵 위 판결은 확정됨. X는 횡령죄로 기소되어 유죄판결이 확정되었다. 원고는 X 등을 상대로 위 승소판결을 근거로 X 등으로부터 약 3억 7천만 원을 추심하였다.

2) 법원의 판단

원고가 X 등을 상대로 이 사건 토지에 관하여 원고 앞으로 부당이득을 원인으로 한 소유권이전등기절차를 이행하라는 내용의 민사소송을 제기함으로써 당초의 X에 대한 이 사건 토지의 매매 위임을 철회하였다고 봄이 상당하고, 원고가 X 등으로부터 이 사건 매매에 따른 대금 중 일부를 회수하기는 하였으나, 이는 원고가 X 등을 상대로 제기한 민사소송에서 X 등으로 하여금 부당이득반환으로 금원의 지급을 명하는 내용의 승소판결을 받고 그에 기하여 가압류를 본압류로 이전하는 채권압류 및 추심명령을 받아 추심한 것으로서, 그 명목이 이 사건 토지의 임의 처분에 따른 부당이득의 반환으로 수령한 것이고, 그 수령 경위도 X 등이 매매대금을 수령한 후 자발적으로 원고에게 반환한 것이 아니라 원고가 채권가압류, 부당이득반환청구소송, 강제집행 등의 강제적인 방법을 통하여 이 사건 매매 시점으로부터 1년 이상이 경과한 후에 그 일부를 추심한 것인 점에 비추어 보면, 원고가 이 사건 매매에 따른 대금 중 일부를 수령하였다고 하여 이 사건 매매에 따른 양도소득이 원고에게 환원되어 원고가 그 양도소득을 사실상 지배·관리·처분할 수 있는 지위에 있게 된 것으로 볼 수도 없다. 따라서 원고(명의신탁자)는 양도소득세의 납세의무자가 아니다.

2. 양도소득이 환원되었다고 판단한 사례 – 대법원 1996. 2. 9. 선고 95누9068 판결
가. 사실관계

원고가 X 회사에게 토지 중 일부가 토지구획정리사업지구 내에 포함될 것으로 예상되는 부분만을 매도하되 나중에 위 사업지구에서 제외되는 토지부분에 관한 소유 명의를 환원받기로 약정하고 위 토지 전부에 관하여 X에게 소유권이전등기를 마쳐주었다. 그 후 ①, ②, ③, ④ 토지가 토지구획정리사업지구에서 제외되었다. X는 1991. 10. 2. 위 4필지의 토지가 토지구획정리사업지구에서 제외된 이후에도 원고에게 그 소유권이전등기를 환원하여 주지 아니한 상태에서 Y 공사에게 공공용지의취득및손실보상에관한특례법상의 협의취득절차에 따라 이를 매각하여 그 소유권이전등기를 해 주고 손실보상금을 지급받은 다음, 위 매매계약에 따라 원고에게 소유 명의를 환원하여 줄 의무가 있는 토지는 위 4필지의 토지 중 판시 ①, ② 토지뿐이라고 주장하면서 그 2필지 토지에 대한 보상금액만을 공탁하였고, 이에 원고는 그 후 배상금의 일부로 수령한다는 내용의 이의를 유보하고 그 공탁금을 수령하였다. 과세관청은 원고에 대하여 위 ①, ② 토지와 관련된 양도소득에 대한 법인세 등을 부과하였다.

나. 법원의 판단

원고(명의신탁자)는 ①, ②, ③, ④ 4필지의 토지에 관하여는 소유권을 유보한 채 X(명의수탁자)에게 소유권이전등기만을 마쳐놓은 것이어서 원고가 X에게 명의신탁한 것이다. 위와 같이 명의신탁된 토지를 수탁자인 X가 원고의 동의 없이 임의로 Y에게 협의취득시켰으므로 그 양도주체는 일응 수탁자인 X라고 할 것이지만, 당초 약정대로 X가 원고에게 위 4필지의 토지에 관한 소유 명의를 환원시켜 주었다고 하더라도 원고 역시 Y에게 이를 협의취득시키거나 수용당할 수밖에 없었고, 위 2필지의 토지에 관하여는 X가 스스로 그 보상금 전액을 공탁하여 원고가 이를 출급해 간 점에 비추어 보면, X가 Y에게 위 2필지의 토지를 양도함으로써 얻은 양도소득은 원고(명의신탁자)에게 전액 환원되어 원고가 그 양도소득을 사실상 지배·관리·처분할 수 있는 지위에 있게 되었다고 할 것이다. 따라서 원고(명의신탁자)가 그 양도소득에 대한 법인세 및 특별부가세의 납세의무자라고 할 것이다.

나) 소결

위에서 자세히 본 바와 같이, 2자간 등기명의신탁, 3자간 등기명의신탁, 계약명의신탁의 경우 명의수탁자가 명의신탁자의 위임 내지 승낙을 받아 부동산을 제3자에게 양도한 경우에는, 명의신탁자가 양도소득을 사실상 지배·관리·처분할 수 있는 지위에 있으므로 양도소득세의 납세의무자가 된다.[237] 이와 관련된 경제적 이익의 귀속이나 위험 부담의 측면에서 보더라도 실질과세원칙에 따라 명의신탁자가 양도소득세의 납세의무자가 된다는 결론은 쉽게 납득할 수 있다.

따라서 대법원[238]은, 양도소득세 중과세의 대상이 되는 '1세대 3주택 이상에 해당하는 주택'[239]인지 판단하는 경우, 3자간 등기명의신탁관계에서 명의신탁자가 명의신탁한 주택은 명의신탁자가 소유하는 것으로 보아 주택수를 산정하여야 한다고 본다.

다만 문제는 명의수탁자가 명의신탁자와 무관하게 임의로 처분한 경우이다. 명의신탁에 관한 전통적인 이해도 그렇고, 부동산실명법도 이러한 경우 명의수탁자의 처분행위는 완전히 유효하다고 보기 때문에 양도소득세의 납세의무와 관련된 문제가 생긴다. 판례는 위에서 자세히 본 바와 같이 이때 양도소득이 명의신탁자에게 환원(還元)되었는지 여부를 중요한 판단기준으로 삼는다.

따라서 명의수탁자가 임의로 처분했더라도 결국 그 처분대가가 명의신탁자에게 지급되었다면, 이는 처음부터 명의신탁자의 의사에 따라 처분된 경우와 마찬가지로 취급한다. 다만 명의수탁자가 스스로 처분대가를 영득할 의사로 처분한 경우에는 문제가 어렵다. 이때 명의신탁자는 사실상 소득을 얻은 자가 아니므로 양도소득세의 납세의무자가 되지 않는다는 것이 판례이다.[240] 이때 양도소득이 명의신탁자에게 환원이 되었는지 여부에 대한 판단이 중요하다.[241] 만약 환원되었다면 명의

---

237) 이하에서는 명의수탁자가 명의신탁자의 위임 내지 승낙을 받아 부동산을 제3자에게 양도한 경우에는 명의수탁자가 양도소득을 명의신탁자에게 환원한다고 보아 양도소득의 납세의무자는 명의신탁자라고 판단한다. 만약, 명의수탁자가 명의신탁자의 위임 내지 승낙을 받아 부동산을 제3자에게 양도한 후 그 이익을 명의수탁자 자신이 취하기로 약정한 경우라면 당연히 양도소득의 납세의무자는 명의수탁자가 될 것이다.

238) 대법원 2016. 10. 27. 선고 2016두43091 판결.

239) 소득세법 제104조 제7항 제3호, 제167조의3 제1항.

240) 대법원 1999. 11. 26. 선고 98두7084 판결, 대법원 1991. 3. 27. 선고 88누10329 판결.

241) 양도소득이 환원되지 않았다고 판단한 판례(대법원 1999. 11. 26. 선고 98두7084 판결, 대법원 2013. 10. 11. 선고 2013두12379 판결, 서울고등법원 2014. 6. 24. 선고 2013누28758 판결, 대법원 2011. 11. 24. 선고 2011두19918 판결 등)와 환원되었다고 판단한 판례(대법원 1996.

수탁자에게 양도소득세 납세의무를 지울 수 있는지, 다시 말하여 명의수탁자의 이러한 처분행위도 소득세법 제88조 제1항 제1호가 말하는 '양도'에 해당하는지 하는 문제가 남는데, 이에 관하여는 아직 뚜렷한 논의나 선례가 없다. 유효한 처분을 대외적으로 할 수 있는 사람이므로, 그 처분행위가 '양도'에 해당한다고 보는 데에 아무 문제가 없지 않은가 하는 생각도 있을 수 있다. 하지만 그 경우 명의수탁자의 필요경비, 특히 취득가액 산정을 어떻게 할 것인지 하는 등 현행법이 미처 예상하지 못한 문제가 생겨날 수 있기 때문에, 해석론으로서는 그리 간단한 문제가 아니다.

만약 명의수탁자가 부동산을 임의로 제3자에게 양도한 경우, 명의신탁자는 명의수탁자에 대하여 부동산을 매도하고 얻은 금원에 대하여 부당이득반환을 구할 수 있다. 판례[242]는 매도인이 선의인 계약명의신탁이 부동산실명법 시행 이후 이루어진 사안에서, 명의수탁자가 유효하게 소유권이전등기를 취득하지만 명의신탁자와 명의수탁자 사이의 명의신탁 약정은 무효이므로 명의수탁자는 명의신탁자에게 매매대금 상당의 부당이득을 반환하여야 하고 여기에 지연손해금을 덧붙여야 한다고 판시하였다.

원칙적으로 선의의 수익자인 명의수탁자는 현존 이익의 한도 내에서 부당이득반환의무가 있을 뿐이어서(민법 제748조 제1항) 부당이득 성립 이후 이를 소비한 경우에도 현존하는 범위에서만 반환책임을 부담하고, 악의의 수익자인 명의수탁자는

---

2. 9. 선고 95누9068 판결)가 있고 여기에 대하여는 앞에서 자세히 살펴보았다. 일반적으로 명의신탁자와 명의수탁자가 명의신탁 약정을 기초로 한 동일한 법률관계 속에서 양도소득이 명의신탁자에게 귀속되면 환원이 된 것으로, 다른 법률관계 속에서 양도소득이 명의신탁자에게 귀속되면 명의신탁자에게로 양도소득의 환원이 이루어지지 않았다고 볼 수 있다. 이와 관련하여, 대외적으로 소유자인 명의수탁자가 부동산을 처분하였다면 명의수탁자에게 양도소득세 과세를 하고 만약 위 소득이 명의신탁자에게 환원되었다면 후발적 경정사유가 되어야 한다는 견해도 있을 수 있으나, 처음부터 실질적으로 소득이 귀속된 자를 명의신탁자라고 보아야 한다면(즉 소득이 환원된 경우) 명의신탁자가 소득을 얻은 것으로 보아 명의신탁자에게 양도소득세를 과세하는 것이 타당하다고 할 것이다.

242) 대법원 2005. 1. 28. 선고 2002다66922 판결은 매도인이 선의인 계약명의신탁이 부동산실명법 시행 이후인 2000년경 이루어진 사안에서, 명의신탁자의 채권자(대여금 채권 2억 5,000만 원)인 원고가 명의신탁자를 대위하여 명의수탁자인 피고(명의신탁자의 아들)가 법률상 원인 없이(물권변동은 유효라고 하더라도 명의신탁 약정은 무효임) 명의신탁자로부터 제공받은 아파트 매수자금(1억 4,000만 원) 상당의 부당이득을 얻었다고 본 후, 피고는 원고에게 1억 4,000만 원 및 이에 대하여 원고의 준비서면부본 송달 다음날인 2002. 9. 6.부터 2003. 5. 31.까지는 민법 소정의 법정이율인 5%의 지연손해금 및 그 다음날부터 다 갚는 날까지는 소송촉진등에관한특례법 소정의 이율인 연 20%(현재는 12%이다) 상당의 지연손해금을 지급하라고 판결하였다.

부당이득 성립 당시 그가 받았던 이익 전부를 반환해야 하고(같은 조 제2항) 이익을 얻은 후 이를 소비한 경우라고 반환책임이 감소하지는 않는다. 만약 명의수탁자가 악의의 수익자라면 명의신탁자에게 현존 이익 유무에 상관없이 그가 받은 모든 이익을 돌려주어야 하므로 별 문제가 되지는 않는다. 명의수탁자가 선의의 수익자인 경우에 명의수탁자가 부동산을 제3자에게 처분하여 매매대금을 수령하였고 그 매매대금 모두가 현존할 경우에도 위와 동일하다. 다만 명의수탁자가 선의의 수익자인 경우에는 명의수탁자가 부동산을 제3자에게 처분하여 매매대금을 수령하였다면 매매대금 상당액이 부당이득반환 대상이 될 것이나 처분 이후 위 매매대금 중 일부를 소비하였다면 명의신탁자에게 위 매매대금 중에서 소비한 이익 상당액은 명의수탁자에게 머물게 되는 결과가 된다. 그런데 실무상 과세관청 입장에서는 일단 등기명의자였던 명의수탁자를 상대로 양도소득세 부과처분을 할 것이고, 명의수탁자가 이에 불복하여 위 부과처분 취소의 소를 제기한 경우 명의신탁자에게 부당이득을 전부 이행하였다고 볼 것인지, 일부만 이행하였고 나머지 부분(수령한 매매대금 중 소비한 부분)은 정당세액으로서 위 부과처분 중 일부가 적법하게 되어 일부만 승소하는 결과가 될 것인지 문제된다. 생각건대, 비록 명의수탁자가 명의신탁 부동산을 임의로 처분하여 매매대금을 수령한 후 그 중 일부를 소비하였다고 하더라도 명의신탁자에게 현존하는 이익을 반환하였다면 부당이득반환의무를 모두 이행한 것으로 평가할 수 있으므로 양도소득이 모두 명의신탁자에게 환원되었다고 볼 수 있다. 따라서 이 경우 명의수탁자에 대한 과세관청의 양도소득세 부과처분은 전부 위법하게 된다고 할 것이다.

그리고 명의신탁자가 매도인이 되고 명의수탁자가 이의를 제기하지 않고 등기에 협력하여 소유권이 명의수탁자에게서 제3자에게 이전된 경우, 이를 미등기양도로 보아야 하는가라는 문제가 있다. 이 경우 미등기 양도자산은 다른 자산보다 세율이 높아 그 세율이 70%[243]가 된다.[244] 판례[245]는 이러한 경우 미등기 자산 양도

---

243) 소득세법 제104조(양도소득세의 세율) ① 거주자의 양도소득세는 해당 과세기간의 양도소득 과세표준에 다음 각 호의 세율을 적용하여 계산한 금액(이하 "양도소득 산출세액"이라 한다)을 그 세액으로 한다. 이 경우 하나의 자산이 다음 각 호에 따른 세율 중 둘 이상에 해당할 때에는 해당 세율을 적용하여 계산한 양도소득 산출세액 중 큰 것을 그 세액으로 한다.
1. 제94조 제1항 제1호·제2호 및 제4호에 따른 자산 제55조 제1항에 따른 세율
10. 미등기양도자산 양도소득 과세표준의 100분의 70
③ 제1항 제10호에서 "미등기양도자산"이란 제94조 제1항 제1호 및 제2호에서 규정하는 자산을 취득한 자가 그 자산 취득에 관한 등기를 하지 아니하고 양도하는 것을 말한다. 다만,

가 아니라고 한다.

생각건대, 소득세법 제104조 제1항 제10호가 미등기양도자산에 관하여 중과세
율 적용을 규정한 취지는 자산을 취득한 자가 양도 당시 그 취득에 관한 등기를 하
지 아니하고 이를 양도함으로써, 양도소득세 등의 각종 조세를 포탈하거나 양도차
익만을 노려 잔대금 등의 지급 없이 전전매매하는 따위의 부동산투기 등을 억제,
방지하려는 데 있다고 할 것이다.[246] 또한 명의신탁에 의한 소유권이전등기도 부동
산 등기가 경료된 것이어서 등기 시에 취득세를 부담하고 양도 시에는 양도소득세
도 부담할 것이므로 명의신탁만으로 조세의 포탈 우려가 있다고 보기 어렵다. 또한
부동산 명의신탁이 부동산 시세차익을 목적으로 하는 경우도 있을 수 있으나, 미등
기로 전매되는 경우에는 과세관청의 입장에서 전매하는 주체나 매매가 이루어졌는
지 여부 등을 파악할 수 없으나, 명의신탁으로 인하여 등기가 경료된 경우에는 과
세관청의 입장에서는 명의수탁자 명의로 등기가 되는 때부터 제3자에게도 매도되
어 등기되는 때까지 과세권을 행사할 수 있는 '명의'를 파악할 수 있어서 과세권 행
사 유무나 가능성에 큰 차이가 있다고 할 것이다. 따라서 명의신탁자가 명의신탁된
부동산을 자신 명의로 소유권이전등기하지 않고 제3자에게 매도하더라도, 이를 가
지고 바로 자산을 취득한 자가 그에 관한 등기를 하지 아니한 경우에 해당한다고
볼 수는 없다고 할 것이므로 판례의 입장처럼 위 경우는 미등기 자산의 양도가 아
니라고 보아야 할 것이다.

대통령령으로 정하는 자산은 제외한다.

244) 토지 또는 건물의 양도로 발생하는 소득(소득세법 제94조 제1항 제1호), 부동산을 취득할 수
있는 권리의 양도로 발생하는 소득(같은 항 제2호 가목) 등에 대하여는 양도소득세율이 6%
내지 42%로 누진세의 체계로 이루어져 있음에 반해(소득세법 제104조 제1항 제1호), 미등기
양도자산의 양도소득에 대한 세율은 70%로 매우 높다(같은 항 제10호).

245) 대법원 1985. 10. 22. 선고 85누310 판결, 대법원 1987. 2. 10. 선고 86누232 판결, 대법원
1990. 10. 23. 선고 89누8057 판결.

246) 미등기양도자산에 대하여 양도소득세를 중과한다고 한 취지는 자산을 취득한 자가 양도 당
시 그 취득에 관한 등기를 하지 아니하고 이를 양도함으로써, 양도소득세 등의 각종 조세를
포탈하거나 양도차익만을 노려 잔대금 등의 지급 없이 전전매매하는 따위의 부동산투기 등
을 억제, 방지하려는 데 있다고 할 것이므로, 애당초 그 자산의 취득에 있어서 양도자에게 자
산의 미등기양도를 통한 조세회피목적이나 전매이득취득 등 투기목적이 없다고 인정되고,
양도 당시 그 자산의 취득에 관한 등기를 하지 아니한 책임을 양도자에게 추궁하는 것이 가
혹하다고 판단되는 경우, 즉 부득이한 사정이 인정되는 경우에는 양도소득세가 중과되는 미
등기양도자산에서 제외된다(대법원 2005. 10. 28. 선고 2004두9494 판결).

2) 주식(양도소득세, 증권거래세)

자본시장법에 의한 증권시장인 유가증권시장, 코스닥시장에 상장된 주식 또는 출자지분의 양도차익에 대해서는 원칙적으로 양도소득세를 비과세한다(소득세법 제94조 제1항 제3호[247]를 반대로 해석하면 그러하다). 그러나 유가증권시장과 코스닥시장에 상장된 주식 등의 양도차익이더라도 주권상장법인의 대주주가 보유하는 주식 등의 양도차익은 비과세대상에서 제외되어 과세된다. 또한 자본시장법에 의한 증권시장에서의 거래에 의하지 아니하고 주권상장법인의 주식 등을 양도함으로써 발생하는 소득도 마찬가지로 과세된다(장외거래의 경우). 또한, 상장법인이 아닌 법인의 주식 양도로 인한 소득은 대주주, 소액주주를 불문하고 모두 과세된다(소득세법 제94조 제1항 제3호).

만약, 차명부동산의 경우와 마찬가지로 명의수탁자(형식주주)가 명의신탁된 주식을 명의신탁자의 위임 내지 승낙을 받아 양도하였다면, 명의신탁자(실질주주)가 양도소득을 사실상 지배·관리·처분할 수 있는 지위에 있어서 양도소득세의 납세의무자가 된다. 마찬가지로 명의수탁자가 주식을 임의로 제3자에게 양도한 경우는 양도소득이 명의신탁자(실질주주)에게 환원되지 않는 한 명의신탁자(실질주주)는 사실상 소득을 얻은 자가 아니므로 양도소득세의 납세의무자는 명의수탁자(형식주주)가 된다. 이때 양도소득이 명의신탁자에게 환원이 이루어졌는지 여부에 대한 판단이 중요하다.[248]

---

247) 소득세법 제94조(양도소득의 범위) ① 양도소득은 해당 과세기간에 발생한 다음 각 호의 소득으로 한다.
  3. 다음 각 목의 어느 하나에 해당하는 주식 등의 양도로 발생하는 소득
    가. 주권상장법인의 주식 등으로서 다음의 어느 하나에 해당하는 주식 등
      1) 소유주식의 비율·시가총액 등을 고려하여 대통령령으로 정하는 주권상장법인의 대주주가 양도하는 주식 등
      2) 1)에 따른 대주주에 해당하지 아니하는 자가 「자본시장과 금융투자업에 관한 법률」에 따른 증권시장(이하 "증권시장"이라 한다)에서의 거래에 의하지 아니하고 양도하는 주식 등 (단서 생략)
    나. 주권비상장법인의 주식 등 (단서 생략)
248) 참고로 실무에서는 대주주가 자신의 주식을 양도할 경우 양도소득세를 부담하는 것을 회피하기 위하여 다른 사람 명의로 주식을 인수한 후 주식을 양도한 경우에 과세관청에 의하여 명의신탁 사실이 발각되면, 명의수탁자에게는 명의신탁 증여의제 규정에 의하여 증여세가 (2018. 12. 31. 개정되기 전의 구 상증세법 하에서는 명의신탁 증여의제로 인한 증여세 납세의무자는 명의수탁자였기 때문이다), 대주주(명의신탁자)에게는 양도소득세가 부과되어, 위와 같은 두 가지 조세부과처분에 대한 취소소송이 동시에 진행되는 경우가 있다(예를 들면 서울행정법원 2015. 3. 12. 선고 2014구합67765 판결, 서울고등법원 2015. 11. 10. 선고 2015

또한 주식을 양도할 경우에는 증권거래세를 부담하여야 하는데(증권거래세법 제 2조),[249] 명의신탁 주식을 양도한 경우에 증권거래세의 납세의무자는 누구인지가 문제된다.

증권거래세법 제1조의2 제3항에서는 '이 법에서 "양도"란 계약상 또는 법률상의 원인에 의하여 유상으로 소유권이 이전되는 것을 말한다'고 규정하고 있고, 같은 법 제3조 제3호에서는 '주권 등의 양도자'를 증권거래세의 납세의무자로 한다고 규정하고 있다. 증권거래세는 유상으로 소유권이 이전되는 양도에 해당하는 경우 거래가액에 대하여 양도인에게 부과하는 유통세이다.[250]

주식 양도시에는 명의수탁자인 형식주주가 주권 등의 양도자로 보이지만, 실질과세원칙상 양도로 인한 소득이 귀속되는 명의신탁자가 증권거래세법상 '유상 양도'를 하였다고 보아야 하므로 명의신탁자가 증권거래세를 부담하여야 한다. 한편 실질주주인 명의신탁자가 주식에 관한 명의신탁을 해지한 경우에는, '계약상 또는 법률상의 원인에 의하여 유상으로 소유권을 이전한 경우'가 아니므로, 증권거래세법 제1조의2 제3항 소정의 '양도'에 해당하지 않으므로 위와 같은 경우에 명의수탁자는 증권거래세를 부담하지 않는다고 할 것이다.[251]

라. 매도인의 양도소득세 부담 문제

그리고 명의신탁과 관련하여 매도인의 양도소득세 부담 문제를 살펴본다.

3자간 등기명의신탁과 관련하여, 매도인은 명의신탁자와 매매계약을 체결한 후 명의신탁자로부터 매매대금을 수령하고 명의수탁자에게 소유권이전등기를 경료하여 주는데, 위 소유권이전등기의 물권 변동이 무효이므로,[252] 이때 매도인이 양도소득세를 부담하는지, 만약 부담한다면 양도시기를 언제로 보아야 하는지가 문제된다.

이와 관련하여 매도인 앞으로 소유권이전등기의 명의가 환원되었다가[253] 다시

누39912 판결 등). 이러한 과세관청의 부과처분은 귀속에 관한 실질과세원칙상 당연하다고 할 것이다.

249) 증권거래세법 제2조(과세대상) 주권 또는 지분(이하 "주권등"이라 한다)의 양도에 대해서는 이 법에 따라 증권거래세를 부과한다.(이하 생략)

250) 대법원 2009. 9. 10. 선고 2007두14695 판결.

251) 서울고등법원 2014. 4. 2. 선고 2013누29454 판결.

252) 부동산실명법 제4조 제2항.

253) 매도인으로부터 명의수탁자 명의로 경료된 소유권이전등기는 무효이기 때문이다.

명의신탁자 앞으로 등기가 된 때를 양도시기로 보아야 한다는 견해254)가 있을 수 있다.

그러나 매도인이 명의수탁자 명의로 경료해 준 소유권이전등기의 물권변동의 효력을 무효라고 보더라도 이미 매도인은 매매대금 상당의 경제적 소득을 얻은 것이고, 매도인과 명의신탁자 및 명의수탁자 사이의 법률관계는 명의신탁자가 소유권을 회복하는 방편에 불과하며 매도인이 명의신탁자 앞으로 소유권이전등기를 경료하여 줄 때 매매대금을 다시 수령하는 것도 아니므로 매도인에게서 명의수탁자 명의로 소유권이전등기가 경료되는 때를 양도시기로 보아야 한다는 견해255)도 있다. 판례256)도 3자간 등기명의신탁에서 '매도인과 명의신탁자 사이의 매매계약이 유효한 이상 명의신탁자로부터 매매대금을 전부 수령한 매도인은 소득세법상 양도소득세 납세의무를 부담하게 된다'고 하여 이와 같은 입장이다.

생각건대, 소득세법 제98조에 의하면, 자산의 양도차익을 계산할 때 그 양도시기는 대금을 청산한 날이 분명하지 아니한 경우 등 대통령령으로 정하는 경우를 제외하고는 해당 자산의 대금을 청산한 날로 한다. 그리고 대금을 청산한 날이란 실제로 대금을 주거나 받은 날을 의미한다.257) 그리고 부동산의 매매 등으로 대금이 모두 지급된 경우뿐만 아니라 사회통념상 대가적 급부가 거의 전부 이행되었다고 볼 만한 정도에 이른 경우에도 양도소득세의 과세요건을 충족하는 부동산의 양도가 있다고 봄이 타당하다고 할 것이다.258) 매도인 앞으로 소유권이전등기의 명의가 환원되었다가 다시 명의신탁자 앞으로 등기가 된 경우 언제를 양도시기로 볼 것인

---

254) 임승순, 조세법 2018년도판(제18판), 박영사(2018), 522는 '매도인 앞으로 소유명의가 환원되었다가 다시 명의신탁자 앞으로 등기가 된 경우에는 양도가 있었다고 보아야 한다'는 취지여서 명의신탁자 앞으로 등기가 된 때를 양도시기로 보는 듯하다.

255) 이창희, 앞의 책, 475−476; 구욱서, "양도소득세에 관한 몇 가지 검토", 재판자료(제115집), 법원도서관(2008), 326; 이중교, "부동산 명의신탁에 따른 양도소득세와 취득세 과세에 관한 연구−사법과 세법의 관계를 중심으로−", 법조 제667호, 법조협회(2012), 23.

256) 대법원 2016. 10. 27. 선고 2016두43091 판결은 '3자간 등기명의신탁의 경우 명의신탁약정과 그에 따른 수탁자 명의의 등기는 무효이나 매도인과 명의신탁자 사이의 매매계약은 여전히 유효하다. 따라서 명의신탁자는 매도인에게 매매계약에 기한 소유권이전등기를 청구할 수 있고, 소유권이전등기청구권을 보전하기 위하여 매도인을 대위하여 무효인 명의수탁자 명의 등기의 말소를 구할 수도 있다. 또한 매도인과 명의신탁자 사이의 매매계약이 유효한 이상 명의신탁자로부터 매매대금을 전부 수령한 매도인은 소득세법상 양도소득세 납세의무를 부담하게 된다'고 판시하였다.

257) 임승순, 앞의 책, 544.

258) 대법원 2014. 6. 12. 선고 2013두2037 판결.

지를 정함에 있어서도, 대금 청산일을 기준으로 양도시기를 정하는 소득세법 제98
조를 기준으로 삼으면 될 것이다. 즉 매도인이 명의신탁자로부터 매매대금을 수령
하면 그 무렵에 대금 청산이 이루어진 것이므로 그 무렵을 양도시기로 보면 된다.
보통은 매매대금을 수령함과 동시에 소유권이전등기에 필요한 서류를 교환하는 경
우가 많으므로 명의수탁자 명의로 소유권이전등기를 경료한 때가 매매대금 청산일
과 동일한 경우가 많을 것이다.

　다음으로 계약명의신탁에서 매도인이 선의인 경우에는 명의수탁자가 완전한
소유권을 취득하므로 매도인에게 양도소득세를 과세하는 것은 문제되지 않는다. 매
도인이 악의인 경우에는 명의수탁자는 부동산에 대한 소유권을 취득하지 못하므로
매도인에게 양도소득세를 과세할 수 있는지 문제가 되고, 매도인으로부터 명의수탁
자 명의로의 소유권이전등기가 무효가 되어 원시적으로 물권변동의 목적을 달성할
수 없으므로 양도소득세를 부과할 수 없다는 견해[259]도 있으나, 매도인이 유상으로
명의수탁자에게 소유권을 양도한 이상 양도소득세를 부과할 수 있다고 보아야 한
다.[260]

마. 체납처분의 경우(부동산)

　명의신탁된 재산은 대외적 관계에서 명의수탁자의 소유재산이므로 명의수탁자
가 체납자인 경우에 명의신탁된 재산도 압류처분의 대상이 된다.[261]

　명의신탁자가 명의수탁자의 명의로 매도인과 사이에 부동산에 관한 매매계약
을 체결하였는데, 명의수탁자에 대한 체납처분으로서 명의수탁자의 매도인에 대한

---

259) 구해동, "명의신탁과 조세", 조세법연구 제6권, 한국세법학회(2000), 271, 272.
260) 이창희, 앞의 책, 476; 구욱서, 앞의 논문, 327. 그리고 대법원 2011. 7. 21. 선고 2010두23644
　　전원합의체 판결은, '매매 등 계약이 처음부터 국토의 계획 및 이용에 관한 법률이 정한 토지
　　거래허가를 배제하거나 잠탈할 목적으로 이루어진 경우와 같이, 위법 내지 탈법적인 것이어
　　서 무효임에도 불구하고 당사자 사이에서는 그 매매 등 계약이 유효한 것으로 취급되어 매도
　　인 등이 그 매매 등 계약의 이행으로서 매매대금 등을 수수하여 그대로 보유하고 있는 경우
　　에는 종국적으로 경제적 이익이 매도인 등에게 귀속된다고 할 것이고 그럼에도 그 매매 등
　　계약이 법률상 무효라는 이유로 그 매도인 등이 그로 인하여 얻은 양도차익에 대하여 양도소
　　득세를 과세할 수 없다고 보는 것은 그 매도인 등으로 하여금 과세 없는 양도차익을 향유하
　　게 하는 결과로 되어 조세정의와 형평에 심히 어긋난다'고 보아 위와 같은 경우에도 양도소
　　득세를 부과할 수 있다고 한다. 위 판결과의 형평성을 고려하면 계약명의신탁에서 매도인이
　　악의여서 명의신탁으로 인한 소유권이전등기가 무효라고 하더라도 매도인이 매매대금을 취
　　득한 이상 양도소득세를 부담한다고 보아야 할 것이다.
261) 대법원 1984. 4. 24. 선고 83누506 판결 등 참조.

소유권이전등기청구권이 압류된 경우에 명의신탁자가 그 압류처분의 효력을 다툴
수 있는지 하는 문제가 있다. 판례[262]는 채권 압류처분은 명의신탁자의 청구권에
아무런 영향을 미칠 수 없고, 명의신탁자는 압류처분에 불구하고 여전히 청구권이
자기의 채권이라 주장하여 권리행사를 할 수 있으므로 법률상 아무런 권리침해도
받은 바 없어 그 무효 확인을 구할 법률상 이익이 없다(원고 적격이 없어서 각하)고
판단하였다.

생각건대, 위 청구권에 대한 권리자임을 주장하는 명의신탁자로서는 국세징수
법 제50조, 제53조 제1항 제2호, 같은 법 시행령 제55조를 근거로 하여 압류처분 당
시 위 청구권이 자신에게 귀속됨을 이유로 과세관청에 대하여 압류해제신청을 할
수 있고, 만일 과세관청이 압류해제를 거부할 경우 그 거부처분의 취소를 구할 수
는 있을 것이다. 그리고 물권 변동에 관하여 성립요건주의를 취하는 우리 민법에서
는 부동산에 관하여 등기가 없으면 소유권을 주장할 수 없으므로 명의신탁자는 제3
자이의의 소를 제기할 수가 없다.[263] 위와 같은 절차를 거치지 않은 명의신탁자가

---

262) 대법원 1985. 5. 28. 선고 85누20 판결, 대법원 1984. 4. 24. 선고 83누592 판결, 대법원 2004.
7. 9. 선고 2003두4959 판결 등 참조.

263) 부동산실명법 제8조 제1호에 의하면 종중이 보유한 부동산에 관한 물권을 종중 이외의 자의
명의로 등기하는 명의신탁의 경우 조세포탈, 강제집행의 면탈 또는 법령상 제한의 회피를 목
적으로 하지 아니하는 경우에는 같은 법 제4조 내지 제7조 및 제12조 제1항·제2항의 규정의
적용이 배제되어 종중이 같은 법 시행 전에 명의신탁한 부동산에 관하여 같은 법 제11조의
유예기간 이내에 실명등기 또는 매각처분을 하지 아니한 경우에도 그 명의신탁약정은 여전
히 그 효력을 유지하는 것이지만, 부동산을 명의신탁한 경우에는 소유권이 대외적으로 수탁
자에게 귀속하므로 명의신탁자는 신탁을 이유로 제3자에 대하여 그 소유권을 주장할 수 없
고 특별한 사정이 없는 한 신탁자가 수탁자에 대해 가지는 명의신탁해지를 원인으로 한 소유
권이전등기청구권은 집행채권자에게 대항할 수 있는 권리가 될 수 없으므로 결국 명의신탁
자인 종중은 명의신탁된 부동산에 관하여 제3자이의의 소의 원인이 되는 권리를 가지고 있
지 않다고 할 것이다(대법원 2007. 5. 10. 선고 2007다7409 판결 등 참조).
이러한 논리는 부동산실명법 제4조 제1항, 제2항에 의하여 명의신탁 약정 및 이로 인한 등기
가 무효인 경우에도 동일하게 적용된다(대법원 2013. 3. 14. 선고 2012다107068 판결). 위 대
법원 판결의 사실관계는 다음과 같다. 소외 1(명의신탁자)과 소외 2(명의수탁자) 사이에 명
의신탁 약정이 체결된 후 부동산에 관한 매매계약이 체결되었고, 그에 기하여 소외 2 명의의
소유권이전등기가 경료되었다. 그런데 위 등기는 부동산실명법 제4조 제1항, 제2항 본문에
따라 무효로 되고, 피고는 소외 2에 대한 금전소비대차계약공정증서에 기해 소외 2 명의로
소유권이전등기가 마쳐진 부동산에 관하여 부동산강제경매신청을 하였고, 이에 따라 강제경
매개시결정기입등기까지 마쳐졌다. 대법원은 '피고는 부동산실명법 제4조 제3항에서 말하는
제3자에 해당한다고 보아야 하므로 원고뿐만 아니라 소외 1도 피고에게 소외 2 명의의 소유
권이전등기가 부동산실명법 제4조 제1항, 제2항 본문에 따라 무효임을 대항하지 못한다. 따
라서 원심이 이와 달리 소외 1이 집행채권자인 피고에게 대항할 수 있는 권리가 있고 원고
(소외 1에 대하여 부동산에 관한 소유권이전청구권을 가지고 있는 채권자)가 이를 대위 행사

제기한 압류처분무효확인의 소나 위 처분취소청구의 소는 원고 적격 흠결로 각하
되어야 한다. 따라서 판례의 입장이 타당하다고 할 것이다.

3. 가산세

가. 의의

우리나라 세법은 원활한 조세행정과 조세의 공평부담을 실현하기 위하여 납세
자에게 납세의무와 더불어 과세표준 신고의무, 성실납부의무, 원천징수의무, 과세
자료 제출의무 등 각종 협력의무를 부과하고 있고,[264] 이러한 협력의무의 이행 촉
진을 유도하기 위하여 세제상의 혜택[265]을 부여하는 한편, 의무위반에 대하여 제재
를 하고 있는데 가산세는 제재의 한 종류로 볼 수 있다.[266] 이런 의미에서 보면 가
산세는 아래 第5章 第4節에서 살펴보는 바와 같이 차명거래에 대한 제재의 한 경우
로 보아야 하겠지만, 세법이 정하고 있고 세금의 형식으로 부과되는 제재이므로,
서술의 편의를 위하여 먼저 조세 법률관계에 관하여 설명하는 이 節에서 그 내용을
언급하도록 한다.

국세기본법 제2조 제4호에서는 가산세에 관하여 '세법에서 규정하는 의무의 성
실한 이행을 확보하기 위하여 세법에 따라 산출한 세액에 가산하여 징수하는 금액'
이라고 정의하고 있다. 지방세기본법 제2조 제1항 제23호도 이와 유사한 규정을 두
고 있다.

또한, 국세기본법 제47조 제1항에서는, '정부는 세법에서 규정한 의무를 위반
한 자에게 이 법 또는 세법에서 정하는 바에 따라 가산세를 부과할 수 있다'고 하여
부과요건을 규정하고 있다. 지방세기본법 제52조 제1항도 이와 유사한 규정을 두고
있다.

할 수 있음을 전제로 이 사건 부동산에 관한 피고의 이 사건 강제집행이 불허되어야 한다고
판단한 조치에는 부동산실명법 제4조 제3항의 제3자에 관한 법리를 오해한 잘못이 있다'고
판시하였다.

264) 소순무·윤지현, 조세소송 개정8판, 영화조세통람(2016), 106.
265) 예컨대, 상증세법 제69조의 상속세 신고세액 공제.
266) 임승순, 앞의 책, 154.

나. 가산세의 종류

가산세에 관하여 국세기본법에서는 모든 세목에 공통적으로 적용되는 것을, 개별세법에서는 고유하게 적용되는 것을 각 규정하고 있다. 국세기본법에서 규정하고 있는 것으로는 무신고가산세, 과소신고·초과환급신고가산세, 납부지연가산세, 원천징수납부 등 불성실가산세 등이 있고, 이를 요약하면 다음과 같다.

[국세기본법상 가산세 요약][267]

세법	조항	가산세의 종류	납부세액 기준 가산세율
국세 기본법	제47조의2	무신고가산세	· 부정행위로 인한 무신고 : 40% · 일반 무신고 : 20% · 국제거래에서 발생한 부정행위로 인한 무신고 : 60%
	제47조의3	과소신고·초과환급 신고가산세	· 부정행위로 인한 과소신고 등 : 40% · 일반 과소신고 등 : 10% · 국제거래에서 발생한 부정행위로 인한 무신고 : 60%
	제47조의4	납부지연가산세[268]	· 1일 0.25%
	제47조의5	원천징수납부 등 불성실가산세	· 3%~10%

다. 차명거래에의 적용 국면

차명거래를 규제함에 있어서 실질과세원칙만을 이용할 경우에는 명의차용자가 실명거래를 하는 것 이상으로 조세상의 규제가 없는 것과 같으므로, 차명거래로 인하여 신고납세방식에서 신고를 하지 않았거나 과소 신고하였거나 납부를 하지 않았다면 회피하려고 한 본세에 위와 같은 무신고가산세, 과소신고가산세, 납부지연가산세 등의 가산세를 가산하여 납부하여야 한다.

---

267) 임상엽, 세법개론 제23판, 상경사(2017), 109.
268) 기존에는 납부불성실가산세로서 1일 0.3%였으나 국세기본법이 2018. 12. 31. 법률 제16097호로 개정되고 국세기본법 시행령 제27조의4도 개정되면서 납부지연가산세로 그 명칭이 변경되었고 세율도 1일 0.25%로 바뀌었다(시행일은 2019. 2. 12.이다).

라. 부당과소신고 또는 부당무신고 가산세

앞서 본 바와 같이 부당무신고 가산세나 부당과소신고 가산세의 경우는 세율이 40%가 된다. 국세기본법은 부당무신고 가산세의 경우는 '부정행위로 법정신고기한까지 세법에 따른 국세의 과세표준 신고를 하지 아니한 경우',[269] 부당과소신고 가산세의 경우는 '부정행위로 과소신고하거나 초과신고한 경우'[270]로 그 요건을 '부정행위'로 규정하고 있다. 또한 국세기본법상 '사기나 그 밖의 부정한 행위'로 국세를 포탈하는 등의 경우에는 장기 부과제척기간[271]이 적용된다.

1) 대법원 2017. 4. 13. 선고 2015두44158 판결

위 판결은, 甲이 A사의 주식 일부를 乙 등에게 명의신탁한 후 명의수탁자인 乙 명의 주식의 양도에 관하여 양도소득세를 신고하지 아니하였고, 명의신탁 주식과 관련된 이자 및 배당소득에 관하여 명의수탁자 명의로 종합소득세 신고를 하였는데, 이에 대하여 관할 세무서장이 甲의 상속인들에게 양도소득세 부당무신고가산세

---

269) 국세기본법 제47조의2(무신고가산세) ① 납세의무자가 법정신고기한까지 세법에 따른 국세의 과세표준 신고(예정신고 및 중간신고를 포함하며, 「교육세법」 제9조에 따른 신고 중 금융·보험업자가 아닌 자의 신고와 「농어촌특별세법」 및 「종합부동산세법」에 따른 신고는 제외한다)를 하지 아니한 경우에는 그 신고로 납부하여야 할 세액(이 법 및 세법에 따른 가산세와 세법에 따라 가산하여 납부하여야 할 이자 상당 가산액이 있는 경우 그 금액은 제외하며, 이하 "무신고납부세액"이라 한다)에 다음 각 호의 구분에 따른 비율을 곱한 금액을 가산세로 한다.
   1. 부정행위로 법정신고기한까지 세법에 따른 국세의 과세표준 신고를 하지 아니한 경우 : 100분의 40(국제거래에서 발생한 부정행위인 경우에는 100분의 60)
270) 국세기본법 제47조의3(과소신고·초과환급신고가산세) ① 납세의무자가 법정신고기한까지 세법에 따른 국세의 과세표준 신고(예정신고 및 중간신고를 포함하며, 「교육세법」 제9조에 따른 신고 중 금융·보험업자가 아닌 자의 신고와 「농어촌특별세법」에 따른 신고는 제외한다)를 한 경우로서 납부할 세액을 신고하여야 할 세액보다 적게 신고(이하 이 조 및 제48조에서 "과소신고"라 한다)하거나 환급받을 세액을 신고하여야 할 금액보다 많이 신고(이하 이 조 및 제48조에서 "초과신고"라 한다)한 경우에는 과소신고한 납부세액과 초과신고한 환급세액을 합한 금액(이 법 및 세법에 따른 가산세와 세법에 따라 가산하여 납부하여야 할 이자 상당 가산액이 있는 경우 그 금액은 제외하며, 이하 "과소신고납부세액등"이라 한다)에 다음 각 호의 구분에 따른 산출방법을 적용한 금액을 가산세로 한다.
   1. 부정행위로 과소신고하거나 초과신고한 경우 : 다음 각 목의 금액을 합한 금액
   가. 부정행위로 인한 과소신고납부세액등의 100분의 40(국제거래에서 발생한 부정행위로 인한 경우에는 100분의 60)에 상당하는 금액
271) 일반적인 국세의 경우에는 부과제척기간이 5년이고(국세기본법 제26조의2 제1항 제3호), 법정신고기한까지 과세표준신고서를 제출하지 않은 무신고의 경우에는 부과제척기간이 7년(같은 항 제2호)인데 반해, 사기나 그 밖의 부정한 행위로 국세를 포탈하거나 환급·공제받은 경우에는 부과제척기간이 10년이 된다(같은 항 제1호).

및 종합소득세 부당과소신고가산세 부과처분을 한 사안이다.

위 판결은 '부당무신고가산세나 부당과소신고가산세의 요건이 되는 "사기나 그 밖의 부정한 행위"라 함은 조세의 부과와 징수를 불가능하게 하거나 현저히 곤란하게 하는 위계 기타 부정한 적극적인 행위를 말하고, 적극적 은닉의도가 나타나는 사정이 덧붙여지지 않은 채 단순히 세법상의 신고를 하지 아니하거나 허위의 신고를 함에 그치는 것은 여기에 해당하지 않는다. 또한 납세자가 명의를 위장하여 소득을 얻더라도, 명의위장이 조세포탈의 목적에서 비롯되고 나아가 여기에 허위 계약서의 작성과 대금의 허위지급, 과세관청에 대한 허위의 조세 신고, 허위의 등기·등록, 허위의 회계장부 작성·비치 등과 같은 적극적인 행위까지 부가되는 등의 특별한 사정이 없는 한, 명의위장 사실만으로 구 국세기본법 시행령 제27조 제2항 제6호에서 정한 "사기, 그 밖의 부정한 행위"에 해당한다고 볼 수 없다'고 판시한 후, 명의신탁이 누진세율의 회피 등과 같은 조세포탈의 목적에서 비롯되었다고 볼 만한 사정이 발견되지 않는 점 등 제반 사정에 비추어, 甲의 주식 명의신탁행위로 양도소득세가 과세되지 못하였고 종합소득세와 관련하여 세율 구간 차이에 따라 산출세액에서 차이가 발생하였더라도, 甲의 주식 명의신탁행위와 이에 뒤따르는 부수 행위를 조세포탈의 목적에서 비롯된 부정한 적극적인 행위로 볼 수 없다는 이유로, 양도소득세 부당무신고가산세 부과처분 중 일반무신고가산세액을 초과하는 부분과 종합소득세 부당과소신고가산세 부과처분 중 일반과소신고가산세액을 초과하는 부분을 위법하다고 본 원심판단이 정당하다고 판단하였다.

2) 대법원 2018. 3. 29. 선고 2017두69991 판결

위 판결의 사실관계는 다음과 같다.

1. 甲(원고)은 비상장법인 A사 발행주식 중 일부를 1981년 내지 1994년경 소외 1, 소외 2, 소외 3에게 명의신탁하였다.

2. 甲은 2008. 5. 2.경 위와 같이 명의신탁한 주식을 자신 명의로 보유하고 있던 주식과 함께 모두 소외 4에게 양도하였고, 2008. 8. 29.경 자신을 포함한 각 주식 명의자들의 명의로 양도소득세를 신고하였다.

3. 피고는, 위와 같이 명의신탁된 주식에 대하여 지급된 2004년 및 2005년 각 배당금이 실질적으로 甲에게 귀속되었다는 이유로, 2015. 3. 9. 2004년 귀속 종합소득세 부과처분을, 같은 달 11일 2005년 귀속 종합소득세 부과처분을 하였다. 또한 피고는, 甲이 양도한 주식의 가액을 과소신고하였다는 이유로, 2015. 3. 17. 원고에게

2008년 귀속 양도소득세 부과처분을 하였다.

Q : 피고의 종합소득세 및 양도소득세 부과처분은 제척기간이 도과하였는가?

대법원은 다음과 같은 사정을 근거로 甲의 주식 명의신탁 행위와 이에 뒤따르는 부수행위를 '사기 기타 부정한 행위로 볼 수 없다'고 보았다.

① 甲이 주식 중 일부를 1981년경부터 1994년경까지 명의신탁하여 이를 유지하기는 하였지만, 명의신탁 당사자들의 구체적 소득 규모에 따른 종합소득세 세율 적용의 차이, A사의 재무상태와 실제 이루어진 배당내역, 비상장주식 양도소득에 대한 누진세율 적용 여부 등의 사정과 그러한 사정의 변동 및 그에 대한 예견 가능성을 비롯하여 조세포탈의 목적을 추단케 하는 사정에 관한 피고의 충분한 증명이 없으므로, 단순히 명의신탁이 있었다는 점만을 들어 甲이 이처럼 오랜 기간에 걸쳐 누진세율의 회피 등과 같은 조세포탈의 목적을 일관되게 가지고 명의신탁하였다고 단정하기는 어렵다.

② 명의신탁된 주식에 대한 배당금에 관하여 명의수탁자들의 소득세가 징수·납부되었지만, 이는 기존 명의신탁 관계가 해소되지 않은 상황에서 A사가 배당금을 지급하면서 그 명의자인 명의수탁자들로부터 그에 대한 소득세를 일률적으로 원천징수한 결과에 따른 것일 뿐으로서, 거기에 명의신탁 당사자들의 적극적인 행위가 개입되었다고 볼 만한 사정도 없다.

③ 甲은 기존 명의신탁 관계가 해소되지 않은 상태에서 명의수탁자들 명의로 된 주식을 일반적인 주식 양도방법으로 처분하였을 뿐이고, 그에 관한 양도소득세를 모두 신고하였다. 나아가 명의신탁으로 인해 결과적으로 양도소득 기본공제에 다소 차이가 생겼지만, 명의신탁으로 인해 양도소득세의 세율이 달라졌다는 등의 사정도 보이지 않는 이상, 이러한 사소한 세액의 차이만을 내세워 조세포탈의 목적에 따른 부정한 적극적 행위가 있다고 볼 수 없다.

따라서 위 각 종합소득세와 양도소득세의 부과제척기간은 구 국세기본법 제26조의2 제1항 제3호에 따라 5년으로 봄이 타당하다. 그런데 각 종합소득세 부과처분과 양도소득세 부과처분은 모두 당해 국세를 부과할 수 있는 날부터 5년의 기간이 경과한 후에야 이루어진 것이 역수상 명백하므로, 위 각 처분은 부과제척기간이 이미 경과한 후에 이루어진 것으로서 위법하게 된다.

3) 대법원 2016. 2. 18. 선고 2015두1243 판결

위 판결의 사실관계는 다음과 같다.

1. 원고는 SD그룹의 실질적 경영자이다.
2. 원고는 소득세법상 거주자인데, A사와 B사에 소득금액 3,227억 원을 유보하였고 이는 국제조세조정법 제17조의 배당소득에 해당하며, 국내·외 조선소에 대한 선박건조 및 윤활유, 페인트 등의 중개활동에 따른 중개수수료 1,610억 원을 조세피난처인 파나마에 설립한 C사 등 명의의 계좌로 수령하여 자신의 소득이 아닌 것처럼 은닉하고, SD그룹 소유 선박매매 중개수수료 10억 원과 D사로부터 발생한 2009년 배당소득 1억 원을 D사 명의의 계좌에 각 은닉하였다.
3. 2011. 4. 13. 원고에게, ① 피고 반포세무서장은 2006년 종합소득세 961억 원(가산세 포함), 2007년 종합소득세 1,132억 원(가산세 포함), 2008년 종합소득세 472억 원(가산세 포함), 2009년 종합소득세 177억 원(가산세 포함), 2010년 종합소득세 30억 원(가산세 포함)을, ② 피고 서초구청장은 일정 금액의 지방소득세를 각 결정·고지하였다.

위 사건에서 원심은, 원고가 국내외 회계법인 등 조세전문가의 조언을 받아 주소지를 은폐하고 원고와 그 가족들 소유의 국내 자산을 처분하였으며 SD그룹의 국내 계열회사의 대표이사에서 물러난 점 등에 비추어 보면, 원고가 부당한 방법으로 종합소득세의 과세표준을 신고한 것으로 볼 수 있으므로, 피고 반포세무서장의 2007년 내지 2009년 귀속 종합소득세에 대한 가산세 부과처분과 피고 서초구청장의 2007년 내지 2009년 소득세할 주민세 부과처분 부분이 적법하다고 판단하였다.

그러나 대법원은 부당무신고가산세 부과처분과 관련하여, '원고가 국내 자산을 처분하고 SD그룹의 국내 계열사의 대표이사에서 물러날 무렵 거주지를 이전할 의사가 전혀 없었다고 단정하기 어려운 점, 원고가 국내 자산을 처분한 행위 등이 허위 또는 가장행위라고 볼 수 없는 점 등을 종합해 보면, 원고가 비거주자가 되기 위하여 행한 행위들이 조세를 포탈하기 위한 위계 기타 부정한 적극적 행위에 해당한다고 할 수 없고, 달리 적극적인 소득 은닉의도가 드러나는 행위도 보이지 않는다'고 보아 부당무신고가산세를 적용할 수 없다고 판단하였다.

그런데, 이 사건에서 원고는 종합소득세를 줄일 목적으로 국내 거주자이지만 겉으로 이를 은폐하려는 듯한 행동을 하였다. 개인이 거주할 주택을 마련하면서도 소유 명의를 법인으로 하였고, 그 주택에서 살면서 친척 명의로 임차를 하였으며,

그 후 종전 주민등록상 주소지를 위 주택으로 변경하지도 않았고, 원고의 재산을 해외 소재 법인에 이전하였으며, 국내 법인의 대표이사직을 사퇴하였다. 한편 원고는 한국 국적과 주민등록(서울)은 유지하였다. 대법원은, 위와 같은 여러 사정을 종합하면 원고에게 사기 기타 부정한 행위가 있었다고 볼 수 없다고 판단한 것이다.

위 판결에 대하여 '위 판결은 거주자인 원고가 비거주자가 되려고 하다가 실패한 경우로 볼 수 있다면 이를 사기나 그 밖의 부정한 행위로 너무 쉽게 단정하면 안 된다는 것을 보여주었다는데 의의가 있다'는 취지의 견해[272]가 있고, 거주자가 비거주자가 되려고 노력하다가 실패하였다는 이유만으로 너무 쉽게 사기 기타 부정한 행위로 본다면 사실상 국적이탈세를 신설하는 결과가 되어 부당하다는 점[273]에서 위 견해는 타당하다고 할 것이다.

4) 명의신탁 증여의제로 인한 증여세 부과 제재와의 불균형

한편, 상증세법 제45조의2에 의하면, 주식에 관하여는 조세회피목적이 없음을 입증하지 않는 이상 차명거래만으로 증여의제를 하여 증여세를 부과하는데, 조세포탈죄나 부당무신고가산세 등의 경우는 위와 같은 '적극적인 행위'까지 부과되어야 한다고 소극적으로 보는 것은 균형이 맞지 않다고 볼 여지도 있다.

이와 같이 차명거래 자체만으로는 다른 적극적인 세금 은닉의도 등이 드러나는 행위가 나타나지 않는 이상 이를 두고 사기나 부정한 행위라고 보기는 어려우므로, 이에 대하여 부당무신고가산세 등을 부과하거나 조세포탈죄로 의율할 수는 없을 것이다.[274]

한편 조세포탈죄에 대하여는 節을 바꾸어 좀 더 자세히 살펴보기로 한다.

---

272) 김성환·심규찬, "2016년 조세 분야 판례의 동향", 특별법연구 제14권, 사법발전재단(2017), 543.

273) 김성환·심규찬, 위의 논문, 543-544.

274) 다만 다수의 차명거래가 반복적으로 일어나는 경우에는 구체적인 사안에서 적극적인 세금 은닉 의도가 있다고 판단하여야 하는 경우가 많을 것이다.

제 5 절   형사 법률관계

1. 조세포탈죄

가. 법조항

조세범 처벌법 제3조 제1항[275])은 '사기나 그 밖의 부정한 행위'로써 조세를 포탈하는 등의 행위를 한 자에 대하여 조세포탈죄로 형사처벌을 하고 있다. 그리고 특정범죄 가중처벌 등에 관한 법률 제8조에서는 포탈세액 등이 5억 원 이상인 경우에 가중처벌하는 규정을 두고 있다.[276])

한편 차명거래를 하는 경우 위와 같은 '사기나 그 밖의 부정한 행위'에 해당하는지 여부가 중요하다. 조세범 처벌법 제3조 제6항에서는, 조세범 처벌법상 사기나 그 밖의 부정한 행위로써 조세를 포탈하는 경우(제1항)에서의 '사기나 그 밖의 부정한 행위'에 관하여 1. 이중장부의 작성 등 장부의 거짓 기장, 2. 거짓 증빙 또는 거짓 문서의 작성 및 수취, 3. 장부와 기록의 파기, 4. 재산의 은닉, 소득·수익·행위·거래의 조작 또는 은폐, 5. 고의적으로 장부를 작성하지 아니하거나 비치하지 아니하는 행위 또는 계산서, 세금계산서 또는 계산서합계표, 세금계산서합계표의 조작, 6. 조세특례제한법 제5조의2 제1호에 따른 전사적 기업자원 관리설비의 조작

---

275) 조세범 처벌법 제3조(조세 포탈 등) ① 사기나 그 밖의 부정한 행위로써 조세를 포탈하거나 조세의 환급·공제를 받은 자는 2년 이하의 징역 또는 포탈세액, 환급·공제받은 세액(이하 "포탈세액등"이라 한다)의 2배 이하에 상당하는 벌금에 처한다. 다만, 다음 각 호의 어느 하나에 해당하는 경우에는 3년 이하의 징역 또는 포탈세액등의 3배 이하에 상당하는 벌금에 처한다.
　1. 포탈세액등이 3억원 이상이고, 그 포탈세액등이 신고·납부하여야 할 세액(납세의무자의 신고에 따라 정부가 부과·징수하는 조세의 경우에는 결정·고지하여야 할 세액을 말한다)의 100분의 30 이상인 경우
　2. 포탈세액등이 5억원 이상인 경우
276) 특정범죄 가중처벌 등에 관한 법률 제8조(조세 포탈의 가중처벌) ①「조세범 처벌법」 제3조 제1항, 제4조 및 제5조,「지방세기본법」제102조 제1항에 규정된 죄를 범한 사람은 다음 각 호의 구분에 따라 가중처벌한다.
　1. 포탈하거나 환급받은 세액 또는 징수하지 아니하거나 납부하지 아니한 세액(이하 "포탈세액등"이라 한다)이 연간 10억원 이상인 경우에는 무기 또는 5년 이상의 징역에 처한다.
　2. 포탈세액등이 연간 5억원 이상 10억원 미만인 경우에는 3년 이상의 유기징역에 처한다.
　② 제1항의 경우에는 그 포탈세액등의 2배 이상 5배 이하에 상당하는 벌금을 병과한다.

또는 전자세금계산서의 조작 등을 열거하고 있다. 다만 이들은 예시에 불과하므로, 7. 그 밖에 위계에 의한 행위 또는 부정한 행위(제7호)에 해당하는 경우에도 조세포탈범으로 처벌받을 수 있다.

나. 판례의 입장

1) 기본 입장

한편 대법원은 차명계좌에 예금한 행위 한가지만으로는 조세포탈죄를 인정하지는 않고 있다. 대법원 1999. 4. 9. 선고 98도667 판결[277]에 의하면, 타인 명의의 예금계좌를 빌려 예금하였다는 행위만으로 적극적 소득은닉 행위가 된다고 단정할 것은 아니고, 장부상의 허위기장 행위, 수표 등 지급수단의 교환반복행위 기타의 은닉행위가 포함되어 있거나, 여러 곳의 차명계좌에 분산 입금하거나 순차 다른 차명계좌에의 입금을 반복하거나 1회의 예입이라도 명의자와의 특수관계 때문에 은닉의 효과가 매우 커지는 등 적극적 은닉의도가 나타나는 사정이 더해져야만 '조세의 부과징수를 불능 또는 현저히 곤란'하게 만든 것으로 볼 수 있다. 그런데 위 판결의 판시대로 차명계좌를 여러 개 두고 자금을 은닉하려고 한 경우는 '사기나 그 밖의 부정한 행위'에 해당한다.

위 대법원 98도667 판결도 '피고인이 공소외 1, 2, 3 등으로부터 활동비·이자 명목으로 거액의 금원을 교부받게 되자 과세관청의 자금출처조사 및 세금부과를 회피할 의도로 다른 사람 명의의 예금계좌 즉 차명계좌를 이용하여 자금세탁하거나 전전 유통된 헌 수표를 교부받아 사용하는 등의 방법으로 위 금원에 대한 자금흐름을 은닉할 의도로 활동비 혹은 이자 명목으로 교부받은 금원들을 차명계좌에 분산 입금케 하거나 미리 자금세탁된 헌 수표를 전달받아 이 중 일부를 다시 차명계좌에 분산 입금시키는 등의 부정한 방법으로 증여재산 혹은 이자소득을 은닉하고 그에 대한 과세표준신고를 하지 아니한' 사안이었다. 대법원은 일반적으로 다른 사람의 예금계좌를 빌리거나 차명계좌 이용행위만으로는 적극적 소득은닉행위가 된다고 단정할 수는 없으나, 이 사건에서는 피고인의 자금임을 알 수 없도록 여러 개의 차명계좌를 이용하는 등 은닉행위가 있었기 때문에 적극적 은닉의도가 나

---

277) 이와 같은 판례의 입장에 대하여 주관적 구성요건요소인 '고의'의 측면에서 이를 분석하고 있는 논문으로는 윤지현, "명의신탁 또는 차명거래와 '사기 그 밖의 부정한 행위'", 계간 세무사 제35권 제1호, 한국세무사회(2017), 14–15.

타났다고 보아 조세범처벌법과 특정범죄가중처벌등에관한법률상의 조세포탈죄를 인정하였다.

2) 주요 판례 정리

이러한 논리는 1990년대 대법원 판결부터 최근 대법원 판결에 이르기까지 일관되어 있다. 차명계좌만을 이용한 것만으로는 '사기 기타 부정한 행위'가 되지 않는다는 것이 실제 사례에서 어떻게 작용되는지 이하에서 주요 대법원 판례를 분석해보고자 한다.

가) 조세포탈을 인정한 사례

(1) 대법원 2018. 6. 28. 선고 2017도11117 판결

위 판결의 원심은 ① 피고인은 무기중개업체인 A사의 대표로서 A사가 독일 무기제조회사인 B사로부터 지급받을 비공개 중개수수료에 관한 이면계약을 체결한 사실, ② 피고인은 비공개 중개수수료를 외부에서 알 수 없도록 조세피난처에 설립한 서류상 회사 명의의 해외 차명계좌를 통하여 수령한 사실, ③ 피고인은 해외 차명계좌로 수령한 중개수수료를 수입에서 누락하고 A사의 소득을 신고한 사실을 인정한 다음, 피고인의 위와 같은 행위는 비공개 중개수수료 상당의 소득 파악을 곤란하게 하려는 의도 아래 이루어진 것이고, 그로 인하여 조세의 부과와 징수가 현저히 곤란하게 되는 결과가 발생하였다고 보아 법인세 포탈로 인한 특정범죄 가중처벌 등에 관한 법률 위반(조세)의 점을 유죄로 판단한 제1심판결을 그대로 유지하였다. 대법원은 원심의 판단에 상고이유 주장과 같이 조세포탈죄에서의 사기 그 밖의 부정한 행위에 관한 법리를 오해한 잘못이 없다고 판시하였다.

위 사건에서 대법원은, 피고인의 위와 같은 행위는 과세대상의 단순한 미신고나 과소신고에 그치는 것이 아니라, 비공개 중개수수료 수입의 외부 노출을 막기 위한 이면계약의 체결, 해외 차명계좌의 사용 등 적극적인 소득은닉 행위가 수반된 것으로 보아 '사기 기타 부정한 행위'를 인정한 것이다.

(2) 대법원 2017. 11. 29. 선고 2017도14742 판결

위 판결의 원심은, ① 피고인이 대부업등록과 사업자등록을 하지 아니한 채 사채업을 영위하면서 처음부터 회계장부 등을 작성하지 않은 점, ② 피고인이 부실채권의 운용과 대부업을 하는 A사를 설립하고 운영하기도 하였는데, 甲과의 첫 금전거래에 대하여는 그 이자를 위 A사와 피고인이 분산하여 지급받으면서 피고인 개인이 수령한 이자에 대하여는 전혀 신고하지 않은 점, ③ 피고인은 주로 배서 없이

수표로 돈을 빌려주고 원리금도 수표로 변제받아 대부분을 수중에 보관하고 있다가 다른 거래에 재사용하는 방식을 취한 점, ④ 피고인은 금융조회를 통해 쉽게 그 거래내역을 알 수 있도록 계좌로 거래한 경우도 많았다고 주장하나, 금융조회를 통해 알 수 있는 사실은 피고인이 본인 내지 차명계좌에서 금원을 인출하였다는 것일 뿐 채무자인 甲과의 금전거래내역을 알 수 있는 내용은 찾아볼 수 없고, 피고인의 사무실에도 甲과의 금전거래와 관련된 자료나 사채업과 관련된 자료는 찾아볼 수 없었던 점, ⑤ 피고인은 甲으로부터 받은 이자 등의 수입을 숨긴 채 현저히 적은 금액으로 종합소득세를 신고·납부해온 점 등에 비추어 보면, 피고인의 행위는 조세의 부과와 징수를 불가능하게 하거나 현저히 곤란하게 하는 사기나 그 밖의 부정한 적극적인 행위에 해당한다고 판단하였다.

대법원은 원심의 위와 같은 판단에 잘못이 없다고 판단하였다. 위 판결은 '피고인이 실제로 사채업을 하면서도 회계장부를 작성하지 않았고 관계기관에 사업자등록, 대부업등록도 하지 않은 점, 실제 대부업을 영위하면서 이자를 받는 경로를 분산한 점' 등을 '사기 기타 부정한 행위'의 주요 근거로 본 것이다.

(3) 대법원 2016. 2. 18. 선고 2014도3411 판결

위 판결의 원심은, 甲이 '회장님 USD(미국 달러) 현금 흐름표' 등 피고인 1의 자금흐름에 관한 보고서를 작성하는 등으로 피고인 1의 자금을 관리하였던 점 등에 나타난 피고인 1과 甲의 관계, 피고인 1이 甲과의 사이에 커미션을 甲 명의의 계좌에 입금한 후 피고인 1이 지정하는 계좌에 송금하도록 하는 내용의 계약을 체결한 이유는 피고인 1의 위와 같은 소득이 노출되지 않도록 하기 위한 것으로 보이는 점 등 피고인 1이 甲 명의의 계좌를 이용하게 된 동기 및 경위 등에 비추어, 피고인 1이 해외 법인의 대표이사인 甲 명의의 계좌에 자신의 소득을 입금하게 하고 자신의 목적을 위하여 그 계좌에서 지출하여 사용하게 함으로써 국내 과세관청으로 하여금 자신의 소득 발견을 어렵게 한 것은 피고인 1에 대한 조세의 부과징수를 불능 또는 현저히 곤란하게 만든 것에 해당한다는 등의 이유로, 피고인 1이 이와 같은 방법으로 중고선박 매매와 관련하여 취득한 리베이트 소득 및 A사의 배당소득에 관하여 조세를 포탈하기 위한 사기 기타 부정한 행위를 하였다고 판단하였다.

대법원은 이러한 원심의 판단은 앞서 본 법리에 부합하는 것으로서 정당하고, 거기에 조세범처벌법상 '사기 기타 부정한 행위'에 관한 법리 등을 오해한 위법이 없다고 판시하였다.

위 판결은 피고인이 단순히 차명계좌를 일회성으로 이용한 것에 그치는 것이 아니라, '계속적 반복적으로 차명계좌를 이용하였고 차명계좌를 이용한 현금 흐름표를 작성하는 등 차명계좌 이용이 치밀하게 이루어진 점' 등을 근거로 '사기 기타 부정한 행위'가 있음을 인정한 것으로 보인다.

(4) 대법원 2015. 10. 29. 선고 2013도14716 판결

위 판결의 원심은, '① 사업소득자인 피고인이 독일의 관계회사로부터 받은 중개수수료, 영업지원비, 배당금 등 합계 약 97억 원을 장부에 기재하지 않고 누락한 채 2006년 내지 2009년 귀속 각 종합소득세를 신고한 사실, ② 피고인은 독일에 있는 은행의 계좌로 지급받은 위 중개수수료 등 가운데 51억 원을 257회에 걸쳐 국내의 차명계좌로 송금하면서 외국환거래 통보의무가 면제되는 금액으로 분산하고, 위 중개수수료 등의 내역을 기재한 파일을 자신의 컴퓨터 외장 하드에 암호를 설정하여 저장하는 방법으로 별도 관리한 사실' 등을 인정한 다음, 피고인의 이러한 행위가 구 조세범처벌법 제9조에 규정된 '사기 기타 부정한 행위'에 해당한다고 판단하였다. 대법원은, 원심의 판단은 정당하다고 판단하였다.

위 판결도 피고인이 해외계좌에서 국내 차명계좌로 분산하여 여러 차례 송금한 행위나 누락한 수입내역에 관하여 별도의 컴퓨터 비밀파일을 작성한 행위는 적극적 은닉의도를 드러낸 사정으로서 피고인이 수입이나 매출을 장부에서 누락하고 종합소득세를 과소신고한 행위는 위계 기타 부정한 적극적 행위를 한 것과 동등한 것으로 평가할 수 있다고 본 것이다.

(5) 대법원 2013. 9. 26. 선고 2013도5214 판결

위 판결의 원심은, 피고인 1을 정점으로 조직되어 있는 A그룹 경영기획실 안에 위 피고인과 그 가족의 재산 관리를 전담하는 팀을 만들고 그 속에 임직원을 여럿 둘 정도로 위 피고인의 차명재산 규모가 방대한 것으로 보이는 점, 실제로 검찰 수사에서 밝혀진 위 경영기획실에서 관리하는 위 피고인의 차명계좌가 총 380여 개 약 1,000억 원에 이르는 점, 피고인 1은 평소에 차명재산을 포함한 재산관리 상황에 대하여 경영기획실로부터 보고를 받아왔고, 종전에도 위 피고인이 보유하는 차명계좌 등 차명재산과 관련하여 위 피고인이나 담당 임원이 형사처벌이나 국세청의 세무조사를 받은 적이 있었던 점 등 그 판시와 같은 사정을 종합하여 피고인 1과 경영기획실에 근무하였던 피고인 2 등에게는 차명주식 거래로 인한 양도소득세 포탈의 공모 및 고의가 인정된다고 판단하였다. 그리고 위 대법원 판결은 원심 판단이

정당하다고 판시하였다.

　위 판결도 피고인이 단순히 차명계좌를 일회성으로 이용한 것에 그치는 것이 아니라, 계속적·반복적으로 차명계좌를 이용하였고 차명계좌의 수도 많았으며, 그룹 내 차명재산을 관리하는 전담팀도 있었던 점 등 차명계좌 이용이 치밀하게 이루어진 점 등을 근거로 '사기 기타 부정한 행위'가 있음을 인정하였다고 할 것이다.

　(6) 대법원 2013. 3. 28. 선고 2010도16431 판결

　위 판결의 원심은, ① 피고인은 차용인과 대출계약서 등을 작성하여 이자수입내용 등을 충분히 알고 있음에도 이자수입내용을 은폐하기 위하여 세무사에게 소득을 추계하여 세금신고를 하도록 지시한 사실, ② 피고인은 소득세법에 따라 그 사업에 관한 모든 거래 사실이 객관적으로 파악될 수 있도록 복식부기에 따라 장부에 기록·관리하여야 함에도 불구하고 처음부터 회계장부를 작성하지 않았던 사실, ③ 피고인은 차주나 전주들과 자금거래를 함에 있어 직원이나 지인 명의로 된 14개의 차명계좌를 이용하였고 또한 전주들과 현금, 수표를 사용하여 자금거래를 하였던 사실, ④ 피고인이 전주들에게 지급되는 이자를 신고하게 되면 전주들의 이자소득이 노출될 위험이 있어 전주들이 금전 대출을 꺼리기 때문에 전주들의 이자소득을 감추기 위해서 차주로부터 지급받는 이자와 그에 상응하여 전주에게 지급하는 지급이자에 관한 항목을 두지 않고 세금신고를 하였던 사실, ⑤ 이와 같은 방법으로 누락되거나 축소된 수입의 비율이 45% 이상이고, 그 금액도 과세연도별로 최소 약 30억 원에서 최대 약 160억 원에 이르는 사실 등을 인정한 다음, 이러한 피고인의 행위가 조세의 부과와 징수를 불가능하게 하거나 현저히 곤란하게 하는 위계 기타 부정한 적극적인 행위에 해당한다고 판단하였다. 대법원은 원심의 판단이 정당하다고 판단하였다.

　위 판결도 단순히 차명계좌를 일회성으로 이용한 것에 그치는 것이 아니라, '계속적·반복적으로 차명계좌를 이용하였고 차명계좌의 수도 많은 등 차명계좌 이용이 치밀하게 이루어진 점' 등을 근거로 '사기 기타 부정한 행위'가 있음을 인정하였다고 할 것이다.

　(7) 대법원 2011. 3. 24. 2010도13345 판결

　위 판결의 원심은, 피고인이 명의를 빌려 사업자등록을 하고 차명계좌를 통해 매출금을 입금받고 세무사에게 세금계산서를 발급하지 아니한 매출액과 지출한 급여 일부를 누락한 자료를 건네 그로 하여금 실제 매출과 다른 내용의 장부를 작성

하고 부가가치세 및 종합소득세 신고를 하게 한 것은 피고인의 적극적인 은닉의도가 드러난 '사기 기타 부정한 행위'라고 판단하였고, 대법원은 원심의 판단이 정당하다고 판단하였다.

위 판결은 단순히 차명계좌를 이용한 것에 그친 것이 아니라 더 나아가 세무사에게 허위 자료를 건네어 허위의 장부를 작성하게 하는 등 적극적인 소득은닉 행위가 있다고 보아 '사기 기타 부정한 행위'가 있다고 본 것이다.

(8) 대법원 2007. 10. 11. 선고 2007도4697 판결

위 판결의 원심은, 피고인 1이 부동산매매회사인 A사, B사, C사, D사, E사 등을 경영하면서 토지 등의 매매금액을 감액하여 기재한 허위내용의 매입·매출장부를 작성하고, 위와 같이 감액된 금액을 차명계좌에 보관하는 한편, 법인세 신고를 함에 있어서 위와 같이 감액된 금액을 기준으로 과세신고를 하는 등 사기 기타 부정한 방법으로 조세를 포탈한 이 부분 조세포탈의 범행을 유죄로 인정하였다. 대법원은 원심의 판단이 타당하다고 판단하였다.

위 판결은 단순히 차명계좌를 이용한 것에 그친 것이 아니라 더 나아가 여러 계열 회사의 허위 장부를 작성하는 등 적극적인 소득은닉 행위가 있다고 보아 '사기 기타 부정한 행위'가 있다고 본 것이다.

(9) 대법원 2007. 8. 23. 선고 2006도5041 판결

원심은, 피고인 1이 2001. 12.경부터 2003. 12.경까지 사이에 소외 1, 2, 3, 4, 5에게 자기앞수표를 지급하거나 차명송금 내지는 타인명의 계좌로 송금하는 등의 방법으로 금원을 대여하였다가 그 이자는 약속어음, 자기앞수표, 현금 등으로 직접 지급받거나 여러 개의 차명계좌 또는 특수한 관계에 있는 법인계좌로 분산하여 지급받은 사실을 인정한 다음, 위 피고인이 단순히 세법상의 소득신고를 하지 아니하는데 그치지 아니하고 위와 같이 장기간에 걸쳐 상이한 지급수단인 약속어음, 자기앞수표 등에 의한 자금거래를 반복하고, 여러 개의 차명계좌를 이용하는 등의 방법으로 자금거래 사실을 은닉한 이상 이러한 위 피고인의 행위는 조세의 부과징수를 불가능하게 하거나 또는 현저하게 곤란하게 하는 위계 기타 부정한 적극적 행위로서 조세범처벌법 제9조, 특정범죄 가중처벌 등에 관한 법률 제8조가 규정하는 조세포탈죄에 있어서의 '사기 기타 부정한 행위'에 해당한다고 판단하였다. 대법원은 원심의 이러한 사실인정과 판단은 옳은 것으로 수긍이 간다고 판단하였다.

위 판결도 여러 개의 차명계좌를 이용하고 더 나아가 장기간에 걸쳐 상이한 지

급수단인 약속어음, 자기앞수표 등에 의한 자금거래를 반복하는 등 적극적인 소득 은닉 행위가 있다고 보아 '사기 기타 부정한 행위'가 있다고 본 것이다.

(10) 대법원 2005. 6. 10. 선고 2003도5631 판결

원심은, 피고인 1은 언론사 사주로서 단순히 이 사건 취재조사자료비를 전용한 것에 그치지 아니하고 적극적으로 가공의 취재조사자료비 지급품의서를 작성하고 거기에 맞추어 회계전표와 장부를 허위로 기재한 후 인출한 돈을 별도의 예금계좌에 관리하였고, 광고유치와 관련 없이 적극적으로 광고접대비 지급원장을 허위로 기재하고 광고활동비 명목으로 인출한 매월 일정금액을 별도의 예금계좌에 관리하면서 사적 용도에 사용하였으며, 보험회사로부터 보험 이차배당금을 지급받아 익금 처리하지 않은 것에 그치지 아니하고 적극적으로 차명계좌 등 별도의 여러 예금계좌에 분산 입금하거나 순차 입금을 반복하는 등으로 은닉하여 관리한 사실을 인정한 다음, 피고인 1의 위와 같은 행위는 조세의 부과, 징수를 불능 또는 현저하게 곤란하게 하는 위계 기타 적극적인 부정행위로서 조세범처벌법 제9조 제1항 소정의 '사기 기타 부정한 행위'에 해당한다고 판단하였다. 대법원은 원심의 판단이 타당하다고 판단하였다.

위 판결도 여러 개의 차명계좌를 이용하고 더 나아가 예산전용뿐 아니라 회사 자금을 유용하기 위하여 허위 비용 지급품의서를 작성하고 거기에 맞추어 회계전표와 장부를 허위로 기재한 후 인출한 돈을 차명계좌에서 관리한 점 등 적극적인 소득은닉 행위가 있다고 보아 '사기 기타 부정한 행위'가 있다고 본 것이다.

(11) 대법원 2003. 5. 30. 선고 2003도1137 판결

대법원은, 피고인이 10만 원권 헌 수표로 수수한 10억 원을 1년 가량 베란다의 창고에 숨겨두었다가 부하직원에게 이를 새 수표로 교환하여 오도록 지시하여 그 부하직원을 통하여 피고인과 인척관계가 없는 사람 명의의 16개의 차명계좌에 분산 입금한 후 다시 계좌 개설자 명의로 100만 원권 자기앞수표를 발행받은 행위나, 현금으로 증여받은 돈을 창고 등에 보관하여 은닉하고 있다가 A를 통하여 B사 직원들의 차명계좌 등에서 인출한 자기앞수표와 교환하여 사용하는 행위 등 원심 판시 일부 범죄사실 행위는 조세의 부과징수를 불능 또는 현저히 곤란하게 하는 적극적인 소득 은닉행위를 한 경우로서 사기 기타 부정한 행위에 해당한다고 보아야 할 것이라고 판단하였다.

위 판결은 이용한 차명계좌의 수가 많고, 사전에 계획적으로 금원을 자금세탁

하기 위하여 여러 단계를 조직적으로 거친 점 등 적극적인 소득은닉 행위가 있다고
보아 '사기 기타 부정한 행위'가 있다고 본 것이다.

(12) 대법원 1999. 4. 9. 선고 98도667 판결

위 판결의 원심은, 피고인이 공소외 1, 2, 3 등으로부터 활동비·이자 명목으로
거액의 금원을 교부받게 되자 과세관청의 자금출처조사 및 세금부과를 회피할 의
도로 다른 사람 명의의 예금계좌 즉 차명계좌를 이용하여 '자금세탁'하거나 전전
유통된 헌 수표를 교부받아 사용하는 등의 방법으로 위 금원에 대한 자금흐름을 은
닉할 의도로 판시와 같이 활동비 혹은 이자 명목으로 교부받은 금원들을 차명계좌
에 분산 입금케하거나 미리 자금세탁된 헌 수표를 전달받아 이 중 일부를 다시 차
명계좌에 분산 입금시키는 등의 부정한 방법으로 증여재산 혹은 이자소득을 은닉
하고 그에 대한 과세표준신고를 하지 아니한 사실을 인정한 다음, 위와 같이 증여
세 또는 이자소득세(종합소득세)의 대상이 되는 금원을 '금융자산의 차명거래'의 방
법을 이용하거나 '자기앞수표의 반복적 유통'의 방법을 이용하여 적극적으로 은닉
한 것은, '사기 기타 부정한 행위'에 해당한다고 판단하였다. 대법원은 원심 판단이
정당하다고 판단하였다.

위 판결도 차명계좌를 이용하고, 사전에 계획적으로 금원 흐름의 추적을 어렵
게 하기 위하여 여러 단계를 조직적으로 거친 점 등 적극적인 소득은닉 행위가 있
다고 보아 '사기 기타 부정한 행위'가 있다고 본 것이다.

(13) 대법원 1999. 4. 9. 선고 95도2653 판결

대법원은, 피고인 1이 상속재산을 은폐하기로 공동상속인들과 공모하고 무기명
양도성예금을 해지하여 각기 다른 가명 또는 차명으로 분할 예입하였다가 다시 해
지하여 다른 사람의 명의로 분할 예입하고, 가명 또는 차명으로 된 예수금증서 영
수인란의 피상속인 명의의 인영을 지우고 명의인들의 인장을 찍어 그들이 직접 해
지하는 것처럼 하여 인출한 후 상속세 과세표준을 신고함에 있어 이를 누락한 결과
과세관청이 그대로 상속세 부과결정을 하였다면, 위 피고인의 위와 같은 일련의 행
위가 조세의 부과와 징수를 현저하게 곤란하게 하는 적극적인 행위에 해당한다고
본 원심의 판단은 정당하다고 판단하였다.

위 판결도 차명계좌를 이용하고, 사전에 계획적으로 금원 흐름의 추적을 어렵
게 하기 위하여 상속인들과 사전 공모 하에 여러 단계를 조직적으로 거친 점 등 적
극적인 소득은닉 행위가 있다고 보아 '사기 기타 부정한 행위'가 있다고 본 것이다.

나) 조세포탈을 인정하지 않은 사례

(1) 대법원 2018. 6. 19. 선고 2015도3483 판결

위 판결은 피고인이 1978년경부터 A사의 주식을 소유하면서 이를 甲, 乙 등의 명의로 관리하다가 2008. 7. 14. 아들인 丙, 丁에게 증여하였음에도 2004년 이후 허위의 소송을 제기하거나 국세청에 허위의 주주명부와 주권을 제출하는 등의 '사기 기타 부정한 행위'로써 늦어도 1991년, 1994년경에 이미 증여한 것처럼 가장하는 방법으로 증여세를 포탈하였다고 하여 특정범죄 가중처벌 등에 관한 법률 위반으로 공소제기된 사안이다.

대법원은 주권이 발행된 주식의 증여에는 증여에 관한 의사의 합치와 더불어 주권의 교부가 필요하고 이때의 교부는 점유개정의 방식으로도 이루어질 수 있는 점, 공소사실에서 피고인이 주식의 실제 소유자로서 주식을 증여할 권한이 있는 사람일 뿐 아니라, 다른 한편으로 아들인 丙, 丁으로부터 재산관리에 관한 포괄적인 위임하에 그들 명의의 통장 및 인감도장 등을 보관하면서 주식을 비롯한 재산에 관하여 수증, 처분 등 여러 법률행위에 관한 대리권을 행사해 왔다고 전제되어 있고 이에 부합하는 취지의 증언 등 진술도 존재하는 점, 주주명부와 주권이 2004년 이후 시점에 만들어지면서 마치 1991. 3.경부터 시간의 흐름에 따라 작성된 것처럼 조작되었다는 사실이 합리적 의심의 여지를 배제할 정도로 증명되지 않는다면, 주주명부와 주권에 기재된 취지대로 이미 1991년 내지 1994년에 주식이 증여되었다는 피고인의 주장을 쉽사리 배척하기 어려운 점 등 제반 사정을 종합하면, 피고인이 위와 같은 취지로 기재된 주주명부와 주권을 세무조사 당시 담당공무원에게 제출한 행위, 차명주주들인 甲, 乙 명의의 확약서를 2008년 세무조사시 담당공무원에게 제출한 행위, 2004년 甲, 乙을 원고로 하고 피고인을 피고로 하여 주식반환청구소송을 제기한 행위가 조세포탈죄에서 말하는 사기 기타 부정한 행위에 해당한다는 점을 검사가 증명하였다고 볼 수 없다고 보았다.

위 사건에서 검사는 '사기 기타 부정한 행위'를 피고인이 2004년 甲, 乙을 원고로 하고 피고인을 피고로 하여 위 주식반환청구소송을 제기한 행위 및 2008년 세무조사시 甲, 乙 명의의 허위 확약서와 함께 주주명부, 주권 등을 제출한 행위로 특정하였다.

그런데 위 판결은 위와 같은 일정한 정황을 근거로 사기 기타 부정한 행위에 해당한다는 점이 입증되었다고 보기 어렵다고 평가한 것이다.

(2) 대법원 2018. 4. 12. 선고 2016도1403 판결

위 판결의 사실관계는 다음과 같고, 원심은 다음과 같이 판단하였다.

1. 1심은 피고인 1이 부친 甲으로부터 2007. 11.경 자기앞수표 합계 52억 원을 증여 받은 사실을 인정하였다. 그러나 피고인 1은 2007. 11.경 그와 같은 증여를 받은 사실이 없고, 단지 甲이 A사 사무실에서 52억 원 상당의 자기앞수표를 건네주며 '네가 그림을 잘 아니 그림을 사서 가지고 오라'고 하기에, 그 무렵 B사로부터 앤 AAA의 작품인 '재A' 그림을 25억 원에 구입하여 甲에게 전달하고, 2008. 12.경 C 사로부터 에AAA의 작품인 'S' 그림을 15억 원에 구입하여 甲에게 전달한 다음, 남 은 12억 원으로도 그림을 매수하기 위해 노력하였으나 적당한 그림을 찾지 못해 그림을 매수하지 못한 일이 있을 뿐이라고 주장하였다.

2. 위 자기앞수표 52억 원은 甲이 乙 명의로 소유하던 국내 회사 주식 매각대금으로 서, 피고인 1은 乙 명의 계좌에서 인출된 위 자기앞수표 52억 원을 전달받아 위 '재A' 그림과 'S' 그림을 乙 명의로 매수하였는바, 이는 단순히 기존의 차명상태를 유지한 것에 불과하고, 그 이외에 자금흐름을 은닉하는 등의 적극적인 부정행위 는 없었으며, 이로 인하여 기존의 상태보다 조세의 부과, 징수가 더 어려워진 바 도 없다. 그러므로 피고인 1이 조세 포탈을 위한 사기 기타 부정한 행위를 하였다 고 할 수도 없다.

3. 피고인 1은 위 그림 2점 등 52억 원의 재산이 2010. 2. 17. 甲의 사망 무렵 본인 소유로 귀속되었다고 인식하였기 때문에 이를 상속재산으로 신고하였는데, 설령 그러한 인식에 어떠한 오류가 있었다고 가정하더라도, 피고인 1에게 2007. 11.경 증여 사실을 은닉하기 위한 사기 기타 부정한 행위의 고의가 있었다고 할 수는 없다.

4. 조세 포탈은 납세의무를 전제로 하고, 부과과세 방식의 조세인 증여세는 과세관 청의 부과결정에 의하여 납세의무가 확정되는바, 위 '재A' 그림과 'S' 그림 등 52 억 원의 재산에 대하여는 과세관청이 甲과 피고인 1 사이에서 증여가 이루어졌다 는 사실을 인정한 적이 없고, 오히려 상속세를 부과하여 납세의무가 확정되었을 뿐이므로, 피고인 1의 증여세 납세의무가 확정될 여지가 없어 증여세 포탈은 법 리적으로도 성립할 여지가 없다.

5. 피고인 1은 A사의 안정적인 경영권 확보를 위하여 차명주식을 취득하였을 뿐 양 도소득세 회피 목적으로 차명주식을 취득한 것이 아니다. 또한 피고인 1은 차명 주식을 다수 차명계좌에 분산, 반복하여 입금하거나 그 매각대금의 흐름을 추적 할 수 없도록 하는 등의 적극적인 은닉행위를 한 바 없고, 매각대금을 자기앞수표

로 인출한 후 실명으로 배서하고 사용하였다. 피고인 1은 2013년경 세무조사 당시 차명주식을 실명으로 전환하기로 하여 그 세무관계 등을 정리하였고, 이에 이 사건에서 양도소득세 포탈이 문제되는 별지 범죄일람표(생략)의 차명주식 중 이 AA 명의 차명주식에 대해서는 甲의 납세승계인 지위에서 양도소득세를 신고·납부한 바 있으며, 별지 범죄일람표의 나머지 차명주식은 대부분 처분된 상태였기 때문에, 실수로 양도소득세 신고·납부를 누락하였을 뿐이다. 그러므로 피고인 1이 고의로 차명주식의 양도에 관하여 사기 기타 부정한 행위를 하여 양도소득세를 포탈하였다고 할 수는 없다.

대법원은, 원심의 위와 같은 판단은 정당하다고 판단하였다. 위 판결은, '피고인이 부친으로부터 건네받은 돈은 부친으로부터 그림을 사달라는 부탁을 받고 받은 돈일 뿐이다. 그 돈이 비록 부친이 주식 명의신탁을 한 후 위 주식을 매각하여 취득한 돈이고 위 돈으로 취득한 그림을 위 주식 명의수탁자 명의로 구입하였다고 하더라도 이는 기존의 차명상태가 유지된 것에 불과하다. 따라서 증여세와 관련하여서는 사기 기타 부정한 행위가 없다. 또한 차명주식을 취득한 것은 안정적인 경영권 확보를 위한 것일 뿐, 차명주식을 차명계좌에 분산, 반복하여 입금하거나 매각대금의 흐름을 추적할 수 없도록 하는 등의 적극적 은닉행위가 없었으므로 양도소득세를 회피할 목적도 없었다'고 판시한 것이다.

위 판결은 '피고인이 부친으로부터 돈을 받았더라도 그림을 구입하라는 부탁을 받고 받은 것이며 실제로 그림을 구입하기도 한 점, 위 돈이 부친이 타인에게 명의신탁한 주식을 매도한 대금이라고 하더라도, 위 돈으로 그림을 구입한 것은 위 차명상태가 유지된 것에 불과한 점, 부친이 사망하자 피고인은 위 그림을 상속재산으로 신고하였고 그림 구입시에 별다른 자금흐름 은닉 등의 정황이 없었던 점, 피고인은 회사의 경영권확보를 위하여 차명주식을 취득하였다고 주장하였는데 차명주식을 차명계좌에 다수 분산, 반복하여 입금하는 등의 적극적 은닉행위가 없었던 점' 등을 '사기 기타 부정한 행위'가 되지 않는 주요 근거로 본 것이다.

(3) 대법원 2017. 5. 11. 선고 2017도2166 판결

원심은 피고인 1의 2007년 귀속 이자소득에 대한 종합소득세 포탈의 점에 관하여 다음과 같이 판시하면서 유죄로 인정하였다.

원심은, '피고인 1은 2004. 11. 1.경부터 2007년 말경까지 甲에게 합계 24억 원

을, 2007. 9. 14.경 乙에게 14억 원 등 합계 약 56억 원을 각 대여하고 그에 대한 이
자로 2007년 2억 6,000만 원 상당의 이자소득이 발생하였음에도 이를 은폐하는 사
기나 그 밖의 부정한 행위로써 종합소득세 신고를 하여 위 이자소득에 대응하는 액
수의 2007년 귀속 종합소득세를 포탈하였다'는 공소사실에 대하여, '① 피고인 1은
다수의 채무자로부터 2005년에 3억 4,000만 원, 2006년에 2억 5,000만 원, 2007년에
2억 6,000만 원 등 거액의 이자를 수취하고도 이를 계속적으로 신고하지 않고 은폐
한 점, ② 피고인 1이 채무자에 대한 대여금을 다른 사람 명의의 하나은행 계좌로
송금하기도 하고, 채무자들로부터 이자를 수취하는 데 다른 사람 명의의 하나은행
계좌 및 제일은행 계좌를 이용하기도 하였으며, 이로써 대차거래 및 이자수취 내역
을 파악할 수 없도록 한 점, ③ 피고인 1은 세무조사가 진행 중이던 2009. 7. 16.부
터 2009. 8. 31.까지 대여금 채권 중 33억 원 및 그에 관한 저당권을 제3자에게 양도
하였고, 그중 일부 양도행위는 조세포탈범행과 관련된 대한민국의 피고인 1에 대한
조세채권을 해하는 사해행위라는 이유로 취소되기도 한 점' 등을 종합하여, 피고인
1이 '사기 기타 부정한 행위로써 2007년 귀속 이자소득에 대한 종합소득세를 포탈
하였다'고 인정할 수 있다고 판단하였다.

　　그러나 대법원은 다음과 같이 판시하면서 원심의 위와 같은 판단은 다음과 같
은 이유에서 그대로 수긍하기 어렵다고 판단하였다.

　　즉 ① 피고인 1은 2004. 11. 1.경부터 2007. 말경까지 甲에게 5회에 걸쳐 합계
24억 원을 대여하였는데 그중 1회만 다른 사람 명의 계좌로 4억 9,000만 원을 송금
하였을 뿐 나머지는 모두 피고인 1 명의로 甲 또는 甲의 배우자인 김AA 명의 계좌
로 송금한 사실, ② 丙에 대한 대여금도 丙 명의 계좌로 송금한 사실, ③ 피고인 1
은 자신 명의의 계좌를 이용하여서도 甲, 丙 등 채무자들로부터 일부 이자를 수취
하기도 한 사실 등을 인정할 수 있다. 또한 위 인정사실에다가 기록을 통하여 알 수
있는 정황들, 즉 ④ 피고인 1은 채무자인 甲의 요청으로 다른 사람 명의의 계좌로 대
여금을 송금한 것에 불과한 것으로 보이는 점, ⑤ 피고인 1이 위와 같이 1개의 차명
계좌 이외에 다른 차명계좌를 이용한 것으로는 보이지 아니하는 점, ⑥ 2007. 10.
20. 송금된 710만 원이 차명계좌를 이용한 것이라고 하더라도 이는 2007년 귀속 이
자소득 관련 대여금 채권의 총액 40억 3,500만 원에 비추어 극히 소액에 불과하다
할 것인 점, ⑦ 부과납세방식의 조세와는 달리 신고납세방식의 조세는 무신고 및
과소신고가 직접적인 조세포탈 수단이 되는 것이어서 범죄는 신고·납부기한 종료

로 기수에 이르게 되므로, 2007년 귀속 이자소득에 대한 종합소득세 신고·납부기한이 종료한 후인 2009. 7. 16.부터 2009. 8. 31.까지 대여금 채권 중 33억 원 및 그에 관한 저당권을 제3자에게 양도한 피고인 1의 행위가 사해행위에 해당하는지는 2007년 귀속 이자소득에 대한 종합소득세 포탈죄의 성부와 무관하다고 볼 수 있는 점 등을 앞서 본 법리들에 비추어 살펴보면, 피고인 1이 2007년 귀속 종합소득세를 신고함에 있어 이자소득을 누락하였다 하더라도 원심이 인정한 사정만으로는 조세의 부과와 징수를 현저하게 곤란하게 하는 '사기 기타 부정한 행위'에 해당한다고 보기는 어렵다고 판단하였다.

　　위 판결은 '비록 피고인이 거액의 이자를 수취하고도 종합소득세 신고시 누락하였고, 위 이자 수취시 차명계좌를 이용하기는 하였으나, 이용한 차명계좌가 1개에 불과하고, 자신의 실명 계좌를 이용하여 이자를 수취하기도 하였으며, 차명계좌 이용액이 전체 대여금에 비하여 적은 점' 등을 근거로 '사기 기타 부정한 행위'로 볼 수 없다고 판단한 것이다.

　　(4) 대법원 2013. 3. 28. 선고 2011도14597 판결

　　제1심판결은, 피고인이 비록 甲 명의의 계좌로 이 사건 합의금을 송금받은 직후 이를 친·인척이나 지인 명의로 된 6개의 차명계좌에 분산 입금하였지만, 반복적인 차명계좌의 이용, 수표 등 지급수단의 교환·반복 등의 특별한 사정이 없는 한 단순히 차명계좌를 이용한 것만으로 '사기 기타 부정한 행위'에 해당하는 적극적인 소득 은닉행위가 있었다고 보기 어려운 점, 이 사건 합의금을 송금받은 경위 등에 비추어 피고인에게 A사의 소득을 적극적으로 은닉하려는 의도가 있었다고 보기 어려운 점, 당시 A사는 부도로 사실상 활동이 중단되고 그로 인하여 사업자등록증이 직권으로 말소된 상태라서 피고인의 입장에서 이 사건 합의금이 법인의 소득으로 법인세의 과세대상이라고 판단하기도 쉽지 않았던 것으로 보이는 점 등을 종합하면, 피고인이 사기 기타 부정한 행위로써 법인세를 포탈하였다고 보기 어렵다고 하여 이 사건 공소사실은 범죄사실의 증명이 없는 때에 해당함을 이유로 무죄를 선고하였고, 원심은 위 결론을 유지하였다. 그리고 대법원은 원심의 판단이 정당하다고 판단하였다.

　　위 판결은 차명계좌가 6개 이용되기는 하였지만 반복적인 차명계좌의 이용, 수표 등 지급수단의 교환·반복 등이 없었다는 점을 근거로 '사기 기타 부정한 행위'가 없다고 본 것이다.

(5) 대법원 2009. 5. 29. 선고 2008도9436 판결

위 판결의 원심은, 피고인 1이 1998. 12. 31. 이전에 차명계좌를 이용하여 주식을 취득할 당시에는 대주주의 상장주식 양도로 인한 양도소득세 납세의무에 대하여 예견할 수 없었고, 상장주식 양도소득세 과세규정이 시행된 1999. 1. 1. 이후에 그 주식을 차명계좌에 보유하다가 매도하는 행위가 있었을 뿐이므로, 양도소득세 과세대상에 해당하는 점과는 별도로 조세포탈죄의 사기 기타 부정한 행위라고 볼 수 없다는 이유로 이 사건 각 특정범죄가중처벌 등에 관한 법률위반(조세)의 각 과세연도별 공소사실 중 1998. 12. 31. 이전에 차명계좌를 통하여 주식을 취득한 부분에 관하여 이유에서 각 무죄로 판단한 제1심판결을 그대로 유지하였다. 대법원은 원심의 판단이 정당하다고 판단하였다.

위 판결은, 1999. 1. 1. 이전에는 대주주의 상장주식 양도로 인한 양도소득세 규정이 존재하지 않았으므로 위 시점 이전에 차명계좌를 이용하여 주식을 차명으로 취득하였다고 하더라도 다른 적극적 은닉행위가 없이 단순히 차명계좌를 이용한 것만으로는 양도소득세 포탈로 인한 조세포탈을 인정하기 어렵다고 판시한 것이다.

(6) 대법원 2005. 1. 14. 선고 2002도5411 판결

위 판결의 원심은, 피고인 1은 A사가 1997 사업연도 이전부터 차명으로 보유하고 있던 B리조트 주식 39만 주를 1997 사업연도에 이르러 비로소 A사의 회계장부에 계상하면서 마치 이를 그 해에 대금 23억 4,000만 원에 새로 매수하는 것처럼 허위의 매매계약서를 작성하고 그 대금을 지급하는 것처럼 허위의 전표를 작성하는 등의 방법으로 금원을 인출하여 A사의 비자금 관리계좌에 입금함으로써 동액 상당의 현금자산을 A사의 회계장부 밖으로 부당하게 유출하였던 것은 사실이나, 이는 주식의 형태이던 기존의 부외자산을 회계장부 내의 투자유가증권으로 만들면서 그 매수 대금으로 지급하는 형식을 밟고 유출한 것이며, 유출한 현금도 사업연도 내내 계속 법인의 자산으로 보유·관리하였으므로, 실질과세의 원칙에 비추어 피고인 1의 위 현금유출은 이 사건 1999 사업연도 법인세의 과세표준이 되는 소득에는 아무런 영향을 미치지 않았던 것이고, 따라서 1999 사업연도 법인세를 포탈한 것에 해당하지 않는다고 판단하였다. 대법원은 원심의 판단이 정당하다고 판단하였다.

위 판결은 피고인이 차명으로 보유하고 있던 주식을 다시 매수하는 것처럼 허위 매매계약서를 작성하고 대금을 지급하는 형식을 취한 것은 사실이나, 대금이 실제로 사외유출된 것은 아닌 점 등에 비추어, 적극적인 소득은닉 행위가 없다고 본

것이다.

2. 횡령죄와 관련하여

가. 계약명의신탁

1) 매도인이 선의인 경우

계약명의신탁에서 매도인이 선의인 경우, 즉 명의신탁자와 명의수탁자가 이른 바 계약명의신탁약정을 맺고, 이에 따라 명의수탁자가 이러한 사실을 알지 못하는 소유자와 부동산 매매계약을 체결한 후 명의수탁자 명의로 소유권이전등기를 한 경우, 명의수탁자는 명의신탁자에 대한 관계에서도 유효하게 소유권을 취득하므로 타인의 재물을 보관하는 자라고 볼 수 없다는 것이 판례(대법원 2000. 3. 24. 선고 98 도4347 판결 등 참조)의 입장이다. 따라서 명의수탁자가 신탁받은 부동산을 매도하거 나 여기에 근저당권을 설정하는 등 임의처분 행위를 하더라도 횡령죄를 구성하지 않는다.

2) 매도인이 악의인 경우

한편 계약명의신탁에서 매도인이 악의인 경우, 즉 명의신탁자와 명의수탁자가 이른바 계약명의신탁 약정을 맺고 명의수탁자가 당사자가 되어 명의신탁 약정이 있다는 사실을 알고 있는 소유자와 부동산에 관한 매매계약을 체결한 후 그 매매계 약에 따라 당해 부동산의 소유권이전등기를 명의수탁자 명의로 마친 경우에는 부 동산실명법 제4조 제2항 본문에 의하여 수탁자 명의의 소유권이전등기는 무효이고 당해 부동산의 소유권은 매도인이 그대로 보유하게 되므로(대법원 2009. 5. 14. 선고 2007도2168 판결 참조), 명의수탁자는 부동산 취득을 위한 계약의 당사자도 아닌 명 의신탁자에 대한 관계에서 횡령죄에서의 '타인의 재물을 보관하는 자'의 지위에 있 다고 볼 수 없고, 또한 명의수탁자가 명의신탁자에 대하여 매매대금 등을 부당이득 으로서 반환할 의무를 부담한다고 하더라도 이를 두고 배임죄에서의 '타인의 사무 를 처리하는 자'의 지위에 있다고 보기도 어렵다(대법원 2001. 9. 25. 선고 2001도2722 판결, 대법원 2008. 3. 27. 선고 2008도455 판결 등 참조).

한편 위 경우 명의수탁자는 매도인에 대하여 소유권이전등기말소의무를 부담 하게 되나, 위 소유권이전등기는 처음부터 원인무효여서 명의수탁자는 매도인이 소 유권에 기한 방해배제청구로 그 말소를 구하는 것에 대하여 상대방으로서 응할 처

지에 있음에 불과하고, 그가 제3자와 사이에 한 처분행위가 부동산실명법 제4조 제
3항에 따라 유효하게 될 가능성이 있다고 하더라도 이는 거래의 상대방인 제3자를
보호하기 위하여 명의신탁 약정의 무효에 대한 예외를 설정한 취지일 뿐 매도인과
명의수탁자 사이에 위 처분행위를 유효하게 만드는 어떠한 신임관계가 존재함을
전제한 것이라고는 볼 수 없으므로, 그 말소등기의무의 존재나 명의수탁자에 의한
유효한 처분가능성을 들어 명의수탁자가 매도인에 대한 관계에서 횡령죄에서의 '타
인의 재물을 보관하는 자' 또는 배임죄에서의 '타인의 사무를 처리하는 자'의 지위
에 있다고 볼 수도 없다(대법원 2012. 11. 29. 선고 2011도7361 판결).

나. 3자간 등기명의신탁

또한, 명의신탁자가 매수한 부동산에 관하여 부동산실명법을 위반하여 명의수
탁자와 맺은 명의신탁약정에 따라 매도인에게서 바로 명의수탁자 명의로 소유권이
전등기를 마친 이른바 중간생략등기형 명의신탁을 한 경우, 명의신탁자는 신탁부동
산의 소유권을 가지지 아니하고, 명의신탁자와 명의수탁자 사이에 위탁신임관계를
인정할 수도 없다. 따라서 명의수탁자가 명의신탁자의 재물을 보관하는 자라고 할
수 없으므로, 명의수탁자가 신탁받은 부동산을 임의로 처분하여도 명의신탁자에 대
한 관계에서 횡령죄가 성립하지 아니한다(대법원 2016. 5. 19. 선고 2014도6992 전원합
의체 판결).

다. 2자간 등기명의신탁

위와 같이 대법원은 명의신탁의 3가지 유형 중 계약명의신탁, 3자간 등기명의
신탁에 대하여는 명의수탁자의 임의처분 행위에 대하여 횡령죄를 부정한다. 그러나
2자간 등기명의신탁에서는 일관되게 명의수탁자의 임의처분시 횡령죄를 긍정한다.

즉 판례는 '부동산을 소유자로부터 명의수탁받은 자가 이를 임의로 처분하였다
면 명의신탁자에 대한 횡령죄가 성립하며, 그 명의신탁이 부동산실명법 시행 전에
이루어졌고 같은 법이 정한 유예기간 이내에 실명등기를 하지 아니함으로써 그 명
의신탁약정 및 이에 따라 행하여진 등기에 의한 물권변동이 무효로 된 후에 처분행
위가 이루어졌다고 하여 달리 볼 것은 아니다'(대법원 2000. 2. 22. 선고 99도5227 판결,
대법원 2009. 8. 20. 선고 2008도12009 판결 등 참조)라거나, '신탁자가 그 소유 명의로
되어 있던 부동산을 수탁자에게 명의신탁하였는데 수탁자가 임의로 그 부동산에

관하여 근저당권을 설정하였다면 신탁자에 대한 횡령죄가 성립하고, 그 명의신탁이 부동산실명법 시행 이후에 이루어진 것이라고 하여 달리 볼 것은 아니다'(대법원 1999. 10. 12. 선고 99도3170 판결 등 참조)라고 판시한다.

위 판례는 아마도 다음과 같은 논리, 즉 2자간 등기명의신탁에서 부동산실명법 제4조 제1항에 따라 명의신탁 약정은 무효가 되고, 제2항에 따라 그 등기도 무효가 되므로 소유권이 여전히 명의신탁자에게 있다고 보면, 명의수탁자는 명의신탁자에 대한 관계에서 타인의 재물을 보관하는 자로 보는 결과일 것이다.

생각건대, 2자간 등기명의신탁의 경우 명의신탁자와 명의수탁자 사이의 명의신탁은 형법상 보호가치가 없는 불법적인 위탁관계로 보아야 하므로, 2자간 등기명의신탁에서도 명의수탁자의 임의처분시 횡령죄를 부정하는 것으로 판례가 변경되어야 할 것이다.

제 6 절   행정 법률관계 – 과징금

1. 序

부동산실명법은 명의신탁등기를 금지하고 이를 위반한 자에게 행정적 제재로서 과징금을 부과하는 규정을 두고 있다. 이하에서는 부동산실명법상 행정적 제재로서의 과징금에 관하여 알아보고자 한다.

2. 과징금의 부과대상

가. 명의신탁 등기 등

1) 명의신탁 등기

부동산실명법은 부동산 명의신탁 금지규정(제3조 제1항)을 위반하여 부동산에 관한 물권을 명의신탁약정에 따라 명의수탁자의 명의로 등기한 명의신탁자를 과징금 부과대상으로 규정하고 있다(제5조[278] 제1항 제1호). 이 규정은 쉽게 말해 명의신탁 등기를 한 경우 명의신탁자에게 과징금을 부과하는 조항이다.

2) 양도담보권자의 등기

또한 부동산실명법 제3조 제2항은 '채무의 변제를 담보하기 위하여 채권자가 부동산에 관한 물권을 이전받는 경우[279]에는 채무자, 채권금액 및 채무변제를 위한 담보라는 뜻이 적힌 서면을 등기신청서와 함께 등기관에게 제출하여야 한다'고 규정하고 있는데 이를 위반한 채권자 및 같은 항에 따른 서면에 채무자를 거짓으로 적어 제출하게 한 실채무자도 과징금 부과대상이다(제5조 제1항 제2호). 이 규정은 양도담보 목적으로 등기(예컨대 소유권이전등기)를 한 경우임에도 채무자, 채권

---

[278] 부동산 실권리자명의 등기에 관한 법률 제5조(과징금) ① 다음 각 호의 어느 하나에 해당하는 자에게는 해당 부동산 가액의 100분의 30에 해당하는 금액의 범위에서 과징금을 부과한다.
  1. 제3조 제1항을 위반한 명의신탁자
  2. 제3조 제2항을 위반한 채권자 및 같은 항에 따른 서면에 채무자를 거짓으로 적어 제출하게 한 실채무자
[279] 양도담보를 의미한다.

금액 및 채무변제를 위한 담보라는 서면을 등기관에게 제출하지 않은 양도담보권자와 만약 위 서면을 거짓으로 제출하였다면 그 실채무자에게 과징금을 부과하는 조항이다.

나. 장기미등기

1) 적용 대상

그리고 부동산실명법 제10조[280])에 의하면, 부동산등기 특별조치법 제2조 제1항,[281]) 제11조 및 법률 제4244호 부동산등기특별조치법 부칙 제2조[282])를 적용받는 자로서, 계약당사자가 서로 대가적인 채무를 부담하는 경우에는 반대급부의 이행이 사실상 완료된 날, 계약당사자의 어느 한쪽만이 채무를 부담하는 경우에는 그 계약의 효력이 발생한 날부터 3년 이내에 소유권이전등기를 신청하지 아니한 등기권리자('장기미등기자')에게는 부동산평가액의 100분의 30의 범위에서 과징금을 부과한다. 이 규정은 쉽게 말해 부동산 매매계약 체결 후 잔금지급까지 모두 이행되었음에도 그로부터 3년 내에 소유권이전등기를 신청하지 않으면 그에게 과징금을 부과

---

280) 부동산 실권리자명의 등기에 관한 법률 제10조(장기미등기자에 대한 벌칙 등) ① 「부동산등기 특별조치법」 제2조 제1항, 제11조 및 법률 제4244호 부동산등기특별조치법 부칙 제2조를 적용받는 자로서 다음 각 호의 어느 하나에 해당하는 날부터 3년 이내에 소유권이전등기를 신청하지 아니한 등기권리자(이하 "장기미등기자"라 한다)에게는 부동산평가액의 100분의 30의 범위에서 과징금(「부동산등기 특별조치법」 제11조에 따른 과태료가 이미 부과된 경우에는 그 과태료에 상응하는 금액을 뺀 금액을 말한다)을 부과한다. 다만, 제4조 제2항 본문 및 제12조 제1항에 따라 등기의 효력이 발생하지 아니하여 새로 등기를 신청하여야 할 사유가 발생한 경우와 등기를 신청하지 못할 정당한 사유가 있는 경우에는 그러하지 아니하다.
   1. 계약당사자가 서로 대가적인 채무를 부담하는 경우에는 반대급부의 이행이 사실상 완료된 날
   2. 계약당사자의 어느 한쪽만이 채무를 부담하는 경우에는 그 계약의 효력이 발생한 날
281) 부동산등기 특별조치법 제2조(소유권이전등기등 신청의무) ① 부동산의 소유권이전을 내용으로 하는 계약을 체결한 자는 다음 각호의 1에 정하여진 날부터 60일 이내에 소유권이전등기를 신청하여야 한다. 다만, 그 계약이 취소·해제되거나 무효인 경우에는 그러하지 아니하다.
   1. 계약의 당사자가 서로 대가적인 채무를 부담하는 경우에는 반대급부의 이행이 완료된 날
   2. 계약당사자의 일방만이 채무를 부담하는 경우에는 그 계약의 효력이 발생한 날
282) 부동산등기 특별조치법 부칙 <제4244호, 1990. 8. 1.>
   제2조(소유권이전등기신청에 관한 경과조치) 이 법 시행전에 부동산의 소유권이전을 내용으로 하는 계약을 체결한 자로서 그 소유권이전등기를 신청할 수 있음에도 이를 신청하지 아니한 자에 대하여는 이 법 시행일을 제2조 제1항 각호의 1에 정하여진 날로 보아 이 법을 적용한다. 다만, 등기권리자 또는 제3자에게 등기원인·등기목적을 불문하고 이에 관한 등기가 경료되어 있는 경우에는 그러하지 아니하다.

하는 조항이다.

이 규정은 장기적으로 등기를 하지 않는 경우에는 사실상 전 소유자와 명의신탁 상태에 있는 것과 별달리 차이가 없고, 투기 수단으로 이용되는 것이 현실적으로 비슷하다는 이유에서 제정되었다.

2) 예외

장기미등기의 경우 모두 과징금 부과 대상이 되는 것은 아니다. '제4조 제2항 본문 및 제12조 제1항에 따라 등기의 효력이 발생하지 아니하여 새로 등기를 신청하여야 할 사유가 발생한 경우와 등기를 신청하지 못할 정당한 사유가 있는 경우'에는 과징금을 부과하지 않는다(제10조 제1항 단서).

그런데 부동산실명법 제10조 제1항 단서 소정의 '등기를 신청하지 못할 정당한 사유가 있는 경우'라 함은 장기미등기자에게 책임지울 수 없는 법률상 또는 사실상의 장애로 인하여 등기가 불가능한 경우(대법원 2002. 2. 26. 선고 2000도2168 판결) 또는 장기미등기자의 책임으로 돌릴 수 없는 법령상 또는 사실상의 장애로 인하여 그에게 등기신청의무의 이행을 기대하는 것이 무리라고 볼 만한 사정이 있는 경우를 말한다(대법원 2002. 5. 17. 선고 2000두6558 판결, 대법원 2007. 7. 12. 선고 2004두14427 판결).

위 2000도2168 판결은 '매매계약 당시 그 매매에 따른 양도소득세를 매수인이 부담하기로 약정하여 매도인이 매매대금 전액을 지급받고도 후일 부과될 양도소득세 예상금액을 미리 지급하지 아니하면 소유권이전등기 소요서류를 교부할 수 없다고 하면서 소유권이전등기절차를 이행하여 주지 아니하였다거나 매수한 토지를 매도인 명의로 장기간 방치한 것에 투기나 탈세 등의 탈법행위의 목적이 없었다고 하여 그 소유권이전등기를 위 법률이 정한 시기까지 이행하지 아니한 것이 위 등기를 신청하지 못할 정당한 사유가 있는 경우에 해당한다고 볼 수 없다'고 판시하였다. 위 판결은 매수한 토지에 관하여 매수인 명의로 소유권이전등기를 장기간 하지 않은 것에 투기·탈세 등 탈법행위의 목적이 없다고 하더라도 '등기를 신청하지 못할 정당한 사유가 있는 경우'에 해당하지 않는다고 판단한 최초의 사례이다.[283]

장애 사유가 존재하더라도 그 사유로 인하여 원고가 유책하게 장기미등기에 이

---

283) 김형천, "부동산실권리자명의등기에관한법률 제10조 제1항 단서 소정의 '등기를 신청하지 못할 정당한 사유가 있는 경우'의 의미", 대법원판례해설 제41호, 법원도서관(2002), 706.

르게 되었는지 여부는 취득 당시를 기준으로 판단하여야 하고, 취득 당시에는 법률의 제한이 없었다가 나중에 법률의 개정 등으로 위 제한이 생긴 경우는 정당한 사유가 되겠으나, 명의신탁 시점부터 위 제한이 있었던 경우에는 정당한 사유로 볼 수 없다.

따라서 장기미등기자가 토지를 매수한 시점에 구 농지개혁법에 따라 농지 취득에 제한이 있었고 장기미등기자가 이를 알고서 매수한 이상, 장기미등기자가 장기간 등기를 하지 않은 채 방치한 것에 투기나 탈세 등의 탈법행위의 목적이 없었다거나 그 명의이 소유권이전등기를 경료하기 위하여 상당한 노력을 기울였다는 점만으로는 부동산실명법 제10조 제1항 단서 소정의 '등기를 신청하지 못할 정당한 사유'가 있었다고 할 수 없다.[284] 또한 장기미등기자 자신이 농지인 토지를 농업경영에 이용하거나 이용할 자가 아니어서 도시계획시설예정지로 지정을 받지 않는 한 소유권이전등기를 신청할 수 없음을 알고도 토지를 매수하였으므로 유예기간 내에 소유권이전등기를 신청하지 못한 데에 장기미등기자에게 귀책사유가 있은 경우에는 장기미등기자에게 부동산실명법 제10조 제1항 단서 소정의 '등기를 신청하지 못할 정당한 사유'가 있었다고 볼 수 없다.[285]

한편, 부동산 소유권 이전을 내용으로 하는 계약을 체결하였더라도 계약의 효력이 발생하지 않았거나 소급하여 소멸한 경우에는 부동산실명법 제10조 제1항이 정하는 과징금 부과 대상에 해당하지 않는다고 보아야 한다(대법원 2012. 1. 27. 선고 2011두15053 판결). 구 농지개혁법[286] 시행 당시 주식회사와 같은 법인은 농지매매계약을 체결하더라도, 특별한 사정이 없는 한 구 농지개혁법 또는 구 농지임대차관리법[287]상 농지매매증명을 발급받을 수 없어 결과적으로 농지의 소유권을 취득할 수 없고, 이 경우 농지 매도인이 매매계약에 따라 매수인에 대하여 부담하는 소유권이전등기의무는 원시적으로 이행불능이며, 이러한 원시적 불능인 급부를 목적으로 하는 농지매매계약은 채권계약으로서도 무효이다. 1996. 1. 1. 구 농지개혁법이 폐지되고 농지법이 시행되었다고 하여도 다른 특별한 사정이 없으면 무효인 농지매매계약이 유효로 당연히 전환되는 것은 아니다. 따라서 구 농지개혁법 시행 당시 농지매매계약을 체결한 주식회사와 같은 법인이 장기간 미등기 상태였다고 하더라도

---

284) 대법원 2007. 7. 12. 선고 2004두14427 판결.
285) 대법원 2011. 9. 29. 선고 2011두4312 판결.
286) 1994. 12. 22. 법률 제4817호로 폐지.
287) 1994. 12. 22. 법률 제4817호로 폐지.

특별한 사정이 없으면 위 법 조항에 따른 과징금을 부과할 수 없다고 보아야 한다 (위 대법원 2011두15053 판결). 또한 국토계획법상 토지거래허가구역 내의 토지에 관한 거래계약은 관할 관청으로부터 허가받기 전까지는 그 채권적 효력이 발생하지 않아 무효이어서 권리의 이전 또는 설정에 관한 어떠한 내용의 이행청구도 할 수 없으므로, 토지거래허가구역 내에 있는 토지를 매수한 사람이 부동산실명법 제10조 제1항이 정하는 기간 내에 소유권이전등기를 신청하지 않았다고 하더라도 토지거래허가를 받지 않은 이상 위 법조항에 따라 과징금을 부과할 수는 없다(대법원 2009. 10. 15. 선고 2009두8090 판결).

다. 기존 명의신탁의 실명전환 해태와 관련하여

부동산실명법(1995. 3. 30. 법률 제4944호로 제정된 것)은 1995. 7. 1. 시행되었는데 그 시행 전에 명의신탁등기를 한 경우에는 1년이라는 유예기간 이내에 실명등기를 하여야 한다(부동산실명법 제11조 제1항). 이를 위반한 자에 대하여도 과징금이 부과된다(제12조 제2항). 이 규정은 부동산실명법 시행 전에 명의신탁등기가 있는 경우라도 위 법 시행 후 1년 내에 실명등기를 하지 않으면 과징금을 부과하는 조항이다.

라. 기존 양도담보권자의 서면 제출의무와 관련하여

부동산실명법(법률 제4944호) 시행 전에 채무의 변제를 담보하기 위하여 채권자가 부동산에 관한 물권을 이전받은 경우(양도담보)에는 위 시행일인 1995. 7. 1.부터 1년 이내에 채무자, 채권금액 및 채무변제를 위한 담보라는 뜻이 적힌 서면을 등기관에게 제출하여야 한다(부동산실명법 제14조 제1항). 만약 이를 위반한 채권자 및 이에 따른 서면에 채무자를 거짓으로 적어 제출하게 한 실채무자에 대하여도 해당 부동산평가액의 30%의 범위에서 과징금을 부과한다(부동산실명법 제14조 제2항). 이 규정은 부동산실명법 시행 전에 양도담보 목적으로 등기(예컨대 소유권이전등기)를 한 경우임에도 위 법 시행 후 1년 이내에 채무자, 채권금액 및 채무변제를 위한 담보라는 서면을 등기관에게 제출하지 않은 양도담보권자와 만약 위 서면을 거짓으로 제출하였다면 그 실채무자에게 과징금을 부과하는 조항이다.

3. 부과기준

부동산 가액은 '과징금을 부과하는 날' 현재의 다음 각 호의 가액, 즉 소유권의 경우에는 소득세법 제99조에 따른 기준시가(부동산실명법 제5조 제2항 제1호), 소유권 외의 물권의 경우에는 상증세법 제61조 제5항 및 제66조에 따라 대통령령으로 정하는 방법으로 평가한 금액(제2호)이다.

다만 제3조 제1항 또는 제11조 제1항을 위반한 자가 과징금을 부과받은 날 이미 명의신탁관계를 종료하였거나 실명등기를 하였을 때에는 '명의신탁관계 종료 시점 또는 실명등기 시점'[288]의 부동산 가액으로 한다(부동산실명법 제5조 제2항). 이러한 점은 다른 사유에 의한 과징금 부과의 경우에도 동일하다(부동산실명법 제10조 제2항, 제12조 제2항, 제14조 제3항).

부동산실명법 시행령 제3조의2, 별표에 의하면 과징금의 금액은 다음 제1호와 제2호의 과징금 부과율을 합한 과징금 부과율에 그 부동산평가액을 곱하여 산정한다.

---

288) 부동산실명법은 최초에 부동산 가액산정 시점과 관련하여 과징금을 부과하는 날 현재의 가액만을 기준으로 하고 있었다가 헌법재판소의 헌법불합치결정{헌법재판소 2006. 5. 25. 선고 2005헌가17, 2006헌바17(병합) 전원재판부 결정} 이후 위와 같이 관련 규정을 개정하였다. 위 결정은 '행정청이 과징금을 부과할 당시에 법위반자의 명의신탁 관계가 이미 종료된 경우에도, 이 사건 법률조항이 과징금 부과시점의 부동산가액을 과징금 산정기준으로 한 것은, 부동산실명법이 추구하는 입법목적을 달성함으로써 얻게 되는 공익이 공공복리에 해당되어 헌법상 목적정당성이 인정되지만, 위 입법목적을 달성하는 데 적절하지 않아서 적합성원칙에 위배되고, 법위반자의 재산권을 덜 제한하면서도 입법목적을 동일하게 달성할 수 있는 명의신탁관계 종료시점의 부동산가액을 과징금 산정기준으로 하는 대체수단이 존재하므로 최소침해성원칙에도 위배되며, 명의신탁 종료시점부터 과징금 부과시점까지 발생하게 되는 과징금 증가액을 법위반자가 부담하여야 하는 재산상 불이익이 매우 큰 반면에 명의신탁관계가 종료된 시점 이후의 기간 동안에 발생할 수 있는 법위반자의 불법적인 이익을 회수하고, 실명등기의무의 이행을 강제하여 얻게 되는 공적인 이익은 그리 크지 않다고 할 것이므로 법익균형성원칙에 위배되기 때문에 결국 비례원칙에 어긋나므로, 헌법 제23조 제1항에서 보장된 재산권을 침해한다. 과거에 법위반행위를 종료시킨 부동산실명법위반자와 과징금 부과시점까지 법위반행위를 계속하고 있는 부동산실명법위반자는 부동산실명법위반행위의 존속 여부에 있어서 본질적으로 서로 다름에도 불구하고, 이 사건 법률조항이 '과징금 부과시점에 존재하는 부동산가액을 기준으로 과징금을 산정하도록 하여 양자를 동일하게 취급하고 있는 데에는 합리적인 사유가 전혀 존재하지 않으므로 법위반자의 헌법상 평등권을 침해한다'라고 판시하였다.

1. 부동산평가액을 기준으로 하는 과징금 부과율

부동산평가액	과징금 부과율
5억원 이하	5%
5억원 초과 30억원 이하	10%
30억원 초과	15%

2. 의무위반 경과기간을 기준으로 하는 과징금 부과율

의무위반 경과기간	과징금 부과율
1년 이하	5%
1년 초과 2년 이하	10%
2년 초과	15%

　　부동산실명법은 최초에 부동산가액의 100분의 30[289])에 해당하는 과징금을 부과할 수 있도록 규정하고 있었다가, 헌법재판소 2001. 5. 31. 선고 99헌가18, 99헌바71·111, 2000헌바51·64·65·85, 2001헌바2(병합) 결정에 의하여 구 부동산실명법상 과징금 부과 규정에 대하여 '부동산가액의 30%라는 과징금 부과율은 부동산실명법의 입법목적을 고려하더라도 지나치고, 과잉금지의 원칙, 평등의 원칙에 위반된다'는 이유로 헌법불합치 결정이 선고되자 위와 같이 관련 규정을 개정하였다.

4. 대법원 판례 정리

가. 대법원 2017. 5. 17. 선고 2016두53050 판결

　　부동산실명법은 누구든지 부동산에 관한 물권을 명의신탁약정에 따라 명의수탁자의 명의로 등기하여서는 아니 된다고 하고(제3조 제1항), 이를 위반한 명의신탁자에게는 해당 부동산가액의 100분의 30에 해당하는 금액의 범위에서 과징금(명의신탁등기 과징금)을 부과하도록 규정하고 있다(제5조 제1항 제1호). 또한 부동산의 소유권이전을 내용으로 하는 계약을 체결하고 반대급부의 이행이 사실상 완료된 날부터 3년 이내에 소유권이전등기를 신청하지 아니한 등기권리자 등에게는 부동산평가액의 100분의 30의 범위에서 과징금(장기미등기 과징금)을

---

289) 구 부동산실권리자명의등기에관한법률(1995. 3. 30. 법률 제4944호로 제정된 것) 제5조(과징금) ① 다음 각호의 1에 해당하는 자에 대하여는 당해 부동산가액의 100분의 30에 해당하는 과징금을 부과한다.
　　1. 제3조 제1항의 규정을 위반한 명의신탁자
　　2. 제3조 제2항의 규정을 위반한 채권자 및 동조동항의 규정에 의한 서면에 채무자를 허위로 기재하여 제출하게 한 실채무자

부과하도록 규정하고 있다(제10조 제1항). 이와 같이 명의신탁등기 과징금과 장기미등기 과징금은 위반행위의 태양, 부과 요건, 근거 조항을 달리하므로, 각 과징금 부과처분의 사유는 상호간에 기본적 사실관계의 동일성이 있다고 할 수 없다. 그러므로 그중 어느 하나의 처분사유에 의한 과징금 부과처분에 대하여 당해 처분사유가 아닌 다른 처분사유가 존재한다는 이유로 적법하다고 판단하는 것은 특별한 사정이 없는 한 행정소송법상 직권심사주의의 한계를 넘는 것으로서 허용될 수 없다.

위 판결은, 항고소송에서 새로운 처분사유를 인정하여 행정처분의 정당성 여부를 판단하는 것은 당초의 처분사유와 기본적 사실관계의 동일성이 인정되는 한도 내에서만 허용되는데(대법원 2013. 8. 22. 선고 2011두26589 판결 등 참조), 과징금 부과처분 취소소송에서, 원고에 대한 당초 과징금 부과처분의 사유가 명의신탁등기를 하였다는 것(명의신탁등기 과징금)이었는데, 위 과징금 취소소송에서 원고에 대한 과징금 부과사유로서 장기미등기 과징금이기도 하다는 것을 과징금 부과관청이 내세우는 것은 기본적 사실관계가 동일하지 않은 새로운 처분사유를 내세우는 것이므로 허용되지 않는다는 점을 판시한 것이다.

나. 대법원 2016. 8. 29. 선고 2012두2719 판결

부동산실명법 제5조 제1항 제1호에 따라 과징금 부과대상이 되는 자는 제3조 제1항의 규정을 위반한 '명의신탁자', 즉 '명의신탁약정에 따라 자신의 부동산에 관한 소유권 기타 물권을 타인의 명의로 등기하게 하는 실권리자'이고, 명의신탁약정이 대리인에 의하여 체결된 경우에도 법률상 대리인에게도 과징금을 부과할 수 있는 특별규정이 없는 한 대리인은 과징금 부과대상이 된다고 볼 수 없다. 그리고 이러한 법리는 법정대리인이 미성년자를 대리하여 명의신탁약정을 체결한 경우에도 마찬가지로 적용된다.

위 판결을 다음과 같은 사례를 들어 이해해보자.

원고가 미성년 자녀인 소외 1, 2의 법정대리인으로서 이들을 대리하여 토지 중 소외 1, 2의 소유지분에 관하여 소외 3과 명의신탁약정을 한 후 소외 3의 명의로 등기를 마쳐준 경우를 생각해 보자. 이 경우 원고는 명의신탁을 대리한 대리인에 불과하므로 원고에게 위 토지 중 소외 1, 2 소유의 지분에 관하여 명의신탁을 이유로 과징금을 부과할 수는 없는 것이다.

같은 취지의 판례로는 대법원 2013. 4. 26. 선고 2011두3197 판결이 있다. 위 판결의 구체적인 내용은 다음과 같다.

甲이 원고의 법정대리인으로서 원고 소유의 상속지분에 관한 법률행위를 대리할 권한이 있었던 상황에서 원고를 대리하여 이 사건 명의신탁약정을 체결한 이상, 원고는 부동산실명법 제3조 제1항을 위반한 명의신탁자에 해당하게 되었고, 이에 따라 부동산실명법 제5조에 따라 원고에 대하여 과징금을 부과할 수 있는 것이다. 위 명의신탁약정이 부동산실명법 제4조 제1항에 따라 무효가 되고 미성년자인 원고가 부동산실명법이 정한 과징금과 이행강제금 등의 책임을 부담하게 되었다 하여 이와 달리 볼 것은 아니다.

위 판결은 성인이 미성년자인 자녀를 대리하여 위 자녀를 명의수탁자로 하여 명의신탁 약정을 체결하더라도 과징금은 성인인 대리인이 아닌 미성년자인 명의수탁자에게 부과되어야 한다는 점을 판시한 것이다.

다. 대법원 2016. 6. 28. 선고 2014두6456 판결

명의신탁자와 명의수탁자가 이른바 계약명의신탁 약정을 맺고 매매계약을 체결한 소유자도 명의신탁자와 명의수탁자 사이의 명의신탁약정을 알면서 매매계약에 따라 명의수탁자 앞으로 부동산의 소유권이전등기를 마친 경우 부동산실명법 제4조 제2항 본문에 따라 명의수탁자 명의의 소유권이전등기는 무효이고 매도인과 명의수탁자가 체결한 매매계약도 원시적으로 무효이므로, 부동산의 소유권은 매매계약을 체결한 소유자에게 그대로 남아 있게 되며, 명의신탁자는 소유자와 매매계약관계가 없기 때문에 명의신탁자가 소유자를 상대로 부동산에 관하여 소유권이전등기청구를 하는 것도 허용되지 아니한다.

이와 같이 매도인이 악의인 계약명의신탁에서 부동산실명법 제4조에 따라 명의신탁약정과 물권변동이 모두 무효인 까닭으로 명의신탁자가 부동산의 소유자를 상대로 이전등기청구권을 가지지 못하는 경우까지 부동산에 관한 물권을 자신의 명의로 등기하지 아니하였다는 이유로 명의신탁자에게 이행강제금을 부과하는 것은 부동산실명법 제6조가 정한 이행강제금의 제도적 취지에 부합한다고 보기 어렵다. 매도인이 악의인 계약명의신탁에서 명의신탁자는 부동산실명법 제6조가 정한 이행강제금 부과대상에 해당하지 아니한다.

위 판결은 매도인이 악의인 계약명의신탁에서 명의신탁자에게는 명의신탁을 이유로 과징금을 부과할 수는 있어도 명의신탁 상태를 해소할 만한 이행가능성이 없는 상태이므로 이행강제금을 부과하여서는 아니 된다는 점을 판시한 것이

다.[290)

라. 대법원 2016. 3. 10. 선고 2014두14129 판결

　　부동산실명법 제10조 제3항, 제5조 제7항, 부동산실명법 시행령 제3조 제5항은 장기미등기자에 대한 과징금의 부과에 관하여 필요한 사항은 지방세입징수의 예에 의하도록 하고 있고, 지방세기본법 제38조 제1항 제3호(2010. 3. 31. 법률 제10221호로 전부 개정되기 전의 구 지방세법 제30조의4 제1항 제3호도 같다)에서 정한 지방세 부과 제척기간에 따르면, 부동산실명법 제10조 제1항에서 정한 장기미등기자에 대한 과징금 부과에는 5년의 제척기간이 적용된다.

　　한편 대법원은 종래 부동산실명법상 명의신탁자에 대한 과징금 부과 제척기간의 기산점에 관하여 명의신탁등기 해소일 또는 실명등기일부터 5년의 제척기간이 진행한다고 해석하여 왔다(대법원 2006. 1. 13. 선고 2004두2776 판결, 대법원 2013. 6. 14. 선고 2012두20021 판결 참조). 이는 그 의무위반 상태가 일정 기간 지속되기 마련인 부동산실명법상 실명등기의무 위반 상태가 아직 종료되지 아니하였는데도 그 부과의 제척기간이 진행된다고 보아 실명등기의무 위반자를 보호할 합리적인 이유를 찾을 수 없는 점, 부동산실명법 제5조 제3항, 부동산실명법 시행령 제4조의2와 [별표]에서 정한 과징금 부과기준이 실명등기의무를 위반한 경과기간에 따라 과징금의 부과율이 단계적으로 누진하도록 규정하고 있는 것은 의무위반이 계속되어 그 기간이 길어지는 것에 비례하여 반사회성의 정도가 커진다는 고려에 기초를 두고 있는데도, 의무위반이 장기화되었다는 이유로 과징금의 부과를 면할 수 있다면 반사회성의 정도가 더욱 큰 자를 오히려 우대하는 결과가 되어 공평의 원칙에 반하는 점 등을 고려한 것으로 보인다.

　　이러한 사정은 장기미등기자에 대한 과징금의 경우에도 다를 바가 없으므로, 장기미등기자에 대한 과징금 부과의 제척기간은 소유권이전등기신청의무의 위반상태가 종료한 날부터 진행한다고 봄이 옳다.

　　위 판결은 장기미등기로 인한 과징금 부과는 제척기간이 5년인데, 명의신탁등기 과징금의 경우 제척기간의 기산점이 명의신탁등기 해소일 또는 실명등기일이므로, 이와 마찬가지로 장기미등기로 인한 과징금 부과의 제척기간의 기산점은 소유권이전등기신청의무의 위반상태가 종료한 날이고, 따라서 부동산 매매계약 체결 후 잔금지급까지 모두 이행되었음에도 그로부터 3년 내에 소유권이전등기를 신청하지

---

290) 위 판결은 이행강제금부과처분취소소송과 관련되어 있다.

않아서 과징금을 부과하는 경우 장기미등기자가 소유권이전등기를 신청한 때로부터 5년 이내에만 과징금을 부과하면 되므로, 장기미등기자가 위 소유권이전등기 신청을 하지 않은 경우에는 위반상태가 계속되므로 과징금 부과 제척기간이 기산되지 않아 언제라도 과징금을 부과할 수 있다는 점을 판시한 것이다.

마. 대법원 2013. 6. 27. 선고 2013두5159 판결

> 채무자에 대한 회생절차개시 전에 과징금 부과의 대상인 행정상의 의무위반행위 자체가 성립하고 있으면, 그 부과처분이 회생절차개시 후에 있는 경우라도 그 과징금 청구권은 회생채권이 되고, 장차 부과처분에 의하여 구체적으로 정하여질 과징금 청구권이 회생채권으로 신고되지 않은 채 회생계획인가결정이 된 경우에는 채무자 회생 및 파산에 관한 법률 제251조[291] 본문에 따라 그 과징금 청구권에 관하여 면책의 효력이 생겨 행정청이 더 이상 과징금 부과권을 행사할 수 없다. 따라서 그 과징금 청구권에 관하여 회생계획인가결정 후에 한 부과처분은 부과권이 소멸된 뒤에 한 부과처분이어서 위법하다.

위 판결은, 명의신탁자가 부동산을 명의수탁자에게 명의신탁하여 등기까지 마친 이후 회생절차개시신청을 하여 회생절차가 진행되는 경우, 과징금 부과관청이 회생계획인가결정 후에 위 명의신탁으로 인하여 과징금을 부과하면 위 과징금 청구권은 이미 면책이 되었으므로 위법하다는 점을 판시한 것이다. 이는 채무자에 대한 회생절차개시결정 전에 명의신탁이 이루어져 이로 인한 과징금 부과 청구권이 발생하면 이는 채무자 회생 및 파산에 관한 법률 제118조 소정의 회생채권[292]이 되는 것이므로 위 법 제251조 본문에 의하여 면책의 효력이 발생하기 때문이다. 신고되지 않은 회생채권도 면책의 효력이 발생하는 것이 원칙이고 그 예외로 회생절차개시 전의 벌금, 과료, 형사소송비용, 추징금과 과태료(위 법 제251조 단서, 제140조 제

---

291) 채무자 회생 및 파산에 관한 법률 제251조(회생채권 등의 면책 등) 회생계획인가의 결정이 있는 때에는 회생계획이나 이 법의 규정에 의하여 인정된 권리를 제외하고는 채무자는 모든 회생채권과 회생담보권에 관하여 그 책임을 면하며, 주주·지분권자의 권리와 채무자의 재산상에 있던 모든 담보권은 소멸한다. 다만, 제140조 제1항의 청구권은 그러하지 아니하다.

292) 채무자 회생 및 파산에 관한 법률 제118조(회생채권) 다음 각호의 청구권은 회생채권으로 한다.
   1. 채무자에 대하여 회생절차개시 전의 원인으로 생긴 재산상의 청구권
   2. 회생절차개시 후의 이자
   3. 회생절차개시 후의 불이행으로 인한 손해배상금 및 위약금
   4. 회생절차참가의 비용

1항293))는 면책되거나 소멸하지 않지만, 과징금은 여기에 해당하지 않으므로 원칙대로 면책의 효력이 발생하기 때문이다.

바. 대법원 2013. 6. 14. 선고 2012두20021 판결

위 판결의 사실관계는 다음과 같다.

1. 원고는 2003. 5. 20. 甲으로부터 서울 서초구 소재 부동산(이 사건 부동산)을 대금 1억 9,700만 원에 매수하면서 계약금 및 중도금을 지급하였고, 원고의 지인인 乙에게 매수인 명의를 신탁하여 乙을 매수인으로 한 매매계약을 다시 체결한 다음, 2003. 7. 18. 이 사건 부동산에 관하여 乙 명의로 소유권이전등기를 경료하였다.

2. 명의수탁자인 乙이 丙과 공모하여 원고 모르게 원고로부터 명의신탁 받아 보관 중인 이 사건 부동산을 2004. 9. 2. 소외 교회 명의로 소유권이전등기를 경료하여 횡령하였다.

3. 원고는 2005. 11.경 乙과 丙을 횡령죄로 고소하였고, 乙과 丙은 2008. 6. 26. 의정부지방법원 고양지원으로부터 각 징역 8월의 유죄판결을 선고받았고, 2008. 10. 10. 위 판결이 그대로 확정되었다.

4. 원고는 2008. 9. 1. 乙, 소외 교회 등을 상대로 이 사건 부동산에 대한 소유권이전등기말소 등의 청구소송을 제기하였고, 제1심 법원은 2009. 4. 2. 원고의 청구를 기각하는 패소판결을 선고하였으나, 항소심 법원은 2009. 12. 24. 위 패소부분을 취소하고 원고의 청구를 인용하는 승소판결을 선고하였으며, 2010. 4. 29. 위 판결이 그대로 확정되었고, 이에 원고는 2011. 2. 28. 이 사건 부동산에 관하여 원고 명의로 소유권등기를 회복하였다.

5. 피고는, 원고가 乙에게 이 사건 부동산을 명의신탁함으로써 부동산실명법 제3조 제1항을 위반하였다는 이유로 2011. 4. 25. 원고에 대하여 과징금 44,800,000원을 부과(이 사건 처분)하였다.

6. 원고는 2011. 7.경 이 사건 처분에 대한 취소소송을 제기하였다.

Q : 이 사건 처분이 제척기간 도과로 부적법한가?

위 판결의 1심 법원은 '소외 교회 명의로 소유권이전등기가 경료된 2004. 9.

---

293) 채무자 회생 및 파산에 관한 법률 제140조(벌금·조세 등의 감면) ① 회생절차개시 전의 벌금·과료·형사소송비용·추징금 및 과태료의 청구권에 관하여는 회생계획에서 감면 그 밖의 권리에 영향을 미치는 내용을 정하지 못한다.

2.에 원고와 乙 사이의 명의신탁관계가 종료되었음'을 이유로 그때로부터 5년이 경과한 2011. 4. 25. 이루어진 이 사건 처분은 제척기간 도과로 부적법하다고 보고 이 사건 처분을 취소하는 원고 승소 판결을 하였고, 원심 법원도 항소를 기각하였다.

그러나 대법원은 다음과 같이 판시하였다.

> 부동산실명법 제5조 제1항에 따른 과징금 부과의 제척기간은 5년이고, 그 기산일은 명의신탁관계가 해소된 때라고 할 것인데, 여기에서 '명의신탁관계가 해소된 때'란 관련 규정의 문언 및 체계에 비추어 볼 때 부동산실명법 제5조 제2항 단서의 '명의신탁관계 종료 시점 또는 실명등기 시점'과 같은 뜻이다. 그런데 반사회적인 법률행위에 해당하여 원인무효인 제3자 명의의 등기가 말소된 후 당초의 명의신탁자 명의로 등기가 회복된 경우에는 제3자 명의로의 등기시점이 아닌 명의신탁자 앞으로의 '실명등기 시점'을 기준으로 과징금 부과 제척기간을 정하는 것이 타당하다.

위 판결은, 과징금 부과 제척기간 5년의 기산일인 '명의신탁관계가 해소된 때'는 '명의신탁관계 종료 시점 또는 실명등기 시점'인데, 이 사건과 같이 반사회적인 법률행위에 해당하여 원인무효인 제3자(소외 교회) 명의의 등기가 말소된 후 당초의 명의신탁자(원고) 명의로 등기가 회복된 경우에는 제3자 명의로의 등기시점이 아닌 명의신탁자(원고) 앞으로의 '실명등기 시점'을 기준으로 과징금 부과 제척기간을 정함이 상당하므로, 명의신탁자인 원고 명의로 등기가 회복된 2011. 2. 28.을 '실명등기 시점'으로 보아야 한다는 이유로 이 사건 처분은 그로부터 5년 이내에 이루어졌으므로 제척기간 내에 부과된 것으로 적법하다고 본 것이다.

2자간 등기명의신탁에서 명의수탁자의 임의처분시 횡령죄를 인정하는 것이 대법원 판결임은 앞서 第5節 2. 다.에서 본 바와 같으므로, 판례의 결론에 따르면 위와 같은 경우 횡령행위가 이루어진 때를 '명의신탁관계 종료 시점'으로 보아 제척기간의 기산점으로 삼기보다는 횡령 후 피해 재산을 회복한 때를 '실명등기 시점'으로 보아 제척기간의 기산점으로 삼겠다는 것으로 보인다.

사. 대법원 2012. 7. 5. 선고 2012두1358 판결

위 판결의 사실관계는 다음과 같다.

1. 원고는 1973. 10. 6. 골프장업 등을 목적으로 설립된 법인으로 1980년을 전후하여 용인시 일대의 토지를 매수하여 골프장(이 사건 골프장)을 건설한 후 현재 이 사건 골프장을 운영하고 있다.

2. 원고는 이 사건 골프장을 조성할 당시 용인시 소재 이 사건 토지를 매입하였으나, 당시 시행되던 농지개혁법에 따라 법인인 원고는 지목이 답인 이 사건 토지를 취득할 수 없어 甲(원고의 당시 대표이사였던 乙의 처남이자 이후 대표이사인 丙의 외삼촌이다)과 명의신탁약정을 체결하였고, 그에 따라 1980. 6. 3. 이 사건 토지에 관하여 위 甲 앞으로 소유권이전등기를 마쳤다.

3. 원고는 2005. 9.경 甲을 상대로 주위적으로 명의신탁약정 무효에 따른 부당이득을 원인으로 하여, 예비적으로 1993. 2. 20.자 매매계약을 원인으로 하여 이 사건 토지에 관한 소유권이전등기청구의 소를 제기하였고, 2006. 6. 15. 원고의 주위적 청구를 받아들여 원고 승소판결을 선고하였다. 이에 甲이 항소하였으나 그 항소심 역시 같은 이유로 2007. 5. 15. 위 항소를 기각하였다.

4. 원고는 2007. 7. 19. 이 사건 토지에 관하여 위 확정판결에 기하여 원고 명의의 소유권이전등기를 마쳤다.

5. 피고는 이 사건 토지가 甲에게 명의신탁되었고 원고가 부동산실명법 시행일인 1995. 7. 1.부터 1년의 유예기간 내에 원고 명의로 실명등기를 하지 않았다는 이유로 사전예고를 거쳐 2010. 1. 18. 원고에게 과징금 29,615,600원을 부과하였다(이 사건 처분).

6. 원고는 2011. 7.경 이 사건 처분에 대한 취소소송을 제기하였다.

Q : 이 사건 처분은, 원고에게 법령의 제한을 회피할 목적이 있었다고 볼 수 없고, 현재까지 이 사건 토지에 관한 조세를 성실히 납부하고 있어 조세회피 목적도 없었다 할 것이므로, 부동산실명법 시행령 제3조의2에 따라 과징금의 50%를 감경하여야 함에도 피고가 이를 전혀 고려하지 않았다는 이유로 부적법한가?

원심은 '원고는 구 농지개혁법상의 제한을 회피하기 위해 이 사건 명의신탁등기를 하였다가 부동산실명법 시행 이후에도 이 사건 골프장 운영이라는 개인적·경제적 목적에서 이 사건 명의신탁등기를 해소하지 않고 있었던 이상, 원고가 이 사건 토지를 자신의 재산으로 인식하고 그 종합토지세 등을 납부하였는지에 상관없이, 원고에게는 법령에 의한 제한을 회피할 목적으로 부동산실명법상의 유예기간 내에 이 사건 명의신탁등기를 해소하지 않았다고 봄이 타당하고, 달리 피고가 과징금을 감경하지 않은 데 어떤 위법이 있다고 볼 수 없다'고 판시하면서 원고 청구를 기각한 1심 판결이 타당하다는 이유로 항소를 기각하였다.

그러나 대법원은 '① 원고는 골프장업 등을 영위할 목적으로 1973. 10. 6. 설립된 회사로서 그 무렵부터 골프장 개장을 위하여 용인시 일대 토지를 매수한 사실, ② 원고는 당시 지목이 답으로서 농지였던 이 사건 토지 또한 위 골프장의 부지로 편입할 목적으로 매입하였으나, 구 농지개혁법에 따른 농지매매증명을 받을 수 없어 1980. 6. 3. 甲 명의로 소유권이전등기를 마친 사실, ③ 원고는 1981년경 이 사건 토지를 포함한 용인시 일대 토지 441,504평에 관하여 27홀 규모의 골프장을 건설하는 내용의 사업계획승인을 받았는데, 이때 체육용지로 전용되는 농지는 전체 농지 40,644평 중 7,888평으로 제한된 사실(이 사건 토지의 경우 457평 중 348평으로 제한), ④ 그 후 원고는 골프장 공사를 마친 후 1984년경부터 이 사건 골프장을 운영하였고, 그 무렵부터 이 사건 토지도 골프장 부지로 이용되어 온 사실, ⑤ 원고와 甲은 1993. 2. 20. 이 사건 토지 등에 관하여 매매계약을 체결하였고 원고는 1994년경 위 매매에 따른 취득세까지 납부하였으나, 이 사건 토지의 지목이 여전히 답으로 되어 있었던 관계로 부동산실명법이 시행되고 1년이 경과하도록 실명등기를 하지 못한 사실, ⑥ 1994년경부터 이 사건 토지에 대한 종합토지세 등은 원고에게 부과되었고 원고가 이를 납부하여 온 사실, ⑦ 피고는 이 사건 처분에 앞서 원고에게 의견진술의 기회를 주었고 원고는 그 의견서에서 원고가 투기목적으로 부동산실명법을 위반한 것이 아니니 참고하여 달라는 등의 의견을 개진하였는데, 피고는 이 사건 처분을 함에 있어 위 감경사유에 대하여는 별다른 판단을 하지 아니한 사실 등을 알 수 있다. 위 사실관계를 앞서 본 법리에 비추어 보면, 비록 원고가 이 사건 토지를 매입할 당시에는 구 농지개혁법상의 제한을 회피할 목적으로 甲 앞으로 명의신탁의 등기를 하였다고 볼 수 있지만, 당초부터 원고는 체육용지로 전용할 목적으로 이 사건 토지를 매입한 것이고, 실제로 위 사업계획승인에 따라 이 사건 토지의 상당 부분이 체육용지로 전용이 가능하게 되었으며, 그 후 이 사건 토지 전체가 사실상 골프장 부지에 포함되어 농지, 즉 실제 경작에 사용되는 토지로서의 기능을 상실한 것으로 보이므로 적어도 위 유예기간이 경과한 시점인 1996. 7. 1.을 기준으로 본다면 원고에게 구 농지개혁법 등의 제한을 회피할 목적이 있었다고 보기는 어려워 보인다. 또한 원고가 1994년경 이 사건 토지에 대한 취득세를 납부하였고 그 후 원고에게 부과된 종합토지세 등을 납부하여 온 사정에 비추어 보면, 위 유예기간이 경과한 시점에 원고에게 조세포탈의 목적이 있었다고 보이지도 않는다. 아울러 피고는 이 사건 처분을 함에 있어서 위 감경사유의 존부에 대하여 아무런 검토를 하지 않은 것으로 볼 여지도 있다. 그럼에도 불구하고 원심은, 원고가 당초 구 농지개혁법상의 제한을 회피하기 위하여 이 사건 명의신탁등기를 하였다는 사정만으로 원고에게 법령에 의한 제한을 회피할 목적이 있었다고 판단하여 곧바로 이 부분 원고의 주장을 배척하였는바, 이러한 원심판결에는 부동산실명법 시행령 제3조의2 단서에서 정한 과징금의 감경사유에 관한 법리 등을 오해하여 필요한 심리를 다하지 못함으로써 판결에 영향을 미친 잘못이 있고, 이 점을 지적하는 상고이유의 주장은 이유 있다'고 판시하면서 원심 판결을 파기환송하였다.

    부동산실명법 시행령 제3조의2 단서는 '조세를 포탈하거나 법령에 의한 제한을 회피할 목적이 아닌 경우'에는 부동산실명법 제5조에 따른 과징금의 100분의 50을 감경할 수 있다고 규정하고 있고, 이 규정은 부동산실명법 시행 후 유예기간 내에 실명등기 등을 하지 아니한 자에 대한 과징금 부과에도 적용된다(부동산실명법 제12조 제2항). 위 판결은 기존 명의신탁자가 위 유예기간 내에 실명등기 등을 한 경우에는 그 명의신탁의 목적을 불문하고 과징금을 부과하지 않도록 규정하고 있는 점 등에 비추어 볼 때, 위 유예기간이 경과하도록 실명등기 등을 하지 않고 있는 기존 명의신탁자에게 조세를 포탈하거나 법령에 의한 제한을 회피할 목적이 있는지 여부, 즉 위 감경요건에 해당하는지 여부는 그 유예기간인 부동산실명법 시행일로부터 1년이 지난 시점을 기준으로 판단할 것이고, 그러한 목적이 아닌 경우에 해당한다는 점은 이를 주장하는 자가 증명하여야 한다고 판시한 것이다.
    위 사안에서 위 판결은 부동산실명법 유예기간이 경과한 시점인 1996. 7. 1.경을 기준으로 하면 원고에게 구 농지개혁법 등의 제한을 회피할 목적이 있었다고 보기 어렵고, 원고가 1994년경 이 사건 토지에 대한 취득세를 납부하였고 그 후 원고에게 부과된 종합토지세 등을 납부하여 온 사정에 비추어 보면, 위 유예기간이 경과한 시점에 원고에게 조세포탈의 목적이 있었다고 보이지도 않으므로 과징금 부과관청이 과징금 감경요건에 해당하는지 여부를 판단하여야 함에도 이를 누락하였다고 본 것이다.

아. 대법원 2012. 5. 24. 선고 2011두20932 판결

위 판결의 사실관계는 다음과 같다.

1. 원고는 배우자였던 甲(2007. 10. 30. 이혼)에게 2002. 3. 4. 서울 광진구 소재 이 사건 아파트를 명의신탁하였다가 2007. 6. 22. 甲으로부터 명의신탁 해지를 원인으로 하여 이 사건 아파트에 관한 소유권이전등기를 회복하였다.
2. 피고는, 원고가 부동산실명법 제3조를 위반하였다는 이유로 2010. 2. 25. '원고는 이 사건 아파트를 甲에게 명의신탁하여 2002. 3. 5. 등기를 경료한 후 2007. 6. 22. 명의신탁관계를 종료하고 본인 명의로 등기를 경료할 때까지 부동산실명법 제3조 제1항을 위반하였다'는 이유로, 부동산실명법 제5조에 따라 원고에 대하여 171,000,000원의 과징금을 부과하였다(이 사건 처분).

1심 법원은 '원고는 1997. 9. 25. 이 사건 아파트와 같은 아파트의 다른 호실을 매입하여 소유하고 있는 상태였기 때문에 원고 명의로 이 사건 아파트를 추가 매입하게 되면 재산세가 중과되는 면이 있기는 하나, 지방세법상 세율에 비추어 그 증가액은 그다지 크지 않을 것으로 보이고, 실제로 원고가 이 사건 아파트의 명의를 회복하게 된 이후인 2009년도에 위 다른 호실에 대하여 1분기 267,000원, 2분기 267,000원, 이 사건 아파트에 대하여 1분기 245,000원, 2분기 245,000원 등 총 합계 100여만 원의 재산세를 납부함에 그친 사실이 인정되는바, 위 인정사실만으로는 원고에게 조세포탈이나 강제집행을 면탈할 목적 또는 법령상 제한을 회피할 목적이 있었다고 단정하기에 부족하고 달리 이를 인정할 증거가 없으므로, 결국 이 사건 처분은 그 처분사유가 없어 위법하다'고 판시하였고, 원심도 같은 이유로 항소를 기각하였다.

대법원은 '부동산실명법 제8조가 배우자 간의 명의신탁이 조세 포탈, 강제집행의 면탈 또는 법령상 제한의 회피를 목적으로 하는 경우에 한하여 그 명의신탁을 무효로 하는 한편 과징금과 이행강제금의 부과 및 형사처벌의 제재를 가하고 실명등기를 강제하고 있는 점, 부동산실명법에 제8조의 특례규정을 둔 것은 우리나라에서 부부 사이의 재산관리의 관행상 현실적으로 배우자 간의 명의신탁을 인정할 필요성과 이를 원칙적으로 금지하여 기존의 명의신탁을 해소하려 할 경우 그 과정에서 부부 사이의 분란과 사회적 혼란이 초래될 염려가 있는 점 등을 종합하여 볼 때, 배우자 간의 명의신탁이 조세 포탈, 강제집행의 면탈 또는 법령상 제한의 회피를 목적으로 한 것이라는 점은 과징금의 부과요건에 해당하는 것으로서 과징금 부과관청이 이를 증명하여야 한다'고 판시하면서 상고를 기각하였다.

위 판결은, 배우자 간의 명의신탁이 조세 포탈, 강제집행의 면탈 또는 법령상 제한의 회피를 목적으로 한 것이라는 점은 과징금의 부과요건이므로 과징금 부과관청이 이를 증명하여야 한다는 점을 판시한 것이다.

자. 대법원 2012. 4. 26. 선고 2011두26626 판결

> 명의신탁자와 명의수탁자가 이른바 계약명의신탁약정을 맺고 명의수탁자가 당사자가 되어 명의신탁약정이 있다는 사실을 알지 못하는 소유자와 부동산에 관한 매매계약을 체결한 후 매매계약에 따라 당해 부동산의 소유권이전등기를 수탁자 명의로 마친 경우에는, 비록 부동산실명법 제4조 제2항 단서에 따라 명의수탁자가 당해 부동산의 완전한 소유권을 취득하게 된다고 하더라도, 부동산실명법 제5조 제1항이 정하는 과징금 부과대상에 해당된다.
> 부동산실명법 제5조 제2항 단서의 '명의신탁관계 종료시점'은 단지 명의신탁자와 명의수탁자 사이에 대내적으로 명의신탁을 해지한 시점이 아니라, 대외적으로도 명의신탁관계가 종료되어 부동산실명법 위반상태가 해소된 시점인 실명등기를 할 필요가 없거나 실명등기를 한 것으로 볼 수 있는 시점, 즉 공용징수 · 판결 · 경매 기타 법률의 규정에 의하여 명의수탁자로부터 제3자에게 부동산에 관한 물권이 이전되거나, 명의신탁자가 당해 부동산에 관한 물권에 관하여 매매 기타 처분행위를 하고 처분행위로 인한 취득자에게 직접 등기를 이전하거나, 명의신탁자가 당해 부동산의 소재지를 관할하는 시장 · 군수 또는 구청장에게 매각을 위탁하거나 한국자산관리공사에 매각을 의뢰한 시점 등으로 보아야 하고, 명의신탁자가 명의수탁자를 상대로 명의신탁 해지를 원인으로 하여 소를 제기했다거나 소송에서 승소판결이 확정되었다는 사정만으로는 그때 부동산실명법상 명의신탁관계가 종료되었다고 할 수 없으며, 부동산실명법 제4조 제2항 단서에 따라 명의수탁자가 당해 부동산의 소유권을 완전하게 취득하게 되더라도 명의수탁자는 명의신탁자에 대하여 부당이득반환의무를 부담하게 되므로, 그러한 사정만으로 바로 부동산실명법상 명의신탁관계가 종료되었다고 단정할 수 없다.

위 판결은 "① 매도인이 선의인 계약명의신탁이더라도 명의신탁자는 과징금 부과대상이 된다. ② '과징금을 부과받은 날 이미 명의신탁관계를 종료하였거나 실명등기를 하였을 때'의 과징금 부과기준이 되는 '부동산 가액'의 기준시점인 '명의신탁관계 종료 시점'은 '대외적으로도 명의신탁관계가 종료되어 부동산실명법 위반

상태가 해소된 시점인 실명등기를 할 필요가 없거나 실명등기를 한 것으로 볼 수 있는 시점'으로 '명의신탁자가 명의수탁자를 상대로 명의신탁 해지를 원인으로 하여 소를 제기했다거나 소송에서 승소판결이 확정되었다는 사정'만으로는 그때 부동산실명법상 명의신탁관계가 종료되었다고 할 수 없다. ③ 매도인이 선의인 계약명의신탁이어서 명의수탁자가 당해 부동산의 소유권을 완전하게 취득하더라도 부동산실명법상 명의신탁관계가 종료되었다고 단정할 수 없다는 점"을 판시한 것이다.

결론적으로 위 판결에 따르게 되면 매도인이 선의인 계약명의신탁의 경우 명의수탁자 명의로 등기가 마쳐져 있는 기간은 명의신탁관계가 종료된 것이 아니기 때문에(명의수탁자의 명의신탁자에 대한 부당이득반환의무가 남아 있으므로) 부동산실명법 제5조 제3항 소정의 과징금 산정기준이 되는 '제3조를 위반한 기간'에 포함되는 것이다.

차. 대법원 2012. 3. 29. 선고 2011두29915 판결

> 기존 명의신탁자가 배우자 명의로 부동산에 관한 물권을 등기한 경우에 조세 포탈, 강제집행의 면탈 또는 법령상 제한을 회피할 목적이 없다면 1년의 유예기간 이내에 실명등기 등을 하지 않았다고 하더라도 과징금을 부과할 수 없다.
>
> 이러한 점에 비추어 볼 때, 배우자 명의로 등기한 기존 명의신탁자가 조세 포탈, 강제집행의 면탈 또는 법령상 제한을 회피할 목적을 가지고 있는지 여부는 부동산실명법 시행일(1995. 7. 1.)부터 1년이란 유예기간이 경과하는 시점을 기준으로 판단하여야 할 것이다. 다만 이 경우 조세 포탈, 강제집행의 면탈 또는 법령상 제한의 회피를 목적으로 하지 아니하는 경우에 해당한다는 점은 이를 주장하는 자가 입증하여야 한다.

위 판결은 '원고가 1988. 1. 28. 이 사건 각 토지를 매수한 후 1988. 1. 30. 배우자인 甲 명의로 소유권이전등기를 하였고, 이는 원고가 농지인 이 사건 각 토지의 소재지에 거주지를 두고 있지 아니할 뿐만 아니라 별도로 사업을 하고 있는 관계로 자신 명의로는 농지매매증명원을 발급받기 어렵게 되자 농지개혁법에 규정된 농지 취득 자격에 관한 법령상의 제한을 회피하기 위하여 배우자인 甲의 주소지를 이 사건 각 토지의 소재지로 옮긴 후 甲 명의로 농지매매증명원을 발급받고 등기'한 사안이었다.

원심으로서는 부동산실명법이 정한 1년의 유예기간이 경과하는 시점에 원고에게 법령상 제한을 회피하려는 목적이 있었는지 유무를 심리·판단하였어야 힌다. 그럼에도 원심이 원고가 이 사건 각 토지를 취득할 당시 법령상 제한을 회피할 목적을 가지고 있었고 그 후 해당 법령상 제한 요건이 폐지되었다고 하여 그러한 목적이 소급하여 그 의미를 상실하지는 않는다는 이유만으로 이 사건 처분이 적법하다고 판단하고 말았으니, 원심판결에는 법령상 제한의 회피 목적이 있는지에 관한 판단의 기준시점의 법리를 오해함으로써 판결에 영향을 미친 잘못이 있다.

위 판결은, 배우자 간의 명의신탁이 조세 포탈, 강제집행의 면탈 또는 법령상 제한의 회피를 목적으로 한 것이라는 점은 과징금의 부과요건이므로 과징금 부과 관청에게 증명책임이 있으나, 기존 명의신탁자가 배우자 명의로 부동산에 관한 물권을 등기한 후 부동산실명법 시행일(1995. 7. 1.)부터 1년의 유예기간 동안 실명등기를 하지 않아 부과받는 과징금의 경우 위 유예기간의 종료시점을 기준으로 조세 포탈, 강제집행의 면탈 또는 법령상 제한의 회피를 목적으로 하지 않은 경우여서 과징금 부과대상이 아니라는 점은 명의신탁 당사자가 입증하여야 한다는 점을 판시한 것이다. 실제로 위 대법원 판결 후 파기환송심에서 명의신탁자가 위 유예기간 1년의 종료시점에서 원고가 법령상 제한 회피 목적으로 명의신탁등기를 유지한 것으로 보아서 과징금 부과처분이 적법하다고 보았다.

카. 대법원 2010. 7. 15. 선고 2010두7031 판결

위 판례는, 과징금 부과관청이 출연재산인 부동산을 명의신탁한 사회복지법인에 대하여 부동산실명법 제3조를 위반하였다는 이유로 같은 법 시행령 제3조의2 본문 [별표]에 의하여 산정된 과징금 전액을 부과한 사안으로, 위 사회복지법인은 법인 설립허가조건의 불이행에 따른 설립허가 취소라는 행정처분을 피할 목적으로 부동산을 명의신탁한 것이지, 조세를 포탈하거나 법령에 의한 제한을 회피할 목적으로 명의신탁하였다고 볼 수 없어 위 시행령 제3조의2 단서의 과징금 감경사유가 있음에도, 과징금 부과 관청이 과징금을 산정하면서 이를 전혀 고려하지 않았거나 감경사유에 해당하지 않는다고 오인하여 과징금 전액을 부과한 것으로 보이므로, 위 과징금 부과처분은 재량권을 일탈·남용한 위법한 처분이라고 한 사례이다.

위 판례는 다음과 같은 점도 판시하였다.

명의신탁이 조세를 포탈하거나 법령에 의한 제한을 회피할 목적이 아니어서 부동산실명법 시행령 제3조의2 단서의 과징금 감경사유가 있는 경우 과징금 감경 여부는 과징금 부과 관청의 재량에 속하는 것이므로, 과징금 부과 관청이 이를 판단하면서 재량권을 일탈·남용하여 과징금 부과처분이 위법하다고 인정될 경우, 법원으로서는 과징금 부과처분 전부를 취소할 수밖에 없고, 법원이 적정하다고 인정되는 부분을 초과한 부분만 취소할 수는 없다.

위 판결은 부동산실명법 시행령 제3조의2 단서상 과징금 중 50%를 감경할 수 있는 경우인 '조세를 포탈하거나 법령에 의한 제한을 회피할 목적이 아닌 경우'에 관한 규정은 필요적 감경규정이 아니라 임의적 감경규정인데, 감경사유가 존재하더라도 과징금 부과관청이 감경사유까지 고려하고도 과징금을 감경하지 않은 채 과징금 전액을 부과하는 처분을 한 경우에는 이를 위법하다고 단정할 수는 없으나, 과징금을 부과함에 있어 위 사유를 전혀 고려하지 않은 경우에는 재량권 일탈·남용의 위법이 있고, 그 경우 법원은 과징금 부과처분 전부를 취소하여야 하고, 법원이 적정하다고 인정되는 부분을 초과한 부분만 취소할 수는 없다는 점도 판시한 것이다.

타. 대법원 2010. 3. 11. 선고 2009두18622 판결

명의신탁관계의 성립에 명의수탁자 앞으로의 새로운 소유권이전등기가 행하여지는 것이 반드시 필요한 것은 아니므로, 명의신탁자와 명의수탁자 사이에 명의신탁약정을 종료하기로 하고 제3자와 명의수탁자 사이에 새로운 명의신탁약정을 함으로써 애초의 명의신탁 부동산에 관하여 제3자와 명의수탁자 사이에 명의신탁관계가 성립할 수 있고, 이러한 경우 제3자는 새로운 명의신탁관계가 성립한 때로부터 명의신탁자로서 부동산실명법 제5조 제1항 제1호에 의한 과징금 부과의 대상이 될 수 있다.

위 판결은 'A사는 자신 소유의 이 사건 부동산을 대표이사인 甲에게 명의신탁하여 甲 명의로 이전등기하였는데, 대표이사가 甲이 B사와 사업포괄양도·양수계약을 체결하였고, 그 후 B사는 토지의 매매잔대금을 지급하는 등 이 사건 부동산의 실질적인 소유자로 행세한 경우, 위 양도·양수계약의 체결로써 명의신탁 부동산에 관하여 A사와 甲 사이의 명의신탁약정은 종료되고 B사와 甲 사이에 새로운 명의신탁관계가 성립된 것으로 볼 여지가 있다. 이럴 경우 B사는 새로운 명의신탁관계가

성립한 때로부터 명의신탁자로서 부동산실명법상 과징금 부과의 대상이 될 수 있다'는 점을 판시한 것이다. 명의신탁관계의 성립에 명의수탁자 앞으로의 새로운 소유권이전등기가 행하여지는 것이 반드시 필요한 것은 아니므로 위 판결은 타당하다고 할 것이다.

파. 대법원 2008. 4. 11. 선고 2007두24401 판결

명의신탁관계 종료시점에는 당해 연도의 개별공시지가가 고시되지 아니하였다가 명의신탁관계 종료시점 이후에 비로소 공시기준일을 그 해 1. 1.로 한 개별공시지가가 고시되었다고 하더라도, 명의신탁관계 종료시점에 이미 고시되어 있던 전년도 개별공시지가보다는 당해 연도의 개별공시지가가 명의신탁관계 종료시점의 토지의 현황을 더 적정하게 반영하여 시가에 근접한 것이라고 보아야 하므로, 명의신탁관계 종료시점 이후 고시된 당해 연도의 개별공시지가를 기준으로 하여 명의신탁관계 종료시점의 부동산가액을 평가하여야 할 것이고, 그와 같이 명의신탁관계 종료 이후에 고시된 개별공시지가를 적용하여 과징금을 산정한다고 하여 죄형법정주의에 반하는 것이라고 볼 수 없다.

위 판결은 부동산실명법 제5조 제2항의 법문에 충실하게, 과징금의 산정기준인 부동산가액은 '명의신탁관계 종료 시점의 부동산 가액'으로 하여야 하는데, 과징금 부과시 위 명의신탁관계 종료 시점의 개별공시지가가 고시되지 않았더라도 명의신탁 종료 이후 위 개별공시지가가 고시되었다면 이를 기준으로 과징금을 산정한 것이 위법이라고 볼 수 없다는 점을 판시한 것이다.

하. 대법원 2007. 7. 12. 선고 2005두17287 판결

명의신탁자에 대하여 과징금을 부과할 것인지 여부는 기속행위에 해당하므로, 명의신탁이 조세를 포탈하거나 법령에 의한 제한을 회피할 목적이 아닌 경우에 한하여 그 과징금을 일정한 범위 내에서 감경할 수 있을 뿐이지 그에 대하여 과징금 부과처분을 하지 않거나 과징금을 전액 감면할 수 있는 것은 아니다.

공공건설 임대주택의 임차인이 임대사업자의 도산 등으로 임차인들에게 수분양자 자격이 주어지지 않자 '내 집 마련의 꿈'을 이루기 위한 방편으로 자격을 갖춘 제3자에게 명의신탁하여 임대주택을 분양받음으로써 부동산실명법이 금지하는 명의신탁행위를 한 경우라 하더라도, 처분청은 법정감경사유가 있을 때 과징금의 100분의 50을 감경할 수 있을 뿐 이를 전액 감면하거나 과징금을 부과하지 아니할 권한은 없다.

위 판결은 명의신탁자에 대하여 과징금을 부과하는 것은 기속행위이므로, 명의
신탁에 대하여 과징금의 감경 요건이 있더라도 그 과징금을 감경할 수 있을 뿐 과
징금 부과처분을 하지 않거나 과징금을 전액 감면할 수 있는 것은 아니라는 점을
판시한 것이다.

거. 대법원 2000. 12. 22. 선고 99두11929 판결

> 부동산실명법 제11조 위반행위에 대한 과징금부과처분에 있어 원칙적으로 제1항[294])이 적
> 용되고, 제3항[295])이나 제4항[296])은 제1항이 정한 유예기간보다 더 유리한 유예기간의 적용을
> 받고자 하는 자가 주장·입증하여 적용받을 수 있는 것에 불과하므로, 비록 처분청이 부과처
> 분을 함에 있어 그 위반행위의 종별을 같은 법 제11조 제4항이라고 기재하였다고 하여도 그
> 위반행위가 제1항에 해당하는 것이라면 이는 단순한 적용법령의 오류에 해당하는 것이어서,
> 이와 같은 경우 처분청의 적용법령 변경이 없더라도 법원은 근거 법령으로 같은 법 제11조
> 제1항을 적용하여 그 처분의 적법 여부를 판단하여야 할 것이고, 거기에 변론주의가 적용되
> 지 아니한다.
> 　부동산실명법 시행 전에 이미 명의수탁자를 상대로 명의신탁해지를 원인으로 한 소유권이
> 전등기 확정판결을 받았으나 그에 따른 실명등기를 하지 아니한 명의신탁자도 같은 법 제11
> 조의 실명등기의무가 있는 기존명의신탁자에 해당한다.

위 판결은 부동산실명법 시행 전에 이미 명의수탁자를 상대로 명의신탁해지를
원인으로 한 소유권이전등기 확정판결을 받았으나 그에 따른 실명등기를 하지 아
니한 명의신탁자는 부동산실명법 제11조 제4항이 아니라 제1항이 적용되고, 비록
과징금 부과관청이 같은 법 제11조 제1항을 근거법령으로 적어 과징금을 부과하였
어야 함에도 제11조 제4항을 근거법령으로 과징금을 부과하였더라도 법원은 같은
법 제11조 제1항을 적용하여 그 처분의 적법 여부를 판단하여야 한다는 점을 판시
한 것이다.

---

294) 부동산실명법 시행 전에 명의신탁약정에 의하여 부동산에 관한 물권을 명의수탁자의 명의로
　　등기하거나 하도록 한 명의신탁자는 부동산실명법 시행일부터 1년의 유예기간 이내에 실명
　　등기하여야 한다는 규정이다.
295) 실권리자의 귀책사유 없이 다른 법률의 규정에 의하여 실명등기 등을 할 수 없는 경우에는
　　그 사유가 소멸한 때부터 1년 이내에 실명등기 등을 하여야 한다는 규정이다.
296) 부동산실명법 시행 전 또는 유예기간 중에 부동산물권에 관한 쟁송이 법원에 제기된 경우에
　　는 당해 쟁송에 관한 확정판결이 있은 날부터 1년 이내에 실명등기 등을 하여야 한다는 규정
　　이다.

너. 대법원 2000. 9. 29. 선고 2000두4170 판결

부동산실명법 제11조 제3항에 의한 실명등기 또는 매각처분의 유예기간의 연장을 받기 위하여는 경제적 손실의 우려 등에 의한 사실상의 제약이 아니라 다른 법률의 규정에 의한 제한에 의하여 유예기간 내에 실명등기도 할 수 없고 매각처분(시장 등에 대한 매각위탁 및 한국자산관리공사에 대한 매각의뢰 포함)도 할 수 없어야 하며, 또한 명의신탁을 한 시점에서는 이러한 제한이 없었다가 그 후 법률의 개정 또는 운영상의 변동 등으로 인하여 이러한 제한이 생긴 경우에 해당하여야 한다.

구 농지개혁법(1994. 12. 22. 법률 제4817호 농지법 부칙 제2조로 폐지)에 의한 농지매매증명을 받을 수 없는 자가 토지를 매수하여 제3자 명의로 소유권이전등기를 마친 후에 부동산실명법이 시행되자 명의신탁해지를 원인으로 한 소유권이전등기 소송을 제기하여 승소판결을 받았으나 여전히 농지법에 의한 농지취득자격증명을 발급받을 수 없다는 이유로 판결 확정일로부터 1년 이내에 실명등기 또는 매각처분을 하지 않은 경우, 부동산실명법 제11조 제3항에 의한 유예기간의 연장을 받을 수 없다.

위 판결은, 애시당초 구 농지개혁법에 의한 농지매매증명을 받을 수 없는 자가 토지를 매수하여 제3자 명의로 소유권이전등기를 마친 후에 부동산실명법이 시행되자 명의신탁해지를 원인으로 한 소유권이전등기 소송을 제기하여 승소판결을 받았고, 여전히 농지법에 의한 농지취득자격증명을 발급받을 수 없다는 이유로 판결 확정일로부터 1년 이내에 실명등기 또는 매각처분을 하지 않은 경우라면, 부동산실명법 제11조 제3항이 적용되지 않는다는 것이다. 즉 위 판결은 이러한 경우라도 명의신탁자는 부동산실명법 시행일부터 1년의 유예기간 이내에 실명등기하여야 하고 위 의무의 해태를 이유로 부과된 과징금 부과처분은 적법하다는 점을 판시한 것이다.

제 7 절   명의신탁 증여의제

1. 문제의 소재

상증세법 제45조의2 제1항 본문은 다음과 같이 규정한다.

'권리의 이전이나 그 행사에 등기등이 필요한 재산(토지와 건물은 제외한다)[297]의 실제소유자와 명의자가 다른 경우에는 국세기본법 제14조에도 불구하고 그 명의자로 등기등을 한 날(그 재산이 명의개서를 하여야 하는 재산인 경우에는 소유권취득일이 속하는 해의 다음 해 말일의 다음 날을 말한다)에 그 재산의 가액(그 재산이 명의개서를 하여야 하는 재산인 경우에는 소유권취득일을 기준으로 평가한 가액을 말한다)을 실제소유자가 명의자에게 증여한 것으로 본다.'

한편 상증세법이 2018. 12. 31. 개정되기 전 구 상증세법에서는 위 '실제소유자가 명의자에게 증여한 것으로 본다'는 규정이 아니라 '명의자가 실제소유자로부터 증여받은 것으로 본다'고 규정하고 있었다. 그러면서 위 개정 전 구 상증세법에서는 주식 및 사채의 명의신탁과 관련하여 명의수탁자에게 증여세를 부과하고 명의신탁자는 위 증여세에 대하여 연대납세의무를 부담하게 하였다.[298] 그러다가 현행 상증세법이 2018. 12. 31. 개정되면서 제4조의2 제2항에서 '제1항에도 불구하고 제45조의2에 따라 재산을 증여한 것으로 보는 경우(명의자가 영리법인인 경우를 포함한다)에는 실제소유자가 해당 재산에 대하여 증여세를 납부할 의무가 있다'고 규정하여 명의신탁자가 증여세 납세의무를 부담하도록 개정되었다.

---

297) 기존에는 명의신탁 증여의제 대상에 부동산이 포함되어 있었다. 즉 구 상속세법(1996. 12. 30. 법률 제5193호로 상속세 및 증여세법으로 전부개정되기 전의 것) 제32조의2 제1항의 명의신탁 증여의제 규정에서는 부동산을 그 대상에 포함하였으나, 1996. 12. 30. 구 상증세법(1996. 12. 30. 법률 제5193호로 전문 개정되어 신설된 후 1998. 12. 28. 법률 제5582호로 개정되기 전의 것) 개정시, 구 상속세법 제32조의2의 규정을 제43조로 변경하고 부동산실명법이 1995. 7. 1.부터 시행됨에 따라 부동산(토지, 건물)을 명의신탁 증여추정 대상에서 제외하여 구 상증세법상 증여추정(기존 증여의제에서 증여추정으로 바뀜)으로 보는 규정에서 부동산이 적용대상에서 삭제되었다.
298) 구 상증세법 제4조의2 제5항 제4호.

한편, 위 증여세는 본래 의미의 증여세라기보다는 국가에서 부정적으로 보고 있는 차명거래 행위에 대하여 일종의 제재로서 부과된다는 것이 일반적인 이해이다.[299]

이에 관하여는 명의수탁자에게 증여의 이익이 없음에도 불구하고 증여세를 부과하는 것이므로 증여세의 본질에서 벗어나고,[300] 명의신탁에 대한 제재는 과징금을 부과하는 등의 방법으로 하여야 하며,[301] 여기에 증여세를 부과하는 것은 정당하지 않고 합리적이지 않다는 비판이 계속되었다. 그리고 '담세력이 없음에도 담세력을 법률 규정으로 발생시킨 후 과세를 하는 것은 부당하다. 즉 경제적으로 존재하지도 않는 과세소득이나 담세력을 법률로 만들어 조세를 부과할 수는 없다'고 비판하는 견해[302]도 존재한다. 위 견해는 명의신탁 증여의제 규정은 담세력과 연관성이 전혀 없고 오로지 제재적인 목적으로 증여세를 부과하는 것이어서 조세라 할 수 없으므로 이를 폐지해야 한다고 주장한다.[303]

그러나 '현행법은 부동산의 명의신탁에 대하여는 부동산실명법으로 과징금을 부과하고 다른 재산의 명의신탁에 대하여는 증여세를 부과하고 있으며, 이 둘은 모두 행정(질서)벌이라는 본질은 동일하다'고 할 것이어서, 명의신탁 증여의제로 인한 증여세 부과는 행정질서벌이고 입법의 재량 범위 안에 있으며 그 자체로 문제가 될 수는 없다는 취지의 견해[304]가 유력하다. 위와 같이 명의신탁 증여의제로 인한 증여세를 행정벌로 본다면 그 형식이 증여세라는 사실만으로 문제가 되는 것은 아닐 것이다. 다만 아래 第6章 第1節 3.에서 보듯이 명의신탁 증여의제 규정은 그 제재의 크기가 비례의 원칙에 어긋난다는 문제가 중요하다고 할 것이다.

---

299) 이창희, 앞의 책, 1153−1158; 조일영, "주식 명의신탁에 대한 증여의제에 있어 조세회피목적 (2006. 5. 12. 선고 2004두7733 판결 : 공2006상, 1063)", 대법원판례해설 제61호, 법원도서관 (2006), 652; 강석훈, "명의신탁 주식의 증여의제에 관한 판례의 태도 및 해석론", 특별법연구 제8권, 박영사(2006), 548−549; 조윤희, "무효인 주식 명의신탁과 증여의제−대법원 2011. 9. 8. 선고 2007두17175 판결−", 자유와 책임 그리고 동행 : 안대희 대법관 재임기념 논문집, 사법발전재단(2011), 894−895.

300) 전영준, "차명주식에 관한 명의신탁 증여의제 규정의 운용현황 및 개선방안에 대한 소고", 조세연구 제8권 제1집, 한국조세연구포럼(2008), 320. 구 상증세법을 기준으로 하면 명의신탁 증여의제로 인한 증여세 납세의무자가 명의수탁자였기 때문에 이런 비판이 존재하였다.

301) 이전오, "명의신탁재산의 증여의제 규정상 조세회피 목적의 범위", 계간 세무사 제24권 제2호, 한국세무사회(2006), 144−145.

302) 이전오, "조세의 징표로서의 담세력", 조세논총 제1권, 한국조세법학회(2016), 110−111.

303) 이전오, 위의 논문, 111.

304) 이창희, 앞의 책, 1156.

2. 입법 연혁

가. 1981년 입법 이전

구 상속세법 제32조의2가 1974. 12. 21.에 제정되기 이전에는 명의신탁에 대해 증여세를 부과한다는 직접적인 법 규정이 없었고 구 상속세법 제34조의4(1952. 11. 30. 법률 제261호로 제정되고 1960. 12. 30. 법률 제573호로 개정된 것)가 포괄적 증여의제에 관한 사항을 규정하고 있었을 뿐이었다. 그런데 과세당국은 구 상속세법 제34조의4에 의하여 명의신탁에 대하여 증여세를 부과하였다.

이에 대해 대법원은 1965. 5. 25. 선고 65누4 판결에서 '수탁자가 위탁자와의 대내적 관계에서 완전한 소유권을 취득하지 못하였다고 하여도 수탁자가 그 신탁계약에 의하여 대가 없이 이익을 취득한 것이라면 이는 상속세법상 증여를 받은 것으로 해석된다'고 판시하여 구 상속세법 제34조의4에 의거한 명의신탁에 대한 증여세 부과를 인정한 후 상당 기간 동안 이러한 견해를 유지하였다.

그러나 그 후 대법원은 1975. 4. 22. 선고 74누139 판결에서 구 상속세법 제34조의4는 실질상 양수자에게 이익이 없는 경우라도 이를 양자간의 내부관계로 보고 그 부분을 증여받은 것으로 의제한다는 취지로 해석될 수 없다는 이유로 '명의신탁이 있더라도 실질적인 이익이 없으면 증여세를 부과할 수 없다'고 설시하면서 종전의 견해를 변경하였다.

그러던 중 국회는 1974. 12. 21. 명의신탁재산을 증여로 보도록 규정하는 구 상속세법 제32조의2(1974. 12. 21. 법률 제2691호로 신설된 것)를 제정하였다. 위 규정은 '재산에 대하여 신탁을 설정한 경우에 신탁법 제3조의 규정에 의하여 신탁재산인 사실을 등기 또는 등록하지 아니하거나, 증권에 표시하지 아니하거나, 주권과 사채권에 관하여는 또한 주주명부 또는 사채원부에 기재하지 아니하고 수탁자의 명의로 등기·등록·표시 또는 기재된 신탁재산은 당해 등기·등록·표시 또는 기재한 날에 위탁자가 그 신탁재산을 수탁자에게 증여한 것으로 본다'라고 규정하여, '명의신탁'이 아니라 '신탁'이라는 용어를 사용한 것이 문제였다. 즉 이 규정의 적용대상이 명의신탁인지, 아니면 신탁법에서 말하는 신탁인지에 관하여 논란이 발생할 여지가 있었다.

이에 따라 과세관청이 위 구 상속세법 제32조의2를 적용하여 명의신탁을 증여한 것으로 보아 증여세를 부과한 과세처분에 대하여 대법원은 '명의신탁은 신탁법 제1조 제2항이 규정하는 신탁법상의 신탁이라고 할 수 없으므로 명의신탁인 사실을 신탁법 제3조의 규정에 의하여 이를 등기하지 않았다 하여 그 명의신탁을 상속세법 제32조의2 소정의 증여로 볼 수 없다'라고 판시한 후(대법원 1979. 1. 16. 선고 78누396 판결) 일관된 견해를 지속하였다(대법원 1982. 6. 22. 선고 82누9 판결 등 참조). 즉 대법원은 위 조항의 적용 대상이 명의신탁이 아니라 신탁법에서 말하는 신탁이라고 본 것이다.

대법원의 위 판결 이후 납세의무자는 무상으로 소유권을 이전한 뒤 증여세가 부과되면 문제의 등기이전은 증여가 아니라 명의신탁에 의한 것임을 입증함으로써 증여세 납부의무를 면할 수 있게 되었다.

나. 1981년 구 상속세법 개정

그리하여 국회는 명의신탁에 대하여 증여세를 부과한다는 뚜렷한 목표를 갖고 마침내 1981. 12. 31. 구 상속세법 제32조의2(1981. 12. 31. 법률 제3474호로 개정되어 1990. 12. 31. 법률 제4283호로 개정되기 전의 것)를 다음과 같이 개정하였다. 이 조항에서는 오히려 신탁법에 따른 신탁의 경우에는 증여로 의제하지 않음을 분명히 했음에도 유의할 필요가 있다.

'① 권리의 이전이나 그 행사에 등기·등록·명의개서 등(이하 "등기 등"이라 한다)을 요하는 재산에 있어서 실질소유자와 명의자가 다른 경우에는 국세기본법 제14조의 규정에 불구하고 그 명의자로 등기 등을 한 날에 실질소유자가 그 명의자에게 증여한 것으로 본다.
② 제1항의 규정은 신탁법 또는 신탁업법에 의한 신탁재산인 사실을 등기 등을 하는 경우에는 이를 적용하지 아니한다.'

그 후 대법원은 '상속세법 제32조의2 제1항의 증여의제규정은 실질소유자와 명의자 사이에 합의가 있거나 의사소통이 있어 명의자 앞으로 등기 등이 경료된 이상 그들 간의 내부관계가 어떠하든지 간에, 즉 그들 간에 실질적인 증여가 있건 없건 또는 신탁법상의 신탁의 설정이건 단순한 명의신탁에 불과하건 간에 그 등기 등을 한 때에 증여가 있는 것으로 본다는 취지로 해석하여야 한다'라고 판시(대법원 1987. 4. 28. 선고 86누486 판결)하면서 비로소 명의신탁에 대한 증여세 부과를 인정하였다.

다. 헌법재판소의 한정합헌 결정과 그에 따른 1990년 구 상속세법 개정

그런데 헌법재판소는 1989. 7. 21. 구 상속세법 제32조의2 제1항(1981. 12. 31. 법률 제3474호로 개정된 후 1990. 12. 31. 법률 제4283호로 개정되기 전의 것)은 '조세회피의 목적 없이 실질소유자와 명의자를 다르게 등기 등을 한 경우에는 적용되지 아니하는 것으로 해석하는 한 헌법에 위반되지 아니한다'라는 한정합헌결정을 선고하였다(헌법재판소 1989. 7. 21. 선고 89헌마38 결정).

그 후 국회는 헌법재판소의 위 결정의 취지를 반영하고자 1990. 12. 31. 구 상속세법 제32조의2(1990. 12. 31. 법률 제4283호로 개정되어 1993. 12. 31. 법률 제4662호로 개정되기 전의 것)를 개정하여 제1항에 '다만, 타인의 명의를 빌려 소유권이전등기를 한 것 중 부동산등기특별조치법 제7조 제2항의 규정에 의한 명의신탁에 해당하는 경우 및 조세회피목적 없이 타인의 명의를 빌려 등기 등을 한 경우로서 대통령령이 정하는 때에는 그러하지 아니하다'라는 단서 규정을 신설하였다.

그런데 대법원은 1992. 3. 10.에 선고한 91누3956 판결에서 구 상속세법 제32조의2 제1항(1981. 12. 31. 법률 제3474호로 개정된 후 1990. 12. 31. 법률 제4283호로 개정되기 전의 것)은 권리의 이전이나 행사에 등기 등을 요하는 재산에 있어서 증여를 은폐하여 증여세를 회피하기 위한 수단으로 명의신탁제도가 악용되려는 것을 방지하려는 데 그 입법 취지가 있다고 하여 그 등기 등의 명의를 달리하게 된 것이 증여를 은폐하여 증여세를 회피하기 위한 것이 아니라면 이를 증여로 볼 것이 아니라고 판시한 후 이 견해를 견지하였다(대법원 1993. 3. 23. 선고 92누10685 판결, 대법원 1994. 5. 24. 선고 92누13455 판결, 대법원 1995. 9. 29. 선고 95누8768, 8775, 8782 판결 등 참조). 이 경우 납세자는 정말로 명의신탁을 한 것이어서 증여가 아니라는 점을 입증하기만 하면 증여세 회피의 목적이 없었던 것이 되어 증여세 부과를 피할 수 있게 되었다. 이는 명의신탁을 의제하는 것이 아니라 증여로 '추정'하는 것에 해당한다.[305]

라. 1993년과 1996년의 구 상속세법 또는 상증세법 개정

그러자 국회는 1993. 12. 31. 구 상속세법 제32조의2(1993. 12. 31. 법률 제4662호로 개정되어 1996. 12. 30. 법률 제5193호로 전문개정되기 전의 것) 제1항 단서에 규정된 '조세회피목적'이 의미하는 조세의 범위를 모든 조세로 확대하여 증여의제규정을

---

305) 조윤희, 앞의 논문, 894−895; 강석훈, 앞의 논문, 548; 조일영, 앞의 논문, 650−651.

적용할 수 있도록 하기 위하여 법률 제4662호로 구 상속세법 제32조의2에 제3항을 신설하여 '제1항에서 조세라 함은 국세기본법 제2조 제1호·제7호에 규정된 국세· 지방세 및 관세법에 규정된 관세를 말한다'라고 규정하였다. 이로 인하여 증여의제 조항은 말 그대로 명의신탁을 증여로 의제하는 조항의 성격을 다시 갖게 되었다. 1996년 말 상증세법으로 전문 개정되면서 증여의제 조항에 일어난 개정으로 다음 의 두 가지를 주목할 만하다.

1) 부동산실명법으로 인한 부동산의 제외

부동산실명법이 1995. 3. 30. 법률 제4944호로 제정되고 1995. 7. 1.부터 시행되 었다. 이와 동시에 구 부동산등기특별조치법(1995. 3. 30. 법률 제4944호로 개성되기 전 의 것)에 규정되었던 명의신탁 금지 규정과 위 규정 위반으로 인한 형사처벌 규정 (제7조, 제8조 제3호306))이 삭제되었다. 그리고 이로 인한 형사처벌 규정이 부동산실 명법 제7조에 규정되었으며, 동시에 제5조307)에서 부동산 명의신탁자에 대한 과징 금 규정이 신설되었다. 그러면서 구 상속세법(1996. 12. 30. 법률 제5193호로 상속세 및 증여세법으로 전부개정되기 전의 것) 제32조의2 제1항308) 명의신탁 증여의제 규정에서 는 부동산을 그 대상에 포함하였으나, 1996. 12. 30. 구 상증세법(1996. 12. 30. 법률

---

306) 구 부동산등기특별조치법(1995. 3. 30. 법률 제4944호로 개정되기 전의 것) 제7조(명의신탁금 지) ① 조세부과를 면하려 하거나 다른 시점 간의 가격변동에 따른 이득을 얻으려 하거나 소 유권등 권리변동을 규제하는 법령의 제한을 회피할 목적으로 타인의 명의를 빌려 소유권이 전등기를 신청하여서는 아니된다.
　제8조(벌칙) 다음 각호의 1에 해당하는 자는 3년이하의 징역이나 1억원이하의 벌금에 처한다.
　3. 제1호의 목적으로 제7조 제1항의 규정에 위반하거나 제7조 제2항의 규정에 의한 서면을 허위로 작성하여 등기를 신청한 때
307) 부동산 실권리자명의 등기에 관한 법률 제5조(과징금) ① 다음 각 호의 어느 하나에 해당하는 자에게는 해당 부동산 가액의 100분의 30에 해당하는 금액의 범위에서 과징금을 부과한다.
　1. 제3조 제1항을 위반한 명의신탁자
308) 구 상속세법(1996. 12. 30. 법률 제5193호로 상속세 및 증여세법으로 전부개정되기 전의 것) 제32조의2(제3자 명의로 등기등을 한 재산에 대한 증여의제) ① 권리의 이전이나 그 행사에 등기·등록·명의개서등(이하 "등기등"이라 한다)을 요하는 재산에 있어서 실질소유자와 명 의자가 다른 경우에는 국세기본법 제14조의 규정에 불구하고 그 명의자로 등기등을 한 날에 실질소유자가 그 명의자에게 증여한 것으로 본다. 다만, 타인의 명의를 빌려 소유권이전등기 를 한 것 중 부동산등기특별조치법 제7조 제2항의 규정에 의한 명의신탁에 해당하는 경우 및 조세회피목적없이 타인의 명의를 빌려 등기등을 한 경우로서 대통령령이 정하는 때에는 그 러하지 아니하다.
　② 제1항의 규정은 신탁법 또는 신탁업법에 의한 신탁재산인 사실을 등기등을 하는 경우에 는 이를 적용하지 아니한다.
　③ 제1항에서 조세라 함은 국세기본법 제2조 제1호·제7호에 규정된 국세·지방세 및 관세법 에 규정된 관세를 말한다.

제5193호로 전문 개정되어 신설된 후 1998. 12. 28. 법률 제5582호로 개정되기 전의 것) 개정시 근거 조항이 제43조로 바뀌었다. 그러면서 부동산실명법이 1995. 7. 1.부터 시행됨에 따라 부동산(토지, 건물)을 명의신탁 증여추정 대상에서 제외하여 구 상증세법상 증여추정[309]으로 보는 규정에서 부동산이 제외되게 되었다.

2) 주식에 대한 특별 조항

그리고 주식에 대하여는 조세회피 목적을 확인하기 어려워 증여세 과세의 실효성이 떨어지는 문제가 있었다. 이를 감안하여 2년(1997. 1. 1. ~ 1998. 12. 31.)의 유예기간을 설정하고 유예기간 중 실명전환한 과거의 명의신탁 주식에 대해서는 증여세를 면제하는 특례를 인정하여 주식의 실명전환을 유도하는 대신, 1997. 1. 1. 이후 명의신탁하거나 유예기간 종료일 후 발견되는 명의신탁 주식에 대하여는 조세회피 목적이 있는 것으로 추정하도록 규정하였다.

마. 그 이후의 경과

한편 대법원은 1995. 11. 14. 선고한 94누11729 판결에서 구 상속세법 제32조의2 제1항(1990. 12. 31. 법률 제4283호로 개정된 후 1993. 12. 31. 법률 제4662호로 개정되기 전의 것)의 입법 취지가 명의신탁제도를 이용한 조세회피 행위를 효과적으로 방지하여 조세정의를 실현한다는 취지에서 실질과세원칙에 대한 예외를 인정한 데에 있다 하여 명의신탁의 목적에 조세회피 목적이 포함되어 있지 않은 경우에만 위 단서의 적용이 가능한데 그 단서 소정의 조세를 명문의 근거 없이 증여세에 한정할 수 없다는 견해를 확립한 후 그 이후의 판결에서도 이러한 견해를 일관되게 견지하여 왔다(대법원 1996. 4. 12. 선고 95누13555 판결, 대법원 1996. 5. 10. 선고 95누11573 판결, 대법원 1996. 5. 10. 선고 95누10068 판결, 대법원 1999. 7. 23. 선고 99두2192 판결, 대법원 1999. 12. 24. 선고 98두13133 판결 등 참조). 이는 기본적으로 1993년 말 개정의 의도를 그대로 따른 것이다. 이로 인하여 증여세는 상증세법 조항 스스로가 선언하듯이 증여의 실질과 무관하게, 명의신탁 또는 차명거래 행위에 대한 제재로서 부과되는 세금임이 분명하게 되었다.

그런데 이러한 새로운 입장에 대하여 헌법재판소는 1998. 4. 30. 선고 96헌바87 등에서 합헌결정을 내림으로써 증여의제 조항의 이러한 성격이 지금에까지 이르고 있다. 즉 이때 헌법재판소는 조세회피목적 없이 명의신탁을 한 경우를 증여의제 대

---

309) 기존 증여의제에서 증여추정으로 바뀐 것이다.

상에서 제외하고 있는 구 상속세법(1990. 12. 31. 법률 제4283호로 개정되고 1993. 12. 31. 법률 제4662호로 개정되기 전의 것) 제32조의2 제1항 단서 중 '조세'(회피목적)에 증여세 이외의 다른 조세를 포함하는 것으로 해석하더라도 합헌이라고 판시하였다.

그 후 국회는 1998. 12. 28. 구 상증세법(1998. 12. 28. 법률 제5582호로 개정되어 신설된 후 2002. 12. 18. 법률 제6780호로 개정되기 전의 것) 개정 시 종전 제43조를 삭제하고 제41조의2를 신설하였는데, 위 법 제43조는 자산을 타인 명의로 등기·등록·명의개서한 경우 실제 소유자가 명의자에게 증여한 것으로 추정하도록 규정되어 있었다. 이는 증여의제 조항을 다시 증여추정의 성격을 가진 조항으로 되돌리는 셈이어서 과연 이것이 입법의도에 부합하는 것인지에 관한 의문이 있었다. 즉 조세회피목적이 있는 명의신탁의 경우에도 증여가 아니라는 사실을 납세자가 입증하게 되면 증여세 과세대상에서 제외되는 것으로 해석될 소지가 있었던 것이다. 결국 위와 같이 신설된 제41조의2가 1998. 12. 28. 개정되고 1999. 1. 1. 시행되면서 기존 구 상증세법(1996. 12. 30. 법률 제5193호로 전문 개정되어 신설된 후 1998. 12. 28. 법률 제5582호로 개정되기 전의 것) 제43조의 증여추정('증여로 추정한다')에서 증여의제('증여받은 것으로 본다')로 다시금 바꾸어서, 명의신탁을 하면 증여의제로 보아 증여세를 과세하되 납세자가 조세회피목적이 없음을 입증하면 증여의제로 보지 아니하도록 규정하였다.

그 후 2003. 12. 30. 증여세의 완전포괄주의 규정이 도입됨에 따라 제41조의2 규정이 현행의 제45조의2로 개정되어 오늘에 이르고 있다.310) 물론 완전포괄주의 조항은 증여의제 조항과 사실 직접적으로 큰 관계가 있지는 않다. 다만 완전포괄주의에 따라, 증여의 실질을 가진 각종 행태에 대해서는 증여 '의제' 없이 일반적으로 증여세를 부과할 수 있게 됨으로써, 명의신탁 증여의제 조항은 그 이전과 달리 몇 되지 않는 소수의 증여의제 조항 중 하나로 남게 되었다.

그리고 2018. 12. 31. 상증세법이 개정되면서 조항이 개정되었다. 즉 위 개정전 상증세법에 따르면 증여세 납세의무는 증여를 받은 자(수증자)이기 때문에 명의신탁 증여의제의 경우에도 납세의무자는 명의수탁자였다. 반면 2018. 12. 31. 상증세법이 개정되면서 명의신탁 증여의제의 증여세 납세의무자가 실제소유자로 변경되었고(제4조의2 제2항) 합산배제 증여재산에 명의신탁 증여의제를 포함시키되(제47

---

310) 이상 헌법재판소 2005. 6. 30. 2004헌바40, 2005헌바24(병합) 결정의 결정문 중 별지 3 부분을 참조하였다.

조 제1항), 증여세의 과세표준 계산시에는 합산배제 증여재산임에도 증여재산가액에서 3,000만 원을 공제하지는 않는 것으로 규정하였다(제55조 제1항 제1호, 제3호). 또한 증여의제되는 명의신탁 재산에 대해 실제소유자의 다른 재산으로 증여세와 가산금 또는 체납처분비를 모두 징수하지 못할 경우 명의자에게 증여한 것으로 보는 재산으로써 증여세 및 가산금 또는 체납처분비를 징수하도록 규정하였다(제4조의2 제9항).

3. 헌법재판소의 결정

가. 헌법재판소 1989. 7. 21. 선고 89헌마38 결정[311]

상증세법상 명의신탁 증여의제 규정에 대한 최초의 헌법재판소의 결정은 헌법재판소 1989. 7. 21. 선고 89헌마38 결정으로, 위 결정에서의 심판대상 조문은 1981. 12. 31. 법률 제3474호로 개정된 구 상속세법 제32조의2 제1항 등이었다.

위 결정은 '위 법률조항에는 무차별한 증여의제로 인한 위헌의 소지가 있으므로 예외적으로 조세회피의 목적이 없음이 명백한 경우에는 이를 증여로 보지 않는다고 해석하여야 하고, 위와 같이 해석하는 한, 헌법 제38조, 제59조의 조세법률주의 및 헌법 제11조의 조세평등주의에 위배되지 않는다'라는 한정합헌결정을 하였다. 위 결정은 명의신탁 증여의제 자체는 합헌이지만 조세회피목적이 없어야 한다는 요건을 추가하는 것이 바람직하다고 판시하였고, 이로 인하여 앞서 본 바와 같이 1990. 12. 31. 구 상속세법 제32조의2(1990. 12. 31. 법률 제4283호로 개정된 것)의 개정을 유발시켰다.[312]

나. 헌법재판소 1998. 4. 30. 선고 96헌바87, 97헌바5·29(병합) 결정[313]

위 결정은 '구 상속세법(1993. 12. 31. 법률 제4662호로 개정되기 전의 것) 제32조의2 제1항 단서 조항 중의 "조세회피"는 증여세 회피뿐만 아니라 그 밖에 다른 조세

---

311) 합헌 의견과 위헌 의견의 비율은 7:2였다.
312) 이로 인하여 제1항에 '다만, 타인의 명의를 빌려 소유권이전등기를 한 것 중 부동산등기특별조치법 제7조 제2항의 규정에 의한 명의신탁에 해당하는 경우 및 조세회피목적 없이 타인의 명의를 빌려 등기 등을 한 경우로서 대통령령이 정하는 때에는 그러하지 아니하다'라는 단서 규정이 신설되었다.
313) 합헌 의견과 위헌 의견의 비율은 5:4였다.

회피도 포함된다고 하는 것이 합헌적인 올바른 해석이다'라고 판시하여, 위 제1항 단서 중 '조세'(회피목적)에 증여세 이외의 다른 조세를 포함하는 것으로 해석하는 한 조세법률주의와 조세평등주의의 원칙에 위반되지 않는다고 판시히였다. 이 결정은 89헌마38 결정 이후 위 결정의 취지가 반영되어 1990. 12. 31. 법률 제4283호로 개정된 구 상속세법 제32조의2 제1항이 단서에서 '조세회피목적 없이 타인의 명의를 빌려 등기 등을 한 경우로서 대통령령이 정하는 때에는 그러하지 아니하다'고 규정한 부분 중 '조세'에는 증여세 이외의 다른 조세를 모두 포함하는 것으로 해석하는 한 조세법률주의와 조세평등주의의 원칙에 위반되지 않는다고 판시한 결정이라는 점에서 의미가 있다.

다. 헌법재판소 2004. 11. 25. 선고 2002헌바66 결정[314]

위 결정에서의 심판대상 조문은 구 상증세법(1996. 12. 30. 법률 제5193호로 전문개정되고, 1998. 12. 28. 법률 제5582호로 개정되기 전의 것) 제43조 제1항, 제5항 등이었는데, 위 제1항은 명의신탁재산의 증여의제가 아니라 추정 규정이었다. 위 결정은 위 조항에 대하여 '명의신탁이 증여세 회피를 목적으로 이용되는 경우에 증여세를 부과하도록 규정한 것이 비례의 원칙, 평등원칙에 위배되지 않고, 명의신탁이 증여세 이외의 다른 조세 회피를 목적으로 이용되는 경우에도 증여세를 부과하도록 규정한 위 법 제43조 제5항도 비례의 원칙과 평등원칙에 위배되지 않으며, 명의신탁이 증여세 이외의 다른 조세 회피를 목적으로 이용되는 경우에도 증여세를 부과하도록 규정한 위 법 제43조 제5항이 체계정당성에 위배되지도 않는다'고 판시하였다.[315] 이 결정은 명의신탁 추정 규정이 합헌이라는 결론은 89헌마38 결정과 같으나 합헌임을 논증하는 과정에서 비례의 원칙, 실질과세원칙, 조세평등의 원칙, 체계정당성의 원리 등을 언급하였다는 점에서 의미가 있다.[316]

---

314) 합헌 의견과 위헌 의견의 비율은 5:4였다.
315) 위 결정은 89헌마38 결정 이후에 명의신탁 증여추정 규정 자체의 위험성을 최초로 언급한 결정이나, 이 결정은 증여의제 규정이 아니라 증여추정 규정에 대한 결정이었다는 점에서 후속 결정에 많은 영향을 미쳤음에도 많이 인용되지는 않고 있다.
316) 김정기, "주식 명의신탁 증여의제의 위헌성과 개선방안", 법학논총 제29권 제3호, 국민대학교 법학연구소(2017), 129-130.

라. 헌법재판소 2005. 6. 30. 선고 2004헌바40, 2005헌바24(병합) 결정[317]

위 결정에서의 심판대상 조문은 명의신탁 증여의제 조항이었다. 위 결정은 '조문상 "타인의 명의로 재산의 등기 등을 한 경우"가 명의신탁이 증여세 회피의 목적으로 이용되는 경우에 증여세를 부과하도록 규정한 것이 비례의 원칙에 위배되지는 않고, 위 조항들이 명의신탁이 증여세 회피를 목적으로 이용되는 경우에 증여세를 부과하도록 규정한 것이 평등원칙 및 실질적 조세법률주의, 죄형법정주의 및 무죄추정원칙에 위배되지도 않으며, 명의신탁이 증여세 이외의 다른 조세 회피를 목적으로 이용되는 경우에도 증여세를 부과하도록 규정한 위 법 제41조의2 제5항이 비례의 원칙과 평등원칙에 위배되지도 않고, 명의신탁이 증여세 이외의 다른 조세 회피를 목적으로 이용되는 경우에도 증여세를 부과하도록 규정한 위 법 제41조의2 제5항이 체계정당성에 위배되지도 않는다'고 판시하였다.[318]

---

317) 합헌 의견과 위헌 의견의 비율은 5:3이었다.
318) 한편 위 결정에서의 재판관 김경일, 재판관 송인준, 재판관 주선회 3인의 반대의견이 있었는데, 위 반대의견은 심판대상 조항들이 헌법상 비례의 원칙, 평등원칙에 위배된다고 보았는바 이를 주목할 필요가 있다. 그 판시사항은 다음과 같다.
[5. 재판관 김경일, 재판관 송인준, 재판관 주선회의 반대의견
가. 심판대상조항들이 헌법상 비례의 원칙에 위배되는지 여부
(1) 먼저 심판대상조항들이 명의신탁을 이용한 각종 조세의 회피를 방지하여 조세평등과 조세정의를 달성하고자 하는 입법목적은 헌법 제37조 제2항에서 규정하고 있는 공공복리의 증진에 기여한다고 여겨지므로, 정당성이 인정되는 점은 다수의견과 같다.
(2) 그러나 명의신탁재산에 대하여 증여의제를 한 규정의 취지는 그 실질이 증여임에도 조세회피의 목적으로 명의신탁에 의한 재산으로 거짓 주장하는 것을 방지하기 위한 것이므로 증여세의 부과대상은 명의신탁으로 은폐된 증여에 한정되는 것으로 보아야 한다. 증여의 실질이 없음이 명백함에도 불구하고 일률적으로 증여로 보아 증여세를 부과하는 것은 지나치게 과세행정편의주의적인 발상이고 다른 종류의 조세의 회피행위임이 명백함이 입증되는데도 증여세를 부과한다는 것은 국가행위형식의 부당한 결부로서 그 남용에 해당한다. 그렇다면 심판대상조항들이 증여세가 아닌 다른 조세의 회피목적이 있다고 인정되는 경우에까지 명의신탁재산에 대하여 증여세를 부과하는 것은 그 방식에 있어서 적합성원칙에 위배된다.
(3) 나아가 심판대상조항들이 다수의견이 주장하는 바와 같이 조세회피의 목적이 있다고 인정되는 경우 과징금으로서 제재의 성격을 가진 증여세를 부과하는 것이라면, 그러한 입법목적을 달성하기 위한 대체수단으로는 굳이 행정질서벌의 특성과는 거리가 먼 증여세를 부과할 것이 아니라, 제재수단으로 과징금을 부과하는 내용으로 특별법을 제정하는 것이 입법체계에 있어 보다 더 적합할 것이다.
(4) 또한 심판대상조항들에 의하여 입게 되는 명의수탁자의 불이익은 조세정의와 조세공평의 실현이라는 공익에 비해 훨씬 크다고 아니할 수 없다. 증여세의 회피행위에 대하여 고율의 증여세를 부과하는 것은 납득할 수 있으나, 증여세가 아닌 다른 조세의 회피행위에 대하여서까지 고율의 증여세를 부과하는 것은 지나치게 과다하다. 왜냐하면 부동산실권리자명의

위 결정은 증여의제에 대한 판단으로서 2002헌바66 결정의 판시를 최초로 설시한 결정이라는 점에서 의미가 있는데, 구체적으로는 증여의제 규정을 최초로 단계적으로 구분하고 증여의제 규정에 대한 위헌 여부를 비례 원칙, 평등의 원칙, 조세법률주의, 평등원칙, 죄형법정주의, 무죄추정의 원칙 등의 관점에서도 논증하였다는 점에서 의미가 있다.[319]

마. 기타 결정

헌법재판소 2012. 5. 31. 선고 2009헌바170, 172, 2010헌바22, 68, 118, 218, 340, 410, 2012헌바36, 96(병합) 결정[320]은, 과잉금지의 원칙, 평등의 원칙을 기준으로 증여의제 규정의 위헌성 판단을 구체적으로 논증하였다는 점에서 의미가 있다.

헌법재판소 2005. 3. 31. 2005헌바11 결정[321]은 증여추정에 관한 것으로 2002헌

등기에관한법률(제5조)에서 규정하는 과징금은 10% 내지 30%에 해당되고, 국세기본법(제47조)상 가산세는 10% 내지 30%에 해당되는데 반하여, 증여세율은 10% 내지 45%에 해당되기 때문이다.

그리고 심판대상조항들에 의거하여 명의수탁자에게 증여세를 부과하는 제도는 그 자체가 자산의 무상이전이라는 증여세의 실질을 결하는 것으로서, 조세회피의 목적이 없었다는 것을 납세자가 적극적으로 입증할 경우 과세대상에서 제외될 수는 있으나, 실제에 있어서는 모든 경우 조세회피의 목적이 있는 것으로 추정되는 것으로 해석되는 점에 비추어 보면, 모든 명의수탁자에게 증여세를 부과할 수 있는 결과가 되고 그 재산가액이 큰 경우에는 명의수탁자가 그 납세의무를 도저히 감당할 수 없게 된다.

이처럼 심판대상조항들이 명의신탁을 이용하여 증여세가 아닌 다른 조세의 회피행위에 대하여 지나치게 고율의 증여세를 부과하는 것은 조세정의와 납세의 공평성을 구현하고자 하는 공익을 감안하더라도 경우에 따라서는 막중한 금전적인 부담을 담세능력이 전혀 없는 명의수탁자에게 지우게 되는 과중한 결과를 초래하게 되어 법익 간의 균형성을 잃고 있다고 할 것이다.

(5) 그렇다면 심판대상조항들이 증여세가 아닌 다른 조세의 회피목적이 있다고 인정되는 경우에 명의신탁재산에 대하여 증여세를 부과하는 것은 비례의 원칙에 위배된다고 할 것이다.

나. 심판대상조항들이 평등원칙에 위배되는지 여부

심판대상조항들은 증여세가 아닌 다른 조세를 회피하려는 목적이 있는 경우와 심지어 조세회피를 의도하지 않거나 그러한 인식조차 없이 사실상 명의를 빌려준 경우와 같이 경제적 이익의 이전이 없는 통상의 명의신탁을 일률적으로 증여로 보고 담세능력의 정도를 고려하지 아니한 채 고율의 증여세를 부과하고 있다.

그렇다면 이는 심판대상조항들이 명의신탁재산에 대한 실질적인 권리 내지 이익을 취득하지 아니하고 단순히 권리의 외양만을 취득하여 담세능력이 없는 명의수탁자를 재산을 증여받은 자와 동일하게 취급하여 고율의 증여세를 부과하는 것은 명의수탁자를 자의적으로 불리하게 취급하는 것으로서 평등원칙에 위배된다고 할 것이다.]

319) 김정기, 앞의 논문, 130.
320) 합헌 의견과 위헌 의견의 비율은 7:1이었다.
321) 합헌 의견과 위헌 의견의 비율은 5:3이었다.

바66 결정을 선례로 언급하면서 선례의 논리를 따른 것으로 큰 의미가 없고, 헌법재판소 2012. 8. 23. 선고 2012헌바173 결정,[322] 헌법재판소 2013. 9. 26. 선고 2012헌바259 결정,[323] 헌법재판소 2015. 7. 30. 선고 2014헌바474 결정[324] 및 헌법재판소 2017. 12. 28. 선고 2017헌바130 전원재판부 결정[325]은 2002헌바66 결정, 2004헌바40 등 결정, 2009헌바170 결정 등을 선례로 언급하면서 선례의 논리를 따른 것으로 큰 의미는 없다.

다음으로 헌법재판소 2012. 11. 29. 선고 2010헌바215 결정[326]은 명의신탁 증여의제 규정 자체의 위헌성 여부를 판단하지는 않았으나 위 규정이 적용되는 경우에 배우자 증여재산 공제를 하지 않더라도 재산권 침해 내지는 조세평등원칙에 위배되지 않는다고 판시하였다는 점에서 의미가 있다.

바. 평가

앞서 본 바와 같이 헌법재판소의 89헌마38 결정이 최초의 결정인데, 위 결정은 조세법률주의와 조세평등주의의 측면에서 명의신탁 증여의제 규정에 대하여 한정합헌결정을 선고한 것이고, 이후의 96헌바87 결정은 조세회피 목적의 조세를 증여세로 한정하여 해석할 필요는 없다고 판시하였다. 그 후 2002헌바66 결정은 명의신탁 증여추정 규정에 관하여 '조세법률주의, 조세공평주의, 비례의 원칙, 실질과세원칙, 조세평등의 원칙, 죄형법정주의, 무죄추정의 원칙, 체계정당성의 원칙'의 측면에서 위 규정이 합헌이라고 판시하였다. 그리고 2005헌바11 결정은 2002헌바66 결정의 이유를 그대로 따랐고, 2004헌바40 결정은 2002헌바66 결정의 논리를 이어받은 결정 중 명의신탁 증여의제 규정에 대한 최초의 결정이라는 점에서 의미가 있는데 그 내용은 2002헌바66 결정과 대동소이하다. 헌법재판소는 2002헌바66 결정 이후부터 증여의제 규정을 협의의 증여의제 규정과 조세범위 확장 규정으로 나누어서 위헌심사를 각각 진행하고 있고 이러한 심판 형식은 후속 결정에서도 이어지고 있는 것으로 보인다.[327]

---

322) 합헌 의견과 위헌 의견의 비율은 7:1이었다.
323) 합헌 의견과 위헌 의견의 비율은 8:0이었다.
324) 합헌 의견과 위헌 의견의 비율은 9:0이었다.
325) 합헌 의견과 위헌 의견의 비율은 9:0이었다.
326) 합헌 의견과 위헌 의견의 비율은 9:0이었다.
327) 김정기, 앞의 논문, 133-134.

4. 과세요건

현행 상증세법 제45조의2에 규정된 명의신탁 증여의제의 규정을 적용하기 위하여는 ① 명의신탁의 합의로 인하여 실제소유자와 명의자가 다를 것, ② 조세회피목적이 있을 것 등이 요구된다. 조세회피목적은 이하 5.에서 자세하게 살펴보기 때문에 여기에서는 ①에 관하여 자세히 살펴본다.

가. 실제소유자와 명의자 사이에 명의신탁에 관한 합의가 있을 것

명의신탁관계[328]는 반드시 명의신탁자와 명의수탁자 간의 명시적 계약에 의하여서만 성립되는 것이 아니라 묵시적 합의[329]에 의하여서도 성립될 수 있다.[330] 따라서 당사자들 사이에 명의신탁과 관련한 명시적 합의가 없었다고 하여도 달리 볼 수 없다. 반대 해석상 명의자(명의수탁자)의 의사와 관계없이 일방적으로 명의자(명의수탁자)의 명의를 사용하여 '등기 등'을 한 경우에는 증여의제 규정을 적용할 수 없다.[331]

한편, 명의신탁이 강행법규 위반으로 무효인 경우에도 증여의제가 적용되는지 문제된다. 판례[332]상으로는 주식회사가 자기주식을 개인주주들 명의로 취득하여 상법이나 자본시장법[333]상 당연 무효가 되는 경우,[334] 명의신탁 증여의제 규정에

---

328) 상증세법 제45조의2 제1항에 의하면, 토지와 건물은 명의신탁 증여의제 대상에서 제외된다.
329) 명의신탁 설정에 관한 합의가 존재하여 해당 재산의 명의자가 실제소유자와 다르다는 점은 과세관청이 증명하여야 한다(대법원 2017. 5. 30. 선고 2017두31460 판결).
330) 대법원 2001. 1. 5. 선고 2000다49091 판결.
331) 대법원 2008. 2. 14. 선고 2007두15780 판결, 대법원 2015. 6. 24. 선고 2015두39316 판결 등 참조.
332) 대법원 2011. 9. 8. 선고 2007두17175 판결.
333) 자본시장과 금융투자업에 관한 법률 제69조(자기주식의 예외적 취득) 투자매매업자는 투자자로부터 그 투자매매업자가 발행한 자기주식으로서 증권시장(다자간매매체결회사에서의 거래를 포함한다. 이하 이 조에서 같다)의 매매 수량단위 미만의 주식에 대하여 매도의 청약을 받은 경우에는 이를 증권시장 밖에서 취득할 수 있다. 이 경우 취득한 자기주식은 대통령령으로 정하는 기간 이내에 처분하여야 한다.
제165조의3(자기주식 취득 및 처분의 특례) ① 주권상장법인은 다음 각 호의 방법으로 자기주식을 취득할 수 있다.
1. 「상법」 제341조 제1항에 따른 방법
2. 신탁계약에 따라 자기주식을 취득한 신탁업자로부터 신탁계약이 해지되거나 종료된 때 반환받는 방법(신탁업자가 해당 주권상장법인의 자기주식을 「상법」 제341조 제1항의 방법으로 취득한 경우로 한정한다)
334) 상법 제341조, 제341조의2, 제342조의2 또는 기타 법률 등에서 명시적으로 자기주식의 취득

의하여 위 개인 주주들에게 증여세를 부과할 수 있는지가 문제되었고 대법원은 부과할 수 있다는 입장이다. 생각건대, 명의신탁 증여의제 규정의 입법 취지는 명의신탁제도를 이용한 조세회피행위를 효과적으로 방지하여 조세정의를 실현하기 위한 것으로 실질과세원칙에 대한 예외를 인정한 데에 있는데, 위 규정이 재산의 실제소유자와 명의자가 다른 경우를 규율대상으로 한다고 규정하고 있을 뿐 명의자 앞으로 된 등기 등이 법률상 유효할 것까지 요구하는 것은 아니므로, 명의신탁약정에 따라 실제소유자가 아닌 명의자 명의로 이루어진 등기 등이 강행법규 위반 등으로 무효라는 이유만으로 위 규정의 적용이 배제되는 것은 아니라고 할 것이다.[335] 따라서 위 판례의 입장은 타당하다.

나. 실제소유자와 명의자가 다를 것

이 문제는 이 글에서 말하는 차명거래 또는 명의신탁의 개념과 대체로 일치하는 것이어서 특별히 더 살펴볼 내용은 없다. 다만 최근 실제 사건을 통하여 문제된 쟁점들이 있어서 이에 관하여만 간단히 살펴보고자 한다.

1) 특수목적법인(Special Purpose Company)이 명의신탁자가 될 수 있는지 여부

가) 대법원 2018. 10. 25. 선고 2013두13655 판결

명의신탁 증여의제 규정이 적용되려면, 실제소유자(명의신탁자)와 명의자(명의수탁자)가 달라야 한다.

그런데 특수목적법인(Special Purpose Company, SPC)[336]이 명의신탁의 주체가

을 허용하는 경우 외에는 회사가 자기주식을 무상으로 취득하는 경우 또는 타인의 계산으로 자기주식을 취득하는 경우 등과 같이 회사의 자본적 기초를 위태롭게 하거나 주주 등의 이익을 해한다고 할 수 없는 것이 유형적으로 명백한 경우에는 자기주식의 취득이 예외적으로 허용되지만, 그 밖의 경우에 있어서는 설령 회사 또는 주주나 회사채권자 등에게 생길지도 모르는 중대한 손해를 회피하기 위하여 부득이한 사정이 있다고 하더라도 자기주식의 취득은 허용되지 않고, 위와 같은 금지 규정에 위반하여 회사가 자기주식을 취득하는 것은 당연히 무효이다(대법원 1996. 6. 25. 선고 96다12726 판결, 대법원 2003. 5. 16. 선고 2001다44109 판결 참조).
335) 조윤희, 앞의 논문, 900−901.
336) 특수목적법인은 일반적으로 부동산투자회사법(부동산투자회사), 기업구조조정투자회사법(기업구조조정투자회사), 자산유동화에 관한 법률(유동화전문회사) 등의 경우와 같이 설립 근거에 관한 특별법이 존재하고 법률에 의하여 목적이 제한된 회사를 말한다. 넓은 의미로는 개별 특별법이 존재하지 않은 프로젝트 회사(Project Financing Vehicle)를 포함한다. 아주 넓은 의미로는 해외에서 자금을 조달한 후 해외에서 이를 운용하는 역외금융이나 조세회피나 국내법의 적용을 배제하기 위하여 법인의 실체 없이 설립된 명목회사(Paper Company)를 포함하기도 한다. 이상 김중곤, "특수목적법인(SPC)의 권리능력", BFL 제13호, 서울대학교 금융법

될 수 있는지가 최근 실무상 문제된 적이 있다(대법원 2018. 10. 25. 선고 2013두13655
판결).

사실관계는 다음과 같다.

1. 甲(원고 2)은 A사의 주식 취득을 목적으로 말레이시아 라부안에 명목법인(페이퍼
   컴퍼니)인 B사를 설립하여 B사 명의로 1999. 9. 21. 乙(A사 대표이사)로부터
   52,000주, 丙으로부터 90,000주, 丁으로부터 18,000주의 각 A사 주식을 매수하고,
   같은 날 유상증자된 주식까지 인수함으로써 A사 발행주식의 약 44%를 보유한 최
   대주주가 되었다.
2. 甲은 2007년 A사 주식을 코스닥 시장에 등록하기 위하여 DD증권을 주관 증권회
   사로 선정하여 준비하였는데, DD증권은 2007. 9.경 'A사의 최대주주인 B사가 외
   국계 명목회사이므로 상장심사 과정에서 경영의 안전성 및 경영의 독립성 등 질
   적 심사항목에서 문제가 되므로 페이퍼 컴퍼니에 의한 지배구조를 변경하여야 한
   다'는 취지의 검토결과를 제시하였다.
3. 甲은 이에 따라 B사에 대한 A사 주식 명의신탁관계를 해소하고, 자신의 자산 관
   리 및 투자 자문을 맡고 있는 戊(원고 1) 및 자신이 지배하고 있는 내국법인인 C
   사에 주식을 각 명의신탁하기로 하여, 2007. 12. 21. A사 주식 130만주를 주당
   4,500원에 C사에, 300만주를 戊에게 양도하는 약정을 체결하고, 2007. 12. 21. 이
   들 명의로 명의개서를 마쳤다.
4. 과세관청은 명목 회사인 B사 명의의 A사 주식의 실제 권리자는 甲이고, 위 원고
   가 조세회피 목적을 가지고 A사 주식을 戊에게 명의신탁한 것으로 보아 구 상증
   세법(2007. 4. 11. 법률 제8347호로 개정되기 전의 것) 제45조의2 제1항에 의한 명
   의신탁재산의 증여의제규정을 적용하여 2010. 8. 10. 戊에게 2007. 12. 21. 증여분
   증여세 11,687,104,000원(가산세 포함)을 부과하고, 같은 날 증여자인 甲에 대하여
   도 구 상증세법 제4조 제5항의 연대납세의무자로 보아 같은 액수의 증여세를 부
   과하였다.
5. 이에 甲, 戊는 위 처분에 불복하여 소를 제기하였다.

이 사건에서 특수목적법인(B사)의 실제소유자[337)로 볼 수 있는 자(甲)가 있는
경우에도 특수목적법인을 명의신탁자로 볼 수 있는지 아니면 그 실제소유자를 명

센터(2005), 74-75.

337) 특수목적법인의 이익이 실질적으로 귀속되고 위험도 실질적으로 귀속되는 개인이 있는 경우
    이러한 자를 지칭하는 의미로서 사용한 말이다.

의신탁자라고 보아야 하는지가 문제된다.

위 사안에서 대법원은 다음을 근거로 1999. 9.경 甲이 아니라 B사가 A사 주식을 취득하여 소유하였고, 2007. 12. 21.경 B사를 실질적으로 운영하는 甲이 B사를 대표하여 B사가 보유한 A사 주식을 戊에게 명의신탁한 것으로 볼 수 있으므로, 2007. 12. 21.경 甲이 아니라 B사가 A사 주식을 戊에게 명의신탁한 명의신탁자라고 보았다.[338]

① B사와 그 상위 지주회사는 적법하게 설립된 법인으로 법인격을 가진다. 甲이 지주회사 지배구조의 최종 1인 주주로서 명목회사인 B사를 지배·관리하고 있다는 사정만으로는, B사의 법인격이나 이를 전제로 한 사법상 효과 및 법률관계를 부인하여 B사가 아니라 그 최종 지배주주인 甲이 A사 주식을 취득하였다고 볼 수 없다.

② 甲은 A사 주식에 투자하기 위하여 이를 취득·보유·처분하려는 등의 목적으로 B사를 설립하였고, B사는 자신의 명의로 주식매매계약 및 주식인수계약을 체결하고 그 자금을 지급함으로써 설립 당시부터 예정된 목적대로 A사 주식을 취득하였다. 따라서 B사는 대외적으로는 물론 지주회사 지배구조의 최종 1인 주주인 甲과의 관계에서도 소유권을 취득하였다고 볼 수 있고, 이와 달리 甲이 B사와의 관계에서 소유권을 유보하고 있었다고 보기 어렵다. 한편 甲이 세무조사 과정에서, 'B사를 설립하여 위 회사를 통해 A사 주식을 취득하는 방법으로 투자하였는데, 이처럼 명목회사로 투자하는 것이 일반적이라고 생각하였고, 그 취득자금을 자신이 조달하였다'는 내용 등의 진술을 하였다는 사정만으로 甲과 B사 사이에 명의신탁 약정이 있었다고 단정하기 어렵고, 달리 甲과 B사 사이에 명의신탁 관계가 있었다거나 그러한 관계를 설정하는 합의가 있었다고 볼 만한 증거가 없다.

③ 2007. 12. 21.경 A사 주식을 戊에게 명의신탁할 당시까지도 이러한 법률관계는 계속 유지되었고, 그러한 전제에서 甲은 자신이 B사의 실질적 1인 주주임을 밝히고 B사의 실제 운영자의 지위에서 B사를 대표하여 戊와 명의신탁약정에 관한 합의를 하였으며, 그 합의서에 '양수인 戊의 명의를 양도인 B사에게 대여하는 거래'라

---

[338] 대법원은 위와 같이 판단한 후 B사가 2007. 12. 21.경 戊에게 A사 주식을 명의신탁한 것은, A사가 코스닥 시장 상장심사를 통과할 수 있도록 하기 위한 뚜렷한 이유에서 이루어졌다고 인정할 수 있고, 그 명의신탁에 부수하여 사소한 조세경감이 생긴 것에 불과하다고 봄이 타당하다고 하면서 원고들의 청구를 기각한 원심판결이 잘못되었다고 이를 파기환송하였다.

는 것을 명시하였다.

④ 합의서의 내용 중에는 '주식의 소유에 따른 의결권의 행사 및 향후 처분과 그에 따른 경제적 수익은 甲에게 귀속된다'는 내용의 기재가 있기는 하지만, 그 합의 내용 바로 윗부분에는 '주식양수도 계약서상의 양도인인 B사의 실제 주주 甲과 동 주식양수도 계약서상의 양수인인 戊는 다음과 같이 합의한다'는 기재가 있어, 위 기재 내용은 모두 명의신탁자인 B사의 지배주주로서 행사하는 권리와 그에 대응하는 의무에 관한 것으로 볼 수 있다.

살피건대, 위와 같은 대법원의 판단은 다음과 같은 이유로 타당하다고 생각한다.

① 특수목적법인도 법인격이 인정되는 이상 권리의무 내지 법률행위의 주체가 될 수 있으므로, 법률행위의 일종인 명의신탁 합의의 주체도 될 수 있다고 보아야 한다.

② 같은 맥락에서 특수목적법인이 명의를 차용하는 약정 즉 명의신탁 약정을 한 것이라면, 조세회피목적으로 타인의 명의를 빌리는 행위에 대한 제재를 부과하면 되고, 그 이상 특수목적법인의 실제 경영이나 관리가 어떤 방식으로 행하여지는지를 굳이 따질 이유가 전혀 없다.

나) 위 판결의 의미

위 대법원 2013두13655 판결은 기존 하급심에서 국내 거주자가 해외에 페이퍼 컴퍼니를 설립하여 그 페이퍼 컴퍼니를 통하여 국내 회사의 주식을 취득하는 경우, 거주자가 페이퍼 컴퍼니에 주식을 명의신탁한 명의신탁자인가 하는 논란을 정리해 주었다. 즉 위 대법원 판결은 위 페이퍼 컴퍼니도 적법하게 설립되었다면 법인격이 있으므로, 거주자가 위 페이퍼 컴퍼니를 지배하여 그를 일응 수익적 소유자 (Beneficial Owner)라 볼 수 있더라도 위 회사 행위의 사법상 효과를 부인할 수 없으므로, 국내 회사 주식의 주주는 거주자가 아니라 페이퍼 컴퍼니가 되므로 단순히 거주자가 페이퍼 컴퍼니를 통하여 국내 주식을 실질적으로 소유하더라도 이를 두고 거주자가 페이퍼 컴퍼니에게 국내 주식을 명의신탁하였다고 볼 수 없다는 점을 명확히 하였다.

한편, 특수목적법인이 명의수탁자인 경우도 있을 수 있으므로 이에 대하여 생각해보자.

　수증자가 영리법인인 경우에는 그 수증재산 상당의 이익은 법인의 익금에 가산
되어 여기에 법인세가 부과되므로[339] 이중과세를 피하기 위하여 증여세 과세대상
에 포함시키지 않고 있다.[340] 이와 관련하여 특수목적법인에게 명의신탁을 할 경
우 명의신탁재산의 증여의제로 인한 증여세도 증여세인 이상 명의수탁자가 영리
법인인 경우 증여세의 과세영역에 포함되지 않는 것 아닌가란 의문이 생길 수 있
다.[341]

---

339) 법인세법 제15조(익금의 범위) ① 익금은 자본 또는 출자의 납입 및 이 법에서 규정하는 것
은 제외하고 해당 법인의 순자산을 증가시키는 거래로 인하여 발생하는 이익 또는 수입[이하
"수익"이라 한다]의 금액으로 한다.
　법인세법 시행령 제11조(수익의 범위) 법 제15조 제1항에 따른 이익 또는 수입[이하 "수익"
이라 한다]은 법 및 이 령에서 달리 정하는 것을 제외하고는 다음 각 호의 것을 포함한다.
　5. 무상으로 받은 자산의 가액
340) 상속세 및 증여세법 제4조의2(증여세 납부의무) ① 수증자는 다음 각 호의 구분에 따른 증여
재산에 대하여 증여세를 납부할 의무가 있다.
　1. 수증자가 거주자(본점이나 주된 사무소의 소재지가 국내에 있는 비영리법인을 포함한다.
　　이하 이 항에서 같다)인 경우 : 제4조에 따라 증여세 과세대상이 되는 모든 증여재산
　2. 수증자가 비거주자(본점이나 주된 사무소의 소재지가 외국에 있는 비영리법인을 포함한
　　다. 이하 제6항과 제6조 제2항 및 제3항에서 같다)인 경우 : 제4조에 따라 증여세 과세대
　　상이 되는 국내에 있는 모든 증여재산
　② 제1항에도 불구하고 제45조의2에 따라 재산을 증여한 것으로 보는 경우(명의자가 영리법
인인 경우를 포함한다)에는 실제소유자가 해당 재산에 대하여 증여세를 납부할 의무가 있다.
　③ 제1항의 증여재산에 대하여 수증자에게「소득세법」에 따른 소득세 또는「법인세법」에 따
른 법인세가 부과되는 경우에는 증여세를 부과하지 아니한다. 소득세 또는 법인세가「소득세
법」,「법인세법」또는 다른 법률에 따라 비과세되거나 감면되는 경우에도 또한 같다.
341) 서울행정법원 2017. 12. 22. 선고 2017구합52436 판결에서, 과세관청은 원고가 특수목적법
인에 주식을 명의신탁하였다고 보아 증여세를 부과하였는데, 원고는 '구 상증세법(2010. 1.
1. 법률 제9916호로 개정되기 전의 것, 이하 이 문단에서는 "구 상증세법"이라 한다) 제2조
제1항은 수증자가 영리법인인 경우 그 수증재산은 과세대상에 포함시키지 않고 있다. 명의
신탁재산의 증여의제로 인한 증여세도 증여세인 이상 명의수탁자가 영리법인인 경우 증여
세의 과세영역에 포함되지 않는다. 이 사건 해외 금융기관 등은 영리법인이므로 증여세 과
세요건을 충족할 수 없다. 구 상증세법 제4조 제1항 단서가 "수증자가 영리법인인 경우 당
해 영리법인이 납부할 증여세를 면제하되, 명의신탁재산의 증여의제 규정에 의한 증여세를
명의자인 영리법인이 면제받는 경우에는 실제소유자가 증여세를 납부할 의무가 있다"고
정하고 있으나, 애당초 영리법인인 이 사건 해외 금융기관 등에 증여세 납세의무가 성립하
지 않으므로, 전단 부분인 "수증자가 영리법인인 경우 당해 영리법인이 납부할 증여세를
면제하되" 부분은 충족될 수 없고, 후단 부분은 전단 부분이 충족됨을 전제로 하는 것이므
로 후단 부분을 적용할 수도 없다. 따라서 원고에게 증여세를 부과할 규정은 없다'고 주장
하였으나, 받아들여지지 않았다. 위 판결은 현재 서울고등법원 2018누32165호로 소송 계속
중이다.

살피건대, 구 상증세법상으로는 논란342)이 있었으나, 구 상증세법(2015. 12. 15. 법률 제13557호로 개정된 것) 제45조의2 제2항에서는 '제1항을 적용할 때 명의자가 영리법인인 경우에는 실제소유자(영리법인은 제외한다)가 증여세를 납부하여야 한다'고 규정하여 명의수탁자가 영리법인인 경우에는 실제소유자가 증여세를 부담하도록 규정하여 입법으로 이러한 논란을 해결한 것으로 보인다. 현행 상증세법상으로도 상증세법 제4조의2 제2항에서는 '제1항에도 불구하고 제45조의2에 따라 재산을 증여한 것으로 보는 경우(명의자가 영리법인인 경우를 포함한다)에는 실제소유자가 해당

---

342) 위 서울행정법원 2017구합52436 판결에서, 원고는 위에서 본 바와 같이 '구 상증세법 제4조 제1항 단서가 "수증자가 영리법인인 경우 당해 영리법인이 납부할 증여세를 면제하되, 명의 신탁재산의 증여의제 규정에 의한 증여세를 명의자인 영리법인이 면제받는 경우에는 실제소 유자가 증여세를 납부할 의무가 있다"고 정하고 있으나, 애당초 영리법인인 이 사건 해외 금 융기관 등에 증여세 납세의무가 성립하지 않으므로, 전단 부분인 "수증자가 영리법인인 경우 당해 영리법인이 납부할 증여세를 면제하되" 부분은 충족될 수 없고, 후단 부분은 전단 부분 이 충족됨을 전제로 하는 것이므로 후단 부분을 적용할 수도 없다. 따라서 원고에게 증여세 를 부과할 규정은 없다'고 주장하였으나, 서울행정법원은 '증여는 그 행위 또는 거래의 명 칭·형식·목적 등에 불구하고 경제적 가치를 계산할 수 있는 유형·무형의 재산을 타인에게 직접 또는 간접적인 방법에 의하여 무상으로 이전하는 것 또는 기여에 의하여 타인의 재산가 치를 증가시키는 것을 말한다(구 상증세법 제2조 제3항). 한편 명의신탁재산의 증여의제 규 정(구 상증세법 제45조의2)은 명의신탁제도를 이용한 조세회피행위를 효과적으로 방지하여 조세정의를 실현한다는 취지에서 증여가 아닌 명의신탁 행위를 증여로 의제하여 증여세를 부과하는 방법으로 조세회피 목적의 명의신탁 행위를 제재하겠다는 것이다. 상증세법에서 예정한 일반적인 증여로 인한 증여세와 명의신탁재산의 증여의제 규정에 따른 증여세는 그 형식이 증여세이나 위와 같은 본질적인 차이가 있다. 따라서 일반적인 증여세와 명의신탁재 산의 증여의제로 인한 증여세를 명확히 분리하여 규정하는 형식이 바람직할 것이나, 명의신 탁재산의 증여의제로 인한 증여세도 그 형식은 증여세이기 때문에 구 상증세법은 제4조 제1 항은 증여세 납세의무자라는 제목 하에 함께 규정하였다. 그러나 앞서 본 차이점 등을 고려 하여 볼 때, 구 상증세법 제4조 제1항 단서 전단 부분은 일반적인 증여에 적용되는 것으로, 후단 부분은 명의신탁재산의 증여의제로 인한 증여세에 적용되는 것으로 각각 분리하여 보 는 것이 타당하다(원고는 이와 달리 전단 부분과 후단 부분은 함께 해석되어야 하므로 전단 에 해당하지 않으면 후단에도 해당할 여지가 없다는 주장을 하나 받아들일 수 없다)... 원고 의 주장과 같이 해석한다면, 수증자가 영리법인인 경우 구 상증세법 제4조 제1항 단서 후단 으로 실제소유자에게 증여세를 부과할 수 있는 사안 자체를 상정할 수 없게 된다. 조세회피 목적의 명의신탁에는 조세를 회피하려는 명의신탁자와 조세회피를 위하여 자신의 명의를 빌 려준 명의수탁자가 존재하는데, 명의신탁 대상 재산은 명의신탁자 소유이므로 명의신탁자가 조세회피를 위하여 보다 적극적인 행위를 하게 됨이 보통인데, 수탁자가 영리법인이라는 이 유로 명의신탁자를 제재할 수 없다고 보는 것은 타당하지 못하다. 현행 상증세법은 명의신탁 재산의 증여의제로 인한 증여세에 관하여 명의신탁자에게 연대납부의무를 지우고 있다(제4 조의2 제5항). 이상의 사정을 종합하여 볼 때, 원고는 구 상증세법 제4조 제1항 단서 후단에 따라 실제 소유자로서 증여세를 납부할 의무가 있다고 해석하는 것이 타당하다'라고 판시하 여 위 주장을 받아들이지 않았다.

재산에 대하여 증여세를 납부할 의무가 있다'고 규정하여 명의신탁 증여의제의 경우에는 일반적으로 실제소유자가 증여세를 부담하도록 규정하여 구 상증세법(2015. 12. 15. 법률 제13557호로 개정된 것)의 태도와 동일하다. 따라서 이러한 의문은 현행 상증세법상으로는 문제가 되지 않는다고 할 것이다. 그리고 여기에서의 '실제소유자'란 실질적으로 명의자인 영리법인의 주식의 경제적 이익이 귀속되고 이로 인한 위험까지 부담하는 주체라고 볼 수 있다.[343]

2) 사채와 관련하여 명의신탁 증여의제 규정의 적용 여부

주식 및 기명사채가 상증세법 제45조의2 제1항 소정의 '권리의 이전이나 행사에 등기 등을 요하는 재산'에 해당함은 해석상 논란이 없다. 기명사채가 명의신탁 증여의제의 적용대상인지에 관하여 부정설과 긍정설을 개념상 상정할 수는 있으나, 구 상속세법 제32조의2(1974. 12. 21. 법률 제2691호로 개정된 것)에는 '재산에 대하여 신탁을 설정한 경우에 신탁법 제3조의 규정에 의하여 신탁재산인 사실을 등기 또는 등록하지 아니하거나 증권에 표시하지 아니하거나 주권과 사채권에 관하여는 또한 주주명부 또는 사채원부에 기재하지 아니하고 수탁자의 명의로 등기·등록·표시 또는 기재된 신탁재산은 당해 등기·등록·표시 또는 기재를 한 날에 위탁자가 그 신탁재산을 수탁자에게 증여한 것으로 본다'고 규정하여 사채원부가 전제가 되는 기명사채가 현행 상증세법상 명의신탁 증여의제 규정의 적용 대상이 된다는 것은 다툼의 여지가 없어 보인다.

한편, 무기명사채와 관련하여서는 공사채 등록법, 전자단기사채법 등과 관련하여 다음과 같이 생각해 볼 수 있다.

우선, 일반적인 무기명사채는 상증세법 제45조의2 제1항 소정의 '권리의 이전이나 행사에 등기 등을 요하는 재산'에 해당하지 않는다고 할 것이다.[344] 왜냐하면, 무기명사채의 경우에는 사채권의 교부가 양도의 효력요건이지만(상법 제65조, 민법 제534조), 대항요건에 관하여 상법 조항이 없어 사채원부의 명의개서가 대항요건이 아니기 때문에, 권리의 이전이나 행사에 등기 등을 요한다고 볼 수 없기 때문이다.

한편 무기명사채가 공사채 등록법상 등록된 경우 중 일괄등록된 경우[345]를 살

---

343) 즉 실제소유자란 주식의 명의신탁자라고 할 것이다.
344) 무기명사채가 명의신탁 증여의제의 적용대상인지에 관하여 부정설과 긍정설을 개념상 상정할 수는 있으나 긍정설을 찾아보기는 쉽지 않다.
345) 실무상 거의 모든 경우가 여기에 해당한다.

펴보자. 이와 관련하여 최근 공사채 등록법상 일괄등록 발행된 무기명식 무보증 사
모 전환사채와 관련하여, 위 무기명식 전환사채가 상증세법 제45조의2 제1항에서
규정하는 '권리의 이전이나 그 행사에 등기 등이 필요한 재산'에 해당하는지가 문
제된 사안에서, 조세심판원 2012. 11. 15.자 조심2012서2744 결정은 일괄등록된 무
기명 전환사채는 위 '등기 등이 필요한 재산'에 해당하지 않으므로 위 전환사채가
주식으로 전환되어 주주명부에 개서된 날을 명의신탁 증여의제 시기로 보아야 한
다는 입장을 취하였고,346) 위 결정 이후 청구인은 서울행정법원에 증여세 부과처분
취소의 소를 제기하였는바 서울행정법원(서울행정법원 2013. 8. 30. 선고 2013구합3818
판결)347)은 위 '등기 등이 필요한 재산'에 해당한다는 입장을 취하였다.348)

　　위 조세심판원 2012. 11. 15.자 조심2012서2744 결정과 서울행정법원 2013구합
3818 판결의 사안을 단순화하면 다음과 같다.

---

346) 조세심판원은 그 근거로 ① 무기명 채권의 경우에도 사채원부를 작성하나(상법 제488조 및
　　같은 조 제7호) 이는 채권의 종류, 수, 번호와 발행년월일을 기재하는 것으로서 사채권자의
　　성명과 주소 등이 기재되는 것은 아닌 점, ② 쟁점전환사채의 사채원부에 서○○○, 청구인
　　등의 성명과 주민등록번호 및 주소가 기재되어 있으나 이는 사채발행당시 청약자가 누구라
　　는 것을 관리하는 임의서식으로 보이는 점, ③ 쟁점전환사채가 일괄등록 발행분으로서 공사
　　채등록부상 사채권자가 각 개별 사채권자가 아닌 한국예탁결제원으로 기재되어 관리되는 것
　　으로 조사된 점, ④ 실제 각 사채권자가 누구인지를 확인하고자 하는 경우에는 한국예탁결제
　　원 등록부상에는 한국예탁결제원이 권리자로 기재되어 있으므로 한국예탁결제원이 아닌 관
　　련 금융기관으로 정보제공 요청 절차를 밟아야 하는 것으로 조사된 점 등을 들었고, 청구인
　　의 심판청구를 기각하였다.
347) 위 판결은 항소 없이 그대로 확정되었다.
348) 서울행정법원은 '공사채 등록법에 의하면, 공사채의 채권자, 질권자 및 기타 이해관계자는
　　지정된 등록기관에 그 권리를 등록할 수 있고(제4조 제2항), 등록한 공사채에 대하여는 채권
　　을 발행하지 아니하며 이미 발행된 경우에는 회수하여야 하고(제5조 제1, 2항), 등록한 무기
　　명식 공사채를 이전 등을 하는 경우 등록하지 아니하면 공사채의 발행자나 그 밖의 제3자에
　　게 대항하지 못한다(제6조 제1항)고, 자본시장법에 의하면, 증권 등의 발행인은 예탁자 또는
　　투자자의 신청에 의하여 이들을 갈음하여 예탁결제원을 명의인으로 하여 그 증권 등을 발행
　　또는 등록할 수 있다(제309조 제5항)고 규정하고 있다. 살피건대, 위 인정사실에 의하면 발행
　　인인 에○○은 한국예탁결제원에 이 사건 전환사채를 일괄등록하였으므로, 공사채 등록법에
　　따라 등록하지 아니하면 공사채의 발행자나 제3자에게 대항할 수 없는 효력이 발생한다. 따
　　라서 이 사건 전환사채는 공사채 등록법에 따라 증권의 교부에 의하지 아니하고 등록에 의하
　　여만 대항요건을 취득하게 되므로, 이때 명의신탁 증여의제에서 정한 권리의 이전이나 그 행
　　사에 등기 등이 필요한 재산에 해당한다'고 판시하였다. 그런데 서울행정법원은 '전환사채가
　　주식으로 전환된 경우 새로운 명의신탁관계가 형성되어 이때를 기준으로 증여세를 부과할
　　수 있는데, 이 사건 처분은 결국 주식으로 전환되어 명의개서된 시점을 증여시점으로 하여
　　이루어졌으므로 결과적으로 적법하다'는 이유로 원고의 청구를 기각하였다.

[사실관계]

1. A사는 2006. 12. 26. 다음과 같은 조건으로 전환사채를 발행하였다.

> ○ 사채의 종류 : 무기명식 전환사채
> ○ 사채의 권면총액과 발행총액 : 74억 원
> ○ 전환에 관한 사항
> − 전환비율 : 100%
> − 전환가액(원/주) : 4,020
> − 전환에 따라 발행할 주식의 종류 : 기명식 보통주
> − 전환청구기간 : 2007. 12. 26. ~ 2009. 11. 26.

2. 원고는 2006. 12. 26. A사에 전환사채 대금 10억 원을 납입하고, A사로부터 甲의 명의로 전환사채 36만 주(이 사건 전환사채)를 배정받았다. A사는 같은 날 발행 전환사채에 관하여 증권회사 등에 입고신청을 하고, 공사채 등록법 제4조 제2항, 자본시장법 제309조 제5항에 따라 이 사건 전환사채를 한국예탁결제원의 명의로 일괄 등록하였다.

3. 원고가 이 사건 전환사채를 전환청구기간 내인 2009. 5. 15. 주식으로 전환하여 36만 주의 주식을 취득하였는데, 그 중 26만 주(이 사건 주식)를 2009. 7. 13. 甲 명의로 명의개서하였다.

4. 서울지방국세청은 2012년경 甲에 대한 세무조사를 통하여 피고(영등포세무서장)에게 "명의신탁된 이 사건 전환사채에 관하여 A사의 주주명부에 甲의 주소와 성명이 기재된 2009. 7. 13.을 증여시기로 한다"고 세무조사결과를 통보하였고, 서울지방국세청은 2012. 1. 17. 원고에게 "원고가 2009. 7. 13. 甲에게 이 사건 주식을 명의신탁한 것으로 의제하여 증여세 약 5억 원을 부과하겠다"는 과세예고통지를 하였다.

5. 甲은 2012. 1. 30. "이 사건 전환사채는 주식으로의 전환이 예정되어 있는 재산이므로, 상증세법 제45조의2 제1항에 의한 '명의개서를 요하는 재산'으로 보아야 한다. 따라서 이 사건 전환사채를 취득한 날인 2006. 12. 26.이 속하는 연도의 다음 연도 말일의 다음날인 2008. 1. 1.이 이 사건 전환사채의 등기 등을 한 날이 되므로, 증여의제일은 2008. 1. 1.이다"는 취지의 과세전적부심사를 청구하였으나, 2012. 1. 30. 서울지방국세청으로부터 기각 결정을 받았다.

6. 피고는 2012. 4. 1. 세무조사결과에 따라 연대납세의무자(상증세법 제4조 제5항)인 원고에게 명의신탁 증여의제 대상 주식수를 26만 주, 1주당 가액을 약 6,000원으로 하여 증여세 약 5억 원(가산세 포함)을 경정·고지하였다(이 사건 처분).

7. 원고는 심판청구를 제기하였으나, 2012. 11. 15. 조세심판원으로부터 '㉮ 이 사건 전환사채는 무기명식 사채로서 공사채 등록법상 일괄등록되었다고 하더라도 상증세법 제45조의2 제1항 소정의 '권리의 이전이나 그 행사에 등기등이 필요한 재산'에 해당한다고 볼 수 없다. ㉯ 전환사채 일괄등록일(2006. 12. 26.)을 명의신탁 증여의제일로 볼 수 없고 이 사건 주식과 관련하여, 위 주식에 관하여 B 명의로 명의개서한 날을 명의신탁일로 보아야 한다. ㉰ 피고가 무기명 전환사채가 주식으로 전환되어 주주명부에 개서된 날을 명의신탁 증여의제 시기로 보아 과세한 이 사건 처분은 적법하다'는 이유로 기각결정을 받았다.

[사건의 쟁점]

Q1 : 공사채 등록법상 일괄등록된 무기명식 전환사채가 상증세법 제45조의2 제1항의 적용 대상인지 여부

Q2 : 전환사채가 주식으로 전환된 경우 : 상증세법 제45조의2 제1항의 적용 대상인지 여부

Q3 : 이 사건 처분의 적법 여부 : 중복 과세의 문제와 관련하여

☞ [전환사채와 연관된 쟁점과 관련한 답]은 아래 6. 마.에서[349)]

살피건대, 공사채의 발행자는 공사채와 관련하여 등록기관[350)]에 한국예탁결제원 명의로 등록을 하고, 거래는 예탁자계좌부에 계좌 간 대체 기재에 의하여 처리된다.[351)] 만약 여기에 명의신탁이 있을 경우에는 투자자계좌부[352)]의 투자자 명의가 명의수탁자 명의로 기재되고, 이에 따라 예탁자계좌부 중 투자자 예탁분[353)]에도 명의수탁자 명의가 기재될 것이다. 공사채 등록법상 등록한 공사채에 대하여는 채권을 발생하지 아니하지만,[354)] 투자자계좌부나 예탁자계좌부의 기재는 채권 점유의 효력[355)]이 있고, 계좌 간 대체의 기재를 하면 채권 교부의 효력[356)]이 있다. 그리고 등록한 무기명식 공사채를 이전하거나 담보권의 목적으로 하는 등의 경우에 그 사

---

349) 이는 전환사채의 주식 전환과 관련한 명의신탁 증여의제 규정과 관련하여 중요하므로 아래 6. 마.에서 그 답을 살펴보기로 한다.

350) 한국예탁결제원이다.

351) 자본시장법 제311조 제2항.

352) 자본시장법 제310조 제1항.

353) 자본시장법 제309조 제3항.

354) 공사채 등록법 제5조 제1항.

355) 자본시장법 제311조 제1항.

356) 자본시장법 제311조 제2항.

실을 등록하지 아니하면 공사채의 발행자나 제3자에게 대항하지 못하므로, 일괄등록된 무기명사채의 경우 등록이 대항요건이 된다. 따라서 공사채 등록법에 따라 일괄등록된 사채의 경우에는 채권의 교부에 의하지 아니하고 등록에 의하여만 대항요건을 취득하게 되므로, 이는 명의신탁 증여의제에서 정한 권리의 이전이나 그 행사에 등기 등이 필요한 재산에 해당한다고 봄이 상당하다. 따라서 일괄등록된 무기명사채에는 상증세법 제45조의2 제1항이 적용된다고 할 것이다. 따라서 조세심판원의 위 결정은 잘못되었고 서울행정법원의 위 판결이 타당하다고 봄이 상당하다.

만약 무기명사채가 공사채 등록법상 등록된 경우 중 일괄등록이 아니라 개별등록된 예외적인 경우에는 한국예탁결제원이 아니라 채권자 본인 명의로 등록이 되므로 위 등록 명의자에 관한 명의신탁이 가능하므로 역시 위 상증세법 제45조의2 제1항이 적용된다고 보아야 한다.

그리고 무기명사채가 전자단기사채법상 전자단기사채인 경우에는 등록을 하면, 투자자들은 그의 명의로 등록된 권리를 단독으로 가지게 되고, 전자증권제도는 별도의 점유이전이나 교부로 의제하는 조항 없이 바로 등록 자체를 권리를 이전하는 유효요건으로 보고 있기 때문에 위 등록은 그 자체로 권리이전의 유효요건이 된다. 따라서 이 경우도 위 상증세법 제45조의2 제1항이 적용된다고 보아야 한다.

또한 무기명사채가 2019년 시행될 예정인 전자증권법상 사채 및 단기사채인 경우에도 전자등록을 하면 전자단기사채법상의 논의와 동일하게 전자등록이 양도의 효력발생요건이 되므로 위 상증세법 제45조의2 제1항이 적용된다고 보아야 한다.

차명사채에 관한 위와 같은 논의를 정리하면 다음 표와 같게 된다.

[차명사채와 상증세법 제45조의2 적용 유무]

구분	근거	사채원부 유무	상증세법 제45조의2 적용 유무
기명사채	상법 제479조 제1항("기명사채의 이전은 취득자의 성명과 주소를 사채원부에 기재하고 그 성명을 채권에 기재하지 아니하면 회사 기타의 제3자에게 대항하지 못한다.")	○	○
무기명사채	민법 제523조("무기명채권은 양수인에게 그 증서를 교부함으로써 양도의 효력이 있다.")	○	×

공사채 등록법상 등록된 기명사채	공사채 등록법 제6조 제2항("등록한 기명식 공사채를 이전하거나 담보권의 목적으로 하거나 신탁재산으로 위탁한 경우에는 그 사실을 등록하고 발행자가 비치한 공사채원부에 그 사실을 기록하지 아니하면 그 공사채의 발행자나 그 밖의 제3자에게 대항하지 못한다.")	○	○
공사채 등록법상 등록된 무기명사채	공사채 등록법 제6조 제1항("등록한 무기명식 공사채를 이전하거나 담보권의 목적으로 하거나 신탁재산으로 위탁한 경우에는 그 사실을 등록하지 아니하면 그 공사채의 발행자나 그 밖의 제3자에게 대항하지 못한다.")	○	일괄등록357) : ○ 개별등록 : ○
전자 단기사채법상 등록된 전자 단기사채	전자단기사채법 제13조("② 전자단기사채등을 양도하는 경우에는 제9조에 따라 해당 전자단기사채등을 계좌 간 대체하는 등록을 하여야 그 효력이 발생한다. ③ 전자단기사채등을 질권의 목적으로 하는 경우에는 제10조에 따라 질권을 설정하는 등록을 하여야 그 효력이 발생한다. ④ 전자단기사채등의 신탁은 「신탁법」 제3조 제2항에도 불구하고 제11조에 따라 해당 전자단기사채등이 신탁재산이라는 사실을 등록하여야 제3자에게 대항할 수 있다.")	× (전자단기사채 법 제31조)	○
전자증권법 (2019. 9. 16. 시행예정)	전자증권법 제35조("② 전자등록주식등을 양도하는 경우에는 제30조에 따른 계좌 간 대체의 전자등록을 하여야 그 효력이 발생한다. ③ 전자등록주식등을 질권의 목적으로 하는 경우에는 제31조에 따른 질권 설정의 전자등록을 하여야 입질의 효력이 발생한다. 이 경우 「상법」 제340조 제1항에 따른 주식의 등록질의 경우 질권자의 성명을 주권에 기재하는 것에 대해서는 그 성명을 전자등록계좌부에 전자등록하는 것으로 갈음한다. ④ 전자등록주식등의 신탁은 제32조에 따라 해당 전자등록주식등이 신탁재산이라는 사실을 전자등록함으로써 제3자에게 대항할 수 있다.")	일반적 : ○, 단기사채 : × (전자증권법 제60조)	○

357) 앞서 본 바와 같이 조세심판원은 이 경우 상증세법 제45조의2가 적용되지 않는다는 입장이고, 서울행정법원은 적용된다는 입장이다.

3) 거주자가 비거주자에게 해외 법인 주식을 명의신탁한 경우와 관련하여

거주자가 비거주자에게 국외에 있는 재산을 증여한 경우에는 국제조세조정법 제21조[358])에 의하여 증여자가 증여세를 납부할 의무가 있다. 그런데 거주자가 비거주자에게 해외법인 주식을 증여한 것이 아니라 명의신탁한 경우라면 위 조항을 근거로 명의신탁자인 거주자에게 증여세를 부과할 수 있을 것인지가 문제된다.

이러한 논점이 정면으로 문제된 판결은 대법원 2018. 6. 28. 선고 2018두35025 판결이다. 위 판결에서는 국내 거주자인 원고가 비거주자인 장녀, 차남 등에게 홍콩 소재 법인 발행 주식을 명의신탁하였는지 여부가 다투어졌는데, 대법원은 만약 위 주식을 명의신탁하였다고 하더라도 명의신탁자인 원고에 대하여 명의신탁을 근거로 증여세를 부과할 수는 없다고 판시하였다.

그 이유는 다음과 같다. 즉 "구 국제조세조정법(2010. 1. 1. 법률 제9914호로 개정되기 전의 것) 제21조[359])는 거주자가 비거주자에게 국외에 있는 재산을 증여하는 경우 증여자에

---

358) 국제조세조정에 관한 법률 제21조(국외 증여에 대한 증여세 과세특례) ① 거주자가 비거주자에게 국외에 있는 재산을 증여(증여자의 사망으로 인하여 효력이 발생하는 증여는 제외한다)하는 경우 그 증여자는 이 법에 따라 증여세를 납부할 의무가 있다. 다만, 수증자가 증여자의 「국세기본법」 제2조 제20호에 따른 특수관계인이 아닌 경우로서 해당 재산에 대하여 외국의 법령에 따라 증여세(실질적으로 이와 같은 성질을 가지는 조세를 포함한다)가 부과되는 경우(세액을 면제받는 경우를 포함한다)에는 증여세 납부의무를 면제한다.
② 제1항 본문을 적용할 때 증여재산의 가액은 증여재산이 있는 국가의 증여 당시의 현황을 반영한 시가(시가)에 따르되 그 시가의 산정에 관한 사항은 대통령령으로 정한다. 다만, 시가를 산정하기 어려울 때에는 해당 재산의 종류, 규모, 거래 상황 등을 고려하여 대통령령으로 정하는 방법에 따른다.
③ 제1항 본문과 제2항을 적용할 때 외국의 법령에 따라 증여세를 납부한 경우에는 대통령령으로 정하는 바에 따라 그 납부한 증여세에 상당하는 금액을 증여세 산출세액에서 공제한다.
④ 제1항에 따라 증여세를 과세하는 경우에는 「상속세 및 증여세법」 제4조의2 제1항 및 제3항, 제47조, 제53조, 제56조부터 제58조까지, 제68조, 제69조 제2항, 제70조부터 제72조까지 및 제76조를 준용한다.
359) 구 국제조세조정에 관한 법률(2010. 1. 1. 법률 제9914호로 개정되기 전의 것) 제21조(국외 증여에 대한 증여세 과세특례) ① 거주자가 비거주자에게 국외에 있는 재산을 증여(증여자의 사망으로 인하여 효력이 발생하는 증여를 제외한다)하는 경우에는 상속세및증여세법 제4조 제2항의 규정에 불구하고 증여자는 이 법에 의하여 증여세를 납부할 의무가 있다. 다만, 당해 재산에 대하여 외국의 법령에 의하여 증여세(실질적으로 이와 동일한 성질을 가지는 조세를 포함한다)가 부과되는 경우(세액을 면제받는 경우를 포함한다)에는 그러하지 아니하다.
② 제1항의 규정을 적용함에 있어서 증여재산의 가액은 증여재산이 소재하는 국가의 증여당시의 현황을 반영한 시가에 의하되 그 시가의 산정에 관한 사항은 대통령령으로 정한다. 다만, 시가를 산정하기 어려울 때는 당해 재산의 종류·규모·거래상황등을 참작하여 대통령령이 정하는 방법에 의한다.

게 증여세 납세의무를 지우면서(제1항 본문), 증여세 과세대상, 증여세과세가액, 세율 등에 관한 상증세법의 여러 규정을 열거하여 준용하고 있으나, 실질적인 재산의 무상 이전 없이도 상증세법 규정에 의하여 증여로 의제되는 '명의신탁 증여의제'에 관한 규정은 준용하지 않고 있다(제3항[360])). 위와 같은 법률 규정의 문언과 체계 등을 종합하면, 상증세법 규정에 따라 비로소 증여로 의제되는 명의신탁은 구 국제조세조정법 제21조의 특례규정에 따라 증여세 과세대상이 되는 국외 증여에 포함되지 않는다고 보아야 한다"는 것이다.

즉 위 대법원 판결은 구 국제조세조정법에 대하여 문리해석을 하면서 구 국제조세조정법 제21조 제3항은 명의신탁 증여의제 규정이 상증세법 제45조의2를 준용하지 않으므로, 거주자가 해외 소재 주식을 비거주자에게 명의신탁하더라도 구 국제조세조정법 제21조 제1항을 적용하여 증여세를 부과할 수 없다고 판시한 것이다. 그리고 위 대법원 판결의 논리는 구 국제조세조정법 뿐만 아니라 현행 국제조세조정법 제21조가 적용되는 경우에도 그대로 적용될 것이다.

다. 주식 – 주주명부, 실질주주명부, 주식등변동상황명세서와 관련하여

그리고 주식의 명의신탁 증여의제 시기는 명의개서가 이루어진 날을 의미하는데, 이는 주주명부에 취득자의 주소와 성명을 기재한 때를 의미한다.[361] 그리고 앞서 第2節 3.에서 살펴본 바와 같이, 상장주식의 경우에는 예탁결제 제도와 결합하여 주주명부에는 한국예탁결제원 명의로 등재되므로 실질주주명부[362])에 명의수탁자 명의로 명의개서가 이루어진 날을 명의신탁 시기로 볼 수 있다.

또한 주주명부나 사원명부를 비치하지 않고 있는 비상장회사의 경우에는 납세지 관할세무서장에게 제출한 주주 등에 관한 서류 및 주식등변동상황명세서에 의

---

③ 제1항의 규정에 의하여 증여세를 과세하는 경우에는 상속세및증여세법 제2조, 제47조, 제53조, 제56조 내지 제58조, 제68조, 제69조 제2항, 제70조 내지 제72조, 제76조, 제78조 제1항·제2항 및 제81조 제1항의 규정을 준용한다.

360) 현행 국제조세조정법 제21조 제4항에 해당한다.
361) 상법 제337조.
362) 일반적으로 증권회사를 통하여 거래되는 주식은 전부 한국예탁결제원에 예탁된 주식으로서 특정시점에 상장법인의 주주명부를 보면 대부분의 주식은 한국예탁예탁원이 주주로 등재되어 있다. 그러나 실제주주는 증권회사의 증권고객계좌부에 기재된 사람들인바, 한국예탁결제원 명의로 되어 있는 주식의 실질주주를 가려내기 위하여 자본시장법 제316조 제1항은 실질주주명부를 작성·비치하도록 규정하고 있다. 그리고 실질주주명부에의 기재는 주주명부에의 기재와 같은 효력을 가지므로(자본시장법 제316조 제2항), 이 경우 실질주주명부상 주주는 주주명부상 주주와 동일하게 주주권을 행사할 수 있게 된다(대법원 2017. 3. 23. 선고 2015다248342 전원합의체 판결 등 참조).

하여 명의개서 여부를 판정한다.363) 한편 2004. 1. 1. 이후 주식등변동상황명세서 등을 제출하였고, 이에 따라 명의개서 여부가 판정되었다면, 그 제출일에 명의신탁 증여의제 요건이 완성되었다고 보아야 하고 이로 인한 증여세 납세의무가 2004. 1. 1. 이후 성립된 경우이므로, 명의신탁 약정의 체결이나 주식 등의 인도가 그 이전에 있었다고 하더라도, 구 상증세법 제45조의2 제3항, 제1항이 적용되어 증여세를 과세할 수 있다고 보아야 한다.364)

2019년 9월경에 시행될 예정인 전자증권법상 전자등록된 주식의 경우에는 전자등록계좌부(고객계좌부, 계좌관리기관등 자기계좌부 등)상의 명의 및 주주명부상의 명의와 실제소유자가 다른 경우에 위 명의신탁 증여의제 규정이 적용될 것이다.365)

5. 조세회피목적

가. 일반적인 논의

상증세법 제45조의2 규정의 입법취지는 명의신탁제도를 이용한 조세회피행위를 방지하기 위하여 그러한 명의신탁에 대한 제재를 가하는 것이고, 조세회피목적이 없으면 그 적용이 없다고 보아야 한다. 이와 관련하여 상증세법 제45조의2 제1항 단서 및 같은 항 제1호에 의하면, '조세 회피의 목적 없이 타인의 명의로 재산의 등기 등을 하거나 소유권을 취득한 실제소유자 명의로 명의개서를 하지 아니한 경우'는 명의신탁재산의 증여의제가 되지 않는다. 한편, 같은 조 제3항에서는 타인의 명의로 재산의 등기 등을 한 경우 및 실제소유자 명의로 명의개서를 하지 아니한 경우에는 조세회피목적이 있는 것으로 추정하고 있고, 다만 같은 항 단서 및 각 호366)에서는 조세회피목적이 있는 것으로 추정하지 않는 것을 나열하고 있다.

---

363) 상증세법 제45조의2 제4항. 그리고 판례(대법원 2017. 5. 11. 선고 2017두32395 판결)는 위와 같은 경우 증여의제일이 주식등변동상황명세서에 기재된 주식의 양도일이나 취득일이 아니라 주식등변동상황명세서가 관할 세무서장에게 제출된 날이라고 본다는 점은 앞서 第2節 1.에서 본 바와 같다.
364) 대법원 2018. 6. 28. 선고 2018두36172 판결.
365) 고객계좌부상의 주식 명의인과 주주명부상의 주식 명의인이 일치하게 될 것이라는 점도 앞서 第2節 3.에서 본 바와 같다.
366) 상속세 및 증여세법 제45조의2(명의신탁재산의 증여 의제) ③ 타인의 명의로 재산의 등기등을 한 경우 및 실제소유자 명의로 명의개서를 하지 아니한 경우에는 조세 회피 목적이 있는 것으로 추정한다. 다만, 실제소유자 명의로 명의개서를 하지 아니한 경우로서 다음 각 호의

한편 '조세회피목적'에서 말하는 '조세'는 증여세뿐만 아니라 국세, 지방세, 관세 등 모든 조세를 말한다(상증세법 제45조의2 제6항). 이 점은 이미 앞서 지적한 대로이다.

나. 판단 기준

명의신탁을 한 결과 이를 하지 않았을 때와 비교하여 조세부담이 줄어들 경우에는 조세회피가 있었다고 할 수 있다. 즉 여기서 말하는 조세회피는 절세나 조세포탈과 구별되는 의미에서 '조세회피(tax avoidance)'와 반드시 같은 의미가 아니며, 그 수단에 구애받지 않고 좀 더 단순히 세금 부담을 줄였다는 정도의 의미를 갖는다. 소송에서 납세자는 세금을 줄이려던 것이 아니라 다른 목적, 예컨대 상법상 발기인 수 충족을 위하거나[367] 코스닥 등록요건을 충족하려 하거나, 한 사람당 대출한도 제한이 있어 사업상 추가 대출을 받기 위한 목적에서 명의신탁을 하였다고 주장하기도 한다.

이와 같이 명의신탁의 목적에 조세회피목적이 포함되어 있지 않은 경우에는 명의신탁 증여의제로 증여세를 부과할 수 없는데, 조세회피목적이 없었다는 점에 관한 입증책임은 이를 주장하는 명의수탁자[368] 또는 명의신탁자[369]에게 있다. 이하에

어느 하나에 해당하는 경우에는 조세 회피 목적이 있는 것으로 추정하지 아니한다.

1. 매매로 소유권을 취득한 경우로서 종전 소유자가 「소득세법」 제105조 및 제110조에 따른 양도소득 과세표준신고 또는 「증권거래세법」 제10조에 따른 신고와 함께 소유권 변경 내용을 신고하는 경우
2. 상속으로 소유권을 취득한 경우로서 상속인이 다음 각 목의 어느 하나에 해당하는 신고와 함께 해당 재산을 상속세 과세가액에 포함하여 신고한 경우. 다만, 상속세 과세표준과 세액을 결정 또는 경정할 것을 미리 알고 수정신고하거나 기한 후 신고를 하는 경우는 제외한다.
   가. 제67조에 따른 상속세 과세표준신고
   나. 「국세기본법」 제45조에 따른 수정신고
   다. 「국세기본법」 제45조의3에 따른 기한 후 신고

367) 2001. 7. 24. 개정되기 전의 구 상법 제288조는 주식회사의 설립시 3인 이상, 1995. 12. 29. 개정되기 전의 구 상법 제288조는 7인 이상의 발기인이 있어야 한다는 규정을 두고 있었다.
368) 상증세법이 2018. 12. 31. 개정되기 전 구 상증세법 하에서는 구 상증세법 제45조의2 제1항에 의하여 명의수탁자에게 증여한 것으로 의제되어 명의수탁자에게 증여세가 부과되었으므로, 이런 경우는 명의수탁자가 조세회피목적의 부존재를 입증하여야 한다.
369) 상증세법이 2018. 12. 31. 개정되기 전 구 상증세법 하에서 명의신탁자는 증여세에 대한 연대 납세의무를 부담하였고(구 상증세법 제4조의2 제5항 제4호), 현행 상증세법이 2018. 12. 31. 개정되면서 제4조의2 제2항에서 '제1항에도 불구하고 제45조의2에 따라 재산을 증여한 것으로 보는 경우(명의자가 영리법인인 경우를 포함한다)에는 실제소유자가 해당 재산에 대하여 증여세를 납부할 의무가 있다'고 규정하여 명의신탁자만이 증여세 납세의무를 부담하게 되

서는 주식 및 사채의 명의신탁으로 회피가능한 조세에는 어떤 것이 있는지 등을 살펴보고 조세회피목적에 대한 판례의 변화를 살펴본다.

주식이나 사채 명의신탁으로 조세를 회피할 수 있는 경우로 들어지는 것들은 대체로 다음과 같다.

① 상속세 부담의 회피를 위하여 : 상속재산에 포함되지 않는 것으로 보이게 할 수 있다.

② ㉮ 상장법인의 주식양도에 따른 양도소득세를 회피하기 위하여 : 일정 범위의 대주주만이 납세의무를 지므로 대주주 아닌 사람이 보유한 주식처럼 보이게 할 수 있다.

㉯ 특정주식의 요건을 피함으로 인한 양도소득세를 회피하기 위하여 : 법인의 자산총액 중 부동산 등의 비율이 50% 이상인 법인의 과점주주가 그 법인의 주식 등의 50% 이상을 과점주주 외의 자에게 양도하는 경우에 해당 주식 등은 양도소득세의 과세대상이 되는바, 이런 경우 양도소득세의 부담을 줄이기 위하여 차명주식을 이용할 수 있다.[370]

③ 과점주주의 제2차 납세의무 또는 간주취득세를 회피하기 위하여 : 일정 비율 이상의 주식을 보유한 사람만이 이러한 세금 부담을 지므로 그에 해당하지 않을 정도로 주식이 분산된 것처럼 보이게 할 수 있다.

④ 이자나 배당소득으로 인한 금융소득 종합과세 또는 누진세율 적용을 회피하기 위하여 : 이자, 배당소득금액이 일정 금액을 넘을 때만 문제되므로, 사채나 주식을 다른 사람 명의로 보유할 경우 각 명의자별로는 그러한 일정 금액을 넘지 않는 것처럼 보이게 할 수 있다.

⑤ 주식의 할증평가를 회피하기 위하여 : 상속세를 과세하기 위하여는 상속재산의 가액을 정확하게 평가하여야 하는데, 상증세법 제63조 제1항 제1호 가목에서는 주식 등의 평가방법이 규정되어 있다. 예컨대, 주권상장법인의 주식은 원칙적으로 평가기준일 이전 및 이후 각 2개월 동안 공표된 매일의 거래소 최종시세가액의 평균액이 되는데,[371] 상증세법 제63조 제3항에서는 '법인의 최대주주 또는 최대출

었다. 따라서 위와 같은 경우는 명의신탁자가 조세회피목적의 부존재를 입증하여야 한다.

370) 소득세법 제94조 제1항 제4호 다목, 제104조 제1항 제1호.
371) 예외적으로 다만, 상증세법 제38조에 따라 합병으로 인한 이익을 계산할 때 합병(분할합병을 포함한다)으로 소멸하거나 흡수되는 법인 또는 신설되거나 존속하는 법인이 보유한 상장주식의 시가는 평가기준일 현재의 거래소 최종 시세가액으로 한다(상증세법 제63조 제1항 제1호 가목).

자자 및 그의 특수관계인에 해당하는 주주 등의 주식 등[372])에 대해서는 그 가액의 100분의 20[373])을 가산하되, 최대주주 등이 해당 법인의 의결권 있는 발행주식총수 또는 출자총액의 100분의 50을 초과하여 보유하는 경우에는 100분의 30[374])을 가산한다'고 규정하고 있다. 위와 같이 최대주주에 대한 할증평가 등의 요건을 벗어나거나 주식의 소유비율을 낮추기 위하여 차명주식을 이용할 수 있다.

⑥ 주식 발행법인이나 그 밖의 사람들과 사이에 특수관계가 성립하는 것을 피하기 위하여 : 주식을 일정 비율 이상 보유하여야 특수관계가 생기므로, 그에 해당하지 않는 것처럼 보이게 할 수 있다.

그리고 주식 및 사채의 명의신탁이 조세회피목적이 아닌 경우로는, 여러 가지를 생각하여 볼 수 있겠지만, 현재까지 실제 사례를 통하여 드러난 것들을 들자면 다음과 같다. 상법이 정하는 최소 발기인 수를 충족하기 위한 경우, 금융회사 임직원이 자신 명의로 주식을 매수할 수 없을 경우, 이른바 '작전세력' 등을 동원하여 차명으로 회사의 주가 관리를 위한 경우, 감독기관 등의 행정규제 회피를 위한 경우, 기업투자 체류자격 취득을 위한 경우,[375]) 다른 회사의 주식 인수를 위한 자격을 갖추기 위한 경우,[376]) 투자원리금의 반환을 담보하기 위한 양도담보의 목적으로 유상증자에 참여하기 위한 경우,[377]) 회사업무처리 절차상의 번거로움을 회피하기 위

---

372) 평가기준일이 속하는 사업연도 전 3년 이내의 사업연도부터 계속하여 결손금이 있는 법인의 주식 등은 제외한다.
373) 중소기업의 경우에는 100분의 10으로 한다.
374) 중소기업의 경우에는 100분의 15로 한다.
375) 외국인은 출입국관리법상의 체류자격과 체류기간의 범위에서 대한민국에 체류할 수 있는데, 기업투자(D-8) 체류자격의 1회 체류기간의 상한은 2년 또는 5년으로 다른 체류자격에 비하여 높다. 국내 체류자격 취득{출입국관리법 소정의 기업투자(D-8) 체류자격}을 위하여 주식에 대한 차명거래를 하는 경우가 있을 수 있다.
376) 다른 회사의 주식을 인수함에 있어서 인수자격을 일정 자격을 갖춘 2인 이상의 개인과 컨소시엄을 구성하고 공동명의로 참여할 개인 또는 법인으로 제한하였으며, 컨소시엄 구성 신청자는 최저 일정한 비율 이상의 주식을 인수하도록 제한한 경우가 있을 수 있다(대법원 2006. 6. 9. 선고 2005두14714 판결의 사안). 이러한 경우에 실질적으로 1인이 모두 다른 회사의 주식을 인수함에도 자격을 갖춘 2인 이상의 개인과 함께 인수에 참여하여야 하고, 위 2인 이상의 자격자가 이 회사의 주식 중 일정비율 이상을 의무적으로 인수하여야 하므로 위 자격자들에게 인수할 주식의 명의를 차용할 수 있다.
377) 회사가 유상증자를 실시하는 과정에서, 회사의 대주주가 위 유상증자에 참여하기 위한 자금을 조달하기 위하여 대부업체와 사이에 자금조달약정을 체결하고, 대부업체가 투자자들로부터 자금을 조달해왔는데, 대주주가 투자자들로 하여금 그들이 지정하는 제3자 명의로 유상증자에 참여하게 하여 신주를 배정받는 경우가 있을 수 있다(대법원 2012. 5. 24. 선고 2012두4326 판결의 사안인데, 위 사안에서는 위 제3자 중 한 명이 투자자의 모친이었다). 만약 이러

한 경우 등이 있다.378)

다. 조세회피목적과 관련한 판례의 태도

1) 판례의 태도 분석

대법원 1995. 11. 14. 선고 94누11729 판결에서 소위 제재설로 입장을 정한 이후 '조세회피목적'이 없다고 인정된 사례는 거의 없었고, 대부분은 '명의신탁의 주된 목적이 다른 데에 있다거나 사소한 조세차질에 불과하다'는 납세자의 주장을 배척하였다. 즉 대법원은 조세회피목적에 관한 추정이 깨어지는 경우를 극도로 제한하여 결과적으로 조세회피목적의 존재를 상당히 쉽게 인정하였던 것이다.379) 이러한 판례의 동향에 대하여는 명의신탁이 조세회피목적이 아닌 다른 이유에서 이루어졌더라도 장래 조세회피 가능성이 추상적으로 존재한다는 이유로 조세회피목적을 인정한다는 것은 조세회피 가능성을 조세회피목적과 동일시하는 것이고, 결과적으로 사실상 모든 명의신탁에 대하여 증여로 의제하는 것이어서, 조세회피목적이 있는 경우에 한하여 증여세를 부과한다는 헌법재판소 1989. 7. 21. 선고 89헌마38 결정의 취지에 반한다는 비판이 제기되었다.380)

이러한 판례 경향에 대한 중요한 전환점이 된 것이 대법원 2006. 5. 12. 선고 2004두7733 판결이다. 이 판결은, '조세회피목적'의 부존재에 대한 증명을 사실상 불가능하게 하던 그 동안의 판례의 태도를 완화하여 다음과 같이 판시하고 있다.

'명의신탁이 조세회피목적이 아닌 다른 이유에서 이루어졌음이 인정되고 그 명의신탁에 부수하여 사소한 조세경감이 생기는 것에 불과하다면 그와 같은 명의신탁에 조세회피목적이 있었다고 볼 수 없고, 단지 장래 조세경감의 결과가 발생할 수 있는 가능성381)이 존재할 수 있다는 막연한 사정으로 달리 볼 것은 아니다.'

한 거래 형태에 대하여, 대주주가 신주의 실제소유자이고 투자자에게 신주에 관하여 주식 명의신탁을 하였다고 볼 수 없고, 투자자들이 투자원리금의 반환을 담보하기 위한 양도담보의 목적에서 인수한 주식(위 사안에서는 일부 투자자가 모친 명의로 주식을 인수함)을 배정받았던 경우가 있을 수 있다.

378) 위의 구체적 사례에 대하여는 아래 第2章 第2節에서 자세히 살펴본다.
379) 조윤희, 앞의 논문, 896.
380) 윤지현, "주식 명의신탁에 관한 증여의제 규정의 적용요건에 관하여 – 대법원 2004두7733 판결, 2006. 5. 12. 선고 및 대법원 2004두132936 판결, 2006. 5. 25. 선고를 중심으로 –", 조세 제219호, 조세통람사(2006), 82–85.
381) 위 판례에서는 배당소득으로 인한 종합소득세의 회피가능성이 문제되었다.

이는 기존 판례에서 사실상 불가능하였던 조세회피목적 추정의 번복을 가능하게 하는 일정한 요건을 제시하였다. 그리고 위와 같은 판결의 경향은 대법원 2006. 5. 25. 선고 2004두13936 판결, 대법원 2006. 6. 9. 선고 2005두14714 판결, 대법원 2006. 6. 29. 선고 2006두2909 판결 등으로 이어졌다.[382]

그러나 위 판결들 이후 다시 몇 개월 만에 선고된 대법원 2006. 9. 22. 선고 2004두11220 판결은 다시,

> '조세회피목적이 없었다는 점에 대하여는 조세회피목적이 아닌 다른 목적이 있었음을 증명하는 등의 방법으로 입증할 수 있다 할 것이나, 입증책임을 부담하는 명의자로서는 명의신탁에 있어 조세회피목적이 없었다고 인정될 정도로 조세회피와 상관없는 뚜렷한 목적이 있었고, 명의신탁 당시에나 장래에 있어 회피될 조세가 없었다는 점을 객관적이고 납득할 만한 증거자료에 의하여 통상인이라면 의심을 가지지 않을 정도의 입증을 하여야 할 것이다.'

라고 판시하기도 하는 등 개별적 사건에서 대법원은 여전히 종전의 입장으로 돌아간 것처럼 보이는 경우도 있다. 그 이후 선고된 대법원 2009. 4. 9. 선고 2007두19331 판결을 보자. 여기서는

> '명의신탁 증여의제 규정의 입법 취지는 명의신탁제도를 이용한 조세회피행위를 효과적으로 방지하여 조세정의를 실현한다는 취지에서 실질과세원칙에 대한 예외를 인정한 데에 있으므로, 명의신탁이 조세회피목적이 아닌 다른 이유에서 이루어졌음이 인정되고 그 명의신탁에 부수하여 사소한 조세경감이 생기는 것에 불과하다면 그와 같은 명의신탁에 조세회피목적이 있었다고 단정할 수는 없다. 그러나 위와 같은 입법 취지에 비추어 볼 때 명의신탁의 목적에 조세회피목적이 포함되어 있지 않은 경우에만 위 조항 단서를 적용하여 증여의제로 의율할 수 없는 것이므로 다른 주된 목적과 아울러 조세회피의 의도도 있었다고 인정되면 조세회피목적이 없다고 할 수 없다. 그리고 이때 조세회피목적이 없었다는 점에 관한 증명책임은 이를 주장하는 명의자에게 있다.'

고 판시하였다. 여기서는 조세회피목적 추정의 번복을 인정할 수 있는 가능성을 설시하면서도, 여전히 개별적 사건에서 그러한 가능성이 충족되기 위한 요건을 까다

---

382) 조윤희, 앞의 논문, 897.

롭게 유지하려고 하는 입장도 함께 보여준다. 그 전에 선고된 대법원 2008. 11. 27. 선고 2007두24302 판결은 위 대법원 2004두7733 판결에서 제시된 추정 번복의 가능성을 그대로 인정하면서, 조세회피의 '막연한 가능성'이나 '사소한 조세경감'은 그러한 추정 번복에 장애가 되지 않는다는 입장을 취한다.

결론적으로 위와 같은 일련의 판례들에 의할 때 분명하다고 여겨지는 내용들을 요약하자면 다음과 같다.

① '조세회피목적'에 대한 판례 태도는 2006년에 중요한 전환점을 맞는다. 이에 따를 때 가장 중요한 것은 명의신탁이 조세회피가 아닌 다른 이유에서 이루어졌음이 인정되는지 여부이다. 그러한 것이 분명하지 않다면 추정은 깨어지지 않는다.

② 그러한 다른 이유의 존재가 증명되는 경우에도, 세금을 줄이려는 목적이 함께 존재하는 경우라면, 역시 조세회피목적의 추정은 깨어지지 않는다. 다만 줄이려는 세금이 '사소한 조세경감'으로 평가할 수 있는 것이라면, 이는 조세회피목적의 추정이 깨어지는 데 장애가 되지 않는다. '사소한 조세경감'이 무엇을 가리키는지, 그 양적 기준이 무엇인지에 관한 대법원의 입장은 지금껏 제시되지 않고 있다.

③ 조세회피 외의 다른 목적이 인정되고, 조세회피목적까지는 인정되지 않더라도 장래 조세회피가 일어날 추상적 가능성이 남아 있는 경우가 있다. 대법원의 표현에 따르면 이때 그러한 가능성이 '단지 장래에 조세경감의 결과가 발생할 수 있는 가능성이 있다는 막연한 사정'에 불과하다면 조세회피목적의 추정이 깨어지는 데 장애가 되지는 않는다. 어떤 가능성이 '막연한' 것인지도 한 마디로 이야기하기는 쉽지 않으나, 특히 과점주주의 제2차 납세의무와 같은 것은 당장 조세 체납의 가능성이 분명히 드러나 있지 않은 상황이라면 그러한 '막연한' 가능성에 불과하다고 볼 여지가 있다.383)

---

383) 대법원 2008. 10. 23. 선고 2008두2729 판결. 위 판결의 사실관계는 다음과 같다.
　　　甲은 2001년 A사의 주식 115,000주를 그 명의로 취득한 후 A사의 대표이사가 되었다. 甲은 A사의 대주주로부터 A사 주식 95만주를 취득하기로 하였고, 주주 1인이 상호저축은행의 의결권 있는 발행주식 총수의 100분의 10을 초과하여 소유하게 되는 경우 금융감독위원회에 신고하여야 하는 규정 등을 회피하기 위하여, 원고 등 10명 명의로 95만 주{그 중 118,000주(이 사건 주식)가 원고 명의}를 위 10명에게 명의를 신탁하여 이를 인수하였다. 피고는 甲이 2001년 원고 명의로 A사 주식 118,000주(이 사건 주식)를 취득, 보유하였다고 보았고, 원고가 이 사건 주식을 甲으로부터 증여받은 것으로 보고 원고에게 증여세 약 5억 원을 결정, 고지하였다.
　　　이에 대하여 1심인 수원지방법원 2007. 6. 27. 선고 2005구합7380 판결은 甲이 대주주로부터

2) 구체적인 판례

가) 대법원 2017. 12. 13. 선고 2017두39419 판결 - 개별적 판단

위 판결은, 주식 명의신탁이 여러 번 있는 경우 개별적으로 조세회피목적을 판단하여야 한다고 판시한 판결이다.[384]

위 판결의 사실관계는 다음과 같다.

---

1. 甲은 ○○산업이라는 개인사업체를 운영하다가 약 3,000만 원의 국세와 국민은행에 대한 4,000만 원의 대출금 채무 등을 연체한 상태에서 위 사업체를 폐업한 후 1999. 3. 24. A사를 설립하면서 총 발행주식 5,000주 중 신주 2,000주를 배우자인 원고(乙) 명의로 취득하였고, 원고(乙)가 A사의 대표자로 취임하였다.

2. 이후 甲은 2006. 4. 18.경 A사의 다른 주주인 소외 2, 소외 3으로부터 A사의 나머지 주식 3,000주를 원고 명의로 양수하였다(2006년 주식 취득).

3. 또한 甲은 2009. 12. 28. A사의 유상증자 과정에서 A사의 주식 15,000주를 원고(乙) 명의로 취득하였다(2009년 주식 취득).

4. A사는 설립 당시부터 현재까지 주주들에게 배당한 사실이 없었고, 원고(乙)에게 2003년 20,400,000원, 2004 내지 2006년 각 18,000,000원, 2007년 57,550,000원, 2008년 57,600,000원, 2009년 59,950,000원, 2010년 60,359,700원의 급여를 지급하였다.

5. 한편 甲은 자신의 명의로 2008. 8.경 기업은행에 계좌를 개설하고, 2008. 7. 21. 김제시 소재 토지를 취득하였으며, 2008. 9. 4.에는 포항시 소재 토지를 취득하였는데, 그 무렵까지 신용보증기금관련 채무 약 68,135,456원을 변제하기도 하였고,

---

추가로 취득한 95만 주를 자신의 명의로 취득하였다면 과점주주로서 A사가 체납하는 국세에 대하여 제2차 납세의무를 부담하게 되었을 것인데, 甲으로서는 원고 명의의 115,000주를 포함하여 95만 주를 명의신탁함으로써 위와 같은 불이익을 피할 수 있었을 것이고 이는 '사소한 조세경감이 생기는 경우'에 해당한다고 볼 수 없다고 판단하였고, 대신 이 사건 주식의 시가에 대하여 상증세법상 보충적 평가방법에 따라 산정한 것이 위법하다고 보아 일부 승소판결을 하였다. 이에 대하여 2심인 서울고등법원 2008. 1. 15. 선고 2007누19296 판결도, 甲이 95만 주를 모두 자신의 명의로 취득한 경우 부담하는 과점주주의 제2차 납세의무 부담 회피를 '사소한 조세경감'이 생기는 경우에 해당한다고 볼 수 없다고 판단하였고, 피고의 주식 시가 평가방법이 위법하다고 보아 일부 승소판결을 하였다. 그러나 대법원은 '과점주주로서의 제2차 납세의무는 장래 그와 같은 조세의 경감이 발생할지도 모른다는 막연한 가능성만이 존재하는 경우에 불과하므로, 그와 같은 사정만으로 甲에게 위 조세를 회피할 목적이 있었다고 볼 수 없다'고 판시하여, 원심의 판단에는 채증법칙을 위반하거나 조세회피목적에 관한 법리를 오해하여 판결결과에 영향을 미친 위법이 있다고 보아 원심을 파기환송하였다.

384) 김근재·정영훈, "명의신탁이 거듭된 경우 증여의제의 요건인 조세회피목적은 개별적으로 판단하여야", 월간 조세 357호, 영화조세통람사(2018), 84-88.

2010. 4. 23.경 그때까지 체납되어 있던 국세 약 90,050,000원을 모두 납부하였다.

6. 그런데 피고는 甲이 조세회피를 목적으로 A사의 주식 20,000주를 원고(乙)에게 명의신탁하였다고 보아, 2014. 2. 10. 원고에게 2006년 귀속분 70,604,540원, 2009년 귀속분 994,874,210원의 각 증여세를 부과·고지하였다가, 2014. 11. 25. 2006년 귀속 증여세를 66,159,948원으로, 2009년 귀속 증여세를 959,342,950원으로 각 감액경정 하였다.

대법원은 2006년 주식 취득과 2009년 주식 취득을 다르게 판단하였다.

우선 대법원은, 2006년 주식 취득과 관련하여, '甲은 조세채무 등의 연체로 개인사업체를 폐업한 이후 1999년경 배우자인 원고 명의로 주식을 발행·취득하여 A사를 설립하였으므로, 자신이 대주주로서 A사를 설립·운영할 경우에 발생할 수 있는 금융기관 및 거래처 등으로부터의 거래제한뿐 아니라 체납된 조세채무의 납부를 회피할 의도로 회사설립과정에서 A사의 주식을 배우자인 원고 명의로 인수한 것으로 볼 수 있다. 그리고 이러한 목적의 위 주식 명의신탁을 유지한 상태에서 다시 2006년경 원고 명의로 주식을 취득한 것은 그때까지 조세를 계속 체납하고 있던 소외 1이 동일한 의도에서 원고에게 명의를 신탁한 것으로 볼 수 있다. 그렇다면 2006년 주식 취득은 이미 체납상태에 빠져있던 甲에게 조세회피의 목적이 있다고 보아야 한다'고 판시하였다.

그러나 대법원은 2009년 주식 취득과 관련하여서는, '2009년 주식 취득은 원고 명의로 A사의 주식 전부를 보유하고 있던 甲이 A사의 자본금을 늘리기 위하여 유상증자를 하면서, 주주인 원고 명의로 배정된 신주의 대금을 납입하여 취득한 것이다. 그런데 2009년 주식 취득 당시에는, 앞에서 본 2006년 주식 취득의 경우와는 달리, 그 취득에 앞서 이미 자신의 명의로 금융계좌를 개설하거나 부동산을 취득하는 등 자신의 금융거래내역이나 자산보유현황을 감추려 하지 아니하였을 뿐만 아니라, 체납세금에 이르는 상당한 가액의 자산을 자신의 명의로 보유하고 있는 상태였고 이에 따라 위에서 본 것과 같이 위 예금계좌에 대한 파주세무서장의 압류도 가능하였으며, 또한 연체하고 있던 기존 채무에 대한 변제가 이루어지기도 하였다. 이러한 사정 등에 비추어 보면, 2009년 주식 취득은 甲이 경영상 필요에 의하여 유상증자를 하면서 절차상의 번거로움을 피할 목적에서 종래 주식보유현황에 기초하여 원고 명의로 인수한 것으로서, 체납된 조세채무의 회피와는 무관하게 이루어진 것이라고 볼 수 있다. 나아가 2009년 주식 취득 당시 이미 명의자인 원고 역시 국세기본법이나 지방세법상의 제2차 납세의무 또는 간주취득세의 부담을 지게 되는 상황이었으므로, 원고 명의로 수식을 취득하였디 하여 그 당시 甲에게 과점주주로서의 제2차 납세의무나 간주취득세를 회피할 목적이 있었다고 볼 수 없다. 또한 A사는 그 설립 당시부터 현재에 이르기까지 이익배당을 실시한 사실이 없으므로 2009년 주식 취득으로 인하여 회피된 종합소득세도 없다. 설령 A사에 배당가능한 이익잉여금이 있었다고 하더라도, 원고가 A사 주식 전부의 명의자로서 A사로부터 급여를 받고 있어 원고 명의로 배당소득 전부에 대한 과세가 가능하였던 상황이었으므로, 2009년 주식 취득 당시 그 주식과 관련된 배당소득의 종합소득합신괴세에 따른 누진세율 적용을 회피할 목적이 있었다고 보기도 어렵다. 따라서 甲에게 조세회피목적이 있다고 보기 어렵다'고 판시하였다.

위 판결은 2006년과 2009년의 각 주식 취득과 관련하여 개별적으로 조세회피목적을 판단하였다는 점에서 의의가 있다.[385] 기존에는 일련의 주식 취득 행위와 관련하여 최초 주식 취득 행위에 대하여 조세회피목적이 있다고 판단하는 경우 후속 주식 취득 행위에 대하여도 조세회피목적이 있다고 보는 경향이 많았다. 그러나 위 판결은 이러한 경향에서 벗어나 개별적으로 조세회피목적을 판단하여야 한다고 본 것이다.

나) 대법원 2017. 10. 26. 선고 2014두38491 판결 – 유상증자

위 판결은 주식에 관하여 명의신탁이 있은 이후 유상증자로 신주가 배정된 경우 이로 인한 신주에 관하여도 추가로 명의신탁이 있다고 보아야 하는지와 관련된다.

위 판결의 사실관계는 다음과 같다.

1. 원고는 1997. 6. 25. A사에 현장관리부장으로 입사하면서 A사의 주식 1만 7천 주(21.25%)를 자신의 명의로 이전받았고, 이후 A사가 실시한 3회의 유상증자 과정에서 최종적으로 원고 명의의 주식을 42,500주(이 사건 주식)까지 늘려갔다.
2. 피고는 2012. 4. 2.부터 같은 해 5. 16.까지 실지조사 결과 A사의 대표이사이자 이 사건 주식의 실제 소유자인 甲이 이를 원고에게 명의신탁하였다고 보아 구 상증세법(1998. 12. 28. 법률 제5582호로 개정되기 전의 것) 제43조, 구 상증세법(2002. 12. 18. 법률 제6780호로 개정되기 전의 것) 제41조의2에 따라 2012. 6. 5. 합계 464,616,670원의 증여세(가산세 포함)를 결정·고지하였다.

---

385) 김근재·정영훈, 앞의 논문, 88.

대법원은 위 사안에서 '원고가 A사에 입사하면서 21.25%의 주식을 명의신탁에 의하여 자신의 명의로 이전받은 후 3차례에 걸친 유상증자를 통하여 늘어난 주식에 대한 신주인수권이 최초 명의신탁된 주식의 명의신탁자인 甲에게 실질적으로 귀속되고 甲이 원고 명의로 그 신주인수권을 행사하여 신주인수대금을 납입하고 신주를 인수함에 따라, 유상증자분 주식도 추가로 원고에게 명의신탁한 것으로 보아야 한다. 원고가 주장하는 사정을 모두 고려한다 하더라도 유상증자분 주식에 대한 원고 앞으로의 명의신탁도 원고의 의사에 기한 것이라고 인정된다. 결국 유상증자분 주식이 증여의제의 적용대상이다'는 원심의 판단을 정당하다고 판단하였다.

위 판결은, 주식의 명의신탁자가 명의신탁 후 유상증자로 인한 신주를 명의수탁자 명의로 인수한 경우, 명의신탁한 주식에 유상증자가 실시되었고 명의신탁자가 자신의 돈으로 명의수탁자의 명의로 대금을 납부한 경우 주식인수대금에 대한 증여로 볼 것인지 아니면 주식의 새로운 명의신탁으로 보아 증여의제가 적용되는지 문제와 관련된다.

대법원은 이러한 경우 주식의 새로운 명의신탁으로 보는 것이다. 대법원 2006. 9. 22. 선고 2004두11220 판결은 '이 사건 최초 명의신탁 주식이 증여로 추정되는 경우, 이 사건 유상증자분 주식에 대한 신주인수권은 최초 명의신탁된 주식의 실질적 소유자인 소외인에게 귀속되는 것이고, 소외인이 위 신주인수권을 행사하여 원고들 명의로 신주인수대금을 납입하여 이 사건 유상증자분 주식을 원고들에게 명의신탁한 것이므로, 그 증여가액은 이 사건 유상증자분 주식가액으로 평가함이 상당하다'고 판시하였다.

다) 대법원 2017. 7. 18. 선고 2015두50290 판결 – 명의수탁자의 사망

한편 주식 명의신탁에서 구 상증세법상 명의수탁자가 증여세 납세의무를 부담하는 경우,[386] 명의수탁자가 사망하여 그의 상속인이 위 증여세 납세의무를 상속할 경우, 국세기본법 제24조 제1항에 따라 상속인은 망인이 납부할 증여세를 상속으로 받은 재산의 한도에서 납부할 의무를 부담하게 된다. 이럴 경우 명의신탁자의 연대납세의무도 명의수탁자의 상속인이 부담하는 상속재산의 한도 내에서만 부담하게 되는 것일까 하는 문제가 있다. 위 판결은 부정적으로 본 것이다.

위 판결의 사실관계는 다음과 같다.

---

386) 앞서 언급한 바와 같이 상증세법이 2018. 12. 31. 개정되기 전에는 주식 명의신탁의 경우 명의수탁자가 증여세 납세의무자였고, 명의신탁자는 이에 대한 연대납세의무를 부담하였다.

1. 원고 2는 망인(피상속인)에게 2006. 9. 28. A사 발행 주식 100,000주, 2007. 12. 14. 같은 주식 62,000주 합계 162,000주(이 사건 주식)를 명의신탁하였는데, 망인이 2010. 5. 28. 사망함에 따라 원고 1이 망인의 재산을 단독으로 상속하였다.

2. 피고는 원고 1(상속인)이 상속으로 이 사건 주식의 명의신탁에 따른 구 상증세법 제45조의2에 의한 망인의 증여세 납세의무를 승계한 것으로 보아, 2012. 7. 6. 원고 1에게 2006년도 증여세 7억 5,000만 원 및 2007년도 증여세 8억 원을 결정·고지하면서, 원고 1이 상속받은 재산가액은 7억 4,000만 원이라고 통지하였다.

3. 또한 피고는 원고 2가 명의신탁자로서 원고 1과 연대하여 위 증여세를 납부할 의무가 있다고 보아, 2012. 7. 9. 원고 2에게 연대납세의무 지정통지 및 2006년도 증여세 7억 5,000만 원과 2007년도 증여세 8억 원의 납세고지를 하였다.

Q1 : 원고 1(상속인)에 대한 증여세 부과처분은 적법한가?
Q2 : 원고 2(명의신탁자)에 대한 증여세 부과처분은 적법한가?

위 판결은, 명의신탁재산 증여의제의 과세요건을 충족하여 명의신탁자에게 증여세 연대납세의무가 성립한 이상, 비록 과세처분으로 그러한 납세의무가 확정되기 전이라도 민법 제416조(이행청구), 제419조(면제), 제421조(소멸시효 완성)에 해당하는 경우 이외에는 명의수탁자에 관한 사항이 명의신탁자의 증여세 연대납세의무에 영향을 미치지 않고, 명의수탁자가 사망하여 그 상속인이 명의수탁자의 증여세 납세의무를 상속재산의 한도에서 승계하였더라도 달리 볼 것은 아니라고 판시하였다.

Q1과 관련하여, 상속인인 원고 1은 상속재산을 한도로 하여서만 증여세 납부의무를 부담하므로, 원고 1에 대한 2006년도 증여세 7억 5,000만 원의 부과처분 중 7억 4,000만 원을 초과하는 부분과 2007년도 증여세 8억 원의 부과처분은 위법하다.

Q2와 관련하여, 망인이 사망하여 그 상속인인 원고 1이 구 국세기본법 제24조 제1항에 따라 망인의 증여세 납세의무를 상속재산인 7억 4,000만 원의 한도에서 승계하였다고 하더라도 이 사건 주식의 명의신탁으로 인한 원고 2의 증여세 연대납세의무에는 아무런 영향이 없다. 따라서 원고 2에 대한 부과처분은 적법하다.

라) 대법원 2017. 6. 19. 선고 2016두51689 판결 – 조세회피목적이 없는 경우

위 판결은 주식 명의신탁이 회사의 경영상 어려움을 타개하기 위한 조치로 행하여진 경우이고, 명의신탁 당시 주식과 관련된 배당소득의 종합소득합산과세에 따른 누진세율 적용을 회피할 목적이 없다고 볼 여지가 크다고 보아서 조세회피목적

이 있다고 본 원심판단을 파기한 사안이다.

위 판결의 사실관계는 다음과 같다.

---

1. 원고(甲)와 원고의 배우자인 戊는 戊가 대표이사로 있던 A사 발행 주식 합계 136,500주(이 사건 주식)를 乙, 丙, 丁에게 각 명의신탁하여 2008. 5. 26. 명의개서를 마쳤다.

2. 이에 피고는 구 상증세법 제45조의2 제1항의 명의신탁재산 증여의제 규정을 적용하여, 2012. 7. 17. 및 2012. 8. 2. 乙, 丙, 丁에게 증여세를 각 부과하고, 2012. 7. 17. 원고와 戊를 연대납세의무자로 지정하였다.

3. 명의신탁 당시 원고와 戊에게 체납세액이 있었다.

4. 원고가 대표이사로 있던 B사는 2008. 5. 21. 부도처리되어 위 회사와 戊에게 신용불량 사유가 발생하였고, A사는 2008. 5. 23. 건설공제조합으로부터 그로 인해 戊의 연대보증인 자격이 상실되어 제반 업무거래가 정지되었음을 통보받았다.

5. 이 사건 주식의 명의신탁은 그로부터 3일 뒤인 2008. 5. 26.에 이루어졌고, 이 사건 주식의 명의신탁으로 인하여 A사의 지분관계는 '戊 41.58%, 원고 30.26%, 丙 14.08%'에서 '乙 41.84%, 丙 25.66%, 丁 18.42%'로 변동되었다.

6. 이후 A사는 연대보증인을 乙로 교체하여 건설공제조합으로부터 보증서를 발급받아 입찰하는 등 이 사건 처분에 이르기까지 그 사업을 정상적으로 지속하였다.

7. A사는 미처분 이익잉여금이 2007년에 약 14억 6,100만 원이고, 이후에도 계속 누적되어 2012년에는 약 38억 2,900만 원에 달하였으나, 현재까지 배당이 실시된 바는 없다.

8. 한편 명의수탁자인 乙, 丙, 丁은 각각 원고와 戊의 자녀, 戊의 누나, 戊의 사촌동생의 배우자이다.

위 판결은, '원고와 戊가 이 사건 주식을 명의신탁하게 된 것은 건설공제조합에 대한 연대보증인을 戊에서 乙로 교체하는 등 A사의 경영상 어려움을 타개하기 위한 조치로 보인다. 그리고 이 사건 주식의 명의수탁자들은 모두 명의신탁인 원고 및 戊와 친족관계에 있으므로 과점주주로서의 제2차 납세의무를 회피할 목적이 있었다고 보기 어렵다. 또한 A사가 한 번도 이익배당을 실시한 적이 없어 이 사건 주식의 명의신탁으로 인하여 회피된 종합소득세도 없으며, 설령 A사가 이익배당을 실시하였다고 하더라도 명의신탁 전후로 주주의 수가 같고, 지분율 구성에도 큰 변화가 없으며, 戊에게 이미 신용불량 사유가 발생하였거나 원고가 대표이사로 있던 회사가 부도처리된 사정 등에 비추어 볼 때, 명의수탁자들과 동일한 세율이 적용되어

그 세액에 있어 거의 차이가 없을 것으로 보이므로 명의신탁 당시 이 사건 주식과 관련된 배당소득의 종합소득합산과세에 따른 누진세율 적용을 회피할 목적이 없었다고 볼 여지가 크다'고 판시하면서 원심판결을 법리오해를 이유로 파기하였다.

6. 명의신탁 증여의제 규정의 반복 적용 문제

최근 상증세법상 명의신탁 증여의제 규정의 적용과 관련하여, 최초의 명의신탁 행위 때문에 그 이후에 일어난 사건들과 관련하여 두 번 이상 증여세가 반복 부과되는 문제점이 지적되었고 대법원에서 반복적으로 위 규정을 적용할 수 없다는 취지로 판시한 판결들이 다수 선고되었다. 이들은 대개 차명으로 한 최초의 주식 취득 이후 그러한 주식 취득과 일정한 관련을 맺는 새로운 주식 취득이 일어나고, 그러한 새로운 주식 취득도 차명으로 하는 경우에 관한 것이다. 원론적으로는 새로운 주식의 취득도 차명으로 하였다면 별도의 명의신탁으로 보아 증여세를 부과하여야 할 것이다. 하지만 또 다른 측면에서 보면 최초의 주식 취득을 차명으로 한 사람이 그와 관련된 새로운 주식 취득은 갑자기 실명으로 할 것으로 기대하기 어렵다는 점에서 이러한 증여세의 부과는 차명거래에 대한 가혹한 '제재'가 아닌가라고 생각할 여지도 있는 것이다. 아래에서는 이들 판결들을 간단히 개관하여 본다.

가. 차명주식의 처분 대금으로 새로운 주식을 취득

우선, 명의신탁자가 차명주식을 처분한 다음 그 처분대금으로 재차 명의수탁자 명의로 새로운 주식을 취득한 경우, 두 번째 이후의 주식 취득과 관련하여 이를 증여로 의제하여 증여세를 부과할 것인지가 문제되었다. 대법원 2017. 2. 21. 선고 2011두10232 판결은 이에 대하여 부정적이다. 그 이유를 적극적으로 개진하고 있지는 않지만, 소극적으로는, '그것이 최초의 명의신탁 주식과 시기상 또는 성질상 단절되어 별개의 새로운 명의신탁 주식으로 인정'된다면 다시 증여세를 부과할 수도 있다고 설시한다. 뒤집어 말하면 이러한 주식 취득은 '별개의 새로운 명의신탁'이 아니라는 의미일 것이다. 다시 말하여 최초의 주식 취득과, 그 처분대금으로 하는 주식 취득을, 증여의제 조항의 적용범위 내에서는, 전체적으로 보아 서로 연결되어 있는 하나의 거래로 이해한 셈이다.

나. 주식의 포괄적 교환

다음으로, 주식의 포괄적 교환[387]과 관련하여, 그 결과 명의수탁자의 명의로 새로 취득한 완전자회사의 주식에 대하여 새로운 명의신탁이 있다고 보아 명의신탁 증여의제 규정을 적용할 수 있는지가 문제되었다. 대법원 2018. 3. 29. 선고 2012 두27787 판결은 이에 대하여도 부정적이다. 그 이유로는, 달리 해석할 경우 '증여세의 부과와 관련하여 최초의 명의신탁 주식에 대한 증여의제의 효과를 부정하는 모순을 초래하고 형평에 어긋나는 부당한 결과가 발생'한다고 설시한다. 두 번째의 과세가 첫 번째의 과세와 모순된다는 생각은, 최초의 주식 취득 행위와, 두 번째의 포괄적 교환 행위를 별도의 것으로 본다면 설득력이 높지 않다. 서로 관련 없는 것들끼리 모순된다는 말을 하기 어렵기 때문이다. 사실 문제는 최초의 취득 행위와 포괄적 교환을 서로 관련시켜 이해할 것인지 말지의 문제이므로, 둘 사이에 모순이 있다는 설시는 문제에 대하여 문제로 답하는 것에 불과하다. 좀 더 실질적인 논거는 이와 같은 과세가 '형평'에 어긋난다는 것이 아닐까 싶은데, 이는 결국 두 번째의 과세가 가혹한 제재라는 의미가 아닐까 생각한다.

다. 합병과 관련하여

그리고 흡수합병이 이루어짐에 따라 소멸회사(피합병회사)의 합병구주를 명의신탁 받았던 사람이 존속회사(합병회사)가 발행하는 합병신주를 배정·교부받아 그 앞으로 명의개서를 마친 경우, 합병구주와는 별도의 새로운 재산인 합병신주에 대하여 명의신탁자와 명의수탁자 사이에 합병구주에 대한 종전의 명의신탁관계와는 다른 새로운 명의신탁관계가 형성되기는 한다.

---

387) 주식의 포괄적 교환이란 기존에 존재하던 A회사(취득회사)와 B회사(대상회사) 사이에 교환 계약을 체결하여 위 계약에 의하여 B회사의 주주들이 자신들이 소유하는 B회사의 주식을 A 회사에게로 전부 이전하되, A회사는 그 대가로 B회사의 주주들에게 A회사의 신주를 발행하거나 자기주식을 교부하는 상법상의 제도를 의미한다. 위와 같은 주식의 포괄적 교환의 결과 A회사는 주식을 교환하는 날에 B회사의 주식 전부를 소유하는 완전모회사가 되고, B회사는 A회사의 완전자회사가 되며, B회사의 주주는 A회사의 주주가 된다. 이상 신기선, "주식의 포괄적 교환과 과세문제-증여세를 중심으로-", 특별법연구 제13권, 사법발전재단(2016), 192. 주식의 포괄적 교환 제도는 2001. 7. 24. 개정된 상법 제360조의2 내지 제360조의14로 도입되었는데, 도입 당시의 목적은 완전 모자회사 관계인 순수지주회사의 설립에 대한 상법상의 제도적 지원책을 마련하여 기업구조조정(restructuring)을 지원하는 것이었다. 신기선, 위의 논문, 192-193.

이와 관련하여 대법원 2019. 1. 31. 선고 2016두30644 판결은 추가로 명의신탁 증여의제 규정을 적용할 수 없다는 입장이다. 그 이유로 대법원은 '증여의제 대상이 되어 과세되었거나 과세될 수 있는 최초의 명의신탁 주식인 합병구주에 상응하여 명의수탁자에게 합병신주가 배정되어 명의개서가 이루어진 경우에 그와 같은 합병신주에 대하여 제한 없이 이 사건 법률조항을 적용하여 별도로 증여세를 과세하는 것은 증여세의 부과와 관련하여 최초의 명의신탁 주식에 대한 증여의제의 효과를 부정하는 모순을 초래할 수 있어 부당하고, 흡수합병 전·후로 보유한 주식의 경제적 가치에 실질적인 변동이 있다고 보기 어려운 사정도 감안하여야 하며, 최초로 명의신탁된 합병구주와 이후 합병으로 인해 취득한 합병신주에 대하여 각각 이 사건 법률조항을 적용하게 되면 애초에 주식이나 그 인수자금이 수탁자에게 증여된 경우에 비하여 지나치게 많은 증여세액이 부과될 수 있어서 형평에도 어긋난다는 점'을 들고 있다. 위 판결은 합병신주에 대해서까지 증여세의 제재를 가하는 것은 가혹한 제재라는 측면에서 타당하다고 할 것이다.

라. 이익잉여금의 자본전입과 관련하여

위와 같은 최근 판결 이전에 주식 발행법인이 이익잉여금을 자본에 전입함에 따라 명의인에게 무상주가 배정된 경우라도 기존 명의신탁 주식 외에 이익잉여금의 자본전입에 따라 기존 명의수탁자에게 보유주식에 비례하여 배정된 무상주는 명의신탁 증여의제 규정의 적용대상이 아니라는 판례로는 대법원 2011. 7. 14. 선고 2009두21352 판결 등이 있다.

이러한 대법원의 입장이 옳다고 한다면, 조세회피목적의 유무를 판정함에 있어서, 동일한 명의신탁자와 명의수탁자 사이에서는 회피되는 조세의 범위를 최초의 명의신탁으로 인한 주식 취득으로 인하여 회피되는 조세의 범위만으로 제한하는 방안을 입법화할 수 있다. 그 실천적인 방안으로 상증세법 제45조의2 제1항 제1호(조세회피목적이 없는 경우에는 증여세 제재를 하지 않는다는 규정임)에 다음과 같은 단서 조항을 추가할 수 있으리라 생각한다.

'다만, 동일한 실제소유자와 명의자 사이에서는 최초의 명의신탁으로 인한 재산 취득행위만을 대상으로 조세회피목적의 유무를 판단하고(이들 사이에 최초의 명의신탁의 대상이 된 재산을 기초로 하지 않는 별개의 명의신탁으로 인한 새로운 재산 취득행위가 있는 경우에는 그러하지 아니하다), 그 이후의 명의신탁으로 인한 재산 취득행위에 대하여는 조세회피목적이 없는 것으로 추정한다.'

현행 상증세법	개정안
제45조의2(명의신탁재산의 증여 의제) ① (생략) 다만, 다음 각 호의 어느 하나에 해당하는 경우에는 그러하지 아니하다. 1. 조세 회피의 목적 없이 타인의 명의로 재산의 등기등을 하거나 소유권을 취득한 실제 소유자 명의로 명의개서를 하지 아니한 경우	제45조의2(명의신탁재산의 증여 의제) ① (생략) 1.(생략) 다만, 동일한 실제소유자와 명의자 사이에서는 최초의 명의신탁으로 인한 재산 취득행위만을 대상으로 조세회피목적의 유무를 판단하고(이들 사이에 최초의 명의신탁의 대상이 된 재산을 기초로 하지 않는 별개의 명의신탁으로 인한 새로운 재산 취득행위가 있는 경우에는 그러하지 아니하다), 그 이후의 명의신탁으로 인한 재산 취득행위에 대하여는 조세회피목적이 없는 것으로 추정한다.

이는 회피되는 조세의 범위를 최초의 명의신탁으로 인한 주식 또는 사채의 취득으로 인하여 회피되는 조세의 범위만으로 제한하고 그 이후 이와 일정한 관련 하에 이루어지는 새로운 재산 취득행위와 명의신탁에 대하여는 조세회피목적이 없는 것으로 추정한다는 의미이다. 그러한 관련성이 있는지 여부에 관하여는 앞에서 살핀 판결들을 참고할 수 있을 것이다. 그리고 과세관청이 실제로 그 이후의 재산 취득행위에 대하여 종래 존재하지 않던 새로운 조세회피목적이 있음을 입증한다면 재차 과세할 수 있는 여지는 남기는 방식으로 입법할 수 있을 것이다.

마. 전환사채와 주식 전환의 문제

이하에서 이러한 입법안을 '새로운 개정안'이라 지칭하기로 하고 다음 문제를 생각해보기로 한다.

앞서 보았듯이 상법 제479조 제1항은 '기명사채의 이전은 취득자의 성명과 주소를 사채원부에 기재하고 그 성명을 채권에 기재하지 아니하면 회사 기타의 제3자에게 대항하지 못한다'고 규정하고 있는데, 위 규정에 의할 경우 기명사채는 상증세법 제45조의2 제1항에서 규정하는 '권리의 이전이나 그 행사에 등기 등이 필요한 재산'에 해당한다고 할 것이고, 반면 무기명사채를 이전할 경우에는 사채원부에 기재할 필요 없이 민법 제523조[388])에 의하여 양수인에게 사채 증서를 교부함으로써 효력이 발생하므로 상증세법 제45조의2 제1항 소정의 '권리의 이전이나 그 행사에 등기 등이 필요한 재산'에 해당한다고 보기는 어려울 것이나.[389])

이와 관련하여 만약 명의신탁자가 기명식 전환사채(또는 공사채 등록법상 일괄등록, 개별등록된 무기명식 전환사채)를 명의수탁자의 명의로 인수한 후, 위 전환사채를 명의수탁자 명의로 주식으로 전환하면 사채에 대한 명의신탁 이외에 별도로 주식에 대한 명의신탁이 성립하는 것으로 볼 것인지가 문제된다.

이에 관한 대법원 판례는 존재하지 않고 서울고등법원 판결[390])이 존재한다 (현재 이 사건은 대법원 2016두1165호로 계류 중이다). 위 판결의 사실관계는 다음과 같다.

> 1. A사는 2006. 1. 10. 및 2006. 1. 26. 각 발행총액 15억 원(= 원고의 외조모인 甲 8억 7,000만 원 + 원고 6억 3,000만 원)의 기명식 전환사채를 발행하여 2006. 1. 16. 및 2006. 2. 1. 각 전환사채 발행의 등기를 마쳤다.
> 2. 甲 및 원고는 2006. 1. 20. 및 2006. 2. 8. 각 3,000,000주에 대하여 주식전환청구를 하여 같은 날 주식전환의 등기를 마쳤고, 이로 인하여 A의 자본금은 33억 원으로 증액되었으며, 발행주식총수는 기존의 600,000주에서 6,600,000주로 증가되었다.
> 3. A사는 2007. 4. 2. 피고에게 2006년도 법인세를 신고하면서 주식 6,000,000주를 유상증자하였고, 그 중 원고가 1,984,000주(이 사건 주식)를 취득하였다는 취지의 주식등변동상황명세서를 제출하였다.
> 4. 중부지방국세청장은 원고가 이 사건 주식 등을 취득한 것에 대한 증여세 조사를 실시하여 원고가 부친 乙로부터 이 사건 주식을 수탁받았다는 취지의 2006. 2. 8.자 명의신탁계약서를 위 부친 乙로부터 제출받은 후 피고에게 과세자료를 통보하였다.
> 5. 피고는 2010. 12. 1. 원고에게, 구 상증세법 제45조의2에 의하여 원고가 2006. 2. 8. 부친으로부터 이 사건 주식을 증여받은 것으로 의제하여 362,519,830원을 증여세로 부과하는 처분을 하였다.

---

388) 민법 제523조(무기명채권의 양도방식) 무기명채권은 양수인에게 그 증서를 교부함으로써 양도의 효력이 있다.
389) 앞서 본 바와 같이 무기명사채이더라도 공사채 등록법상 일괄등록, 개별등록된 경우나 전자단기사채인 경우, 시행 예정인 전자증권법상 전자등록된 사채인 경우에는 상증세법 제45조의2 제1항 소정의 '권리의 이전이나 그 행사에 등기 등이 필요한 재산'에 해당한다고 보아야 할 것이다.
390) 서울고등법원 2016. 10. 26. 선고 2014누7451 판결.

원고는 위 사건에서 '상증세법 제45조의2에 의하여 증여로 의제되는 대상은 2006. 1. 26.자로 발행된 전환사채이지 이 사건 주식이 아니므로, 위 전환사채의 발행 등기일인 2006. 2. 1.이 증여의제일이 되어야 하고, 원고에게 이미 증여로 의제된 위 전환사채의 가치가 이후 주식 1,260,000주로 전환되었다고 하더라도 그 실제 가치에는 변화가 없다고 할 것인바, 실제 주주인 부친 乙이 전환된 주식 1,260,000주에 대하여 자신의 명의로 명의개서를 하지 아니하였다고 하더라도 기존 전환사채의 명의신탁에 의한 조세회피의 목적 외에 추가적인 조세회피목적이 있다고 할 수 없으므로, 이는 상증세법 제45조의2 제1항 본문에 의한 증여의제 규정의 적용대상이 될 수 없다'고 주장하였다.

그러나 위 판결은 '① 전환청구에 의하여 정해진 조건에 따라 신주가 배정된다고 하더라도 주식은 사채와 법적 성격과 경제적 실질을 달리하므로 사채와 동일성을 유지하는 대체물에 불과하다고 볼 수 없는 점, ② 전환사채권자가 전환사채를 보유하고 있다고 하여 어떠한 주주의 지위를 취득하는 것은 아니고 그 주식전환의 효력이 발생하려면 전환사채권자가 일정한 절차에 따라 전환청구의 의사를 표시하여야 하는 점, ③ 명의신탁자와 명의수탁자는 명의신탁자에 의한 전환의사표시로 명의수탁자가 새로 배정받는 주식에 관하여도 명의신탁관계를 형성하려는 의사를 가졌다고 봄이 합리적인 점, ④ 사채가 주식으로 전환되면 주식으로서의 성질이나 신주배정에 따른 지분비율 등에 따라 새로운 조세회피의 가능성이 충분히 발생할 수 있는 점'을 근거로 명의수탁자 명의로 전환된 주식에 관하여도 새로운 명의신탁관계가 형성되므로 이에 따라 이 사건 주식에 관한 명의신탁 증여의제 규정이 적용된다고 보았다.

이에 관하여는 '전환사채는 사채의 성격을 가지는데, 주식으로 전환할 때에는 별도의 납입 없이 사채가 소멸하고 신주발행의 대가를 이루고, 회사는 전환사채를 발행할 때 전환 청구 가능 기간을 정하는데(상법 제513조) 위 기간 도과시까지 전환청구를 하지 않으면 전환청구권이 상실되어서 전환사채는 전환주식으로의 전환을 반드시 예정하는 것은 아니어서 전환사채와 위 사채에서 전환된 주식을 경제적으로, 법률적으로 같다고 보기 어렵다'는 견해[391]가 있다.

생각건대, 앞서 본 새로운 개정안과 같이 '동일한 실제소유자와 명의자 사이에서는 최초의 명의신탁으로 인한 재산 취득행위만을 대상으로 조세회피목적의 유무

---

391) 주해진, "명의신탁의 증여의제 제도의 문제점 및 개선방안", 조세법연구 제19권 제1호, 한국세법학회(2013), 327-328.

를 판단하고, 그 이후의 명의신탁으로 인한 재산 취득행위에 대하여는 조세회피목
적이 없는 것으로 추정'하면, 전환사채의 명의신탁과 관련하여 전환사채가 주식으
로 전환된다고 하더라도 위 주식에 관하여 죄조 전환사채의 명의신닥만을 대상으
로 조세회피목적의 유무를 판단하고 그 이후 전환사채가 주식으로 전환된다고 하
더라도 이 부분과 관련하여서는 조세회피목적이 없는 것으로 추정된다. 따라서 기
명식 전환사채의 전환으로 인하여 재차 명의신탁 증여의제 규정을 적용하여 명의
수탁자에게 증여세를 부과할 수는 없다고 생각한다. 따라서 위 서울고등법원 판결
의 결론은 타당하지 않게 된다.

다만 새로운 개정안이 아니라 현행법 하에서는 전환사채와 위 사채의 주식 전
환과 같이 이중적으로 증여세를 부과하는 문제를 어떻게 슬기롭게 해결할 수 있을
지는 그리 간단하지 않다. 앞서 언급하였듯이 현재 이러한 논점은 대법원에 2016두
1165호로 계류 중이다. 새로운 개정안과 같이 이중 과세를 방지하는 방향으로 판결
이 선고되기를 기대해 본다.

그리고 앞서 4. 나. 2)에서 본 사례의 쟁점에 대하여는 다음과 같이 생각해볼
수 있다.

● 조세심판원의 결론
1. 공사채 등록법상 일괄등록된 무기명식 전환사채
이 사건 전환사채는 무기명식 사채로서 공사채 등록법상 등록되었다고 하더라도
상증세법 제45조의2 제1항 소정의 '권리의 이전이나 그 행사에 등기등이 필요한 재
산'에 해당한다고 볼 수 없음.
2. 전환사채가 주식으로 전환된 경우
전환사채 일괄등록일(2006. 12. 26.)을 명의신탁 증여의제일로 볼 수 없고 이 사건
주식과 관련하여, 위 주식에 관하여 甲 명의로 명의개서한 날을 명의신탁일로 보아
야 함.
3. 이 사건 처분의 적법 여부
따라서 처분청(피고)이 무기명 전환사채가 주식으로 전환되어 주주명부에 개서된
날을 명의신탁 증여의제 시기로 보아 과세한 이 사건 처분은 잘못이 없음(중복 과세
문제가 발생하지 않음).

● 서울행정법원의 결론

1. 공사채 등록법상 일괄등록된 무기명식 전환사채

상증세법 제45조의2 제1항 명의신탁 증여의제 규정이 적용됨 : 이 사건 전환사채
는 공사채 등록법상 일괄등록되어 있고, 공사채 등록법에 따라 등록하지 아니하면
공사채의 발행자나 제3자에게 대항할 수 없는 효력이 발생함. 따라서 이 사건 전환
사채는 공사채 등록법에 따라 증권의 교부에 의하지 아니하고 등록에 의하여만 대항
요건을 취득하게 되므로, 이때 명의신탁 증여의제에서 정한 '권리의 이전이나 그 행
사에 등기 등이 필요한 재산'에 해당함.

2. 전환사채가 주식으로 전환된 경우

사채의 주식 전환에 의하여 명의개서를 마친 경우 주식에 관하여 새로운 명의신
탁관계가 형성되므로, 그에 관하여 새로운 조세회피 목적이 없다는 등의 특별한 사
정이 없는 한 이는 상증세법 제45조의2 제1항이 규정하고 있는 명의신탁재산 증여의
제의 적용대상이 됨.

3. 이 사건 처분의 적법 여부

주식으로 전환된 경우 새로운 명의신탁관계가 형성되어 이때를 기준으로 증여세
를 부과할 수 있으므로, 결국 주식으로 전환되어 명의개서된 시점을 증여시점으로
하여 이루어진 이 사건 처분은 적법함(중복 과세 문제가 발생함).

● 사견

1. 공사채 등록법상 일괄등록된 무기명식 전환사채

서울행정법원의 결론과 동일

2. 전환사채가 주식으로 전환된 경우 및 3. 이 사건 처분의 적법 여부

동일한 실제소유자와 명의자 사이에서는 최초의 명의신탁으로 인한 재산 취득행
위만을 대상으로 조세회피목적의 유무를 판단하고, 그 이후의 명의신탁으로 인한 재
산 취득행위에 대하여는 조세회피목적이 없는 것으로 추정하는 것으로 개정하거나
해석하는 것이 타당함. 이 사건 처분은 적법하지 않음.

차명거래의 규제 필요성

이번 章에서는 차명거래를 규제할 필요성의 유무를 살펴보고자 한다. 이를 위해 우선 차명 자체가 위법한지 여부를 살펴본 후, 차명거래의 형태를 살펴보고, 사람들이 차명거래를 하는 이유를 살펴본다. 그리고 차명거래에 대하여 비교법적 고찰을 해본 후 우리 법에서 차명거래에 대한 규제 필요성을 살펴본다.

제 1 절   차명 자체의 위법성 여부

1. 차명 자체가 위법한지

가. 위법성의 개념

우선 차명 자체가 위법한지 여부를 살펴보자.

먼저 다른 사람 명의로 거래를 하는 것 자체가 위법한지 여부를 살펴보기에 앞서, 여기서 말하는 '違法性'이 무엇인지를 정의해보고자 한다. 우선 차명 자체가 위법한지 여부를 검토해보려고 하는 이유는 차명 자체를 규제해야 하는지 여부를 알기 위해서이다. 이 글은 차명거래의 규제 대상을 재선정하고 규제 방법을 재검토하려고 하는 데에 목적을 두고 있으므로 여기에서의 '違法性'이란 형사법이나 민사법에서의 위법성의 개념이라거나 일정한 성문법의 존재를 전제로 그 성문법을 위반하였다는 개념이라기보다는 '法規範에 대한 違反' 또는 '法秩序에의 衝突' 또는 '法秩序 全體에 대한 違反' 등 넓은 의미로 개념 정의하기로 한다.[1] 이하에서는 차명거래가 전체 법

---

1) 형법학에서의 위법성에 관하여 '법질서에 대한 위반'이라고 정의하는 견해로는 이재상·장영

질서에 충돌하는지, 전체 법질서나 법규범을 위반하는 것인지를 판단하도록 한다.

나. 공정거래법상 부당한 공동행위

위와 같이 위법성을 정의하면, 위법성을 판단하는 기준이 무엇인지가 중요하다. 위법성의 판단 기준을 생각하기에 앞서 공정거래법상의 규제대상인 '부당한 공동행위'[2]를 생각해보자. 공정거래법은 모든 공동행위를 규제하는 것이 아니라 그 중 '부당한' 공동행위만을 규제한다. 전 세계 경쟁법의 모태라고 할 수 있는 미국의 셔먼법(Sherman Antitrust Act) 제1조[3]는 여러 주(State) 간 또는 외국과의 거래나 통상을 제한하는 모든 계약(contract), 결합(combination) 또는 공모(conspiracy)는 위법하다고 규정하고 있다. 위 규정만을 두고 보면 사업자들 간의 합의가 주 간이나 외국 간의 거래나 통상을 제한하기만 하면 바로 위법한 것으로 판단되는 것처럼 보인다. 그러나 미국 연방대법원은 1911년경 Standard Oil co. of New Jersey v. United States 판결[4]부터 셔먼법 제1조가 '비합리적으로(unreasonable)' 거래나 통상을 제한하는 것을 금지하는 것으로 판단하였다. 그리고 미국에서는 위와 같은 '비합리성'을 판단함에 있어서 행위 유형에 따라서 '당연위법의 원칙(per se illegal)'이 적용되는 것과 '합리의 원칙(rule of reason)'이 적용되는 것으로 나눈다. 어떠한 행위가 항상(always) 또는 거의 대부분(almost always) 경쟁을 제한하는 경우에는 '당연위법의 원칙'이 적용되고, 위와 같은 경우에는 그 행위가 관련시장에 실제로 어떠한 영향을 미치는지를 검토하지 않고 위법한 것으로 간주된다. 반면 '합리의 원칙'이 적용되는

민·강동범, 형법총론 제8판, 박영사(2015), 209; 신동운, 형법총론 제10판, 법문사(2017), 79.

2) 독점규제 및 공정거래에 관한 법률 제19조(부당한 공동행위의 금지) ① 사업자는 계약·협정·결의 기타 어떠한 방법으로도 다른 사업자와 공동으로 부당하게 경쟁을 제한하는 다음 각 호의 어느 하나에 해당하는 행위를 할 것을 합의(이하 "부당한 공동행위"라 한다)하거나 다른 사업자로 하여금 이를 행하도록 하여서는 아니된다.
  1. 가격을 결정·유지 또는 변경하는 행위
  2. 상품 또는 용역의 거래조건이나, 그 대금 또는 대가의 지급조건을 정하는 행위(이하 생략)
3) 15 U.S. Code § 1 — Trusts, etc., in restraint of trade illegal; penalty
  Every contract, combination in the form of trust or otherwise, or conspiracy, in restraint of trade or commerce among the several States, or with foreign nations, is declared to be illegal. Every person who shall make any contract or engage in any combination or con-spiracy hereby declared to be illegal shall be deemed guilty of a felony, and, on conviction thereof, shall be punished by fine not exceeding $100,000,000 if a corporation, or, if any other person, $1,000,000, or by imprisonment not exceeding 10 years, or by both said pun-ishments, in the discretion of the court.
4) Standard Oil Co. of New Jersey v. United States, 221 U.S. 1 (1911).

분야는 관련시장에서의 경쟁에 미치는 실제 영향을 분석하여야 하고 경쟁제한 효과가 중대하거나 실질적인 정도가 되어야 위법하며, 미미하거나 사소한 정도에 그치는 경우에는 위법성이 인정되지 않는다.[5] 한편 우리 대법원 판례[6]는 '공동행위가 공정거래법 제19조 제1항이 정하고 있는 경쟁제한성을 가지는지는 당해 상품의 특성, 소비자의 제품선택 기준, 당해 행위가 시장 및 사업자들의 경쟁에 미치는 영향 등 여러 사정을 고려하여, 당해 공동행위로 인하여 경쟁이 감소하여 가격·수량·품질 기타 거래조건 등의 결정에 영향을 미치거나 미칠 우려가 있는지를 살펴, 개별적으로 판단해야 한다. 또 공동행위의 부당성은 소비자를 보호함과 아울러 국민경제의 균형 있는 발전을 도모한다는 공정거래법의 궁극적인 목적(제1조) 등에 비추어 당해 공동행위에 의하여 발생될 수 있는 경쟁제한적인 결과와 아울러 당해 공동행위가 경제전반의 효율성에 미치는 영향 등을 비롯한 구체적 효과 등을 종합적으로 고려하여 그 인정 여부를 판단해야 한다'고 판시하여 '당연위법의 원칙'이 적용되지 않는다고 보고, 실질적 경쟁제한성이 필요하다고 본다.[7]

　여기에서 차명거래의 경우도 공정거래법상 부당한 공동행위에서의 '당연위법의 원칙'처럼 차명 그 자체만으로 당연히 위법한지 여부를 살펴볼 필요가 있다. 부당한 공동행위에서 '당연위법의 원칙'이 적용될 경우에는 경쟁제한성을 판단하기 위한 시장분석을 할 필요도 없고, 당사자의 정당성에 관한 항변도 심사할 필요가 없으며, 단지 위 행위가 있다는 사실만 판단하면 바로 위법성이 인정되는 것이다.[8] 그런데 부당한 공동행위에서 당연위법의 원칙이 적용되는 것은 경험칙상 특정한 공동행위는 항상(always) 또는 거의 대부분(almost always) 경쟁을 제한하였기 때문에 당사자의 정당성 항변을 따져볼 필요도 없이 당연히 위법하다고 본 것으로 추측된다. 그렇다면 차명거래에도 '당연위법의 원칙'이 적용되는지를 판단해 보자. 차명거래가 그 자체로 당연히 위법하다면 그 자체로 모든 차명거래가 규제의 대상이 되어야 한다고 볼 수 있기 때문이다.

　생각건대, 역사적으로 부동산실명법이 제정되기 전까지는 부동산 명의신탁은 위법한 법률행위가 아니라 판례에 의하여 확립되어 빈번히 이용되는 적법한 법률

5) 이민호, "공동행위의 위법성 판단에 관한 판례상 법리 고찰", 사법 제39호, 사법발전재단 (2017), 7−9.
6) 대법원 2013. 11. 28. 선고 2012두17773 판결.
7) 이민호, 앞의 논문, 24−25.
8) 이민호, 앞의 논문, 9.

행위로서 확립되어 있었다고 볼 수 있다. 특히 명의신탁은 판례에 의하여 인정된 우리나라 특유의 제도로서 부동산 명의신탁은 일제 치하에서 토지조사령 및 임야 조사령에 의한 토지 및 임야의 사정(査定) 당시 송중 재산을 종중 자체 명의로 등기 하는 방법이 없어 편의상 종중원 중의 1인 또는 수인의 명의로 사정을 받고 그 명 의로 등기를 하게 된 것에서 비롯된 것이고,9) 이것이 나중에 일제의 법원에서 독일 에서 수입한 신탁행위의 이론으로 법률관계를 설명·처리한 데서 연유한 것이다.10) 비록 1995년경에 입법자가 부동산 명의신탁 약정 및 이로 인한 등기를 일반적으로 무효로 보는 부동산실명법을 제정하여 시행하기는 하였으나, 종중·배우자·종교단 체가 조세포탈, 강제집행면탈, 법령상 제한 회피 등 목적 없이 부동산 명의신탁을 하는 경우에는 유효로 보아 예외11)를 인정하고 있는 점에 비추어 보면, 부동산실명 법이 제정되었다고 하여 부동산 명의신탁이 차명 그 자체만으로 법 질서에 위반되 어 위법하다고 단정할 수는 없다.

　　차명주식의 경우에도 대법원 판례는 상당 기간 동안 실질 권리자인 실질주주의 권리를 인정해주는 입장이었다. 즉 실질주주(명의신탁자)는 원칙적으로 회사에 대하 여 주주로서의 권리를 주장할 수 없다는 취지의 대법원 판례(대법원 2017. 3. 23. 선고 2015다248342 전원합의체 판결)가 나오기 전까지 그러한 입장이었고, 위 전원합의체 판결 이후에도 주식 명의신탁자인 실질주주가 회사에 대하여 주주권을 행사할 수 없을 뿐 명의수탁자인 형식주주와의 내부관계에서는 명의신탁상의 권리를 행사할 수 있는 것으로 보이고,12) 이러한 권리 행사를 제재하는 규정도 없다. 차명예금의 경우에도 대법원 판례는 상당한 기간 동안 실질 권리자인 출연자의 권리를 인정해 주는 듯한 판시를 하였다.13) 오늘날에도 명의신탁의 상당 부분은 교회 등 종교단체

---

9) 헌법재판소 2001. 5. 31. 선고 99헌가18, 99헌바71·111, 2000헌바51·64·65·85,2001헌바2(병
　합) 전원재판부 결정 판시사항 참조.
10) 양창수, "명의신탁에 대한 규율 재고-부동산실명법 시행 5년의 평가와 반성-", 민법연구
　제6권, 박영사(2007), 175.
11) 부동산실명법 제8조.
12) 실질주주와 형식주주의 내부 법률관계에서는 형식주주가 과거에 주주로서의 권리를 행사하
　여 얻은 이익배당이나 신주 등의 이익을 향유하는 것이 부당하게 될 수도 있고, 이러한 것은
　이른바 失念株의 문제인데, 이는 형식주주와 실질주주의 개인법적 권리귀속에 관한 법리로
　해결을 해야 할 것이라는 견해로는, 이철송, "회사분쟁의 단체법적 해결원칙의 제시", 선진상
　사법률연구 통권 제78호, 법무부(2017), 246.
13) 차명예금의 계약당사자를 확정함에 있어 원칙적으로 명의수탁자를 당사자로 보아야 하고, 예
　금명의자가 아닌 출연자(명의신탁자) 등을 예금계약의 당사자라고 볼 수 있으려면 금융기관
　과 출연자 등과 사이에서 실명확인 절차를 거쳐 서면으로 이루어진 예금명의자와의 예금계

나 동호회나 동창회 등 각종 단체가 보유하는 부동산을 그 단체의 이름으로 등기하지 아니하고 대표자 등 구성원의 이름으로 사무 처리를 하면서 이루어진다.

그리고 부모는 미성년 자녀에게 증여세 없이 10년 이내 최대 2,000만 원(성년 자녀의 경우는 5,000만 원이다)을 증여할 수 있는데,[14] 위와 같은 범위 내에서 미성년 자녀 명의의 통장을 개설하여 직접 이용하거나 부모 명의의 예금통장을 개설하여 미성년 자녀로 하여금 사용하게 하는 경우, 즉 차명예금의 경우는 흔히 일어날 수 있는데, 여기에 거래의 편의[15] 이외에 별다른 법령 제한을 회피하려는 목적이 없는 경우, 이러한 것을 법질서 전체에 반한다고 보기는 어렵다. 따라서 차명거래는 법질서 전체에 위반되지 않는 경우가 있으므로, 항상(always) 또는 거의 대부분(almost always) 위법하다고는 볼 수 없으므로, '당연위법의 원칙'이 적용될 수는 없다고 할 것이다.

2. 차명거래의 위법성 판단

위와 같이 차명거래와 관련하여 차명 자체가 위법한 것은 아니라면 어떤 경우에 위법하다고 보아야 하는지 그 기준 설정의 문제가 남는다. 차명거래의 경우에도 공정거래법상 부당한 공동행위에서의 '합리의 원칙'처럼 그 위법성 판단 기준이 필요한 것이다.

가. 민사적 관점

우선 민사적으로는 법률행위의 내용[16](목적[17])은 '행위자가 법률행위에 의하여

약을 부정하여 예금명의자의 예금반환청구권을 배제하고 출연자 등과 예금계약을 체결하여 출연자 등에게 예금반환청구권을 귀속시키겠다는 명확한 의사의 합치가 있는 극히 예외적인 경우로 제한되어야 하며 이러한 의사의 합치는 금융실명법에 따라 실명확인 절차를 거쳐 작성된 예금계약서 등의 증명력을 번복하기에 충분할 정도의 명확한 증명력을 가진 구체적이고 객관적인 증거에 의하여 매우 엄격하게 인정하여야 한다는 취지의 대법원 판례(대법원 2009. 3. 19. 선고 2008다45828 전원합의체 판결)가 나오기 전까지 대법원은 출연자의 권리를 인정해주는 입장이었다.

14) 상증세법 제53조 제2호.
15) 부모가 자녀에게 주는 생활비나 용돈 등을 자녀 통장에게 이체하는 것이 번거롭다는 이유로 부모 명의의 통장에서 인출해서 사용할 수 있도록 현금카드를 주는 경우를 생각해볼 수 있다.
16) 곽윤직·김재형, 민법총칙[민법강의 Ⅰ] 제9판, 박영사(2013), 270.
17) 이영준, 민법총칙 개정증보판, 박영사(2007), 197.

발생시키려고 하는 법률효과'를 말하는데, 법률행위가 법적 효력을 가지려면 그 내용이 확정가능하고,[18] 실현가능하며,[19] 그 외에 내용의 적법성, 사회적 타당성이 필요하다.[20] 내용의 적법성으로 다루어지는 것이 민법 제105조[21]와 관련된 상행법규 위반 문제이고, 사회적 타당성으로 다루어지는 것이 민법 제103조[22]와 관련된 사회질서 위반 문제이다.

흔히 법률행위의 적법성과 사회적 타당성을 분리하여 별개의 요건으로 취급하고 있으나,[23] 민법상의 강행법규라 함은 '선량한 풍속 기타 사회질서에 관계있는 법규'이므로 강행규정은 바로 선량한 풍속 기타 사회질서의 한 구체적 표현에 불과하다.[24] 따라서 양자가 동일하다고 보면, 법률행위의 적법성이나 사회적 타당성은 모두 사적 자치의 한계를 선언하는 것이고 그 한계를 넘는 법률행위를 위법하다고 보아 이를 허용하지 않는 것이므로 양자는 동일하다고 보아야 한다. 이렇게 본다면, 위법성 판단기준의 출발점으로 사용할 수 있는 기준은 민법 제103조라 할 수 있다. 민법 제103조는 '반사회질서의 법률행위'라는 제목 하에 '선량한 풍속 기타 사회질서에 위반한 사항을 내용으로 하는 법률행위는 무효로 한다'고 규정하고 있다. 위 규정은 사회질서에 반하는 규정을 무효로 보고 있어 사회적 타당성에 관한 일반규정으로서의 역할을 한다. 일반적으로 선량한 풍속을 '良俗', 기타 사회질서를 '公序'라고 하므로 이를 줄여서 '公序良俗'이라 부르기로 한다.

그렇다면 어떤 행위가 '공서양속'에 위반된다고 볼 수 있는지를 판단하는 문제가 남는다. 그런데 공서양속이란 무엇인지를 밝히는 데에 있어서는 단어 고유의 의미보다는 판단기준으로서의 의미를 생각해야 한다.[25] 그래야만 위법성의 판단기준으로서의 역할을 할 수 있기 때문이다.

그런데 공서양속 위반 여부는 그 목적뿐 아니라 동기 및 주위사정을 종합하여

---

18) 내용의 확정성이다.
19) 내용의 실현가능성이다.
20) 곽윤직·김재형, 앞의 책(민법총칙[민법강의 Ⅰ] 제9판), 270-294.
21) 민법 제105조(임의규정) 법률행위의 당사자가 법령 중의 선량한 풍속 기타 사회질서에 관계없는 규정과 다른 의사를 표시한 때에는 그 의사에 의한다.
22) 민법 제103조(반사회질서의 법률행위) 선량한 풍속 기타 사회질서에 위반한 사항을 내용으로 하는 법률행위는 무효로 한다.
23) 곽윤직·김재형, 앞의 책(민법총칙[민법강의 Ⅰ] 제9판), 270.
24) 이영준, 앞의 책, 208.
25) 이은영, 민법총칙 제5판, 박영사(2009), 365.

객관적으로 평가하여야 한다.26) 일반적으로 공서양속 위반 여부는 정의의 관념에 반하는 행위, 인륜에 반하는 행위, 경제적 자유를 박탈하거나 과도한 법적 의무를 부과하는 행위, 생존의 기초가 되는 재산의 처분행위, 지나치게 사행적인 행위로 나누거나,27) 정의의 관념에 반하는 행위, 혼인 기타 가족질서에 반하는 행위, 개인의 정신적·신체적 자유를 심하게 제한하여 인격의 발전을 막는 행위, 생존의 기초가 되는 재산의 처분행위, 폭리행위, 지나치게 사행적인 행위, 기타로 나누거나,28) 정의의 관념에 반하는 행위, 윤리적 질서에 반하는 행위, 개인의 자유를 매우 심하게 제한하는 행위, 생존의 기초가 되는 재산의 처분행위, 지나치게 사행적인 행위, 불공정한 법률행위로 나누거나,29) 범죄행위를 내용으로 하는 계약, 거래질서에 어긋나는 계약(여기에는 횡령·배임에 가담하는 거래, 상대방의 권리를 박탈하는 계약, 과도한 의무를 부과하는 계약, 과도한 영업자유제한 등, 생존의 기초가 되는 재산의 처분행위, 사행계약이 속한다), 가족적 윤리에 반하는 계약, 비인도적인 계약, 단체적 윤리에 어긋나는 계약, 노사윤리에 어긋나는 계약으로 나눈다.30) 공서양속 위반 행위를 이와 같이 유형화하여 흔히 설명하고 있으나, 물론 이러한 유형들이 생각할 수 있는 모든 공서양속 위반의 경우를 망라하고 있다고 단정할 수는 없을 것이다. 하지만 현 시점에서 이것이 우리가 갖고 있는 최선의 도구인 듯하므로, 일단은 이 유형들을 가지고 차명거래가 이에 해당할 수 있는지 생각함이 부득이할 것이다.

이제는 차명거래가 여기에 해당할 수 있는지를 보자. 그런데 우선 차명거래를 인륜에 반하는 행위, 경제적 자유를 박탈하거나 과도한 법적 의무를 부과하는 행위, 생존의 기초가 되는 재산의 처분행위, 사행적인 행위, 윤리적 질서에 반하는 행위, 개인의 자유를 매우 심하게 제한하는 행위, 불공정한 법률행위, 가족적 윤리에 반하는 계약, 비인도적인 계약, 단체적 윤리에 어긋나는 계약, 노사윤리에 어긋나는 계약으로 볼 수는 없다. 차명거래는 명의차용자와 명의대여자 사이에 자유로운 의사에 따라 행하는 것으로 윤리와 관련된다거나 경제적 자유나 개인의 자유를 제한한다고 볼 수 없기 때문이다. 그러면 차명거래가 정의의 관념에 반하는 행위인지,

---

26) 이은영, 위의 책, 368.
27) 이영준, 앞의 책, 235-236.
28) 지원림, 민법강의 제12판, 홍문사(2014), 199-208.
29) 곽윤직·김재형, 앞의 책(민법총칙[민법강의 Ⅰ] 제9판), 283-287.
30) 이은영, 앞의 책, 372-381.

거래질서에 어긋나는 행위인지를 판단할 필요가 있다. 그런데 차명거래가 정의의
관념에 반한다든지, 거래질서에 어긋난다고 단정하기는 어렵다. 따라서 모든 차명
거래가 공서양속에 반한다거나 위 공서양속의 하부 부류에 속하는 사례에 반드시
들어맞는 것은 아니므로 반드시 여기에 해당한다고 보기는 어렵다.

　　반면 특정한 차명거래의 경우, 예컨대 탈세 목적의 차명거래는 범죄를 목적으
로 하는 법률행위이므로 공서양속 위반으로 위법하다고 볼 수는 있을 것이다. 판
례31)는 양도소득세를 회피하기 위한 방법으로 부동산을 명의신탁한 것이라 하더라
도 그러한 이유 때문에 민법 제103조의 반사회적 법률행위로서 위 명의신탁이 무효
라고 할 수는 없다고 한다. 반면 탈세 목적의 명의신탁은 부동산의 거래질서를 심
각히 해치므로 무효로 보아야 한다는 견해32)도 있다. 살피건대, 단순한 조세회피가
아니라 조세포탈범의 구성요건에 해당하는 탈세 목적의 차명거래는 범죄를 목적으
로 하는 법률행위이므로 공서양속 위반으로 위법하다고 볼 수는 있을 것이다. 그러
나 여전히 조세회피 목적의 차명거래는 형사범죄가 되는 것은 아니므로 이를 두고
공서양속 위반으로 위법하다고 단정하기는 어렵다.

나. 형사적 관점

　　다음으로 형사적으로는 형법 제20조 소정의 정당행위에 주목해보자. 형법 제20
조는 '법령에 의한 행위 또는 업무로 인한 행위 기타 사회상규에 위배되지 아니하
는 행위는 벌하지 아니한다'고 규정하고 있다. 위 규정을 통하여 알 수 있는 바는,
사회상규에 위배되지 아니하는 행위는 우리 사회에서 형사적 제재를 가할 수 없다
는 점이다. 판례는 '형법 제20조에서 정한 사회상규에 위배되지 않는 행위'를 사회
윤리적 관점에서 접근하여 '법질서 전체의 정신이나 그 배후의 사회윤리 또는 사회
통념에 비추어 용인될 수 있는 행위'33)라고 정의하거나, 객관적 사회질서라는 관점
에서 접근하여 '지극히 정상적인 생활형태의 하나로서 역사적으로 생성된 사회질서
의 범위 안에 있는 것이라고 볼 수 있는 경우'34) 등으로 정의하고 있다. 그리고 일
부 학설은 '사회상규'에 대하여 '법 전체의 정신이나 사회윤리 내지 일반적 법감정

---

31) 대법원 1991. 9. 13. 선고 91다16334, 16341(반소) 판결.
32) 이은영, 앞의 책, 374. 위 견해가 '탈세'라는 용어를 조세회피가 아닌 조세포탈의 의미로 사용
　　한 것인지는 분명하지 않다.
33) 대법원 2014. 3. 27. 선고 2012도11204 판결.
34) 대법원 2006. 6. 30. 선고 2006도2104 판결.

에 비추어 용인될 수 있는 행위',35) '국가질서의 존엄성을 기초로 한 국민일반의 건전한 도의감 또는 공정하게 사유하는 일반인의 건전한 윤리감정',36) '사회생활을 함에 있어서 사람들이 언제나 지켜야 할 규범'37) 등이라고 정의한다.

위와 같이 사회상규의 개념에서는 '사회윤리'와 '객관적 사회질서'를 중요한 징표로 하고 있다고 할 것이다.38) 그리고 판례는 구체적인 경우에 형법 제20조 소정의 '사회상규에 위배되지 아니하는 행위'를 판단함에 있어서 '첫째 그 행위의 동기나 목적의 정당성, 둘째 행위의 수단이나 방법의 상당성, 셋째 보호이익과 침해이익과의 법익균형성, 넷째 긴급성, 다섯째 그 행위 외에 다른 수단이나 방법이 없다는 보충성 등의 요건'을 갖추어야 한다고 한다.39)

그렇다면 이제는 차명거래가 사회상규에 반하지 않는지를 살펴보자. 차명거래가 판례의 기준처럼 '법질서 전체의 정신이나 그 배후의 사회윤리 또는 사회통념에 비추어 용인될 수 있는 행위'인지, '지극히 정상적인 생활형태의 하나로서 역사적으로 생성된 사회질서의 범위 안에 있는 것이라고 볼 수 있는 경우'인지, '목적의 정당성, 수단의 상당성, 보호이익과 침해이익과의 법익균형성, 긴급성, 보충성'을 갖추었는지, 학설처럼 '법 전체의 정신이나 사회윤리 내지 일반적 법감정에 비추어 용인될 수 있는 행위', '국가질서의 존엄성을 기초로 한 국민일반의 건전한 도의감 또는 공정하게 사유하는 일반인의 건전한 윤리감정',40) '사회생활을 함에 있어서 사람들이 언제나 지켜야 할 규범'인지 등을 판단하는 것은 쉽지 않다. 개별적인 사안에서 예컨대, 불법하게 얻은 수익을 자금세탁하기 위하여 차명예금을 이용하는 경우는 '사회윤리'나 '객관적 사회질서'의 측면에 위배되므로 사회상규에 반한다고 할 수 있으나, 앞서 본 부모가 미성년 자녀에게 증여세 없이 10년 이내 최대 2,000만 원을 증여할 수 있는데, 위와 같은 범위 내에서 거래 편의를 위하여 미성년 자녀 명의의 통장을 개설하여 직접 이용하거나 부모 명의의 예금통장을 개설하여 미성년 자녀로 하여금 사용하게 하는 경우는 '사회윤리'나 '객관적 사회질서'의 측면에 위배된다고 단정하기는 어렵다. 따라서 모든 차명거래가 사회상규에 반한다고 보기

---

35) 양화식, "형법 제20조의 사회상규에 위배되지 아니하는 행위에 대한 고찰", 형사법연구 제19호, 한국형사법학회(2003). 180.
36) 이재상·장영민·강동범, 앞의 책, 284.
37) 신동운, 앞의 책, 352.
38) 신동운, 앞의 책, 352−353.
39) 대법원 2003. 9. 26. 선고 2003도3000 판결.
40) 이재상·장영민·강동범, 앞의 책, 284.

는 어렵고, 사회상규에 반하지 않는 차명거래도 존재한다고 볼 수 있다고 결론내릴
수 있다.

다. 소결 – 위법성 판단 기준 활용, 추가적인 규제 대상 선정 기준 필요

생각건대, 위법성은 전체 법질서의 관점에서 볼 때 이것에 배치된다는 부정적
가치판단이라고 할 수 있다. 민사적 시각에서는 공서양속에 반하는 차명거래는 위
법하다고 볼 수 있고, 형사적 시각에서는 사회상규에 반하지 않는 차명거래는 위법
하지 않다고 볼 수 있으며, 반대 해석상 사회상규에 반하는 차명거래는 대체로 위
법하다고 볼 수 있다.

그리고 공서양속에 반하는 차명거래, 사회상규에 반하는 차명거래는 위법하므
로, 이러한 위법한 차명거래를 규제해야 한다는 것은 당위이다. 비록 현실적으로
어느 차명거래가 공서양속에 반하는지, 사회상규에 반하는지를 판단하는 것은 쉽
지 않다고 하더라도, 앞서 본 일련의 기준을 통하여 차명거래 중 공서양속에 반하
는 것과 그렇지 않은 것, 사회상규에 반하는 것과 그렇지 않은 것을 구별해야 할
것이다.

그리고 공서양속에 반하지 않고, 사회상규에 반하지 않는 차명거래나 공서양속
위반 여부나 사회상규 위반 여부가 모호한 차명거래 중에서도 규제를 할 필요성이
있는 차명거래가 있을 수 있다. 그러므로 우선적으로 앞서 본 '위법한' 차명거래를
규제하고, 위법하지 않거나 위법한 지 여부가 모호한 차명거래 중에서도 규제 대상
이 되는 차명거래를 분류하는 기준을 설정할 필요가 있다.

아래에서는 그와 같은 기준을 설정하는 작업을 하기에 앞서 현실 속에서 차명
거래가 이루어지는 실제 사례를 두고 이를 실증적으로 분석한 후, 위와 같은 규제
대상이 되는 차명거래를 분류하는 기준을 찾아보기로 한다.

제 2 절 차명거래에 대한 실증적 분석

이 節에서는 차명거래를 하는 이유에 대하여 실증적으로 분석해보려고 한다.[41]

1. 법령상의 규제를 회피하거나 법령상의 혜택을 얻기 위하여

가. 서설

토지 거래에 대한 규제로서 토지거래 행위의 효력발생에 허가나 인가, 신고를 요구하는 경우가 있는데,[42] 이는 크게 다음과 같이 두 가지 유형 즉 법문에 사법적 효력을 규정한 것과 그렇지 않은 것으로 구분할 수 있다.

우선 법문에서 사법적 효력에 관하여 명문 규정을 두지 않은 예로는 농지법상의 농지취득 자격증명,[43] 구 외국환관리법상의 비거주자의 국내 부동산 취득에 대한 허가,[44] 향교재산법상의 향교재산 처분에 대한 허가,[45] 사립학교법상의 학교재단의 기본재산의 처분에 대한 허가,[46] 구 화전 정리에 관한 법률상의 정리된 농경

---

41) 저자가 법원 내부 판결문 검색시스템상으로 '명의신탁'과 '회피'라는 주제어를 입력하여 검색된 판례(2018. 6. 20. 현재 7,099개)와 '차명'과 '회피'라는 주제어를 입력하여 검색된 판례(2018. 6. 20. 현재 1,859개)를 분석하여 내린 결론이다.

42) 윤철홍, "토지거래의 규제에 관한 사법적 고찰", 토지법학 27−1호, 한국토지법학회(2011), 3−11.

43) 농지법 제8조 제1항은 일정한 경우를 제외하고는 농지를 취득하려는 자로 하여금 농지 소재지를 관할하는 시장, 구청장, 읍장 또는 면장에게서 농지취득자격증명을 발급받도록 하고 있다.

44) 구 외국환관리법(1961. 12. 31. 법률 제933호로 제정된 것)에 의하면, 비거주자는 본법 또는 본법에 의한 각령으로써 정하는 경우를 제외하고는 대한민국 내에 있는 부동산 또는 이에 관한 권리를 다른 비거주자로부터 취득할 수 없다(제30조 제2항). 그리고 이를 위반하면 형사처벌이 가해진다(제35조).

45) 향교재산법에 의하면, 향교재단은 향교재산 중 동산이나 부동산을 처분하거나 담보로 제공하려는 때에는 시·도지사의 허가를 받아야 하고, 이를 위반하면 형사처벌된다(제8조 제1항 제1호, 제12조).

46) 사립학교법에 의하면, 학교법인이 그 기본재산을 매도·증여·교환 또는 용도변경하거나 담보에 제공하고자 할 때 또는 의무의 부담이나 권리의 포기를 하고자 할 때에는 관할청의 허가를 받아야 하고, 학교교육에 직접 사용되는 학교법인의 재산 중 대통령령이 정하는 것은 이를 매도하거나 담보에 제공할 수 없다(제28조 제1항, 제2항). 이를 위반하는 학교법인의 이사장, 사립학교 경영자는 형사처벌된다(제73조 제2호).

지의 양도에 대한 허가,[47] 구 국토이용관리법상의 토지거래의 신고,[48] 구 산림법상
의 임야의 매매에 대한 임야매매증명[49] 등을 들 수 있다.

　　법문에서 사법적 효력에 관하여 명문 규정을 둔 예로는 민법상의 허가 없는 재
단법인의 기본재산 처분의 무효,[50] 전통사찰보존법상의 허가 없는 전통사찰재산
양도 등의 무효,[51] 구 외국인토지법상의 허가 없는 외국인의 토지에 관한 권리취득

---

47) 구 화전 정리에 관한 법률(1966. 4. 23. 법률 제1778호로 제정된 것)에 의하면, 위 법에 의하여
　　정리된 농경지에 대하여는 토지가격의 상환기간 중 국세청장 등의 허가를 받지 않으면 매도나
　　증여를 할 수 없고(제17조 제2항 제1호), 이를 위반하면 형사처벌된다(제19조 제1항 제2호).

48) 구 국토이용관리법은 1972. 12. 30. 법률 제2408호로 제정되었는데 2002. 2. 4. 법률 제6655호
　　로 국토의 계획 및 이용에 관한 법률이 제정되고 2003. 1. 1. 시행되면서 폐지되었다. 최초
　　구 국토이용관리법은 토지의 이용을 제한하기만 하였는데(제14조 내지 제21조), 1978. 12. 5.
　　법률 제3139호로 개정되면서, '건설부장관은 토지의 투기적인 거래가 성행하거나 성행할 우
　　려가 있고, 지가가 급격히 상승하거나 상승할 우려가 있는 구역을 5년내의 기간을 정하여 규
　　제구역으로 지정'할 수 있도록 하였고(제21조의2 제1항), '제21조의2의 규정에 의한 규제구
　　역외에 있는 토지등의 거래계약을 체결하고자 하는 당사자는 일정 면적 이상의 토지에 대하
　　여 공동으로 대통령령이 정하는 권리의 종류·면적·용도·계약예정금액등 계약내용과 그 토
　　지의 이용계획등을 관할시장·군수 또는 구청장을 거쳐 도지사에게 신고'하도록 하였다(제21
　　조의7 제1항, 제2항). 또한 '규제구역내에 있는 토지에 관한 소유권 등을 목적으로 하는 권리
　　로서 대통령령이 정하는 권리를 이전 또는 설정하는 계약(토지 등의 거래계약)을 체결하고자
　　하는 당사자는 공동으로 대통령령이 정하는 바에 의하여 관할도지사의 허가'를 받아야 하였
　　고(제21조의3 제1항), 이것과 관련하여 일정 면적 이하의 토지에 대하여는 관할시장 등에게
　　신고하도록 하였다(제21조의3 제2항).

49) 구 산림법(1990. 1. 13. 법률 제4206호로 개정된 것) 제111조 제1항에서는, 산림을 경영하고자
　　하거나 산림경영 외의 목적으로 이용하기 위하여 대통령령이 정하는 임야를 매수하고자 하
　　는 자는 임야의 소재지를 관할하는 시장·군수의 임야매매증명을 발급받아야 한다고 규정하
　　였고(위 규정은 구 산림법이 1997. 4. 10. 법률 제5323호로 개정되면서 삭제되었다), 이를 위
　　반한 경우에는 형사벌칙 규정(제121조 제3항)을 두었다.

50) 민법 제43조, 제40조 제4호에 의하면, 재단법인의 설립자는 일정한 재산을 출연하고 자산에
　　관한 규정을 기재한 정관을 작성하여 기명날인하여야 한다. 그런데 재단법인 기본재산의 처
　　분은 정관의 변경을 초래하므로 정관이 변경되지 않으면 재단의 기본재산에 관한 처분행위
　　는 효력이 발생하지 않게 된다. 따라서 민법 제45조 제3항, 제42조 제2항에 의하면, 재단법인
　　정관의 변경은 주무관청의 허가를 얻지 아니하면 그 효력이 없다고 규정하고 있다. 대법원
　　1966. 11. 29. 선고 66다1668 판결도 '재단법인의 정관에는 민법 제43조, 제40조 제4호에 의
　　하여 자산에 관한 규정을 기재하여야 하고 따라서 재단법인의 기본재산의 처분은 결국 재단
　　법인 정관변경을 초래하게 됨으로 정관의 변경이 이루어지지 아니한다면 재단의 기본재산에
　　관한 처분행위는 그 효력을 발생할 수 없다'라고 판시하고 있다.

51) 전통사찰보존법에 의하면, 전통사찰의 주지는 동산이나 부동산(해당 전통사찰의 경내지에 있
　　는 그 사찰 소유 또는 사찰 소속 대표단체 소유의 부동산을 말한다)을 양도하려면 소속 대표
　　단체 대표자의 승인서를 첨부하여 문화체육관광부장관의 허가를 받아야 하고(제9조 제1항),
　　전통사찰의 주지는 동산을 대여하는 행위를 하려면 시·도지사의 허가를 받아야 한다(제2항
　　제1호). 만약 제1항과 제2항에 따른 허가를 받지 아니하고 제1항 및 제2항 제1호에 따른 행

의 무효,[52] 구 국토계획법상의 허가 없는 규제구역 내의 토지 등 거래계약의 무효[53] 등이 있다.[54]

이 중 차명거래를 이용하여 규제를 회피할 수 있는 것 중 분석할 필요가 있는 것은 농지법상의 농지취득 자격증명과 국토계획법상의 허가 없는 규제구역 내의 토지 등 거래계약의 무효 등이라고 할 것이다.[55] 따라서 이하에서는 부동산에 관한 차명거래 중 법령위반 등의 목적과 관련하여서는 농지법상의 농지취득 자격증명, 구 국토계획법상의 허가 없는 규제구역 내의 토지 등 거래계약의 무효에 관하여 살펴본다.

나. 농지법상 자경농 요건 충족을 위하여(부동산)

부동산 차명거래와 관련하여, 농지법에 의하면 원칙적으로 농지는 자기의 농업경영에 이용하거나 이용할 자가 아니면 소유하지 못하고(농지법 제6조 제1항),[56] 농지를 취득하려는 자는 소재지를 관할하는 시·구·읍·면의 장에게서 농지취득자격증명을 발급받아야 하며(제8조 제1항), 농지취득 자격증명을 발급받으려는 자는 취득 대상 농지의 면적, 취득 대상 농지에서 농업경영을 하는 데에 필요한 노동력 및 농업 기계·장비·시설의 확보 방안, 소유 농지의 이용 실태 등이 포함된 농업경영

위를 한 경우에는 이는 무효가 된다(제3항). 그리고 이를 위반한 경우에는 형사처벌 규정(제21조 제2호)도 있다.

52) 구 외국인토지법(2016. 1. 19. 법률 제13797호로 폐지되기 전의 것)에 의하면, 군사기지 및 군사시설 보호구역, 문화재보호법에 따른 지정문화재와 이를 위한 보호물 또는 보호구역 등에 해당하는 구역이나 지역 등에 있는 토지에 대하여는 토지취득계약을 체결하기 전에 시장 등으로부터 토지취득의 허가를 받아야 한다(제4조 제2항). 만약 이를 위반하여 체결한 토지취득계약은 무효이다(제4항).

53) 이는 아래 다.에서 자세히 살펴본다.

54) 김세진, "토지거래규제 위반행위의 사법적 효력에 관한 판례의 변천 연구", 토지법학 26-1호, 한국토지법학회(2010), 29-34.

55) 구 외국환관리법상의 비거주자의 국내 부동산 취득에 대한 허가, 구 화전 정리에 관한 법률상의 정리된 농경지의 양도에 대한 허가, 구 국토이용관리법상의 토지거래의 신고, 구 산림법상의 임야의 매매에 대한 임야매매증명, 구 외국인토지법상의 허가 없는 외국인의 토지에 관한 권리취득의 무효의 경우는 현재 폐지되었고, 향교재산법상의 향교재산 처분에 대한 허가, 사립학교법상의 학교재단의 기본재산의 처분에 대한 허가, 민법상의 허가 없는 재단법인의 기본재산 처분의 무효, 전통사찰보존법상의 허가 없는 전통사찰재산 양도 등의 무효 등은 처음부터 향교, 사립학교, 재단법인, 전통사찰 등의 기본재산 등을 명의신탁하여 차명으로 소유하다가 이를 처분하는 경우에 적용되나, 이러한 경우는 실무상 많지 않기 때문이다.

56) 농지법 제6조(농지 소유 제한) ① 농지는 자기의 농업경영에 이용하거나 이용할 자가 아니면 소유하지 못한다.

계획서를 작성하여 농지 소재지를 관할하는 시·구·읍·면의 장에게 발급신청을 하여야 한다(같은 조 제2항). 이러한 제한과 관련하여 농지법상 농지를 취득할 자격이 없는 자가 농지를 취득할 자격이 있는 자를 매수인으로 내세워서 그 사람 명의로 농지매매계약을 체결하는 경우가 있을 수 있다.

농지법 제6조 제1항에 따른 농지 소유 제한을 위반하여 농지를 소유할 목적으로 거짓이나 그 밖의 부정한 방법으로 농지법 제8조 제1항에 따른 농지취득자격증명을 발급받은 경우에는 형사처벌도 받게 된다(농지법 제59조 제1호). 따라서 이와 관련된 차명거래는 형사처벌 회피에도 해당한다.[57]

다. 구 국토계획법상 토지거래 허가를 받기 위하여(부동산)

구 국토계획법(2016. 1. 19. 법률 제13797호로 개정되기 전의 것) 제118조 제1항에 의하면, 구 국토계획법상 허가구역에 있는 토지에 관한 소유권 등을 이전하는 계약을 체결하려는 당사자는 시장 등의 허가를 받아야 하였는데, 이를 소위 '토지거래계약 허가제도'라고 한다.[58] 토지거래계약 허가구역 내의 토지에 관하여 허가를 받지 아니하고 체결한 토지거래계약은 그 효력이 발생하지 아니한다(같은 조 제6항). 이와 관련하여 판례[59]는 '관할 관청의 허가를 받아야만 토지거래에 관한 효력이 발생하고 허가를 받기 전에는 물권적 효력은 물론 채권적 효력도 발생하지 아니하여 무효이고, 허가를 받을 때까지는 확정적 무효의 경우와 다를 바 없지만, 일단 허가를 받으면 그 계약은 소급하여 유효한 계약이 되고 이와 달리 불허가가 된 때에는

---

57) 대법원 2006. 2. 24. 선고 2005도8080 판결은, 피고인이 처음부터 농지 전부를 자신이 자경하지 아니하고 현지인에게 위탁경영할 목적으로 매입하였고, 이 과정에서 자경을 하지 아니하면 농지의 소유가 불가능하다는 규정을 회피하기 위하여 농지취득자격증명 신청서에 첨부된 농업경영계획서의 노동력확보방안란에 '자기노동력' 또는 '자기노동력과 일부 고용'이라고 허위의 사실을 기재하여 농지취득자격증명을 발급받은 사안인데, '농지법 제2조, 제6조, 제8조, 제9조 및 같은 법 시행령의 규정에 비추어 보면, 농지법 제9조 소정의 예외적인 경우를 제외하고 자신의 노동력을 투입하지 아니한 채 농작업의 전부 또는 일부를 위탁경영하는 것은 허용되지 아니하고, 농지법 제61조 소정의 사위 기타 부정한 방법으로 제8조 제1항의 규정에 의한 농지취득자격증명을 발급받은 자라 함은 정상적인 절차에 의하여는 농지취득자격증명을 받을 수 없는 경우임에도 불구하고 위계 기타 사회통념상 부정이라고 인정되는 행위로써 농지취득자격증명을 받은 자를 의미한다'고 판시하면서, 이는 농지법 제61조에서 정하는 사위 기타 부정한 방법으로 농지취득자격증명을 발급받은 경우에 해당한다고 보았다.

58) 현재 구 국토계획법상 토지거래계약허가 제도는 위 법이 2016. 1. 19. 법률 제13797호로 개정되고 2017. 1. 20. 시행되면서 폐지되었다.

59) 대법원 1991. 12. 24. 선고 90다12243 전원합의체 판결.

무효로 확정되므로 허가를 받기까지는 유동적 무효의 상태에 있다'고 보아 유동적 무효이고, '토지거래계약 허가구역 내 토지에 관하여 허가를 배제하거나 잠탈하는 내용으로 매매계약이 체결된 경우'에 그 계약은 체결된 때부터 확정적으로 무효가 된다는 입장이다. 그런데, 토지거래계약 허가를 받지 못하는 사람이 그 지역에 거주하고 있는 다른 사람에게 명의신탁을 하여 그 사람 명의를 토지의 소유권 등을 취득하는 경우가 있었다.

그리고 구 국토계획법 제118조 제1항에 따른 토지거래계약 허가를 받지 아니하고 토지거래계약을 체결하거나, 속임수나 그 밖의 부정한 방법으로 토지거래계약 허가를 받은 경우에는 형사처벌도 받게 된다(구 국토계획법 제141조 제5호). 따라서 이와 관련된 차명거래는 형사처벌 회피에도 해당한다.[60]

라. 구 상법상 발기인 요건 충족을 위하여(주식)

주식 차명거래와 관련하여, 현행 상법 제288조는 주식회사의 설립시 발기인 수를 제한하는 규정을 두고 있지 않으므로, 발기인 1인만으로도 주식회사의 설립이 가능하다. 그러나 2001. 7. 24. 개정되기 전의 구 상법 제288조는 주식회사의 설립시 3인 이상, 1995. 12. 29. 개정되기 전의 구 상법 제288조는 7인 이상의 발기인이 있어야 한다는 규정을 두고 있었다. 위와 같은 발기인 수를 충족하기 위하여 다른 사람으로부터 주식 인수인 명의를 차용하는 경우가 있었다.[61]

다만 차명거래를 통하여 위 발기인 수 충족 규정을 회피하더라도 형사처벌을 가하는 규정은 없다.

마. 대출한도 회피를 위하여(금융거래)

상호저축은행법 제12조 제2항에 의하면, 상호저축은행의 개별차주에 대한 거액 신용공여의 합계액은 상호저축은행의 자기자본의 5배를 초과하여서는 아니 된다. 그리고 같은 조 제3항에 의하면, 상호저축은행은 동일차주에게 해당 상호저축은행의 자기자본의 100분의 25 이내에서 대통령령으로 정하는 한도를 초과하는 신용공여를 할 수 없으며, 동일계열상호저축은행의 동일차주에 대한 신용공여의 합계액은

---

[60] 이와 관련되는 판례로는 대법원 2012. 8. 17. 선고 2012다48626 판결(심리불속행 기각, 원심은 서울고등법원 2012. 5. 18. 선고 2011나26768 판결)이 있다.

[61] 이와 관련되는 판례로는 인천지방법원 2018. 3. 30. 선고 2016구합54262 판결이 있다.

연결 재무제표에 따른 자기자본의 100분의 25 이내에서 대통령령으로 정하는 한도
를 초과할 수 없다. 현실에서는 이를 회피하기 위하여 다른 사람으로부터 대출계약
의 명의를 차용하면서 다른 사람의 계좌를 차용하여 차명거래를 하는 경우가 있다.

그리고 상호저축은행의 개별차주에 대한 거액신용공여의 합계액의 한도 제한,
상호저축은행의 동일차주에 대한 신용공여 한도 제한 규정을 위반한 자에 대하여
는 형사처벌을 가하는바,[62] 이와 관련된 차명거래는 형사처벌 회피에도 해당한
다.[63]

바. 자산운용회사 임직원의 주식 매수를 위하여(주식, 예금)

구 간접투자자산 운용업법(2007. 8. 3. 법률 제8635호로 폐지되기 전의 것) 제15조
제1항에 의하여 자산운용회사의 임·직원은 자신 명의로 주식을 매수할 수 없는바,
이를 회피하기 위하여 타인 명의로 주식을 매수하는 경우가 있었다.[64]

또한 구 간접투자자산 운용업법 제15조 제1항의 규정을 위반하여 유가증권 등
의 매매·거래 또는 그 위탁을 한 경우에는 형사처벌도 받게 된다(구 간접투자자산

---

(62) 상호저축은행법 제39조 제5항 제6호.
(63) 이와 관련되는 판례로는 부산지방법원 2015. 7. 3. 선고 2013고합748 판결이 있다.
(64) 이와 관련된 판례로는 대법원 2008. 2. 1. 선고 2007두22719 판결이 있다. 위 판결의 사실관계
는 다음과 같다. 원고의 남편 甲은 원고 명의로 1999년부터 2000년까지 A사 주식 26,400주를
무상 증자받았다. 피고는 2005. 12. 1. 위와 같이 甲이 원고 명의로 위 주식을 취득한 것에 대
하여 구 상증세법(2003. 12. 30. 법률 제7010호로 개정되기 전의 것) 제41조의2의 명의신탁
재산 증여의제 규정을 적용하여 원고에게 2000년 귀속 증여세 1,711,470원(이 사건 2000년
귀속 증여세 부과처분)을 부과하였다.
이에 관하여 대법원은 여러 사정(① 구 증권신탁업법 등의 관련 규정과 KOSF펀드의 투자각
서가 甲의 위 주식 취득을 금지하고 있었던 관계로, 甲이 자신 명의로 이 사건 주식을 취득
하는 것이 불가능하였던 점, ② 甲이 위 주식을 명의신탁하였을 당시에는 구 소득세법이 자
산소득 부부합산과세를 채택하고 있었던 관계로 甲이나 원고가 위 주식의 명의신탁으로 인
하여 소득세를 회피할 수 있는 개연성이 전혀 없었던 것으로 보이는 점, ③ 실제로 甲이나
원고가 A사가 유일하게 배당을 실시하였던 2001년경에도 구 소득세법의 자산소득 부부합산
과세 규정에 따라 위 주식의 명의신탁으로 인하여 조세상의 이익을 본 사실이 전혀 없는 점,
④ 甲이 위 주식을 명의신탁함으로 인하여 조세를 회피한 사실이 전혀 없을 뿐 아니라 구체
적인 조세회피의 가능성 또한 인정되지 아니하는 점, ⑤ 甲이 다니던 B사를 퇴사한 직후인
2004. 5. 11.경 자신의 명의로 이 사건 주식의 명의를 모두 개서한 점)을 바탕으로 '위 주식의
명의신탁 과정 등을 종합하면, 甲이 원고에게 이 사건 주식을 명의신탁한 것은 조세를 회피
하기 위한 것이 아니라 구 증권투자신탁업법을 비롯한 여러 법령의 규정과 KOSF펀드의 투
자각서에 의한 제한 때문인 것으로 보이므로, 이 사건 주식에 대한 명의신탁이 조세회피 목
적에 의하여 이루어졌음을 전제로 하는 이 사건 2000년 귀속 증여세 부과처분은 위법하다'고
판시하였다.

운용업법 제184조 제2호). 따라서 이와 관련된 차명거래는 형사처벌 회피에도 해당한다.

사. 감독기관에 대한 대주주 관련 보고 규정 회피를 위하여(주식)

상호저축은행법에는 대주주에 의한 금융사고를 방지하고 이를 통한 상호저축은행의 건전한 운영을 목적으로, 상호저축은행의 일정 주주가 변경된 경우, 최대주주가 변경된 경우, 대주주 또는 그의 특수관계인의 소유주식이 의결권 있는 발행주식 총수의 일정 비율 이상 변동된 경우에 금융위원회가 정하는 바에 따라 금융위원회에 보고하여야 하는 규정(상호저축은행법 제10조의2 제3항)이 있다.[65]

또한 상호저축은행법 제10조의2 제3항(최대주주 변경 등의 경우에 금융위원회에 보고해야 하는 규정)을 위반하여 보고를 하지 아니한 경우에는 과태료 처분도 받게 된다(상호저축은행법 제40조 제4항 제1호). 따라서 이와 관련된 차명거래는 행정처분 회피에도 해당한다.

---

[65] 이와 관련되는 판례로 대법원 2008. 11. 27. 선고 2007두24302 판결이 있고, 위 대법원 판례의 사실관계는 다음과 같다. 甲은 乙로부터 A사 발행주식의 88.7%에 달하는 주식 95만 주를 취득하였으나 그 과정에서 실제 乙에게 지급된 금원이 4억 원뿐이어서 금융감독위원회에 그 취득자금의 조달내역 및 계획을 밝히기 어려워 자신의 명의로 위 주식을 모두 취득하는 것이 불가능하거나 현저히 곤란하였다. 이에 甲은 주식취득 신고의무를 회피하기 위하여 A사 발행주식 총 수의 10%에 미달하는 118,000주에 대하여만 자신의 명의로 주주명부상 명의개서를 마치고, 나머지 주식은 발행주식 총수의 2.3% 내지 9.83%에 해당하는 수량으로 분할하여 원고 등의 명의로 주주명부상 명의개서를 마침으로써 금융감독위원회에 대한 주식취득 신고의무를 회피하였다.
이에 관하여 대법원은, '甲으로서 구 상호저축은행법상 주식취득 신고제도로 인하여 乙로부터 매수한 A사의 주식을 모두 자신의 명의로 취득하기 곤란한 사정이 생기자 그 주식취득 신고의무를 회피할 목적으로 부득이 위 주식 중 일부를 원고 등에게 명의신탁을 한 것으로서 위 명의신탁 당시 甲에게 조세회피의 목적이 없었다고 봄이 상당하다. 또한 상고 이유에서 들고 있는 사정들은 단지 장래 조세경감의 결과가 발생할 수 있는 막연한 가능성이 존재한다거나 명의신탁에 부수하여 사소한 조세경감이 생기는 정도에 불과하므로, 그와 같은 사정만으로 달리 볼 것은 아니다'라고 판시하였다.
위 판결과 관련되는 법률은 구 상호저축은행법(2003. 12. 11. 법률 제6992호로 개정되기 전의 것) 제10조의2 제3항 제2호이고, 상호저축은행의 주식 10%를 초과하여 취득하는 경우 금융감독위원회가 정한 바에 따라 10일 전에 그 사실을 금융감독위원회에 신고하도록 되어 있었고, 이를 위반하는 경우 같은 법 제39조 제4항 제1호에서 6월 이하의 징역 또는 500만 원 이하의 벌금에 처하도록 되어 있었으며, 구 상호신용금고업감독규정(금융감독위원회 2001. 4. 27. 공고 2001–24호) 제5조의3 제1항 및 구 상호저축은행감독업무시행세칙(2002. 1. 31. 개정되기 전의 것) 제6조의2는 위 주식취득 신고를 소정의 신고서에 의하도록 하면서 그 신고서에 취득자금의 조달내역 및 계획을 기재하도록 규정하고 있었다.

아. 국내 체류자격 취득을 위하여(주식)

출입국관리법에 의하면, 입국하려는 외국인은 대통령령으로 정하는 체류자격을 가져야 하고, 1회에 부여할 수 있는 체류자격별 체류기간의 상한은 법무부령으로 정한다(출입국관리법 제10조 제1항, 제2항). 그런데 출입국관리법 시행령 제12조에 의하면 출입국관리법 제10조 제1항에 따른 외국인의 체류자격에 관하여는 [별표 1][66]로 규정하고 있고, 출입국관리법 시행규칙 제18조의2 [별표 1]에 의하면 기업투자(D-8) 체류자격의 1회 체류기간의 상한은 2년(시행령 [별표 1]의 17. 나목, 다목) 또는 5년(시행령 [별표 1]의 17. 가목)으로 다른 체류자격에 비하여 높다.

한편 출입국관리법에 의하면 누구든지 외국인을 입국시키기 위하여 거짓으로 사증을 신청하거나 이를 알선하는 행위를 하여서는 아니 되고(제7조의2), 외국인은 그 체류자격과 체류기간의 범위에서 대한민국에 체류할 수 있는데(제17조 제1항), 체류자격이 되지 않음에도 부정한 방법으로 사증을 부정하게 신청하거나 체류자격과 체류기간의 범위 외에 국내에 체류하게 되면 형사처벌을 받게 된다(출입국관리법 제94조 제3호, 제7호). 또한 거짓으로 사증을 신청한 외국인은 강제퇴거될 수도 있다(출입국관리법 제46조 제1항 제2호).

이와 관련하여 국내 체류자격 취득{출입국관리법 소정의 기업투자(D-8) 체류자격}을 위하여 주식에 대한 차명거래를 하는 경우가 있을 수 있다. 앞서 본 바와 같이, 기업투자(D-8) 체류자격의 1회 체류기간의 상한은 다른 체류자격에 비하여 높은 편인 2년 또는 5년인데, 외국인이 외국인투자 촉진법에 따른 외국인투자기업의 경영·관리 또는 생산·기술 분야에 종사하려는 필수 전문인력이거나 지식재산권을 보유하는 사람 등인 경우에는 기업투자(D-8) 체류자격을 발부받을 수 있다(출입국

---

66) 출입국관리법 시행령 [별표 1] 외국인의 체류자격(제12조 관련)
　　17. 기업투자(D-8)
　　가. 「외국인투자 촉진법」에 따른 외국인투자기업의 경영·관리 또는 생산·기술 분야에 종사하려는 필수 전문인력(국내에서 채용하는 사람은 제외한다)
　　나. 지식재산권을 보유하는 등 우수한 기술력으로 「벤처기업육성에 관한 특별조치법」 제2조의2 제1항 제2호 다목에 따른 벤처기업을 설립한 사람 중 같은 법 제25조에 따라 벤처기업 확인을 받거나 이에 준하는 사람으로서 법무부장관이 인정하는 사람
　　다. 다음의 어느 하나에 해당하는 사람으로서 지식재산권을 보유하거나 이에 준하는 기술력 등을 가진 사람 중 법무부장관이 인정한 법인 창업자
　　　　1) 국내에서 전문학사 이상의 학위를 취득한 사람
　　　　2) 외국에서 학사 이상의 학위를 취득한 사람

관리법 시행령 [별표 1]의 17). 외국인이 위와 같이 장기에 해당하는 기업투자(D−8) 체류자격을 얻기 위하여 실제로는 주식의 명의수탁자에 불과함에도 국내 회사에 투자를 한 후 그 회사의 주식을 인수하여 주주가 되는 외형을 갖추어 주식 명의신탁을 할 수 있다.[67] 그리고 이와 관련된 차명거래는 형사처벌의 대상 및 행정처분 회피에도 해당할 수 있다.[68]

자. 최대주주 등이 감사 등 선임 또는 해임시 의결권 제한 규정을 회피하기 위하여(주식)

상법 제542조의12 제3항에 의하면, 최대주주 등이 소유하는 상장회사의 의결권 있는 주식의 합계가 발행주식총수의 3%를 초과하면, 최대주주 등은 감사 등을 선임하거나 해임할 때에 최대 3%까지만 의결권을 행사할 수 있고 그 부분을 초과하여서는 의결권을 행사할 수 없다. 최대주주 등은 위 규정상의 의결권 제한을 회피하

---

67) 이와 관련되는 판례로는 대법원 2016. 11. 24. 선고 2016두50211 판결이 있는데, 위 판결의 사실관계는 다음과 같다. 원고(A사의 대표이사)가 2004. 9. 24. 자기 소유의 A사 발행주식 10,000주를 중국인 甲에게 명의신탁하였다. 피고는 명의신탁재산의 증여의제 규정 등에 따라 증여자에 해당하는 명의신탁자인 원고를 연대납세의무자로 지정하여 같은 날 원고에게 2004년 귀속 증여세 부과처분을 하였다. 대법원은 다음과 같은 사정을 고려하여 '위 주식의 명의신탁은 명의수탁자인 중국인 甲의 기업투자(D−8) 체류자격 취득을 목적으로 이루어졌고 그 명의신탁에 부수하여 사소한 조세경감이 생긴 것에 불과하므로 조세회피목적이 있었다고 볼 수 없다. 따라서 이와 다른 전제에 선 위 처분은 위법하므로 취소해야 한다'고 보았다. ① 甲은 딸 乙의 대한민국 유학 등을 위해 출입국관리법 상 1회에 부여받을 수 있는 체류기간의 상한이 가능한 한 장기일 필요가 있었던 것으로 보이는데 구 출입국관리법 시행규칙(2005. 7. 8. 법무부령 제571호로 개정되기 전의 것) 제18조의2 [별표 1]에 의하면 기업투자(D−8) 체류자격의 1회 체류기간의 상한은 3년으로 다른 체류자격에 비하여 높다. ② 甲이 A사를 이용하여 기업투자(D−8) 체류자격을 취득하기 위해서는 A사가 외국인투자 촉진법의 규정에 의한 외국인투자기업에 해당하여야 하고, 위 외국인투자기업에 해당하기 위해서는 외국인이 구 외국인투자 촉진법 제2조 제1항 제4호 가목, 구 외국인투자촉진법 시행령(2007. 1. 5. 대통령령 제19826호로 개정되기 전의 것) 제2조 제2항에 따라 투자금액이 5,000만 원 이상이어야 하는데, 甲이 A회사에 투자 명목으로 지급한 금액은 위 요건의 하한인 5,000만 원이었다. ③ A사는 위 명의신탁 후 곧바로 외국인투자기업으로 등록하였는데, 만약 원고가 조세회피목적으로 위 주식을 명의신탁한 것이라면 구태여 외국인인 甲에게 명의신탁해야 할 합리적인 이유가 없어 보이고, 실제로 甲은 A사가 외국인투자기업으로 등록된 후 기업투자(D−8) 체류자격을 취득하여 최근까지 그 자격을 유지하였던 것으로 보인다.

68) 원래는 짧은 기간의 체류자격을 갖추었으나 부당하게 장기의 체류자격을 얻은 경우는 통상 부당한 사증 신청 절차를 거쳤을 것이고, 원래의 체류기간의 범위를 초과하여 국내에 체류하게 될 것이어서 형사처벌 대상이 되며, 결과적으로 강제퇴거라는 행정처분도 회피한 것이 된다.

기 위하여 차명거래로 인하여 주식 명의를 분산할 수 있다.[69]

차. 주택법상 사업계획승인 절차를 회피하기 위하어(부동산)

주택법상 30세대 이상의 공동주택 건설사업을 시행하려고 하는 자는 사업계획 승인 신청서에 주택과 그 부대시설 및 복리시설의 배치도, 대지조성공사 설계도서 등을 첨부하여 사업승인권자인 관할 관청에 제출하고 사업계획승인을 받아야 한다 (주택법 제15조 제1항, 제2항, 주택법 시행령 제27조 제1항 제2호). 위와 같은 사업계획승 인을 회피하고 그 대신 허가가 용이한 개별 건축허가를 받아내 수익을 취득하기 위 하여 1개의 공동주택 대상 토지를 여러 필지로 분할한 뒤, 분할된 토지를 차명 토 지주 명의로 소유권이전등기를 경료하여 각 토지 명의자 별로 30세대 미만의 건물 에 관한 건축허가를 받고 건물 공사를 하는 차명거래를 할 수 있다.

위와 같이 차명거래로 사업계획승인 없이 공동주택 건설사업을 시행하면 주택 법 제102조 제5호에 의하여 형사처벌도 받게 된다.[70]

카. 토석채취허가시 사전환경성 검토를 받지 않기 위하여(부동산)

국유림이 아닌 산림의 산지에서 10만㎡ 이상의 토석을 채취하려는 자는 시 · 도 지사에게 토석채취허가를 받아야 한다(산지관리법 제25조 제1항 제1호). 그리고 토사 채취 전에 '사전환경성검토'를 받도록 되어 있어(환경영향평가법 제22조 제1항 제17호, 같은 법 시행령 제31조 제2항 [별표 3] 17.), 사실상 토사채취허가를 받기가 쉽지 않다. 이럴 경우 허가신청인을 여러 사람의 차명으로 각 10만㎡ 이하로 분할하여 토사채 취허가를 신청하는 경우가 있을 수 있다. 이런 경우는 환경영향평가법위반으로 형 사처벌도 받게 된다(환경영향평가법 제74조 제2항 제1호).[71]

타. 종중이 일정 면적 이상의 농지상의 분묘를 얻기 위하여(부동산)

농지가 아닌 일반 부동산에 관하여는 종중이 소유권이전등기를 하는 데에 아무 런 지장이 없다. 그러나 농지에 관하여는 종중이 자신 명의로 소유권이전등기를 하 는 데에는 장애가 있었고 지금도 일정한 장애가 존재한다. 구 농지개혁법(1994. 12.

---

69) 이와 관련되는 판례로는 서울중앙지방법원 2017. 7. 18. 선고 2016가합571396 판결이 있다.
70) 이와 관련되는 판례로는 대법원 2008. 2. 28. 선고 2007도10237 판결이 있다.
71) 이와 관련되는 판례로는 대법원 2010. 1. 14. 선고 2009도9963 판결이 있다.

22. 법률 제4817호로 폐지되기 전의 것) 제19조 제3호는 '본법에 의하여 분배받지 않은 농지 급 상환을 완료한 농지는 소재지관서의 증명을 얻어 당사자가 직접 매매할 수 있다'라고 규정하고 있었고, 구 농지개혁법 시행규칙(1990. 12. 4. 부령 제1055호로 개정되기 전의 것) 제51조는 농지매매증명의 발급에 관하여 규정하고 있었다. 구 농지개혁법상으로는 농가만이 농지를 소유할 수 있었고, 농가는 자연인에 한정되므로, 종중은 농지에 대해서는 위토를 제외하고는 소유권이전등기를 할 수 없었다.[72] 한편 현행 농지법도 개인, 영농조합법인, 농업회사법인 중 업무집행권을 가진 자 중 1/3 이상이 농업인인 농업회사법인이 아니면 농지를 소유하지 못한다고 규정하고 있으므로, 현행법상으로도 종중은 농지를 소유하지 못한다(농지법 제2조 제2 내지 4호, 제6조 제1항).

한편 구 농지개혁법 제6조 제1항 제7호[73]의 규정 취지에 비추어 볼 때, 종중이 기존의 위토가 없는 분묘를 수호하기 위하여 분묘 1위당 2반보[74] 이내의 농지를 위토로서 새로이 취득하고자 하는 경우에는 이러한 취지가 기재된 농지매매증명서를 첨부하여 농지에 관한 소유권이전등기신청을 할 수 있다고 할 것이므로, 이와 같이 제한된 목적과 규모의 범위 내에서는 종중도 농지를 취득할 수 있다고 할 것이다.[75]

이와 같이 종중은 농지를 위 면적을 초과하는 분묘를 위한 위토로 취득하기 위하여 명의신탁을 하기도 하였다.[76] 이런 경우는 구 농지개혁법상 형사처벌도 받게

---

72) 조해근, "종중의 농지 명의신탁에 따른 법률관계", 청연논총 제8집, 사법연수원(2011), 10-11. 판례 역시 '원고 종중이 피고에게 이 사건 토지를 명의신탁한 1995년 1월경 또는 1995년 3월경에 시행되던 구 농지개혁법(법률 제4817호 농지법 부칙 제2조에 의하여 1996. 1. 1.자로 폐지된 법)에 의하면, 종중은 원칙적으로 농지를 취득할 수 없지만, 위 법 제6조 제1항 제7호의 규정 취지에 비추어 볼 때, 종중이 기존의 위토가 없는 분묘를 수호하기 위하여 분묘 1위당 600평 이내의 농지를 위토로서 새로이 취득하고자 하는 경우에는 이러한 취지가 기재된 농지매매증명서를 첨부하여 농지에 관한 소유권이전등기신청을 할 수 있다고 할 것이므로 이와 같이 제한된 목적과 규모의 범위 내에서는 종중도 농지를 취득할 수 있다'고 판시하여 같은 취지이다(대법원 2006. 1. 27. 선고 2005다59871 판결).

73) 구 농지개혁법(1994. 12. 22. 법률 제4817호로 폐지되기 전의 것) 제6조 ① 좌의 농지는 본법으로써 매수하지 않는다.
　7. 분묘를 수호하기 위하여 종전부터 소작료를 징수하지 아니하는 기존의 위토(位土)로서 묘매일위(墓每一位)에 2반보(2反步)이내의 농지

74) 600평이다.

75) 대법원 2011. 6. 10. 선고 2011다14886 판결, 대법원 2006. 1. 27. 선고 2005다59871 판결 등 참조

76) 이와 관련되는 판례로는 의정부지방법원 2018. 6. 22. 선고 2017가합55282 판결이 있다.

된다(구 농지개혁법 제25조).

파. 임대아파트를 분양받기 위하여(부동산)

공공주택에서 임차인으로 거주하는 자는 분양으로 전환될 경우 임대아파트에 대한 분양권이 발생하는데, 사실상 무주택자만이 분양전환이 될 수 있다.[77] 따라서 실질적으로 다른 주택을 보유하는 자가 임대아파트 거주 내지 분양을 받기 위하여 위와 같이 보유하고 있는 주택을 다른 사람에게 명의신탁할 수 있다.[78] 만약 처음부터 거짓이나 그 밖의 부정한 방법으로 임대주택을 임대받은 때에는 형사처벌도 받게 된다(공공주택 특별법 제57조의4 제1호).

하. 재산 명의를 숨기기 위하여(부동산, 주식, 사채, 예금)

공직자윤리법에 의하면, 일정한 공직자(제3조 제1항)는 위 법에서 정하는 바에 따라 재산을 등록하여야 하고(제5조 제1항), 한해 동안의 재산 변동사항을 다음 해 2월 말일까지 등록기관에 신고하여야 한다(공직자윤리법 제6조 제1항). 재산등록 의무가 있는 공직자가 제5조 제1항을 위반하여 재산등록을 하지 아니하거나(제22조 제1호), 제6조 제1항을 위반하여 변동사항 신고를 하지 아니하는 경우(제22조 제2호) 해임 또는 징계를 당할 수 있고, 정당한 사유 없이 재산등록을 거부하면 형사처벌을 받을 수도 있다(제24조 제1항).

또한 공직자윤리법상 등록의무자 중 일정한 사람(관보 등에 공개하여야 하는 사람 등)은 본인 및 그 이해관계자 모두가 보유한 주식의 총 가액이 3,000만 원[79]을 초과할 경우에는 일정 기간 이내에 해당 주식을 매각하거나 백지신탁하고 그 사실을 등록기관에 신고하여야 한다(주식백지신탁심사위원회에 직무관련성 유무에 관한 심사를 청구하여 직무관련성이 없다는 통지를 받는 경우에는 예외, 제14조의4 제1항). 그런데 위와 같은 주식 매각 또는 백지신탁을 회피하기 위하여 사실은 명의신탁하는 것임에도 불구하고 매각한다는 계약을 체결하는 경우가 있다. 이와 같은 경우는 형사처벌을

---

77) 공공주택 특별법 제50조의3 제1항은 '공공주택사업자는 임대 후 분양전환을 할 목적으로 건설한 공공건설임대주택을 임대의무기간이 지난 후 분양전환하는 경우에는 분양전환 당시까지 거주한 무주택자, 국가기관 또는 법인으로서 대통령령으로 정한 임차인에게 우선 분양전환하여야 한다'고 규정하고 있다.

78) 이와 관련되는 판례로는 인천지방법원 2014. 4. 3. 선고 2013나6896 판결이 있다.

79) 공직자윤리법 시행령 제27조의4.

받을 수도 있다(공직자윤리법 제24조의2).[80]

위와 같이 공직자윤리법 제3조 제1항의 재산등록 의무가 있는 공직자가 일정한 재산을 등록하는 것을 원하지 않아서 위와 같은 법령상 제한을 회피하기 위하여 차명거래를 할 수 있다.

2. 강제집행의 면탈을 위하여(부동산, 주식, 사채, 예금)

채무가 있는 자가 채권자로부터 가압류, 압류 등의 강제집행을 면탈하기 위하여 다른 사람 명의로 부동산, 주식, 사채, 예금(금융거래 포함) 등의 명의를 차용할 수 있고, 위의 경우에는 형법 제327조[81] 소정의 강제집행면탈죄가 성립한다.

3. 자금세탁 행위를 위하여(예금)

범죄수익은닉의 규제 및 처벌 등에 관한 법률 제3조에 따른 범죄행위, 마약류 불법거래 방지에 관한 특례법 제7조에 따른 범죄행위, 조세범 처벌법 제3조, 관세법 제270조 또는 특정범죄 가중처벌 등에 관한 법률 제8조의 죄를 범할 목적 또는 세법에 따라 납부하여야 하는 조세를 탈루할 목적으로 재산의 취득·처분 또는 발생 원인에 관한 사실을 가장하거나 그 재산을 은닉하는 행위[82] 등 소위 자금세탁행위[83]를 위하여 차명거래 특히 차명예금을 이용할 수 있다.

4. 재산을 은닉하기 위하여(예금)

가. 제1유형

범죄수익은닉의 규제 및 처벌 등에 관한 법률 제2조 제4호에 따른 범죄수익등, 마약류 불법거래 방지에 관한 특례법 제2조 제5항에 따른 불법수익등, 공중 등 협박목적 및 대량살상무기확산을 위한 자금조달행위의 금지에 관한 법률 제2조 제1호에 따른 공중협박자금 등의 불법재산[84]을 은닉하기 위하여 차명거래 특히 차명예금을 이용할 수 있다.

---

80) 이와 관련되는 판례로는 서울남부지방법원 2016. 11. 24. 선고 2016고정1969 판결이 있다.
81) 형법 제327조(강제집행면탈) 강제집행을 면할 목적으로 재산을 은닉, 손괴, 허위양도 또는 허위의 채무를 부담하여 채권자를 해한 자는 3년 이하의 징역 또는 1천만원 이하의 벌금에 처한다.
82) 이 부분은 아래 7.에서 자세히 살펴본다.
83) 자금세탁행위의 정의에 관하여는 특정금융정보법 제2조 제4호를 참조하였다.
84) 불법재산의 정의에 관하여는 특정금융정보법 제2조 제3호를 참조하였다.

나. 제2유형

공직자윤리법상의 재산등록 의무가 없는 공직자라도 공직자가 재산이 너무 많은 경우에 사회적으로 시기와 질투를 받지 않거나 불법행위로 인하여 재산을 증식하였다는 비판을 받지 않기 위하여 재산 중 일부를 차명으로 거래하여 취득하거나 타인 명의로 보유할 수 있다.[85] 그리고 부부 간에 소액의 비상금을 숨기기 위하여 친척 명의의 예금계좌를 사용하는 경우에 조세회피나 법령상의 제한 회피가 동반되지 않는 경우도 있을 수 있다.

5. 다른 형사 범죄의 수단적 성격(예금)

예금계좌는 금융거래를 위한 기초 수단적 성격을 가지는데, 지인이나 친지로부터 명의를 차용한 후 차명예금으로 보이스피싱에 자금 이체를 받는 데 이용하거나(형법 제347조 제1항), 범죄수익의 취득 또는 처분에 관한 사실이나 범죄수익의 발생 원인에 관한 사실을 가장하거나(범죄수익은닉의 규제 및 처벌 등에 관한 법률 제3조 제1항), 자본시장법상 시세조종 금지(자본시장법 제176조, 제443조 제1항 제4호) 등의 규정을 위반하는 경우가 있다.

또한 부외자금(소위 비자금)을 마련하여 이를 개인적으로 횡령하거나 뇌물을 공여하려고 할 경우, 다른 사람의 예금 명의를 차용하기도 한다(예금).

6. 사업상의 목적을 위하여(주식)

다른 회사의 주식 인수를 위한 자격을 갖추기 위하여 차명으로 주식을 인수하기도 하는데, 이와 관련되는 판례로는 대법원 2006. 6. 9. 선고 2005두14714 판결이 있다.[86] 그리고 회사의 주가관리를 위하여 차명으로 주식을 인수하기도 하는데, 이

---

85) 양창수 교수는 "우리는 법으로 금지되지 않는 것은 무엇이든 떳떳하게 할 수 있다는 생각을 용납하지 않는 사회에 살고 있다. 예를 들어 공무원이 많은 재산을 가지고 있는 것 또는 그 것이 알려지는 것은 꺼려진다"라고 지적하고 있다. 양창수, 앞의 논문("명의신탁에 대한 규율 재고-부동산실명법 시행 5년의 평가와 반성-"), 176-177.

86) 위 판결의 사실관계는 다음과 같다.
　① 주식회사 케이비에스(KBS) 제작단(이하 'KBS 제작단'이라 한다)의 1인 주주였던 한국방송공사가 KBS 제작단의 민영화를 위하여 그 소유의 KBS 제작단 발행주식 31만여 주(66%)를 공개매각하면서 그 인수자격을 지상파 방송국에 프로그램을 공급한 실적이 있는 프로덕션,

와 관련되는 판례로는 대법원 2011. 9. 8. 선고 2007두17175 판결[87]이 있다. 또한 주식에 대한 양도담보 목적으로 주식에 관한 차명거래를 하는 경우로는 대법원

방송국(프로덕션 포함) 종사자 또는 경력자로서 15년 이상의 경력 소유자, 위 두 개의 자격자와 컨소시엄을 구성하여 공동명의로 참여할 개인 또는 법인으로 제한하였고, 주식매수 청약방법은 매각주식 전량을 신청하되 컨소시엄 구성 신청자는 1인 최저 10%(48,381주) 이상을 신청하도록 하였다. ② A사의 대표이사이던 甲은 위 주식을 인수하기 위하여 A사, B사, C사, 乙 및 원고를 그 구성원으로 하는 컨소시엄을 구성하여 위 주식매수 입찰에 참여하여 낙찰됨에 따라, 1999. 7. 1. 한국방송공사와 사이에 A사가 125,708주(26%), 나머지 컨소시엄 구성원이 각 48,381주씩(각 10%)을 1주당 9,134원으로 매수하기로 하는 주식양도양수계약을 체결하였고, 그 중 이 사건 주식 48,381주는 甲이 원고 이름으로 취득하였다. ③ 원고는 1973. 3. 1.부터 1998. 12. 31.까지 약 25년 이상을 한국방송공사 텔레비전 본부장 및 KBS 미디어사장 등을 역임하면서 방송국에서 근무하였고, 甲과는 평소 알지 못하다가 위 주식양도양수계약을 계기로 비로소 알게 되었다. ④ 乙이 매수한 위 주식 48,381주에 대한 매수대금도 甲 명의의 은행계좌에서 출금되어 한국방송공사의 계좌로 입금되었고, 이와는 별도로 丙은 한국방송공사로부터 KBS 제작단 주식 48,000주(9.8%)를 매수하였는데 그 주식대금 역시 甲 계좌에서 출금되어 납부되었다. ⑤ 甲은 원고 명의의 이 사건 주식 중 24,071주를 그 취득 후 2개월여 만인 1999. 8. 31. 자신의 채권자에게 대물변제하였고, 乙 등 명의의 위 각 주식 또한 1999. 8.경 C사 등에게 각 매도되었는데 그 중 일부인 16,500주는 甲 본인이 매수하였고, KBS 제작단은 1998년도부터 2004년까지 경영적자가 지속되어 한 번도 이익배당을 한 적이 없다.

이에 대하여 대법원은 '甲이 원고 명의로 이 사건 주식을 인수하게 된 것은 KBS 제작단 주식인수를 위한 자격요건인 15년 이상 방송국 경력자가 필요했기 때문으로 보이고, 나아가 이 사건 주식은 KBS 제작단 총발행주식의 100분의 51에 미달하여 甲이 자신 명의로 이 사건 주식을 취득한다고 하더라도 국세기본법 및 지방세법상의 제2차 납세의무 또는 간주취득세의 부담을 지게 되는 과점주주에는 해당하지 않을 뿐만 아니라, 설령 乙 등 명의의 주식 또한 甲이 동인들 명의로 취득한 것으로 본다 하더라도 甲이 취득한 소유주식이 총 발행주식의 29.8%에 불과하여 과점주주에 해당하지 않으므로, 위 명의신탁 당시 甲에게 과점주주로서의 제2차 납세의무나 간주취득세를 회피할 목적이 있었다고 볼 수도 없다'는 취지로 판시하였다.

87) 위 사건에서 원고 회사는 상장한 원고 회사 주식의 주가가 공모가액 이하로 하락하자 작전세력 등을 동원하여 차명에 의한 주가관리를 하기로 하여, 금융기관에 예금을 하고 이를 담보로 대출을 받아 그 대출금을 기관투자자의 증권예탁계좌에 입금한 후 장내에서 원고 회사 주식을 취득한 후, 다시 원고 회사의 예금을 담보로 대출을 받아 원고 2, 3, 4 등 개인주주들 등으로 하여금 장외에서 기관투자자들이 취득한 원고 회사 주식을 취득하게 하는 한편, 장내에서 원고 회사 주식을 추가로 취득하게 하여 합계 약 80만 주의 원고 회사 주식을 취득하여 그 중 일부를 개인주주들 앞으로 명의개서하였다. 그런데 원고 회사는 기관투자자들 명의의 거래로 인하여 발생하는 법인세를 원고 회사가 보전해 주어야 하는 문제 등도 고려하여 당초 기관투자자들 명의로 취득하였던 자기주식을 개인주주들 명의로 이전하여 보유하게 되었다. 이에 관하여 대법원은 '원고 회사가 이 사건 자기주식에 관하여 개인주주들과 명의신탁약정을 함에 있어 원고 회사 주식의 주가관리라는 주된 목적 외에 이 사건 자기주식을 원고 회사 명의로 실명으로 전환하여 매각할 경우 발생할 법인세 부담을 회피하려는 의도도 있었다고 봄이 상당하다'고 판시하였다.

2012. 5. 24. 선고 2012두4326 판결[88])의 사안을 예로 들 수 있다. 그리고 회사 업무
처리의 편의를 위한 목적으로 주식에 관한 차명거래를 하는 경우로는 대법원 2006.
5. 25. 선고 2004두13936 판결[89])의 사안을 예로 늘 수 있다.

---

88) 이 사건은 심리불속행 기각되었는바, 원심판결(서울행정법원 2011. 8. 26. 선고 2011구합7762
판결, 서울고등법원 2012. 1. 12. 선고 2011누33312 판결)의 사실관계 및 판시사항은 다음과
같다(이 사건에서 법원은 유상증자에 참여한 것을 주식 명의신탁이 아니라 주식 양도담보라
고 판단하였다).
① 서울지방국세청장은 2009. 8. 25.부터 2009. 12. 1.까지 코스닥 상장법인인 A사에 대하여
법인세 통합조사를 실시한 결과, A사가 2005. 12.경 477,600주 상당의 신주를 1주당 4,160원
에 제3자 배정방식으로 유상증자를 실시하는 과정에서, A사의 대주주인 B사가 위 유상증자
에 참여하기 위한 자금을 조달하기 위하여 대부업체인 C인베스트먼트(대표자 甲, 이하 'C사'
라 한다)와 사이에 C사가 자금투자자를 모집해 오기로 하는 내용의 자금조달약정을 체결한
후 C사가 원고의 딸인 甲 등 11명의 투자자들로부터 총 1,687,296,000원의 자금을 조달해 오
자, B사는 위 투자자들로 하여금 그들 또는 그들이 지정하는 제3자 명의로 유상증자에 참여
하게 하여 총 405,600주의 신주를 배정받게 한 사실(甲은 99,840,000원을 투자하여 A사 발행
의 신주 24,000주를 원고 명의로 배정받았다. 이하 위 신주 24,000주를 '이 사건 주식')을 확
인하였다. ② 이에 서울지방국세청장은 B사가 위 유상증자에 참여하면서 신주 405,600주를
원고 등 제3자 명의로 배정받음으로써 위 신주를 원고 등에게 명의신탁한 것으로 보고 구 상
증세법(2007. 12. 31. 법률 제8828호로 개정되기 전의 것) 제45조의2 제1항의 규정을 적용하
여 신주 명의개서일 2005. 12. 16. 당시 A사 주식의 1주당 시가인 16,259원에 원고 등이 각
배정받은 주식수를 곱한 금액을 증여재산가액으로 산정하여[원고의 경우 증여재산가액은
390,216,000원 (=16,259원 × 24,000주)이다] 그 과세자료를 처분청인 피고 등에게 통보하였
고, 피고는 2010. 4. 6. 원고에게 증여세 111,434,340원(가산세 포함)을 부과하였다. 이에 대
하여 서울행정법원은 '이 사건 주식의 실제 소유자와 명의자가 다르게 된 경위 및 주식 취득
이후의 실제 주식의 처분 및 대금 정산과정 등의 사정들을 종합해 보면, 이 사건 주식의 실
제 소유자인 B사와 명의자인 원고가 다르더라도 그것만으로 B사가 원고에게 이 사건 주식을
명의신탁하였다고 볼 수는 없고, 달리 이를 인정할 증거도 없으며, 오히려 자금투자자 중 1
명인 甲은 자신의 투자원리금의 반환을 담보하기 위한 양도담보의 목적으로 이 사건 주식을
원고 명의로 배정받았다고 봄이 상당하므로, 이에 대하여 구 상증세법 제45조의2 제1항의 증
여의제 규정을 적용할 수는 없다'고 판시하였고, 서울고등법원은 항소를 기각하였으며, 대법
원은 심리불속행 기각하였다.
89) 이 사건은 심리불속행 기각되었는바, 원심판결(서울행정법원 2003. 11. 14. 선고 2003구합
19401 판결, 서울고등법원 2004. 11. 10. 선고 2003누22508 판결)의 사실관계 및 판시사항은
다음과 같다.
서울행정법원은 '원고 甲이 이 사건 주식을 명의신탁하게 된 것은 당시 브라질 영주권자인
자신이 A사 발행의 이 사건 주식을 취득하여 A사의 공동대표이사로 취임할 경우 발생하는
회사업무처리 절차상의 번거로움을 피하기 위한 것이었음이 인정되고, 나아가 이 사건 주식
은 A사 발행주식의 100분의 51에 미달하여 원고 甲이 자신 명의로 이 사건 주식을 취득한다
고 하더라도 국세기본법 및 지방세법상의 제2차 납세의무 또는 간주취득세의 부담을 지게
되는 과점주주에 해당하지 아니하여 위 명의신탁 당시 과점주주로서의 제2차 납세의무나 간
주취득세를 회피할 목적이 있었다고 볼 수는 없고, 또한 A사가 한 번도 이익배당을 실시한
적이 없어 이 사건 주식의 명의신탁으로 인하여 회피된 종합소득세가 없을 뿐 아니라 설령

7. 조세상 혜택을 얻거나 조세 부과를 회피하기 위하여(부동산, 주식, 사채, 예금)

가. 과세요건을 회피하기 위하여

우선 취득세와 관련하여, 부동산을 취득하는 경우에는 취득세 납세의무가 있는데,[90] 취득세 중과 규정에 따른 납세의무를 회피하기 위하여 부동산에 관하여 차명거래를 할 수 있다. 즉 부동산의 일반적인 승계취득에 대한 취득세율은 4%인데,[91] 수도권정비계획법 제6조에 따른 과밀억제권역에서 본점이나 주사무소의 사업용 부동산 등을 취득하는 경우의 취득세율은 제11조의 세율에 중과기준세율의 2배를 합한 세율을 적용하여 중과세되고,[92] 대도시에 법인을 설립하거나 지점 또는 분사무소를 설치하는 경우에 취득세는 제11조 제1항의 표준세율의 3배에서 중과기준세율의 2배를 뺀 세율을 적용하여 중과세된다.[93] 위와 같은 취득세 중과세는 법인의 경우에만 적용되는데, 법인이 개인에게 부동산을 명의신탁하여 개인 명의로 위 부동산을 취득하면 취득세 중과 규정의 적용을 회피할 수 있다. 한편, 주식은 그 자체로 취득세의 과세대상이 되지 아니하므로, 과점주주가 아니라면 주식의 취득만으로 취득세가 문제되지는 않는다. 또한 차명예금, 차명사채도 취득세의 과세대상이 되지는 않는다.

다음으로 제2차 납세의무와 관련하여, 법인의 재산으로 그 법인에 부과될 국세 등에 충당하여도 부족한 경우 과점주주는 제2차 납세의무를 지는데,[94] 이와 같이 과점주주는 자신에게 부과될 법인의 국세 또는 지방세 등의 제2차 납세의무를 회피하기 위하여 차명주식을 이용할 수 있다. 주식과 관련되는 전환사채, 신주인수권부사채 등을 차명으로 취득하는 것도 이와 관련된다.

그리고 간주취득세와 관련하여, 법인의 주식 또는 지분을 취득함으로써 지방세기본법 제46조 제2호에 따른 과점주주가 되었을 때에는 그 과점주주가 해당 법인의

A사가 이익배당을 실시하였다고 하더라도 사실상 경감될 수 있는 종합소득세가 적은 액수에 불과한 점 등에 비추어 볼 때, 위 명의신탁 당시 원고 甲에게 이 사건 주식과 관련된 배당소득의 종합소득합산과세에 따른 누진세율 적용을 회피할 목적이 있었다고 보기는 어렵다'고 판시하였다.

90) 지방세법 제7조 제1항.
91) 지방세법 제11조 제1항 제7호 나목.
92) 지방세법 제13조 제1항.
93) 지방세법 제13조 제2항.
94) 국세기본법 제39조 제2호, 지방세기본법 제46조 제2호.

부동산, 차량, 기계장비, 항공기, 선박, 입목, 광업권, 어업권, 골프회원권, 승마회원권, 콘도미니엄 회원권, 종합체육시설 이용회원권 또는 요트회원권을 취득한 것으로 보아 그 과점주주들에게 취득세를 과세한다.[95] 따라서 제2차 납세의무 회피를 위한 것과 마찬가지로 실질적으로는 위 과점주주에 해당하는 자는 자신에게 부과될 지방세법상 간주취득세 납세의무를 회피하기 위하여 주식을 명의신탁할 수 있다. 주식과 관련되는 전환사채, 신주인수권부사채 등을 차명으로 취득하는 것도 이와 관련된다.

또한 상속세 또는 증여세 부담의 회피와 관련하여, 주식의 실질주주가 자신의 사망시 상속인들이 부담할 상속세액을 줄여주기 위하여 미리 상속재산을 타인 명의로 분산하기 위하여 주식을 명의신탁할 수 있다.[96] 차명부동산, 사채, 예금도 상속세 또는 증여세의 과세대상이 되므로 이와 관련된다.

그리고 일감몰아주기 과세를 회피하기 위하여 차명으로 주식을 인수하기도 한다. 일감 몰아주기에 대한 증여세 과세 제도는 상증세법 제45조의3[97]과 관련된다. 주로 기업 사주가 가지는 계열사의 지분 중 일정 부분을 직원 등의 명의(차명)로 보유하여 일감 몰아주기 과세를 회피하는 방법을 사용한다. 주식과 관련되는 전환사채, 신주인수권부사채 등도 이와 관련된다.

나. 누진세를 회피하기 위하여

타인의 명의를 이용하면 소득과세의 과표 구간을 낮추어서 세율을 낮추게 됨으로써 세금을 줄일 수 있다. 예컨대 종합소득(이자소득, 배당소득, 사업소득, 근로소득, 연금소득, 기타소득)의 경우, 누진세율을 적용하는데,[98] 그럴 경우 타인 명의 거래를 하여 과세표준을 낮출 수 있고, 소득세법 제14조 제3항 제9호 다목의 연금소

---

95) 지방세법 제7조 제5항.
96) 일반적으로 재산의 소유나 취득이 납세의무로 연결되는 경우에는 실질적으로 타인 명의로 재산을 숨겨두려고 할 것이다. 앞서 본 취득세와 상속세, 증여세 등은 모두 이러한 범주에 속한다.
97) 위 규정은 2011. 12. 31. 상증세법 개정으로 입법화되어 2012. 1. 1. 이후 개시하는 사업연도부터 발생하는 거래에 관하여 적용을 하는데, 법인의 매출액 중에서 그 법인의 지배주주와 특수관계에 있는 법인에 대한 매출액이 차지하는 비율이 일정 비율을 초과하면 수혜법인의 지배주주와 그 친족이 받은 일정한 이익에 대하여 증여세를 부과하는 것이다. 예컨대, 회사의 사주가 자신의 자녀가 주주인 법인에 대하여 특수관계에 있는 법인의 일감을 몰아주어 자녀가 간접적으로 얻게 되는 이익에 대하여 증여세를 과세하는 것이다.
98) 소득세법 제55조 제1항.

득⁹⁹⁾은 납세자에게 분리과세, 종합과세 중 선택권이 있다. 이럴 경우는 타인 명의를 이용할 유인이 생긴다.

현행 소득세의 세율은 최저 6%에서 최고 42%까지의 7단계의 누진세율로 구성되어 있는데, 배당소득을 포함한 종합소득과세표준이 높을수록 높은 누진세율을 적용받고 소득세를 더 많이 내야 하므로, 누진세를 회피하기 위하여 위 소득들에 관하여 제3자의 명의를 차용할 유인이 생긴다.

또한, 법인세,¹⁰⁰⁾ 상속세 및 증여세,¹⁰¹⁾ 재산세,¹⁰²⁾ 종합부동산세¹⁰³⁾의 경우는

---

99) 소득세법 제146조 제2항에 따라 원천징수되지 아니한 퇴직소득을 연금수령하는 연금소득, 소득세법 제59조의3 제1항에 따라 세액공제를 받은 연금계좌 납입액 및 연금계좌의 운용실적에 따라 증가된 금액을 의료목적, 천재지변이나 그 밖에 부득이한 사유 등 대통령령으로 정하는 요건을 갖추어 인출하는 연금소득 외의 연금소득의 합계액이 연 1,200만 원 이하인 경우 그 연금소득을 의미한다.

100) 과세표준이 2억 원 이하인 경우 세율은 과세표준의 10%이고, 2억 원 초과 200억 이하이면 2억 원을 초과하는 부분의 세율은 과세표준의 20%이며, 200억 원 초과 3,000억 원 이하의 경우는 200억 원을 초과하는 부분의 세율은 과세표준의 22%이고, 3,000억 원을 초과하는 부분의 세율은 25%이다(법인세법 제55조 제1항).

101) 상속세 및 증여세와 관련한 세율은 5단계로 과세표준이 1억 원 이하의 경우에 과세표준의 10%이고, 1억 원 초과 5억 원 이하이면 1억 원을 초과하는 금액의 20%, 5억 원 초과 10억 원 이하이면 5억 원을 초과하는 금액의 30%, 10억 원 초과 30억 원 이하이면 10억 원을 초과하는 금액의 40%, 30억 원을 초과하는 경우에는 30억 원을 초과하는 금액의 최고세율은 50%이다(상증세법 제26조, 제56조).

102) 재산세와 관련하여 누진세율이 적용되는 것은 종합합산과세대상 토지(지방세법 제111조 제1항 제1호 가목)와 별도합산과세대상 토지(지방세법 제111조 제1항 제1호 나목), 그리고 별장을 제외한 주택(지방세법 제111조 제1항 제3호 나목)이다. 종합합산과세대상 토지는 과세표준이 5,000만 원 이하이면 세율이 0.2%, 5,000만 원 초과 1억 원 이하이면 0.3%, 1억 원 초과이면 0.5%이다. 별도합산과세대상 토지는 과세표준이 2억 원 이하이면 세율이 0.2%, 2억 원 초과 10억 원 이하이면 0.3%, 10억 원 초과이면 0.4%이다. 별장을 제외한 주택은 과세표준이 6,000만 원 이하이면 세율이 0.1%, 6,000만 원 초과 1억 5,000만 원 이하이면 0.15%, 1억 5,000만 원 초과 3억 원 이하이면 0.25%, 3억 원 초과이면 0.4%이다.

103) 주택에 대한 종합부동산세 중 납세의무자가 2주택 이하를 소유한 경우(주택법상 조정대상지역 내 2주택을 소유한 경우는 제외한다)는 과세표준을 3억 원 이하, 3억 원 초과 6억 원 이하, 6억 원 초과 12억 원 이하, 12억 원 초과 50억 원 이하, 50억 원 초과 94억 원 이하, 94억 원 초과로 나누어서 각 세율로 0.5%, 0.7%, 1%, 1.4%, 2%, 2.7%(6단계)를 적용한다(종합부동산세법 제9조 제1항). 주택에 대한 종합부동산세 중 납세의무자가 3주택 이상을 소유하거나, 조정대상지역 내 2주택을 소유한 경우에는 같은 과세표준에서 각 세율이 0.6%, 0.9%, 1.3%, 1.8%, 2.5%, 3.2%가 된다. 또한 종합합산과세대상 토지에 대한 종합부동산세는 과세표준을 15억 원 이하, 15억 원 초과 45억 원 이하, 45억 원 초과로 나누어서 각 세율로 1%, 2%, 3%(3단계)를 적용한다(종합부동산세법 제14조 제1항). 별도합산과세대상 토지에 대한 종합부동산세는 과세표준을 200억 원 이하, 200억 원 초과 400억 원 이하, 400억 원 초과로 나누어서 각 세율로 0.5%, 0.6%, 0.7%(3단계)를 적용한다(종합부동산세법 제14조 제4항). 한편, 해당 과세대상의 재산세로 부과된 세액은 종합부동산세액에서 이를 공제한다(종합부동산세법 제9조

누진세율 구조인데, 법인이 사업을 함에 있어서 법인세를 줄이기 위하여 다른 회사의 명의를 차용하여 사업을 진행하거나, 다른 사람 명의로 증여를 받는 형식을 취하거나, 타인 명의로 부동산을 소유함으로써 위와 같은 누진세를 회피할 수도 있다.

다. 비례세의 중과세율을 회피하기 위하여

세율 구조가 비례세율인 경우에도 일반세율이 아니라 중과세율이 적용되는 경우에는 누진세와 같이 타인의 명의를 차용하면 세금을 줄일 수 있다.[104]

비례세와 관련되는 대표적인 예로는 개인인 대주주가 자신이 보유하고 있던 주식을 1년 이내에 양도할 경우 부담하는 양도소득세 중과세 사례를 들 수 있다. 주식의 양도소득에 대한 기본세율은 20%인데, 중소기업의 주식에 대한 양도소득의 세율은 10%, 대주주가 1년 미만 보유한 주식으로서 중소기업 외의 법인의 주식에 대한 양도소득의 세율은 30%가 된다.[105] 따라서 개인인 대주주로서는 양도소득세의 중과세 부담을 피하기 위하여 주주 명의를 차용할 유인이 생긴다. 주식과 관련되는 전환사채, 신주인수권부사채 등을 차명으로 취득하는 것도 이와 관련된다.

라. 세제 혜택을 얻기 위하여

다음으로 세제 혜택을 얻기 위하여 차명거래를 하는 경우가 있을 수 있다.

가장 일반적이고 대표적인 예는 부동산에 관한 1세대 1주택 양도소득세 비과세를 위하여 차명으로 부동산을 구입하는 경우이다. 거주자가 1세대를 기준으로 양도일 현재 국내에 1주택(9억 원 이하)을 보유하고 있는 경우로서 해당 주택의 보유기간이 2년(비거주자가 주택을 3년 이상 계속 보유하고 그 주택에서 거주한 상태로 거주자로 전환된 경우에는 3년) 이상인 경우, 그 1주택의 양도로 생긴 양도소득에 대해서는 양도소득세가 과세되지 않는다.[106] 이미 양도소득세 비과세대상인 1세대 1주택을 보유한 사람이 다른 주택을 구입하고자 하는 경우 주택이 없는 타인의 명의를 차용하면 양도소득세 비과세 혜택을 누릴 수 있게 된다.

그리고 금융소득분리과세를 위하여 차명거래(주식, 사채, 예금)를 하는 경우도 있다. 이자소득과 배당소득으로서 그 소득의 합계액이 2,000만 원 이하이면서 원천

제3항, 제14조 제3항, 제6항).
104) 이재호, 앞의 논문, 48.
105) 소득세법 제104조 제1항 제11호 가목, 나목.
106) 소득세법 제89조 제1항 제3호, 소득세법 시행령 제154조 제1항.

징수된 소득은 종합소득 과세표준을 계산할 때에 합산하지 아니한다.[107) 따라서 이자소득, 배당소득 등의 금융소득 합계가 2,000만 원 이하이면 원천징수세액만 내면 추가로 종합소득세를 내지 않아도 된다. 원천징수세율은 기본적으로 14%이고,[108) 일부 특정 이자소득이나 배당소득의 경우는 25% 등으로 더 높은 세율이 적용된다. 이와 같이 금융소득의 합계가 2,000만 원을 초과할 경우에는 종합과세를 회피하기 위하여 타인 명의를 차용하고 싶은 생각이 들 것이다.

또한, 상장법인의 주식 양도에 따른 양도소득세를 회피하기 위하여 차명거래를 하는 경우도 있다. 일반적으로 상장법인 주식의 양도소득세는 비과세이지만 주권 상장법인의 대주주의 주식 양도에 대하여는 양도소득세를 과세한다. 따라서 상장법인의 대주주의 요건을 회피하기 위하여 해당 상장법인의 주식을 양수하려는 자가 다른 사람의 명의를 차용하여 주식을 양수한 후 그 주식을 양도함에 따라 발생하는 양도소득의 소득세 부담을 면하기 위하여 주식 양수시에 타인으로부터 명의를 차용할 수 있다. 주식과 관련되는 전환사채, 신주인수권부사채 등을 차명으로 취득하는 것도 이와 관련된다.

8. 거래 편의를 위하여

우선 부동산과 관련하여, 부동산실명법 제8조에서는 ① 종중이 보유한 부동산에 관한 물권을 종중 외의 자의 명의로 등기한 경우, ② 배우자 명의로 부동산에 관한 물권을 등기한 경우, ③ 종교단체의 명의로 그 산하 조직이 보유한 부동산에 관한 물권을 등기한 경우로서 조세 포탈, 강제집행의 면탈 또는 법령상 제한의 회피를 목적으로 하지 아니하는 경우에는 부동산실명법상의 민사적 규제(명의신탁 약정 및 이로 인한 등기의 무효), 행정적 규제(명의신탁자에 대한 과징금 부과 및 이행강제금 부과), 형사적 규제(명의신탁자 및 명의수탁자에 대한 규제) 등을 적용하지 아니하는 취지로 규정하고 있다. 위와 같이 종중·배우자·종교단체 등이 조세 포탈 등의 목적 없이 부동산에 관한 차명거래를 할 수 있다.

그리고 단순한 거래 편의를 위하여 차명예금을 이용하기도 한다. 앞서 보았듯이 부모가 증여세가 부과되지 않는 범위 내에서 미성년 자녀 명의의 통장을 개설하

---

107) 소득세법 제14조 제3항 제6호.
108) 소득세법 제129조 제1항 제1호 라목, 같은 항 제2호 나목.

여 이용하는 경우가 있을 수 있고, 단순히 거래 편의를 위하여 차명거래를 하는 경우도 있다. 앞서 본 바와 같이 종중·배우자·종교단체가 조세포탈 등 목적 없이 단순히 거래 편의를 위하여 예금 명의신탁을 할 수도 있다.

9. 소결

이상으로 차명거래를 하는 이유를 실증적으로 살펴보았다. 위 차명거래 중에서 규제의 대상이 되어야 할 것과 그렇지 않은 것이 있다. 앞서 第1節에서 위법성이 있는 차명거래는 규제의 대상이 되어야 하고 그렇지 않은 차명거래 중에서도 일정한 경우는 규제를 할 필요가 있음을 살펴보았다. 다음 節에서는 규제의 대상이 되는 차명거래를 분류하는 작업을 하기로 한다.

제 3 절 규제 대상인 차명거래의 분류

1. 違法한 차명거래 – 第2節의 실증적 사례를 중심으로

第1節에서 본 바와 같이 위법성이 있는 차명거래는 규제의 대상이 되어야 하므로 第2節의 사례 중 위법성이 있는 차명거래를 분류해보도록 하자.

가. 법령상의 규제를 회피하거나 법령상의 혜택을 얻기 위한 경우

이 경우는 앞서 본 바와 같이 일정한 성문법을 위반하는 경우이고 그 중에는 법령상 거래의 효력을 무효로 하는 경우도 있으며,109) 형사처벌 규정을 두고 있는 경우도 상당수 존재한다. 위와 같은 경우 중 상당수는 공서양속 위반 여부와 관련하여, 정의의 관념에 반하는 행위이거나 거래질서에 어긋나는 경우 또는 사회상규에 반하는 행위라고 볼 수 있다.

우선, 법령상의 규제 회피 등의 사례 중 형사처벌 규정이 있는 것은 ① 농지법상 자경농 요건 충족을 위한 부동산 차명거래, ② 구 국토계획법상 토지거래 허가를 위한 부동산 차명거래, ③ 대출한도 회피를 위하여 상호저축은행법을 위반한 차명거래, ④ 자산운용회사 임직원의 주식 매수를 위한 차명거래, ⑤ 국내 체류자격 취득을 위하여 국내 회사에 투자를 하고 국내 회사 주식을 인수나 양수하는 형식을 거친 차명거래, ⑥ 주택법상 사업계획승인 절차를 회피하기 위한 부동산 차명거래, ⑦ 토석채취허가시 사전환경성 검토를 받지 않기 위한 부동산 차명거래, ⑧ 종중이 일정 면적 이상의 농지상의 분묘를 얻기 위한 부동산 차명거래, ⑨ 공공주택 특별법상 임대아파트를 분양받기 위한 부동산 차명거래, ⑩ 공직자윤리법상 재산등록 의무를 회피하기 위한 재산 차명거래 등이다.

그리고 그 중 형사처벌 규정이 없는 것은 ㉮ 구 상법상 발기인 요건 충족을 위한 주식 차명거래, ㉯ 감독기관에 대한 대주주 관련 보고 규정 회피를 위한 주식 차명거래, ㉰ 최대주주 등이 감사 등 선임 또는 해임시 의결권 제한 규정을 회피하기

---

109) 구 국토계획법상 토지거래계약 허가를 받지 못하는 사람이 그 지역에 거주하는 다른 사람에게 부동산 명의신탁을 하는 경우가 그러하다.

위한 주식 차명거래 등이다.

이 중 형사처벌 규정이 있는 ① 내지 ⑩의 경우를 보면, 차명거래를 다른 법령 상 제한 등을 회피하기 위한 목적에서 행히고, 그러한 행위로 형사처벌까지 받을 수 있는 상황이라면 이런 경우는 공서양속 위반 중 '정의의 관념에 반하는 행위' 거나 '거래질서에 어긋나는 행위'라고 봄이 상당하다. 그리고 이러한 경우는 '사 회윤리' 및 '객관적 사회질서' 측면에서 볼 때, 사회상규에도 반한다고 보아야 할 것이다. 따라서 위와 같은 차명거래는 '법질서 전체에 위반'하여 위법하다고 보아 야 한다.

다음으로 형사처벌 규정이 없는 ㉮ 내지 ㉳의 경우를 보면, 차명거래를 다른 법령상 제한 등을 회피하기 위한 목적에서 행하더라도, 이에 관한 형사처벌 규정이 없다면 이를 반드시 '정의의 관념에 반하는 행위'거나 '거래질서에 어긋나는 행위' 라고 단정하기는 어려울 것이다. 그리고 이러한 경우를 두고 반드시 '사회윤리'나 '객관적 사회질서' 측면에서 사회상규에 반한다고 단정할 수도 없을 것이다. 따라서 위와 같은 차명거래는 규제의 대상이 될 여지는 있으나 '법질서 전체에 위반'하여 위법하다고 단정하기는 어렵다.

나. 강제집행 면탈, 자금세탁, 다른 형사 범죄의 수단적 성격인 경우

이 경우는 앞서 본 바와 같이 일정한 성문법을 위반하는 경우이고 모두 이에 관한 형사처벌 규정을 두고 있다. 앞서 본 바와 같이, 차명거래를 강제집행 면탈, 자금세탁, 다른 형사 범죄의 수단적 성격으로 행하고, 그러한 행위로 형사처벌까지 받을 수 있는 상황이라면 이런 경우는 공서양속 위반 중 '정의의 관념에 반하는 행 위'거나 '거래질서에 어긋나는 행위'라고 봄이 상당하다. 그리고 이러한 경우는 '사 회윤리' 및 '객관적 사회질서' 측면에서 볼 때, 사회상규에도 반한다고 보아야 할 것이다. 따라서 위와 같은 차명거래는 '법질서 전체에 위반'하여 위법하다고 보아야 한다.

다. 재산은닉의 경우

우선 재산은닉 중 제1유형[110)]은 강제집행 면탈 등의 경우와 마찬가지로, 일정

---

110) 범죄수익은닉의 규제 및 처벌 등에 관한 법률 제2조 제4호에 따른 범죄수익등, 마약류 불법 거래 방지에 관한 특례법 제2조 제5항에 따른 불법수익등, 공중 등 협박목적 및 대량살상무

한 성문법을 위반하는 경우이고 이에 관한 형사처벌 규정을 두고 있다. 차명거래를 위 제1유형과 같이 불법 재산은닉의 성격으로 행하고, 그러한 행위로 형사처벌까지 받을 수 있는 상황이라면 이런 경우는 공서양속 위반 중 '정의의 관념에 반하는 행위'거나 '거래질서에 어긋나는 행위'라고 봄이 상당하다. 그리고 이러한 경우는 '사회윤리' 및 '객관적 사회질서' 측면에서 볼 때, 사회상규에도 반한다고 보아야 할 것이다. 따라서 위와 같은 차명거래는 '법질서 전체에 위반'하여 위법하다고 보아야 한다.

반면 재산은닉 중 제2유형111)은 일정한 성문법을 위반하는 경우도 아니고 이에 관한 형사처벌 규정을 두고 있지도 않다. 따라서 이를 반드시 '정의의 관념에 반하는 행위'거나 '거래질서에 어긋나는 행위'라고 단정하기는 어려울 것이다. 그리고 이러한 경우를 두고 반드시 '사회윤리'나 '객관적 사회질서' 측면에서 사회상규에 반한다고 단정할 수도 없을 것이다. 따라서 위와 같은 차명거래는 '법질서 전체에 위반'하여 위법하다고 단정하기는 어렵다.

라. 사업상의 목적을 위한 경우

이 경우는 앞서 검토한 범위 내에서는 법령상 거래의 효력을 무효로 하는 경우가 없고 형사처벌 규정을 두고 있는 경우도 존재하지 않는 것으로 보인다. 물론 사업상의 목적을 위하여 여러 가지 형태의 차명거래를 할 수도 있고 이와 관련하여 형사처벌을 받는 경우도 있을 수 있다. 예컨대 회사의 주가 관리 목적으로 차명으로 주식을 인수하는 과정에서 회사 내부 정보를 이용하는 경우,112) 주권상장법인의 주식을 대량보유하게 된 자(본인과 특별관계자가 보유하는 주식 등의 수의 합계가 주식 등 총수의 5% 이상인 경우)는 5일 이내에 보유상황, 보유목적 등을 금융위원회 등에 보고하여야 하는데 이를 해태한 경우113) 등은 형사처벌을 받을 수 있다. 차명으로 주식을 인수하더라도 주식의 실질적 소유자는 이러한 보고의무를 이행해야 하므로

　　기획산을 위한 자금조달행위의 금지에 관한 법률 제2조 제1호에 따른 공중협박자금 등의 불법재산을 은닉하기 위한 차명거래를 의미한다.
111) 공직자윤리법상의 재산등록 의무가 없는 공직자라도 공직자가 재산이 너무 많은 경우에 사회적으로 시기와 질투를 받지 않거나 불법행위로 인하여 재산을 증식하였다는 비판을 받지 않기 위하여 재산 중 일부를 차명으로 거래하여 취득하거나 타인 명의로 보유할 수 있는바, 이러한 차명거래를 의미한다.
112) 자본시장법 제443조 제1항 제1호, 제174조 제1항.
113) 자본시장법 제445조 제20호, 제147조 제1항.

위 의무를 해태하면 형사처벌을 받을 수 있는 것이다. 위와 같이 형사처벌을 받을 수 있는 경우 중 상당수는 공서양속 위반 여부와 관련하여, '정의의 관념에 반하는 행위'거나 '거래질서에 어긋나는 경우'이거나, '사회윤리' 및 '객관적 사회질서' 측면에서 볼 때, 사회상규에 반하는 행위라고 볼 수 있다.

반면 양도담보 목적으로 이루어진 주식 차명거래, 단순한 회사 업무처리 편의114)를 위한 목적에서 이루어진 주식 차명거래의 경우에는 이에 관하여 형사처벌 하는 규정이 없을 것이고, 이를 반드시 '정의의 관념에 반하는 행위'거나 '거래질서에 어긋나는 행위'라고 단정하기는 어려울 것이다. 그리고 이러한 경우를 두고 반드시 '사회윤리'나 '객관적 사회질서' 측면에서 사회상규에 반한다고 단정할 수는 없을 것이다. 따라서 위와 같은 차명거래를 '법질서 전체에 위반'하여 위법하다고 단정하기는 어렵다.

마. 조세상 혜택을 얻거나 조세 부과 회피를 위한 경우

이 경우는 조세법을 위반하는 경우이기는 하나 '사기나 그 밖의 부정한 행위'에 이르지 않는 경우에는 조세범 처벌법상 조세포탈에는 이르지 않는다고 보아야 하므로 형사처벌이 되지는 않는다.

우선, 위와 같은 경우가 조세포탈에 이르는 경우에는 공서양속 위반 중 '정의의 관념에 반하는 행위'거나 '거래질서에 어긋나는 행위'라고 봄이 상당하다. 그리고 이러한 경우는 '사회윤리' 및 '객관적 사회질서' 측면에서 볼 때, 사회상규에도 반한다고 보아야 할 것이다. 따라서 위와 같은 차명거래는 '법질서 전체에 위반'하여 위법하다고 보아야 한다.

다음으로 조세포탈에 이르지 않는 경우는 이를 반드시 '정의의 관념에 반하는 행위'거나 '거래질서에 어긋나는 행위'라고 단정하기는 어려울 것이다. 그리고 이러한 경우를 두고 반드시 '사회윤리'나 '객관적 사회질서' 측면에서 사회상규에 반한다고 단정할 수는 없을 것이다. 물론 개별 사안에 따라서 조세포탈에 이르지 않는 경우에도 위와 같은 차명거래가 규제의 대상이 될 수는 있으나 위 경우의 대부분이 '법질서 전체에 위반'하여 위법하다고 단정하기는 어렵다.

---

114) 구체적인 사안을 보아 위법성을 판단해야 할 것인데, 그 구체적인 위법성 판단이 사안마다 다를 것으로 보인다.

바. 거래 편의를 위한 경우

우선 부동산과 관련하여, 부동산실명법 제8조에서는 ① 종중이 보유한 부동산에 관한 물권을 종중 외의 자의 명의로 등기한 경우, ② 배우자 명의로 부동산에 관한 물권을 등기한 경우, ③ 종교단체의 명의로 그 산하 조직이 보유한 부동산에 관한 물권을 등기한 경우로서 조세 포탈, 강제집행의 면탈 또는 법령상 제한의 회피를 목적으로 하지 아니하는 경우에는 부동산실명법상의 민사적 규제(명의신탁 약정 및 이로 인한 등기의 무효), 행정적 규제(명의신탁자에 대한 과징금 부과 및 이행강제금 부과), 형사적 규제(명의신탁자 및 명의수탁자에 대한 규제) 등을 적용하지 아니하는 취지로 규정하고 있다. 위와 같이 종중·배우자·종교단체 등이 조세 포탈 등의 목적 없이 부동산에 관한 차명거래를 하는 경우는 '정의의 관념에 반하는 행위'거나 '거래질서에 어긋나는 행위'라고 보기는 어렵다. 그리고 이러한 경우를 두고 '사회윤리'나 '객관적 사회질서' 측면에서 사회상규에 반한다고 볼 수도 없다. 따라서 위와 같은 차명거래는 위법하지 않다고 보아야 한다.

다음으로 단순한 거래 편의를 위하여 차명예금을 이용하는 경우를 보자. 즉 부모가 증여세가 부과되지 않는 범위 내에서 미성년 자녀 명의의 통장을 개설하여 이용하는 경우, 단순히 거래 편의를 위하여 차명거래를 하는 경우, 종중·배우자·종교단체가 조세포탈 등 목적 없이 단순히 거래 편의를 위하여 예금 명의신탁을 하는 경우가 이에 속한다는 점은 앞서 본 바와 같다. 그런데 이러한 경우는 '정의의 관념에 반하는 행위'거나 '거래질서에 어긋나는 행위'라고 보기는 어렵다. 그리고 이러한 경우를 두고 '사회윤리'나 '객관적 사회질서' 측면에서 사회상규에 반한다고 볼 수도 없다. 따라서 위와 같은 차명거래는 위법하지 않다고 보아야 한다.

사. 소결

위와 같이 차명거래에 대한 실증적 사례를 분석해 보아도 그 위법성 판단이 명백한 경우가 있는 반면 개별적인 사안마다 그 위법성을 판단하여야 하고, 개별적 위법성 판단도 쉽지 않은 경우가 많은 것으로 보인다. 공서양속 위반, 사회상규 위반의 판단이 쉽지 않은 차명거래의 경우에도 규제를 할 필요성이 있는 경우도 있으므로, 이하에서는 위법성 판단기준을 보충하는 역할을 하는 규제의 대상 선정기준을 살펴보고자 한다.

2. 차명거래의 대상별 특성

가. 차명부동산

부동산의 경우 차명예금과 마찬가지로 1995년 부동산실명법이 제정되기 이전까지는 차명거래가 성행하였고, 그 대표적인 방법이 명의신탁의 방법이었다. 부동산에 관한 차명거래는 주로 세금 회피와 부동산 투기를 할 목적으로 활용되었다. 그러다가 1993. 8.경 금융실명제가 실시됨에 따라 부동산 명의신탁도 그대로 인정할 수 없다는 분위기가 형성되었다. 금융소득에 대한 종합소득 과세가 실시될 예정이었던 상황에서 부동산에 대한 명의신탁이 계속 용인될 경우에는 금융시장의 많은 자금이 부동산 시장으로 이탈하여 부동산 투기 및 부동산 가격 상승으로 이어질 것이 우려되었기 때문이다.[115]

그로 인해 1994. 10.경부터 부동산실명법에 대한 입법화 작업이 진행되었고 1995. 1.경에는 재정경제원, 법무부가 공동으로 부동산실명제를 실시하는 방안을 발표하게 되었다. 결국 내부 의견을 조정한 후 부동산실명법이 입법 예고되었고 1995. 3.경 국회에서 의결이 되어 위 법은 1995. 7. 1.부터 시행되었다.

위와 같이 부동산에 관한 차명거래인 부동산 명의신탁은 세금 회피, 부동산 투기 등을 위한 부정적인 현상으로 널리 인정되었고 이로 인하여 부동산실명법이 1995년에 제정되게 된 것이다.

한편, 부동산은 의식주에 필수적인 자산이므로 부동산 차명거래는 엄청난 재력의 자산가뿐만 아니라 내 집 마련을 꿈꾸는 일반인들도 이용할 수 있다는 점에서 차명예금과는 성격을 같이 하는 반면 차명주식, 사채와는 성격을 달리한다.

나. 차명주식, 사채

앞서 본 바와 같이 2001. 7. 24. 상법이 개정되기 전 법인 설립을 위한 최소 창립 발기인 규정(1996. 12. 29. 이전 : 7인 이상, 2001. 7. 24. 이전 : 3인 이상) 때문에 차명으로 주주명부에 주주로 등재된 경우도 있다. 그리고 경영권을 보호하면서 과점주주로 인한 중과세를 회피하거나, 소득세 누진과세를 회피하거나, 특수관계자에 대하여 일감을 몰아준 것에 대한 증여세 부과를 회피하기 위한 수단으로 차명주식,

---

115) 노영훈, "부동산실명제의 평가와 향후 정책과제", 한국조세연구원(1997), 13-15 참조.

사채를 보유하고 관리하는 경우도 많았다.

특별검사가 2008년경 삼성을 조사할 당시, 이건희 삼성그룹 회장이 총 400명이 넘는 사람 명의로 삼성생명보험 주식회사와 삼성전자 주식회사에 대한 차명주식을 보유했었고, 위와 같은 차명주식 보유에 따라 얻는 배당금을 종업원 등 차명주주(형식주주)에게 주지 않고 비자금으로 사용한 것은 주지의 사실이다. 또한, 효성 그룹, CJ 그룹, 남양 그룹, 대주 그룹 등의 총수도 재판과정에서 차명주식을 이용한 비자금 조성, 증여세나 상속세 포탈 등을 한 것으로 알려져 있다.

그리고 2013년부터는 일감 몰아주기에 대하여 증여세를 부과하고 있는데,[116] 기업들이 이를 회피하기 위한 방법으로 차명주식, 사채를 이용하고 있는 것으로 보인다. 일감 몰아주기 과세는 대기업의 최대주주가 가지는 계열사에게 이익을 부여하면 최대주주에게 증여한 것으로 보아 증여세를 과세하는 것이다. 이 경우 기업들은 대기업 사주가 보유하고 있는 계열사의 지분 중 상당수를 차명으로 보유하여 일감 몰아주기 대상에서 누락시키고 있다.

위와 같이 차명주식, 사채는 보통 재벌이나 자산가들이 자신이 보유하고 있는 회사의 주식과 관련하여 발생하는 세금 등을 회피하기 위한 목적으로 주로 이용한다는 점에서 전 국민이 일반적으로 이용할 수 있는 차명부동산, 예금과는 성격이 다소 다르다.

다. 차명예금

금융거래자가 차명예금을 이용하려고 하는 이유는 앞서 본 바와 같이 다양하다. 그런데 부동산을 매수하거나 주식, 사채를 인수하려면 적지 않은 금원이 필요한데, 예금 계좌를 개설하는 데에는 돈이 전혀 들지 않는다. 따라서 차명예금을 이용하는 것은 부동산, 주식을 차명으로 이용하는 것보다는 훨씬 쉽고 빈번하게 일어날 수 있다.

라. 소결

위와 같이 차명거래의 대상별로 차명거래를 하는 특성이 존재한다고 할 것이다.

---

116) 이에 관하여는 앞서 第2節 7. 가.에서 본 바와 같다.

3. 규제 대상의 선정 기준 – 사회후생 감소 여부를 기준으로

이제는 차명거래 중 규제대상을 신징히는 기준을 구체적으로 정립해 보도록 하자. 그런데 이 작업에 있어서는 차명거래를 규제하고 있는 현행법이 도입된 이유나 도입 목적을 살펴보는 것이 도움이 될 것으로 보인다.[117]

우선 부동산실명법이 1995. 3. 30. 입법화되어 1995. 7. 1.부터 시행된 이유는 부동산 명의신탁 등이 부동산 투기 억제를 위한 각종 정책의 실효성을 감소시켰고, 그 밖에 앞서 第2節 1., 2., 7.에서 언급한 것처럼 부동산 명의신탁을 악용하는 사례를 근절하기 위해서였다.[118]

다음으로 긴급명령이 1993. 8. 12. 공포·시행되고 1997년에 금융실명법이 제정되고 시행되면서 금융실명제가 시행되었다. 금융실명제는 조세부담의 형평성과 세수증대에 이바지할 수 있고,[119] 부정부패를 줄이고 지하경제를 양성화하는 데 기여할 수 있으며,[120] 다른 제도나 규제의 실효성을 확보하는데 도움을 줄 수 있을 것으로[121] 예상되어 도입된 것이다.[122]

즉 부동산실명법과 금융실명법은 부동산실명제 및 금융실명제 미실시로 인하여 사회 전체에 각종 문제점이 발생하는 것을 방지하기 위하여 즉 부동산 및 예금[123]의 차명거래가 사회에 주는 피해나 손해를 방지하기 위하여 시행되었다고 할 것이다. 그런데 사회에 피해를 끼치거나 손해를 발생시킨다는 것은 이로 인하여 사회후생(social welfare)에 손실을 끼치는 것으로 볼 수 있다.

---

117) 선대의 입법자들이 부동산실명법이나 금융실명법의 규제 대상을 선정함에 있어서도 많은 검토를 거쳤을 것이고, 시대가 흐르더라도 그 대상 선정의 기준에서 도움을 받을 수 있는 부분이 있을 것이기 때문이다.

118) 노영훈, 앞의 논문, 14–15.

119) 상속 및 증여 추적을 가능하게 하여 세금 없는 부의 이전을 차단할 수 있고, 금융소득에 대한 과세를 가능하게 하여 소득종류 간 조세부담의 형평을 도모하는 데 도움을 줄 수 있다.

120) 공직자의 뇌물 수수를 억제해 정부 관료의 부패를 줄일 수 있고, 정치인의 불법정치자금 수수를 억제해 돈을 덜 쓰는 선거풍토를 만들 수 있으며, 기업의 비자금 조성을 어렵게 해서 정경유착의 고리를 끊을 수 있게 도와줄 수 있다.

121) 예컨대, 공직자 재산등록제도의 실효성을 높이고 다른 사람 명의로 가입한도액을 넘기거나 자격제한을 무시한 금융상품 가입을 막을 수 있다.

122) 기획재정부·고려대학교, 2015 경제발전경험모듈화사업 : 한국의 금융실명제 도입 경험 (2015), 22.

123) 第1章 第4節 2. 나. 3)에서 본 바와 같이 차명예금도 금융실명법의 적용 대상이 된다는 전제에서 논리를 전개한다.

그렇다면 '사회후생에 손실을 가져오는' 차명거래만을 규제의 대상으로 봄이 타당할 것이다. 개인의 효용(utility)[124]을 합친 사회후생(social welfare)[125]은 차명거래로부터 발생하는 '편익(B)'[126]의 양에서 차명거래가 발생시키는 '피해(H)' 등의 양을 공제하여 그 값을 구할 수 있다.

위와 같이 법경제학적으로 보면, 사회후생을 감소시키는 차명거래는 규제의 대상이 된다고 보아야 할 것이다. 이제는 실제 차명거래가 어떤 이유나 목적에서 일어나는지를 살펴보고 이 중 규제의 대상이 되는 즉 사회후생을 감소시키는 차명거래는 어떤 것이 있는지를 살펴볼 필요가 있다.

4. 규제의 대상인 차명거래의 구별

가. 법령상의 규제를 회피하거나 법령상의 혜택을 얻기 위한 경우

앞서 1. 가.에서 본 바와 같이 형사처벌 규정이 있는 ① 농지법상 자경농 요건 충족을 위한 부동산 차명거래, ② 구 국토계획법상 토지거래 허가를 위한 부동산 차명거래, ③ 대출한도 회피를 위하여 상호저축은행법을 위반한 차명거래, ④ 자산운용회사 임직원의 주식 매수를 위한 차명거래, ⑤ 국내 체류자격 취득을 위하여 국내 회사에 투자를 하고 국내 회사 주식을 인수나 양수하는 형식을 거친 차명거래, ⑥ 주택법상 사업계획승인 절차를 회피하기 위한 부동산 차명거래, ⑦ 토석채 취허가시 사전환경성 검토를 받지 않기 위한 부동산 차명거래, ⑧ 종중이 일정 면적 이상의 농지상의 분묘를 얻기 위한 부동산 차명거래, ⑨ 공공주택 특별법상 임대아파트를 분양받기 위한 부동산 차명거래, ⑩ 공직자윤리법상 재산등록 의무를 회피하기 위한 재산 차명거래 등의 경우는, '법질서 전체에 위반'하여 위법하다는 점을 알 수 있었다. 따라서 위와 같은 차명거래는 규제의 대상이 된다. 그리고 위와

---

124) 효용(utility)이란 개인의 전체 복지(overall well-being)를 지칭하는 개념으로, 개인의 행복 (happiness)을 계량적으로 측정할 수 있는 개념이다. 경제학자들은 일반적으로 소비자는 스스로 최대한 행복(happy)해지기 위하여 자신의 효용(utility)을 극대화하는 선택을 한다고 생각한다. 최근에는 효용을 소비자의 선호(consumer preferences)를 묘사하는 방법으로 사용하기도 한다. Hal R. Varian, Intermediate Microeconomics : A Modern Approach 8th edition, W. W. Norton & Company(2010), 54.

125) 여기에서 사회후생(social welfare)이란 벤담류의 개인의 효용을 합한 것을 사회후생으로 정의하는 공리주의적(utilitarian) 사회후생을 전제로 한다.

126) 차명거래를 함으로 차명거래자가 얻는 효용을 합산하여 계산할 수 있을 것이다.

같은 차명거래는 법령상의 규제를 회피하여 관련 법령이 추구하려고 했던 목적을 달성할 수 없게 하여 차명거래자가 얻는 이익보다 사회 전체에 끼치게 되는 손해가 더 큰 것으로 보여 사회후생을 감소시키는 결과를 가져오므로, 규제의 대상이 된다고 볼 수도 있다.

다음으로, 앞서 1. 가.에서 본 바와 같이 형사처벌 규정이 없는 ㉮ 구 상법상 발기인 요건 충족을 위한 주식 차명거래, ㉯ 감독기관에 대한 대주주 관련 보고 규정 회피를 위한 주식 차명거래, ㉰ 최대주주 등이 감사 등 선임 또는 해임시 의결권 제한 규정을 회피하기 위한 주식 차명거래 등의 경우는, '법질서 전체에 위반'하여 위법하다고 단정하기는 어렵다는 점을 알 수 있었다. 그러나 위와 같은 차명거래도 법령상의 규제를 회피하여 관련 법령이 추구하려고 했던 목적을 달성할 수 없게 하여 차명거래자가 얻는 이익보다 사회 전체에 끼치게 되는 손해가 더 큰 것으로 보여 사회후생을 감소시키는 결과를 가져오므로, 규제의 대상이 된다고 보아야 한다.

나. 강제집행 면탈, 자금세탁, 다른 형사 범죄의 수단적 성격인 경우

앞서 1. 나.에서 본 바와 같이 이 경우는 '법질서 전체에 위반'하여 위법하다는 점을 알 수 있었다. 따라서 위와 같은 차명거래는 규제의 대상이 된다. 그리고 위와 같은 차명거래는 재산 명의를 숨겨서 채권자의 강제집행을 방해하여 채권자에게 손해를 끼치거나, 관련 형사상의 범죄를 저지르게 되는 결과가 되어 차명거래자가 얻는 이익보다 사회 전체에 끼치게 되는 손해가 더 큰 것으로 보여 사회후생을 감소시키는 결과를 가져오므로, 규제의 대상이 된다고 볼 수도 있다.

다. 재산은닉의 경우

우선 앞서 1. 다.에서 본 바와 같이 재산은닉 중 제1유형[127])의 차명거래는 '법질서 전체에 위반'하여 위법하다는 점을 알 수 있었다. 따라서 위와 같은 차명거래는 규제의 대상이 된다. 그리고 위와 같은 차명거래는 범죄수익을 은닉하거나 마약류를 불법거래하여 얻은 불법수익을 은닉하거나 공중협박자금 등의 불법재산을 은닉하여 차명거래자가 얻는 이익보다 사회 전체에 끼치게 되는 손해가 더 큰 것

---

127) 범죄수익은닉의 규제 및 처벌 등에 관한 법률 제2조 제4호에 따른 범죄수익등, 마약류 불법 거래 방지에 관한 특례법 제2조 제5항에 따른 불법수익등, 공중 등 협박목적 및 대량살상무기확산을 위한 자금조달행위의 금지에 관한 법률 제2조 제1호에 따른 공중협박자금 등의 불법재산을 은닉하기 위한 차명거래를 의미한다.

으로 보여 사회후생을 감소시키는 결과를 가져오므로, 규제의 대상이 된다고 볼 수도 있다.

다음으로 앞서 1. 다.에서 본 바와 같이 재산은닉 중 제2유형[128]의 차명거래는 '법질서 전체에 위반'하여 위법하다고 단정하기는 어렵다는 점을 알 수 있었다. 그리고 공직자윤리법상의 재산등록 의무가 없는 공직자가 단순히 사람들이 자신이 뇌물을 받아서 재산을 증식한 것이라는 오해를 받지 않기 위하여, 그리고 관련 법령상의 제한을 회피함이 없이 재산 명의를 숨긴다면[129] 그러한 차명거래는 차명거래자의 이익을 증진하고 별도로 사회에 손해를 끼친다고 볼 수도 없으므로 사회후생을 감소시키지는 않는다고 보아야 한다. 따라서 위와 같은 차명거래는 규제의 대상이 되지 않는다고 보아야 한다. 반면, 공직자윤리법상의 재산등록 의무가 없는 공직자더라도 조세회피 목적이나 관련 법령상의 제한을 회피할 목적이 주된 것이고, 사람들로부터 오해를 받지 않으려는 목적이 부차적인 것이라면 차명거래자가 얻는 이익보다는 사회 전체에 끼치게 되는 손해가 더 큰 것으로 보여 사회후생을 감소시키는 결과를 가져오므로, 규제의 대상이 된다고 보아야 한다.

라. 사업상의 목적을 위한 경우

다음으로 앞서 1. 라.에서 본 바와 같이 사업상의 목적을 위한 차명거래 중 형사처벌을 받는 경우, 예컨대 회사의 주가 관리 목적으로 차명으로 주식을 인수하는 과정에서 회사 내부 정보를 이용하는 경우, 주권상장법인의 주식을 대량보유하게 된 자가 금융위원회 등에 일정한 사항을 보고하여야 하는데 이를 해태한 경우 등은 형사처벌을 받을 수 있으므로, 위와 같은 차명거래는 '법질서 전체에 위반'하여 위법하다는 점을 알 수 있었다. 또한 위와 같은 경우는 차명거래자가 얻는 이익보다는 사회 전체에 끼치게 되는 손해가 더 큰 것으로 보여 사회후생을 감소시키는 결과를 가져오므로, 규제의 대상이 된다고 보아야 한다.

다음으로 앞서 1. 라.에서 본 바와 같이 양도담보 목적으로 이루어진 주식 차명거래, 단순한 회사 업무처리 편의를 위한 목적에서 이루어진 주식 차명거래의 경우

---

128) 공직자윤리법상의 재산등록 의무가 없는 공직자라도 공직자가 재산이 너무 많은 경우에 사회적으로 시기와 질투를 받지 않거나 불법행위로 인하여 재산을 증식하였다는 비판을 받지 않기 위하여 재산 중 일부를 차명으로 거래하여 취득하거나 타인 명의로 보유할 수 있는바, 이러한 차명거래를 의미한다.

129) 이런 경우가 실제로 많이 있을지는 생각해볼 필요가 있다.

에는 '법질서 전체에 위반'하여 위법하다고 단정하기는 어렵다는 점을 알 수 있었다. 그리고 이러한 경우가 관련 법령상의 제한을 회피함이 없이 이루어진다면 그러한 차명거래는 차명거래자의 이익을 증진하고 별도로 사회에 손해를 끼친다고 볼 수도 없으므로 사회후생을 감소시키지는 않는다고 보아야 한다. 따라서 위와 같은 차명거래는 규제의 대상이 되지 않는다고 보아야 한다. 다만, 위와 같은 차명거래가 개별적 사안에서 관련 법령상의 제한을 회피하는 것을 목적으로 한다면, 차명거래자가 얻는 이익보다는 사회 전체에 끼치게 되는 손해가 더 큰 것으로 보여 사회후생을 감소시키는 결과를 가져오므로, 규제의 대상이 된다고 보아야 한다.

마. 조세상 혜택을 얻거나 조세 부과 회피를 위한 경우

이 경우는 앞서 1. 마.에서 본 바와 같이 조세상 혜택을 얻거나 조세 부과 회피를 위한 경우가 '사기나 그 밖의 부정한 행위'에 이르러 조세범 처벌법상 조세포탈에 이르는 경우에는 '법질서 전체에 위반'하여 위법하다는 점을 알 수 있었다. 또한 위와 같은 경우는 차명거래자가 얻는 이익보다는 사회 전체에 끼치게 되는 손해가 더 큰 것으로 보여 사회후생을 감소시키는 결과를 가져오므로, 규제의 대상이 된다고 보아야 한다.

다음으로 앞서 1. 마.에서 본 바와 같이 조세상 혜택을 얻거나 조세 부과 회피를 위한 경우가 조세포탈에 이르지 않는 경우에는 '법질서 전체에 위반'하여 위법하다고 단정하기는 어렵다는 점을 알 수 있었다. 그러나 위와 같은 경우는 국가의 조세 부과, 징수 업무를 방해하여 국고 손실을 초래하는 결과를 초래한다. 따라서 위와 같은 경우는 차명거래자가 얻는 이익보다는 사회 전체에 끼치게 되는 손해가 더 큰 것으로 보여 사회후생을 감소시키는 결과를 가져오므로, 규제의 대상이 된다고 보아야 한다.

바. 거래 편의를 위한 경우

앞서 1. 바.에서 본 바와 같이 거래 편의를 위한 차명거래, 즉 종중·배우자·종교단체 등이 조세 포탈, 강제집행의 면탈 또는 법령상 제한의 회피를 목적으로 하지 않고 부동산 차명거래를 하는 경우, 부모가 증여세가 부과되지 않는 범위 내에서 미성년 자녀 명의의 통장을 개설하여 이용하는 경우, 단순히 거래 편의를 위하여 차명거래를 하는 경우, 종중·배우자·종교단체가 조세포탈 등 목적 없이 단순히 거래 편의를 위하여 예금 명의신탁을 하는 경우 등은 위법하다고 보기 어렵다. 그리고 이러한 경우가 관련 법령상의 제한을 회피함이 없이 이루어진다면 그러한 차명거래는 차명거래자의 이익을 증진하고 별도로 사회에 손해를 끼친다고 볼 수도 없으므로 사회후생을 감소시키지는 않는다고 보아야 한다. 따라서 위와 같은 차명거래는 규제의 대상이 되지 않는다고 보아야 한다.

사. 소결

1) 규제의 대상인 차명거래

앞서 논의한 결과를 정리하면 다음과 같다.

위법한 차명거래는 규제의 대상이 된다. 따라서 법령상의 규제를 회피하거나 법령상의 혜택을 얻기 위한 차명거래 중 형사처벌 규정이 있는 차명거래인 ① 농지법상 자경농 요건 충족을 위한 부동산 차명거래, ② 구 국토계획법상 토지거래 허가를 위한 부동산 차명거래, ③ 대출한도 회피를 위하여 상호저축은행법을 위반한 차명거래, ④ 자산운용회사 임직원의 주식 매수를 위한 차명거래, ⑤ 국내 체류자격 취득을 위하여 국내 회사에 투자를 하고 국내 회사 주식을 인수나 양수하는 형식을 거친 차명거래, ⑥ 주택법상 사업계획승인 절차를 회피하기 위한 부동산 차명거래, ⑦ 토석채취허가시 사전환경성 검토를 받지 않기 위한 부동산 차명거래, ⑧ 종중이 일정 면적 이상의 농지상의 분묘를 얻기 위한 부동산 차명거래, ⑨ 공공주택 특별법상 임대아파트를 분양받기 위한 부동산 차명거래, ⑩ 공직자윤리법상 재산등록 의무를 회피하기 위한 재산 차명거래 등의 경우는 위법성이 있으므로 규제의 대상이 된다.

법령상의 규제를 회피하거나 법령상의 혜택을 얻기 위한 차명거래 중 형사처벌 규정이 없는 ㉮ 구 상법상 발기인 요건 충족을 위한 주식 차명거래, ㉯ 감독기관에 대한 대주주 관련 보고 규정 회피를 위한 주식 차명거래, ㉰ 최대주주 등이 감사 등 선임 또는 해임시 의결권 제한 규정을 회피하기 위한 주식 차명거래 등의 경우는, 위법성이 있다고 단정하기는 어려우나, 사회후생을 감소시키는 결과를 가져오므로, 규제의 대상이 된다.

그리고 강제집행 면탈, 자금세탁, 다른 형사 범죄의 수단적 성격을 위한 차명거래, 재산은닉 중 제1유형(범죄수익은닉의 규제 및 처벌 등에 관한 법률 제2조 제4호에 따른 범죄수익등, 마약류 불법거래 방지에 관한 특례법 제2조 제5항에 따른 불법수익등, 공중 등 협박목적 및 대량살상무기확산을 위한 자금조달행위의 금지에 관한 법률 제2조 제1호에 따른 공중협박자금 등의 불법재산을 은닉하기 위한 차명거래)의 차명거래의 경우는 위법성이 있어 규제의 대상이 된다.

다음으로 재산은닉 중 제2유형(공직자윤리법상의 재산등록 의무가 없는 공직자라도 공직자가 재산이 너무 많은 경우에 사회적으로 시기와 질투를 받지 않거나 불법행위로 인하여 재산을 증식하였다는 비판을 받지 않기 위하여 재산 중 일부를 차명으로 거래하여 취득하거나 타인 명의로 보유하는 등의 차명거래)의 차명거래의 경우는, 위법성이 있다고 단정하기는 어려우나, 그 중 조세회피 목적이나 관련 법령상의 제한을 회피할 목적이 주된 것이고, 사람들로부터 오해를 받지 않으려는 목적이 부차적인 것이라면 사회후생을 감소시키는 결과를 가져오므로, 규제의 대상이 된다.

그리고 사업상의 목적을 위한 차명거래 중 형사처벌을 받을 수 있는 경우는 위법성이 있어 규제의 대상이 된다. 그리고 사업상의 목적을 위한 차명거래 중 형사처벌 규정이 없는 경우 예컨대, 양도담보 목적으로 이루어진 주식 차명거래, 단순한 회사 업무처리 편의를 위한 목적에서 이루어진 주식 차명거래의 경우에도 개별적 사안에서 관련 법령상의 제한을 회피하는 것을 목적으로 한다면, 사회후생을 감소시키는 결과를 가져오므로, 규제의 대상이 된다.

다음으로 조세상 혜택을 얻거나 조세 부과 회피를 위한 차명거래 중 조세범 처벌법상 조세포탈에 이르는 경우에는 위법성이 있어 규제의 대상이 된다. 조세상 혜택을 얻거나 조세 부과 회피를 위한 경우가 조세포탈에 이르지 않는 경우에도 국가의 조세 부과, 징수 업무를 방해하여 국고 손실을 초래하는 결과를 초래하여 사회후생을 감소시키는 결과를 가져오므로, 규제의 대상이 된다.

2) 규제의 대상이 아닌 차명거래

우선 재산은닉 중 제2유형(공직자윤리법상의 재산등록 의무가 없는 공직자라도 공직자가 재산이 너무 많은 경우에 사회적으로 시기와 질투를 받지 않거나 불법행위로 인하여 재산을 증식하였다는 비판을 받지 않기 위하여 재산 중 일부를 차명으로 거래하여 취득하거나 타인 명의로 보유하는 등의 차명거래)의 차명거래의 경우, 공직자윤리법상의 재산등록 의무가 없는 공직자가 단순히 사람들이 자신이 뇌물을 받아서 재산을 증식한 것이라는 오해를 받지 않기 위하여, 그리고 관련 법령상의 제한을 회피함이 없이 재산 명의를 숨긴다면 위법성이 없고, 사회후생을 감소시키지도 않으므로, 규제 대상이 되지 않는다.

다음으로 사업상의 목적을 위한 차명거래 중 양도담보 목적으로 이루어진 주식 차명거래, 단순한 회사 업무처리 편의를 위한 목적에서 이루어진 주식 차명거래의 경우가 관련 법령상의 제한을 회피하는 것을 목적으로 하지 않는다면, 위법성이 없고, 사회후생을 감소시키지도 않으므로, 규제 대상이 되지 않는다.

그리고 거래 편의를 위한 차명거래, 즉 종중·배우자·종교단체 등이 조세 포탈, 강제집행의 면탈 또는 법령상 제한의 회피를 목적으로 하지 않고 부동산 차명거래를 하는 경우, 부모가 증여세가 부과되지 않는 범위 내에서 미성년 자녀 명의의 통장을 개설하여 이용하는 경우, 단순히 거래 편의를 위하여 차명거래를 하는 경우, 종중·배우자·종교단체가 조세포탈 등 목적 없이 단순히 거래 편의를 위하여 예금 명의신탁을 하는 경우 등은 위법성이 없고, 사회후생을 감소시키지도 않으므로, 규제 대상이 되지 않는다.

3) 用例의 整理

이하에서는 규제의 대상이 되는지 여부를 구별하기 위하여 편의상 규제의 대상이 되는 차명거래를 '부정한 목적의 차명거래', 규제의 대상이 되지 않는 차명거래를 '용인할 수 있는 목적의 차명거래'라 부르기로 한다.

제 4 절   비교법적 고찰

이상으로 부정한 목적의 차명거래를 규제해야 함을 살펴보았다. 그렇다면 다른 나라에서는 차명거래를 어떻게 규제하고 있는지를 살펴볼 필요가 있다. 이 節에서는 차명거래와 관련하여 독일, 일본 등이 어떻게 규제를 하고 있는지 살펴본다.

1. 獨逸

가. 민사상 효력

1) 무효 규정

독일에는 차명계좌를 금지하거나 차명부동산, 주식이나 사채 등에 관하여 민법(Bürgerliches Gesetzbuch, BGB)이나 조세기본법(Abgabenordnung, AO)이나 다른 법률 어디에도 이를 다루는 명시적인 규정이 없다. 따라서 우리나라의 부동산실명법과 같이 명의신탁의 약정 및 이로 인한 등기를 무효로 하는 것처럼, 차명거래를 하였다는 이유만으로 그와 관련된 계약 및 거래의 사법상 효력을 부인하는 규정도 없는 것으로 보인다.[130]

구체적으로 독일 민법(BGB) 제134조(Gesetzliches Verbot, 법률상 금지)는 '법률의 금지에 위반하는 법률행위는, 그 법률로부터 달리 해석되지 아니하는 한, 무효이다'[131]라고 규정하고 있는데, 독일 민법의 주석서[132]에서도 차명거래를 위 조항상의 '법률의 금지'에 해당한다고 보지는 않고 있다. 또한 위 주석서[133]에 의하면, 법적 거래를 제한하는 모든 법률이 독일 민법 제134조에서 규정한 '법률의 금지'에 해당하는 것은 아니라고 한다.

---

130) 독일 연방재정법원(Bundesfinanzhof)에 근무하는 Dr. Friederike Grube 판사에게 질의한 결과도 그러하다(2018년 7월 3일자 이메일).

131) BGB § 134 Gesetzliches Verbot
Ein Rechtsgeschäft, das gegen ein gesetzliches Verbot verstößt, ist nichtig, wenn sich nicht aus dem Gesetz ein anderes ergibt. 번역은 양창수, 독일민법전 2018년판, 박영사(2018), 59.

132) Armbrüster, Münchener Kommentar zum Bürgerlichen Gesetzbuch, 7. Aufl., 2015, BGB §134 Rn. 1-115.

133) Armbrüster, 위의 책, BGB §134 Rn. 41.

또한, 독일 민법 제138조(Sittenwidriges Rechtsgeschäft : Wucher, 양속위반의 법률행위 : 폭리) 제1항은 '선량한 풍속에 반하는 법률행위는 무효이다'[134]라고 규정하고 있다. 그런데 독일 민법 주석서[135]에 의하면, 탈세(Steuerhinterziehung)[136]와 결합된 계약의 경우 그 계약의 주된 목적이 탈세를 위한 것이라면 독일 민법 제134조, 제138조 등에 따라 무효가 된다는 것이 독일 연방대법원(Bundesgerichtshof)의 입장이고,[137] 탈세가 계약의 부차적인 목적에 불과한 경우에도 개별사건에서는 독일 민법 제138조 제1항에 의하여 계약이 무효가 될 수 있다고 한다.[138]

그러나 차명거래가 반드시 탈세와 연결되는 것은 아니므로 일반적인 차명거래를 두고 위와 같이 무효라고 해석할 수는 없을 것이다.

---

134) BGB § 138 Sittenwidriges Rechtsgeschäft : Wucher

(1) Ein Rechtsgeschäft, das gegen die guten Sitten verstößt, ist nichtig. 번역은 양창수, 앞의 책, 61.

135) Armbrüster, 앞의 책, BGB §138 Rn. 43.

136) 조세포탈(tax evasion) 즉 탈세로 번역한다.

137) BGH, IV ZR 187/81, Urteil 23. 2. 1983.(독일 연방대법원, 1983. 2. 23. 선고), BGH NJW 1983, 1843(1844) 사실관계는 다음과 같다. 원고는 피고와 공동파트너였다. 원고는 1979년 피고에게 그의 영업상 배당분을 약 6만 마르크에 매도하였고, 동시에 피고와 구매계약을 하면서 자신의 영업상 배당분을 양도하였다. 원고는 1979년부터 1980년까지 피고를 위하여 프리랜서로 일을 하면서 매달 1,500마르크를 받았다. 1980년 2월까지 합의된 일시불 수수료가 원고에게 지급되었다. 1980년 2월 24일경 변호사가 보낸 서면에서, 피고는 컨설팅 계약 해제를 통보하였다. 소송에서 원고는 1980년 3월부터의 컨설팅계약의 수수료 지급을 청구하였다. 그는 컨설팅 수수료는 구매가격의 일부였다고 주장하였다. 피고는 구매가격의 일부는 절세(Steuerersparnis)의 목적으로 컨설팅수수료로 한 것이라고 주장하였다. 피고는 원고로부터 진실되고 실질적인 도움을 받기를 희망하였기 때문에 컨설팅 계약을 체결하였다고 주장하였다. 1심 지방법원은 원고 승소판결을 하였고, 2심 고등법원은 1심판결을 파기하였다. 독일 연방대법원은 '컨설팅 수수료는 당사자들의 합의에 의하여 영업상 배당분을 위한 구매가격의 숨은 부분이었고, 원고의 컨설팅 의무는 정당화될 수 없다. 당사자들은 오로지 컨설팅 계약을 함으로써 불법적인 조세 이익을 얻기 위한 목적을 추구하였다. 따라서 컨설팅 계약은 법률의 위반과 양속 위반으로 인하여 무효이다'라고 판시하였다.

138) 입막음 돈(Schweigegeld)을 주면서 세무서에 탈세를 했다고 제보하지 않도록 하는 약속(Versprechen)은 양속에 위반(sittenwidrig)될 수 있다고 한다. Armbrüster, 앞의 책, BGB §138 Rn. 43. 우리 대법원 판례(대법원 1992. 12. 11. 선고 92다33169 판결)상으로도 관세포탈의 범죄를 저지르기 위한 비밀송금행위는 민법 제746조 소정의 불법원인급여에 해당한다는 것이므로, 위 송금에 관한 계약은 민법 제103조 소정의 선량한 풍속 기타 사회질서에 반하여 무효가 될 것이다. 위 판례는 패각류 수입가공 판매업자인 원고가 패각류를 수입함에 있어 신용장상의 수입대금을 실제거래가액보다 낮게 기재하여 그 기재금액만을 신용장개설은행을 통하여 결제하고 나머지 금액은 수출업자에게 비밀송금을 하기로 하고 이를 위하여 암달러상인 피고에게 약 8,000만 원을 교부하면서 그 금액에 상당하는 미화를 해외의 수출업자에게 비밀리에 송금하여 달라고 부탁하였으나 그 취지에 따른 송금이 이루어지지 않자 위 송금위탁계약을 해제하고 교부한 금액의 반환을 청구하였던 사안이다.

다만, 第1章 第1節 4. 나.에서 살펴본 허수아비행위 이론과 관련하여, 부동산 차명거래에서 명의대여자가 스스로 제3자와 법률행위를 한 경우 독일에서는 명의대여자를 허수아비(Strohmann), 명의차용자를 배후조종자(Hintermann)라고 하여 허수아비행위 이론으로 설명하는데, 허수아비행위와 관련하여 독일 민법 제117조 제1항[139]의 가장행위에 해당하여 무효가 되는 경우가 있을 수는 있다. 그러나 원칙적으로 배후조종자와 허수아비 사이에 있었던 법률행위와 허수아비와 상대방인 제3자 사이의 법률행위는 법률효과의 발생을 의욕하였기 때문에 가장행위가 아니고, 따라서 그 거래는 유효하다.[140] 그리고 상대방인 제3자가 허수아비행위가 있었음을 인식하였다고 하여 가장행위가 되는 것도 아니다(거래 유효).[141] 다만 허수아비가 상대방과 거래를 함에 있어 처음부터 그 법률효과를 자신이 부담하지 않을 의도였던 것으로 상대방과 합의를 한 경우, 즉 처음부터 허수아비에게 아무런 효과도 발생하지 않도록 하는 합의가 이루어진 경우에는 가장행위로서 무효라고 본다.[142]

한편 독일 민법 제892조[143]는 부동산등기부의 공신력(Öffentlicher Glaube des

---

139) BGB § 117 Scheingeschäft

(1) Wird eine Willenserklärung, die einem anderen gegenüber abzugeben ist, mit dessen Einverständnis nur zum Schein abgegeben, so ist sie nichtig.

독일 민법 제117조(가장행위) ① 타인에 대하여 행하여지는 의사표시가 상대방과의 요해(了解, Einverständnis) 아래 단지 가장으로 행하여진 때에는 의사표시는 무효이다. 번역은 양창수, 앞의 책, 49.

140) BGHZ 36, 88, 67, 338, NJW 93, 2610. 다만, 조세부담을 회피하기 위한 법적 거래는 가장행위가 될 수는 있다. 그러나 국가 간의 세금 차이를 이용하기 위하여 해외에 기업을 설립하는 것과 같이 진지하게 의도된 사업의 경우에는 유효할 수도 있다. Armbrüster, 앞의 책, BGB §117 Rn. 14.

141) Armbrüster, 앞의 책, BGB §117 Rn. 16.

142) Armbrüster, 앞의 책, BGB §117 Rn. 17. 독일 연방재정법원(Bundesfinanzhof)에 근무하는 Dr. Friederike Grube 판사에게 질의한 결과도 동일하다(2018년 7월 3일자 이메일).

143) BGB § 892 Öffentlicher Glaube des Grundbuchs

(1) Zugunsten desjenigen, welcher ein Recht an einem Grundstück oder ein Recht an einem solchen Recht durch Rechtsgeschäft erwirbt, gilt der Inhalt des Grundbuchs als richtig, es sei denn, dass ein Widerspruch gegen die Richtigkeit eingetragen oder die Unrichtigkeit dem Erwerber bekannt ist. Ist der Berechtigte in der Verfügung über ein im Grundbuch einge—tragenes Recht zugunsten einer bestimmten Person beschränkt, so ist die Beschränkung dem Erwerber gegenüber nur wirksam, wenn sie aus dem Grundbuch ersichtlich oder dem Erwerber bekannt ist.

(2) Ist zu dem Erwerb des Rechts die Eintragung erforderlich, so ist für die Kenntnis des Erwerbers die Zeit der Stellung des Antrags auf Eintragung oder, wenn die nach § 873 er—

Grundbuchs)에 관하여 규정하면서 등기의 공신력[144]을 명문화하였고, 제893조[145]에서는 부동산에 관련된 처분행위의 경우에도 등기의 공신력에 관한 제892조[146]를 준용하여 그 행위의 효력을 인정하고 있다.[147]

그리고 독일 민법 제925조 제1항은 '제873조[148]에 의하여 부동산소유권의 양도

---

forderliche Einigung erst später zustande kommt, die Zeit der Einigung maßgebend.

독일 민법 제892조(부동산등기부의 공신력)

① 부동산물권 또는 그러한 권리에 대한 권리를 법률행위에 의하여 취득한 사람을 위하여서 부동산등기부의 내용은 정당한 것으로 본다. 그러나 그 정당함에 대한 이의가 등기되어 있거나 또는 취득자가 그 정당하지 아니함을 알았을 경우에는 그러하지 아니하다. 권리자가 부동산등기부에 등기된 권리의 처분에 관하여 특정인을 위하여 제한을 받는 때에는, 그 제한은, 그것이 부동산등기부로부터 바로 인지될 수 있거나 취득자가 이를 알았던 때에 한하여, 그에 대하여 효력이 있다.

② 권리의 취득에 등기를 요하는 경우에 취득자가 제1항의 사실을 알았는지에 관하여는 등기의 신청을 한 때가, 또는 제873조에 의하여 권리취득에 필요한 합의가 등기 후에 비로소 행하여진 경우에는 합의를 한 때가 기준이 된다. 번역은 양창수, 앞의 책, 697.

144) 부동산 등기를 믿고 거래한 자가 있는 경우에 등기가 진실한 권리관계와 일치하지 않더라도 선의의 거래자의 신뢰를 보호하여야 한다는 원칙이다. 이상 김지원, "부동산등기의 공신력 – 독일법을 중심으로–", 법학논집 제16권 제2호, 이화여자대학교 법학연구소(2011), 118. 우리 민법은 공신력을 인정하는 규정이 없으므로 공신력이 없다고 본다. 곽윤직·김재형, 앞의 책 (물권법[민법강의 Ⅱ] 제8판), 148.

145) BGB § 893 Rechtsgeschäft mit dem Eingetragenen

Die Vorschrift des § 892 findet entsprechende Anwendung, wenn an denjenigen, für welchen ein Recht im Grundbuch eingetragen ist, auf Grund dieses Rechts eine Leistung bewirkt oder wenn zwischen ihm und einem anderen in Ansehung dieses Rechts ein nicht unter die Vorschrift des § 892 fallendes Rechtsgeschäft vorgenommen wird, das eine Verfügung über das Recht enthält.

독일 민법 제893조(등기명의인과의 법률행위)

부동산등기부에 권리자로 등기되어 있는 사람에게 그 권리에 기하여 급부가 실행된 경우 또는 그와 다른 사람 간에 그 권리에 관하여 제892조에 정하여지지 아니한 법률행위가 행하여진 경우에 대하여는, 제892조가 준용된다. 번역은 양창수, 앞의 책, 697.

146) 독일 민법상 등기의 공신력이 인정되려면, 취득자는 법률행위에 의하여 부동산을 취득하여야 하고, 취득자와 관련되는 등기부의 기재가 부동산물권에 관한 것이어야 하며, 거래의 양도인의 등기가 진실한 권리관계와 부합하지 않은 등기여야 하고, 부동산 취득자가 등기부가 진실한 권리관계와 부합하지 않는 것임을 모르는 선의자여야 한다는 요건이 필요하다. 김지원, 앞의 논문, 125–130.

147) 김지원, 앞의 논문, 127.

148) BGB § 873 Erwerb durch Einigung und Eintragung

(1) Zur Übertragung des Eigentums an einem Grundstück, zur Belastung eines Grundstücks mit einem Recht sowie zur Übertragung oder Belastung eines solchen Rechts ist die Einigung des Berechtigten und des anderen Teils über den Eintritt der Rechtsänderung und die Eintragung der Rechtsänderung in das Grundbuch erforderlich, soweit nicht das Gesetz ein anderes vorschreibt.

에 요구되는 양도인과 양수인 간의 합의(부동산소유권 양도합의, Auflassung)는 두 당사자가 동시에 출석하여 관할기관 앞에서 표시하여야 한다. 공증인은 누구나 부동산소유권 양도합의를 접수할 권한을 가지되, 다른 기관의 권한에는 영향이 없다. 부동산소유권 양도합의는 재판상 화해 또는 기판력 있게 확정된 도산계획에서도 표시될 수 있다'[149]고 규정하고 있다. 독일에서는 물권행위의 무인성을 인정하고, 등기공무원에게 실질적 심사권을 주어 처음부터 부실등기가 행해지지 않도록 한다.[150] 그리고 독일에서 요식행위로서 행하여지는 위와 같은 부동산소유권 양도합의는 이행의 문제를 남기지 않음과 동시에 공신력을 인정하는 결과를 가져온다. 독일에는 신탁에 관한 일반적인 법령은 존재하지 않고[151] 신탁에 관한 일반적인 개념도 존재하지 않는다.[152] 생각건대, 독일에서는 등기공무원의 실질적 심사권 및 등기의 공신력이 결합하여 등기의 명의자에게 소유권이 있다고 보기 때문에, 명의신탁에서와 같이 대내적 소유권이라는 개념은 인정할 필요가 없다고 할 것이므로,[153] 독일에는 부동산소유권 양도합의(Auflassung)에 관한 민법 제925조로 인하여 실질적

---

(2) Vor der Eintragung sind die Beteiligten an die Einigung nur gebunden, wenn die Erklärungen notariell beurkundet oder vor dem Grundbuchamt abgegeben oder bei diesem eingereicht sind oder wenn der Berechtigte dem anderen Teil eine den Vorschriften der Grundbuchordnung entsprechende Eintragungsbewilligung ausgehändigt hat.
독일 민법 제873조(물권적합의와 등기에 의한 취득)
① 부동산의 소유권을 양도하거나 부동산에 권리를 설정하거나 또는 그 권리를 양도하거나 그 권리에 부담을 설정함에는, 법률에 다른 정함이 없는 한, 권리변동에 관한 권리자와 상대방의 합의 및 부동산등기부에의 권리변동의 등기를 요한다.
② 당사자는 등기 전에는, 의사표시가 공정증서로 작성되었거나 부동산등기소에서 행하여졌거나 거기에 제출된 때 또는 권리자가 부동산등기법의 규정에 좇은 등기승낙서를 상대방에게 교부한 때에 한하여, 제1항의 합의에 구속된다. 번역은 양창수, 앞의 책, 687.
149) BGB § 925 Auflassung
(1) Die zur Übertragung des Eigentums an einem Grundstück nach § 873 erforderliche Einigung des Veräußerers und des Erwerbers (Auflassung) muss bei gleichzeitiger Anwesenheit beider Teile vor einer zuständigen Stelle erklärt werden. Zur Entgegennahme der Auflassung ist, unbeschadet der Zuständigkeit weiterer Stellen, jeder Notar zuständig. Eine Auflassung kann auch in einem gerichtlichen Vergleich oder in einem rechtskräftig bestätigten Insolvenzplan erklärt werden. 번역은 양창수, 앞의 책, 713.
150) 이은영, 물권법 제4판, 박영사(2006), 88.
151) 반면 우리나라에는 신탁법(1961. 12. 30. 법률 제900호로 제정되었다)이라는 개별법이 존재한다.
152) Schubert, 앞의 책, BGB §164 Rn. 50.
153) 독일에서도 허수아비와 배후조정자 사이에 내부 법률관계가 있을 수 있으나 앞서 第1章 第1節 4. 나.에서 본 바와 같이, 이를 대내적 소유권이라는 관점에서 바라보는 것이 아니라 신탁(Treuhand)의 관점에서 바라보아 허수아비를 배후조정자의 수탁자로 본다.

으로 명의신탁이 존재할 수 없게 된 것으로 보인다.[154)

한편, 독일에서 차명거래에 관하여 무효라는 규정을 두지 않고 있는 것은 등기의 공신력을 인정하는 독일 민법과 관련된 것 아닌가라고 생각해볼 수 있다. 독일은 물권변동에 관한 형식주의를 취하고 있고, 위와 같이 등기의 공신력을 인정하고 있다. 그렇게 되면 등기가 있는 곳에 소유권이 있게 되는 결과가 되므로, 등기의 원인행위에 무효사유가 있더라도, 등기 명의자로부터 소유권이전등기를 경료받으면 소유권을 유효하게 취득하게 되기 때문에,[155) 차명거래를 무효화할 필요가 없지 않았을까 하는 생각도 든다.

2) 계좌의 진실성

독일 조세기본법(Abgabenordnung) 제154조는 계좌 진실성(Kontenwahrheit)에 관하여 규정하면서, 아무도 자기 또는 제3자를 위하여 허위 또는 가공의 이름으로 계좌를 개설해서는 아니 되고(제1항), 계좌를 가지고 있는 자는 모든 처분권자 및 자금세탁법(Geldwäschegesetz, GwG)의 의미에서 모든 실제 소유자(wirtschaftlich Berechtigten)의 명칭과 주소를 확인하여야 하며(제2항 제1호), 이들에 관한 사항을 적절한 형식으로 계좌에 기록하여야 하고(제2항 제2호), 만약 처분권자가 자연인이면 자금세탁법 제11조 제4항 제1호가 바로 적용되고, 의무주체(Verpflichtete)는 세무당국에 누가 처분권자인지에 관하여 알릴 수 있음을 확실하게 하여야 하며, 영업관계는 계속적으로 감시되어야 하고 적절한 시간 간격으로 제1호에 따른 정보를 갱신하여야 하고(제2항), 금융기관은 계좌의 보유자, 처분권자, 자금세탁법의 의미에서의 실제 소유자에 관한 동일성확인 번호, 경제적 동일성확인번호 등의 자료를 수집하고 기록하여야 하며(제2a항), 제1항을 위반한 경우에 예금 반환 등은 처분권자의 소득세와 법인세를 관할하는 세무서의 동의를 받아야 가능하다(제3항)고 규정하고 있다.

그런데 독일 연방대법원[156)은 '원고가 은행에 자신 명의의 계좌를 개설한 후 자신을 계좌보유자로 기재하였는데, 원고의 아들이 실질적으로 거의 위 계좌에 예금을 하여 차명계좌가 문제되자 은행이 위 계좌가 계좌진실성의 원칙을 위반하였

---

154) 공순진, "명의신탁법리에 관한 연구", 동의법정 제22집, 동의대학교(2006), 16.
155) 우인성, "명의신탁 부동산의 처분과 재산범죄의 성립 여부", 형사판례연구 제24호, 박영사(2016), 352.
156) BGH, XII ZR 237/93, Urteil v. 18. 10. 1994.(독일 연방대법원, 1994. 10. 18. 선고), BGHZ 127, 229=BGH ZIP 1994, 1926.

다고 보아 조세기본법 제154조 제3항에 따라 계좌를 폐쇄하고 세무서의 동의가 없다는 이유로 예금을 반환하지 않은' 사안에서, '조세기본법 제154조는 형식적 계좌 진실성만을 보장하여 허위나 가공의 이름을 이용하는 것을 금지할 뿐이고 정당하게 기재된 계좌의 보유자가 타인의 계산으로 예금하는 행위를 금지하는 것은 아니다'라고 판시하였다. 독일 연방대법원은 타인의 실명으로 예금계좌를 개설한 후 실질적으로 타인에게 계좌를 빌려주는 것을 적법한 것으로 본 것이다.

한편 독일 조세기본법 제154조 제1항에 반하여 개설된 계좌의 사법상 효력이 문제된다. 이 규정은 허위 또는 가공의 이름으로 계좌를 개설하는 것을 금지하고 있는데, 이것이 독일 민법 제134조의 법률상의 금지에 위반한 계약으로 무효라고 볼 수 있는지가 문제된다. 조세기본법 제154조 제3항은 관할 세무서의 동의가 있으면 예금을 반환할 수 있도록 규정하고 있고, 이 규정은 독일 민법 제134조의 '그 법률로부터 달리 해석'된다고 볼 수 있어, 즉 제134조의 예외에 해당한다고 볼 수 있으므로, 독일 조세기본법 제154조 제1항에 위반한 계좌개설계약은 독일 민법 제134조에 반하여 무효라고 볼 수는 없다(즉 유효하다).[157]

3) 자금세탁법과 관련하여

독일 자금세탁법(Geldwäschegesetz, GwG)[158]을 개관하면 다음과 같다.

독일 자금세탁법상 독일 은행법(Kreditwesengesetz) 제1조 제1항[159] 소정의 금융기관(Kreditinstitute)은 독일 자금세탁법상 의무주체(Verpflichtete)[160]에 해당하고(제2조 제1항 제1호), 실제 소유자(Wirtschaftlich Berechtigter)[161]는 소유권이나 계약상대방에 대한 통제권을 가진 자연인 등(제3조 제1항)과 거래가 행하여지거나 영업관계가 형성되도록 지시하는 자연인 및 법인의 경우에는 직접 또는 간접적으로 자본금의 25% 이상을 소유하고 의결권의 25% 이상을 지배하는 모든 자연인을 의미한다(제3조 제2항).

일반적인 고객 확인의무(Allgemeine Sorgfaltspflichten, 제10조)와 관련하여, 그 의무주체는 계약 상대방의 신원 확인(또는 동일성 확인, 제10조 제1항 제1호)을 할 의무

---

157) 김재형, "금융거래의 당사자에 관한 판단기준", 판례실무연구 제9권, 박영사(2010), 296.
158) 독일 자금세탁법은 EU의 제4차 자금세탁방지지침(the Fourth EU Money Laundering Directive)을 이행하는 차원에서 2017년 개정되어 2017. 6. 26.부터 시행되고 있다.
159) 독일 은행법(Kreditwesengesetz) 제1조 제1항에서는 '금융기관은 상업적으로 또는 상업적으로 조직된 사업을 요구하는 규모로 은행 업무를 수행하는 기업'이라고 정의하고 있다.
160) FATF 권고문상의 Obliged Entity와 동일한 개념이다.
161) FATF 권고문상의 Beneficial Owner와 동일한 개념이다.

가 있고, 계약 상대방이 실제 소유자로서 행동하는지 여부도 확인한 후, 만약 그렇다면 제11조 제5항에 따라 실제 소유자의 신원을 확인할 의무도 부담한다(제10조 제1항 제2호).

동일성 확인(Identifizierung, 제11조)과 관련하여, 그 의무주체는 영업관계나 거래가 시작되기 이전에 신원 확인을 할 의무가 있는데, 계약 상대방이 자연인인 경우에는 그의 신원을 확인하여야 하고, 필요한 경우에는 실제 소유자의 신원도 확인하여야 한다(제11조 제1항 제1문). 위와 같은 신원 확인은 정상적인 영업의 진행이 방해되는 것을 방지하기 위하여, 자금세탁행위 또는 테러자금조달행위의 경미한 위험이 존재하는 경우에는, 영업관계가 성립하는 동안에도 실시할 수 있다(제11조 제1항 제2문). 또한 동일성 확인을 할 경우에는 자연인에 대하여는 '이름, 출생장소, 출생일시, 국적 및 주소 등'을 확인하여야 하고(제11조 제4항 제1호 a 내지 d), 법인 또는 인적회사(Personengesellschaft)에 대하여는 '상호, 이름 내지 명칭, 등록번호, 본점 소재지의 주소 및 대표기관의 구성원 또는 법적 대리인의 이름 등'을 확인하여야 한다(제11조 제4항 제2호).

동일성 검증(제12조)과 관련하여, 동일성 검증의 대상이 자연인인 경우에는 소지자의 사진이 포함된 공공기관이 발급한 유효한 신분증 및 여권 등으로 동일성 검증을 해야 하고(제12조 제1항 제1호), 법인 또는 인적회사인 경우에는 상업등기부 또는 협동조합등기부, 이와 비교할 수 있는 공적인 등기부 또는 명부, 설립문서 등에 의하여 이루어지게 된다(제12조 제2항).

투명성 등록과 등록기구의 설립(Transparenzregister,[162] 제18조)과 관련하여, 독일 자금세탁법 제18조에서는 전자적 투명성 등록기구의 설치를 규정하고 있는데, 투명성 등록은 법인의 실제 소유자에 대한 정보를 기록하고 사용할 수 있도록 설정되어야 한다(제18조 제1항). 투명성 등록은 등록기구에 의하여 전자적으로 운용되고, 저장된 데이터도 시간순서대로 자료가 저장된다(제18조 제2항). 그리고 투명성 등록이 되는 것은 실제 소유자의 성명, 출생일시, 주거, 경제적 관심의 성질과 정도 등이다(제19조 제1항). 법인은 실제 소유자와 관련하여 제19조 제1항에 나열된 정보를 취득하고, 보관하며, 갱신해야 하고, 지체 없이 투명성 기구에 등록해야 한다. 또한 위와 같은 절차는 전자적으로 이루어져야 한다(제20조 제1항).

그리고 독일 자금세탁법 제27조부터 제42조까지는 자료를 분석하고 감독하는

---

162) 영어로는 transparency register이다.

기구(die Zentralstelle für Finanztransaktionsuntersuchungen)163)에 관한 규정을 두고 있다. 또한 제56조에서는 의도적으로 또는 분별 없이, 자금세탁법 제10조 제1항 제1호에 위반하여 계약 상대방의 신원확인을 하지 않은 경우(제16호), 제10조 제1항 제2호에 위반하여 계약 상대방이 실제 소유자로서 행동하는지를 테스트하지 않은 경우(제17호), 제10조 제1항 제2호에 위반하여 실제 소유자의 동일성을 확인하지 않은 경우(제18호) 등을 법규 위반으로 규정한다(제56조 제1항). 심각하고, 반복되거나 체계적으로 법규를 위반한 자에 대하여는 100만 유로 이하의 벌금 등에 처하고(자금세딕법 제56조 제2항 제1호), 그 이외의 위반에 대하여는 10만 유로 이하의 벌금에 처한다(자금세탁법 제56조 제2항 제2호).

위와 같이 금융기관은 계좌개설시에 고객(계약 상대방)으로부터 신분증이나 여권으로 신분을 확인해야 하고, 고객이 자연인인 경우에는 성명, 출생장소, 국적, 주소 등을, 고객이 법인인 경우에는 회사명, 등록번호, 주소 등을 확인해야 하며(제2조 제1항, 제10조 제1항, 제11조 제1항, 제4항, 제12조 제1항), 계좌개설시에는 계좌보유자가 자기의 계산으로 계좌를 개설하는 것인지 여부를 질문해야 한다. 만약 계좌 개설자가 타인의 계산으로 계좌를 개설한다고 답변하면 실제 소유자의 인적사항 즉 자연인인 경우 '이름, 출생장소, 출생일시, 국적 및 주소 등(제11조 제4항 제1호 a 내지 d)'을, 법인 또는 인적회사인 경우 '상호, 이름 내지 명칭, 등록번호, 본점 소재지의 주소 및 대표기관의 구성원 또는 법적 대리인의 이름 등'을 확인해야 하나(제11조 제4항 제2호), 독일 자금세탁법에 계좌를 폐쇄하는 규정은 존재하지 않는다.164)

독일의 자금세탁방지 기구인 독일 연방 금융감독기구(Bundesanstalt für Finanz‒dienstleistungsaufsicht)는 독일 은행법(Kreditwesengesetz) 제24c조165)(전자 계좌 검색 시스템)에 따른 자동 계좌 정보 접근권이 있고, 특정 상황에서는 이와 관련하여 독일에 등록된 금융기관의 테러리스트와 다른 범죄자의 계좌를 식별하고 정보를 해당

---

163) 우리나라의 금융정보분석원과 유사하다.

164) 이것과 관련하여 자금세탁법은 자금세탁을 방지하기 위한 것으로 조세회피방지와는 상관이 없기 때문이라는 견해로는 김재형, 앞의 논문("금융거래의 당사자에 관한 판단기준", 판례실무연구 제9권), 297‒298.

165) 독일 은행법(Kreditwesengesetz) 제24c조 제1항에서는 '금융기관은 지체 없이 다음과 같은 데이터, 즉 조세기본법 제154조 제2항 제1호(계좌를 가지고 있는 자는 모든 처분권자 및 자금세탁법의 의미에서 모든 실제 소유자의 명칭과 주소를 확인하여야 한다)에 따른 합법성 검사를 이행할 의무와 관련하여 계좌번호, 개설일자, 폐쇄일자 등(제24c조 제1항 제1호), 이름과 자연인인 경우에는 출생일시, 계좌보유자 및 처분권자, 실제 소유자의 주소(제24c조 제1항 제2호) 등에 관한 데이터를 저장하는 파일을 보관해야 한다'고 규정하고 있다.

기관(특히 법 집행 기관)에 넘길 수도 있다. 만약 계좌가 유럽연합 내에서 거주하는 (혐의가 있는) 테러리스트에게 귀속된다는 것이 적발되면, 독일 연방 금융감독기구 는 그러한 계좌를 동결시키고, 은행으로 하여금 그 계좌에 대한 모든 거래를 금지 하게 지시할 수 있다.[166] 그러나 차명거래라는 이유만으로 계좌를 동결시킬 수 있 는 근거 법령은 존재하지 않는다.

나. 형사처벌 규정

독일에는 차명거래를 금지하거나 위 거래만으로 형사처벌을 하는 규정은 없다. 즉 독일 형법 및 독일 조세기본법에도 차명거래 자체만으로 이를 처벌하는 규정은 없다. 앞서 본 허수아비행위에서 허수아비가 제3자와 법률행위를 하더라도 이것만 으로 형사처벌을 하지는 않는다.[167]

다만, 이와 관련하여 독일 조세기본법(Abgabenordnung) 제370조[168]에서는 조세

---

166) 독일 연방 금융감독기구(Bundesanstalt für Finanzdienstleistungsaufsicht) 홈페이지 참조. https://www.bafin.de/EN/Aufsicht/Uebergreifend/Geldwaeschebekaempfung/geldwaeschebe-kaempfung_node_en.html.

167) 독일 연방재정법원(Bundesfinanzhof)에 근무하는 Dr. Friederike Grube 판사에게 질의한 결과 도 그러하다(2018년 7월 3일자 이메일).

168) 독일 조세기본법 제370조(조세포탈) ① 다음의 자에 대해서는 5년 이하의 징역 또는 벌금형 에 처한다.
  1. 과세관청 또는 다른 관청에 과세상 중요한 의미를 갖는 사실에 대하여 부정확하거나 불완 전한 정보를 제공하거나,
  2. 과세상 중요한 의미를 가지는 사실에 관하여 과세관청에 신고를 하여야 하는데도 그렇게 하지 않거나,
  3. 조세표식이나 조세스템프를 사용하여야 함에도 그렇게 하지 않고, 그로 인하여 조세액을 감소시키거나 자신 또는 다른 사람으로 하여금 부정한 조세상의 이익을 얻게 한 경우
  ② 미수범은 처벌한다.
  ③ 특히 중한 사건에서는 6개월에서 10년까지의 징역형에 처한다. 특히 중한 사건이란 다음 과 같다.
  1. 거액의 세금을 축소토록 하거나 거액의 부정한 조세상 이익을 얻은 자
  2. 그의 권한이나, 공무원 또는 유럽 공무원으로서의 지위나 권한을 남용한 자
  3. 지위나 권한을 남용한 공무원 또는 유럽 공무원의 도움을 이용한 자
  4. 위조 또는 변제된 서류를 이용하여 조세를 포탈하거나 부정한 조세상 이익을 얻은 자
  5. 제1항에서 언급된 범죄를 계속하여 저지르는 조직의 일원으로서, 부가가치세 또는 소비세 를 축소하거나 부정한 부가가치세나 소비세의 이익을 얻은 자
  6. 생략
  ④ 조세를 감소시킨다는 것은 조세가 산정되지 않거나, 완전한 금액에서 산정되지 않았거나 또는 제때에 산정되지 않은 경우이다. 또한 조세가 일시적으로 확정되었거나 또는 재검사를 조건으로 하여 확정되었거나 또는 납세신고가 재검사를 조건으로 한 세액사정과 동일시되어

포탈죄를 규정하고 있다. 독일 조세기본법 제370조 제1항 제1호는 적극적인 작위로서 '과세관청 또는 다른 관청에 과세상 중요한 의미를 갖는 사실에 대하여 부정확하거나 불완전한 정보를 제공한 경우'를, 같은 항 제2호는 소극적인 부작위로서 '과세상 중요한 의미를 가지는 사실에 관하여 과세관청에 신고를 하여야 하는데도 그렇게 하지 않는 경우'에 '그로 인하여 조세액을 감소시키거나 자신 또는 다른 사람으로 하여금 부정한 조세상의 이익을 얻게 한 경우'에는 조세포탈죄로 처벌하고 있다. 이와 같이 독일 조세기본법상 중요한 행위를 알리지 않으면 무신고에 해당하고 결과적으로 세금부담이 감소되면 조세포탈범이 될 수 있다. 차명거래의 경우에 명의를 '과세상 중요한 의미를 가지는 사실'에 해당한다고 보면, 이에 관하여 과세관청에 신고를 하지 않는 것만으로 조세포탈죄로 형사처벌을 받을 수는 있다.

또한 독일 조세기본법 제370조 제2항은 미수범까지 처벌하고 있다는 점이 독특하다. 그런데 독일의 미수죄는 기수의 행위보다 가볍게 처벌되는 것이 아니라, 이것과 같은 정도로 처벌되는 것에 특징이 있다. 차명거래를 하여 조세 포탈의 결과를 가져오지는 않더라도 실행의 착수가 있으면 미수죄로 처벌받을 수 있는 것이다.

한편 독일 조세기본법에는 세무관서에 대하여 허위의 신고 또는 불완전한 신고를 정정 또는 보충하거나, 하지 않았던 신고를 추후에 한 자에 대하여 형을 면제하는 규정이 있는데(독일 조세기본법 제371조 제1항, 자수에 의한 면제의 경우이다), 정정, 보충 또는 추후 신고 이전에 세무관서 공무원이 세무조사 또는 조세관련 범죄 및 조세관련 질서위반행위에 관한 수사를 개시한 경우 등에는 위 면제가 적용되지 않는다(독일 조세기본법 제371조 제2항).

다만, 정정, 보충 또는 추후 신고 이전에 세무관서 공무원이 세무조사 또는 조세관련 범죄 및 조세관련 질서위반행위에 관한 수사를 개시한 경우 등이라는 이유로 형의 면제가 이루어지지 않은 경우에는, 적절한 기간 내에 행위자가 일정한 금원(회피된 세금이 10만 유로를 넘지 않는 경우에는 회피된 세금의 10%, 회피된 세금이 10만 유로를 초과하지만 100만 유로 미만일 경우에는 회피된 세금의 15%, 회피된 세금이 100만

지는 경우에도 조세 감소에 포함된다. 조세상 이익은 세금을 환급받은 경우도 포함한다. 부정한 조세상 이익은 불법적으로 취득하거나 취득한 것을 유지한 경우도 포함한다. 제1문과 제2문과 관련된 세금이 다른 이유들로 인하여 경감될 수 있었거나 조세상의 이익이 다른 이유들로 인하여 청구될 수 있었던 경우라 하더라도 제1문과 제2문의 전제조건은 충족된다.
⑤ 위와 같은 행위는 수입이나 수출 또는 통과가 금지된 물품에 대해서도 가능하다.
⑥ 이하 생략

유로를 초과하는 경우에는 회피된 세금의 20%)을 세무관서에 지급하면 기소가 이루어지지 않게 된다(독일 조세기본법 제398a조).[169]

다. 조세

독일에는 차명거래만으로 조세를 부과하는 규정은 없다. 앞서 본 허수아비행위에서 허수아비가 제3자와 법률행위를 하더라도 이것만으로 조세를 부과하지는 않고, 허수아비가 배후조종자를 대신하여 납세의무를 부담할 뿐이다.[170]

독일 상속세법(Erbschaftsteuergesetz) 제1조 제1항에 의하면, 증여세는 사망으로 인한 재산의 취득(제1호), 생존자 간의 증여(제2호), 특정 목적과 연계된 재산의 증여(제3호), 가족 재단 등의 경우(제4호)에 부과되는데, 여기에서 제7조 제1항 제1호에서는 '증여'의 정의에 관하여 '생존자 간에 자발적으로 행해지는 모든 재산의 제공으로서 증여자의 희생에 의하여 수증자의 부가 증가되는 것(jede freigebige Zuwendung unter Lebenden, soweit der Bedachte durch sie auf Kosten des Zuwendenden bereichert wird)'이라고 규정하고 있고, 같은 항 제2호 내지 제10호, 그리고 제5항 내지 제7항은 생존자 간의 증여에 관한 기본적인 정의에 더하여 보완적, 대체적 과세대상 행위를 설명하고 있다. 독일의 대표적인 교과서[171]에 의하면, 제7조 제1항 제1호 내지 제5호, 제7호 내지 제10호의 내용은 과세대상이 되는 생존자 간의 증여에 해당하는 사안을 모두 망라한 것이라고 한다. 그런데 독일 상속세법상으로 증여는 재산을 직접적으로 무상으로 이전하는 것을 의미한다. 그리고 독일에는 우리나라 상증세법 제45조의2와 같은 명의신탁 증여의제 조항과 같은 것은 존재하지 않는다. 즉 독일에서는 차명거래를 하였다는 사실만으로 세금을 부과하는 규정은 없는 것

---

169) 독일 조세기본법 제398a조(일정한 경우 기소의 면제)
  (1) 오직 제371조 제2항 제1호, 제3항, 제4항이라는 근거로 처벌이 면제되는 경우에는, 그에게 주어진 합리적인 기간 안에, 행위에 연루된 자가 다음과 같이 한다면 기소는 이루어지지 않을 것이다.
  2. 다음의 양에 해당하는 돈을 과세관청에 지급하면
      a) 회피된 세금이 10만 유로를 넘지 않는 경우에는 10%
      b) 회피된 세금이 10만 유로를 초과하지만 100만 유로 미만일 경우에는 회피된 세금의 15%
      c) 회피된 세금이 100만 유로를 초과하는 경우에는 회피된 세금의 20%
  (2) 회피된 양의 계산은 제370조 제4항에 제시된 원리를 기초로 한다.
170) 독일 연방재정법원(Bundesfinanzhof)에 근무하는 Dr. Friederike Grube 판사에게 질의한 결과도 그러하다(2018년 7월 3일자 이메일).
171) Tipke/Lang, Steuerrecht, 21. Auflage, Köln : Schmidt, 2013, §15 Rz. 22.

이다.

다만, 독일 조세기본법 제235조 제1항에 의하면 포탈된 세금에 대하여는 이자가 부과되고(제1문), 이자 채무자는 자기의 이익을 위하여 세금을 포탈한 자가 되며(제2문), 제238조 제1항에 의하면 그 이자는 월 0.5%(연 6%)가 된다. 그리고 독일 조세기본법 제71조에 의하면, 조세포탈죄 또는 조세형사범 또는 그러한 행위에 가담한 자는 포탈된 세금, 불법적으로 획득한 세제상 이익, 제235조에 따른 이자에 대한 책임을 지게 된다. 위 이자는 우리 세법상의 납부지연가산세와 유사하다.[172]

독일 조세기본법 제398a조 제1항에 의하면, 조세포탈범으로 기소되는 것을 면하기 위하여 조세포탈된 세금과 제235조에 따른 이자 등을 지급하면서 포탈 세액의 최소 10%부터 최대 20% 상당의 가산세 유사 금액도 추가로 지급하여야 한다.

라. 과징금, 과태료

독일에는 차명거래만으로 과징금을 부과하는 규정은 없다.[173] 다만 독일에는 조세포탈과 관련되는 과태료 규정이 있는데, 독일 조세기본법 제378조는 '중과실에 의한 조세포탈'과 관련하여 제1항에서 '납세의무자로서 또는 납세의무자의 업무에 관한 대리자로서 주의의무 위반으로 인하여 조세기본법 제370조 제1항에서 열거한 행위들 중 하나를 범한 자의 행위는 질서위반행위이다'라고 규정하면서, 제2항에서는 '질서위반행위는 5만 유로 이하의 과태료가 부과된다'고 규정하고 있다.

한편, 차명거래는 과실보다는 고의로 행하여지는 것이므로 위와 같은 중과실에 의한 조세포탈 규정에 해당하지는 않는 것으로 보인다.

2. 日本

가. 민사상 효력

일본에도 독일과 마찬가지로 차명예금을 금지하는 규정이 없고, 차명부동산, 주식이나 사채 등에 관하여도 민법이나 소득세법 등 어느 법률에서도 이를 금지하는 명시적인 규정이 없다.

---

172) 오윤, "명의신탁재산의 증여의제 규정의 본질에 비추어 본 폐지 필요성에 관한 소고", 세무와 회계 연구 통권 제9호, 한국조세연구소(2016), 298.
173) 우리나라의 부동산실명법 제5조 제1항과 같이 부동산 차명거래만으로 과징금을 부과하는 규정은 없다는 의미이다.

또한, 일본의 범죄에 의한 수익의 이전방지에 관한 법률(犯罪による收益の移轉防止に關する法律) 제4조 제1항에서는 '특정 사업자(변호사와 법무법인을 제외한다)174)는 고객 등과의 사이에 별표 중 특정 사업자의 구분에 따라 정하는 업무(특정 업무) 중 특정거래를 할 때에는 시행규칙에서 정하는 방법에 따라 해당 고객 등에 대하여 본인 특정사항(자연인의 경우에는 성명, 주거 및 생년월일을 말하고, 법인인 경우에는 명칭, 본점 또는 주된 사무소의 소재지를 말한다. 제1호), 거래의 목적(제2호), 해당 고객 등이 자연인인 경우에는 직업, 당해 고객 등이 법인인 경우에는 사업의 내용(제3호), 해당 고객 등이 법인인 경우에는 그 사업 경영을 실질적으로 지배할 수 있는 관계에 있는 것으로 시행규칙으로 정하는 자가 있는 경우에는 그 사람의 본인 특정사항(제4호)의 사항을 확인해야 한다'고 규정하고 있다. 또한 위 법 제8조 제1항에서는 '특정사업자는 특정 업무에 관련된 거래에 대해 해당 거래에서 수수한 재산이 범죄수익의 혐의가 있는지, 고객 등이 당해 거래에 관하여 조직적범죄처벌법 제10조의 죄 또는 마약특례법 제6조의 죄에 해당하는 행위를 하는 혐의가 있는지 판단하고 이들의 혐의가 있다고 인정되는 경우에는 즉시 행정청에 신고하여야 한다'고 규정하면서 특정사업자에게 혐의거래신고 의무를 부여하고 있다.

따라서 은행 등 금융기관에서는 범죄에 의한 수익의 이전방지에 관한 법률 시행령 제7조에서 규정하고 있는 특정거래의 하나로서 '대상거래'175)의 일부인 예금계좌의 거래를 할 때 고객 등 확인의무를 이행하게 된다. 따라서 일본에서는 가명이나 허무인 명의로 예금계좌를 개설할 수 없게 된다. 그러나 타인의 실명으로 예금계좌를 개설한 후 실질적으로 타인에게 계좌를 빌려주는 것을 금지하는 규정은 없다.

그리고 우리나라의 부동산실명법과 같이 명의신탁의 약정 및 이로 인한 등기를 무효로 하는 것처럼, 차명거래를 하였다는 이유로 그와 관련된 계약 및 거래의 사법상 효력을 부인하는 규정도 없다.176)

---

174) 특정사업자는 위 법 제2조 제2항에서 나열하고 있는데, 은행·신용금고·신용금고연합회 등이다.
175) 범죄에 의한 수익의 이전방지에 관한 법률 시행령 제7조 제1항 제1호에서는 '대상거래'의 하나로 '예금 또는 저금의 수입을 내용으로 하는 계약의 체결'을 들고 있다.
176) 일본 민법에서 무효와 취소를 규정하고 있는 제4절 산하의 제119조 내지 제126조에도 이와 관련된 내용은 포함되어 있지 않고, 차명거래를 규제하는 민사특별법이 존재하지 않으며, 특정한 차명거래를 위법하다고 규제하는 법령도 없는 것으로 보인다.

나. 형사처벌 규정

일본에는 차명거래를 금지하거나 차명거래를 하였다는 사실만으로 형사처벌을 가하는 규정도 없다.

다만, 차명거래를 통하여 조세를 포탈하는 경우에는 형사처벌을 받을 수 있다. 일본 소득세법(所得稅法) 제238조에서는 '거짓 기타 부정한 행위(偽りその他不正の行為)에 의해 소득세액, 외국세액의 공제 등과 관련하여 소득세를 면하거나 환급받은 자'를 10년 이하의 징역이나 1,000만 엔 이하의 벌금에 처하는 규정을 두고 있다. 또한 일본 법인세법(法人稅法) 제159조에서는 '거짓 기타 부정한 행위에 의하여 확정신고에 관계된 법인세액, 소득세액의 공제, 외국세액의 공제 등과 관련하여 법인세를 면하거나 환급받은 자'를 10년 이하의 징역이나 1,000만 엔 이하의 벌금에 처하는 규정을 두고 있다. 그리고 일본 상속세법(相續稅法) 제68조 제1항에서는 '거짓 기타 부정한 행위에 의하여 상속세 또는 증여세를 면한 자'를 10년 이하의 징역이나 1,000만 엔 이하의 벌금에 처벌하는 규정을 두고 있고, 일본 주세법(酒稅法) 제55조 제1항에서는 '거짓 기타 부정한 행위에 의하여 주세를 면하거나 면하려고 한 자'를 10년 이하의 징역이나 100만 엔 이하의 벌금에 처하는 규정을 두고 있다.

일본 학설은 '거짓 기타 부정한 행위'의 의의에 대하여, '장부서류의 허위기재, 이중장부의 작성 기타 사회통념상 부정하다고 인정되는 행위를 의미하고, 단순한 무신고는 그것에 맞지 않으며, 무신고가 사회통념상 부정한 행위와 결합하는 경우에는 거짓 기타 부정한 행위에 해당한다. 과소신고가 어떠한 경우에 거짓 기타 부정한 행위에 해당하는지에 대해 판례는 진실한 소득을 은폐하고 그것이 과세대상이 되는 것을 방지하기 위해 소득 내용을 일부러 과소기재한 내용의 허위 신고서를 제출하는 행위가 이에 해당한다고 보고 있다.[177] 허위 과소신고는 말할 것도 없이 거짓 기타 부정한 행위에 해당하지만, 그 경우 신고소득금액에서 산출되는 세액보다 과소한 세액을 신고서에 기재한 행위는 거짓 기타 부정한 행위에 해당하지 않는다고 해석되고 있다'[178]고 한다.[179]

---

[177] 最判 昭和48年3月20日 刑集27巻2号138頁, 最判 昭和63年9月2日 刑集42巻7号975頁.

[178] 金子 宏, 租稅法 第21版, 弘文堂(2016), 1009; 東京高判 平成6년11月30日 判時1541号137頁.

[179] 우리나라 조세범 처벌법 제3조 제6항에서도, 조세범 처벌법상 사기나 그 밖의 부정한 행위로써 조세를 포탈하는 경우(제1항)에서의 "사기나 그 밖의 부정한 행위"에 관하여 1. 이중장부의 작성 등 장부의 거짓 기장, 2. 거짓 증빙 또는 거짓 문서의 작성 및 수취, 3. 장부와 기록

일본 판례[180]도 '정확하게 기장한 장부가 존재하고, 이들 장부로 인하여 영업에 따른 손익이 완전히 파악할 수 있다면, 예금 명의를 차용하는 등의 방법으로 소득을 은닉할 가능성은 적다고 할 것이다'라고 판단하고 있어서, 이는 우리 대법원의 '일반적으로 다른 사람 명의의 예금계좌를 빌려 예금하였다고 하여 그 차명계좌 이용행위 한 가지만으로는 구체적 행위의 동기, 경위 등 정황을 떠나 어느 경우에나 적극적 소득은닉 행위가 된다고 단정할 것은 아니'고 '과세대상의 미신고나 과소신고와 아울러 장부상의 허위기장 행위, 수표 등 지급수단의 교환반복행위 기타

의 파기, 4. 재산의 은닉, 소득·수익·행위·거래의 조작 또는 은폐, 5. 고의적으로 장부를 작성하지 아니하거나 비치하지 아니하는 행위 또는 계산서, 세금계산서 또는 계산서합계표, 세금계산서합계표의 조작, 6.「조세특례제한법」제5조의2 제1호에 따른 전사적 기업자원 관리 설비의 조작 또는 전자세금계산서의 조작 등을 열거하고 있다. 다만 이들은 예시에 불과하므로 '그 밖에 위계에 의한 행위 또는 부정한 행위'(제7호)에 해당하는 경우에도 조세포탈범으로 처벌받을 수 있다. 우리 판례에서는 차명계좌에 예금한 행위 한 가지만으로는 조세포탈죄를 인정하지 않는다. 즉 대법원 1999. 4. 9. 선고 98도667 판결은 '일반적으로 다른 사람 명의의 예금계좌를 빌려 예금하였다 하여 그 차명계좌 이용행위 한 가지만으로써 구체적 행위의 동기, 경위 등 정황을 떠나 어느 경우에나 적극적 소득은닉 행위가 된다고 단정할 것은 아니라 할 것이나, 과세대상의 미신고나 과소신고와 아울러 장부상의 허위기장 행위, 수표 등 지급수단의 교환반복행위 기타의 은닉행위가 곁들여져 있다거나, 차명계좌의 예입에 의한 은닉행위에 있어서도 여러 곳의 차명계좌에 분산 입금한다거나 순차 다른 차명계좌에의 입금을 반복하거나 단 1회의 예입이라도 그 명의자와의 특수한 관계 때문에 은닉의 효과가 현저해지는 등으로 적극적 은닉의도가 나타나는 사정이 덧붙여진 경우에는 조세의 부과징수를 불능 또는 현저히 곤란하게 만든 것으로 인정할 수 있다'고 판시하고 있음은 앞서 본 바와 같다. 이와 같은 판례의 입장에 대하여 주관적 구성요건요소인 '고의'의 측면에서 분석하고 있는 논문으로는 윤지현, 앞의 논문("명의신탁 또는 차명거래와 '사기 그 밖의 부정한 행위'"), 14−15가 있다는 것도 앞서 본 바와 같다.

180) 最判 平成6年9月13日 刑集48卷6号. 다만 위 판결은 일반론으로는 위와 같이 판시하면서도 통상의 경우에 정확한 장부가 있는 경우에는 가명, 차명예금을 설정하더라도 적극적인 거짓 기타 부정한 행위에는 해당하지 않는다고 판시하였다. 그러나 "본건에서는 많은 계정 과목에 걸쳐 이들 장부에 기재되지 않은 비용이 존재하고 그 금액의 확정은 대부분 피고인의 진술에 의존하기 때문에 예금의 출입에 의해 그 신빙성을 확인할 필요성이 높은 예금의 귀속을 속이는 행위는 세무조사를 현저하게 곤란하게 하는 요소를 포함하고 있다"고 판시하였고 피고인이 가공 명의로 예금 계좌를 설정하는 것은 소득은닉공작에 해당한다고 판시하였다. 위 판결에 대하여는 '판례가 포탈의 의사가 인정되는 이상 소득은닉공작에 해당한다라고 판단하고 주관적 요건을 언급한 것이 본 판결이다. 여기에서 최고재판소는 소득은닉공작이 있었음을 인정하고는 있지만, 그 쟁점을 주관적 요건으로 바꿈으로써 문제를 다른 차원으로 옮겨 버렸던 것이다. 포탈죄가 형법 총칙의 적용을 받는 이상 고의범이라는 사실은 특별 규정이 없는 한 당연한 것이며 주관적 요건을 먼저 판단한다면 실행행위와의 인과관계론은 그다지 의미를 갖지 않는 것이며 외형적 요건(소득은닉공작)등은 원래 그것을 확증하기 위한 요소에 다름 아니다'라고 평가하는 견해로는 品矢 一彦, "租稅逋脫罪の構成要件－解釈論から立法論への新たな提唱－", 税に関する論文入選論文集 9, 納稅協会連合会(2010), 198−199.

의 은닉행위가 곁들여져 있'다거나, '차명계좌의 예입에 의한 은닉행위에 있어서도 여러 곳의 차명계좌에 금원을 분산 입금한다거나 순차 다른 차명계좌에 입금을 반복한다거나 단 1회의 예입이라도 그 명의자와의 특수한 관계 때문에 은닉의 효과가 현저해지는' 등으로 적극적 은닉 의도가 나타나는 사정이 덧붙여진 경우에만 조세포탈죄가 성립한다는 입장(대법원 1999. 4. 9. 선고 98도667 판결)과 유사하다고 할 것이다.

또한 일본 상속세법 제68조 제3항에서는 '제1항에서 규정하는 것 외에, 기한 내 신고서 또는 제31조 제2항의 규정에 의한 수정신고서를 이들의 신고서 제출기한까지 제출하지 않음으로써 상속세 또는 증여세를 면한 자는 5년 이하의 징역 또는 500만 엔 이하의 벌금에 처하거나 이를 병과한다'고 규정하고 있는데, 이는 의도적 신고서 부제출에 의한 포탈범이라 할 수 있고,[181] 이를 보통 신고서부제출범(申告書不提出犯)이라고 부르며, 거짓 기타 부정한 행위를 수반하지 않는다는 점에서 일반 포탈범과 다르다고 할 것이다. 이것은 기존에는 단순 무신고범{조세위해범(租稅危害犯)}으로 처벌되었으나 단순 무신고 중에서도 불법성이 강하고 포탈에 해당한다고 생각되는 것을 단순 무신고와 구별하여 더 무거운 형벌에 처하기 위하여 독립된 조세범의 유형으로 설치한 것이라고 한다.[182]

그리고 일본 상속세법 제69조에서는 '정당한 이유 없이 신고서 또는 제31조 제2항의 규정에 의한 수정신고서를 그 신고서의 제출기한까지 제출하지 아니한 자는 1년 이하의 징역 또는 50만 엔 이하의 벌금에 처한다. 그러나 정상을 참작하여 그 형을 면제할 수 있다'고 규정하고 있다. 이는 무신고만으로 형사처벌을 하는 규정으로 보통 조세위해범(租稅危害犯) 중 단순무신고범(單純無申告犯)으로 분류하고, 무신고가 거짓 기타 부정한 행위와 결부되어 있는 경우에는 포탈범으로 처벌하며, 거짓 기타 부정한 행위가 없어도 포탈에 해당하는 경우에는 신고서부제출범으로 처벌하지만, 그렇지 않은 경우에는 단순한 신고의무위반으로 처벌한다.[183]

차명거래가 신고서를 제출하지 않았고 조세포탈죄에 이르지 않는 경우라면 개

---

181) 같은 조 제4항에서는 '제3항에서 면한 상속세액 또는 증여세액이 500만 엔을 초과할 때에는 정상을 참작하여 동항의 벌금을 500만 엔 초과 그 면한 상속세액 또는 증여세액 상당 금액 이하로 정할 수 있다'고 규정하고 있다.

182) 金子 宏, 앞의 책, 1011. 또한 일본 소득세법 제238조 제3항, 제4항, 일본 법인세법 제159조 제3항, 제4항도 신고서부제출범을 규정하고 있다.

183) 金子 宏, 앞의 책, 1012.

별 사안에 따라서 위와 같은 신고서부제출범(申告書不提出犯) 또는 조세위해범(租稅危害犯) 중 단순무신고범(單純無申告犯)에 해당할 수 있을 것이다.

한편, 일본 범죄수익의 이전 방지에 관한 법률 제27조는 '고객 등 또는 대표자 등의 본인 특정사항을 은폐할 목적으로 제4조 제6항[184] 규정을 위반하는 행위(해당 고객 등 또는 대표자 등의 본인 특정사항에 관한 것에 한한다)를 한 자는 1년 이하의 징역 또는 100만 엔 이하의 벌금에 처하거나 이를 병과한다'고 규정하고 있으나, 이것 또한 차명거래라는 사실과는 전혀 관련이 없다.[185]

일본 범죄수익의 이전 방지에 관한 법률 제28조 제1항은 '타인을 사칭하여 특정사업자(제2조 제1항 제1호부터 제5호까지, 제36호의 특정사업자에 한한다) 사이의 예금 계약에 관한 용역의 제공을 받거나 이를 제3자에게 시킬 목적으로 해당 예금 계약과 관련된 예금 통장, 예금의 인출용 카드, 예금의 인출 또는 송금에 필요한 정보 기타 특정 사업자 사이의 예금 계약에 따른 용역을 제공받는 데 필요한 것으로 시행령으로 정하는 것을 양도, 교부받거나 그 제공을 받은 자는 1년 이하의 징역 또는 100만 엔 이하의 벌금에 처하거나 이를 병과한다. 일반 상거래 또는 금융거래로 이루어지는 등 기타 정당한 이유가 없는데도 유상으로 예금 통장 등을 넘겨받아 그 교부를 받거나 그 제공을 받은 자도 이와 같다', 제2항은 '상대방에게 전항 전단의 목적이 있다는 정을 알면서 그 사람에게 예금 통장 등을 양도, 교부하거나 제공한 자도 동항과 같다. 일반 상거래 또는 금융거래로 이루어지는 등 기타 정당한 이유 없이 유상으로 예금 통장 등을 양도, 교부하거나 제공한 자도 이와 같다'라고 규정하고 있다. 이는 접근매체 양도 등을 처벌하는 우리나라의 전자금융거래법 규정과 유사하다. 그러나 위 규정도 차명거래만으로 형사처벌을 하는 것은 아니다.

다. 조세

1) 증여세 체계

당연한 것이지만 일본에는 우리나라 상증세법 제45조의2와 같은 명의신탁 증

---

[184] '고객 등 및 대표자 등은 특정사업자가 제1항 또는 제2항 또는 제4항의 규정에 의한 확인을 함에 있어서 해당 특정사업자에게 해당 거래시 확인에 관한 사항을 속여서는 아니된다'고 규정하고 있다.

[185] 은행 등은 고객이 자연인인 경우에는 성명, 주거, 생년월일을 확인하면 되고, 실제 출연자가 누구인지를 확인해야 할 의무는 전혀 없다. 일본 범죄수익의 이전 방지에 관한 법률 제27조는 자연인이 은행에 대하여 자신의 성명, 주거 등을 거짓 진술한 경우 처벌할 수 있다는 규정에 불과하다.

여의제 조항과 같은 것은 존재하지 않는다. 한편 일본 상속세법 기본통달(相續稅法基本通達)186) 제9조(기타 이익의 향유)의 제9-9는 '재산의 명의변경이 있는 경우(財産の名義変更があった場合)'라는 제목 하에 '부동산, 주식 등의 명의변경이 있을 경우 대가의 수수가 이루어지고 있지 않은 경우 또는 타인의 명의로 새로운 부동산, 주식 등을 취득한 경우에는 이러한 행위는 원칙적으로 증여로 취급한다'고 규정하고 있어, 차명거래 행위를 증여로 우선 취급한다. 그러나 이는 '증여로 추정'하는 것이어서 반증이 허용되고 우리나라의 상증세법 제45조의2 제1항과 같이 '증여로 의제'하는 것은 아니다. 위와 같이 일본 상속세법에서의 증여는 민법상의 증여를 말하는 것으로 보이고, 차명거래라는 사실만으로 여기에 증여세를 부과하지는 않는다.187)

한편 일본의 조세와 관련하여 살펴보아야 할 것은 세법상 의무를 이행하지 않는 과정에서 차명거래의 형태가 개입된 경우 더 큰 제재가 부과되는지 여부이다.

2) 가산세, 중가산세

일본의 일반 가산세로는 과소신고가산세, 무신고가산세, 불납부가산세, 연체세가 있다.

우선 과소신고가산세{일본 국세통칙법(国稅通則法) 제65조}는 신고 기한 내에 신고서가 제출된 경우 수정신고서가 제출되거나 경정이 있는 때에는 새롭게 납부할 세금(추징세액)의 10% 상당액이 부과되고(제1항),188) 새로 납부할 세금(추징세액)이 당초 신고납세액과 50만 엔 중 큰 금액을 초과하는 경우 그 초과부분에 대해서는 15%가 부과된다(제2항).

무신고가산세(국세통칙법 제66조)는 신고서를 신고기한까지 제출하지 아니한 경우에 부과되고 납부할 세액에 대하여 50만 엔까지는 15%(제1항),189) 50만 엔을 넘는 부분은 20%가 된다(제2항).

불납부가산세(국세통칙법 제67조)는 원천징수에 따라 징수해서 납부해야만 하는

---

186) 일본의 기본통달은 우리나라의 훈령이나 예규, 지침의 성격을 갖는다. 기본통달과 개별통달이 있는데, 전자는 구체적인 사항을 법조문의 형식으로 규정하고 있고, 후자는 근거법의 개별 조문별로 세부적인 사항을 형식에 얽매이지 않고 규정하고 있다. 일본은 법, 시행령, 시행규칙을 간소하게 규정하는 한편 구체적인 사항을 통달의 형식으로 규정하고 있다.

187) 일본에서는 타인 명의로 재산을 취득하는 경우에는 우선 증여로 추정되어 증여세 부과대상이 되는데, 실질적으로 다른 사람 재산인 경우에는 증여세 부과대상이 되지 않게 되어, 증여세 부과 여부만이 문제될 뿐 이를 처벌하거나 이를 무효로 하지는 않는 것으로 보인다.

188) 자체적으로 수정신고를 하고 그 수정신고서 제출이 국세에 대한 조사가 있고 국세 경정이 있을 것을 예견한 것이 아닌 경우에는 5%로 한다(국세통칙법 제65조 제1항).

189) 자체적으로 기한 후 신고를 한 경우에는 10%가 된다(국세통칙법 제66조 제1항).

국세가 법정기간 내에 납부되지 않은 경우에 그 납부되지 않은 세액에 대하여 부과되는 가산세로 원천소득세를 납부기한까지 납부하지 아니한 경우에 부과되는데 납부할 세액의 10%가 된다(제1항). 그러나 세무서에서 고지를 받기 전에 자진납부한 경우에는 5%의 비율을 곱하여 계산한 금액을 줄일 수 있다(제2항). 또한 납부기한부터 1개월을 경과하는 날까지 원천소득세를 납부하는 경우에는 불납부가산세는 부과되지 않는다(제3항).

　연체세는 국세를 납부기한까지 납부하지 않은 경우, 법정납부기한의 다음날부터 납부하는 날까지의 일수에 따라 부과되는 추가과세, 소위 이자에 상당하는 세금이다(국세통칙법 제60조 제1항). 연체세의 비율은 법정납기일의 다음날부터 국세를 완납한 날까지의 기간에 대하여 미납세액의 연 14.6%[190]가 되고, 법정납부기한의 다음날부터 2개월까지의 기간에 대해서는 가산세율이 7.3%[191]가 된다(제2항).

　중가산세는 사실을 가장하거나 은폐하면서 신고를 하지 않은 경우, 또는 가장에 따라 과소신고한 경우에 부과되는 세금이고, 무신고가산세, 과소신고가산세, 불납부가산세를 대신하여 부과된다. 과소신고가산세를 대신하거나 불납부가산세를 대신하여 부과되는 중가산세의 가산세율은 35%,[192][193] 무신고가산세를 대신하여 부과되는 중가산세의 가산세율은 40%[194]이다(국세통칙법 제68조).

---

190) 결국 2개월 초과분의 이자가 된다. 2014. 1. 1. 이후는 연 14.6%와 특례기준비율에 7.3%를 더한 비율 중 낮은 비율로 하는데, 그 결과 2014년은 9.2%, 2015년은 9.1%, 2016년은 9.1%, 2017년은 9.0%, 2018년과 2019년은 8.9%이다.

191) 다만, 2000. 1. 1. 이후는 제도가 변경되었는데 현재는 연 7.3%와 특례기준비율(매년 전전년 10월부터 작년 9월까지 각 달의 은행의 신규 단기대출약정 평균 금리의 합계를 12로 나누어 얻은 비율로 매년 지난해 12월 15일까지 재무성장관이 고시하는 비율을 말한다)에 1%를 더한 비율 중 낮은 비율로 하는데, 그 결과 2014년은 2.9%, 2015년은 2.8%, 2016년은 2.8%, 2017년은 2.7%, 2018년과 2019년은 2.6%이다.

192) 일본 국세통칙법(国税通則法) 제68조 제1항은 '과소신고 가산세가 부과되는 경우(국세통칙법 제65조 제1항)에, 납세자가 국세의 과세표준 등 세액 등의 계산의 기초가 되는 사실의 전부 또는 일부를 은폐하거나 가장하고 은폐하거나 가장한 바에 따라 납세신고서를 제출한 때에는 해당 납세자에게 과소신고 가산세의 세액 계산의 기초가 되어야 하는 세액에 관련된 과소신고 가산세 대신에 해당 기초가 되어야 할 세액의 35%를 곱해서 계산한 금액에 상당한 중가산세를 부과한다'고 규정하고 있다.

193) 일본 국세통칙법(国税通則法) 제68조 제3항은 '전조 제1항의 규정에 해당하는 경우에 납세자가 사실의 전부 또는 일부를 은폐하거나 가장하고 은폐하거나 가장한 바에 따라 그 국세를 법정납부기한까지 납부하지 아니한 때에는 세무서장은 해당 납세자로부터 불납부가산세 금액의 계산 기초가 되어야 할 세액에 따른 불납부가산세 대신 그 기초가 되어야 할 세액에 35%의 비율을 곱하여 계산한 금액에 상당하는 중가산세를 징수한다'고 규정하고 있다.

194) 일본 국세통칙법(国税通則法) 제68조 제2항은 '무신고 가산세가 부과되는 경우(국세통칙법

과세 처분에 대하여 위의 경우 중 특히 무신고로 인한 중가산세가 부과된 사례로는 사업을 함에 있어서 매출처와 통모하여 차명예금을 사용하고 매출금을 차명예금에 입금하고 소득신고를 하지 않은 경우가 있다.[195] 다만 위의 사례에서 법원은 가옥을 양도함으로써 얻은 수입금을 원고의 자녀 명의 예금에 입금하고 확정신고를 하지 않은 사실만으로는 소득을 은폐하고 가장한 것이 아니라고 판단하기도 하였다. 위와 같이 같은 차명예금을 사용한 행위라고 하더라도 경우에 따라서 중가산세가 부과되기도 하고 부과되지 않기도 한다.

'은폐'와 '가장'에 관하여 일본의 학설은 '사실 은폐는 매출의 제외, 증거서류의 파기 등, 과세요건에 해당하는 사실 전부 또는 일부를 감추는 것을 말하고, 사실의 가장이란, 가공 공급·가공 계약서의 작성·타인 명의의 이용 등, 존재하지 않는 과세요건사실이 존재한다고 광고하는 행위를 말한다'[196]고 한다.

일본 국세청은 '신고소득세와 부흥특별소득세의 중가산세의 취급에 대해서(사무운영지침)'[197]라는 사무운영지침을 제정하였는데 제1조에서는 '국세통칙법 제68조 제1항 또는 제2항에서 규정하는 "국세의 과세표준 등 또는 세액 등의 계산의 기초가 되는 사실의 전부 또는 일부를 은폐하거나 가장하다"라는 것은 다음에 제시한 사실(이른바 "부정 사실"이라 한다)이 있는 경우를 말한다. 또한 은폐 또는 가장행위에 대해서는 특별한 사정이 없는 한 납세자 본인이 해당 행위를 하는 경우뿐만 아니라 배우자 또는 기타의 친족 등이 해당 행위를 하는 경우에도 납세자 본인이 해당 행위를 한 것으로 취급한다'고 규정하면서 '(1) 이중 장부 작성, (2) 장부, 결산서

제66조 제1항)에, 납세자가 국세의 과세 표준 등 세액 등의 계산의 기초가 되는 사실의 전부 또는 일부를 은폐하거나 가장하고 은폐하거나 가장한 바에 따라 법정 신고 기한 내에 납세 신고서를 제출하지 아니하거나 법정 신고 기한 후 납세 신고서를 제출했을 경우에는 당해 납세자에게, 무신고 가산세액의 계산의 기초가 되어야 할 세액에 따른 무신고 가산세 대신 그 기초가 되어야 할 세액에 40%의 비율을 곱하여 계산한 금액에 상당하는 중가산세를 부과한다'고 규정하고 있다.

195) 大阪高裁 昭和51年2月5日 判決 稅資87号279頁. 법원은, 금을 판매하는 원고가 특정한 거래처에 대한 매출과 매입을 장부에 기재하지 않았고, 다른 사람 명의의 예금계좌를 사용하여 일정한 연도의 소득신고에서 이를 제외하였으며, 매출처와 통모하여 가공명의의 예금계좌를 사용한 것은 소득을 은폐한 행위에 해당한다고 하였다. 다만 양도소득세와 관련하여서는, 가옥을 양도함으로써 얻은 수입금을 원고의 자녀 명의 예금에 입금하고 확정신고를 하지 않은 사실만으로는 소득을 은폐하고 가장한 것이라고 할 수는 없다고 하였다.

196) 金子 宏, 앞의 책, 790-791.

197) 申告所得税及び復興特別所得税の重加算税の取扱いについて(事務運営指針).
http://www.nta.go.jp/law/zeiho−kaishaku/jimu−unei/pdf/02.pdf 참조(2018. 4. 30. 방문).

류, 계약서, 청구서, 영수증 기타 거래에 관한 서류를 파기 또는 은닉하는 것, 장부 서류의 조작, 위조, 변조 혹은 허위 기재, 상대방과의 공모에 의한 허위 혹은 가공의 계약서, 청구서, 영수증 기타 거래에 관한 서류의 작성 또는 장부 서류의 의도적인 집계 계산 착오 기타의 방법으로 가장행위를 하는 것, 거래처에 허위의 장부 서류를 작성하는 것 (3) 사업의 경영, 매매, 임대차, 소비대차, 자산 양도 또는 기타 거래(이하 "사업의 경영 또는 거래 등"이라 함)에 대해서, 본인 이외의 명의 또는 가공 명의로 행하는 것 (4) 소득의 원천이 되는 자산(주식, 부동산 등)을 본인 이외의 명의 또는 가공의 명의로 소유하는 것', 다만, (3)과 (4)의 경우에 ① 배우자, 기타 동거 친족 명의로198) 사업의 경영 또는 거래 등을 행하고 있지만 해당 명의인이 실제 주소지 등에서 신고 등을 행하고 있는 등 세금을 포탈하는 것을 목적으로 하지 않는 것이 명확한 경우, ② 본인 이외의 명의(배우자, 기타 동거 친족 명의를 제외)로199) 사업의 경영 또는 거래 등을 하고 있는 것에 대해서 정당한 사유가 있는 경우는 제외한다. 이와 같이 위 사무운영지침에 의하면, 일본에서는 주식과 부동산의 차명거래에 관하여 이를 중가산세를 부과하는 '은폐 또는 가장행위'로 보아 제재를 가하면서도, 배우자, 기타 동거 친족 명의로 차명거래를 하는 경우에 일정한 요건이 충족되면 제재를 면제하고, 위 경우 이외의 차명거래에 대하여도 정당한 사유가 있는 경우에는 위와 같은 제재를 면제하고 있다고 할 것이다.

또한 상속세 및 증여세의 중가산세 취급에 대한 사무운영지침200) 제1조도 이와 유사한 취지로 규정하고 있다.

즉 차명거래를 하는 경우에 '과세표준 등 세액 등의 계산의 기초가 되는 사실의 전부 또는 일부의 은폐 또는 가장'에 해당한다고 보아 중가산세인 연 35%나 연 40%가 부과될 수 있으나, 이에 해당하지 않는 경우에는 일반 가산세인 예컨대 무신고가산세로는 연 15%나 연 20%가 부과되고, 불납부가산세로는 연 10%가 부과될 수 있다.201)

---

198) 배우자, 기타 동거 친족 명의의 즉 차명거래가 된다.

199) 이것도 차명거래가 된다.

200) 相続税及び贈与税の重加算税の取扱いについて(事務運営指針).
http://www.nta.go.jp/law/zeiho-kaishaku/jimu-unei/sozoku/170111_2/01.htm 참조(2018. 4. 30. 방문).

201) 일본에서는 다른 사람의 명의를 빌려 개설한 차명예금과 관련하여 피상속인의 사망시 피상속인의 차명예금이 있는 경우 이를 名義預金이라고 하고, 이것이 실질적으로 피상속인의 소유이면 유산이 되고, 실질적으로 명의인의 것이면 피상속인의 재산이 되지 않는 것으로 본

다. 위 명의예금의 존재를 알지 못하고 상속세 신고시 신고를 누락하여서 重加算稅가 부과되었으나 '세무에 성통한 사람이 아니면 명의예금은 유산이 되지 않는다고 생각해도 부자연스럽지 않고, 세무사가 명의예금에 대하여 설명을 하시 않았기 때문에 명의예금이 상속재산이 된다는 인식이 없었으며, 명의예금을 상속재산에서 제외하여 상속재산을 과소신고하노록 의도하고, 그 의도가 외부에서도 알 수 있도록 특단의 행동을 취하였다고 할 수 없다'고 판시하면서 청구인의 심판을 인용하면서 과소신고가산세 부과가 타당하다고 결정한 일본 국세불복심판소 재결로는 国税不服審判所 平成23年3月23日 裁決이 있다. 위 사안의 사실관계는 다음과 같다. 피상속인과 배우자는 1992년경부터 별거를 하였고, 자녀들도 독립적으로 생활을 하였다. 피상속인은 혼자 생활하였고 재산도 스스로 관리하였다. 피상속인의 사망 후 자택을 수색하고, 예금 통장 등을 발견하였는데, 명의예금은 피상속인의 어린 시절 용돈과 사회인이 되고 나서의 수입도 일부 포함되어 있었다. 세무사는 명의예금은 유산이 된다는 취지를 상속인들에게 설명하지 않았고, 세무사 사무소 직원도 명의예금이 존재한다는 것을 확인하지 않은 채 '상속세 신고를 위한 체크 사항'의 명의예금의 '검토란'에 체크를 하고 신고서를 작성하였다. 세무조사 결과 명의예금이 발각되어 수정신고서가 제출되었고 과세관청은 重加算稅를 부과하였다.

한편 国税不服審判所 昭和62年7月6日 裁決은 '은폐된 상속재산으로 신고하지 않은 무기명 정기예금의 재원은 피상속인 및 상속인들 일가족의 부동산임대소득 등이기 때문에 그 예금 중에 피상속인에게 귀속되는 금액이 있는데도 불구하고 본건 무기명 정기예금이 무기명인 것을 기화로 피상속인의 유산에서 제외하고 상속세 신고서를 제출한 경우에는 위 무기명 정기예금을 관리했던 상속인은 重加算稅의 과세요건을 충족하지만, 위 무기명 정기예금의 존재를 사전에 알고 있지 않은 다른 상속인은 重加算稅의 과세요건을 갖추고 있지 않기 때문에, 重加算稅를 부과했던 원처분은 부당하다'고 판시하였다.

피상속인의 예금에 대하여 신고 누락을 하였다고 중가산세를 부과받았다가 무신고가산세를 부과하여야 한다고 결정한 일본 국세불복심판소 재결로는 国税不服審判所 平成28年4月25日 裁決이 있고, 그 사실관계는 다음과 같다. 청구인의 부친인 피상속인은 2012. 11.경 사망하였고 상속인으로는 청구인뿐이었다. 2012. 10.경 A 지역 시장은 K가정법원 A지부에 대하여 피상속인에 대한 후견개시의 심판을 요청하였고 이에 2012. 11. 1.경 변호사 甲, 乙 등 2명이 피상속인의 성년후견인으로 선임되었다. 피상속인은 2012. 11.경 사망하였고 성년후견인은 이날 청구인에 대하여 피상속인의 재산 및 부채 상황 등을 설명한 후 피상속인 명의의 B계좌의 예금은 일단 甲 변호사 명의의 계좌로 이동하여 피상속인의 채무의 변제 및 본건 성년 후견인에 대한 보수 등의 지불을 한 후 청구인에게 반환하였다. 그리고 위 B계좌 이외에도 피상속인 명의의 C계좌가 발견되었고 D계좌도 생전에 피상속인의 공적 연금의 입금 및 공공요금 등의 자동이체 계좌로 사용되었으며 D계좌 및 B, C계좌 사이의 자금 이동은 늦어도 2008년 이후에는 전혀 없거나 거의 없었다. 성년 후견인은 2013. 3. 1. B계좌의 예금을 청구인 명의의 예금계좌에 입금하였다. 청구인은 상속에 따른 상속세 신고를 하지 않았고 법정신고기한인 2013. 9.경이 경과하였다. 과세관청은 2014. 2. 20.자로 청구인에게 '상속세의 신고 등에 관한 안내'라는 제목의 서면 및 '상속에 대한 질문'이라는 서면을 송부했다. 청구인은 2014. 2. 28.자로 '상속에 대한 질문'이라는 서면에 대하여 피상속인의 재산으로 D계좌의 예금을 기재하였다. 그리고 과세관청의 조사담당직원에게 유산으로 부동산 및 D계좌의 예금뿐이라고 진술하였다. 청구인은 조사담당자로부터 B, C계좌의 예금도 피상속인의 재산이라는 지적을 받자 2014. 11. 14. 상속세의 기한 후 신고를 하였다. 과세관청은 2014. 11. 26.자로 기한 후 신고에 의하여 중가산세 금액의 부과처분을 하였고, 청구인은 이에 불복하였다.

이상 일본 국세불복심판소 홈페이지 http://www.kfs.go.jp 참조(2018. 7. 3. 방문).

라. 과징금, 과태료

일본에는 차명거래만으로 과징금, 과태료를 부과하는 규정은 없다.

3. 시사점

차명거래에 관한 입법례상 독일과 일본은 차명거래 자체의 사법상 효력을 부인하는 규정은 없고, 다만 조세포탈죄와 관련하여 차명거래를 통하여 조세포탈의 결과가 발생하는 경우에 한하여 형사처벌을 하고 있는 것으로 보인다.

조세와 관련하여서, 독일과 일본은 차명거래만으로 증여로 의제하는 규정은 없고, 독일의 경우는 가산세 성격의 이자, 일본의 경우는 일정한 경우 중가산세를 부과하고 있음을 알 수 있다. 독일과 일본은 차명거래만으로 이를 증여로 의제하여 증여세를 부과하지는 않고 있고 일본의 경우는 중가산세와 관련하여서도 명의차용이 있더라도 정당한 사유가 있는 경우에는 중가산세를 부과하지 않고 있다.

또한 독일, 일본 모두 정당한 사유가 있는 경우에는 중가산세가 부과되지 않는다고 할 것이다. 상증세법 소정의 명의신탁 증여의제는 반증이 허용되지 않는 간주규정이나, 독일, 일본의 중가산세 제도는 차명거래의 경우 중가산세가 부과될 수 있으나 정당한 사유가 있는 경우에는 반증이 허용된다고 할 수 있다.

또한 독일, 일본에서는 차명거래와 관련하여 과징금, 과태료를 부과하지는 않고 있다.

이상을 종합하면, 독일, 일본에서는 차명거래 자체만으로는 이를 위법하다고 보아 규제 대상으로 삼고 있지는 않는 것으로 보인다. 즉 차명거래 자체만으로 민사상 거래의 효력을 무효로 하거나, 형사처벌을 가하거나 조세(예컨대 증여세)를 부과하지는 않는 것으로 보인다. 다만, 차명거래가 조세포탈에 이른 경우에는 형사처벌을 가하고, 적극적 은닉행위 등 부정한 행위가 더해지면 중가산세의 세금을 부과한다고 볼 수 있다.

제 5 절 차명거래의 규제 방법

앞서 본 바와 같이 차명거래의 위법성을 살펴보았고, 차명거래를 실증적으로 분석해 본 후 규제할 필요가 있는 차명거래와 규제할 필요가 없는 차명거래를 분류해보았다.

비교법적으로 고찰을 해 보아도 독일, 일본에서도 차명거래에 관하여 사법상 그 효력을 무효로 하는 규정은 없고 차명거래만으로 형사처벌을 가하거나 조세를 부과하거나 과징금이나 과태료를 부과하지도 않고 있다.

앞서 본 바와 같이 우리나라의 차명거래 중 규제 대상이 되는 차명거래를 '부정한 목적의 차명거래'로, 규제 대상이 되지 않는 차명거래를 '용인할 수 있는 목적의 차명거래'로 나누었다. 이하에서는 차명거래를 규제한다면 어떤 방법으로 규제를 할 것인지를 살펴보도록 한다.

3장   법경제학적 분석 틀 및 규제 방법론

이하에서는 법경제학적 분석 틀을 통하여 차명거래 규제의 기준을 제시하고자 한다.

제1절   규제 기준의 설정

1. 억제(deterrence)의 관점

규제는 법경제학적 관점에서 예방(prevention) 또는 억제(deterrence)를 목표로 한다. 형사정책에 관하여 법경제학적 분석을 시도하였던 게리 베커(Gary S. Becker)의 연구[1]를 규제에도 적용할 수 있는데, 대표적으로 리차드 포즈너(Richard A. Posner)[2]와 윌리엄 랜디스(William Landes)[3]는 반독점법으로 인한 규제에 관하여 게리 베커의 연구를 적용하여 법경제학적 분석을 시도하였다.

법경제학적 관점에서 보면, 규제는 억제의 패러다임 사고에 기초한 것이다. 피해 보상(compensation)이란 측면에서는 위반행위자로부터 발생하는 손해를 측정하여 배상을 명하는 것만으로 제도의 목적을 충족했다고 볼 수 있다. 그러나 규제의 효

---

1) Gary S. Becker, "Crime and Punishment : An Economic Approach," Journal of Political Economy, 76(1968).

2) Richard A. Posner, Antitrust Law : An Economic Perspective, The University of Chicago Press(1976).

3) William Landes, "Optimal Sanctions for Antitrust Violations," 50 University Chicago Law Review 652(1983).

과적인 집행은 피해 보상에서 더 나아가 바람직하지 않은 행위를 억제(deter)하는 것이므로, 피해자의 손해 전보 이상으로 그 위반행위가 사회에 미친 비용과 동일한 비용을 위반자에게 부담시켜야 한다.[4] 규제의 목적은 위반행위를 적발하여 제재함으로써 법을 준수하도록 하여 사회후생(Social Welfare)을 극대화하는 것이다.

차명거래와 관련하여서도 차명거래를 억제하기 위해서는 차명거래로 인한 피해나 손해 등 사회후생의 감소분 상당의 규제를 차명거래자에게 가하도록 규제를 설계할 필요가 있다. 만약 차명거래로 인하여 얻는 기대이익과 그에 대한 기대손실을 비교하여 기대손실이 기대이익보다 크다면, 행위자는 차명거래를 하지 않는 선택을 할 것이다.

2. 정보의 비대칭성 상황에서의 법경제학적 접근방법

법경제학자들은 타인의 재산권을 위협하는 위해한 행위 또는 현상을 억지하는 최적의 실정법을 선택하기 위하여 법경제학적 논의를 하였다. 이러한 논의는 일반적으로 타인에게 불법행위 등을 저질러서 손해를 입힐 경우 사전에(ex ante) 국가가 규제(regulation)를 하는 방안과 사후에(ex post) 개인들이 손해배상소송을 제기하는 방안(책임원리, liability rule) 중 어느 것이 법경제학적으로 효율적인지를 논의하는 것이었다.

〈경제학에서의 효율성 개념과 관련하여〉

여기에서 잠시 효율성의 개념을 살펴보도록 하자.

경제학에서 효율성은 일반적으로 '파레토 효율(Pareto Efficiency)'을 의미한다. 파레토 효율이란 제한된 자원이나 재화를 배분함에 있어서 적어도 어떠한 개인을 불행하게 하지 않고는 다른 사람을 더 이상 행복하게 할 수 없는 상태에 도달함을 의미한다.[5] 그리고 일반적으로 어떤 한 사람을 불행하게 하지 않으면서도 다른 사람을 좀 더 행복하게 만들 수 있는 자원배분의 경우를 파레토 개선(Pareto Improvement)

---

4) 공정거래법 분야에서 바람직하지 않은 행위를 억제하기 위하여, 공정거래법상의 규제는 공정거래법 위반행위가 사회에 부담시킨 비용과 같은 양의 비용을 위반자에게 부담시키도록 계산하여야 한다는 견해로는 Richard A. Posner(정영진·주진열 공역), 미국 독점규제법 제2판, 다산출판사(2003), 334[Antitrust Law, 2nd ed., University of Chicago Press (2009)].
5) 박세일, 법경제학 개정판, 박영사(2013), 92; Hal R. Varian, 앞의 책, 15.

내지 파레토 우월(Pareto Superiority)이라고 한다. 그리고 이러한 파레토 개선의 가능성이 남아 있는 경우에는 파레토 비효율(Pareto inefficient), 파레토 개선의 가능성이 완전히 소진되어 더 이상의 파레토 개선이 불가능한 상태를 파레토 효율(Pareto efficient)이라고 부른다.[6] 파레토 효율은 한정된 자원의 효용을 극대화한다는 의미에서 배분적 효율(allocative efficiency)과 관련된다. 그런데 규제의 관점에서 보면 어떤 자를 형사처벌하거나 과징금을 부과하게 되면 그 당사자는 손해를 보게 되므로 결코 파레토 개선이나 파레토 우월이 달성될 수 없다.[7]

차명거래에 대한 규제의 관점에서도 마찬가지이다. 파레토 개선의 달성을 전제로 하는 자원배분의 변화란 극히 제한적인 경우에 한정되고 대부분의 변화는 파레토 효율적일 수 없다. 그래서 모든 정책은 반드시 그로 인하여 손해를 보는 사람이 발생하므로 파레토 효율성이란 개념은 너무 엄격해서 현실적으로 어떤 정책도 그 요건을 충족시킬 수 없다는 비판[8]을 받았다. 이런 점에서 생산적 효율(productive efficiency)을 고려할 필요가 있고, 잠재적 파레토 효율(potential Pareto efficiency)과 칼도-힉스 효율(Kaldor-Hicks efficiency)에 주목할 필요가 있다.

생산적 효율(productive efficiency)이란, 특정의 목적을 달성하기 위하여 수단을 사용함에 있어서 자원을 가장 많이 절약하면서 목적을 달성할 수 있는가 또는 일정한 자원을 투입하여 최대한의 목적을 어떻게 달성할 수 있는가 하는 관점에서 바라본 효율 개념이다. 대개 어떤 재화를 생산함에 있어서 어떻게 생산하는 것이 효율적인지를 생각하기 때문에 생산적 효율이라고 하는 것으로 보인다.[9] 잠재적 파레토 효율(potential Pareto efficiency)과 칼도-힉스 효율(Kaldor-Hicks efficiency)이란 어떤 자원배분의 변화가 그 변화로 인하여 이익을 보는 사람들이 변화로 인하여 손실을 보는 사람들의 손실을 모두 보상해주고도 남을 정도의 이익을 만들 수 있다면 그러한 변화는 잠재적 파레토 효율적이라는 것이다. 즉 어떤 변화로 인하여 발생하는 사회적 이익의 크기가 그 변화로 인하여 발생하는 사회적 손실의 크기보다 큰 경우를 잠재적 파레토 효율, 칼도-힉스 효율[10]이라고 할 수 있다.[11]

---

6) 박세일, 위의 책, 92; Hal R. Varian. 위의 책, 15.
7) 박세일, 앞의 책, 589.
8) Herbert Hovenkamp, Antitrust Policy After Chicago, 84 Mich. L. Rev. 213, 239(1985).
9) Robert D. Cooter and Thomas Ulen, Law & Economics 6th edition, Addison Wesley(2016), 14. 여기에서는 생산에 있어서 다음의 두 조건 즉 '같은 양의 산출을 더 작은 양의 투입으로 이루어낼 수 없는 경우'나 '같은 양의 투입으로 더 많은 양의 산출을 이루어낼 수 없는 경우' 중 하나를 만족하면 생산적 효율성이 달성된다고 한다.
10) 칼도-힉스 효율성 개념에 대하여 실제로 법을 집행하는 과정에 있어서 칼도-힉스의 효율성은 매우 유익한 역할을 한다는 견해로는 김일중, "법경제학 연구 : 핵심이론과 사례분석",

본질적으로 칼도-힉스 효율은 비용-편익 분석(cost-benefit analysis)과 같은 원리이다. 비용-편익 분석에서는 편익이 비용보다 크면 정책을 실행하게 되는데, 이는 바로 정책에 의하여 발생한 이득이 손해보다 그면 이득을 얻은 사람으로부터 손해를 입은 사람들에게 보상할 수 있다는 점을 전제로 한다.[12] 기존 파레토 효율성은 어떤 사람도 전보다 상황이 나빠지지 않고 적어도 한 사람은 상황이 좋아지는 경우만을 개선(Improvement)이라고 하였는데, 이는 모든 구성원들이 만장일치로 찬성하는 변화만이 개선이라는 결과가 되어, 현실의 정책실행에서 만장일치를 요구하는 것은 너무 엄격한 것이다.[13]

그런데 일반적으로 위 두 가지 효율 기준 가운데 어느 것을 채택해야 하는지는 일률적으로 말하기는 어렵다. 일반적으로 사적 자치가 지배하는 사법관계에서는 일반적으로 파레토 기준이 우월하다고 할 것이나,[14] 사법관계가 아닌 공법관계나 규제의 측면에서는 앞서 본 파레토 효율성의 비현실성 때문에 칼도-힉스 기준과 같이 생산적 효율성의 측면에서 접근할 수밖에 없다고 할 것이다.

차명거래에 대한 규제로 인하여 차명거래를 한 당사자의 경우는 손실을 보게 되지만 사회 전체적으로 얻는 이익이 그 손실보다 크다면 그러한 규제는 잠재적 파레토 효율, 칼도-힉스 효율일 수 있게 된다. 그리고 비례의 원칙은 입법목적의 정당성, 수단의 적정성, 피해의 최소성, 법익의 균형성을 요건으로 하는데, 목적을 달성하기 위하여 그 수단은 효과적이고 적절하여야 하고, 법익의 균형성은 일종의 비용-편익 분석(cost-benefit analysis), 즉 어떤 법률로 인하여 얻을 수 있는 이익이 그로 인한 기본권 제한이라는 비용을 능가할 때에는 그 법률은 합헌이라 할 수 있다[15]는 측면에서 비례의 원칙은 생산적 효율의 문제로 볼 수 있다.[16] 이로 인하여 파레토 기준은 충족하지 못하지만 칼도-힉스 기준은 충족이 되게 된다.[17] 만약 차명거

한국법제연구원(2008), 126-127.

11) 박세일, 앞의 책, 590.

12) Robert D. Cooter and Thomas Ulen, 앞의 책, 42. 반면 '실제로 이러한 보상이 이루어지는가는 효율성 달성에 아무런 영향을 주지 않는다'는 견해로는 박세일, 앞의 책, 590. 칼도-힉스 효율개념은 '총잉여의 분배는 상황에 따라 임의적으로 달라질 수 있기 때문에 총잉여의 크기 자체를 중요시한 것으로 보인다'는 견해로는 김일중, 위의 논문, 126.

13) Robert D. Cooter and Thomas Ulen, 앞의 책, 42.

14) 윤진수, "법의 해석과 적용에서 경제적 효율의 고려는 가능한가", 서울대학교 법학 제50권 제1호, 서울대학교 법학연구소(2009), 42.

15) 윤진수, 위의 논문, 76.

16) 윤진수, 앞의 논문, 41, 75.

17) 윤진수, 앞의 논문, 76.

래에 대한 규제가 비례의 원칙에 맞다면 칼도－힉스 효율을 달성하게 되는 것이
다.18)

　　스티븐 쉐벌(Steven Shavell)은 '규제와 책임원리 중 선택'의 문제를 결정짓는 4
가지 요소19)를 주장하였는바,20) 그 중 S1[(잠재적으로 위해를 끼칠 가능성이 있는) 행
위자의 행위가 야기할 위험성에 관한 정보 면에서, 정부가 민간에 비하여 열악하지 않은
가?("government's inferiority in knowledge gathering")]에 주목할 필요가 있다. 스티븐
쉐벌은 다른 조건이 일정할 때, S1의 문제가 심각할 때에는 보통법(사인에 의한 소
제기)을 통하여 문제를 해결해야 한다고 주장하였다.

　　그런데 모든 차명거래가 개인에게 피해를 끼쳐서 개인이 차명거래 행위자에게
직접적으로 손해배상 청구를 할 수 있지는 않다. 예컨대 차명거래가 강제집행 면탈
이나 범죄의 수단으로 사용되는 경우에는 차명거래로 인한 피해자가 발생하여 차
명거래자에게 손해배상 청구를 할 수도 있으나, 조세회피 목적으로 차명거래를 하
여 조세를 회피한 경우에는 피해자가 손해배상 청구를 할 수는 없기 때문이다.21)

---

18) 환경규제와 관련하여서도 채택되는 효율성 개념은 규제 수단으로 인하여 얻을 수 있는 총 편
　　익이 총 비용을 초과하여야 한다는 칼도－힉스 기준이라는 점으로는 조홍식, "기후변화의 법
　　정책－녹색성장기본법을 중심으로－", 법제 제631호, 법제처(2010), 56; Jonathan Baert
　　Wiener, "Global Environmental Regulation : Instrument Choice in Legal Context," 108 Yale
　　Law Journal 677, 743－747(1999). 또한 미국 회사법에서 일반적으로 인정되는 효율성의 개념
　　은 파레토 기준이 아니라 칼도－힉스 기준이라는 점으로는 홍준호·송옥렬, "지배주주의 주
　　식양도시 소수주주의 보호", 재판자료 : 증권거래에 관한 제문제(하) 91집, 법원도서관(2001),
　　151.
19) S1 : (잠재적으로 위해를 끼칠 가능성이 있는) 행위자의 행위가 야기할 위험성에 관한 정보
　　면에서, 정부가 민간에 비하여 열악하지 않은가?('government's inferiority in knowledge
　　gathering')
　　S2 : 행위자가 자신의 행위가 초래하는 피해를 배상할 능력이 있나?('insufficient asset of the
　　injurer problem'), 즉 판결의 강제집행이 불가능해지는 문제가 크지 않은가?('judgement proof
　　problem')?
　　S3 : 행위자가 일으킨 피해를 이유로, 장차 소가 실제로 제기될 가능성이 낮지 않은가?('no
　　threat of suit or disappearing defendant problem')
　　S4 : 정부 규제를 효율적으로 운영하는 데 소요되는 행정비용이 높지 않은가?('high admin－
　　istrative cost of regulation') 등이 그것이다.
20) Steven Shavell, "Liability for Harm versus Regulation of Safety," 13 J. Legal Stud. 357,
　　359－363(1984).
21) 보이스피싱의 경우는 차명예금을 대여하거나 양도한 행위자에 대하여 피해를 근거로 손해배
　　상청구 소송을 제기할 수 있으나, 이런 경우가 아니라 종합소득세 부과를 회피하는 등 조세
　　회피 목적 등으로 차명예금 거래를 하는 경우에 일반 시민에게 피해가 발생하지는 않는다.

오히려 앞의 *第2章 第2節*에서 살펴보았듯이 차명거래를 하는 이유는 대부분 정부의 규제나 과세를 피할 수 있도록 하기 위해서이다. 차명거래에 관하여는 사적인 개인 등 민간부문이 유지명령이나 피해 발생을 근거로 손해배상을 하는 것과 공공부문이 개입하는 것 중 어느 것이 우월한지에 관한 논의는 일반적으로 이루어지지 않는다. 즉 일반적으로 차명거래에 관하여는 공공 부문인 정부가 제재나 규제를 가할 수밖에 없게 된다.[22]

한편, 차명거래의 가장 큰 특징은 정보의 비대칭성(informational asymmetries)[23]에 있다. 차명거래를 규제하기가 어려운 것은 차명거래인지 여부가 외부에 드러나지 않고 차명거래라고 하더라도 부정한 목적의 차명거래인지, 용인할 수 있는 목적의 차명거래인지 여부를 구분하기가 쉽지 않기 때문이다. 오직 차명거래의 명의자와 실제 소유자만이 차명거래 여부나 그 목적이 부정한지 아닌지를 알 수 있다. 이와 같이 차명거래에 관한 정보는 당사자들만이 쉽게 접근할 수 있고 정부나 제3자는 여기에 쉽게 접근할 수 없는 정보의 비대칭성 문제가 있다.

정보의 비대칭성은 대표적인 시장실패(market failure)[24]의 원인 중 하나로 꼽히고 있고,[25] 그 자체가 문제되는 것이 아니라 이로 인한 역선택(adverse selection),[26]

---

22) 다만 일반 개인이나 은행권에 근무하는 금융종사자 등 민간부문이 차명거래가 일어난다는 사실을 미리 알고 이를 정부에 고발하는 경우에 경제적 유인책을 제공할 수는 있을 것이다.

23) 거래 당사자 중에서 어느 한쪽이 다른 쪽보다 거래에 관한 정보를 더 많이 가지고 있는 상황을 의미하고 일반적으로 시장실패의 원인으로 보고 있다(Robert D. Cooter and Thomas Ulen, 앞의 책, 41 참조). 위와 관련된 문제를 '비대칭 정보(asymmetric information)'라고 지칭하기도 한다{이승철, "비대칭정보와 규제완화", 규제연구 제1권, 한국규제학회(1992), 95 참조}.

24) 완전히 경쟁적인 조건하에서 시장은 자원 배분에서 효율적인데, 독과점(monopoly), 외부성(externalities), 공공재(public goods), 정보의 비대칭성이 존재할 경우 시장실패가 생긴다고 한다. Robert D. Cooter and Thomas Ulen, 앞의 논문, 38-42.

25) Robert D. Cooter and Thomas Ulen, 앞의 논문, 41-42.

26) 역선택(adverse selection)이란 거래 관련 정보를 적게 가진 측이 자신에게 불리한 선택을 하게 되는 상황으로 거래 체결 이전 단계에서 주로 발생한다. 예를 들어 보험시장에서, 보험회사가 민간의료보험이나 생명보험의 경우 본인의 사망가능성이나 건강상태에 대한 정보를 정확히 파악하기가 쉽지 않다. 이로 인하여 보험회사 입장에서는 불리한 고객과 계약을 체결하게 되는 상황이 발생한다. 이를 두고 역선택(adverse selection)이라 할 수 있다. 역선택을 해소하기 위해서, 보험회사는 보험 가입 이전에 문제가 존재했던 경우에 보험금 지급을 줄이는 방법을 쓰면 위험이 높은 사람들이 보험에 들지 않도록 방지할 수 있다. 그리고 보험회사는 보험가입자들의 위험도를 구별하기 위해 여러 가지 기술들, 즉 건강검진이나 심리검사를 통하여 보험가입자의 특성을 알아내려고 노력하고 있다. 그리고 보험회사는 보험가입자가 과거에 얼마나 많은 사고를 경험했는지에 관한 자료를 통하여 보험료를 산정할 수 있고 과거에 다수의 사고를 일으켰던 보험가입자의 보험가입을 거부할 수도 있다. Robert D. Cooter and

도덕적 해이(moral hazard)[27] 등이 문제된다. 역선택은 계약 체결 이전의 숨은 정보(hidden information)의 문제, 도덕적 해이는 계약 체결 이후의 숨은 행위(hidden action)의 문제라고도 한다.[28]

정부의 규제를 기준으로, 스티븐 쉐벌의 위와 같은 논의는 차명거래 규제에 관하여 다음과 같은 시사점을 준다. 즉 국가가 당사자들보다 차명거래에 대한 정보를 알기 어려울수록 규제의 시점을 늦춰야 한다는 점이다. 국가가 당사자들보다 차명거래에 대한 정보를 덜 가질수록, 차명거래가 일어나기 전에 사전규제를 하기보다는 규제 개입 시점을 늦춰서 차명거래가 일어난 이후, 차명거래로 인하여 실제로 조세회피나 법령상의 제한 회피 등이 일어난 이후 등 규제 시점을 늦추는 편이 더 효율적이라는 점이다.[29] 즉 정부가 차명거래가 일어났는지 여부, 차명거래가 규제의 대상이 되는 차명거래인지 여부 등에 관하여 정보가 부족하여 제대로 알기 어려우므로, 이를 제대로 안 이후로 규제시기를 늦추거나 연장해야 한다는 것이다. 물론 정부가 규제의 대상이 되는 차명거래임을 이른 시기에 정확히 파악한 경우라면 이를 규제할 수는 있어야 할 것이다.

3. 법적 개입의 최적 구조

가. 사회후생의 극대화

타인의 재산권에 위해를 가하는 행위를 억제하기 위한 최적의 법체계를 구성하기 위한 법경제학적 논의와 관련하여, '최적성'이라는 것은 어떻게 정의할 수 있을지 살펴보자.

Thomas Ulen, 앞의 논문, 48-49.

27) 도덕적 해이(moral hazard)란 정보를 많이 가진 측이 적게 가진 측의 입장에서 볼 때 불리하거나 손해를 끼치는 행동을 하게 되는 상황을 일컫는다. 예를 들어 보험시장에서, 보험가입자가 보험가입 후 자신의 건강 관리를 소홀히하여 사망가능성을 높이는 행태로 삶을 살아 갈 수 있다. 이로 인하여 보험회사는 큰 손실을 입을 수도 있다. 이를 막기 위해 보험회사는 손실 발행시 보험가입자도 일정비율을 부담하게 하는 공동보험(coinsurance), 손실 발생시 일정금액은 보상받지 못하고 그 이상의 금액에 대해서만 보상하는 공제금액(deductible) 제도를 시행할 수 있다. Robert D. Cooter and Thomas Ulen, 앞의 논문, 48.

28) Hal R. Varian, 앞의 책, 725.

29) 부정한 목적의 차명거래를 억제한다는 측면에서는 규제의 시기를 항상 사후적으로만 시행할 수는 없다는 현실적인 문제도 발생하지만, 위와 같은 시사점은 아래에서 보듯이 차명거래의 규제에 시사하는 바가 있다.

일반적으로 특정한 법적 개입으로 사회후생(social welfare, SW)이 최대화되면 그 법제는 최적성을 갖는다고 정의한다. 여기에서 사회후생(SW)은 통제하고 싶은 대상인 위해 행위로부터 발생하는 '편익(B)'에서 그 행위가 발생시키는 '피해(H)'와 해당 법제의 '법집행비용(C)'을 공제한 것이다. 아래 식에서 볼 수 있듯이, 정책을 결정하는 입장에서는 사회후생(SW)을 극대화시키는 최적 법제를 찾는 것이 목표이다.[30]

$$SW(x) = B(x) - H(x) - C(x) : 사회후생 = 편익 - 피해 - 집행비용$$

C(x)인 법집행비용은 여러 종류의 실정법 개입방법 중 어느 것이 실정법의 적용대상이 되는지, 그 대상은 법을 위반했는지, 위반했으면 어떤 개입방법의 대상이 되는지 등을 실행하는데 드는 비용이다.

나. 금전적 제재 vs 비금전적 제재

제재의 형태(form)는 크게 금전적 제재(monetary sanction)와 비금전적 제재(nonmonetary sanction)로 나누어진다. 금전적 제재로는 민사소송을 통한 손해배상금이나 과징금, 벌금 등이 포함되고,[31] 비금전적 제재에는 인허가취소나 사회봉사명령, 징역형이나 금고형과 같은 감금(imprisonment), 사형 등을 생각할 수 있다.

그리고 금전적 제재를 부과하는 것이 비금전적 제재를 부과하는 것보다 비용이 덜 든다고 알려져 있다. 징역형 등을 통하여 바람직하지 않은 행위를 한 사람을 감금하려면, 교도소를 건설하고 운영하는 데 비용이 소요될 뿐만 아니라 커다란 액수의 집행비용도 들고 감금된 사람은 경제적으로 가치 있는 생산적 활동에 참여할 수 없으므로 높은 수준의 기회비용이 발생한다. 미국에서의 직접적 경제적 비용은 수감자 1명당 연평균 4만 달러를 넘는 것으로 추정되고, 기회비용과 관련하여 현재 미국 수감자들은 고속도로 표지판을 제작하거나 식사조리 등 여러 일을 하고 있기는 하나, 결코 그 생산성이 높다고 하기 힘들다고 한다.[32] 반면 벌금형을 부과하면 행형비용 등 집행비용이 거의 들지 않고 단순히 범죄자에게서 국가에게로 부가 이전될 뿐이므로 매우 저렴한 집행방법이 된다.[33]

---

30) 김일중, 앞의 논문, 321-327.
31) 김일중, 앞의 논문, 318.
32) Robert D. Cooter and Thomas Ulen, 앞의 책, 504-505.
33) Steven Shavell, "The Optimal Structure of Law Enforcement," 36 J.L. & Econ. 255, 258(1993).

그러나, 범죄자가 소유하는 재산의 액수에 제약이 있을 수 있고, 징역형 등을 통하여서만 범죄행위를 통제할 수 있는 경우도 있으므로 금전적 제재조치만을 사용할 수는 없는 것이 현실이다.[34)

그런데 범죄행위를 적발·처벌하는 것은 범죄 억제와 이로 인한 피해 감소를 목적으로 한다. 이와 구분할 필요성이 있는 것은 자격박탈 또는 행위불능화(inca-pacitation)로서, 이는 법률을 위반하는 행위로부터의 피해를 줄이기 위한 것이다.[35) 이는 교도소에 감금을 하여 어떤 범죄행위를 하지 못하게 하거나 운전면허 정지, 사업면허 박탈 등으로 어떠한 행위를 하지 못하게 하는 등 행위를 불가능하게 하는 법집행 방법이다.[36) 행위불능화를 하는 경우는 그 불법성이 매우 커서 금전적 제재 보다는 일정한 기간 자격의 효력을 정지하거나 사회에서 격리할[37) 필요가 있다고 생각하는 경우에 부과할 수 있다. 이는 범죄행위 자체를 발생할 수 없게 하고 예방하는 것을 주목적으로 하며, 범죄행위 이후 처벌이나 제재를 하는 것을 주된 목적으로 하지는 않는다. 범죄 억제를 위해서는 범죄가 발생하지 않더라도 그 가능성이 높은 경우에는 예방적 목적에서 범죄를 저지를 가능성이 있는 자에게 감금 등 비금전적 제재를 할 수 있다는 주장이 가능하게 된다.

다. 행정비용

한편, 행위 이전 및 이후 또는 피해발생 단계 등 개개의 경우에 행정비용에 차이가 있을 수 있다. 우선, 행위에 대한 사전 차단 비용이 행위나 피해발생을 적발하고 계산하는 비용보다 저렴한 경우가 있을 수 있다. 저수지에 오염물질을 배출하는 사례를 생각해 보면, 사전에 폐수방출을 막기 위하여 담장을 설치하는 비용이 폐수방출을 감시하여 피해액을 산출하는 비용(예컨대 24시간 사람이 감시하여 적발 후 피해액을 산출하는 비용)보다 저렴할 수 있다. 따라서 감독이나 피해산정을 위한 행정비용이 높을수록 법적 개입의 시점을 앞당겨야 할 것이다.

다음으로 행위 단계 개입과 피해발생 단계 개입을 비교해보자. 우선 행위가 반

---

34) 박경래·강우예·고학수·이종인·이종한·최성락·김대근, "범죄 및 형사정책에 대한 법경제학적 접근(I)", 한국형사정책연구원(2009), 202.
35) 박경래·강우예·고학수·이종인·이종한·최성락·김대근, 위의 논문, 203.
36) 이는 형법 제41조 제4호 자격상실, 제5호 자격정지, 그리고 행정법상의 처분까지도 포괄하는 폭넓은 개념이다.
37) 구금형(imprisonment)이 그러한 예이다.

드시 피해를 야기하는 것은 아니라면 피해발생 단계 개입은 발생빈도가 상대적으
로 낮으므로 행정비용이 행위 단계 개입보다 줄어든다. 이럴 경우 피해발생 단계
개입이 선호될 것이다. 반면 피해액 산정이 복잡한 상황에서는 오히려 행정비용이
높아지므로 행위 단계 개입이 선호될 수 있다.

라. 과징금 vs 벌금형

금전적 제재인 점에서 같은 특성을 보이는 과징금과 벌금형은 그 집행비용이
어느 것이 더 나을까 문제된다. 일반적으로 규제기관의 과징금 부과가 사법부의 벌
금형 부과보다 저렴하다고 여겨지는데, 일반적으로 다음의 세 가지 근거[38]가 제시
되고 있다.

첫째, 규제기관의 집행비용이 법원의 집행비용보다 저렴하다. 왜냐하면, 규제
기관의 제재 절차가 형사소송보다 신속하고 저렴하기 때문이다.

둘째, 규제기관이 제재를 하는 것이 법원에서 형사 유죄판결을 받는 것보다 입
증책임(burden of proof)이 경감된다. 유죄판결은 합리적 의심의 여지가 없을 정도
(beyond reasonable doubt)의 증명을 하여야 하지만, 규제기관이 제재를 부과하기 위
해서는 증거의 우월(preponderance of the evidence)에 의한 증명을 필요로 할 뿐이다.

셋째, 규제 위반자의 정신적 상태나 행동의 기타 조건(states of mind and other
qualifying elements of the offender's behavior)은 형사재판에서만 고려될 뿐 규제기관이
부과하는 제재를 정함에 있어서는 중요하지 않다.

4. 차명거래를 규제할 필요성

앞서 본 바와 같이 차명거래가 그 자체로 성질상 위법하지는 않은 것으로 보인
다. 차명거래 중에서도 공서양속이나 사회상규에 반하여 위법한 차명거래와 그렇지
않은 차명거래가 있음은 앞서 第2章 第3節 1.에서 본 바와 같다. 그리고 사회후생의
감소를 기준으로 차명거래의 규제 여부를 판단하여야 함도 앞서 第2章 第3節 3.에
서 본 바 있다.

---

38) Garoupa, Nuno and Fernando Gomez-Pomer, "Punish Once or Punish Twice : A Theory of
the Use of Criminal Sanctions in Addition to Regulatory Penalties," 6 Am. L. & Econ. Rev.
410, 411-414(2004).

그 결과 법령상의 규제를 회피하거나 법령상의 혜택을 얻기 위한 차명거래, 강제집행 면탈, 자금세탁, 다른 형사 범죄의 수단적 성격을 위한 차명거래, 재산은닉 중 범죄수익은닉의 규제 및 처벌 등에 관한 법률 제2조 제4호에 따른 범죄수익등, 마약류 불법거래 방지에 관한 특례법 제2조 제5항에 따른 불법수익등, 공중 등 협박목적 및 대량살상무기확산을 위한 자금조달행위의 금지에 관한 법률 제2조 제1호에 따른 공중협박자금 등의 불법재산을 은닉하기 위한 차명거래, 재산은닉 중 제2유형(공직자윤리법상의 재산등록 의무가 없는 공직자라도 공직자가 재산이 너무 많은 경우에 사회적으로 시기와 질투를 받지 않거나 불법행위로 인하여 재산을 증식하였다는 비판을 받지 않기 위하여 재산 중 일부를 차명으로 거래하여 취득하거나 타인 명의로 보유하는 등의 차명거래)의 차명거래 중 조세회피 목적이나 관련 법령상의 제한을 회피할 목적이 주된 것이고 사람들로부터 오해를 받지 않으려는 목적이 부차적인 경우, 사업상의 목적을 위한 차명거래 중 형사처벌을 받을 수 있는 경우, 사업상의 목적을 위한 차명거래 중 형사처벌 규정이 없는 경우 중 법령상의 제한을 회피하는 것을 목적으로 하는 경우, 조세상 혜택을 얻거나 조세 부과 회피를 위한 차명거래는 규제의 대상이 된다.

그리고 우선 재산은닉 중 제2유형의 차명거래의 경우, 공직자윤리법상의 재산등록 의무가 없는 공직자가 단순히 사람들이 자신이 뇌물을 받아서 재산을 증식한 것이라는 오해를 받지 않기 위하여, 그리고 관련 법령상의 제한을 회피함이 없이 재산 명의를 숨긴다면 위법성이 없고, 사회후생을 감소시키지도 않으므로, 규제 대상이 되지 않는다. 다음으로 사업상의 목적을 위한 차명거래 중 양도담보 목적으로 이루어진 주식 차명거래, 단순한 회사 업무처리 편의를 위한 목적에서 이루어진 주식 차명거래의 경우가 관련 법령상의 제한을 회피하는 것을 목적으로 하지 않는다면, 위법성이 없고, 사회후생을 감소시키지도 않으므로, 규제 대상이 되지 않는다. 그리고 거래 편의를 위한 차명거래, 즉 종중·배우자·종교단체 등이 조세 포탈, 강제집행의 면탈 또는 법령상 제한의 회피를 목적으로 하지 않고 부동산 차명거래를 하는 경우, 부모가 증여세가 부과되지 않는 범위 내에서 미성년 자녀 명의의 통장을 개설하여 이용하는 경우, 단순히 거래 편의를 위하여 차명거래를 하는 경우, 종중·배우자·종교단체가 조세포탈 등 목적 없이 단순히 거래 편의를 위하여 예금명의신탁을 하는 경우 등은 위법성이 없고, 사회후생을 감소시키지도 않으므로, 규제 대상이 되지 않는다.

5. 소결

현행법상 벌금형은 단순히 금선직 제재라기보다는 노역장 유치로서 벌금을 미납할 경우 최대 3년의 범위 내에서 구금되어 일을 해야 하는 징역형과 비슷한 역할을 한다. 현행 벌금형은 비금전적 제재(노역장 유치) 가능성을 안고 있는 금전적 제재라고 할 수 있다.

앞서 본 바와 같이 금전적 제재가 비금전적 제재보다는 효율적이고, 과징금은 벌금형보다는 효율적이라는 것도 살펴보았으므로, 우선적으로 제재의 형식으로 과징금을 부과하되, 그 다음은 벌금형, 징역형 순으로 제재 순서를 정할 수 있을 것이다.

따라서 부동산 차명거래에 적용되는 과징금 제도를 주식, 사채, 예금의 경우에도 적용하는 것이 법경제학적 측면에서는 효율적일 것이다. 다만 행위불능화 측면에서 징역형과 같은 비금전적 제재도 가해져야 할 것이다. 다만 행위불능화를 위한 징역형과 같은 비금전적 제재는 비례의 원칙상 차명기간과 액수가 크며 불법성이 매우 큰 차명부동산의 경우와 거액의 자금세탁이나 거액의 불법 비자금 조성을 위한 차명예금이나 차명주식, 사채의 수와 액수가 매우 큰 경우 등 그 불법성과 가벌성이 매우 큰 경우로 제한해야 할 것이다.

한편 법경제학적으로 보면 위와 같다고 하더라도 차명거래에 대하여 과징금의 부과만으로 차명거래를 효율적으로 억제할 수는 없을 것이다. 형사처벌과 과징금은 그 목적이 다르고 제재의 대상도 다르기 때문에 형사처벌의 제재도 필요하다. 그리고 현행법은 주식이나 일부 사채에 대한 차명거래에 대하여 왜 과징금이 아니라 증여세의 제재를 가하고 있는지를 생각해볼 필요가 있다. 아마도 집행의 실효성 측면에서 증여세를 부과할 경우 국세청이 제재를 실질적으로 관리하고 감독하여 효율적인 제재가 가능하다고 여긴 결과일 것이다. 그렇다면 과징금을 부과하더라도 집행의 효과를 늘리고 비용을 줄이는 방안이 있다면 이를 강구하여 과징금 집행의 실효성을 늘릴 필요가 있을 것이다.[39]

---

39) 이와 관련하여서는 아래 第2節 4. 나. 5)에서 자세히 살펴보도록 한다.

제 2 절 규제 방법론 분석

1. 차명거래의 특성 – 정보의 비대칭성

가. 문제점

앞서 본 바와 같이 차명거래를 규제하기가 어려운 것은 차명거래인지 여부가 외부에 드러나지 않고 차명거래임을 파악하더라도 차명거래를 하는 이유를 알기 어려워 규제의 대상이 되는 차명거래인지 아니면 규제할 필요가 없는 차명거래인지 여부를 구분하기가 쉽지 않기 때문이다. 이와 같이 차명거래에 관한 정보는 당사자들만이 쉽게 접근할 수 있고 정부는 여기에 쉽게 접근할 수 없는 정보의 비대칭성 문제가 있다. 그로 인하여 규제기관에서는 이를 제대로 규제하기도 어렵게 된다. 부동산 등기사항전부증명서에 부동산에 관한 거래를 등기하여 공시하고, 금융정보분석원(FIU)은 의심거래[40]나 고액현금거래보고제도[41]를 운영하고 있으며, 국세청이 2006. 10.경 국세행정시스템 엔티스(NTIS)의 정보분석 기능을 기반으로 여러 유형의 명의신탁을 찾아내 체계적으로 검증하기 위한 '차명주식 통합분석시스템'을

---

40) 의심거래보고제도(Suspicious Transaction Report, STR)란, 금융거래(카지노에서의 칩교환 포함)와 관련하여 수수한 재산이 불법재산이라고 의심되는 합당한 근거가 있거나 금융거래의 상대방이 자금세탁행위를 하고 있다고 의심되는 합당한 근거가 있는 경우 이를 금융정보분석원장에게 보고하도록 한 제도이다. 불법재산 또는 자금세탁행위를 하고 있다고 의심되는 합당한 근거의 판단주체는 금융회사 종사자이며, 그들의 주관적 판단에 의존하는 제도라는 특성이 있다. 이상 https://www.kofiu.go.kr/index.jsp 참조(2018. 4. 30. 방문).

41) 고액현금거래보고제도(Currency Transaction Reporting System. CTR)는 일정금액 이상의 현금거래를 FIU에 보고하도록 한 제도이다. 1일 거래일 동안 2천만 원 이상의 현금을 입금하거나 출금한 경우 거래자의 신원과 거래일시, 거래금액 등 객관적 사실을 전산으로 자동 보고토록 하고 있다. 따라서 금융기관이 자금세탁의 의심이 있다고 주관적으로 판단하여 의심되는 합당한 사유를 적어 보고하는 의심거래보고제도(Suspicious Transaction Report System)와는 구별된다. 우리나라는 2006년에 이 제도를 처음 도입하였으며(특정금융정보법 제4조의2, 시행일자 : 2006. 1. 18.), 도입 당시는 보고 기준금액을 5천만 원으로 하였으나, 2008년부터는 3천만 원, 2010년부터는 2천만 원(특정금융정보법 시행령 제8조의2 제1항)으로 단계적으로 인하하여 운영하고 있다. 특정금융정보법 시행령이 2019. 4. 30. 대통령령 제29722호로 개정되어 2019. 7. 1. 시행되면서 2019. 7. 1.부터는 위 기준금액이 1,000만 원으로 인하된다. 이상 금융정보분석원 홈페이지 참조 https://www.kofiu.go.kr/index.jsp 참조(2018. 4. 30. 방문).

구축한 것은 사실이다.[42] 그러나 실무상 부동산실명법위반이 드러나는 경우는 명의신탁자와 명의수탁자 사이에 명의신탁 해지로 인한 반환이나 명의신탁 약정 및 등기 무효로 인한 반환을 구하는 민사소송이 진행된 후 그 결과로 인하여 소유권이 전등기를 신청하는 과정에서 과징금 부과기관인 시장이나 구청장 등이 이를 인지[43]하고 과징금을 부과하거나, 신고과세방식인 양도소득세에 관한 세무조사 과정에서 명의수탁자가 명의신탁임을 자백하여 그 사실이 드러나서 과세관청이 시장 등에게 이를 통보하거나,[44] 부동산실명법위반으로 고발을 하여 드러나는 것으로 보인다. 위와 같은 시스템만으로 차명거래를 효율적으로 적발할 수 있다고 볼 수 있을지는 의문이다. 설령 적발할 수 있다고 하더라도 부정한 목적의 차명거래인지 또는 용인할 수 있는 목적의 차명거래인지를 구별하기는 힘들 것이다.

나. 사후적·계약법적 접근

일반적으로 계약 체결시 계약 목적물에 대한 정보의 비대칭이 되는 원인으로는 착오(mistake), 사기(misrepresentation), 고거래비용(high transaction costs) 등을 들 수 있다. 착오와 사기를 원인으로 정보의 비대칭성 문제가 있는 상태에서 계약이 체결되면 민법 제109조, 제110조의 요건이 충족되는 경우 이를 통하여 계약을 취소함으로써 법적 구제를 받을 수 있다.[45] 또한 계약 당사자가 계약 목적물의 정보를 취득하는 비용이 상대적으로 많이 들어 이를 취득하는 것이 어려워져서 정보의 비대칭성이 발생하기도 한다. 이런 경우 문제를 해소하기 위해서는 사기에 의한 의사표시와 민법 제2조 소정의 신의성실의 원칙을 조화롭게 해석함으로써 정보 비대칭으로 인한 문제를 해결할 수 있다.[46] 물론 이는 계약 당사자의 구제가 문제되는 경우에 관한 설명이다.

한편 차명거래에 대하여도 계약법적 접근을 할 수 있는지 여부를 보도록 하자. 이는 계약 당사자의 구제보다는 그러한 거래의 존재를 전제로 일정한 규제 권한의

---

42) 2016. 10. 18.자 연합뉴스 홈페이지 참조.
http://www.yonhapnews.co.kr/bulletin/2016/10/18/0200000000AKR20161018086400002.HTML
(2018. 4. 30. 방문)
43) 의정부지방법원 2017. 4. 18. 선고 2016구합9560 판결의 사안이 그러한 예이다.
44) 서울행정법원 2018. 3. 23. 선고 2017구합64385 판결이 그러한 예이다.
45) 가정준, "정보의 비대칭과 협상력의 불균형 완화를 위한 연구", 외법논집 제31집, 한국외국어대학교 법학연구소(2008), 397.
46) 가정준, 위의 논문, 398.

발동 여부를 결정하거나 과세 여부 등을 결정하는 국가의 입장에 관한 것이다. 이 때 규제를 회피하려고 하는 부정한 목적의 차명거래를 국가가 일률적으로 무효화한다거나, 아니면 매도인과 같은 제3자가 매매계약에게 취소할 수 있는 권한을 부여하는 것과 같은 계약법적 해결을 시도할 수는 있을 것이다.

다. 사전적 규제의 필요성

정보의 비대칭 문제를 해결하기 위한 시도로는 여러 가지가 있다.

첫째, 신호보내기(signaling) 방법으로, 정보를 가지고 있는 주체로 하여금 정보를 제공하도록 유도하는 것이다. 예컨대 중고차 시장에서 중고차가 좋은 품질인지 아닌지의 정보는 중고차 주인에게 집중되어 있는데, 중고차 주인이 자신의 차가 좋다는 신호를 주기 위하여 일정기간 보증(warranty)을 제공하도록 할 수 있다.[47]

둘째, 선별하기(screening) 방법으로 정보가 없는 경제주체가 정보를 가진 측에게 자신의 정보를 드러내도록 행동을 하도록 유도할 수 있다. 정보를 가진 상대방에게 거래조건에 있어서 여러 가지 선택지를 주고, 어떤 선택을 하는가로부터 상대방의 사적 정보를 유추하는 방법이다. 예를 들면, 보험회사는 다양한 종류의 보험상품을 제시하고 보험계약자 스스로 상품을 선택하도록 유도한다. 보험계약자는 사적 정보를 자신의 선택에 반영하게 되고, 역으로 보험회사는 보험계약자가 어떤 상품을 선택하는가로부터 그가 미래에 보험금을 지급받게 될 상황이 일어날 확률에 대한 사적 정보를 유추할 수 있다.

셋째는 평판이다. 정보의 비대칭 문제가 있더라도 거래가 반복적으로 일어나면 역선택의 문제가 발생하지 않는 것이다. 브랜드, 프랜차이즈, 체인점 등을 신뢰하면 역선택의 문제가 줄어들 수 있다.

넷째는 정부 규제이다. 정부 규제에 의해 모든 당사자들로 하여금 강제적으로 거래에 참여하도록 한다면, 역선택에 의하여 시장이 무너지는 것을 방지할 수 있다. 단점으로는 저위험 유형[48]에게는 불리하다는 것이다. 저위험 유형이 고위험 유형에게 보조금을 지불하는 결과가 되기 때문이다. 예컨대, 우리나라에서 국민건강보험 가입을 강제하는 것을 들 수 있다.

---

47) Hal R. Varian, 앞의 책, 726.
48) 거래에 있어서 거래당사자에게 위험을 적게 주는 유형이다. 예컨대 보험회사 입장에서는 보험상품에 가입하는 보험계약자 중 보험사고를 일으킬 확률이 낮은 자가 위험이 적은 유형이라고 볼 수 있다.

차명거래와 관련하여 정보의 비대칭 문제를 해결하기 위한 현실적인 방법으로는 정부 규제가 유력하다. 정부의 입장에서는 정보의 비대칭성으로 인하여 차명거래인지 여부를 알기 어려워 차명거래 여부를 제대로 선별하기(screening)가 어렵다는 것은 앞서 본 바와 같고, 차명거래자가 정부에게 스스로 차명거래라는 사실을 알릴 경우 각종 규제가 가해질 수 있으므로 차명거래 사실을 솔직하게 알릴 가능성은 낮기 때문에 차명거래자에게 신호보내기(signaling)를 요구하는 것도 쉽지 않으며, 정보의 비대칭성으로 인하여 차명거래자의 평판을 알기도 어렵기 때문이다.

이하에서는 차명기래를 어떻게 규제하여야 하는지에 관한 문제를 살펴보도록 한다.

2. 사전적 규제 이론

가. 금전적 제재와 비금전적 제재

앞서 본 바와 같이 제재의 형태는 크게 금전적 제재와 비금전적 제재로 나누어지는데, 금전적 제재를 부과하는 것이 비금전적 제재를 부과하는 것보다 비용이 덜든다. 그러나 여러 가지 제약[49]상 금전적 제재조치만을 사용할 수는 없는 것이 현실이다. 따라서 비금전적 제재도 필요한 것이다. 범죄 억제를 위하여는 범죄가 발생하지 않더라도 그 가능성이 높은 경우에는 예방적 목적에서 범죄를 저지를 가능성이 있는 자에게 감금 등 비금전적 제재(행위불능화)를 할 수 있음은 앞서 본 바와 같다.

차명거래를 규제함에 있어서도 마찬가지이다. 금전적 규제가 비금전적 규제보다는 효율적이고, 과징금은 벌금형보다는 효율적이므로, 우선적으로 규제의 형식으로 과징금을 부과하되, 그것으로 부족하다고 볼 사정이 있다면 그 이상의 제재는 벌금형, 징역형 순으로 규제 순서를 정할 수 있다. 문제는 어떠한 경우에 과징금만으로 부족하다고 보고 행위불능화의 목표를 함께 추구해야 하는지 하는 것이다. 일단 징역형과 같은 비금전적 규제는 비례의 원칙상 말하자면 불법성과 가벌성이 크다고 상식적으로 판단할 수 있는 경우에 동원해야 하지 않을까 생각하여 볼 수는 있다. 예를 들어 차명기간과 액수가 크고 회피하고자 하는 규제의 존재와 내용이 분명히 드러나는 경우라든지, 차명거래의 대상이 되는 주식이나 사채의 수와 액수

---

49) 범죄자가 소유하는 재산의 액수에 제약이 있을 수 있고, 징역형 등을 통하여서만 범죄행위를 통제할 수 있는 경우도 있음은 앞서 본 바와 같다.

가 매우 큰 경우 등을 들 수 있다.

나. 행위가담자에 대한 규제

1) 명의차용자와 명의대여자 모두를 규제

그리고 차명거래에 대한 규제는 어떤 형식을 갖추어야 하는지가 문제된다. 이 질문에 대하여는 어떻게 하면 차명거래를 억제할 수 있을까 하는 효율적 억제 측면에서 접근할 필요가 있다.

이를 위해서 우선, 차명거래에 대한 규제는 명의차용자뿐만 아니라 명의대여자에 대한 규제도 포함되어야 차명거래 억제에 효과적일 것이라고 전제할 수 있다. 차명거래는 아무래도 명의를 숨기려고 하는 쪽에서 주도하는 것이 일반적이지만 명의대여자도 명의차용자에게 명의대여의 편의를 제공하여 이루어지기 때문이다. 이를 전제로 한다면, 차명거래에 대한 규제에는 명의차용자, 명의대여자 양자에 대한 제재가 포함되어야 한다는 결론에 이른다.

2) 명의차용자에 대한 규제가 명의대여자에 대한 규제보다 커야 함

다음으로, 명의차용자에 대한 규제가 명의대여자에 대한 규제보다 커야 한다. 이는 앞에서 말했듯이 대개 차명거래로 이익을 얻는 것은 명의차용자 쪽이고 그렇기 때문에 명의차용자가 명의대여자를 부정한 목적의 차명거래로 유인하는 측면이 크다고 여겨지기 때문이다. 이것이 차명거래에 대한 규제 방식에 관한 두 번째 결론이 된다.

3) 대상의 특성에 맞는 효율적인 제재 수단의 성격 구비

다음으로, 대상의 특성에 맞는 효율적인 제재 수단을 사용하여야 한다. 앞서 본 법경제학적 측면의 분석 결과를 참고하면, 비금전적 제재보다는 금전적 제재가, 벌금형보다는 과징금이 법경제학적으로는 더 효율적임을 알게 되었다. 이런 결과를 활용하되, 차명거래로 인한 부정적인 결과가 발생하기 전에 그것을 예방하기 위하여 차명거래 자체를 차단하고 예방하기 위하여(행위불능화, incapacitation) 경우에 따라서는 징역형과 같은 비금전적 제재를 가할 필요도 있다. 그러한 차원에서 차명거래의 각 대상들은 행위불능화가 가능하도록 징역형과 같은 구금형을 선고할 수 있는 가능성이 있어야 할 것이다. 다만 행위불능화를 위한 징역형과 같은 비금전적 제재는 바로 앞의 가.에서 말했듯이 비례의 원칙상 그러한 제재의 필요성이 특히 강한 경우로 제한해야 할 것이다.

3. 포지티브(Positive) 규제 vs 네거티브(Negative) 규제

가. 序

한편 부정한 목적의 차명거래만을 규제한다고 하더라도 그 규제의 방식과 관련하여, '일반적으로 규제를 하고 예외적으로 특정한 활동이나 행위를 허용하는 방식'인 포지티브(Positive) 규제 또는 '원칙금지－예외허용' 방식을 취할 것인지, '특정한 활동이나 행위만을 금지하고 그 이외에는 자유롭게 행위나 업무를 할 수 있게 허용하는 방식'인 네거티브(Negative) 규제 또는 '원칙허용－예외금지' 방식을 취할 것인지가 문제된다.[50]

나. 포지티브 규제 방식의 예

차명거래와 관련하여, 포지티브(Positive) 규제 방식의 예로는 부동산 명의신탁에 대한 규제를 들 수 있는데, 그 핵심은 부동산 명의신탁에 대하여는 사법상으로 명의신탁 약정 및 이에 따른 등기의 물권변동을 일반적으로 무효로 하는 것이다(제4조 제1항, 제2항). 그리고 이에 따라 명의신탁자에게 일반적으로 과징금을 부과하며(제5조 제1항), 과징금 부과 후 1년이 지나도록 명의신탁자 명의로 등기를 하지 않으면 명의신탁자에 대하여 이행강제금을 부과하고(제6조 제1항), 명의신탁자 및 명의수탁자에게 일반적으로 형사처벌을 가한다(제7조 제1항, 제2항). 다만 일반적으로 무효화하고 제재를 가하더라도 일정한 경우에 예외를 인정하기 때문에 '포지티브' 규제라는 말을 쓸 수 있다. 그리하여 조세 포탈, 강제집행의 면탈 또는 법령상 제한의 회피를 목적으로 하지 아니하는 경우에는 앞에서 말한 무효나 제재 부과에 관한 조항(제4조 내지 제7조)을 적용하지 아니한다.

또한 주식(일부 사채 포함) 명의신탁에 대한 상증세법 제45조의2 제1항 소정의 증여의제로 인한 증여세 재재도 포지티브 규제 방식이라고 할 수 있다. 상증세법 제45조의2 제1항, 제4조의2 제2항에 의하면, 주식 명의신탁의 경우에 대하여는 일반적으로 명의신탁자[51]에게 증여세를 부과하고, 조세회피 목적이 없거나 자본시장

50) 한국법제연구원, "원칙허용 인허가 제도 관련 법리적 심화연구를 통한 법령 입안심사 기준의 도출", 법제처 연구용역 최종보고 자료(2012), 162.
51) 상증세법이 2018. 12. 31. 개정되기 전 구 상증세법 하에서는 구 상증세법 제45조의2 제1항에 의하여 명의수탁자에게 증여한 것으로 의제되어 명의수탁자에게 증여세가 부과되고, 명의신

법상 신탁재산인 사실의 등기를 한 경우나 비거주자가 법정대리인 또는 재산관리인의 명의로 등기 등을 한 경우는 예외를 인정하고 있다.

물론 이 조항은 겉보기에는 조세회피 목적이 있는 경우에 한하여 과징금의 성격을 갖는 증여세를 부과하므로 네거티브 규제라고 볼 여지도 있다. 하지만 현실적으로는 그러한 조세회피 목적의 실체법적인 포섭 범위가 매우 넓고, 절차법적으로도 이를 입증하는 것이 매우 까다롭기 때문에 사실상 포지티브 규제로 운용되고 있다고 하더라도 무리가 아닐 것이다.

다. 네거티브 규제 방식의 예

차명거래와 관련하여, 본격적인 네거티브(Negative) 규제 방식의 예로는 예금(금융거래)에 대한 명의신탁에 대한 형사규제를 그 예로 들 수 있다. 금융실명법은 일반적으로 차명금융거래를 금지하지 않고 있고 다만 '특정금융정보법' 중 일부 조항에 해당하는 경우에만 금지 조항을 두고 있다. 즉 이 법 제2조 제3호에 따른 불법재산의 은닉, 같은 조 제4호에 따른 자금세탁행위 또는 같은 조 제5호에 따른 공중협박자금조달행위 및 강제집행의 면탈, 그 밖에 탈법행위를 목적으로 하는 차명거래는 금지된다(제3조 제3항). 그리고 이를 위반하면 형사처벌을 가하고 있다(제6조 제1항).

라. 네거티브 규제 방식으로 전환하는 최근의 경향

규제의 분류는 일반적으로 경제적 규제,[52] 사회적 규제,[53] 행정적 규제[54]로 나눈다. 규제완화가 주로 논의되는 것은 경제적 규제이고, 사회적 규제는 국민의 생명과 안전을 보호하기 위한 측면에서 규제완화가 대체로 논의되지 않고 있다.[55] 그

탁자는 위 증여세에 대한 연대납세의무를 지게 되었다(구 상증세법 제4조의2 제5항 제4호). 실질적으로 증여가 아님에도 증여 의제를 하여 결과적으로 명의수탁자와 명의신탁자 모두 증여세 납세의무를 졌던 것이다. 한편 현행 상증세법이 2018. 12. 31. 개정되면서 제4조의2 제2항에서 '제1항에도 불구하고 제45조의2에 따라 재산을 증여한 것으로 보는 경우(명의자가 영리법인인 경우를 포함한다)에는 실제소유자가 해당 재산에 대하여 증여세를 납부할 의무가 있다'고 규정하여 명의신탁자만이 증여세 납세의무를 부담한다.

[52] 기업의 생산이나 영업활동에 관련된 규제이다.
[53] 국민의 건강, 생명, 경제 및 사회적 형평성의 확보 등 기업의 책임 및 사회적 역할과 관련된 규제이다.
[54] 행정의 효율성을 높이기 위한 수단적 성격의 규제이다.
[55] 최승필, "규제완화에 대한 법적 고찰 – 인·허가 및 신고, 등록제도와 네거티브 규제를 중심으

러나 경제적 규제나 사회적 규제의 개념도 그 구분이 명확한 것은 아니다.[56]

최근 특히 경제분야의 규제에 있어서 민간의 자율성과 효율성을 중시하자는 차원에서 네거티브 방식의 도입이 증가하고 있다. 2008년 이전의 네거티브 규제방식 논의는 주로 금융규제 개혁에 국한되었음에 반하여 이명박 정부에서는 2010년경 규제개혁 시스템 차원에서 네거티브 방식의 인허가제 도입을 추진하였고, 박근혜 정부에서도 2013년 및 2014년경에 네거티브 규제방식을 확대하기 위한 정책을 추진하였다.[57] 그리고 문재인 정부에서도 규제 혁신토론회를 통해서 새로운 제품이나 서비스는 출시부터 허용하고 필요하면 나중에 규제하는 '포괄적 네거티브' 방식을 시행하겠다는 방침이 보고되었다.[58] 네거티브 규제방식은 타인의 권리를 침해하거나 사회의 일반적인 도덕률에 위반되지 않는다면 개인의 자유는 특별히 필요한 범위 내에서 제한되지 않는 한 보장해야 한다는 것과 관련된다.[59]

마. 네거티브 규제 방식의 장·단점

포지티브 규제 방식이 네거티브 규제 방식으로 전환되면, 기업의 영업의 자유와 자율성을 보장해 줄 가능성이 높고 규제비용이나 행정비용을 경감할 수 있는 장점이 있다. 그리고 네거티브 규제는 빠르게 변화하는 시대 흐름에 맞게 현실대응력을 높이고, 금지된 요건 이외에는 행위가 허용되므로 이를 믿고 행위하는 피수명자의 신뢰를 보호하며, 안정되게 행위를 영위할 수 있는 기대감을 높여준다는 장점이 있다.[60]

반면 네거티브 규제방식에 대하여는 규제가 필요한 부분에도 무리하게 규제를 완화하여 사회적 혼란을 야기시키므로 환경 및 안전 등 일반적인 규제가 필요한 분

로-", 공법학연구 제12권 제1호, 한국비교공법학회(2011), 320; 황태희, "네거티브 규제와 규제 방식의 개선", 성신법학 제10호, 성신여자대학교 법학연구소(2011), 84-89.
56) 건축규제는 기본적으로 경제적 규제라고 할 것이나 건축안전에 대한 부분은 사회적 규제로 볼 수 있고, 최저임금의 경우는 사회적 규제라고 할 수 있으나 시장의 임금결정에 정부가 개입한다는 측면에서는 경제적 규제로 볼 수 있다. 최유성 외, "규제등록 및 관리제도 개선방안에 관한 연구", 한국행정연구원(2007), 32-33.
57) 전국경제인연합회, "네거티브 규제방식 추진동향과 활성화 방안", 규제개혁 시리즈 15-04 (2015), 11.
58) 문재인 정부의 규제혁신에 관한 2018. 1. 24.자 이데일리 홈페이지 참조.
http://www.edaily.co.kr/news/news_detail.asp?newsId=01216886619081000(2018. 6. 21. 방문).
59) 이원우, "규제개혁과 규제완화 : 올바른 규제정책 실현을 위한 법정책의 모색", 저스티스 통권 제106호, 한국법학원(2008), 372.
60) 최승필, 앞의 논문, 332.

야에서는 보호하려는 공익의 크기를 비교형량하여 규제방식을 도입하여야 한다는 비판도 있다.[61]

따라서 네거티브 방식을 과도하게 적용함으로 인하여 사회적 혼란을 초래할 수 있는 환경 및 안전 등 일반적으로 규제가 필요한 사회적 규제 분야에서는 보호하려는 공익의 크기를 비교형량하는 과정을 거쳐 네거티브 방식을 취할 것인지 아니면 포지티브 방식을 취할 것인지를 결정해야 한다.[62]

바. 정보의 비대칭성과 네거티브 규제 방식

차명거래의 특징으로 정보의 비대칭성을 들 수 있음은 앞서 본 바와 같다. 한편 환경분야에서도 정보의 비대칭성이 문제되고 있는데,[63] 환경분야와 같은 사회적 규제 분야에서 네거티브 규제가 도입된 사례가 있다. 즉 일정한 지역 내 행위제한과 관련하여, 수도법 제7조[64]에서는 상수원보호구역으로 지정된 지역에서의 금지행위를 나열하고 있어서, 그 이외의 행위에 대해서는 원칙적으로 허용하는 네거티브 규제방식을 채택하고 있다. 또한 장사 등에 관한 법률 제17조[65]도 일정한 지

---

61) 한국법제연구원, 앞의 논문, 163.
62) 최승필, 앞의 논문, 332.
63) 어떤 지역에 개발사업을 진행하는 사업자는 환경오염도에 대한 정보를 많이 가지고 있는 반면 지역주민은 환경오염도에 대한 정보를 많이 가지고 있지 않는 정보 비대칭 문제가 발생할 수 있다. 유병로 · 조현구, "환경갈등 완화를 위한 환경영향평가제도 역할 연구 : 정보비대칭을 중심으로", 한국행정논집 제25권 제3호, 한국정부학회(2013), 854-889.
64) 수도법 제7조(상수원보호구역 지정 등) ① 환경부장관은 상수원의 확보와 수질 보전을 위하여 필요하다고 인정되는 지역을 상수원 보호를 위한 구역(이하 "상수원보호구역"이라 한다)으로 지정하거나 변경할 수 있다.
③ 제1항과 제2항에 따라 지정 · 공고된 상수원보호구역에서는 다음 각 호의 행위를 할 수 없다.
1. 「물환경보전법」 제2조 제7호 및 제8호에 따른 수질오염물질 · 특정수질유해물질, 「화학물질관리법」 제2조 제7호에 따른 유해화학물질, 「농약관리법」 제2조 제1호에 따른 농약, 「폐기물관리법」 제2조 제1호에 따른 폐기물, 「하수도법」 제2조 제1호 · 제2호에 따른 오수 · 분뇨 또는 「가축분뇨의 관리 및 이용에 관한 법률」 제2조 제2호에 따른 가축분뇨를 사용하거나 버리는 행위
2. 그 밖에 상수원을 오염시킬 명백한 위험이 있는 행위로서 대통령령으로 정하는 금지행위
65) 장사 등에 관한 법률 제17조(묘지 등의 설치 제한) 다음 각 호의 어느 하나에 해당하는 지역에는 묘지 · 화장시설 · 봉안시설 또는 자연장지를 설치 · 조성할 수 없다.
1. 「국토의 계획 및 이용에 관한 법률」 제36조 제1항 제1호 라목에 따른 녹지지역 중 대통령령으로 정하는 지역
2. 「수도법」 제7조 제1항에 따른 상수원보호구역. 다만, 기존의 사원 경내에 설치하는 봉안시설 또는 대통령령으로 정하는 지역주민이 설치하거나 조성하는 일정규모 미만의 개인,

역을 나열한 후 위 지역에는 묘지·화장시설·봉안시설 또는 자연장지를 설치·조성할 수 없다고 규정하고 있어서, 그 이외의 지역에서는 원칙적으로 묘지 등을 설치할 수 있도록 하는 네거티브 규제방식을 채택하고 있다.

사. 차명거래의 경우 네거티브 규제 방식이 타당

차명거래의 경우는 정보의 비대칭성으로 인하여 발각이 쉽지 않은 문제가 있다. 위와 같은 차명거래에 존재하는 정보의 비대칭성 문제에 대응하기 위하여 앞서 본 바와 같이 정부가 규제를 하는 방법으로 위 문제를 해결할 수 있을 것이다.

그런데 차명거래가 국민의 건강, 생명, 안전 등과 관련되어 규제 필요성이 매우 높은 사회적 규제 분야라고 보기는 어렵고, 기업의 경쟁력이나 국민의 경제활동 대상[66]이나 그 수단[67]에 관한 분야라고 볼 여지도 있으므로 경제적 규제분야라고 볼 수도 있다.

한편 차명부동산과 관련하여, 현행 부동산실명법의 경우 일반적인 부동산 명의신탁 약정 및 이로 인한 등기를 무효로 하고 이를 어기면 형사처벌, 과징금 등을 부과하되 예외를 허용하는 포지티브 방식을 취하고 있는데, 여기에 네거티브 규제방식을 채택할 경우 급작스럽거나 균형이 맞지 않는 규제완화로 사회적 혼란을 가져올 수 있다는 비판이 제기될 수 있다. 그러나 다른 한편으로는 모든 부동산 명의신탁 약정을 반사회적 행위로 보아 무효로 규정하는 데에 대한 학계[68]의 비판이 끊임

가족 및 종중·문중의 봉안시설 또는 자연장지인 경우에는 그러하지 아니하다.
    3. 「문화재보호법」 제27조 및 제70조 제3항에 따른 보호구역. 다만, 대통령령으로 정하는 규모 미만의 자연장지로서 문화재청장의 허가를 받은 경우에는 그러하지 아니하다.
    4. 그 밖에 대통령령으로 정하는 지역
66) 부동산이나 주식, 사채는 경제활동의 대상이 된다.
67) 예금계좌는 금융거래의 기초수단이다.
68) 김상용 교수는 "부동산실명법 제1조는 명의신탁을 반사회적 행위로 규정하고 있고, 제4조 제1항에서는 명의신탁의 약정을 무효로 규정하고 있다. 이러한 양 조문에 비추어 보면, 부동산실명법의 입법자들은 명의신탁의 약정이 모두 반사회적 행위이기 때문에, 명의신탁의 약정이 무효인 것으로 파악하고 있다고 이해된다. 그런데 명의신탁의 약정이 언제나 반사회적인 행위인지 의문이다. 탈세, 탈법, 투기목적의 명의신탁의 약정은 반사회적 행위로 볼 수 있다고 하더라도, 그러한 목적이 없는 명의신탁도 반사회적 행위로 볼 수 있는지 의문이다"라고 주장한다{김상용, "부동산실명법 규정의 제모순점", 고시계 제42권 제2호, 국가고시학회 (1997), 80}. 이영준 변호사도 '명의신탁이 법논리적으로 무효로 볼 수는 없고 투기·탈세·탈법의 소지를 없애려는 범위 내에서만 정책적으로 무효화한다는 것이 부동산실명법의 목적이다. 부동산실명법은 새로운 무효이론에 터잡아 독특한 법체계에 기초하고 있는 것이 아니라 법의 목적 범위 내에서 판례의 명의신탁법리를 부분적으로 수정하고 있는 것이므로 위 법

없이 제기되어 왔다. 그렇다면 차명거래에 관하여 일반적, 포괄적 네거티브 규제를 가하는 과정에서 부동산실명법의 내용을 네거티브 규제 쪽으로 바꾸는 방안도 고려하여 볼 수는 있을 것이다.

　그리고 부동산은 일반적으로 고가의 재산이기 때문에 이를 명의신탁의 대상으로 삼는다는 것은 드물게 일어나는 일이다. 특히 명의신탁 때문에 부담하게 되는 위험을 감안하면, 명의신탁으로 인하여 얻을 수 있는 편익이 상당한 경우 ― 흔히 말하는 '단순한 거래의 편의를 위한' 경우는 여기에 해당하지 않을 것이다 ― 에만 이러한 거래가 이루어질 것이다. 따라서 부동산 명의신탁 중 상당 부분은 법령상의 제한 회피나 조세회피, 강제집행 면탈 또는 기타 탈법행위를 목적으로 이루어진다고 할 수 있다. 따라서 위와 같은 부정한 목적의 차명거래는 현행 부동산 명의신탁에 관한 포지티브 규제방식에서 네거티브 규제방식으로 전환을 하더라도 규제된다는 결론은 달라지지 않을 것이다. 그리고 현행 금융실명법은 앞서 보았듯이 네거티브 규제 방식을 취하고 있으므로 네거티브 규제방식을 채택하더라도 달라질 것은 없다.[69]

의 목적에 명의신탁의 법리를 조화하여 위 법을 해석하여야 한다는 원칙을 세울 수 있다. 부동산실명법 제4조 등에 의해 무효로 되는 명의신탁의 약정 및 이에 기한 물권변동은 사회질서에 반하는 것에 국한하여야 한다'라고 주장한다{이영준, 물권법 전정신판[민법강의 Ⅱ], 박영사(2009), 176-178}. 양창수 교수도 '오늘날 명의신탁의 대부분은 각종 단체가 단체 이름보다는 대표자 등의 이름으로 부동산을 등기하는 사무처리에 의하여 성립한다. 그리고 판례가 명의신탁의 한 유형으로 인정하였는데도 부동산실명법에서 적용이 배제된 상호명의신탁처럼 부동산 보유에 필요한 등기를 하면서 편의를 위하여 명의신탁을 하는 경우가 적지 않다. 그리고 자기가 이익을 모두 향유하는 부동산을 법적 형식에서 다른 사람 소유로 하는 것은 개인의 자유에 속한다. 그리고 거기에 따르는 일정한 위험도 과소평가해서는 아니 된다. 만약 명의신탁이 조세 포탈이나 법령 적용의 회피와 같은 불법 목적으로 행하여지면, 그 행위에 대해 조세포탈 또는 당해 법규의 위반으로 제재를 가하면 족하다. 그리고 자신의 권리를 다른 사람에게 위탁하는 명의신탁 자체를 성질상 당연위법하다고 볼 수는 없다'고 주장한다{양창수, 앞의 논문("명의신탁에 대한 규율 재고-부동산실명법 시행 5년의 평가와 반성-"), 175-176}.
69) 규제의 대상이 되는 부정한 목적의 차명거래에는 第2章 第2節, 第3節에서 본 바와 같이, 법령상의 규제를 회피하거나 법령상의 혜택을 얻기 위한 경우, 강제집행 면탈, 자금세탁, 다른 형사 범죄의 수단적 성격인 경우, 재산은닉의 경우, 사업상의 목적을 위한 경우, 조세상 혜택을 얻거나 조세 부과 회피를 위한 경우 등 다양한 경우의 수가 있을 수 있는데, 네거티브 규제 하에서 위와 같은 세부 경우를 일일이 나열할 수는 없을 것이고, 이를 포괄적인 표현으로 몇 가지 예외조항에 일반적으로 나열하는 방식(예컨대, 회피하려고 했던 특정한 법률조항을 일일이 나열하기보다는 일반적으로 '법령상의 규제를 회피하기 위한 경우'와 같이 보다 포괄적인 개념으로 특정할 수 있을 것이다)이 타당할 것이다.

　　결론적으로, 차명거래에 대하여는 일반적으로 이를 허용하되 예외적으로 금지하는 네거티브 방식을 채택하는 것이 방법론적으로 타당하다. 그리고 예외적으로 금지하는 차명거래에 대하여는 목적이나 의도, 자산이나 행위의 종류를 근거로 판단하여야 할 것이다.

　　부동산의 경우는 현행 부동산실명법 제8조에서 예외를 허용하고 있는 '조세 포탈, 강제집행의 면탈 또는 법령상 제한의 회피를 목적으로 하지 아니하는 ① 종중이 보유한 부동산에 관한 물권을 종중(종중과 그 대표자를 같이 표시하여 등기한 경우를 포함한다) 외의 자의 명의로 등기한 경우, ② 배우자 명의로 부동산에 관한 물권을 등기한 경우, ③ 종교단체의 명의로 그 산하 조직이 보유한 부동산에 관한 물권을 등기한 경우' 등에서 금지 대상이 되어야 하는 차명거래에 대한 힌트를 얻을 수 있다. 즉 조세 포탈, 강제집행의 면탈 또는 법령상 제한의 회피를 목적으로 하는 차명거래를 예외적으로 금지하는 차명거래로 취급할 수 있을 것이다. 그리고 第2章 第2節, 第3節에서 본 바와 같이, 자금세탁, 다른 형사 범죄의 수단적 성격인 경우, 재산은닉의 경우, 사업상의 목적을 위한 경우 등에도 범위를 특정하여 예외적으로 금지하는 차명거래로 취급할 수 있을 것이다.

　　주식, 사채의 경우에도 차명거래는 일반적으로 허용하되, 조세 포탈, 강제집행의 면탈 또는 법령상 제한의 회피를 목적으로 하는 차명거래뿐만 아니라 자금세탁, 다른 형사 범죄의 수단적 성격인 경우, 재산은닉의 경우, 사업상의 목적을 위한 경우 등에도 범위를 특정하여 예외적으로 금지하는 차명거래로 취급할 수 있을 것이다.

　　또한 차명예금(금융거래를 포함)의 경우에도 일반적으로 허용하되, 현행 금융실명법 제3조 제3항에서 금지하고 있는 '특정금융정보법 제2조 제3호에 따른 불법재산의 은닉, 같은 조 제4호에 따른 자금세탁행위 또는 같은 조 제5호에 따른 공중협박자금조달행위 및 강제집행의 면탈, 그 밖에 탈법행위를 목적[70]으로 하는 차명거래뿐만 아니라 조세 포탈, 강제집행의 면탈 또는 법령상 제한의 회피를 목적으로

---

70) 채권자들의 강제집행을 회피하기 위하여 타인 명의 계좌에 본인 소유 자금을 예금하는 행위(강제집행 면탈), 불법도박자금을 은닉하기 위하여 타인 명의 계좌에 예금하는 행위(불법재산 은닉), 증여세 납부 회피를 위해 증여세 감면 범위를 초과하여 본인 소유 자금을 가족명의 계좌에 예금하는 행위(조세회피행위), 금융소득종합과세 회피를 위해 타인 명의 계좌에 본인 소유 자금을 예금하는 행위(조세회피행위), 생계형저축 등 세금우대 금융상품의 가입한도 제한 회피를 위하여 타인 명의 계좌에 본인 소유 자금을 분산 예금하는 행위(조세회피행위) 등이 있을 수 있다.

하는 차명거래, 자금세탁, 다른 형사 범죄의 수단적 성격인 경우, 사업상의 목적을 위한 경우 등에도 범위를 특정하여 예외적으로 금지하는 차명거래로 취급할 수 있을 것이다.

위와 같이 규정할 경우에는 차명부동산, 주식(일부 사채 포함)의 경우에는 현행 포지티브 방식에서 네거티브 방식으로 변경되는 결과가, 차명예금(금융거래)의 경우에는 그대로 네거티브 방식의 규제 방식을 채택하는 결과가 된다.

4. 민사적, 행정적, 형사적, 조세적 규제 부과의 기준 설정

현행법은 부동산에 관한 차명거래의 경우에는 부동산실명법, 예금에 관한 차명거래의 경우에는 금융실명법으로 규율하고 있고, 주식, 사채에 관한 차명거래에 관하여는 별도의 특별법이 없이 상증세법 제45조의2에서 증여의제로 인한 증여세를 부과하는 조항만을 두고 있다.

현행법은 앞서 본 바와 같이 차명거래의 대상별로 그 유효성이나 제재의 수단이 일관되어 있지 않은데, 그 이유로는 짐작건대 차명거래의 대상별로 특성의 차이가 있을 수 있기 때문일 것이다.

부동산의 경우는 과거 명의신탁을 이용한 투기나 탈세, 탈법행위 등이 전국적으로 만연하여 이로 인한 부동산 가격 폭등이 경제에 미치는 악영향이 많아지자 이를 방지하기 위하여 제정되었으나, 주식, 사채, 예금의 경우에는 이를 이용한 투기나 탈세, 탈법행위 등이 존재하기는 하나 위와 같은 불법적인 목적 이외의 거래도 상당수 존재하여 불법행위의 정도가 부동산의 경우와 같다고 보기는 어렵고, 주식 및 사채의 경우는 단체법적 질서가 적용되는 분야이고, 예금의 경우는 모든 금융거래의 기초 수단이 되는 분야라는 특성이 있다. 이하에서는 차명거래 규제 체계를 개선할 일반적인 방향을 제재의 수단별로 구분하여 살펴보기로 한다.

가. 민사적 제재

1) 일반론

부동산실명법에서는 부동산에 관한 일반적인 명의신탁에 관하여 명의신탁 약정 및 그 등기를 무효라고 규정하고 있는바, 여기에서 민사적 제재라 함은 이와 같은 차명거래와 관련된 효력을 무효로 하는 경우만을 한정하여 살펴보기로 한

다.[71]

차명거래의 효력을 무효로 한다는 것은 차명거래를 금지하는 규정을 단속규정으로 할 것인지 아니면 효력규정으로 할 것인지의 입법문제와 관련된다. 참고로 대법원[72]은 실명에 의한 금융거래를 의무화하는 금융실명법 제3조 제1항을 위반하더라도 위 금융거래가 무효가 아니라 유효라고 보아 위 규정을 단속규정으로 해석하고 있다.

차명거래를 규제하는 현행 법령 중 차명거래에 따른 사법상 효력에 관하여 규정하고 있는 법률은 부동산실명법이 유일하다. 부동산실명법은 명의신탁 약정과 그에 따른 등기로 이루어진 부동산 물권변동을 모두 무효로 보고 있는데(부동산실명법 제4조 제1항, 제2항), 위 법 이외에는 주식, 사채, 예금이나 금융거래에 관하여 차명거래를 할 경우 이들의 사법상 효력을 부인하고 있는 법령은 없다.

보통 효력규정인지 단속규정인지 여부를 구별하여야 하는 국면은 다음과 같은 경우이다. 즉 일정한 행위를 금지하거나 제한하는 규정이 있는 경우에 위 규정이 효력규정인지 단속규정인지에 관하여 각 법규에서 명문으로 규정하고 있는 경우는 문제가 되지 않으나, 명문의 규정이 없을 경우 해석에 의하여 위 규정에 위반한 행위를 사법상 무효로 볼 것인지 여부를 판단하여야 하는 문제가 생긴다.

그런데 차명거래 금지규정에 대하여 해석에 의하여 효력규정인지 단속규정인지 여부를 구별하는 것이 아니라 입법에 의하여 이를 무효화하는 민사적 제재를 하는 경우, 어떤 기준으로 차명거래의 사법상 효력을 무효화할 것인지를 정함에 있어서도, 효력규정과 단속규정을 해석상 어떻게 구분하여 왔는지에 관한 기준이 도움을 줄 것으로 보이므로 이에 관하여 살펴보도록 한다.

2) 효력규정과 단속규정의 구분기준

국가가 행정상의 목적으로 일정한 행위를 제한하거나 금지하는 것을 그 내용으로 하는 규정을 단속법규라 하고, 효력규정과 단속규정의 정의에 관하여는 다양한 견해[73]가 존재하는바, 이 글에서는 단속법규에 위반하는 법률행위를 무효로 하는

---

71) 한편 차명거래와 관련되는 민사적 제재로 학계에서는 불법수익을 전액 몰수하는 것을 근간으로 하는 영미법상의 민사제재(civil monetary penalty)가 언급되기도 하지만(김자봉, "금융실명제 시행 20년의 성과와 향후 과제", KIF 정책보고서 2016-01, 한국금융연구원(2016), 72 이하), 이는 과징금과 같이 금전지급의무를 부여하는 제재로 보이므로 여기에서 금전지급의무를 전제로 하는 제재로서는 과징금, 벌금형만을 중심으로 검토하기로 한다.

72) 대법원 1998. 1. 23. 선고 97다35658 판결 등 참조.

73) 단속규정을 강행규정의 한 종류로 보고, 강행규정을 효력규정과 단속규정으로 구분하는 견해

것을 효력규정, 그 법률행위를 무효로 하지는 아니하고 이에 위반하는 행위를 한 자에 대하여 행정상 또는 형사상으로 제재를 가하는 것을 단속규정이라고 하기로 한다.

규제법령에 관하여는 이를 일정한 거래행위를 행정법적 측면에서 금지시키는 행정적 규제법령과 사법상의 효력을 무효화하는 사법적 규제법령으로 나눌 수 있는데,[74] 어떤 규정을 단속규정으로 보아(그 위반행위는 유효) 행정적 규제법령의 성격만 있다고 볼 것인지 아니면 효력규정(그 위반행위는 무효)으로 보아 사법적 규제법령의 성격도 있다고 볼 것인지 그 구분기준을 살펴보도록 한다.[75]

우선, 해당 법규가 규제하려고 하는 것이 행위 그 자체를 금지하고 제한하려고 하는 것인지 아니면 행위의 결과로서 발생하는 물건의 이동까지 억제하는 것인지를 검토하여야 한다. 해당 법규가 규제하려고 하는 요청이 매우 강력한 경우에는 사법상의 효력을 부인하지 않고서는 해당 행위를 금지하거나 제한할 수 없을 것이고, 강력하지 않은 경우에는 사법상의 효력까지 부인하지 않더라도 다른 제재(행정상 또는 형사상의 제재)만으로도 해당 행위를 금지 또는 제한할 수 있을 것이다.

다음으로, 해당 행위의 사법상 효력을 부정하는 경우에 발생하는 거래의 안전을 고려할 필요가 있다. 예컨대 부동산 매매의 경우에는 부동산 명의신탁의 약정 및 이로 인한 등기를 무효화한다면 등기에 공신력이 인정되지 않음으로 인하여 거래의 안전이 크게 훼손됨을 고려하여야 한다. 그리고 주식이나 사채와 같은 단체법적 거래행위와 관련하여서도 이로 인한 일정한 행위의 사법상 효력을 무효화한다면 거래의 안전이 크게 훼손될 것임을 고려할 필요가 있다.

그리고 당사자의 신의와 공평을 고려하여야 한다. 위반행위의 사법상 효력을

{곽윤직·김재형, 앞의 책(민법총칙[민법강의 I] 제9판), 275 등}가 있고, 강행규정과 단속규정을 별개로 보고 단속규정을 이에 위반하는 행위를 무효로 보는 효력규정과 그 법률행위를 무효로 보지는 아니하고 단지 이에 위반하는 행위에 대하여 처벌 등 불이익을 가하는 단속규정으로 구분하는 견해{고상룡, 민법총칙 전정판, 법문사(2001), 330-331 등}도 있다. 강행법규에 해당하는지의 여부 및 그 판단기준에 관한 대법원의 태도에 대한 자세한 분석으로는, 김재형, "법률에 위반한 법률행위-이른바 강행법규의 판단기준을 중심으로-대법원 2002. 9. 4. 선고 2000다54406, 54413 판결", 민사판례연구 제26권, 민사판례연구회(2004), 17 이하 참조
74) 이은영, "규제법령에 위반된 법률행위의 무효", 민사재판의 제문제 : 송천 이시윤 박사 화갑기념 논문집 상, 박영사(1995), 17. 이는 단속규정, 효력규정의 구별과 같은 것으로 보인다.
75) 고상룡, "단속법규위반과 사법상의 효력-대법원 전원합의부 1985년 11월 26일 선고, 85다카122 판결", 판례월보 제184호, 판례월보사(1986), 37; 고상룡, 앞의 책, 335-337.

부정하더라도 그 행위를 한 자는 당사자임을 고려하여야 한다. 판례에 의하면 효력규정에 위반되어 무효인 법률행위라면 그 당사자도 무효를 주장할 수는 있으나, 자기가 한 행동을 고려하시 잃고 그 행위가 무효라고 주장하는 것은 선뜻 수긍하기 어렵다. 따라서 신의나 공평이라는 관점에서 사법상 효력의 무효 여부를 결정하여야 할 것이다.

해당 위반행위와 관련하여 사회에서의 윤리적 비난 정도나 위법행위로 인한 법률효과의 발생이나 이익귀속 자체에 대한 부당성의 유무와 같이 해당 행위에 대한 반 사회성이나 반 도덕성에 대한 사회적 평가와 이를 토대로 한 사회경제정책 방향도 고려해야 한다.76)

한편 위와 같은 기준은 사회나 경제적인 여건 변동에 따라 그 판단의 기준이 변동할 수 있으므로 위와 같은 구분 경계는 늘 유동적이라고 할 것이다.

3) 법정책적 고찰

사적 자치의 원칙은 민법의 기본 원리인데, 최근 개인의 자유로운 거래활동을 규제하는 법 규정이 증가하고 있고 이러한 법 규정은 사적 자치를 제한하는 것이다. 그런데 대법원은 어떠한 강행규정을 효력규정으로 인정하는 데에는 다소 소극적인데 이는 사법상 거래의 무효를 쉽게 선언할 경우 사적자치의 원칙이 침해되기 때문일 것이다.

그렇다면 과연 행정상 또는 형사상의 제재만으로 규제의 실효성이 확보된다면 거래의 사법상 효력까지는 부정할 필요가 없는 것인지 아니면 공법상의 제재와는 논외로 사법상의 효력 부정을 검토해야 하는지 문제된다. 그런데 이 문제는 규제의 목적 달성을 위하여 계약의 효력을 부정하는 것까지 필요한지 아닌지와 같이 목적론적으로 결정해야 할 것이다.77)

최근에는 법령의 성질이 거래와 직접적으로 관련이 없는 가치를 실현하려고 하는 경찰법령으로부터 거래와 직접 관련을 갖는 경제법령으로 변화하고 있는데 경제법령의 위반에 있어서는 거래의 효력을 부인하여 규제 실효성을 확보할 필요성이 높을 것이다.78) 또한 유력한 견해79)는 '실무에서 법령에 위반된 법률행위를 가

---

76) 민형기, "단속법규 위반행위의 사법상 효력", 대법원판례해설 제12호, 법원도서관(1990), 342-343.
77) 이은영, 앞의 논문, 28.
78) 大村敦志, "取引と公正－法令違反行爲效力論の再檢討(下)", ジュリスト 第1025号, 有斐閣(1993), 71.

급적 유효로 보려는 경향이 있는데, 그 이유로는 공법과 사법을 준별하려는 전통적인 사고와 입법과정에 대한 불신, 즉 사법상 거래를 규제하는 법규가 행정관료에 의하여 충분한 검토 없이 입안되었다고 믿었기 때문이다. 그러나 사법을 해석함에 있어 공법 규정을 최대한 존중해야 하고, 법률에서 일정 행위를 금지하면서 이를 위반한 계약을 유효라고 하는 것은 법질서의 자기모순이므로, 사법상 거래를 규제하는 법령에 위반한 법률행위는 원칙적으로 무효라고 보아야 하고, 적어도 규제법령에 위반한 법률행위를 무효라고 보는 범위를 현재보다 넓혀야 한다'고 주장한다. 위 견해는 공법 규정을 존중하는 차원에서 공법 규정인 규제법령에 위반한 법률행위를 무효라고 보는 범위를 넓혀야 한다고 보는 것이다.

그리고 일본의 유력한 견해[80]는 '기존에는 공법상의 규제와 사법상의 효력을 분리하는 것이 바람직하고 법령을 위반하더라도 반드시 사법상의 효력이 부인되지 않는다는 것이 큰 흐름이었으나 경제 법령이 등장하면서 발상의 전환이 필요하게 되었다. 경제법령의 목적은 개별거래를 직접 규율하는 것 또는 거래환경을 정비하는 것이다. 그러기 위해서는 거래의 효력을 부정하는 것이 필요한 경우가 많다. 그리고 사법상의 公序는 법령의 목적 실현을 지원하는 역할을 할 수 있다'는 견해를 밝혔다.[81] 위 견해는 경제법령의 목적을 달성하기 위해서는 그 법령에 위반한 경우 公序에 반한다고 보아 무효로 취급할 필요가 있다고 주장하는 것이다.

생각건대, 거래의 사법상 효력을 부인하면 거래의 안전이 저해되고 당사자 간의 공평도 저해될 수 있다. 그러나 사법상 계약이나 거래를 무효로 하는 것을 논리 필연적으로 공법상의 제재 다음으로 보충적으로 고려해야 한다고 볼 근거는 없다. 따라서 규제의 목적 달성을 위하여 계약의 효력을 부정하는 것이 필요하고, 규제로 인한 공익 달성과 사익 침해를 비교형량하여 공익을 우선하는 것이 타당한 경우라면, 법령의 성질 여하에 관계없이 법규제위반을 사법상의 효력부정과 적극적으로 결부시켜야 한다.[82] 차명거래와 관련하여서도 대상의 특성에 비추어 사법상 거래의 효력을 부정하는 것이 사익 침해와 공익 달성과의 비교형량을 통하여 공익

---

79) 김재형, 앞의 논문("법률에 위반한 법률행위—이른바 강행법규의 판단기준을 중심으로—대법원 2002. 9. 4. 선고 2000다54406, 54413 판결"), 16—17.
80) 大村敦志, 앞의 논문, 72.
81) 위 견해는 良俗위반과 法律위반을 통합적으로 이론구성하려는 시도도 한다. 大村敦志, "取引と公正—法令違反行爲效力論の再檢討(上)", ジュリスト 第1023号, 有斐閣(1993), 82 이하.
82) 同旨 大村敦志, 앞의 논문("取引と公正—法令違反行爲效力論の再檢討(下)"), 72 이하.

을 우선하는 것이 타당하고, 그렇게 하는 것에 규제효과가 있다면 개별적으로 사법상의 거래 무효를 입법화할 수 있을 것이다.[83] 규제의 실효성과 공익과 사익의 조화라는 측면에서 사법상 거래 무효리는 입법을 도입할지 여부를 결정해야 할 것이다.

그리고 1. 나.에서 차명거래에 대하여도 계약법적 접근을 할 수 있음을 살펴보았다. 즉 규제를 회피하려고 하는 부정한 목적의 차명거래를 국가가 일률적으로 무효화한다거나, 아니면 매도인과 같은 제3자가 매매계약에서 취소할 수 있는 권한을 부여하는 것과 같은 계약법적 해결을 시도할 수 있다는 점을 앞에서 살펴보았다.

4) 네거티브 방식

그리고 앞서 본 바와 같이 네거티브(Negative) 규제 방식으로 규제함이 타당하므로, 차명거래의 대상별로 사법상 거래 효력을 무효화하는 방안을 도입하더라도, 차명거래에 대하여는 원칙적으로 거래를 무효로 하지 않고, 법령상의 제한 회피나 강제집행 면탈, 조세 포탈 등을 목적으로 하는 부정한 목적의 차명거래의 경우에만 거래를 무효로 하는 네거티브 방식을 입법화하여야 할 것이다.

나. 행정적 제재

1) 과징금 부과

앞서 본 바와 같이 법경제학적 분석에 비추어 보면 비금전적 제재보다는 금전적 제재가 효율적이고 규제기관은 전문성이 높고, 집행 과정이 법원보다 신속하며, 입증책임이 법원보다 경감되고, 규제 위반자의 정신적 상태 및 기타 조건을 고려할 필요가 없기 때문에 규제기관의 과징금 부과가 사법부의 벌금형 부과보다 집행비용이 적게 들므로, 과징금은 제재 수단 중에서 가장 효율적인 제재 수단임을 알 수 있다. 또한, 이익을 얻기 위하여 차명거래를 한 경우, 금전적 제재로서 이익을 박탈하면 차명거래를 할 동기가 억제되므로, 비금전적 제재보다 금전적 제재가 억제 측면에서 효과적일 수 있다. 따라서 차명거래에 대하여 과징금을 부과하는 것을 적극 고려할 필요가 있다.

최근 이건희 삼성그룹 회장의 차명계좌에 대하여 과징금을 부과하는 문제가 논

---

83) 부동산실명법에서는 부동산 명의신탁 약정과 이로 인한 등기를 일반적으로 무효로 보고 있다. 위 입법의 타당성과 주식, 사채, 예금 등 다른 차명거래에 대한 거래 무효의 필요성에 대하여는 아래 第5章 第1節에서 자세히 살펴본다.

란이 되었다. 1993년 금융실명제가 긴급명령으로 전격 시행되었는데 긴급명령에 의하면, 그 이전에 개설된 계좌의 경우는 시행 후 2개월 이내에 실명전환해야 했고[84] 그 기간 도과시 자산의 10% 내지 60%가 과징금으로 징구되었으며,[85] 그 이후 긴급명령이 1997년 금융실명법으로 바뀌면서 현재 과징금은 50%[86]로 일률 조정되었다.[87] 위와 같이 긴급명령상으로는 차명예금과 관련하여 1993년 긴급명령 시행 이전에 개설된 금융자산에 대하여서만 기존 비실명자산의 명의를 실명으로 전환하지 않은 자를 대상으로 과징금이 부과되었는데, 금융위원회는 2018. 3.경 이건희 삼성그룹 회장의 차명예금 사건이 최근 다시 이슈가 된 것과 관련하여 1993년 금융실명제 시행 이후 개설된 차명예금에 대하여도 일반 국민의 정상적인 차명거래를 제외하고 과징금을 부과할 수 있도록 법 개정을 추진하고 있다고 밝혔다.[88] 그리고 금

---

84) 구 금융실명거래및비밀보장에관한긴급재정경제명령(1997. 12. 31. 대통령긴급명령 제5493호로 폐지되기 전의 것) 제5조(기존비실명자산의 실명전환의무) ① 실명에 의하지 아니하고 거래한 기존금융자산(이하 "기존비실명자산"이라 한다)의 거래자는 이 명령 시행일부터 2월(이하 "실명전환의무기간"이라 한다) 이내에 그 명의를 실명으로 전환하여야 한다. 이 경우 실명전환의무기간은 대통령령이 정하는 바에 의하여 1월의 범위안에서 이를 연장할 수 있다.

85) 구 금융실명거래및비밀보장에관한긴급재정경제명령 제7조(실명전환의무 위반자에 대한 과징금) ① 금융기관은 실명전환의무기간이 경과한 날 이후에 기존비실명자산의 명의를 실명으로 전환하는 거래자에 대하여는 이 명령 시행일(제5조 제2항 단서에 해당하는 경우에는 그 사유가 소멸된 날. 이하 이 조에서 같다) 현재의 금융자산가액에 다음의 징수율을 적용하여 계산한 금액을 과징금으로 원천징수하여 그 징수일이 속하는 달의 다음 달 10일까지 정부에 납부하여야 한다.
명령 시행일부터 계산한 기간 징수율
1년이 되는 날까지 100분의 10
1년이 되는 날의 다음 날부터 2년이 되는 날까지 100분의 20
2년이 되는 날의 다음 날부터 3년이 되는 날까지 100분의 30
3년이 되는 날의 다음 날부터 4년이 되는 날까지 100분의 40
4년이 되는 날의 다음 날부터 5년이 되는 날까지 100분의 50
5년이 되는 날의 경과후 100분의 60

86) 금융실명거래 및 비밀보장에 관한 법률
부칙 <제5493호, 1997. 12. 31.>
제6조(실명전환자에 대한 과징금부과) ① 금융기관은 기존금융자산의 거래자가 이 법 시행후 그 명의를 실명으로 전환하는 경우에는 종전의 긴급명령 시행일 현재의 금융자산 가액에 100분의 50을 적용하여 계산한 금액을 과징금으로 원천징수하여 그 징수일이 속하는 달의 다음 달 10일까지 정부에 납부하여야 한다.

87) 따라서 1993년 이전에 개설되어 실명전환되지 않은 계좌에 대해서는 1993년 당시 자산가액의 50%를 과징금으로 징구할 수 있다. 그런데 2008년 삼성그룹에 대한 특검 조사 당시 이건희 회장의 차명계좌 1,021개 중 20개는 금융실명제 이전에 개설된 것으로 드러나서 위 20개만이 과징금 원천징수 추징 대상이 된다고 한다.

88) 2018. 3. 6.자 한국경제신문 참조 http://news.hankyung.com/article/2018030540351(2018. 5.

융위원회는 2018. 4.경 이건희 회장의 증권사 차명계좌 27개에 대하여 33억 9,900만 원의 과징금을 부과했다. 금융감독원의 1993. 8.경 검사 결과, 27개의 차명계좌가 발견되었고 그 금융자산 가액은 61억 8,000만원이었다. 금융위원회는 금융실명법 부칙 제6조에 따라 당시 금융자산 가액의 50%를 과징금으로, 미납과징금의 10%를 가산금으로 부과했고 그 금액이 33억 9,900만 원이 된 것이다.

2) 과징금 산정기준 : 본래적 의미 vs 변형된 의미

가) 과징금의 유형

과징금의 유형별로 과징금 부과기준이 달라질 수 있으므로 우선 과징금의 유형을 간단하게 살펴보도록 한다.

일반적으로 과징금은 본래적 의미의 전형적인 과징금과 변형을 거친 과징금으로 나눌 수 있다.[89] 전자는 행정법규 위반으로 벌어들이는 부당한 이득을 환수함으로써 행정법규의 준수를 확보하기 위한 일종의 금전적 제재로서 최초 공정거래법이 1980. 12. 31. 제정될 당시 도입된 과징금이 그 예이다. 후자는 사업자가 행정법규 위반으로 영업정지 처분을 당해야 할 경우 시민의 불편 감소를 위하여 영업정지에 갈음하여 부과하는 과징금으로 볼 수 있는데,[90] 위반행위자에 대한 단속적 의미에서의 금전적 부담으로 제재적 성격과 관련되므로 불법이익의 완전한 박탈이 아니고 앞으로 기대 예상되는 불법이익의 박탈도 아니며[91] 자동차운수사업법이 1981. 12. 31. 개정되면서 사업 정지명령에 갈음하여 도입된 500만 원 이하의 과징금이 그 예라고 할 수 있다. 일본에서는 과징금에 관하여 부당이득을 환수한다는 것을 사회적 공정(fairness)을 확보한다는 측면이 있다고 설명하고, 제재를 한다는 것은 위반행위를 억지(deterrence)한다는 측면이 있다고 설명하고 있다.[92]

---

25. 방문).

89) 최영찬, "과징금제도에 관한 고찰-현황 및 문제점을 중심으로-", 법제 제527호, 법제처 (2001), 6-7.

90) 이러한 분류 방식 이외에도 3가지로 분류하는 견해{박영도·박수헌, "과징금제도의 현황과 개선방향", 한국법제연구원(1993), 51-61}와 7가지로 나누는 견해{이상철, "과징금법제 연구-입법례를 중심으로-", 법제연구총서 4집, 법제처(1997), 434-450}도 있다.

91) 박해식, "공정거래법상 부당지원행위를 한 자에게 부과하는 과징금의 법적 성격", 경쟁법연구 제8권, 한국경쟁법학회(2002), 236.

92) 杉村和俊, "金融規制における課徴金制度の抑止効果と法的課題", 金融研究 34(3), 日本銀行金融研究所(2015. 7.), 150-152.

제2절 규제 방법론 분석 299

나) 과징금 부과시 고려하여야 할 요소

(1) 부당이득 환수적 측면, 제재적 측면 모두 고려

과징금 부과기준과 관련하여 위와 같은 과징금의 성격을 고려할 필요가 있다. 즉 ① 부당이득 환수적 성격과 ② 제재적 성격이 그것이다.[93] 과징금을 그 성격별로 나누어 ① 부당이득을 환수하려는 측면을 가지는 과징금의 경우는 법령 위반으로 영업활동을 수행한 기간 동안에 예상되는 부당이득의 정도에 의하여 결정해야 하고, ② 제재적 측면을 가지는 과징금의 경우는 부당이득보다는 위반행위의 경중에 따라서 과징금 액수를 결정하여야 할 것이다.[94]

(2) 차명거래의 경우

그런데 과징금은 두 가지 성격을 모두 갖추는 경우가 많고 차명거래에 대한 제재의 수단으로 고려해 볼 수 있는 과징금도 위 두 가지 성격을 모두 갖추고 있다고 할 것이다.

(3) 명의신탁자(명의차용자), 명의수탁자(명의대여자)의 과징금 수준 결정과 관련하여

차명거래와 관련하여서는, 명의신탁자와 명의수탁자를 나누어 그 과징금 수준의 차이를 정할 경우에도 부당이득 환수적 측면과 제재적 측면을 고려할 수 있고, 명의신탁자나 명의수탁자 개인에 대한 구체적인 과징금 액수를 정할 경우에도 위와 같은 두 측면을 고려해야 한다.

우선 부당이득 환수적 측면과 관련하여, 보통의 경우 명의신탁자가 명의수탁자보다는 명의신탁으로 인한 이익을 더 많이 얻는 경우가 많으므로 부당이득 환수적 측면에서 명의수탁자보다 명의신탁자에게 보다 많은 양의 과징금을 부과해야 할 것이다.

그리고 제재적 측면과 관련하여, 명의신탁자가 명의수탁자를 명의신탁 약정 체결로 유인하여 차명거래로 이끄는 경우가 많으므로 이러한 경우에는 명의신탁자가 명의수탁자보다 불법성이 크다고 할 것이다. 따라서 명의수탁자보다 명의신탁자에 대하여 보다 큰 액수의 과징금을 부과해야 할 것이다.

---

93) 현행 부동산실명법상의 명의신탁자에 대한 과징금의 성격(부당이득 환수적 성격만 있는지 아니면 제재적 성격도 동시에 있는지 여부)에 관한 논쟁에 대하여는 아래 第4章 第3節 2. 참조.
94) 김호정, "새로운 행정제재수단으로서의 과징금제도", 외법논집 제9집, 한국외국어대학교 법학연구소(2000), 29.

(4) 부당이득 환수적 측면의 특수 문제 : 과징금 액수 산정이 불가능할 경우

과징금을 부과함에 있어 부당이득 환수적 측면과 관련하여, 과징금을 부과함으로써 부당한 행위를 한 자를 제재할 뿐 아니라 이들이 얻은 부당이득을 환수해야만 하는 경우에 정확한 부당이득 액수 산정이 어렵다면, 어떻게 과징금 액수를 정확히 산정할 수 있는가 하는 문제가 발생한다. 아래에서 보듯이 과징금 산정시 결과와 위험 중 어느 것을 기초로 할 것인지와 관련된 문제에서, 결과를 기초로 과징금을 산정하는 것이 비례의 원칙이나 자기책임의 원칙 내지 책임주의에 부합하여 타당하다. 그런데 조세를 회피하기 위한 차명거래에서 차명거래로 인하여 실제로 회피된 조세를 정확하게 측정을 하여야 하는데 위 측정이 어려운 경우가 문제될 수 있다.

우선 과징금 산정이 객관적으로 불가능한 경우에는 현실적으로 일정액 이하의 과징금을 부과하는 방안을 생각해볼 수 있다. 아래 라) (2)에서 보는 바와 같이, 자본시장법상 시장질서 교란행위에 대한 과징금의 경우, 기본과징금을 정한 후 감면 여부를 정하여 최종과징금을 결정한다. 즉 자본시장조사 업무규정상 기본과징금은 기준금액에 부과비율을 곱하여 산정하고, 기준금액은 위반행위로 얻은 이익(미실현이익 포함) 또는 회피한 손실액으로 하는데, 그 이익이나 손실액을 객관적으로 산출하기 곤란한 경우 등에는 3천만 원을 기준금액으로 하도록 규정하고 있다{별표 제2호 3. 바. (1) 참조}. 차명거래의 경우에도 이와 유사하게 과징금 액수 산정이 불가능한 경우에는 일정액 이하의 과징금을 부과할 수 있을 것이다.

그리고 과징금 산정이 객관적으로 불가능한 경우 차명거래의 유형별로 특성에 맞게 과징금을 부과할 수 있는 판단 기준을 마련하여야 한다.

또한 차명거래의 유형별로 특성에 맞게 과징금 부과기준을 마련함에 있어, 현실적으로 부동산실명법상의 과징금 산정기준과 같이 차명거래에 동원된 재산의 크기 중 일정부분과 차명기간 등 객관적으로 수치화할 수 있는 외형 중 일정부분을 조합하여 과징금 액수를 산정할 수도 있을 것이다. 과징금은 소득세법 제99조 소정의 기준시가에다 부과율을 곱하여 계산하는데, 부과율은 부동산평가액 기준(부동산평가액이 5억 원 이하, 5억 원 초과 30억 원 이하, 30억 원 초과의 경우, 과징금 부과율은 각 5%, 10%, 15%이다)과 의무위반경과기간 기준(의무위반 경과기간이 1년 이하, 1년 초과 2년 이하, 2년 초과의 경우, 과징금 부과율은 각 5%, 10%, 15%이다)의 두 가지 기준을 합산하여 계산한다(부동산실명법 시행령 제3조의2 및 별표).95)

---

95) 현행 부동산실명법상 과징금은 부동산평가액(5억 원 이하, 5억 원 초과 30억 원 이하, 30억

다) 회피할 위험 기준 vs 회피된 결과 기준 : 회피된 결과를 기준으로 하되 위험 억제적
　요소를 동시에 고려

상증세법 제45조의2 소정의 명의신탁 증여의제 규정으로 인한 증여세 부과와
관련하여 위 증여세의 실질은 제재로 봄이 일반적이다. 문제는 조세회피 위험을 기
초로 제재의 크기를 산정할지 아니면 조세회피 결과를 기초로 제재의 크기를 산정
할지 여부이다. 이때 결과적 측면인 실제로 회피한 조세의 양을 기준으로 하되 위
험 억제적 요소를 동시에 고려하는 차원에서 회피된 조세의 일정 배수[96] 상당으로
제재의 크기를 산정할 수 있을 것이다.[97]

라) 부당이득 환수적 성격(결과 제거)과 제재적 성격(위험 억제)을 동시에 고려

(1) 序

(가) 일반론

이와 관련하여 차명거래의 경우는 그로 인하여 얻은 이득을 환수할 필요성[98]
과 이를 제재할 필요성 모두를 고려하여 과징금을 산정하여야 한다.

우선 부당이득 환수적 성격과 관련하여서는 차명거래로 인하여 회피되는 세금
등이 있을 경우에는 부당하게 회피된 세액이나 이익 등의 몇 배에 상당하는 금액
이하의 과징금을 부과하는 방안을 검토해 볼 수 있다. 한편, 부당이득 환수적 성격
이라면 부당이득 결과와 관련되는 부분만 환수하여야 할 뿐 몇 배의 과징금을 부과
하는 것은 모순 아닌가란 반론이 제기될 수 있으나 제재적 성격(위험 억제적 성격)까
지 고려하여 몇 배의 과징금을 부과하는 것은 가능할 것으로 보인다.[99] 그리고 과

원 초과)을 기준으로 한 과징금 부과율(5%, 10%, 15%)과 의무위반 경과기간(1년 미만, 1년
이상 2년 미만, 2년 초과)을 기준으로 한 과징금 부과율(5%, 10%, 15%)을 더한 과징금 부과
율에 부동산평가액을 곱하여 산정한다.

96) 여기서 일정 배수는 반드시 2배, 3배 등을 의미하는 것이 아니라 1.2배, 1.5배, 1.7배가 될 수
도 있을 것이다.

97) 과징금의 경우에도 마찬가지로 부당이득 환수적 성격을 고려하여 우선 실제로 회피된 조세
나 실제로 얻은 부당이득을 과징금의 산정기준으로 하되, 위험 억제적 측면에서 위와 같은
실제 부당이득 등의 일정 배수의 과징금을 부과할 필요가 있다. 그 이유는 다음과 같다. 과징
금 액수를 산정함에 있어 부당이득 환수적 성격은 비교적 정확히 고려할 수 있으나 제재적
측면은 가치판단이 들어가는 영역으로 그러한 성격을 토대로 한 과징금의 양은 정확하게 측
정할 수 없다. 따라서 현실적으로 실제로 얻은 부당이득 결과에 일정한 배수를 곱하는 방식
을 채택할 수 있을 것이다.

98) 여기서는 논의의 편의를 위하여 '부당이득 환수'라는 표현을 사용할 수 있을 것이다.

99) 다만 앞에서도 언급하였듯이 과징금의 제재적 성격에는 가치판단이 들어가는 영역으로 그러
한 성격을 토대로 한 과징금의 양은 정확하게 측정할 수 없다. 따라서 현실적으로 부당이득
환수적 성격을 토대로 하여 일정 양을 더하여 과징금을 산정할 수밖에 없을 것이다. 정확한

징금의 부당이득 환수적 성격은 부당한 행위의 결과를 사후에 제거하는 것과 관련
된다.

　　이와 같은 과징금 입법례로는 국민건강보험법 제99조 제1항[100])에서 정하고
있는 과징금을 들 수 있는데, 위 규정은 '요양기관이 속임수나 그 밖의 부당한 방법
으로 보험자·가입자 및 피부양자에게 요양급여비용을 부담하게 한 경우'에 부담하
게 한 금액의 5배 이하의 금액을 과징금으로 부과·징수할 수 있도록 규정하고 있
고, 같은 법 시행령 제70조 제1항 [별표 5]에서는 월평균 부당금액[101])과 부당비
율[102])별로 업무정지 기간을 정한 후[103]) 과징금은 업무정지기간이 10일인 경우에는
총부당금액의 2배, 업무정지기간이 10일을 초과하여 30일까지에 해당하는 경우에는
총부당금액의 3배, 30일을 초과하여 50일까지에 해당하는 경우에는 총부당금액의 4
배, 업무정지기간이 50일을 초과하는 경우에는 총부당금액의 5배로 하도록 규정하

　　과징금의 배수에 대한 논의를 하려면 차명거래의 유형별로 얻게 되는 이익이 무엇인지, 제재
　　로서 어느 정도의 금전적 부담을 덧붙임으로써 충분한 억제 효과를 도모할 수 있는지, 재량
　　의 인정 여부와 구체적인 산정 기준의 문제를 해결하여야 하는데, 이러한 문제는 추후 연구
　　과제로 남기기로 한다.

100) 국민건강보험법 제98조(업무정지) ① 보건복지부장관은 요양기관이 다음 각 호의 어느 하나
　　에 해당하면 그 요양기관에 대하여 1년의 범위에서 기간을 정하여 업무정지를 명할 수 있다.
　　1. 속임수나 그 밖의 부당한 방법으로 보험자·가입자 및 피부양자에게 요양급여비용을 부담
　　　하게 한 경우
　　3. 정당한 사유 없이 요양기관이 제41조의3 제1항에 따른 결정을 신청하지 아니하고 속임수
　　　나 그 밖의 부당한 방법으로 행위·치료재료를 가입자 또는 피부양자에게 실시 또는 사용
　　　하고 비용을 부담시킨 경우
　　제99조(과징금) ① 보건복지부장관은 요양기관이 제98조 제1항 제1호 또는 제3호에 해당하
　　여 업무정지 처분을 하여야 하는 경우로서 그 업무정지 처분이 해당 요양기관을 이용하는 사
　　람에게 심한 불편을 주거나 보건복지부장관이 정하는 특별한 사유가 있다고 인정되면 업무
　　정지 처분을 갈음하여 속임수나 그 밖의 부당한 방법으로 부담하게 한 금액의 5배 이하의 금
　　액을 과징금으로 부과·징수할 수 있다. 이 경우 보건복지부장관은 12개월의 범위에서 분할
　　납부를 하게 할 수 있다.
101) 월평균 부당금액은 조사대상 기간 동안 부당한 방법으로 공단에 요양급여비용을 부담하게
　　한 금액과 부당하게 가입자 또는 피부양자에게 본인부담액을 부담하게 한 금액을 합산한 금
　　액을 조사대상 기간의 개월 수로 나눈 금액으로 한다(국민건강보험법 시행령 제70조 제1항
　　[별표 5] 비고 1).
102) 부당비율은 (총부당금액/요양급여비용 총액 + 요양급여비용 총액에 포함되지 않은 부당금
　　액) × 100으로 산출하고, 요양급여비용 총액은 조사대상 기간에 해당되는 심사결정된 요양
　　급여비용을 합산한 금액을 말한다(국민건강보험법 시행령 제70조 제1항 [별표 5] 비고 2, 3).
103) 예컨대 의료기관의 월평균 부당금액이 20만 원 이상 25만 원 미만인 경우 부당비율이 2% 이
　　상 3% 미만이면 업무정지기간이 10일, 3% 이상 4% 미만이면 업무정지기간이 20일, 4% 이상
　　5% 미만이면 업무정지기간이 30일이다.

고 있다.

비록 국민건강보험법상 과징금은 영업정지를 대체하는 성격의 과징금이기는 하나 부당이득 환수적 성격도 가지고 있고 총부당금액의 2배 내지 5배까지 과징금을 부과하고 있다는 점에서 차명거래에 대한 제재방안으로 과징금을 부과할 경우 시사하는 바가 크다고 할 것이다.

또한, 위 과징금 입법례의 다른 예로는 환경범죄단속법 제12조 제1항에서 정하고 있는 과징금을 들 수도 있다. 위 규정은 '환경부장관은 대통령령으로 정하는 오염물질(특정오염물질)을 불법배출(제2조 제2호 가목부터 아목까지의 행위만 해당한다)한 사업자에 대하여 불법배출이익(불법배출한 때부터 적발된 때까지 특정오염물질을 불법배출함으로써 지출하지 아니하게 된 해당 특정오염물질의 처리비용을 말한다)의 2배 이상 10배 이하에 해당하는 금액과 특정오염물질의 제거 및 원상회복에 드는 비용(정화비용)을 과징금으로 부과·징수한다'고 규정하고 있다. 같은 법 시행령 제4조는 '법 제12조 제1항에 따른 불법배출이익의 2배 이상 10배 이하에 해당하는 금액(가중치)의 부과기준은 별표 1에 따른 위반 횟수별 부과계수와 지역별 부과계수를 곱하여 산출하되, 가중치가 불법배출이익의 10배를 초과하는 경우에는 10배로 한다'고 규정하고 있으며, 위 시행령 [별표 1][104]에서는 위반 횟수별 부과계수(처음 위반한 경우 : 2.0, 다음 위반부터는 그 위반 직전의 부과계수의 1.5배)와 지역별 부과계수(환경보호지역 : 2.0, 환경보호지역 외의 지역 : 1.0)에 대한 구체적 기준을 규정하고 있다.

다음으로 제재적 성격과 관련하여 차명거래의 경중 정도를 과징금 산정기준에 반영하여야 한다. 과징금의 제재적 성격은 부당한 행위의 위험을 사전에 억제하는 성격과 관련된다.

(나) 차명거래 유형별 부당이득 등의 산정기준

앞서 차명거래로 인하여 회피되는 세금이 있는 경우에는 부당하게 회피된 세액이나 이익을 기준으로 여기에 일정 배수를 곱하여 과징금을 부과할 수 있음을 살펴보았다.

---

104) 환경범죄 등의 단속 및 가중처벌에 관한 법률 시행령 [별표 1] 가중치의 부과기준(제4조 관련)

위반 횟수별 부과계수	지역별 부과계수
· 처음 위반한 경우 : 2.0 · 다음 위반부터는 그 위반 직전의 부과계수의 1.5배	· 환경보호지역 : 2.0 · 환경보호지역 외의 지역 : 1.0

비고 : 위반 횟수는 적발일부터 최근 2년간 같은 위반행위로 행정처분을 받은 경우에 적용한다.

그런데 차명거래로 인하여 당사자가 얻는 이익은 조세회피에만 한정되는 것이 아니라, 강제집행을 면탈함으로 얻는 이익, 법령상의 규제를 회피함으로써 얻는 이익(예컨대 대출 제한을 회피하여 대출금을 얻을 수 있다), 자금세탁을 통한 이익, 사업상의 이익 등도 있을 수 있다.[105)]

우선, 법령상의 규제를 회피하거나 법령상의 혜택을 얻기 위한 경우를 보자.

① 차명을 통하여 농지법상 자경농 요건을 충족시킴으로써 농지를 취득한 경우에는, 차명이 아니었더라면 농지를 취득할 수 없었을 것이므로 농지 취득 자체를 부당이득으로 볼 수 있을 것이다. 그러나 정확한 부당이득 액수를 산정하는 문제는 그리 간단하지 않다. 만약 농지를 취득하였다가 양도하여 양도소득이 발생한 후 차명거래가 적발되었다면, 실제 양도소득을 부당이득으로 볼 수는 있을 것이다. 그런데 만약 아직 양도 전에 차명거래가 발생한 경우라면 농지 가액 전부를 부당이득으로 볼 수는 없을 것이고, 그렇다고 하여 아직 발생하지 않은 양도소득을 정확하게 산정할 수도 없을 것이다. 이럴 경우 과징금 부과시에 추후 일정 시기 이후의 양도소득 추정치와 유사하게 부당이득액을 산출할 수 있는 장치가 필요하다. 이럴 경우에는 앞서 나) (4)에서 본 바와 같이 현실적으로는 부동산실명법상 과징금 산정기준과 유사하게 농지 평가액과 차명기간 등을 고려하여 과징금을 정할 수 있는 기준을 마련할 수 있을 것이다.

② 차명을 통하여 구 국토계획법상 토지거래계약 허가를 받고 토지를 취득한 경우에는, 차명이 아니었더라면 토지를 취득할 수 없었을 것이므로 토지 취득 자체를 부당이득으로 볼 수 있을 것이다. 그리고 구체적인 부당이득 산정 과정은 위 ①의 경우와 유사할 것이다.

③ 구 상법상 발기인 요건을 충족하기 위하여 차명거래를 하는 경우, 감독기관에 대한 대주주 관련 보고 규정 회피를 위하여 차명거래를 하는 경우, 국내 체류자격 취득을 위하여 차명거래를 하는 경우, 최대주주 등이 감사 등 선임 또는 해임시 의결권 제한 규정을 회피하기 위하여 차명거래를 하는 경우, 공직자윤리법상 등록의무자가 재산 명의를 숨기기 위하여 차명거래를 하는 경우 등에는 부당이득액을 정확하게 산정하기가 어려울 것으로 보인다. 이러한 경우에는 앞서 나) (4)에서 본 바와 같이 현실적으로 일정액 이하의 과징금을 부과하는 방안을 생각해볼 수 있다.

④ 상호저축은행법의 대출한도 회피를 위하여 차명거래를 하는 경우, 자산운용

---

105) 이하 차명거래의 구체적 사례는 第2章 第2節을 참조한다.

회사 임직원이 자신 명의로 주식을 매수할 수 없어서 차명으로 주식을 매수하는 경우에는, 차명이 아니었더라면 대출을 받을 수 없었거나 주식을 취득할 수 없었을 것이므로 대출금 또는 주식 취득 자체를 부당이득으로 볼 수는 있을 것이다. 그러나 위 ①의 경우와 유사하게 정확한 부당이득 액수를 산정하는 문제는 간단하지 않다. 우선 대출한도 회피와 관련하여 시중 은행에서 대출을 받을 수 있었던 경우라면 이자 차액 상당액을 부당이득으로 볼 수는 있을 것인데, 그렇지 않은 경우라면 대출금액 전액을 부당이득으로 본다면 과징금 액수가 너무 많아지는 문제가 있으므로 현실적으로 대출금액 중 일정 부분으로 줄일 필요가 있을 것이다. 그리고 자산운용회사 임직원이 타인 명의로 주식을 취득하였다고 하여 주식 가액 전부를 기준으로 과징금을 산정하면 이 경우도 과징금이 너무 많아지는 문제가 발생할 수 있다. 따라서 이런 경우에는 앞서 나) (4)에서 본 바와 같이 대출금액 또는 주식 가액과 차명기간 등을 고려하여 과징금을 정하거나 일정액 이하로 과징금을 정하는 기준을 마련할 수 있을 것이다.

⑤ 주택법상 사업계획승인 절차를 회피하기 위하여 차명거래를 하는 경우, 토석채취허가시 사전환경성 검토를 받지 않기 위하여 차명거래를 하는 경우에는 사업계획승인에 드는 비용, 사전환경성 검토에 드는 비용이 부당이득이 될 것이다.

⑥ 종중이 일정 면적 이상의 농지상의 분묘를 얻기 위하여 차명거래를 하는 경우, 임대아파트를 분양받기 위하여 차명거래를 하는 경우에도 위 ①과 유사하게 양도 전, 후로 나누어서 실제 양도소득 또는 부동산평가액과 차명기간 등을 고려하여 과징금을 정할 수 있을 것이다.

다음으로 강제집행의 면탈을 위하여 차명거래를 하는 경우, 자금세탁 행위를 위하여 차명거래를 하는 경우에는 강제집행을 면탈한 재산의 가액 상당액, 자금세탁액 상당액이 부당이득이 될 것이다.

다음으로 재산을 은닉하기 위하여 차명거래를 하는 경우, 다른 형사 범죄의 수단적 성격을 위하여 차명거래를 하는 경우, 거래 편의를 위하여 차명거래를 하는 경우에는 위 ③과 유사하게 부당이득을 구체적으로 산정하기 어려울 것이다. 이러한 경우에는 ③과 같이 현실적으로 일정액 이하의 과징금을 부과하는 방안을 생각해볼 수 있다.

그리고 사업상의 목적을 위하여 차명거래를 하는 경우 중에서는 부당이득 산정이 가능한 경우와 불가능한 경우로 나누어진다. 전자의 예로는, 회사의 주가관리를 위하여 차명거래를 하는 경우를 들 수 있고, 이 경우에는 주가관리를 한 경우와 그러지 않은 경우의 주가 차액 상당액을 부당이득으로 볼 수 있을 것이다. 후자의 예로는, 다른 회사의 주식 인수를 위한 자격을 갖추기 위하여 차명거래를 하는 경우, 회사 업무처리의 편의를 위한 경우 등을 들 수 있다. 후자의 경우에는 위 ③과 유사하게 부당이득을 구체적으로 산정하기 어려울 것이다. 이러한 경우에는 ③과 같이 현실적으로 일정액 이하의 과징금을 부과하는 방안을 생각해볼 수 있다.

  (2) 구체적인 고려요소

  위와 같은 양자의 성격을 고려하면, 차명거래에 대하여 과징금을 부과할 시 고려할 요소로 ① 차명거래의 지속기간(차명거래 이후 차명거래를 해소하려고 노력하였는지 여부 포함)과 차명거래의 빈도 내지 횟수, ② 차명거래로 인한 이익이나 세금 등 지급의무가 있는 비용의 실제 회피 결과의 규모, ③ 차명거래가 세금 회피나 다른 법령행위 등 탈법목적으로 이루어졌으면 그 의도 내지 목적 여부, ④ 당사자의 차명거래 전적 내지 적발 건수 등을 들 수 있다.

  이와 유사한 입법례로는 자본시장법상 시장질서 교란행위에 대한 과징금을 들 수 있다. 자본시장법에서는 법인이나 법인의 임직원 등으로서 직무와 관련하여 미공개중요정보를 알게 된 자로부터 나온 미공개중요정보 등을 받은 자가 상장증권 등의 매매 등에 이용하는 행위 등(제178조의2 제1항), 상장증권 등과 관련하여 거래 성립 가능성이 희박한 호가를 대량으로 제출한 후 해당 호가를 반복 정정, 취소하여 시세에 부당한 영향을 주는 행위 등(제2항) 시장질서 교란행위를 규정하고 있다. 이와 관련하여 자본시장법 제429조의2[106)에서는 '시장질서 교란행위에 대한 과징금'을 규정하면서 앞에서 본 자본시장법 제178조의2를 위반한 자에 대하여 5억 원 이하의 과징금을 부과할 수 있고, 위반행위 관련 거래로 얻은 이익이나 이로 인하여 회피한 손실액의 1.5배가 5억 원을 초과하면 위 이익이나 회피액의 1.5배 이하의 과징금을 부과할 수 있도록 규정하였다. 특이한 점은 위반행위 관련 거래로 얻은 이익에는 미실현 이익을 포함하도록 규정한 점이다. 그리고 이와 관련된 과징금 부과시에는 '위반행위의 내용 및 정도, 위반행위의 기간 및 회수, 위반행위로 인하여

---

106) 자본시장과 금융투자업에 관한 법률 제429조의2(시장질서 교란행위에 대한 과징금) 금융위원회는 제178조의2를 위반한 자에 대하여 5억원 이하의 과징금을 부과할 수 있다. 다만, 그 위반행위와 관련된 거래로 얻은 이익(미실현 이익을 포함한다. 이하 이 조에서 같다) 또는 이로 인하여 회피한 손실액에 1.5배에 해당하는 금액이 5억원을 초과하는 경우에는 그 이익 또는 회피한 손실액의 1.5배에 상당하는 금액 이하의 과징금을 부과할 수 있다.

취득한 이익의 규모 등'을 고려하여야 하도록 규정하고 있다(자본시장법 제430조 제2
항). 자본시장법 시행령에서는 위반의 정도는 일정한 사항을 종합적으로 고려하도
록 규정하고 있고(제379조 제2항 제1의2호), 위반행위가 1년 이상 지속되거나 3회 이
상 반복적으로 이루어지는 경우에는 법정최고액의 50% 이상을 과징금으로 부과하
여야 하며(제379조 제2항 제2호), 위반행위의 내용이 중요하지 아니하다고 인정되는
경우, 위반자가 제출한 다른 공시서류가 있는 경우로서 그 다른 공시서류에 의하여
투자자가 진실한 내용을 알 수 있는 경우, 위반행위에 대하여 지체 없이 시정한 경
우, 위반행위로 인한 투자자의 피해를 배상한 경우에는 과징금을 필요적으로 감면
하도록 규정하고 있다(제379조 제2항 제3호).

　　그리고 자본시장조사 업무규정(2016. 12. 28. 금융위원회 고시 제2016－46호로 개정
된 것) 별표 제2호에서는 기본과징금을 정한 후 감면 여부를 정하는데, 기본과징금
은 기준금액에 부과비율을 곱하여 산정하고, 기준금액은 위반행위로 얻은 이익(미
실현 이익 포함) 또는 회피한 손실액으로 하며,[107] 부과비율은 위반행위의 중요도와
감안사유를 고려하여 정하는데, 위반행위의 중요도는 상, 중, 하로 나누고, 감안사
유는 상향조정사유, 하향조정사유로 나눈다.[108]

　　한편, 차명거래에 대한 과징금에 대하여도 위의 경우와 유사하게 부당이득[109]
을 기준금액으로 하고 차명거래의 중요도와 상향조정사유 및 하향조정사유 등 감
안사유를 고려하여 부과비율을 정한 후, 기준금액에 부과비율을 곱하여 기본과징금
을 정한 후 차명거래의 내용이나 정도에 비추어 과징금을 감면[110]할 수 있을 것이
다. 그리고 구체적인 과징금 액수를 산정함에 있어서는 어느 정도의 금전적 부담을
부담시킴으로 인하여 차명거래를 충분히 억제할 수 있을 것인지를 생각하여야 할

---

107) 그 이익이나 손실액을 객관적으로 산출하기 곤란한 경우 등에는 3천만 원을 기준금액으로
　　한다{자본시장조사 업무규정 별표 제2호 3. 바. (1) 참조}.
108) 즉 기본과징금 = 기준금액 × 부과비율, 부과비율은 아래와 같다{별표 제2호 4. 가. (4)}.

감안사유＼위반행위의 중요도	상	중	하
상향조정사유 발생	100분의 150	100분의 125	100분의 100
해당사항 없음	100분의 125	100분의 100	100분의 75
하향조정사유 발생	100분의 100	100분의 75	100분의 50

109) 차명거래 유형별 부당이득 등의 산정기준에 대하여는 앞서 (1) (나)에서 본 바와 같다.
110) 차명거래의 내용이 중요하지 아니하다고 인정되는 경우, 차명행위에 대하여 지체 없이 시정
　　한 경우 등을 생각해 볼 수 있다.

것이다.

  (3) 과징금 액수 정하는 방식 관련(일정한 기준에 따라 기계적 적용 vs 부과기관의 재
     량 허용)

  과징금 액수를 구체적으로 정하는 방식과 관련하여, 부동산실명법상 과징금(부
동산평가액 기준 + 차명기간 기준)과 같이 일정한 기준을 미리 설정한 후 기계적으로
위 기준을 적용하여 과징금을 산정할지 아니면 과징금 부과기관을 정하여 이들의
재량을 허용할지가 문제된다.

  이와 관련하여 지방국세청장 또는 세무서장이 조세범칙행위의 확증을 얻었을
때 대상이 되는 자에게 벌금상당액 등을 납부할 것을 통고하는 통고처분을 생각해
보자(조세범 처벌절차법 제15조).[111] 통고처분은 조세범 처벌절차법 시행령 제12조
제2항 및 별표[112]에서 자세한 규정을 두고 있는데, 별표에 의하면 벌금상당액 부과
기준이 매우 상세하고 위 기준은 벌금상당액 부과기준을 매우 기계적으로 적용하
도록 되어 있다.

  생각건대, 과징금 부과와 관련하여, 과징금 부과기관 입장에서는 위와 같은 통
고처분 기준과 같이 과징금액 산정시 기계적으로 적용할 수 있는 기준이 미리 마련
되어 있으면 편리할 것이고, 수범자 입장에서도 예측가능성이 있다고 할 수 있을
것이다. 그러나 부동산실명법상 과징금 산정기준이 부동산평가액(최고 15%), 차명기

---

111) 지방세기본법 제121조, 관세법 제311조에서도 이와 유사한 통고처분 규정이 있다.
112) 조세범 처벌절차법 시행령 [별표] 벌금상당액 부과기준(제12조 제2항 관련)
  1. 일반기준
    가. 제2호의 개별기준에 따른 조세범칙행위의 위반횟수에 따른 벌금상당액의 부과기준
       은 해당 조세범칙행위가 있은 날 이전 최근 3년간 같은 조세범칙행위로 통고처분이
       나 유죄의 확정판결을 받은 경우에 적용한다.
    나. 「조세범 처벌법」 제3조에 따른 조세범칙행위를 상습적으로 범한 경우에는 제2호의
       개별기준에 따른 벌금상당액의 100분의 50을 가중한다.(이하 생략)
  2. 개별기준(가. 1) 이하 생략)

조세범칙행위	벌금상당액		
	1차 위반	2차 위반	3차 이상 위반
가. 「조세범 처벌법」 제3조 제1항의 조세범칙행위를 한 경우			
1) 「조세범 처벌법」 제3조 제1항 본문에 해당하는 경우	포탈세액 또는 환급·공제받은 세액의 0.5배의 금액	포탈세액 또는 환급·공제받은 세액의 1배의 금액	포탈세액 또는 환급·공제받은 세액의 2배의 금액

간(최고 15%) 등을 기준으로 미리 정해져 있다고 하더라도, 실무상 과징금 액수가 너무 고액이어서 사실상 과징금을 납부하는 확률이 매우 낮다는 문제점이 지적되고 있다.[113] 따라서 위와 같은 문제점을 극복하기 위하여는 실제로 회피된 이익을 기준으로 과징금액을 산정하는 것이 타당하다고 생각한다.[114] 그리고 과징금의 부당이득 환수적 측면과 제재적 측면을 모두 기계적, 수학적으로 적용하는 것은 현실적으로 무리가 있다. 따라서 과징금 부과기관에게 부과기준을 고려하여 법에 과징금의 일반적 부과기준을 정하고 시행령, 시행규칙에서 구체적 기준을 마련하되, 과징금 부과기관이 구체적 요소를 고려하여 과징금을 부과하도록 하는 것이 타당할 것이다. 다만 과징금 부과기관의 권한은 비례의 원칙에 의한 제한을 받으므로, 재량권 남용에 대해서는 사법부의 엄격한 통제를 받아야 할 것이다.

3) 이중처벌금지의 원칙

가) 이중처벌은 아님

과징금은 금전적 제재라는 측면에서 벌금형과 병과될 경우 이중처벌인가 하는 문제가 발생한다. 법령상 과징금의 부과대상이 되는 경우는 형사처벌의 대상이 되는 경우도 많기 때문이다. 특히 과징금을 부과하면서 벌금형까지 부과할 수 있도록 한다면 경제적 제재 사이에 기능의 중첩이 발생할 수 있는가 하는 문제도 생긴다.

그러나 헌법 제13조 제1항 소정의 '이중처벌금지의 원칙'은 동일한 범죄행위에 대하여 국가가 형벌권을 거듭 행사할 수 없도록 하여 국민의 기본권 특히 신체의 자유를 보장하기 위한 것이라고 할 수 있으므로, 이러한 점에서 헌법 제13조 제1항에서 말하는 '처벌'은 원칙적으로 범죄에 대한 국가의 형벌권 실행으로서의 과벌을 의미하는 것이고, 국가가 행하는 일체의 제재나 불이익처분을 모두 그 '처벌'에 포함시킬 수는 없다. 따라서 어떠한 의무위반에 대하여 형사처벌을 함과 동시에 과징금을 부과하는 것이 이중처벌에 해당하여 헌법에 위반된다고 보기는 어렵다. 헌법재판소도 부동산실명법상 과징금에 대하여 이와 같은 입장이다.[115]

---

113) 박재완·김찬동, "부동산 실권리자명의 등기에 관한 법률의 문제점 및 개선안 연구", 2012년도 법무부 연구용역 과제보고서, 한양대학교 법학전문대학원 법학연구소(2012), 168, 179.

114) 다만 앞서 본 바와 같이 부당이득액을 실제로 산정하기 어려운 경우는 어쩔 수 없이 차명거래에 동원된 재산가액과 차명기간 등 객관적인 기준을 동원할 수밖에 없을 것이다.

115) 헌법 제13조 제1항은 "모든 국민은 … 동일한 범죄에 대하여 거듭 처벌받지 아니한다"고 하여 이른바 '이중처벌금지의 원칙'을 규정하고 있는바, 이 원칙은 한번 판결이 확정되면 동일한 사건에 대해서는 다시 심판할 수 없다는 '일사부재리의 원칙'이 국가형벌권의 기속 원리로 헌법상 선언된 것으로서, 동일한 범죄행위에 대하여 국가가 형벌권을 거듭 행사할 수 없

나) 과잉금지의 원칙 또는 이중부담의 문제

그러나 어떠한 행위에 대하여 과징금과 형사처벌을 병과하는 것이 이중처벌금지 원칙에 위배되지 않는다고 하더라도, 실질적으로 제재의 성도에 관하여 과잉금지의 원칙에 위배되거나 이중부담의 문제가 발생한다고 할 수도 있다.116)

다) 과징금 vs 벌금형 : 법정책적 관점

한편, 과징금과 벌금형은 같은 금전적 제재라는 측면에서는 동일하고 일정한

도록 하여 국민의 기본권 특히 신체의 자유를 보장하기 위한 것이라고 할 수 있으므로, 이러한 점에서 헌법 제13조 제1항에서 말하는 "처벌"은 원칙적으로 범죄에 대한 국가의 형벌권 실행으로서의 과벌을 의미하는 것이고, 국가가 행하는 일체의 제재나 불이익처분을 모두 그 "처벌"에 포함시킬 수는 없는 것이다(헌재 1994. 6. 30. 92헌바38, 판례집 6−1, 619, 627 참조). 따라서, 부동산실명법상의 의무위반에 대하여 처벌을 함과 동시에 과징금 또는 이행강제금을 부과하는 것이 바로 이중처벌에 해당하여 헌법에 위반된다고 보기는 어렵다 할 것이고, 다만, 동일한 행위를 대상으로 하여 형벌을 부과하면서 아울러 과징금이나 이행강제금을 부과하여 대상자에게 거듭 처벌되는 것과 같은 효과를 낳는다면 이중처벌금지의 기본정신에 배치되어 국가 입법권의 남용이 문제될 수도 있다 할 것이나, 이는 이중처벌금지 원칙의 문제라기보다는 그러한 중복적 제재가 과잉에 해당하는지 여부의 문제로 다루어져야 할 것이므로, 결국 부동산실명법상의 의무위반에 대하여 벌칙 규정을 둔 이외에 과징금 또는 이행강제금을 부과하는 규정을 두는 것이 과잉제재에 해당하는지의 여부가 문제된다 할 것이다. 그런데, 형사처벌은 공소시효가 있어 부동산실명법의 실효성을 확보하는 데에 한계가 있는데 비하여, 과징금은 시효가 적용되지 않으므로 명의신탁이 장기간 후 적발되는 경우 유일한 제재 수단이 된다고 할 것이고, 또한 과징금은 명의신탁으로 인하여 발생하였을 이익을 박탈하고 실명등기의 이행을 강제한다는 점에서 국가의 형벌권행사인 처벌과는 다른 기능을 가지는 측면이 있으므로, 과징금이라는 제재 규정을 두는 것 자체는 입법목적을 달성하기 위하여 필요하고 적절하다고 보여진다. 다음으로 이행강제금에 관하여 살피건대, 실명등기의무 미이행자에 대하여 처벌이나 과징금 부과처분만 있고 달리 이를 강제할 방법이 없다면, 일단 위반행위로 인하여 처벌이나 부과처분을 받은 사람은 장래에 더 이상 의무를 이행하려 하지 않을 것이고, 이 경우 의무이행을 강제할 수단이 없게 되어 궁극적으로는 부동산실명법의 목적을 달성할 수 없게 된다는 점, 이행강제금은 기본적으로 과거의 사실에 대한 제재인 처벌 또는 과징금과 그 목적이나 기능면에서 차이가 있는 점 등에 비추어, 과징금 이외에 이행강제금을 부과할 수 있는 규정을 두었다 하더라도 이 점 역시 과잉의 제재라고 하기는 어렵다 할 것이다. 다만, 부동산실명법상의 과징금은 실명등기의무 이행확보 수단의 측면도 강하므로, 이를 이행강제금과 더불어 이중적으로 부과하는 것이 비례의 원칙에 위배될 수 있다는 의문이 생길 수 있으나, 위 과징금과 이행강제금은 동시에 부과되는 것은 아니고 시기에 따라 차례로 부과되는 것이므로, 결국 이는 이행을 확보하고 강제하기 위한 성격의 부과금을 어느 단계에서 얼마만큼 부과할 수 있는지, 그 한도가 헌법에 위반될 정도로 과잉적 제재에 해당하는지의 판단 문제로 귀결된다 할 것이다{헌법재판소 2001. 5. 31. 선고 99헌가18, 99헌바71·111, 2000헌바51·64·65·85, 2001헌바2(병합) 전원재판부 결정}.

116) 최영찬, 앞의 논문, 11. 이와 관련하여 실질적으로 과징금과 형사처벌을 병과하는 것이 이중부담의 문제를 발생시킨다면 실질적으로 이중처벌 금지 원칙에 위배되는 것 아니냐는 의문을 가질 수도 있을 것이다.

부분 억제나 제재를 담당함에 있어 대체관계에 있다고 할 것이다. 따라서 '이중처벌 금지'에 관한 헌법재판소의 입장이 무엇이든지 간에 이들 사이에 역할 분담이 이루어져야 한다. 따라서 과징금을 부과하여 실제로 납부한 경우에는 벌금형 부과를 감경하거나 면제하는 방안도 고려할 수 있다.[117]

라) 해결책 : 친고죄화(전속고발제)**, 과징금 처분 시 형사처벌 금지, 예외적으로 중한 경우에는 과징금과 징역형 병과 가능**

그러한 측면에서 기존에는 일부 법령에서는 과징금을 부과할 수 있는 행위에 대하여는 가급적 형사처벌을 억제하기 위하여 해당 행정기관 장의 고발이 있어야 공소제기가 가능한 것으로 친고죄화하여 이러한 문제를 입법적으로 해결한 경우가 있다. 그 대표적인 예로 구 해운법(2015. 1. 6. 법률 제13002호로 개정되기 전의 것) 제60조 제1항은 '제56조와 제57조의 벌칙을 적용함에 있어 제19조(제32조와 제36조에서 준용하는 경우를 포함한다)와 제35조에 따라 과징금을 부과할 수 있는 행위에 대하여는 해양수산부장관의 고발이 있어야 공소를 제기할 수 있다'고 규정하면서 과징금을 부과할 수 있는 행위에 대하여는 해양수산부장관의 고발이 있어야 공소를 제기할 수 있도록 친고죄 규정으로 입법되었다. 같은 조 제2항은 '해양수산부장관은 제19조(제32조와 제36조에서 준용하는 경우를 포함한다)와 제35조에 따른 과징금을 납부한 자에 대하여는 제1항에 따른 고발을 하거나 제59조에 따른 과태료를 부과할 수 없다'고 규정하여 과징금을 납부한 자에 대하여는 해양수산부장관이 고발을 할 수 없어서 형사처벌을 불가능하도록 방지하는 규정을 두고 있었다. 그러나 위 규정은 현재 삭제되었고 최근에는 이러한 입법례를 찾아보기가 쉽지 않다.[118]

---

117) 공정거래법과 관련한 과징금에 대한 논의로는 이봉의, "독점규제법상 경제적 제재의 체계적 조망－부당이득 환수의 관점에서－", 경쟁법연구 제26권, 한국경쟁법학회(2013), 122. 위 견해는 공정거래법 위반행위에 대하여 과징금을 부과한 경우에는 적어도 법인에 대해서는 벌금을 부과하지 않을 수 있다고 한다. 공정거래법은 부당이득 환수를 위하여 과징금{위 법에는 제6조(시장지배적지위의 남용), 제22조(부당한 공동행위), 제24조의2(불공정거래행위 및 특수관계인에 대한 부당한 이익제공), 제31조의2(재판매가격유지행위), 매출액을 기준으로 과징금을 산정하는 경우가 많다}을 부과하고, 같은 위반행위에 대하여 일정 액수 이하의 벌금형{① 시장지배적지위의 남용, 부당한 공동행위, 불공정거래행위 등에 대하여는 제66조 제1항. 3년 이하의 징역 또는 2억 원 이하의 벌금, 징역형 및 벌금형 병과도 가능, ② 재판매가격유지행위 등에 대하여는 제67조. 2년 이하의 징역 또는 1억 5천만 원 이하의 벌금. 징역형 및 벌금형 병과는 불가능)도 선고할 수 있도록 규정하고 있는바, 차명거래에 대하여도 이와 같은 방법을 도입할 수도 있을 것이다.

118) 최영찬, 앞의 논문, 11.

[과징금과 형사벌의 특례]

구분	법령
친고죄	구 해운법 세60조 제1항,[119] 공정거래법 제71조 제1항,[120] 표시·광고의 공정화에 관한 법률 제16조 제3항,[121] 하도급거래 공정화에 관한 법률 제32조 제1항,[122] 항공안전법 제165조[123]
과징금 납부시 형사벌 면제	구 해운법 제60조 제2항[124]

다만, 과징금을 부과할 수 있는 행위에 대하여는 가급적 형사처벌을 억제하기 위하여 해당 행정기관 장의 고발이 있어야 공소제기가 가능한 것으로 친고죄화하되, 법령위반행위의 정도가 중한 경우 즉 차명거래와 관련하여서는 차명행위를 짧은 기간 안에 수차례 반복적으로 행한 경우[125]에는 과징금 부과와 함께 징역형의 실형을 선고할 수 있도록 규정할 필요가 있다. 징역형의 실형만을 선고할 경우 부당이득이 법위반 행위자에게 남는 문제가 생기므로 부당이득 환수적 성격의 과징금을 동시에 부과할 필요가 있다.[126]

---

119) 구 해운법(2015. 1. 6. 법률 제13002호로 개정되기 전의 것) 제60조(벌칙적용의 특례) ① 제56조와 제57조의 벌칙을 적용함에 있어 제19조(제32조와 제36조에서 준용하는 경우를 포함한다)와 제35조에 따라 과징금을 부과할 수 있는 행위에 대하여는 해양수산부장관의 고발이 있어야 공소를 제기할 수 있다.

120) 독점규제 및 공정거래에 관한 법률 제71조(고발) ① 제66조(벌칙) 및 제67조(벌칙)의 죄는 공정거래위원회의 고발이 있어야 공소를 제기할 수 있다.

121) 표시·광고의 공정화에 관한 법률 제16조(「독점규제 및 공정거래에 관한 법률」의 준용) ③ 이 법에 따른 과징금의 납부기한 연장 및 분할납부, 과징금의 연대납부의무, 과징금 징수 및 체납처분과 과징금 환급가산금에 관하여는 「독점규제 및 공정거래에 관한 법률」 제55조의4부터 제55조의7까지의 규정을 준용하며, 이 법 제17조에 따른 죄의 고발에 관하여는 「독점규제 및 공정거래에 관한 법률」 제71조를 준용한다.

122) 하도급거래 공정화에 관한 법률 제32조(고발) ① 제30조의 죄는 공정거래위원회의 고발이 있어야 공소를 제기할 수 있다.

123) 항공안전법 제165조(벌칙 적용의 특례) 제144조, 제156조 및 제163조의 벌칙에 관한 규정을 적용할 때 제92조(제106조에서 준용하는 경우를 포함한다) 또는 제95조 제4항에 따라 과징금을 부과할 수 있는 행위에 대해서는 국토교통부장관의 고발이 있어야 공소를 제기할 수 있으며, 과징금을 부과한 행위에 대해서는 과태료를 부과할 수 없다.

124) 구 해운법(2015. 1. 6. 법률 제13002호로 개정되기 전의 것) 제60조(벌칙적용의 특례) ② 해양수산부장관은 제19조(제32조와 제36조에서 준용하는 경우를 포함한다)와 제35조에 따른 과징금을 납부한 자에 대하여는 제1항에 따른 고발을 하거나 제59조에 따른 과태료를 부과할 수 없다.

125) 이럴 경우는 실질적으로 사회적 피해가 발생할 것이고 이로 인한 사회후생 손실도 클 것이다.

126) 이와 같이 징역형의 실형을 선고하는 것은 행위불능화의 일종이라 볼 수 있는데, 이것의 실제 예는 아래 다. 3)의 첫 번째 각주에 나오는 서울남부지방법원 2013. 11. 6. 선고 2003고단

4) 네거티브 방식

그리고 네거티브(Negative) 규제 방식으로 규제함이 타당하므로, 앞서 본 바와 같이 차명거래에 대하여는 원칙적으로 과징금을 부과하지 않고, 법령상의 제한 회피나 강제집행 면탈, 조세 포탈 등을 목적으로 하는 부정한 목적의 차명거래의 경우에만 예외적으로 과징금의 제재를 하는 네거티브 방식을 입법화하여야 할 것이다.

5) 중앙정부부처로 하여금 과징금을 부과하도록 하는 방안 – 과징금 집행의 실효성을 높이기 위하여 –

부동산실명법상 과징금, 이행강제금 부과에 관한 행정사무는 기관위임사무의 하나라고 할 것이다.[127] 지방자치단체에서는 부동산 거래 실태를 조사해서 명의신탁임을 밝히고, 과징금과 이행강제금을 부과·징수하는 업무를 수행하고 있다. 그런데 부동산의 명의신탁에 대해서 과징금 추징 등 경제질서를 확립하기 위하여 기획재정부가 중앙정부부처의 실제의 담당부처라고 할 수 있고, 이를 실제로 집행하는 것은 지방자치단체라고 할 것이며, 법령상의 제한 회피 등이 있음을 발견하고 통보하는 기관은 국세청, 법원, 경찰청(수사기관) 등이라고 할 것이다.[128]

그런데 법령상의 제한 위반 등을 통보하는 것은 국세청의 세무조사(증여세, 양도소득세 등) 과정에서 발견되는 경우가 많고, 그 후 시간이 꽤 지난 후에 지방자치단체로 통보되는 경우가 많으며, 위반사항이 통보되는 시점에는 명의신탁자가 폐업하거나 부도처리되거나 재산을 매각하거나, 거소가 불분명하거나 연락이 두절되는 등의 사유로 지방자치단체 입장에서는 부동산실명법위반의 조사가 어려울 수도 있으며, 과징금을 부과해도 징수할 가능성이 희박한 경우가 대부분이다.[129]

또한, 과징금을 부과받는 개인의 입장에서는 부동산실명법 위반 사실에 대하여, 세무서 조사, 지방자치단체 조사, 경찰 조사 등으로 여러 차례 조사를 받아야 하는 불편함도 있다.

따라서 세무서 등 과세관청에서 부동산실명법 위반사실이 확인될 경우에는 세

3835 판결 사건, 광주지방법원 2008. 12. 11. 선고 2008고단3228 판결 사건 등 사례(전자는 명의신탁이 3건으로 모두 그 범행 동기가 사기를 위한 것이었고, 후자는 명의신탁이 13건이었고 이로 인하여 실질적으로 발생한 피해액, 즉 임차인들이 임대인 명의를 믿고 임차계약을 체결하였다가 반환받지 못한 임대차보증금이 1억 8,000만 원에 이르렀다) 참조.

127) 박재완·김찬동, 앞의 논문, 144.
128) 박재완·김찬동, 앞의 논문, 148.
129) 박재완·김찬동, 앞의 논문, 170–172.

무서에서 국세징수법에 의해 과징금 부과처분을 하고 수사기관에 형사고발 여부를 결정하게 하는 법적 개선이 필요하다. 한편, 과거 긴급명령130)에서는 재무부장관이 긴급명령상 실명전환의무기간이 경과하도록 실명전환을 하지 않은 자에 대하여 부과하는 과징금(제7조 제1항) 및 과징금 미납시의 가산금(제7조 제2항)의 징수·납부·체납처분 및 환급에 관한 업무를 국세청장에게 위임할 수 있도록 규정하였다(제7조 제3항). 위와 같이 과거에는 일부 과징금의 징수·납부·체납처분 및 환급 등에 관한 업무를 국세청장에게 위임한 적도 있으므로 현행법에서도 위와 같이 국세청장에게 이를 위임하는 것이 불가능하지는 않을 것이다.

생각건대, 과세관청에서 과징금을 담당할 경우에는 업무처리 기간도 단축될 뿐만 아니라 과징금 대상자의 추적이 용이해질 것이고, 다른 국세와 동시에 과징금을 조사하고 이를 부과할 수 있으며, 압류부동산에 대한 경매나 공매시에 채권확보도 유리하여 지방자치단체보다 과징금 부과 징수에 효율성이 높아질 것이다. 따라서 부동산실명법상의 과징금 부과주체를 국세청으로 바꾸어야 할 것이다.131)

그리고 차명주식, 사채, 예금에 대하여도 과징금 제재를 도입할 경우에도 마찬가지로 국가기관에서 과징금을 조사하고 부과하는 것이 타당할 것이다.

---

130) 구 금융실명거래및비밀보장에관한긴급재정경제명령(1997. 12. 31. 대통령긴급명령 제5493호로 폐지되기 전의 것) 제7조(실명전환의무 위반자에 대한 과징금) ① 금융기관은 실명전환의무기간이 경과한 날 이후에 기존비실명자산의 명의를 실명으로 전환하는 거래자에 대하여는 이 명령 시행일(제5조 제2항 단서에 해당하는 경우에는 그 사유가 소멸된 날. 이하 이 조에서 같다) 현재의 금융자산가액에 다음의 징수율을 적용하여 계산한 금액을 과징금으로 원천징수하여 그 징수일이 속하는 달의 다음 달 10일까지 정부에 납부하여야 한다.
명령 시행일부터 계산한 기간 징수율
1년이 되는 날까지 100분의 10
1년이 되는 날의 다음 날부터 2년이 되는 날까지 100분의 20
2년이 되는 날의 다음 날부터 3년이 되는 날까지 100분의 30
3년이 되는 날의 다음 날부터 4년이 되는 날까지 100분의 40
4년이 되는 날의 다음 날부터 5년이 되는 날까지 100분의 50
5년이 되는 날의 경과후 100분의 60
② 재무부장관은 제1항의 경우 금융기관이 징수하거나 징수하여야 할 과징금을 기한내에 납부하지 아니하거나 미달하게 납부한 경우에는 그 금융기관으로부터 납부하지 아니한 과징금 또는 미달한 과징금외에 그 과징금의 100분의 10에 해당하는 금액을 가산금으로 징수한다.
③ 재무부장관은 제1항 및 제2항의 규정에 의한 과징금 및 가산금의 징수·납부·체납처분 및 환급(이하 "징수등"이라 한다)에 관한 업무를 국세청장에게 위임할 수 있다.
④ 제1항 및 제2항의 규정에 의한 과징금 및 가산금의 징수등에 관하여는 국세징수법·국세기본법 및 소득세법을 각각 준용한다. 이 경우 "국세"를 "과징금"으로 본다.
131) 그리고 이렇게 하는 데에는 어떠한 법률상 장애가 있다고 판단할 근거는 없어 보인다.

다. 형사적 제재

1) 공법상의 제재 중 최후순위 제재

차명거래에 대한 제재 수단으로 행정상의 제재의 다음 순서로 생각해볼 수 있는 것이 형사상의 제재 즉 형사벌 부과이다. 원래 형사벌은 과거의 위법하고 책임 있는 행위에 대한 제재로서의 성격을 갖고, 범죄를 행한 것에 대하여 국가가 중하게 비난을 하며 범죄자라는 낙인을 주는 점에서 존재 의의가 있다고 알려져 있다.[132]

그런데 형사벌은 다른 법적 제재 수단을 동원해보고 이것만으로 부족하다고 판단될 때에 사용해야 한다는 최후수단적 성격(ultima ratio)[133]과 보충적 성격을 가지므로 행정벌로서의 과징금이 억제 내지 제재로서의 실효적인 효과를 거두지 못할 경우에만 이를 부과해야 할 것이다. 또한 형사벌은 높은 입증을 요구하므로 과징금 부과와는 달리 형사소송 과정에서 입증 실패로 무죄가 선고될 확률도 배제할 수 없어서 그 활용에 신중을 기해야 한다.

따라서 형사벌을 부과할 경우에는 공법상의 제재 중에서도 행정상의 제재인 과징금의 다음 순서로 부과해야 할 것이다.

2) 벌금형과 징역형의 선택 문제

앞서 본 바와 같이, 형사벌 중에는 금전적 제재로서 벌금형과 비금전적 제재로서 징역형이 있다. 앞서 본 바와 같이 법경제학적으로 보면 징역형보다는 벌금형의 집행비용이 덜 들어 효율적이라고 보기 때문에, 차명거래에 대한 억제 수단 중 형사상의 제재로서 우선적으로 벌금형을 고려해야 하고 벌금형이 제대로 효과를 발휘하지 못할 경우에 징역형을 고려하여야 할 것이다.[134] 한편 차명거래를 반복하여

---

132) 佐伯仁志、制裁論, 有斐閣(2009), 97; 山口厚編, 經濟刑法, 商事法務(2012), 364.

133) 최후수단성을 논함에 있어, 행정형벌을 일반 형사벌과 달리 취급한다는 논의는 발견되지 않으므로 행정형벌에 대하여도 일반 형사벌과 같이 최후수단성이 있다고 할 것이다. 윤동호, "행정제재와 형사제재 병과의 이론과 현실", 형사정책연구 제17권 제1호, 한국형사정책연구원(2006), 198−199; 박달현, "형법상 보충성원칙에 관한 연구", 박사학위논문, 고려대학교(1996). 또한, 헌법재판소도 행정형벌제도에 대하여 '행정형벌제도는 원칙적으로 행정명령에 대한 의무확보수단으로서 최후적이고 보충적인 것이어야 하므로, 행정명령의 불이행에 대하여 형벌을 과하는 것은 불가피한 경우에 한하여 예외적으로 인정되어야 한다. 행정상의 의무이행확보는 결국 행정목적의 실현을 위한 것이므로, 그 제재수단도 가능하다면 형벌이 아닌 행정질서벌 등의 수단을 통해 이루어져야 한다(헌법재판소 2012. 12. 27. 선고 2011헌바354 전원재판부 결정)'고 판시하여 최후수단성이 있다고 판시하고 있다.

134) 물론 재산이 아주 많은 자에게 재산이 많지 않은 자와 동일한 벌금형을 부과하는 현행 형사 시스템상으로는 부자에게 벌금형을 부과함으로써 향후 위법행위를 저지르지 않도록 억제하

행한 경우나 이로 인한 불법이 매우 큰 경우에는 행위불능화(incapacitation)의 측면
에서 벌금형보다 징역형을 고려하여야 한다.

　　3) 차명거래 억제에 효과가 없었던 형사벌, 과징금 부과와의 관계에서 합리적인 기능
　　　 분담의 필요성(과잉금지의 원칙 내지 이중부담의 문제 측면에서)

　　한편 차명거래의 효율적인 억제라는 관점에서 과연 지금까지 징역형을 포함한
형사벌이 차명거래 위반행위의 억제에 어느 정도 효과가 있었는지(징역형은 앞서 본
바와 같이 벌금이나 과징금의 부과 및 징수에 비하여 그 집행비용이 크고, 징역형 부과가 거
의 이루어지지 않는다면 일반예방 효과도 없을 수 있어 실효적 집행수단이 되지 않을 수도
있다), 그리고 공소제기된 대부분의 사건이 벌금형의 선고로 종결되는 현실에서[135]
형사벌이 금전적 제재로서의 본질적 성격을 갖는 행정벌인 과징금 부과와의 관계
에서 그 기능 분담이 합리적으로 이루어졌는지를 생각해볼 필요가 있다. 특히 대부
분 벌금형이 선고된 경우 다시 과징금을 부과할 경우 과잉금지의 원칙에 반한다고
볼 여지도 있다.

　　또한, 기존에 벌금형에 치우친 형사처벌은 예외적인 경우를 제외하고는 효과적
인 법집행에 대하여는 크게 기여를 하지 못하였고, 형사처벌의 대상이 되는 행위와
과징금 부과 대상이 되는 행위가 거의 일치하게 되면 행위의 특징을 잘 살린 최적
의 제재와는 거리가 멀게 되며, 형사처벌(특히 벌금형)과 과징금 간에는 합리적으로
역할을 분담하는 것이 없는 것과 같게 될 우려도 있다.[136]

　　따라서 이와 같이 과징금과 벌금이 금전적 제재라는 측면에서 일정 부분 대체
관계에 있음을 감안하여 양자 간의 적절한 역할분담이 필요할 것이다.

는 결과를 기대하기는 쉽지 않을 것이다. 여기에 착안하여 개인의 경제상황에 따라 벌금액수
를 달리하는 일수벌금제(벌금형을 벌금일수에 따라 부과하고, 행위자의 경제적 능력을 고려
하여 1일의 벌금을 정하는 것이다. 최정학, "일수벌금제도의 도입에 관한 연구", 형사정책 제
25권 제2호, 한국형사정책학회(2013), 77) 도입을 고려해볼 수도 있다.

135) 저자가 법원 내부 판결문 검색시스템을 통하여 검색해본 결과 부동산 명의신탁으로 인한 부
동산실명법위반만으로 징역형의 實刑을 선고받고 확정된 예는 극소수였다(2018. 5. 22. 현재
검색결과 서울남부지방법원 2013. 11. 6. 선고 2003고단3835 판결 사건, 광주지방법원 2008.
12. 11. 선고 2008고단3228 판결 사건 등 2건 뿐이었고 모두 징역 6월로 확정되었다. 전자는
명의신탁이 3건으로 모두 그 범행 동기가 사기를 위한 것이었고, 후자는 명의신탁이 13건이
었고 이로 인하여 실질적으로 발생한 피해액, 즉 임차인들이 임대인 명의를 믿고 임차계약을
체결하였다가 반환받지 못한 임대차보증금이 1억 8,000만 원에 이르렀다).

136) 공정거래법과 관련한 논의로는 이봉의, "공정거래법의 실효적 집행", 경쟁법연구 제10권, 한
국경쟁법학회(2004), 10.

라. 조세회피에 대한 규제

1) 원칙

차명거래에 대한 세법적인 대응의 기본적, 일반적인 방향은 앞서 본 현행법상 차명거래에 대한 제재가 구비하여야 할 바람직한 요건과도 일맥 상통하는 다음의 요건을 갖추어야 한다.

차명거래에 대한 조세 부담과 관련하여, 명의차용자(명의신탁자)뿐만 아니라 명의대여자(명의수탁자)도 조세 부담을 지는 것이 차명거래 억제에 효과적일 것이다. 다음으로, 명의차용자(명의신탁자)가 부담하는 조세 부담이 명의대여자(명의수탁자)의 그것보다 커야 한다. 즉 불법의 정도 측면에서 명의차용자(명의신탁자)가 명의대여자(명의수탁자)보다 차명거래로 인한 실질적인 이익을 많이 가지는 것이 일반적이므로 명의차용자(명의신탁자)에 대한 세법상 제재의 수준이 명의대여자(명의수탁자)의 그것보다 커야 한다. 그리고 앞서 본 바와 같이 네거티브 규제 방식으로 규제함이 타당하므로, 차명거래에 대하여 원칙적으로 세법상의 제재를 가하지 않되, 법령상의 제한 회피나 강제집행 면탈, 조세 포탈 등을 목적으로 하는 부정한 목적의 차명거래의 경우에는 예외적으로 세법상의 제재를 가하여야 할 것이다.

2) 실질과세원칙(명의차용자에 대하여)

차명거래에 있어서 명의차용자는 명의대여자와의 내부관계에서 차명거래의 대상이 되는 부동산, 주식, 사채, 예금의 소유권을 자신이 가지기로 하는 차명계약을 맺은 상태이므로 실질과세원칙상 실질소유자인 명의차용자가 이로 인하여 발생하는 세금을 부담할 의무가 있다. 앞서 第1章에서 보았듯이 경제적 실질의 개념과 관련하여 차명거래에서 발생하는 경제적 손익의 귀속이나 위험의 부담 등이 실질 귀속을 결정하는 요소이고, 그렇게 보면 차명거래를 실질귀속의 관점에서 바라보면 명의차용자에게 소득이나 재산 등이 귀속된다고 할 것이다. 예컨대, 명의차용자가 부동산 또는 주식, 사채의 취득시, 보유시, 처분시에 발생하는 세금을 부담하여야 하고, 차명예금의 경우에도 차명예금으로 인한 이자소득이나 위 예금을 이용한 각종 차명금융거래로 인하여 발생하는 소득에 대한 세금은 명의차용자가 부담해야 한다.

이와 같이 차명거래 근절의 첫 단계는 명의차용자(명의신탁자)에게 실질과세원칙을 잘 적용하여 회피하려고 한 조세를 부과, 징수하는 것이다.

3) 가산세(명의차용자에 대하여)

차명거래를 제재함에 있어서 실질과세원칙만을 이용할 경우에는 명의차용자가 실명거래를 하는 것 이상으로 조세상의 제재가 없는 것과 같으므로,[137] 여기에 일종의 제재를 가하여 차명거래를 억제하기 위하여는 국세기본법상 부당무신고가산세, 부당과소신고가산세로 중과하는 부정행위(국세기본법 제47조의2 제1항 제1호의 '부정행위로 법정신고기한까지 세법에 따른 국세의 과세표준 신고를 하지 아니한 경우'의 '부정행위', 국세기본법 제47조의3 제1항의 '부정행위로 과소신고하거나 초과신고한 경우'의 '부정행위')의 개념에 차명거래(명의신탁)의 경우를 명시적으로 추가하는 방안을 강구할 필요도 있다. 이는 일본의 중가산세와 유사한 제재가 될 것이다.

그럴 경우 차명거래(명의신탁)의 경우는 본세의 40%에 해당하는 부당무신고가산세가 일종의 제재로서 실질과세원칙상 조세를 부담하는 명의차용자(명의신탁자)에게 가해질 것이다. 현행 판례[138]는 납세자가 명의를 위장하여 소득을 얻은 경우, 명의위장 사실만으로 부당무신고가산세나 부당과소신고가산세가 적용될 수 없다고 한다. 아마도 판례가 위와 같이 부당무신고가산세를 부과하는 요건을 엄격하게 해석하는 이유는 명의신탁 증여의제의 제도적 정당성을 인정하기 어려움에도 명의위장만으로 고율의 가산세가 부과되면 가혹한 결과가 발생한다고 생각하였기 때문일 것이다. 즉 주식에 관한 명의신탁의 경우가 적발되면 그 제재로 증여세가 부과되고, 명의신탁 사실만으로 위 '부정행위'에 해당한다면 조세포탈죄의 형사처벌과 더불어 고율의 가산세까지 부담하게 되므로, 지나치게 가혹한 결과가 발생하는 것을 막기 위함일 것이다. 명의신탁 증여의제 조항이 아래 第6章 第1節에서 보듯이 문제점이 많으므로, 위와 같은 판례의 입장은 이해가 된다. 다만, 판례가 차명거래에 대하여 부당무신고가산세 등을 부과할 수 있다고 한다면 차명거래를 억제하는 데 도움이 될 수 있다고 할 것이라는 점에서는 위와 같은 판례의 입장은 아쉬움이 남는다고

---

137) 물론 일반무신고가산세, 납부지연가산세의 제재는 가해진다.

138) 甲이 A사의 주식 일부를 乙 등에게 명의신탁한 후 명의수탁자인 乙 명의 주식의 양도에 관하여 양도소득세를 신고하지 아니하였고, 명의신탁 주식과 관련된 이자 및 배당소득에 관하여 명의수탁자 명의로 종합소득세 신고를 하였는데, 이에 대하여 관할 세무서장이 甲의 상속인들에게 양도소득세 부당무신고가산세 및 종합소득세 부당과소신고가산세 부과처분을 한 사안에서, 조세포탈의 목적에서 비롯된 부정한 적극적인 행위로 볼 수 없다는 이유로 양도소득세 부당무신고가산세 부과처분 중 일반무신고가산세액을 초과하는 부분과 종합소득세 부당과소신고가산세 부과처분 중 일반과소신고가산세액을 초과하는 부분은 위법하다고 본 원심 판단이 정당하다고 본 판례로는 대법원 2017. 4. 13. 선고 2015두44158 판결이 있다.

할 것이다.

마. 소결

이상 논의한 바를 정리하면 다음과 같다. 사법상의 제재로서 사법상 거래의 무효라는 민사상의 제재는 법규 위반으로 거래를 무효로 함으로 인하여 달성되는 공익과 이로 인하여 침해되는 사익을 비교 형량하여 전자가 더 큰 경우에는 적극적으로 도입하여야 할 것이다. 공법상의 제재 중에서는 행정상의 제재인 과징금을 먼저 도입해야 하며, 그 후순위로서 형사상의 제재를 고려하여야 한다. 다만 과징금과 형사벌을 병과할 수 있는 경우도 있을 수 있다. 그리고 현행법상의 조세회피에 대하여는 실질과세원칙의 적용과 가산세 중과로 대응해야 할 것이다.

현행법상의 규제

제 1 절 차명거래 이유별 개별 법령상 규제

1. 법령상의 제한 회피에 대한 현행법상의 대응

가. 농지법상 자경농 요건 충족을 위한 경우(부동산)

1) 민사상의 대응

앞서 본 바와 같이 농지법상으로 자기의 농업경영에 이용할 경우가 아니면 농지를 소유하지 못하고(제6조 제1항), 농지를 취득하려는 자는 소재지 관할 시·구·읍·면의 장에게서 농지취득자격증명을 발급받아야 한다(제8조 제1항).

민사상의 문제를 살펴보면 다음과 같다. 구 농지개혁법(1994. 12. 22. 법률 제4817호로 폐지되기 전의 것)상으로는 농지의 매매를 위해서는 소재지 관서의 증명을 받아야 했고(제19조),[1] 구 농지임대차관리법(1994. 12. 22. 법률 제4817호로 폐지되기 전의 것)상으로는 농지매매증명을 발급받고자 하는 자는 농지 소재지를 관할하는 위원회의 위원 2인 이상의 확인을 받아 시·구·읍 또는 면의 장에게 그 발급을 신청하여

---

1) 구 농지개혁법 제19조(1994. 12. 22. 법률 제4817호로 폐지되기 전의 것) 상환을 완료하지 아니한 농지수분배자가 절가전업이거로 인하여 이농하거나 또는 농지의 전부 혹은 일부를 반환할 때에는 정부는 기상환액의 전액 혹은 일부, 지상물 또는 농지의 개량시설이 있을 때에는 전액을 보상하여야 한다.
   3. 본법에 의하여 분배받지 않은 농지 급 상환을 완료한 농지는 소재지 관서의 증명을 얻어 당사자가 직접 매매할 수 있다.

야 하였으며(제19조)2) 위와 같은 소재지 관서의 농지매매증명이 없는 농지매매계약
의 효력과 관련하여서 대법원3)은 '농지매매에 있어 소재지관서의 증명이 없는 경
우에는 매매에 의한 물권변동의 효과 즉 소유권이전의 효과를 발생할 수 없으나 농
지매매 당사자 사이에 채권계약으로서의 매매계약은 유효하게 성립될 수 있는 것
이다'라고 판시하여 매매계약의 채권적 효력은 유효하나 물권변동의 효력은 무효라
고 보았다(채권계약 유효, 물권변동 무효).

그 후 농지법이 1994. 12. 22. 제정되어 1996. 1. 1.부터 시행되었는데, 농지법상
의 농지취득자격증명과 관련하여서는 위 증명 없이 소유권이전등기가 경료된 경우
소유권을 취득할 수 있는지와 관련하여 긍정설과 부정설로 학설이 나누어져 있었
고,4) 주류적인 판례는 '농지법 제8조 제1항 소정의 농지취득자격증명은 농지를 취
득하는 자가 그 소유권에 관한 등기를 신청할 때에 첨부하여야 할 서류로서(농지법
제8조 제4항), 농지를 취득하는 자에게 농지취득의 자격이 있다는 것을 증명하는 것
일 뿐 농지취득의 원인이 되는 법률행위(매매 등)의 효력을 발생시키는 요건은 아니
다'(대법원 1998. 2. 27. 선고 97다49251 판결 등 참조)는 것으로, 위 판례의 해석에 관하
여도 다툼이 있었다.

생각건대, 농지취득자격증명은 농지매매의 증명과 마찬가지로 농지의 소재지
장이 농지취득자격이 있는지 유무를 심사하는 행정처분인 점, 농지법의 문언적 의
미나 규정의 취지를 종합하면 농지취득자격증명은 물권변동의 요건으로 봄이 상당
하므로 구법 하의 농지매매증명과 같이 해석함이 상당하다. 농지취득자격증명 없이
소유권이전등기를 한 경우에 위 등기의 유효성을 인정하면 농지취득자격증명 없이
소유권이전등기나 경매절차에서 매각대금만 납부하여 소유권을 취득한다는 결론이
되어 농지법의 입법 취지가 몰각될 수 있기 때문이다.5)

---

2) 구 농지임대차관리법(1994. 12. 22. 법률 제4817호로 폐지되기 전의 것) 제19조(농지매매의
   확인) 농지개혁법 제19조 제2항의 규정에 의한 농지매매증명을 발급받고자 하는 자는 대통
   령령이 정하는 바에 의하여 농지소재지를 관할하는 위원회의 위원 2인 이상의 확인을 받아
   시·구·읍 또는 면의 장에게 그 발급을 신청하여야 한다.
3) 대법원 1964. 10. 1. 선고 64다563 판결 등 참조.
4) 자세한 학설의 내용에 대하여는 양경승, "법률행위의 요건과 농지매매증명 및 농지취득자격
   증명의 성질", 사법논집 제48집, 법원도서관(2009), 560−565.
5) 同旨 김승정, "농지취득자격증명을 발급받지 못한 채 농지를 공매절차에서 매수하여 매각대
   금을 납부한 경우 매수인은 농지의 소유권을 취득하는지 여부(2012. 11. 29. 선고 2010다
   68060 판결 : 공2013상, 4)", 대법원판례해설 제93호, 법원도서관(2013), 540.

2) 형사상의 대응

형사상의 문제를 살펴보면, 자기의 농업경영에 이용할 경우가 아니면서 농지를 소유할 목적으로 거짓이나 그 밖의 부정한 방법의 한 종류인 차명으로 농지취득자 격증명을 발급받아 부동산에 관한 명의신탁을 한 경우에는 형사처벌을 받게 된다(농지법 제59조 제1호). 형사상으로 적발이 되면 명의신탁자(명의차용자)가 형사처벌을 받게 되고 명의수탁자(명의대여자)도 공범으로 형사처벌을 받을 수 있게 된다.

나. 구 국토계획법상 토지거래 허가를 위한 경우(부동산)

1) 민사상의 대응

앞서 본 바와 같이 구 국토계획법상으로 토지거래계약허가제도와 관련하여 토지거래허가를 받지 못하는 사람이 그 지역에 거주하고 있는 다른 사람에게 명의신탁을 하여 그 사람 명의로 토지의 소유권 등을 취득하는 경우 토지거래계약 허가구역 내의 토지에 관하여 허가를 받지 아니하고 매매계약이 체결된 경우와 같아서 구 국토계획법 제118조 제6항이 적용되는데 위 명의신탁은 '토지거래계약 허가구역 내 토지에 관하여 허가를 배제하거나 잠탈하는 내용으로 매매계약이 체결된 경우'와 유사하다고 할 것이므로 그 계약은 체결된 때부터 확정적으로 무효가 된다고 할 것이다. 그리고 이에 따른 명의수탁자 명의의 소유권이전등기도 유효한 법률행위 없이 마쳐진 원인 무효의 등기가 된다.

2) 형사상의 대응

형사상의 문제를 살펴보면, 토지거래허가를 받지 아니하고 토지거래계약을 체결하거나 속임수나 그 밖의 부정한 방법으로 토지거래계약 허가를 받은 자는 구 국토계획법 제141조 제5호[6])에 의하여 형사처벌을 받게 되는데, 위와 같은 부정한 방법의 한 종류인 차명으로 토지거래계약 허가를 받아 부동산에 관한 명의신탁을 한 경우에는 위 규정에 의하여 형사처벌을 받게 된다. 형사상으로 적발이 되면 명의신탁자(명의차용자)가 형사처벌을 받게 되고 명의수탁자(명의대여자)도 공범으로 형사처벌을 받을 수 있게 된다.

---

6) 구 국토의 계획 및 이용에 관한 법률 제141조(벌칙) 다음 각 호의 어느 하나에 해당하는 자는 2년 이하의 징역 또는 2천만원(제5호에 해당하는 자는 계약 체결 당시의 개별공시지가에 의한 해당 토지가격의 100분의 30에 해당하는 금액) 이하의 벌금에 처한다.
  5. 제118조 제1항에 따른 허가 또는 변경허가를 받지 아니하고 토지거래계약을 체결하거나, 속임수나 그 밖의 부정한 방법으로 토지거래계약 허가를 받은 자

3) 행정상의 대응

구 국토계획법에 의하면, 제118조에 따라 토지거래계약을 허가받은 자는 대통령령으로 정하는 사유가 있는 경우 외에는 5년의 범위에서 대통령령으로 정하는 기간에 그 토지를 허가받은 목적대로 이용하여야 한다(제124조 제1항).[7] 시장 등은 제124조 제1항에 따른 토지의 이용 의무를 이행하지 아니한 자에 대하여는 상당한 기간을 정하여 토지의 이용 의무를 이행하도록 명할 수 있다(제124조의2[8] 제1항). 그리고 시장 등이 제1항에 따른 이행명령이 정하여진 기간에 이행되지 아니한 경우에는 토지 취득가액의 100분의 10의 범위에서 대통령령으로 정하는 금액의 이행강제금을 부과하도록 규정하고 있다(같은 조 제2항).

따라서 시장 등은 명의를 차용하여 토지거래계약 허가를 받은 경우에 토지계약 허가를 받은 명의자에 대하여 토지거래계약 허가를 받은 목적대로 토지를 이용할 것을 명령한 후, 이행강제금 부과예고통지를 거쳐 토지를 이행명령에 정하여진 기한 내에 허가목적인 사업용으로 이용하지 아니하였다는 이유로 이행강제금을 부과할 수 있다. 이 경우 명의차용자와 명의대여자 중 누구에게 이행강제금을 부과하여야 하는지 문제되는데, 우선적으로 시장 등 이행강제금 부과기관은 명의대여자 명의로 토지거래계약 허가를 받았으므로 실무상 명의대여자에 대하여 이행강제금 처분을 하는 경우가 많을 것이다.

다. 구 상법상 발기인 요건 충족을 위한 경우(주식)

구 상법상 주식회사의 설립시 일정 수 이상의 발기인이 있어야 한다는 규정을 두고 있었고 다른 사람의 명의를 빌려 주식을 인수한 경우에는 조세회피 목적이 없

---

7) 구 국토의 계획 및 이용에 관한 법률 제124조(토지 이용에 관한 의무 등) ① 제118조에 따라 토지거래계약을 허가받은 자는 대통령령으로 정하는 사유가 있는 경우 외에는 5년의 범위에서 대통령령으로 정하는 기간에 그 토지를 허가받은 목적대로 이용하여야 한다.
　② 시장·군수 또는 구청장은 토지거래계약을 허가받은 자가 허가받은 목적대로 이용하고 있는지를 국토교통부령으로 정하는 바에 따라 조사하여야 한다.
8) 구 국토의 계획 및 이용에 관한 법률 제124조의2(이행강제금) ① 시장·군수 또는 구청장은 제124조 제1항에 따른 토지의 이용 의무를 이행하지 아니한 자에 대하여는 상당한 기간을 정하여 토지의 이용 의무를 이행하도록 명할 수 있다. 다만, 대통령령으로 정하는 사유가 있는 경우에는 이용 의무의 이행을 명하지 아니할 수 있다.
　② 시장·군수 또는 구청장은 제1항에 따른 이행명령이 정하여진 기간에 이행되지 아니한 경우에는 토지 취득가액의 100분의 10의 범위에서 대통령령으로 정하는 금액의 이행강제금을 부과한다.

다는 점을 입증하지 못할 경우에는 구 상증세법 제45조의2 제1항[9] 소정의 주식 명의신탁 증여의제로 인한 증여세 부과의 제재가 있었다. 한편, 위 증여세 부과 이외에는 민사상, 형사상의 제재는 없는 것으로 보인다.

라. 대출한도 회피를 위한 경우(예금)

1) 민사상의 대응

앞서 본 바와 같이 상호저축은행법상으로 상호저축은행의 개별차주에 대한 대출 한도 제한이 있고 동일차주에 대하여 대출한도 제한이 있는데, 이를 위반한 경우 즉 차명 대출과 관련하여 대법원 입장은 통일되어 있지 않다.

통정허위표시가 아니라는 판례[10]가 있는 반면, 통정허위표시에 해당한다는 판례[11]도 있었고, 이에 대하여 학설상으로는 판례가 사안마다 결론을 달리하는 것이 타당하다는 견해[12]도 있다.

생각건대, 차명예금계약의 당사자 확정과 관련하여 앞서 본 바와 같이 대법원

---

9) 발기인 충족을 위하여 명의신탁을 한 것은 2001. 7. 24. 개정되기 전의 구 상법 제288조, 1995. 12. 29. 개정되기 전의 구 상법 제288조와 관련 있으므로, 현행 상증세법과는 관련이 없고 구 상증세법과 관련이 있을 뿐이다.

10) 대법원 2008. 6. 12. 선고 2008다7772, 7789 판결은 '통정허위표시가 성립하기 위해서는 의사표시의 진의와 표시가 일치하지 아니하고 그 불일치에 관하여 상대방과 사이에 합의가 있어야 하는데, 제3자가 금전소비대차약정서 등 대출관련서류에 주채무자 또는 연대보증인으로서 직접 서명·날인하였다면 제3자는 자신이 그 소비대차계약의 채무자임을 금융기관에 대하여 표시한 셈이고, 제3자가 금융기관이 정한 여신제한 등의 규정을 회피하여 타인으로 하여금 제3자 명의로 대출을 받아 이를 사용하도록 할 의사가 있었다거나 그 원리금을 타인의 부담으로 상환하기로 하였더라도, 특별한 사정이 없는 한 이는 소비대차계약에 따른 경제적 효과를 타인에게 귀속시키려는 의사에 불과할 뿐, 그 법률상의 효과까지도 타인에게 귀속시키려는 의사로 볼 수는 없으므로 제3자의 진의와 표시에 불일치가 있다고 보기는 어렵다(대법원 1998. 9. 4. 선고 98다17909 판결, 대법원 2007. 6. 14. 선고 2006다53290 판결)' 고 보았다.

11) 대법원 2001. 5. 29. 선고 2001다11765 판결은 '동일인에 대한 대출액 한도를 제한한 법령이나 금융기관 내부규정의 적용을 회피하기 위하여 실질적인 주채무자가 실제 대출받고자 하는 채무액에 대하여 제3자를 형식상의 주채무자로 내세우고, 금융기관도 이를 양해하여 제3자에 대하여는 채무자로서의 책임을 지우지 않을 의도하에 제3자 명의로 대출관계서류를 작성받은 경우, 제3자는 형식상의 명의만을 빌려 준 자에 불과하고 그 대출계약의 실질적인 당사자는 금융기관과 실질적 주채무자이므로, 제3자 명의로 되어 있는 대출약정은 그 금융기관의 양해하에 그에 따른 채무부담의 의사 없이 형식적으로 이루어진 것에 불과하여 통정허위표시에 해당하는 무효의 법률행위이다'라고 판시하였다.

12) 곽종훈, "명의대여에 의한 대출약정과 통정허위표시 - 대법원 2001. 5. 29. 선고 2001다11765 판결을 중심으로", 민사재판의 제문제 제12권, 민사실무연구회(2003), 229; 이계정, "차명대출과 대환의 법률관계", 경기법조 제17호, 수원지방변호사회(2010), 352.

2009. 3. 19. 선고 2008다45828 전원합의체 판결은 '금융실명법 하에서는 일반적으로 예금계약서에 예금주로 기재된 예금명의자나 그를 대리한 행위자 및 금융기관의 의사는 예금명의자를 예금계약의 당사자로 보려는 것이라고 해석하여야 하므로, 예금계약의 당사자는 예금명의자이다. 그리고 예금명의자가 아닌 출연자 등을 예금계약의 당사자라고 볼 수 있으려면, 극히 예외적인 경우로 제한해야 하고, 위와 같은 예외적인 경우는 예금계약서 등의 증명력을 번복하기에 충분할 정도의 명확한 증명력을 가진 구체적이고 객관적인 증거에 의하여 매우 엄격하게 인정하여야 한다'고 판시하여 명의자가 아닌 출연자를 묵시적 약정으로 예금계약의 당사자로 볼 수 있다는 기존의 판례13)를 변경하였다. 위 판결은 계약당사자의 의사 해석을 통하여 예금주를 확정하면서 예금명의자 이외의 자를 예금주로 볼 수 있는 경우를 엄격히 제한하였는데, 이는 계약당사자 확정의 일반론을 견지하면서 금융실명제에 관한 예금계약의 특수성을 고려하여 예금계약서의 증명력을 번복하기 위하여는 높은 정도의 증명력을 가진 반증이 필요하다는 점을 명시하였다는 데 의의가 있다.14)

차명 대출과 관련하여서도 금융실명제 시행과 관련하여 자연적 해석을 하여서 계약체결 행위자와 상대방 사이에 누구를 계약당사자로 보았는지 해석을 하여 보면, 금융실명제의 실시로 금융기관은 대출의 주채무자가 누구인지 확인하여야 하고 실명확인절차를 거치지 않게 되면 대출금을 지급할 수도 없게 되므로 금융기관의 입장에서는 대출 명의자를 계약상대방으로 하여 대출계약을 체결하였다고 봄이 상당하다. 이는 설령 금융기관이 대출계약 체결 시에 실명확인을 받은 명의인이 아닌 제3자가 실제 주채무자임을 안 경우에도 마찬가지로 보아야 한다. 금융기관은 행정상 제재의 위험부담을 안고 배후자를 대출자나 실질 주채무자로 하여 대출계약을 체결할 의사는 없었던 것으로 보아야 하기 때문이다. 만약 위와 같이 통정허위표시가 아니라고 보면, 명의자(명의대여자, 명의수탁자)는 금융기관에 대하여 주채무자로서의 채무를 부담하고, 그가 주채무자임을 전제로 한 보증, 물상보증도 유효하다고 할 것이다.15)

2) 형사상의 대응

형사상의 문제를 살펴보면, 개별차주에 대한 한도를 초과하여 신용공여를 해주

---

13) 대법원 2000. 3. 10. 선고 99다67031 판결.
14) 손철우, "금융실명제와 예금주 확정", 민사판례연구 제32권, 박영사(2010), 163-164.
15) 윤진수, "차명대출을 둘러싼 법률문제-대법원 2005. 5. 12. 선고 2004다68366 판결-", 민법논고 Ⅱ, 박영사(2008), 24.

면 위와 같은 대출을 해 준 상호저축은행의 대표자는 상호저축은행법 위반으로 상호저축은행법 제39조 제5항 제6호[16])에 의하여 형사처벌을 받을 수 있다.

판례는 '각각의 대출명의인이 형식적으로 독자성을 갖거나 독립된 법인격을 갖추고 있고 대출명의인을 기준으로 한 대출금은 동일인에 대한 대출한도를 초과하지 않는다고 하더라도, 대출금이 실질적으로 귀속되는 자를 기준으로 할 경우 대출한도를 초과하는 이상 그 대출행위는 상호저축은행법 제12조의 동일인에 대한 대출한도 제한규정에 위배된다(대법원 2010. 5. 13. 선고 2009도13879 판결 등 참조)'는 입장이다.

한편 동일인 대출한도 규정을 잠탈하기 위하여 차명으로 대출을 받은 경우 명의차용자와 명의대여자의 형사처벌 문제는 어떻게 되는지 살펴보자. 실무상으로 상호저축은행의 대주주 등은 상호저축은행으로부터 신용공여를 받아서는 아니 되는데,[17]) 위 대주주 등이 상호저축은행으로부터 대출을 받는 것임에도 명의를 차용하여 다른 사람을 내세워서 차명대출을 할 경우 상호저축은행법 제39조 제1항 제4호[18])에 의하여 형사처벌을 받을 수 있고, 명의대여자는 공범으로 처벌받을 수 있

---

16) 상호저축은행법 제12조(개별차주 등에 대한 신용공여의 한도) ② 개별차주(대통령령으로 정하는 자는 제외한다)에 대한 거액신용공여의 합계액은 상호저축은행의 자기자본의 5배를 초과하여서는 아니 된다.

③ 상호저축은행은 동일차주에게 해당 상호저축은행의 자기자본의 100분의 25 이내에서 대통령령으로 정하는 한도를 초과하는 신용공여를 할 수 없으며, 동일계열상호저축은행의 동일차주에 대한 신용공여의 합계액은 연결 재무제표에 따른 자기자본의 100분의 25 이내에서 대통령령으로 정하는 한도를 초과할 수 없다.

제39조(벌칙) ⑤ 다음 각 호의 어느 하나에 해당하는 자는 1년 이하의 징역 또는 1천만원 이하의 벌금에 처한다.

6. 제12조 제1항부터 제3항까지 또는 제5항을 위반한 자

17) 상호저축은행법 제37조(대주주등에 대한 신용공여 등의 금지) ① 상호저축은행은 다음 각 호의 어느 하나에 해당하는 자(이하 "대주주등"이라 한다)에 대하여 신용공여 및 예금등을 하거나 가지급금을 지급하지 못하며, 대주주등은 상호저축은행으로부터 신용공여 및 예금등을 받거나 가지급금을 받지 못한다. 다만, 대주주등에 대한 자금지원의 목적이 없는 것으로서 대통령령으로 정하는 예금등과 채권의 회수에 위험이 없거나 직원의 복리후생을 위한 것으로서 대통령령으로 정하는 신용공여의 경우는 제외한다.

1. 대주주(대통령령으로 정하는 주주를 포함한다)

2. 상호저축은행의 임직원

3. 제1호와 제2호의 자 또는 상호저축은행과 대통령령으로 정하는 친족 또는 특수한 관계에 있는 자

4. 제1호부터 제3호까지의 어느 하나에 해당하지 아니하는 자로서 대주주의 특수관계인

18) 상호저축은행법 제39조(벌칙) ① 다음 각 호의 어느 하나에 해당하는 자는 10년 이하의 징역 또는 5억원 이하의 벌금에 처한다.

다. 위와 같은 경우가 아니라 일반인이 차명으로 개별차주에 대한 신용공여 한도를 초과하여 대출을 받으면 위 명의대여자 및 명의차용자도 상호저축은행법위반죄의 공범으로 처벌받을 수 있을 것이다.

마. 자산운용회사 임직원이 주식을 매수한 경우(주식, 예금)

앞서 보았듯이 구 간접투자자산 운용법상 자산운용회사의 임·직원은 자신 명의로 주식을 매수할 수 없는데 타인으로부터 계좌를 빌려 주식을 매수하면 형사처벌을 받게 되고, 현행 자본시장법상으로도 금융투자업자의 임직원은 자기의 계산으로 금융투자상품을 매매하는 경우 자기의 명의로 매매하면 일정한 요건 하에 금융투자상품을 매매할 수 있는데(자본시장법 제63조 제1항), 차명으로 금융투자상품을 매매하면 자본시장법 제63조 제1항 제1호(자기의 명의로 매매할 것)를 위반하여 같은 호에 규정된 방법에 따르지 아니하고 금융투자상품을 매매한 자에 해당하여 형사처벌되며, 명의대여자도 공범으로 형사처벌받을 수 있을 것으로 보인다.

바. 감독기관에 대한 대주주 신고 규정 회피(주식)

앞서 본 바와 같이 상호저축은행법에는 상호저축은행의 대주주 또는 그의 특수관계인의 소유주식이 의결권 있는 발행주식 총수의 100분의 1 이상 변동된 경우 등에는 금융위원회에 보고하여야 하는 규정[19]이 있는데, 위 대주주 등이 다른 사람으로부터 명의를 차용하여 주식을 인수하는 경우에는 금융위원회에 보고하여야 함에도 이를 이행하지 아니한 경우에 해당되어 형사처벌된다.[20] 위 규정은 명의신탁자인 대주주 등을 형사처벌하는 규정으로 보이고, 명의수탁자는 공범으로 처벌될 수 있을 것이다.

---

  4. 제37조 제1항 또는 제3항을 위반하여 신용공여 및 예금등을 받거나 가지급금을 받은 자
19) 상호저축은행법 제10조의2(신고 사항 등) ③ 상호저축은행은 다음 각 호의 어느 하나에 해당하면 금융위원회가 정하는 바에 따라 금융위원회에 보고하여야 한다.
  3. 대주주 또는 그의 특수관계인의 소유주식이 의결권 있는 발행주식 총수의 100분의 1 이상 변동된 경우
20) 상호저축은행법 제39조(벌칙) ⑤ 다음 각 호의 어느 하나에 해당하는 자는 1년 이하의 징역 또는 1천만원 이하의 벌금에 처한다.
  3. 제10조를 위반하여 인가를 받지 아니하고 같은 조 제1항 각 호의 어느 하나에 해당하는 행위를 한 자

사. 국내 체류자격 취득을 위한 경우

출입국관리법 제25조,[21] 출입국관리법 시행령 제12조 [별표 1], 제31조,[22] 제33조[23]에 의하여, 행정청은 국내 체류자격 취득을 위하여 주식 명의수탁을 받은 자와 관련하여 체류자격기간이 도과된 이후 체류기간연장허가 신청을 하면 기업투자의 진정성이 결여된다는 이유로 체류기간 연장을 불허가하고 출국명령을 하는 행정처분을 할 수 있다.

2. 강제집행의 면탈을 위한 경우

가. 민사상의 대응

앞서 본 바와 같이 채무가 있는 자가 채권자로부터 가압류, 압류 등의 강제집행을 면탈하기 위하여 다른 사람 명의로 부동산, 주식, 사채, 예금(금융거래 포함) 등의 명의를 차용하는 경우에는, 민사상으로 민법 제406조[24]의 요건이 충족되는 경우에는 채권자는 위 명의대여자(명의수탁자)에 대하여 사해행위 취소의 소[25]를 제기하

---

21) 출입국관리법 제25조(체류기간 연장허가) 외국인이 체류기간을 초과하여 계속 체류하려면 대통령령으로 정하는 바에 따라 체류기간이 끝나기 전에 법무부장관의 체류기간 연장허가를 받아야 한다.

22) 출입국관리법 시행령 제31조(체류기간 연장허가) ① 법 제25조에 따른 체류기간 연장허가를 받으려는 사람은 체류기간이 끝나기 전에 체류기간 연장허가 신청서에 법무부령으로 정하는 서류를 첨부하여 청장·사무소장 또는 출장소장에게 제출하여야 한다.

23) 출입국관리법 시행령 제33조(체류기간 연장 등을 허가하지 아니할 때의 출국통지) ① 법무부장관은 제29조부터 제31조까지의 규정에 따른 허가 등을 하지 아니할 때에는 신청인에게 체류기간 연장 등 불허결정 통지서를 발급하여야 한다. 이 경우 제30조의 체류자격 변경허가를 하지 아니할 때에는 이미 허가된 체류자격으로 체류하게 할 수 있다.

24) 민법 제406조(채권자취소권) ① 채무자가 채권자를 해함을 알고 재산권을 목적으로 한 법률행위를 한 때에는 채권자는 그 취소 및 원상회복을 법원에 청구할 수 있다. 그러나 그 행위로 인하여 이익을 받은 자나 전득한 자가 그 행위 또는 전득당시에 채권자를 해함을 알지 못한 경우에는 그러하지 아니하다.
② 전항의 소는 채권자가 취소원인을 안 날로부터 1년, 법률행위있은 날로부터 5년내에 제기하여야 한다.

25) 부동산 명의신탁과 관련하여, 대법원 2004. 3. 25. 선고 2002다69358 판결은, 채무자가 채무초과상태에서 매수한 부동산의 등기명의를 아들에게 신탁하고 이에 따라 소유권이전등기를 마친 사안에서, 위 명의신탁약정은 사해행위에 해당하고, 채권자가 수익자 및 전득자를 상대로 소유권이전등기의 말소를 구하고 매도인을 상대로 채무자를 대위하여 소유권이전등기절차의 이행을 구할 수 있다고 판시하였다. 또한 예금주 명의신탁계약과 관련하여, 대법원 2015. 7. 23. 선고 2014다212438 판결은 '명의수탁자는 명의신탁자와의 관계에서 상대방과의

여 명의를 명의차용자에게 원상회복할 수 있다. 다만 위 요건이 충족되지 않으면 사해행위 취소의 소를 제기하더라도 인용판결을 얻기는 어려울 것이다.

나. 형사상의 대응

형사상의 문제를 살펴보면, 위와 같이 강제집행을 면할 목적으로 차명거래를 통하여 재산을 은닉하는 경우에는 형법 제327조에 의하여 명의신탁자(명의차용자)는 형사처벌을 받게 되고, 명의수탁자(명의대여자)도 공범으로 형사처벌을 받을 수 있게 된다.

3. 자금세탁 행위, 불법재산 은닉을 위한 경우

차명거래를 통하여 자금세탁 행위를 하게 되면, 앞서 본 바와 같이 범죄수익은닉의 규제 및 처벌 등에 관한 법률 제3조, 마약류 불법거래 방지에 관한 특례법 제7조, 조세범 처벌법 제3조, 관세법 제270조 또는 특정범죄 가중처벌 등에 관한 법률 제8조의 요건을 충족할 경우 위 법 위반으로 형사처벌을 받게 된다.

또한 차명거래를 통하여 불법재산을 은닉하게 되면, 범죄수익은닉의 규제 및 처벌 등에 관한 법률 제3조 제1항,[26] 마약류 불법거래 방지에 관한 특례법 제7조 제1항[27])에 의하여 형사처벌을 받을 수 있다.

계약으로 취득한 권리를 명의신탁자에게 이전하여 줄 의무를 지고, 출연자와 예금주인 명의인 사이에 예금주 명의신탁계약이 체결된 경우 명의인은 출연자의 요구가 있을 때에는 금융기관에 대한 예금반환채권을 출연자에게 양도할 의무가 있으므로, 예금주 명의신탁계약이 사해행위에 해당하여 취소될 경우 취소에 따른 원상회복은 명의인이 예금계좌에서 예금을 인출하여 사용하였거나 예금계좌를 해지하였다는 등의 특별한 사정이 없는 한 명의인(명의수탁자이다)에 대하여 금융기관에 대한 예금채권을 출연자(명의신탁자이다)에게 양도하고 아울러 금융기관에 대하여 양도통지를 할 것을 명하는 방법으로 이루어져야 한다'고 판시하였다.

26) 범죄수익은닉의 규제 및 처벌 등에 관한 법률 제3조(범죄수익등의 은닉 및 가장) ① 다음 각 호의 어느 하나에 해당하는 자는 5년 이하의 징역 또는 3천만원 이하의 벌금에 처한다.
   1. 범죄수익등의 취득 또는 처분에 관한 사실을 가장한 자
   2. 범죄수익의 발생 원인에 관한 사실을 가장한 자
   3. 특정범죄를 조장하거나 적법하게 취득한 재산으로 가장할 목적으로 범죄수익등을 은닉한 자

27) 마약류 불법거래 방지에 관한 특례법 제7조(불법수익등의 은닉 및 가장) ① 마약류범죄의 발견 또는 불법수익등의 출처에 관한 수사를 방해하거나 불법수익등의 몰수를 회피할 목적으로 불법수익등의 성질, 소재, 출처 또는 귀속 관계를 숨기거나 가장한 자는 7년 이하의 징역

4. 사업상의 목적을 위한 경우

한편, 주식 인수에 15년 이상의 방송국 경력자를 필요로 하는 자격요건을 충족하기 위한 주식 명의신탁, 외국영주권자인 명의신탁자가 회사업무처리 절차의 번거로움을 피하기 위한 주식 명의신탁 등의 경우와 같이 사업상의 목적의 경우에는 개별적으로 명의신탁이나 차명거래의 민사상 효력의 유무를 결정할 것으로 보이고,[28] 별도로 형사처벌이 문제되지는 않을 것으로 보인다. 그리고 조세법적으로 주식 명의신탁 증여의제 규정을 적용함에 있어 조세회피 목적이 있는지 유무를 판단하여 위 목적이 있는 경우에는 증여세 부과의 제재를 가할 수 있다.

5. 재산 명의를 숨기는 경우

차명으로 부동산, 주식, 사채, 예금 등을 보유하여 공직자윤리법을 위반하게 되면 앞에서 본 바와 같이 징계나 형사처벌을 받을 수 있는데, 공직자윤리법상 재산등록 의무가 있는 공직자가 아닌 자가 위와 같은 차명거래를 한 경우에는 행정상 제재나 형사상 처벌을 받지는 않을 것이다.

그리고 차명예금의 경우 부부 간에 비상금을 숨기거나 거래의 편의를 위하여 기타 불법적인 목적 없이 차명예금을 사용하기도 한다.

6. 조세 회피를 위한 경우

차명거래를 통하여 조세회피를 하는 경우에 회피하려고 했던 조세가 발각되면 실질과세원칙(국세기본법 제14조 제1항)[29]을 적용하며 여기에 가산세도 부과한다. 차명주식의 경우에는 주식 명의신탁자에게 증여의제로 인한 증여세를 부과한다(상증세법 제45조의2 제1항).[30] 그리고 조세회피가 조세범 처벌법 제3조, 관세법 제270조

또는 3천만원 이하의 벌금에 처하거나 이를 병과할 수 있다.

28) 차명거래의 불법성 정도가 큰 경우에는 차명거래의 효력을 부인할 수 있고, 그 정도가 경미한 경우에는 차명거래의 효력을 부인하는 정도에까지는 이르지 않을 것이다.

29) 국세기본법 제14조(실질과세) ① 과세의 대상이 되는 소득, 수익, 재산, 행위 또는 거래의 귀속이 명의일 뿐이고 사실상 귀속되는 자가 따로 있을 때에는 사실상 귀속되는 자를 납세의무자로 하여 세법을 적용한다.

30) 이에 대해서는 아래 第6章에서 자세히 살펴볼 예정이지만, 간단하게 말하자면 상증세법이

또는 특정범죄 가중처벌 등에 관한 법률 제8조 소정의 조세포탈 요건에 해당하는 경우에는 위 법 위반으로 형사처벌을 받게 된다.

7. 소결 – 현행 차명거래 이유별 규제 체계의 특징

민사상, 형사상, 행정상의 규제 회피 등 법령상의 제한과 사업상의 목적 또는 강제집행 면탈을 위한 차명거래에 대한 현행법상의 대응 체계의 특징은 다음과 같다.

우선, 민사상, 형사상, 행정상의 규제인 ① 농지법상 자경농 요건 충족을 회피하기 위하여 차명거래를 한 경우 관할 소재지 시장 등으로부터 농지취득자격증명을 허위로 받은 경우에는 민사상으로 물권변동의 효력이 발생하지 않는다는 것으로 대응하고 있고, 형사상으로는 차명거래에 참여한 자에 대하여 형사처벌을 하는 것으로 대응하고 있으며, ② 구 국토계획법상 토지거래허가제도와 관련하여 차명으로 토지거래계약 허가를 받으면 토지 매매계약의 효력이 확정적으로 무효가 되어 이로 인한 소유권이전등기도 무효가 되고, 형사상으로는 속임수나 그 밖의 부정한 방법으로 토지거래계약 허가를 받은 것이 되어 차명거래에 참여한 자에 대하여 형사처벌을 하는 것으로 대응하고 있으며, 행정상으로 시장 등이 토지거래계약 허가를 받은 목적대로 토지를 이용할 것을 명령한 후 이를 이행하지 않으면 이행강제금을 부과할 수 있다. 또한 ③ 상호저축은행법상 동일차주에 대한 대출한도 제한을 회피하기 위하여 다른 사람으로부터 계좌를 차용하여 차명대출을 하면 통정허위표시가 되어 무효라고 보는 판례가 존재하고(물론 통정허위표시가 아니라고 봄이 옳다), 형사상으로 동일인 대출한도를 잠탈하기 위하여 차명대출을 해준 상호저축은행 대표자는 형사처벌을 받고 차명대출에 가담한 명의신탁자 및 명의수탁자는 형사처벌을 받을 수 있을 것으로 보이고, ④ 자산운용회사 임직원이 자신 명의로 주식을 매수할 수 없는 구 간접투자자산 운용법상의 규정을 회피하기 위하여 차명으로 주식

2018. 12. 31. 개정되기 전 구 상증세법 하에서는 구 상증세법 제45조의2 제1항에 의하여 명의수탁자에게 증여한 것으로 의제되어 명의수탁자에게 증여세가 부과되고, 명의신탁자는 위 증여세에 대한 연대납세의무를 부담하였으나(구 상증세법 제4조의2 제5항 제4호), 현행 상증세법이 2018. 12. 31. 개정되면서 제4조의2 제2항에서 '제1항에도 불구하고 제45조의2에 따라 재산을 증여한 것으로 보는 경우(명의자가 영리법인인 경우를 포함한다)에는 실제소유자가 해당 재산에 대하여 증여세를 납부할 의무가 있다'고 규정하여 현 상증세법상으로는 명의신탁자만이 증여세 납세의무를 부담하게 되었다.

을 매수하면 형사처벌을 받게 되고, 금융투자업자의 임직원이 자기의 계산으로 금융투자상품을 매매하는 경우 자기의 명의로 매매를 하여야 하는데 차명으로 위 매매를 하는 경우에도 형사처벌을 받게 되며, 명의대여자는 공범으로 처벌받을 수 있을 것이다. ⑤ 그리고 상호저축은행법상 상호저축은행의 대주주 등의 소유주식이 의결권 있는 발행주식 총수의 일정비율 이상 변동된 경우 등에는 금융위원회에 보고하여야 하는 규정과 관련하여 위 대주주 등이 명의를 차용하여 주식을 인수하면서도 금융위원회에 보고를 하지 않으면 명의신탁자인 대주주 등은 형사처벌되고, 명의수탁자도 공범으로 처벌될 수 있을 것으로 보이며, ⑥ 국내 체류자격 취득을 위하여 주식 명의수탁을 받은 자와 관련하여 행정청(출입국관리소 등의 장)은 체류자격기간이 도과된 이후 체류기간연장허가 신청을 하면 기업투자의 진정성이 결여된다는 이유로 체류기간 연장을 불허가하고 출국명령을 하는 행정처분을 할 수 있는 것으로 보인다.

다만, 구 상법상 주식회사의 발기인 수 요건을 충족하기 위하여 타인에게 주식 명의를 신탁한 경우 조세회피 목적의 부존재를 증명하지 못하면 명의수탁자(구 상증세법) 또는 명의신탁자(구 상증세법상 연대납세의무 및 현행 상증세법)에게는 조세법상 제재로서 상증세법 제45조의2 제1항 소정의 증여세 부과의 제재가 가해진다.

또한 사업상의 목적(주식 인수에 15년 이상의 방송국 경력자를 필요로 하는 자격요건을 충족하기 위한 주식 명의신탁, 외국영주권자인 명의신탁자가 회사업무처리 절차의 번거로움을 피하기 위한 주식 명의신탁)의 경우에는 개별적으로 명의신탁이나 차명거래의 민사상 효력의 유무를 결정할 것으로 보이고, 별도로 형사처벌이 문제되지는 않을 것으로 보이며, 조세법적으로 주식 명의신탁 증여의제 규정을 적용함에 있어 조세회피 목적이 있는지 유무를 판단하여 증여세 부과의 제재를 가할 것으로 보인다.

그리고 강제집행 면탈을 목적으로 차명거래를 하는 경우에는 민사상으로는 민법 제406조의 요건이 충족되는 경우에는 사해행위 취소의 소를 제기하여 명의신탁자와 명의수탁자 사이의 차명계약을 취소하고 명의신탁자 명의로 재산을 회복할 수 있고, 형사상으로는 명의신탁자에 대하여 강제집행면탈죄로 처벌할 수 있으며 명의수탁자도 공범으로 처벌할 수 있다.

또한 자금을 세탁하려는 목적, 불법재산을 은닉할 목적 등으로 차명거래를 하는 경우에는 관련법 위반으로 형사처벌을 가하고 있고, 재산 명의를 숨기기 위한 경우에는 관련법 위반에 해당하는 경우에는 형사처벌을 가하고 있다.

또한 부동산 명의신탁이나 불법재산의 은닉 등 목적으로 타인의 실명으로 차명 금융거래를 하는 경우 등 차명거래 자체가 형사처벌 대상이 되는 경우에는 차명거래 자체에 대하여 형사처벌을 가하고 있다.

위 결과를 요약하면, 법령상의 제한을 회피하기 위한 경우, 강제집행면탈 등에 대하여 현행법은 민사상으로 거래의 사법상 효력을 무효(등기 무효, 사해행위취소)로 하거나 형사상으로 형사처벌을 하거나 행정적으로 이행강제금 등 금전적 제재를 부과하거나 후속 행정처분을 하는 대응을 하는 것으로 보인다.

그리고 차명거래를 통하여 조세회피를 하는 경우에 회피하려고 했던 조세가 발각되면 실질과세원칙을 적용하고 여기에 가산세 부과, 명의신탁 증여의제로 인한 증여세 부과, 조세포탈에 해당하는 경우에는 조세범 처벌법 등으로 형사처벌 부과 등으로 대응한다.

제2절 재산의 종류별 분석

1. 차명부동산

가. 차명거래 준비행위(차명계약 체결행위)

현행법은 부동산과 관련하여 차명거래를 위한 사전 준비절차인 차명계약 체결행위만으로 이를 형사처벌하거나 과징금을 부과하거나 세금을 부과하지는 않고 다만 민사상의 제재로서 부동산실명법 제4조 제1항에 의하여 부동산에 관하여 차명을 위한 명의신탁 약정을 무효로 하고 있다.

이로 인하여 명의신탁자에게는 명의수탁자에게 명의신탁 약정의 이행을 청구하는 권리가 인정되지 아니하므로, 명의신탁자는 명의수탁자가 약정을 이행하지 않을 경우 명의수탁자에게 계약불이행의 책임을 물을 수 없고, 명의신탁자는 명의수탁자에게 명의신탁 해지권을 행사할 수도 없으며, 해지를 원인으로 한 원상회복청구도 할 수 없다.

나. 차명거래 행위(명의신탁으로 인한 등기 경료)

1) 민사상의 효력

부동산실명법 제4조 제2항은 '명의신탁약정에 따른 등기로 이루어진 부동산에 관한 물권변동은 무효로 한다. 다만, 부동산에 관한 물권을 취득하기 위한 계약에서 명의수탁자가 어느 한쪽 당사자가 되고 상대방 당사자는 명의신탁약정이 있다는 사실을 알지 못한 경우에는 그러하지 아니하다'고 규정하고 있다. 이와 같이 부동산실명법 제4조 제2항에 의하여 명의신탁약정에 따라 이루어진 등기는 무효가 되어서, 부동산의 소유권은 2자간 명의신탁의 경우는 명의신탁자(명의차용자)에게, 3자간 명의신탁의 경우는 매도인에게 그대로 남아 있게 된다. 따라서 명의수탁자(명의대여자)는 명의신탁자(명의차용자)와 제3자에게 소유권을 주장할 수 없게 되고, 명의수탁자(명의대여자) 명의의 소유권이전등기는 부실등기로서 말소의 대상이 된다. 다만 계약명의신탁에서 매도인이 명의신탁 사실을 알지 못한 경우에는 명의수탁자(명의대여자) 명의의 소유권이전등기는 유효하게 된다.

　　또한 부동산실명법 제4조 제3항은 '제1항 및 제2항의 무효는 제3자에게 대항하지 못한다'고 규정하고 있다. 위 규정은 명의신탁자(명의차용자)의 탈법행위의 일환으로 행한 명의신탁으로 소유권을 상실할 위험은 명의신탁자(명의차용자)가 부담하고 등기를 보고 매수한 제3자에게 부담시킬 것은 아니며, 선의의 제3자만 보호할 경우 실제 소송에서 선의를 입증하는 것이 쉽지는 않아서 거래 안전을 해칠 염려가 있다는 점을 고려한 입법이다. 여기서의 '제3자'에는 명의신탁자(명의차용자)는 포함되지 않는다. 또한 '대항하지 못한다'의 의미는 명의수탁자(명의대여자) 명의의 등기는 무효이나 위 제3자와의 관계에서는 유효로 취급되고 명의수탁자(명의대여자) 명의의 등기에 기한 처분행위가 유효하다는 의미이다.

　2) 형사처벌

　　우선, 명의차용자(명의신탁자)가 명의대여자(명의수탁자)에게 부동산에 관한 차명거래인 부동산 명의신탁을 하여 소유권이전등기를 경료하면 명의신탁자와 명의수탁자는 모두 형사처벌 대상이 된다. 즉 명의신탁자는 부동산실명법 제7조 제1항 제1호에 의하여 '5년 이하의 징역 또는 2억 원 이하의 벌금'에 처하게 되고, 명의수탁자는 부동산실명법 제7조 제2항에 의하여 '3년 이하의 징역 또는 1억 원 이하의 벌금'에 처하게 된다. 위와 같이 현행법은 명의신탁자(명의차용자)를 명의수탁자(명의대여자)에 비하여 조금 더 가중하여 형사처벌한다.

　3) 과징금, 이행강제금

　　또한 명의신탁자(명의차용자)는 부동산실명법에 의하여 부동산 가액의 30%의 범위 내에서 과징금을 부과받는다(부동산실명법 제5조 제1항). 과징금은 소득세법 제99조 소정의 기준시가에다 부과율을 곱하여 계산하는데, 부과율은 부동산평가액 기준과 의무위반경과기간 기준의 두 가지 기준을 합산하여 계산한다(부동산실명법 시행령 제3조의2 및 별표). 현행 부동산실명법상 과징금은 부동산평가액(5억 원 이하, 5억 원 초과 30억 원 이하, 30억 원 초과)을 기준으로 한 과징금 부과율(5%, 10%, 15%)과 의무위반 경과기간(1년 미만, 1년 이상 2년 미만, 2년 초과)을 기준으로 한 과징금 부과율(5%, 10%, 15%)을 더한 과징금 부과율에 부동산평가액을 곱하여 산정한다.[31]

---

31) 부동산실명법은 최초에 부동산가액의 100분의 30에 해당하는 과징금을 부과할 수 있도록 규정하고 있었다가, 앞서 본 바와 같이 헌법재판소 2001. 5. 31. 선고 99헌가18, 99헌바71·111, 2000헌바51·64·65·85, 2001헌바2(병합) 결정에 의하여 구 부동산실명법상 과징금 부과 규정에 대하여 헌법불합치 결정이 선고되자 위와 같이 관련 규정을 개정하였다.

부동산실명법 제5조 제5항에 의하면, 해당 부동산의 소재지를 관할하는 특별자치도지사·특별자치시장·시장·군수 또는 구청장이 부과·징수권을 가지되, 과징금 액수를 산정함에 있어서는 별다른 재량은 없어 보인다(다만 부동산실명법 시행령 제3조의2 단서 소정의 조세 포탈이나 법령 제한 회피 목적이 없는 경우 과징금 50%를 감경할 재량은 가진다).[32]

한편, 명의수탁자(명의대여자)는 과징금을 부과받지 않는다.

그리고 위 과징금을 부과받은 명의신탁자(명의차용자)가 과징금 부과일로부터 1년 이내에 자신의 명의로 등기를 마치지 않은 경우에는 부동산평가액의 10%에 해당하는 이행강제금을 부과받고, 다시 1년이 지나도록 등기를 마치지 않은 경우에는 부동산평가액의 20%에 해당하는 이행강제금을 추가하여 부과받도록 규정하고 있다(부동산실명법 제6조, 제10조 제3항, 제12조 제2항).

여기에서 의무위반 경과기간이 길수록 차명거래의 위반 정도가 높다고 할 수 있으므로 현행 부동산실명법상 과징금의 산정기준도 차명거래의 경중 정도를 어느 정도 고려한 것으로 평가할 수 있다(제재적 측면).

한편 부동산실명법상 과징금은 부동산평가액이 커질수록 이에 비례하여 과징금을 많이 부과하게 설계되어 있는데 이는 앞서 본 차명거래로 인한 이익이나 세금 등 지급의무가 있는 비용의 실제 회피 결과를 고려한 것이 아니라 위와 같은 회피의 위험을 기준으로 설계된 것으로 타당하지 않다고 할 것이다.[33]

다만, 부동산실명법이 위와 같이 부동산평가액과 차명기간을 기준으로 과징금을 산정한 것은 현실적으로 과징금 산정의 명확성과 예측가능성, 편리성 때문일 것이다.

한편 부동산 평가와 관련하여 그 평가시점에 관하여 부동산실명법 제5조 제2항은 부동산 가액의 기준시점은 '과징금을 부과하는 날 현재'로 하되, '과징금을 부과 받은 날 이미 명의신탁관계를 종료하였거나 실명등기를 하였을 때에는 명의신탁관계 종료시점 또는 실명등기시점'을 그 기준시점으로 하는 것으로 규정하고

---

32) 부동산실명법 시행령 제3조의2 단서는 조세를 포탈하거나 법령에 의한 제한을 회피할 목적이 아닌 경우에 과징금의 100분의 50을 감경할 수 있다고 규정하고 있고, 이는 임의적 감경 규정임이 명백하므로, 위와 같은 감경사유가 존재하더라도 과징금을 감경할 것인지 여부는 과징금 부과관청의 재량에 속한다(대법원 2007. 7. 12. 선고 2006두4554 판결 등 참조).

33) 다만 앞서 第3章 第2節 4. 나. 2) 나) (4)에서 본 바와 같이 부당이득액의 계산이 현실적으로 어려운 경우에는 차명거래의 재산평가액 및 차명기간 등을 부당이득액 계산에 활용할 수도 있을 것이다.

있다.[34)]

4) 조세

현행법에는 명의차용자(명의신탁자)나 명의대여자(명의수탁자)에 대하여 차명거래 즉 명의신탁으로 인한 부동산에 관한 소유권이전등기 행위만으로 세금을 부과하는 규정은 없다. 그리고 차명거래와 관련하여 명의를 위장하였다는 사실만으로 국세기본법 소정의 부당무신고 가산세를 부과할 수는 없다.[35)] 다만 명의신탁이 추

---

34) 앞서 본 바와 같이 부동산실명법은 최초에 부동산 가액산정 시점과 관련하여 과징금을 부과하는 날 현재의 기액만을 기준으로 하고 있었다가 헌법재판소의 헌법불합치결정{헌법재판소 2006. 5. 25. 선고 2005헌가17, 2006헌바17(병합) 전원재판부 결정} 이후 위와 같이 관련 규정을 개정하였다. 위 결정은 '행정청이 과징금을 부과할 당시에 법위반자의 명의신탁 관계가 이미 종료된 경우에도, 이 사건 법률조항이 과징금 부과시점의 부동산가액을 과징금 산정기준으로 한 것은, 부동산실명법이 추구하는 입법목적을 달성함으로써 얻게 되는 공익이 공공복리에 해당되어 헌법상 목적정당성이 인정되지만, 위 입법목적을 달성하는 데 적절하지 않아서 적합성원칙에 위배되고, 법위반자의 재산권을 덜 제한하면서도 입법목적을 동일하게 달성할 수 있는 명의신탁관계 종료시점의 부동산가액을 과징금 산정기준으로 하는 대체수단이 존재하므로 최소침해성원칙에도 위배되며, 명의신탁 종료시점부터 과징금 부과시점까지 발생하게 되는 과징금 증가액을 법위반자가 부담하여야 하는 재산상 불이익이 매우 큰 반면에 명의신탁관계가 종료된 시점 이후의 기간 동안에 발생할 수 있는 법위반자의 불법적인 이익을 회수하고, 실명등기의무의 이행을 강제하여 얻게 되는 공적인 이익은 그리 크지 않다고 할 것이므로 법익균형성원칙에 위배되기 때문에 결국 비례원칙에 어긋나므로, 헌법 제23조 제1항에서 보장된 재산권을 침해한다. 과거에 법위반행위를 종료시킨 부동산실명법위반자와 과징금 부과시점까지 법위반행위를 계속하고 있는 부동산실명법위반자는 부동산실명법위반행위의 존속 여부에 있어서 본질적으로 서로 다름에도 불구하고, 이 사건 법률조항이 '과징금 부과시점에 존재하는 부동산가액을 기준으로 과징금을 산정하도록 하여 양자를 동일하게 취급하고 있는 데에는 합리적인 사유가 전혀 존재하지 않으므로 법위반자의 헌법상 평등권을 침해한다'라고 판시하였다.

35) 구 국세기본법(2011. 12. 31. 법률 제11124호로 개정되기 전의 것) 제47조의2 제2항 제1호, 제47조의3 제2항 제1호, 구 국세기본법 시행령(2012. 2. 2. 대통령령 제23592호로 개정되기 전의 것, 이하 같다) 제27조 제2항 제6호의 입법 취지는 국세의 과세표준이나 세액 계산의 기초가 되는 사실의 발견을 곤란하게 하거나 허위의 사실을 작출하는 등의 부정한 행위가 있는 경우에 과세관청으로서는 과세요건사실을 발견하고 부과권을 행사하기 어려우므로 부정한 방법으로 과세표준 또는 세액의 신고의무를 위반한 납세자를 무겁게 제재하는 데 있다. 따라서 구 국세기본법 시행령 제27조 제2항 제6호가 부당한 방법의 하나로 들고 있는 '사기, 그 밖의 부정한 행위'라고 함은 조세의 부과와 징수를 불가능하게 하거나 현저히 곤란하게 하는 위계 기타 부정한 적극적인 행위를 말하고, 적극적 은닉의도가 나타나는 사정이 덧붙여지지 않은 채 단순히 세법상의 신고를 하지 아니하거나 허위의 신고를 함에 그치는 것은 여기에 해당하지 않는다. 또한 납세자가 명의를 위장하여 소득을 얻더라도, 명의위장이 조세포탈의 목적에서 비롯되고 나아가 여기에 허위 계약서의 작성과 대금의 허위지급, 과세관청에 대한 허위의 조세 신고, 허위의 등기·등록, 허위의 회계장부 작성·비치 등과 같은 적극적인 행위까지 부가되는 등의 특별한 사정이 없는 한, 명의위장 사실만으로 구 국세기본법 시행령 제27조 제2항 제6호에서 정한 '사기, 그 밖의 부정한 행위'에 해당한다고 볼 수 없다(대법원

후 밝혀져 명의신탁자에게 세금이 부과된다면 일반무신고가산세 20%와 연 9.125% 소정의 납부지연가산세[36]는 부과될 수 있다.

다. 차명거래 이후 조세포탈이 이루어진 경우

차명으로 부동산을 매수하여 소유권이전등기를 경료하였다는 사실만으로는 '사기 기타 부정한 행위'로 인한 조세포탈죄가 된다고 보기 어렵고, 위와 같은 사실만으로 세금을 부과하지는 않는다.

다만, '조세의 부과징수를 불가능하게 하거나 현저히 곤란하게 할 정도의 위계 기타 부정한 적극적 행위가 추가로 있는 경우'에는 조세범 처벌법 제3조 또는 특정범죄 가중처벌 등에 관한 법률 제8조 소정의 조세포탈죄가 성립할 수 있고 이런 경우에는 명의신탁자(명의차용자)와 명의수탁자(명의대여자)가 모두 형사처벌을 받게 된다. 즉 주식이나 사채에 관한 명의신탁은 조세회피 목적의 존재에 관한 추정에서 벗어나기가 쉽지 않아 많은 경우 증여세가 부과되지만, 형사처벌의 경우에는 차명거래가 있어도 그 이상의 '사기 그 밖의 부정한 행위'를 요구한다는 점에서 조세포탈죄로 형사처벌하기가 쉽지는 않다는 차이점이 있다.

한편 대법원[37]은 '조세의 부과징수를 불가능하게 하거나 현저히 곤란하게 할 정도의 위계 기타 부정한 적극적 행위'가 있는 경우와 관련하여 차명계좌에 예금한 행위 한가지만으로는 조세포탈죄를 인정하지 않고, '장부상의 허위기장 행위, 수표 등 지급수단의 교환반복행위 기타의 은닉행위가 포함되어 있거나, 여러 곳의 차명계좌에 분산 입금하거나 순차 다른 차명계좌에의 입금을 반복하거나 1회의 예입이라도 명의자와의 특수관계 때문에 은닉의 효과가 매우 커지는 등의 경우'를 이에 해당한다고 보고 있음은 앞서 第1章 第5節에서 살펴본 바 있다.

그리고 '조세의 부과나 징수를 불가능하게 하거나 현저히 곤란하게 하는 행위'에 관하여는 '과세관청의 실지조사권이 무력화되었는지 여부'와 '과세관청이 장부 및 증거자료의 확인이나 조사 의무를 성실히 수행하였는지 여부' 등에 관한 구체적인 사정을 종합하여 실질적으로 판단해야 한다는 견해[38]가 유력하다.

2017. 4. 13. 선고 2015두44158 판결 등 참조).

36) 앞서 본 바와 같이 기존에는 연 10.95%였으나 법이 개정되어 현재는 9.125%로 낮아졌다.

37) 대법원 1999. 4. 9. 선고 98도667 판결.

38) 이재호·이경호, "조세범 처벌법상 '사기나 그 밖의 부정한 행위'의 해석기준에 관한 소고", 조세와 법 제6권 제2호, 서울시립대학교 법학연구소(2013), 52.

생각건대, 조세의 부과와 징수를 하는 기관이 과세관청이므로 과세관청의 입장에서 사실관계를 성실하게 조사 및 확인했음에도 은폐된 사실관계를 제대로 확인하기 어려운 경우 즉 과세관청의 실지조사권이 형해화되었다고 볼 경우에는 적어도 국가의 조세에 대한 부과 및 징수권을 실질적으로 침해한 것으로 볼 수 있다는 점에서 위 견해는 매우 의미가 있고 타당하다고 할 것이다.[39] 차명거래의 경우에도 위와 같은 기준에서 과세관청의 입장에서 사실관계를 성실하게 조사 및 확인했음에도 은폐된 사실관계를 제대로 확인하기 어렵다면 조세포탈죄 소정의 '사기나 그 밖의 부정한 행위'에 해당한다고 할 수 있을 것이다.

2. 차명주식, 사채

가. 차명거래 준비행위(차명계약 체결행위)

현행법은 주식, 사채와 관련하여 차명거래를 위한 사전 준비절차인 차명계약 체결행위만으로 이를 형사처벌하거나 과징금을 부과하거나 세금을 부과하지는 않을 뿐만 아니라, 차명주식, 사채를 위한 차명계약을 무효로 하는 규정도 없다. 계약 자유의 원칙상 주식, 사채에 관한 차명계약 체결은 자유이고, 이것이 특별히 민법 제103조나 특정한 법률에 반한다고 볼 사정이 없는 한 차명계약은 유효하다.[40]

나. 차명거래 행위(명의신탁으로 인한 주주명부, 사채원부에의 명의개서)

1) 민사상의 효력

상법 제332조 제2항은 '타인의 승낙을 얻어 그 명의로 주식을 인수한 자는 그 타인과 연대하여 주금을 납입할 책임이 있다'고 규정하고 있고, 위 규정에 의하면, 명의대여자인 형식주주는 명의차용자인 실질주주와 함께 상법 제24조[41]의 명의대여자의 책임과 비슷하게 주금납입에 대한 연대채무를 부담하게 된다.

---

39) 판례가 설명하는 세금의 부과와 징수를 현저히 곤란하게 하는 행위가 무엇인지에 관한 일반론이 필요하다는 점에서 위 견해가 중요한 의미가 있다는 견해로는 윤지현, 앞의 논문("명의신탁 또는 차명거래와 '사기 그 밖의 부정한 행위'"), 14.

40) 정경영, "주식회사와 형식주주, 실질주주의 관계─대법원 2017. 3. 23. 선고 2015다248342 판결에 대한 평석", 비교사법 제24권 제2호, 한국비교사법학회(2017), 883.

41) 상법 제24조(명의대여자의 책임) 타인에게 자기의 성명 또는 상호를 사용하여 영업을 할 것을 허락한 자는 자기를 영업주로 오인하여 거래한 제3자에 대하여 그 타인과 연대하여 변제할 책임이 있다.

한편, 사채와 관련하여서는 타인의 승낙을 얻어 그 명의로 사채를 인수한 자의 납입의무에 관하여는 상법에 특별한 규정이 존재하지는 않는다.

2) 형사처벌, 과징금

타인 명의를 차용하여 그 타인 명의로 주주명부나 사채원부에 기재하는 차명주식, 사채(일부 사채 포함) 거래는 앞서 본 바와 같이 계약 자유의 원칙상 유효하고, 현행법상 명의수탁자(형식주주)나 명의신탁자(실질주주)를 형사처벌하거나 이들에게 과징금을 부과하는 규정은 없다.

3) 조세

주식, 사채(일부 사채 포함)에 관하여 차명계약을 체결하고 명의수탁자(형식주주) 명의로 주식을 인수하여 명의수탁자(형식주주) 명의로 주주명부, 사채원부에 명의개서가 되면 상증세법이 2018. 12. 31. 개정되기 전 구 상증세법 하에서는 구 상증세법 제45조의2 제1항에 의하여 명의수탁자에게 증여한 것으로 의제되어 명의수탁자에게 증여세가 부과되고, 명의신탁자는 위 증여세에 대한 연대납세의무를 지게 되었다(구 상증세법 제4조의2 제5항 제4호). 실질적으로 증여가 아님에도 증여 의제를 하여 결과적으로 명의수탁자와 명의신탁자 모두 증여세 납세의무를 졌던 것이다. 한편 현행 상증세법이 2018. 12. 31. 개정되면서 제4조의2 제2항에서 '제1항에도 불구하고 제45조의2에 따라 재산을 증여한 것으로 보는 경우(명의자가 영리법인인 경우를 포함한다)에는 실제소유자가 해당 재산에 대하여 증여세를 납부할 의무가 있다'고 규정하여 명의신탁자만이 증여세 납세의무를 부담한다.

다. 차명거래 이후 조세포탈이 이루어진 경우

현재의 판례에 따른다면, 차명으로 주식, 사채를 인수하여 명의수탁자(형식주주) 명의로 주주명부, 사채원부에 기재되었다는 사실만으로는, 비록 이로 인하여 조세부담이 감소되는 것 같은 외관이 생긴다 하더라도 '사기 기타 부정한 행위'로 인한 조세포탈죄가 된다고 보기는 어렵다. 다만, '조세의 부과징수를 불가능하게 하거나 현저히 곤란하게 할 정도의 위계 기타 부정한 적극적 행위'라고 볼 만한 추가적인 행위가 있다면 그 경우에는 조세범 처벌법 제3조 또는 특정범죄 가중처벌 등에 관한 법률 제8조 소정의 조세포탈죄가 성립할 수 있다는 것이 대법원의 입장이다. 다만 이러한 '추가적인 행위'가 무엇이고 이에 해당하려면 일반적으로 어떠한 표지를 갖추어야 하는지는 분명하지 않다. 이런 경우에는 명의신탁자(실질주주)와 명의수탁자(형식주주)가 모두 형사처벌을 받게 된다는 점은 차명부동산의 경우와 같다.

3. 차명예금

가. 차명거래 준비행위(차명계약 체결행위, 차명통장 개설, 접근매체 대여 · 양도행위)

현행법은 예금과 관련하여 차명거래를 위한 사전 준비절차인 차명계약 체결행위만으로 이를 형사처벌하거나 과징금을 부과하거나 세금을 부과하지는 않을 뿐만 아니라, 차명예금을 위한 차명계약을 무효로 하는 규정도 없다. 차명주식, 사채와 마찬가지로 계약자유의 원칙상 예금에 관한 차명계약 체결은 자유이고, 이것이 특별히 민법 제103조나 특정한 법률에 반한다고 볼 사정이 없는 한 계약은 유효하다.

또한, 명의차용자가 차명예금거래를 위하여 명의대여자가 자신의 실명으로 통장을 개설하더라도 위 통장 개설행위만으로 이를 제재하는 규정은 없다. 다만 명의대여자가 자신이 개설한 자신 명의의 통장42)과 현금카드, 인터넷뱅킹 등을 위한 보안카드 등을 명의차용자에게 대여하거나 양도하면 접근매체 대여, 양도행위로 인한 전자금융거래법43)위반으로 형사처벌을 받게 된다.

나. 차명거래 행위

1) 형사처벌, 과징금

가) 일반적인 경우

타인 명의를 차용하여 그 타인 명의로44) 예금계좌를 개설한 후 불법재산의 은닉, 자금세탁행위나 강제집행의 면탈, 조세포탈이나 법령상의 제한을 회피하려는 등의 위법한 목적 없이 차명금융거래를 한다면(예컨대 동창회 등 친목 모임을 위한 차명예금 개설 후 위 동창회 등을 위한 차명금융거래를 할 경우 등), 현행법상 명의대여자인

---

42) 통장은 전자금융거래법 제2조 제10호 소정의 전자금융거래를 할 수 있어야 하므로, 같은 법 제2조 제8호 소정의 전자적 장치를 통한 거래를 할 수 없는 경우 즉 금융기관의 창구에서 입출금 및 통장정리만이 가능한 통장일 경우에는 접근매체라고 할 수 없다(대법원 2010. 5. 27. 선고 2010도2940 판결 등 참조). 다만 최근에 발급되는 통장의 대부분은 인터넷뱅킹, 텔레뱅킹, 스마트뱅킹이 가능하거나 통장만으로 CD/ATM기에서 출금이 가능하고, 통장 양도나 대여시에는 비밀번호도 같이 알려주기 때문에 이러한 경우 위 통장은 전자금융거래법 소정의 접근매체라고 할 수 있다.

43) 전자금융거래법 제49조 제4항, 제6조 제3항.

44) 타인이 실명확인 절차를 거쳐서 그 타인 본인이 직접 계좌를 개설하는 경우를 의미한다.

예금명의자나 명의차용자인 출연자를 형사처벌하거나 이들에게 과징금을 부과하는 규정은 없다.

나) 불법재산의 은닉 등을 목적으로 한 차명금융거래 – 형사처벌

다만, 금융실명법은 불법 차명거래를 이용한 범죄를 근절하고 금융거래 투명성을 높이기 위하여 2014. 5. 28. 법률 제12711호로 개정되어 특정금융정보법 제2조 제3호에 따른 불법재산[45])의 은닉, 같은 조 제4호에 따른 자금세탁행위[46]) 또는 같은 조 제5호에 따른 공중협박자금조달행위[47]) 및 강제집행의 면탈, 그 밖에 탈법행위를 목적으로 타인의 실명으로 금융거래를 하는 자에 대하여는 5년 이하의 징역 또는 5천만 원 이하의 벌금에 처하도록 하는 규정(제3조 제3항)을 신설하였다.

개정 전 금융실명법은 합의에 의한 차명금융거래를 금지하지 않아서 차명예금을 이용한 금융거래가 범죄수단으로 악용되기도 하였는데, 개정된 금융실명법은 위와 같이 불법재산의 은닉, 자금세탁행위(조세포탈 등 포함), 공중협박자금조달행위, 강제집행의 면탈 및 그 밖에 탈법행위[48])를 목적으로 하는 차명금융거래만을 금지

---

45) 여기에는 범죄수익은닉의 규제 및 처벌 등에 관한 법률 제2조 제4호에 따른 범죄수익등(범죄수익, 범죄수익에서 유래한 재산 및 이들 재산과 그 외의 재산이 합쳐진 재산을 말한다), 마약류 불법거래 방지에 관한 특례법 제2조 제5항에 따른 불법수익등(불법수익, 불법수익에서 유래한 재산 및 그 재산과 그 재산 외의 재산이 합하여진 재산을 말한다), 공중 등 협박목적 및 대량살상무기확산을 위한 자금조달행위의 금지에 관한 법률 제2조 제1호에 따른 공중협박자금(국가·지방자치단체 또는 외국정부 등의 권한행사를 방해하거나 의무 없는 일을 하게 할 목적으로 또는 공중에게 위해를 가하고자 하는 등 공중을 협박할 목적으로 행하는 일정한 행위에 사용하기 위하여 모집·제공되거나 운반·보관된 자금이나 재산을 말한다) 등이 포함된다.
46) 여기에는 범죄수익은닉의 규제 및 처벌 등에 관한 법률 제3조에 따른 범죄행위(범죄수익등의 취득 또는 처분에 관한 사실을 가장한 자, 범죄수익의 발생 원인에 관한 사실을 가장한 자, 특정범죄를 조장하거나 적법하게 취득한 재산으로 가장할 목적으로 범죄수익등을 은닉한 자 및 미수범, 예비범, 음모범을 포함한다), 마약류 불법거래 방지에 관한 특례법 제7조에 따른 범죄행위(마약류범죄의 발견 또는 불법수익등의 출처에 관한 수사를 방해하거나 불법수익등의 몰수를 회피할 목적으로 불법수익등의 성질, 소재, 출처 또는 귀속 관계를 숨기거나 가장한 자 및 미수범, 예비범, 음모범을 포함한다), 조세범 처벌법 제3조(사기나 그 밖의 부정한 행위로써 조세를 포탈하거나 조세의 환급·공제를 받은 자 등을 처벌하는 규정이다), 관세법 제270조(관세포탈죄 등을 규정하고 있다) 또는 특정범죄 가중처벌 등에 관한 법률 제8조(조세범 처벌법 등의 조세포탈죄의 가중 처벌 규정이다)의 죄를 범할 목적 또는 세법에 따라 납부하여야 하는 조세를 탈루할 목적으로 재산의 취득·처분 또는 발생 원인에 관한 사실을 가장하거나 그 재산을 은닉하는 행위 등이 포함된다.
47) 이것은 공중 등 협박목적 및 대량살상무기확산을 위한 자금조달행위의 금지에 관한 법률 제6조 제1항의 죄에 해당하는 행위를 말한다.
48) 불법재산의 은닉, 자금세탁행위 등에 준하는 정도로 금융실명법을 잠탈하는 행위를 의미하는 것으로 보아야 할 것이나, 불확정 개념이라고 할 것이다.

하고 그 위반행위만을 형사처벌 대상으로 삼고 있을 뿐이다. 동창회 등 친목모임 회비를 관리하기 위하여 대표자 등 명의로 계좌를 개설하거나, 문중, 교회 등 임의 단체 금융자산을 관리하기 위하여 대표자 등 명의로 계좌를 개설하거나 예금하는 행위 등 용인할 수 있는 목적의 차명금융거래 등은 금지되지 않는다.

금융실명법 제3조 제3항 소정의 불법재산의 은닉 등을 목적으로 하는 금융거래의 구체적인 사례로는 다음과 같은 것을 들고 있는 자료가 있다.[49]

채권자들의 강제집행을 회피하기 위하여 타인 명의 계좌에 본인 소유 자금을 예금하는 행위(강제집행 면탈), 불법도박자금을 은닉하기 위하여 타인 명의 계좌에 예금하는 행위(불법재산 은닉), 증여세 납부 회피를 위해 증여세 감면 범위를 초과하여 본인 소유 자금을 가족명의 계좌에 예금하는 행위(조세회피행위), 금융소득종합과세 회피를 위해 타인 명의 계좌에 본인 소유 자금을 예금하는 행위(조세회피행위), 생계형저축 등 세금우대 금융상품의 가입한도 제한 회피를 위하여 타인 명의 계좌에 본인 소유 자금을 분산 예금하는 행위(조세회피행위) 등이 그것이다.[50] 하지만 이 자료에 의하더라도 '그 밖의 탈법행위'의 범위에 관한 분명한 지침은 없다.

명의차용자, 명의대여자 모두 차명계좌를 이용한 금융거래를 하였다는 이유로 금융실명법 규정에 의하여 처벌받을 수 있다. 즉 명의대여자도 명의차용자가 불법적인 목적으로 차명거래를 할 것이라는 사실을 알면서도 자신의 예금 명의를 빌려주었다면 공범으로 처벌받을 수 있게 되는 것이다.[51]

다) 조세포탈, 강제집행면탈 등

명의차용자가 차명계좌를 통하여 예금을 함에 있어 조세범 처벌법 제3조 또는 특정범죄 가중처벌 등에 관한 법률 제8조 소정의 요건인 '사기나 그 밖의 부정한 행위로써 조세를 포탈한 경우 등'에 해당하면 조세포탈죄로 형사처벌을 받을 수 있다. 다만, 판례[52]는 차명계좌를 통하여 예금한 정황만으로는 다른 정황 없이 조세

---

49) 금융투자협회, "개정 금융실명법 안내"(2014. 11.), 7 참조.
50) 대법원 판례는 조세포탈죄가 성립하기 위하여는 앞서 본 바와 같이 명의위장 행위뿐만 아니라 여기에 '부정행위'나 '사전소득 은닉행위'로 평가할 만한 것의 존재를 요구하고 있다. 금융실명법 제3조 제3항 소정의 형사처벌 대상이 되는 탈법행위를 목적으로 하는 차명금융거래에 대법원 판례가 요구하는 '부정행위'나 '사전소득 은닉행위'까지 요구할 것인지 아니면 단순한 조세회피를 위한 목적의 차명금융거래도 여기에 포섭되는지 여부는 분명하지 않다.
51) 명의대여자는 경우에 따라 교사범 또는 방조범으로 처벌받을 수 있을 것이고, 명의차용자보다는 불법의 정도가 경하다고 보아야 하므로 명의차용자보다는 경하게 처벌받아야 할 것이다.
52) 일반적으로 다른 사람 명의의 예금계좌를 빌려 예금하였다고 하여 그 차명계좌를 이용하는

포탈로 형사처벌할 수 없다는 입장이다. 판례는 차명계좌에 예금한 행위 이외에 적극적으로 조세를 포탈할 의도가 나타나는 사정이 있어야 한다고 한다.[53] 또한 명의차용자가 차명계좌를 통하여 채권자의 강제집행을 회피한다면 강제집행면탈죄로 처벌받을 수도 있다.

2) 조세

2014년에 개정된 금융실명법은 실명이 확인된 계좌 또는 외국의 관계 법령에 따라 이와 유사한 방법으로 실명이 확인된 계좌에 보유하고 있는 금융자산을 명의자의 소유로 추정하는 규정을 신설하였다(제3조 제5항).

또한, 상증세법은 2013. 1. 1. 법률 제11609호로 개정되어 제45조 제4항을 신설하였는데, 위 조항은 금융실명법 제3조에 따라 실명이 확인된 계좌 또는 외국의 관계 법령에 따라 이와 유사한 방법으로 실명이 확인된 계좌에 보유하고 있는 재산은 명의자가 그 재산을 취득한 것으로 추정하여 직업, 연력, 소득 및 재산 상태 등으로 볼 때 재산을 자력으로 취득하였다고 인정하기 어려운 자의 재산 취득시 그 재산의 취득자금을 그 재산취득자인 위와 같은 자력이 많지 않은 자가 증여받은 것으로 추정하는 규정인 같은 조 제1항[54]을 적용한다고 규정하고 있다.

사실 차명예금의 경우 예금명의자가 예금을 취득하였다고 보기는 어렵다. 출연자와 예금명의자 사이에는 내부적으로 출연자를 차명예금에 대하여 소유권을 가지는 계약이 형성되어 있고 이는 일종의 위임이어서 민법 제684조에 의하여 예금명의자는 예금을 출연자에게 이전할 의무를 부담한다고 보아야 하고,[55] 판례[56]에 의하

점만으로 구체적 행위의 동기, 경위 등 정황을 떠나 어느 경우에나 적극적 소득은닉 행위가 된다고 단정할 것은 아니고, 장부에의 허위기장 행위, 수표 등 지급수단의 교환 반복행위 기타의 은닉행위가 곁들여져 있는 경우, 차명계좌를 이용하면서 여러 곳의 차명계좌에 분산 입금하거나 순차 다른 차명계좌에의 입금을 반복하는 행위 또는 단 1회의 예입이라도 그 명의자와의 특수한 관계 때문에 은닉의 효과가 현저해지는 등으로 적극적 은닉의도가 있다고 인정되는 경우에 조세의 부과징수를 불능 또는 현저히 곤란하게 만든 것으로서 사기 기타 부정한 행위에 해당할 수 있다(대법원 2016. 2. 18. 선고 2014도3411 판결 등 참조).

53) 윤지현, 앞의 논문("명의신탁 또는 차명거래와 '사기 그 밖의 부정한 행위'"), 13.
54) 상속세 및 증여세법 제45조(재산 취득자금 등의 증여 추정) ① 재산 취득자의 직업, 연력, 소득 및 재산 상태 등으로 볼 때 재산을 자력으로 취득하였다고 인정하기 어려운 경우로서 대통령령으로 정하는 경우에는 그 재산을 취득한 때에 그 재산의 취득자금을 그 재산 취득자가 증여받은 것으로 추정하여 이를 그 재산 취득자의 증여재산가액으로 한다.
55) 김재형, 앞의 논문("금융거래의 당사자에 관한 판단기준", 저스티스 제93호), 25; 이동진, 앞의 논문, 24.
56) 대법원 2009. 3. 19. 선고 2008다45828 전원합의체 판결.

면, 예금명의자가 아닌 출연자 등을 예금계약의 당사자라고 볼 수 있는 극히 예외
적인 경우(금융기관과 출연자 등과 사이에서 실명확인 절차를 거쳐 서면으로 이루어진 예
금명의자와의 예금계약을 부정하여 예금명의자의 예금반환청구권을 배제하고 출연자 등과
예금계약을 체결하여 출연자 등에게 예금반환청구권을 귀속시키겠다는 명확한 의사의 합치
가 있는 경우 등)가 있을 수도 있기 때문이다.

실명이 확인된 계좌에 입금된 금원은 상증세법 제45조 제4항에 의하여 예금명
의자가 그 재산을 취득한 것으로 추정된다. 즉 차명예금이 아닌 것으로 추정되고,
차명예금이라는 점은 예금의 명의자가 스스로 입증해야 하는 것이다. 그리고 이와
같이 명의자 자신의 예금으로 취급되면서 다시 같은 조 제1항에 의하여, 과세관청
이 예금명의자의 무자력, 증여자의 존재와 자력을 입증함을 전제로 예금계좌에 입
금된 금원은 증여된 것으로 추정되는 것이다. 위와 같이 두 단계의 추정을 거치기
때문에 예금명의자로서는 증여세 부과를 피하기 위하여 다음의 두 가지 중 한 가지
조치를 취해야 한다.

우선 방금 언급한 바와 같이 차명예금임을 입증하여 상증세법 제45조 제4항의
추정을 깨뜨릴 수 있다. 물론 차명예금이 밝혀질 경우 실질과세원칙에 따라 명의차
용자(출연자)에게는 종합소득세 등 별도의 세금이 부과될 것이다.[57]

다음으로 상증세법 제45조 제1항의 추정을 번복하려 할 수 있다. 이때에는, 조
사단계에서 존재가 밝혀지지 않았던 납세자 명의의 소득, 재산 등을 밝혀서 재산을
취득할 자력이 있었음을 입증하거나, 납세자의 직업, 연령, 소득, 재산상태로부터도
해당 재산을 취득할 수 있었다고 다투거나[58] 증여가 아닌 다른 방식으로 해당 재산
을 취득하였다는 것을 증명하여야 한다.[59]

또한, 금융실명법 제5조[60]에 의하여 차명예금[61]이나 가명예금 같은 비실명

---

57) 김동수, 앞의 논문, 96.
58) 윤지현, "상속세 및 증여세의 간주·추정규정의 한계", 조세법연구 제16권 제1호, 한국세법학
    회(2010), 203.
59) 김동수, 앞의 논문, 96.
60) 금융실명거래 및 비밀보장에 관한 법률 제5조(비실명자산소득에 대한 차등과세) 실명에 의하
    지 아니하고 거래한 금융자산에서 발생하는 이자 및 배당소득에 대하여는 소득세의 원천징
    수세율을 100분의 90{특정채권에서 발생하는 이자소득의 경우에는 100분의 20(2001년 1월 1
    일 이후부터는 100분의 15)}으로 하며, 「소득세법」 제14조 제2항에 따른 종합소득과세표준
    의 계산에는 이를 합산하지 아니한다.
61) 앞서 第1章 第4節 2. 나. 3)에서 본 바와 같이, 금융실명법 제5조와 관련하여 '실지명의가 아
    닌(非실명) 금융거래'에 '차명거래'가 포함된다고 봄이 타당하므로, 차명금융거래에 대하여는

금융소득에 대하여는 90%(지방소득세까지 포함하면 90%가 넘게 된다)가 세금으로 부과된다.

다. 차명거래 이후 조세포탈이나 각종 탈법행위가 이루어진 경우

차명으로 타인으로부터 예금계좌를 차용한 사실만으로는 '사기 기타 부정한 행위'로 인한 조세포탈죄가 된다고 보기는 어렵다. 다만 타인으로부터 예금계좌를 차용한 이후 조세의 부과징수를 불가능하게 하거나 현저히 곤란하게 할 정도의 위계 기타 부정한 적극적 행위가 추가로 있다면 조세포탈죄가 성립할 수 있음은 이미 여러 차례 확인한 대로이다. 이는 차명예금의 경우에도 마찬가지일 것이다.

금융실명법 제5조 소정의 차등과세를 적용하여야 할 것이다.

제 3 절 규제의 유형별 분석

1. 형사상 규제

가. 공통점

차명부동산, 주식, 사채, 예금 중 어느 경우에나 차명거래를 위한 사전 준비절차인 차명계약 체결행위만으로 형사처벌을 하지는 않는다. 사기 그 밖의 부정한 행위에 따른 조세포탈의 형사처벌 가능성도 동일하다.

나. 차이점

차명부동산의 경우는 명의차용자(명의신탁자), 명의대여자(명의수탁자)를 부동산실명법위반죄로 형사처벌을 한다. 차명주식, 사채의 경우에는 그러한 개별적 형사처벌 규정이 없다. 마지막으로 차명예금의 경우에는 타인이 자신 명의로 개설한 예금통장을 현금카드 등 접근매체와 함께 타인에게 양도·대여하는 등의 행위를 할 경우에는 전자금융거래법위반으로 형사처벌을 받는다. 또한 불법재산의 은닉, 자금세탁행위 또는 공중협박자금조달행위, 강제집행의 면탈이나 그 밖의 탈법행위를 목적으로 하는 차명예금에 대하여도 금융실명법에 형사처벌 조항이 있다. 이러한 개별 조항들은 그때 그때 관련법의 목적에 따라 두어진 것으로 여겨진다. 따라서 이러한 조항들을 마련할 때 이 글에서 하고 있는 것처럼 차명거래에 흔히 사용되는 다른 종류의 재산에 관하여 어떤 규율을 두고 있는지를 충분히 인식하였다고 볼 근거는 없는 듯하다.

2. 행정상 규제

우선 차명부동산의 경우에 현행법은 차명계약 체결행위만으로는 행정상의 규제를 하지 않고, 다만 차명거래의 소유권이전등기, 즉 부동산 명의신탁을 하면 명의차용자(명의신탁자)에게 과징금을 부과한다. 또 명의신탁자가 자신 명의로 등기를 하지 않을 경우에는 이행강제금을 부과한다.

　　부동산실명법상 과징금 부과와 관련하여 여러 가지 쟁점을 검토하기 위하여는 위 과징금의 성격을 규명할 필요가 있다.

　　이에 대하여는 부동산실명법에 규정되어 부동산 명의신탁자에게 부과되는 과징금은 일정한 행정 목적을 위하여 일정기간 내에 의무이행을 확보하기 위한 수단으로,[62] 부당이득 환수를 목적으로 하는 본래적 전형적인 과징금이라는 견해[63]가 있는데, 그 근거로는 부동산실명법 제정 당시[64]에 과징금의 부과율을 일률적으로 부동산가액의 100분의 30[65]으로 한 이유는 당시 양도소득세율(양도차익의 30%~50%)과 증여세율(공제 후 과세표준의 최고 40%)을 감안한 것이었기 때문이라는 것을 들고 있다.

　　그러나 이러한 주장에는 다음과 같은 의문이 제기될 수 있다. 우선 양도소득세 납세의무는 부동산을 양도한 시점에서 비로소 발생하기 때문에, 일반적으로 양도소득은 부동산 양도의 시점에서 발생한다고 생각하기 마련이다. 이러한 생각은 물론 엄밀하게 세법 이론의 측면에서 따지자면 맞지 않는 것일 수도 있으나, 어쨌든 일반인의 인식 차원에서 보아 양도소득은 부동산을 양도해야 생긴다. 그런데 부동산을 앞으로 양도할지 말지, 언제 양도할지 모르는 상황에서 소유권이전등기가 있었다는 이유만으로 부과하는 과징금이 명의신탁으로 얻는 부당한 이익 − 여기서는 일단 양도소득세의 회피를 의미한다고 해 두자 − 을 환수하기 위한 것이라고 말할 수는 없다는 비판이 가능하다. 왜냐하면 발생하지도 않은 이익을 환수하겠다는 것이기 때문이다. 앞으로 일어날 양도소득세 회피의 이익을 환수하기 위해 양도소득세 상당액을 과징금의 형식으로 미리 걷는 것이라고 주장할 수도 있으나, 과징금을 부담한 이후에 양도소득세 부담을 줄여주거나 하는 조치도 없으므로 이 역시 타당하지 않다는 비판도 가능하다. 요약하면 양도소득세 부담과 결부시켜서 현재의 과

---

62) 최영찬, 앞의 논문, 7.

63) 오승규, "부동산실명법상 지방자치단체의 과징금 부과에 대한 법적 검토", 법조 통권 제675호, 법조협회(2012), 128.

64) 재정경제원, 부동산실명법 해설−부동산실권리자명의등기에 관한 법률−(1995), 39.

65) 구 부동산실권리자명의등기에관한법률(1995. 3. 30. 법률 제4944호로 제정된 것) 제5조(과징금) ① 다음 각호의 1에 해당하는 자에 대하여는 당해 부동산가액의 100분의 30에 해당하는 과징금을 부과한다.

1. 제3조 제1항의 규정을 위반한 명의신탁자

2. 제3조 제2항의 규정을 위반한 채권자 및 동조동항의 규정에 의한 서면에 채무자를 허위로 기재하여 제출하게 한 실채무자

징금이 차명거래로 부당하게 얻는 이득을 환수하기 위한 것이라는 주장에는 공감하기 어려운 측면이 있다. 만에 하나 법의 의도가 그러한 데에 있었다면, 이러한 입법의도가 제대로 구현된 입법이라고 말할 수도 없을 것이다. 이러한 점들을 모두 감안할 때 현재의 부동산실명법상의 과징금이 부당이득 환수적 성격만을 가진다는 주장은 이해하기 어려운 측면도 있다. 그리고 앞의 第3章 第2節 4. 나. 2) 라) (2)에서 본 바와 같이 자본시장법상 시장질서 교란행위에 대한 과징금의 경우에는 위반행위와 관련된 거래로 얻은 이익이나 이로 인하여 회피한 손실액을 기준으로 과징금을 산정하는데 여기에서의 이익에는 미실현 이익을 포함하고 있다. 부동산 차명거래의 경우에도 부동산을 취득하면 언젠가는 부동산을 양도하여 소득을 얻게 되는 것이므로 자본시장법상 시장질서 교란행위에 대한 과징금의 경우와 마찬가지로 아직 실현되지 않은 이익이라도 차명거래를 억제하기 위한 과징금 산정 시에 이를 고려할 수는 있을 것이다.

따라서 이와 같은 논의를 종합하여 인정되는 다음의 사정들, 즉 부동산 명의신탁이 조세회피를 목적으로 하는 경우도 있으나 아닌 경우도 있는 점, 부동산실명법상 과징금은 법 위반행위로 인하여 실제로 이익을 얻었는지 여부와는 상관없이 부과되는 점, 부동산실명법의 취지가 부동산 명의신탁을 근절하기 위한 것이고 과징금 역시 사법상의 무효에 관한 규정이나 형사처벌 규정과 함께 부동산 명의신탁을 하는 자들을 제재하기 위한 수단인 것으로 보이는 점 등을 고려하면, 부동산실명법상의 과징금은 부당이득 환수적 성격뿐만 아니라 부동산 차명거래를 제재 내지 억제하기 위한 성격도 함께 가지고 있다고 봄이 상당하다.[66)]

다음으로, 지금껏 살펴본 것처럼 차명주식, 사채, 예금의 경우에는 명의차용자와 명의대여자에게 어떠한 행정상의 제재가 가해지지 않는다. 다만 차명주식, 사채의 경우에는 과징금을 대신하는 것으로서 증여세의 부과 문제가 있는데, 이는 형식적으로는 세금의 문제이므로 항을 바꾸어 다른 세금 문제와 함께 살펴본다.

3. 조세상 규제

차명거래에 직접 적용되는 세법의 규정은 여러 번 언급한 상증세법의 증여의제

---

66) 同旨 이윤정, "부동산실명법상 과징금에 관한 판례 분석", 강원법학 제46권, 강원대학교 비교법학연구소(2015), 121-122.

조항이다. 우선 이 조항은 차명부동산의 경우에 적용되지 않는다. 그 주된 적용 대상은 차명주식, 사채(중 일부)이며 이때 조세회피 목적의 요건이 충족되면 2018. 12. 31. 개정 전 구 상증세법 하에서는 명의대여자(명의수탁자)가 원래의 증여세 납세의무를 지고, 명의차용자(명의신탁자)는 연대납세의무를 졌다. 그리고 2018. 12. 31. 개정된 현행 상증세법 상으로는 명의차용자(명의신탁자)만이 증여세 납세의무를 진다.

또한 차명예금의 경우, 비실명 금융소득으로 규율됨으로 인하여 90%의 징벌적 원천징수세율이 적용되는 문제도 이미 第1章 第4節 2. 나. 3)에서 지적하였다. 이것이 차명거래에 관한 세법의 기본적인 규율 체계라고 할 수 있다. 이 중 가장 중요한 것은 물론 증여의제의 문제이며, 이에 관하여는 第6章 第1節에서 좀 더 상세한 내용을 살피도록 한다.

4. 민사상 규제

거래 효력을 인정하지 않는 것이 이 글에서 말하는 민사상 규제의 요체라고 할 때, 그 민사상 규제의 요체는 차명부동산에 관한 명의신탁 약정, 곧 차명계약을 무효화하는 부동산실명법 제4조 제1항이 된다. 그 밖에 민사상 제재라고 부를 만한 것으로, 차명주식의 경우에 명의대여자(형식주주)가 명의차용자(실질주주)와 함께 주금납입에 대한 연대채무를 부담하도록 하는 상법 제332조 제2항이 있다. 일종의 표현책임이라고 할 만한 것인데, 금전채무를 지우는 특칙이라는 점에서 민사상 제재의 한 종류라고 볼 수도 있다.

마지막으로 차명사채, 예금의 경우에는 이러한 민사상의 불이익을 규정하는 조항을 찾기 어려운 듯하다.

5. 요약

이를 요약하면 다음 표와 같다.

[차명거래 대상별, 단계별 제재]

내싱	사람	차명거래 행위 이전	차명거래 행위 이후	피해발생(조세 포탈 등) 이후
부동산	명의차용자 (명의신탁자)	×	민사상 : 명의신탁 약정 및 등기 무효 형사상 처벌(징역, 벌금) − 징역5년↓, 벌금2억↓ 행정상 : 과징금(30%이내) 조세 : ×	'사기 그 밖의 부정한 행위' 로 인한 조세 포탈죄가 성 립할 경우, 형 사처벌(징역, 벌금) ☞ 명의신탁만 으로는 ×, 적 극적 소득은 닉행위 필요
	명의대여자 (명의수탁자)	×	민사상 : 명의신탁 약정 및 등기 무효 형사상 처벌(징역, 벌금) − 징역3년↓, 벌금1억↓ 행정상 : 과징금 × 조세 : ×	
주식	명의차용자 (명의신탁자)	×	민사상 : 주금납부의무 형사상 처벌 : × 행정상 : 과징금 × 조세 : 명의신탁 증여의제로 인한 증여 세[67]	
	명의대여자 (명의수탁자)	×	민사상 : 주금 연대납부의무 형사상 처벌 : × 행정상 : 과징금 × 조세 : ×[68]	
사채	명의차용자 (명의신탁자)	×	민사상 : × 형사상 처벌 : × 행정상 : 과징금 × 조세 : 명의신탁 증여의제로 인한 증여 세[69]	
	명의대여자 (명의수탁자)	×	민사상 : × 형사상 처벌 : × 행정상 : 과징금 × 조세 : ×[70]	
예금	명의차용자 (명의신탁자)	명의대여자 가 자신이 개설한 자신	○ 민사상 : × ○ 형사상 처벌 : ▶ 불법재산의 은닉, 같은 조 제4호에	

---

67) 2018. 12. 31. 개정 전 구 상증세법 하에서는 명의수탁자의 증여세 납세의무에 대한 연대납세
의무.

68) 2018. 12. 31. 개정 전 구 상증세법 하에서는 증여세 납세의무.

69) 2018. 12. 31. 개정 전 구 상증세법 하에서는 명의수탁자의 증여세 납세의무에 대한 연대납세
의무(일부 사채).

70) 2018. 12. 31. 개정 전 구 상증세법 하에서는 증여세 납세의무(일부 사채).

명의대여자 (명의수탁자)	명의의 통장 등 접근매체 대여, 양도 시 전자금융 거래법위반 (형사처벌)	따른 자금세탁행위 또는 같은 조 제5호에 따른 공중협박자금조달행위 및 강제집행의 면탈, 그 밖에 탈법행위를 목적으로 할 경우 − 처벌 ○ ▶ 위와 같은 목적 없으면 − 처벌 ✕ ○ 행정상 : 과징금 ✕ ○ 조세 : 비실명 금융소득에 대하여는 소득세 원천징수세율이 90%(지방소득세까지 포함하면 90%가 넘게 된다. 차명예금도 해당하는 것으로 유권해석 변경), 실명이 확인된 계좌에 입금된 금원은 예금명의자가 그 재산을 취득한 것으로 추정되고(상증세법 제45조 제4항에 의하여), 과세관청이 예금명의자의 무자력, 증여자의 존재와 자력을 입증함을 전제로 예금계좌에 입금된 금원은 증여된 것으로 추정되어(같은 조 제1항에 의하여), 차명예금 입증 실패시 →명의대여자(명의수탁자) : 증여세	

제 4 절   현행 규제 체계의 평가

1. 각 대상별 차명거래 규제의 공통점

차명거래 행위 이전에 차명계약 체결행위만으로는 이를 제재하지 않는다는 것은 공통된다. 이 글에서 주로 논의의 대상으로 삼은 것처럼, 차명거래의 문제는 거래 당사자들 간이 아니라 주로 규제나 과세의 담당자로서 국가나 그 밖의 제3자가 거래나 재산 등의 귀속에 관하여 충분한 정보를 확보하지 못한다는 점에서 생긴다. 따라서 국가나 그 밖의 제3자가 주로 이러한 귀속에 관한 정보를 얻게 되는 시점 이전이라면 국가로서도 어차피 이를 알기 어려울뿐더러 제재의 필요성도 작다고 말할 수 있다. 차명계약만으로 제재하지 않는다는 것은 이러한 차원에서 이해할 수 있으리라 생각한다.

다음으로 차명거래 행위로 인한 결과가 '사기 그 밖의 부정한 행위'로 인한 조세포탈죄가 되는 경우에는 조세범 처벌법 등으로 형사처벌을 받는다는 점도 유사하다. 물론 현재의 판례는 이러한 결과를 차명거래만으로 인정하지 않는다는 점에 유의할 필요는 있다. 그리고 이것이 차명거래만으로 증여세를 부과하는 상증세법 조항과 균형이 맞는지 의문스럽다는 점도 이미 第1章 第4節 3. 라. 4)에서 지적하였다.

끝으로 차명부동산과 특정한 불법 목적이 있는 차명예금의 경우는 형사처벌을 하는 점에서도 유사하다. 주식과 사채에 없는 형사처벌 조항이 왜 여기에만 있는지는 분명하지 않으며, 이러한 차별을 정당화할 만한 일반적인 근거도 역시 뚜렷하지 않다.

2. 각 대상별 차명거래 규제의 차이점

부동산, 예금과 관련된 차명거래는 개인이 자신의 이익이나 목적을 위하여 행하는 법률행위라는 측면에서 개인법적 법률관계라고 말할 수 있다면, 주식, 사채에 관련된 차명거래는 회사법이 적용되고 이해관계인이 많다는 측면에서 단체법상의 법률관계라고 말할 수 있다. 즉 차명주식, 사채에 관한 거래를 무효로 할 경우에는 후속 법률관계가 불안정해져서 자본 충실 원칙이나 주주, 채권자 등의 보호가 불확실해질 수 있어, 주식 및 사채 차명거래는 이해관계인이 많은 단체법상의 법률관계라고 할 수 있다.

3. 현행법에 대한 평가

앞의 第3章 第2節에서 차명거래에 대한 규제 또는 제재 체계가 갖추어야 할 내용들에 대하여 확인하였다. 이하에서는 이러한 내용들에 비추어 현행법의 규제들의 타당성 여부를 최종적으로 평가하여 보도록 한다.

가. 양자에 대한 규제 포함 여부

1) 부동산

차명부동산과 관련하여, 우선 형사처벌은 명의차용자인 명의신탁자뿐 아니라 명의대여자인 명의수탁자도 처벌하고 있다는 점에서 바람직하나, 과징금 및 이행강제금은 명의차용자인 명의신탁자에게만 부과하고 있다는 점에서는 바람직하지 않다고 말할 여지도 있다.

다만 문제된 재산 자체가 명의신탁자의 것이어서 명의수탁자에게는 충분한 자력이 없을 수 있다. 이 경우 명의수탁자에게 금전적 제재를 부과하는 것이 얼마나 적합한지에 관하여는 생각하여 볼 여지가 있다. 이는 형사법에서 재산범죄에 관하여는 흔히 벌금형을 과하지만, 그 밖의 범죄에 관하여는 벌금형을 과하지 않는 경우가 많음과도 비교하여 볼 수 있다. 또한 이행강제에서 말하는 '이행'은, 원래 차명 상태를 만들어내는 과정과 마찬가지로 기본적으로 명의신탁자의 주도로 이루어질 가능성이 많다고 이야기할 수도 있다. 이와 같이 '이행'의 과정을 주도할 힘이 없는 명의수탁자에게 '이행강제금'을 물리는 것이 적합한지에 관하여도 의문이 제기될 수 있다. 그렇다면 명의수탁자에 대한 제재는 형사처벌을 명의신탁자와 함께 부담하는 것으로 충분하다고 볼 여지도 있고, 이때 과징금이나 이행강제금을 물리지 않는 점을 형사처벌의 정도를 양정하는 데에 반영할 수도 있을 것이다.

2) 주식, 사채

차명주식, 사채와 관련하여, 유일한 제재는 증여세 부과인데,[71] 2018. 12. 31.

---

71) 차명거래 이외에 사기 기타 부정한 행위가 더해진다는 예외적인 상황 하에서는 조세범 처벌

개정 전 구 상증세법 하에서는 명의수탁자(명의대여자)에게 증여세를 부과하고 명의신탁자(명의차용자)는 증여세에 대한 연대납세의무를 부담하므로 양자 모두 조세의 제재를 부담하였다. 그러나 주식, 사채의 명의신탁 증여의제는 실질적으로 증여가 아님에도 증여세를 부과하는 것이어서 아래에서 보듯이 문제가 많다. 한 가지만 우선 지적하여 두자면 2018. 12. 31. 개정 전 구 상증세법 하에서는 명의수탁자에게 명의신탁자와 동일한 크기의 제재를 (그것도 1차적으로) 부과하였는바, 이것은 이 글의 입장에서 보면 도저히 정당화되지 않는다고 할 것이다. 2018. 12. 31. 개정되고 2019. 1. 1.부터 시행되고 있는 현행 상증세법상으로는 명의신탁자(명의차용자)만이 증여세 납세의무를 부담하는 것으로 변경되었다. 그런데 현행 상증세법상 명의신탁 증여의제로 인한 증여세는 명의차용자인 명의신탁자에게만 부과하고 있다는 점에서는 바람직하지 않다고 말할 여지도 있다. 물론 현행 상증세법 상으로는 증여의제되는 명의신탁재산에 대해 실제소유자의 다른 재산으로 증여세와 가산금 또는 체납처분비를 모두 징수하지 못할 경우 명의자에게 증여한 것으로 보는 재산으로써 증여세 및 가산금 또는 체납처분비를 징수하도록 규정하였다(제4조의2 제9항). 즉 주식, 사채에 관한 명의신탁시 명의신탁자가 증여의제로 인한 증여세를 납부하지 못하는 경우 부족분에 대하여는 위 주식, 사채로써 증여세 등을 징수할 수 있도록 하여, 명의수탁자가 어느 정도 증여세를 부담하는 효과가 발생하는 측면도 있다.

3) 예금

차명예금의 경우 지금까지 확인한 제재의 내용은 다음과 같은 것들이다.

명의대여자가 예금통장을 개설한 후 이를 접근매체 등과 함께 다른 사람에게 대여·양도하는 경우, 접근매체를 넘겨받는 입장인 명의차용자와 접근매체를 넘겨주는 입장인 명의대여자 양자 모두를 형사처벌하게 된다. 일정한 불법 목적 등의 차명예금 거래를 할 경우에는 명의차용자와 명의대여자 모두 형사처벌을 받게 된다는 점에서는 기본적으로 이 글에서 제시한 방향과 합치한다.

한편, 비실명 금융소득에 대하여는 소득의 지급자인 원천징수의무자에게 원천징수의무가 부과되는데(소득세 원천징수세율 90%), 원천징수의무자는 원천납세의무자로부터 원천징수세액을 공제, 징수하여 원천징수의무를 이행할 수도 있는데 만약

법위반으로 형사처벌이란 제재가 가해질 수 있기는 하나 이는 추가적, 가정적인 상황이므로 논외로 한다.

공제, 징수를 하지 아니하였다면 구상권을 행사할 수 있을 것이다.[72] 그리고 원천 징수의무자가 원천징수할 세액을 납부기한까지 납부하지 아니한 경우에는 납부불 성실가산세가 부과된다.[73] 만약 차명거래와 관련하여 차명거래를 비실명거래로 보고 이자소득이나 배당소득에 대하여 차등과세를 할 경우, 원천징수의무자가 원천징 수하여 세액을 징수, 납부하는 것과 관련한 궁극적인 세금 부담 주체는 명의차용자 (명의신탁자, 원천납세의무자)이므로 실질과세원칙상 소득세에 관하여는 명의차용자 (명의신탁자)에 대하여만 차등과세가 되어 세금이 부과된다고 볼 수 있다. 따라서 실 질적으로는 일방 당사자에 대하여만 세금을 부과한다는 점에서, 양자 모두에 대한 제재는 아닌 것이다.

나. 양자에 대한 규제의 크기

1) 부동산

차명부동산과 관련하여, 형사처벌은 명의차용자인 명의신탁자에 대한 제재가 명의대여자인 명의수탁자보다 크다는 점에서 바람직하다(과징금·이행강제금은 명의 차용자인 명의신탁자에게만 부과하고 있다).

2) 주식, 사채

차명주식(일부 사채 포함)과 관련하여, 형사처벌·과징금 등은 부과하지 않고, 2018. 12. 31. 개정 전 구 상증세법 하에서는 조세와 관련하여 명의신탁자와 명의수 탁자가 같은 크기(연대납세의무)로 증여세를 부과받는다는 측면에서는 바람직하지 않다. 또한 2018. 12. 31. 개정된 현행 상증세법 하에서도 조세와 관련하여 명의신 탁자만이 증여세를 부과받는다는 측면에서는 바람직하지 않다. 물론 현행 상증세법 상으로는 명의신탁자가 증여의제로 인한 증여세를 납부하지 못하는 경우 부족분에 대하여는 명의신탁된 주식, 사채로써 증여세 등을 징수할 수 있도록 하여, 명의수 탁자가 어느 정도 증여세를 부담하는 효과가 발생하는 측면도 있다. 이 경우에는 명의신탁자가 명의수탁자보다 증여세를 더 많이 부담한다고 단정할 수 없어 불합

---

72) 원천징수제도는 원천납세의무자가 실체법적으로 부담하는 원천납세의무의 이행이 원천징수 라는 절차를 통하여 간접적으로 실현되는 제도로서 원천징수세액의 납부로 인하여 원천납세 의무자는 국가에 대한 관계에서 납세의무를 면하게 되므로, 원천징수의무자가 원천납세의무 자에게서 원천징수세액을 공제·징수하지 아니한 채 국가에 납부한 경우에는 원천납세의무 자에 대하여 구상권을 행사할 수 있다(대법원 2016. 6. 9. 선고 2014다82491 판결 등 참조).
73) 국세기본법 제47조의5 제1항.

리하다고 할 수 있다.

3) 예금

차명예금과 관련하여, 예금통장 등 접근매체 양도·양수시 형사처벌 규정은 접근매체 대여자와 대여받는 자, 양도자와 양수자를 같은 크기로 형사처벌한다(3년 이하의 징역 또는 2천만 원 이하의 벌금). 보통 접근매체의 양도·대여자가 명의대여자, 접근매체의 양수·대여받는 자가 명의차용자이므로 제재의 크기가 같다는 점에서 바람직하지 않다. 한편, 차명예금 거래 자체만으로 과징금을 부과하는 규정은 없다. 그리고 불법 목적 등의 차명예금 거래에는 형사처벌이 가해지는데, 명의차용자와 명의대여자에 대한 형사처벌의 크기가 같다는 점에서는 바람직하지 않다.[74]

다. 금전적 규제가 포함되어 있는지 여부, 비금전적 규제도 가능한지 여부

1) 부동산

부동산 차명거래의 경우는 금전적 제재인 벌금형과 과징금을 부과할 수 있고, 비금전적 제재인 징역형도 부과할 수 있다는 점에서 바람직하다.

2) 주식, 사채

주식(일부 사채 포함) 차명거래의 경우도 금전적 제재인 증여세를 부과할 수 있다는 점에서는 바람직하나, 형사처벌 규정이 없기 때문에 비금전적 제재인 징역형을 부과할 수 없다는 점에서는 바람직하지 않다.

3) 예금

예금 차명거래의 경우도 금전적 제재인 특정한 목적(불법재산의 은닉 등)이 있는 예금 차명거래의 경우에는 형사처벌 규정에 금전적 제재인 벌금형과 비금전적 제재인 징역형이 모두 포함되어 있다는 점에서 바람직하다.

---

74) 금융실명법 제6조 제1항에 의하면 5년 이하의 징역 또는 5천만 원 이하의 벌금이다.

5장

규제의 재구축

제1절 민사적 규제 – 차명거래의 유효성 관련

1. 부동산

가. 현행 입법에 대한 평가

금융실명법이 시행되면서 부동산 투기에 시중의 여유자금이 집중하였고 이에 부동산 가격이 심각하게 폭등하는 사회적 문제가 야기되었다. 그로 인하여 부동산 명의신탁을 규제해야 한다는 여론이 팽배하였고 이에 따라 부동산 명의신탁의 약정 및 그로 인한 등기를 무효화하는 규정이 입법화되었다.

1990. 8. 1. 법률 제4244호로 공포된 구 부동산등기특별조치법은 명의신탁을 억제하기 위하여 제7조 제1항에서 '조세부과를 면하려 하거나 다른 시점 간의 가격변동에 따른 이득을 얻으려 하거나 소유권등 권리변동을 규제하는 법령의 제한을 회피할 목적으로 타인의 명의를 빌려 소유권이전등기를 신청하여서는 아니된다'고 규정하였고, 같은 법 제8조 제3호에서는 '조세부과를 면하려 하거나 다른 시점 간의 가격변동에 따른 이득을 얻으려 하거나 소유권등 권리변동을 규제하는 법령의 제한을 회피할 목적으로 제7조 제1항의 규정에 위반한 경우'에 해당하는 자는 3년 이하의 징역이나 1억 원 이하의 벌금에 처한다고 규정하고 있었으나,[1] 이를 위반한

---

1) 구 부동산등기특별조치법(1990. 8. 1. 법률 제4244호로 제정된 것) 제7조(명의신탁금지) ① 조세부과를 면하려 하거나 다른 시점 간의 가격변동에 따른 이득을 얻으려 하거나 소유권등 권

행위의 사법적 효력을 무효로 하는 규정은 없었고, 대법원은 위 규정을 강행규정이라고 할 수 없어서 그에 위반한 행위는 사법적으로 유효하다고 판시하였다.[2]

부동산실명법은 앞서 본 바와 같이 부동산 명의신탁에 대하여 제재를 하는 방식이 과징금 부과, 형사상의 처벌 등의 규제 이외에 명의신탁 약정 및 이로 인한 등기의 사법상 효력을 무효화하는 규정을 두고 있다. 규제의 실효성이 있는지, 규제로 인한 공익 달성과 사익 침해를 비교형량하여 공익을 우선하는 것이 타당한 경우인지라는 관점에서 위 입법의 타당성을 살펴본다.

우선, 규제의 실효성 측면에서 부동산실명법의 입법에 대하여 '부동산실명법상의 무효는 "은폐된 무효"로서 유효인 것처럼 존재하다가 일방당사자가 무효를 주장할 필요가 있을 때 비로소 노출된다. 이는 결국 종래 판례가 명의신탁을 유효로 보고 그의 해지를 허용했던 것과 실질적으로 같은 효과를 가져 온다. 종래 해지하고 부동산의 반환을 청구했던 것을 부동산실명법 시행 이후에는 무효를 주장하고 부당이득반환을 청구하는 것으로 되어 법리구성상의 차이가 생길 뿐 결과는 같게 된다. 3자간 등기명의신탁에 있어서도 상황은 유사하다. 명의신탁자가 무효주장을 하여 명의수탁자 명의의 양도행위의 효력을 부인할 때에 과거 명의신탁의 해지와 유사한 효과가 생긴다. 이 무효 주장으로 소유권은 매도인에게 복귀하게 될 것이나, 매도인과 명의신탁자 사이의 매매계약은 유효하므로(명의신탁약정만이 무효이다) 명

리변동을 규제하는 법령의 제한을 회피할 목적으로 타인의 명의를 빌려 소유권이전등기를 신청하여서는 아니된다.

② 제1항에 규정된 목적 외의 사유로 타인의 명의를 빌려 소유권이전등기를 신청하고자 하는 자는 부동산의 표시 및 실소유자의 성명이나 명칭등 대법원규칙이 정하는 내용을 기재한 서면을 작성하여 소유권이전등기신청서와 함께 등기공무원에게 제출하여야 한다.

③ 등기공무원이 제2항의 신청을 받은 때에는 지체없이 그 신청서와 서면의 사본 각 1통을 부동산의 소재지를 관할하는 세무서장에게 송부하여야 한다.

제8조(벌칙) 다음 각호의 1에 해당하는 자는 3년 이하의 징역이나 1억원 이하의 벌금에 처한다.

1. 조세부과를 면하려 하거나 다른 시점 간의 가격변동에 따른 이득을 얻으려 하거나 소유권 등 권리변동을 규제하는 법령의 제한을 회피할 목적으로 제2조 제2항 또는 제3항의 규정에 위반한 때
2. 제6조의 규정에 위반한 때
3. 제1호의 목적으로 제7조 제1항의 규정에 위반하거나 제7조 제2항의 규정에 의한 서면을 허위로 작성하여 등기를 신청한 때

2) 대법원 1993. 8. 13. 선고 92다42651 판결은 '부동산등기특별조치법 제7조 제1항, 제8조의 규정 자체에 의하더라도 등기신청의 원인행위인 같은 법 제7조 제1항 소정의 목적에 의한 계약명의의 신탁약정 자체가 금지된다고는 해석할 수 없으므로 그와 같은 명의신탁약정이 그 사법적 법률행위의 효력까지 부인되는 것은 아니다'라고 판시하였다.

의신탁자는 매매계약에 기해 소유권이전청구(등기청구)를 하여 그 부동산의 소유권을 취득하게 된다. 결국 명의신탁약정이 무효로 된다는 규정은 국민에 대한 위협은 되겠지만 법률효과면에서는 이 법률의 제정 전과 유사한 결과로 되므로 사법적 무효에 의한 규제의 실효성은 크지 않게 된다'라는 이유로 규제의 실효성이 없다는 견해3)가 있다.

그러나, 위 견해에는 동조할 수 없다. 부동산실명법에서 명의신탁 약정 및 이로 인한 등기의 효력을 모두 무효로 보아 결과적으로 위 법 시행 전에는 명의신탁 해지로 인하여 명의신탁자의 물권회복이 가능하였으나, 위 법 시행 후에는 명의신탁 무효로 인한 부당이득반환이 가능하다고 하더라도 원물 반환이 가능하다고 단정하기는 어렵고 명의신탁의 종류에 따라서 명의수탁자에게 지급된 매수자금만이 반환 가능할 수 있을 뿐이므로4) 양자 사이에 원물반환의 대상에 차이가 있게 된다.

그리고 명의신탁 약정이 무효가 됨으로 인하여 명의신탁자와 명의수탁자 사이에 체결된 위임약정5) 또한 무효가 되므로,6) 위임약정 등에서 명의수탁자가 위약하

---

3) 이은영, 앞의 책(민법총칙 제5판), 401-402.

4) 계약명의신탁과 관련하여 대법원 2005. 1. 28. 선고 2002다66922 판결은 계약명의신탁약정이 부동산실명법 시행 후에 체결된 경우에는 명의신탁자는 처음부터 부동산의 소유권을 취득할 수 없었으므로 명의신탁 약정의 무효로 인하여 명의신탁자가 입는 손해는 부동산 자체가 아니라 명의수탁자에게 준 매수자금이라 할 것이므로, 명의수탁자는 명의신탁자에게 위 매수자금을 부당이득으로 반환하여야 한다고 한다. 반면 계약명의신탁약정이 부동산실명법 시행 전에 체결된 경우에는 부당이득의 대상은 당해 부동산 자체라는 판례로는 대법원 2002. 12. 26. 선고 2000다21123 판결이 있다. 한편, 3자간 등기명의신탁의 경우 대법원 2008. 11. 27. 선고 2008다55290, 55306 판결에 의하면, '부동산실명법에서 정한 유예기간 경과에 의하여 그 명의신탁 약정과 그에 의한 등기가 무효로 되더라도 명의신탁자는 매도인에 대하여 매매계약에 기한 소유권이전등기청구권을 보유하고 있어 그 유예기간의 경과로 그 등기 명의를 보유하지 못하는 손해를 입었다고 볼 수 없다. 또한 명의신탁 부동산의 소유권이 매도인에게 복귀한 마당에 명의신탁자가 무효인 등기의 명의인인 명의수탁자를 상대로 그 이전등기를 구할 수도 없다. 결국 3자간 등기명의신탁에 있어서 명의신탁자는 명의수탁자를 상대로 부당이득반환을 원인으로 한 소유권이전등기를 구할 수 없다'고 한다. 그런데 위 논리는 부동산실명법 시행 이후에 3자간 등기명의신탁 약정이 체결되어 위 약정이 무효가 된 경우에도 명의신탁자와 매도인 사이의 매매계약은 유효하고, 명의수탁자 명의의 물권변동은 무효가 되어 매도인에게 소유권이 복귀되므로, 이와 동일하게 해석할 수 있다고 할 것이다.

5) 명의신탁약정에는 명의신탁자가 명의수탁자에게 소유권의 보유에 관한 사무 처리를 위탁하는 계약이 포함되어 있는 경우가 대부분이고 이는 대체로 민법 제680조 소정의 위임계약이라고 할 것이다. 따라서 당해 사무처리에 대하여는 민법상의 위임 규정이 준용될 것이다. 이로 인하여 명의수탁자는 명의신탁자에 대하여 소유권이전등기를 수취할 의무와 선량한 관리자의 주의로써 사무를 처리할 의무가 생기고, 명의신탁자는 명의수탁자에게 그의 청구에 의해서 사무처리 비용을 선급할 의무가 생긴다고 한다. 이상 양창수, 앞의 논문("부동산실명법

는 때에 위약금 지급을 약정하였어도(민법 제398조 제4항) 이 역시 무효가 될 것이다.[7] 만약 부동산실명법에서 명의신탁 약정을 무효로 하지 않았다면 위와 같은 위임약정이나 위약금 지급 약정 등도 무효가 되지 않아, 부동산에 관한 명의를 위장하여 투기를 하는 현상이 더 심해졌을 가능성도 있다.[8] 또한 명의신탁 약정 및 이로 인한 등기가 무효이기 때문에 최근 명의수탁자의 부동산 임의처분시 횡령죄가 성립하지 않는다는 대법원 판례[9]가 선고되고 있다. 과거에는 위와 같은 경우 횡령죄가 성립한다고 보아 명의수탁자가 부동산을 임의로 처분할 경우 명의신탁자가 당당하게 명의수탁자를 고소하고 합의 명목으로 명의수탁자로부터 부동산 시가나 지급한 매매대금 중 상당 부분을 회수할 수 있었으나, 이제는 위와 같은 경우 횡령죄 고소를 빌미로 금원을 회수하기는 어려워졌다.[10]

그리고 3자간 등기명의신탁에서 명의신탁자가 매도인을 대위하여 명의수탁자에게 무효인 등기의 말소를 구하는 경우가 많은지를 살펴본다. 2017년 한해 동안

제4조에 의한 명의신탁의 효력 – 소위 등기명의신탁을 중심으로 – "), 108 – 109.

6) 양창수, 앞의 논문("부동산실명법 제4조에 의한 명의신탁의 효력 – 소위 등기명의신탁을 중심으로 – "), 110 – 111.

7) 양창수, 앞의 논문("부동산실명법의 사법적 규정에 의한 명의신탁의 규율"), 152.

8) 명의신탁자가 명의수탁자와 사이에 명의신탁 약정을 관계기관에 고발하거나 소유권 반환을 거부할 경우 상당한 액수의 위약금을 지급해야 한다고 약정하고, 이것이 무효가 아니라고 할 경우에는, 명의수탁자는 위 위약금 지급이 무서워서 더욱 음성적으로 부동산 거래가 이루어질 것이므로, 재력가들이 차명으로 부동산을 투기하는 현상이 더욱 심해질 수 있다.

9) 대법원 2016. 5. 19. 선고 2014도6992 전원합의체 판결은 3자간 등기명의신탁에서 '명의수탁자 명의의 소유권이전등기는 무효이고, 신탁부동산의 소유권은 매도인이 그대로 보유하게 된다. 따라서 명의신탁자로서는 매도인에 대한 소유권이전등기청구권을 가질 뿐 신탁부동산의 소유권을 가지지 아니하고, 명의수탁자 역시 명의신탁자에 대하여 직접 신탁부동산의 소유권을 이전할 의무를 부담하지는 아니하므로, 신탁부동산의 소유자도 아닌 명의신탁자에 대한 관계에서 명의수탁자가 횡령죄에서 말하는 타인의 재물을 보관하는 자의 지위에 있다고 볼 수는 없다'고 판시하면서 명의수탁자가 신탁받은 부동산을 임의로 처분하면 명의신탁자에 대한 관계에서 횡령죄가 성립하지 않는다고 보았다. 대법원 2012. 12. 13. 선고 2010도10515 판결은 매도인이 악의인 계약명의신탁에서 명의수탁자가 명의신탁자에 대한 관계에서 횡령죄의 '타인의 재물을 보관하는 자'에 해당하지 않아서 명의수탁자가 임의로 부동산을 처분하여도 횡령죄가 되지 않는다고 보았다. 그리고 대법원 2000. 3. 24. 선고 98도4347 판결은 매도인이 선의인 계약명의신탁에서도 명의수탁자가 명의신탁자에 대한 관계에서 횡령죄의 '타인의 재물을 보관하는 자'에 해당하지 않아서 명의수탁자가 임의로 부동산을 처분하여도 횡령죄가 되지 않는다고 보았다.

10) 민사적으로는 부당이득 반환이 가능하다고 하더라도, 명의수탁자가 부동산을 임의로 처분한 경우에는 그 수익까지 은닉하는 경우가 많을 것이므로 명의신탁자가 실제로 부당이득반환으로 인한 민사소송에서 승소하더라도 실제로 명의수탁자로부터 금원 등을 지급받는 것이 쉽지는 않을 것이다.

법원에서 3자간 등기명의신탁이 쟁점이 되어 선고된 민사판결은 136건이었고,[11] 같은 기간 3자간 등기명의신탁에서 명의신탁 약정 및 이로 인한 등기가 무효가 되어 명의신탁자가 명의수탁자에 대하여 소유권이전등기말소 또는 부당이득반환청구가 쟁점이 되어 선고된 민사판례가 38건이었는데,[12] 실제로 명의신탁자가 매도인을 대위하여 명의수탁자에게 등기말소청구를 하여 승소한 판례는 8건[13]뿐이었고 나머지는 명의신탁자가 명의수탁자를 상대로 부당이득반환 등 다른 청구를 하는 사례였다.

물론 위와 같은 하급심 판결 검색만으로는 실제로 일어나는 모든 경우의 명의신탁 약정 사례를 다 알아내기는 어렵고, 명의신탁 약정 및 이로 인한 등기가 무효인 3자간 등기명의신탁에서 무효를 주장하는 자가 없는 경우는 명의신탁임을 밝히는 것은 사실상 불가능하기는 하다. 하지만 실제로 소를 제기하여 드러난 명의신탁의 경우를 분석해보는 것은 의미가 없지는 않을 것이다.

위 하급심 판결과 관련하여, 3자간 등기명의신탁에서 명의신탁자와 매도인 사이의 매매계약은 유효하기 때문에 명의신탁자가 매도인을 대위하여 명의수탁자에게 소유권이전등기말소를 구할 수 있다는 결과가 되는 것이나, 위와 같은 사례가 많지는 않은 것으로 보이고, 명의수탁자가 제3자에게 부동산을 처분한 경우에는 이것 또한 불가능해지게 된다. 따라서 3자간 명의신탁에서도 명의신탁 약정 및 이로 인한 등기를 무효로 하는 것이 이를 유효로 하는 것과 실질적으로 차이가 없다고 보기는 어렵다.

그러므로 명의신탁 약정 및 이로 인한 등기를 무효로 규정한 현행 부동산실명법의 규정은 규제 실효성의 정확한 정도는 알기 어렵지만 어쨌든 규제의 실효성이 있다고 보아야 한다.

그리고 부동산실명법 제1조는 '이 법은 부동산에 관한 소유권과 그 밖의 물권

---

11) 저자가 법원 내부 판결문 검색시스템에서 '3자간 등기명의신탁'이라는 검색어를 통하여 검색한 결과이다.

12) 저자가 법원 내부 판결문 검색시스템에서 '3자간 등기명의신탁', '대위하여'라는 검색어를 통하여 검색한 결과이다.

13) 인천지방법원 2017. 11. 30. 선고 2017나52798 판결(1심 : 인천지방법원 2017. 1. 24. 선고 2015가단243704), 광주지방법원 목포지원 2017. 11. 15. 선고 2016가단9498 판결, 울산지방법원 2017. 8. 31. 선고 2016가합2242 판결, 부산지방법원 동부지원 2017. 8. 18. 선고 2016가합102015 판결, 제주지방법원 2017. 5. 23. 선고 2015가단51325 판결, 대전지방법원 2017. 1. 13. 선고 2014가합2567 판결, 대구지방법원 2017. 1. 13. 선고 2016가단104804 판결, 대전지방법원 천안지원 2017. 1. 12. 선고 2014가단9201 판결 등이었다.

을 실체적 권리관계와 일치하도록 실권리자 명의로 등기하게 함으로써 부동산등기
제도를 악용한 투기·탈세·탈법행위 등 반사회적 행위를 방지하고 부동산 거래의
정상화와 부동산 가격의 안정을 도모하여 국민경제의 건전한 발전에 이바지함을
목적으로 한다'고 규정하고 있는데, 위 법 위반자에 대하여 과징금 부과나 형사처
벌만으로는 반사회적 행위 방지 및 부동산 거래의 정상화나 부동산 가격의 안정을
도모하려는 위 법 규제의 목적이나 위반행위에 대한 억제 내지 제재효과가 충분히
이루어진다고 보기는 어려웠다고 생각된다.

그리고 비록 부동산 명의신탁 약정뿐만 아니라 이로 인한 등기의 효력까지 무
효화되어 거래질서의 안전이 훼손되었으나 이로 인헤 달성하려는 공익(투기·탈세·
탈법행위 등 반사회적 행위 방지 등)이 침해되는 사익(차명으로 부동산을 보유하고 싶은
사적인 자유)보다 더 크다고 할 것이다.

따라서 규제의 실효성, 공익과 사익의 조화 등의 측면에서, 차명부동산에 관하
여 사법상 거래 무효의 입법을 한 것은 타당하다고 할 것이다.

나. 네거티브 규제방식, 제3자 보호

다만, 앞서 본 바와 같이 네거티브 규제방식이 타당하다고 할 것이므로, 현행
부동산실명법은 법령상의 제한 회피나 강제집행 면탈, 조세회피 등 부정한 목적으
로 이루어지는 명의신탁 약정 및 이로 인한 물권변동만을 무효로 규정하여야 할 것
이다. 그리고 부동산실명법 제4조 제3항도 명의신탁약정 및 이로 인한 등기의 각
무효는 선의·악의를 불문하고 '제3자'에게 대항하지 못하도록 규정하고 있다. 거래
의 안전과 선의의 입증문제로 인하여 발생하는 소송비용 등을 고려하면 선의·악의
를 불문하고 제3자에 대하여는 위와 같은 명의대여 약정 등의 무효로 대항할 수 없
다고 하는 것이 타당할 것이다.

다. 불법원인급여 방안에 대한 검토

한편, 현행법은 부동산 차명거래의 경우에 앞서 본 바와 같이 부동산 명의신탁
약정을 무효로 하고 이로 인한 등기까지 무효로 하고 있는데, 이에 더 나아가 명의
신탁자의 반환청구를 불법원인급여로 보는 방안을 생각해 볼 수 있다. 그러나, 대
법원(대법원 2003. 11. 27. 선고 2003다41722 판결 등 참조)은 부동산 명의신탁과 관련하
여 '부동산실명법이 규정하는 명의신탁약정은 부동산에 관한 물권의 실권리자가 타

인과의 사이에서 대내적으로는 실권리자가 부동산에 관한 물권을 보유하거나 보유하기로 하고 그에 관한 등기는 그 타인의 명의로 하기로 하는 약정을 말하는 것일 뿐이므로, 그 자체로 선량한 풍속 기타 사회질서에 위반하는 경우에 해당한다고 단정할 수 없을 뿐만 아니라, 위 법률은 원칙적으로 명의신탁약정과 그 등기에 기한 물권변동만을 무효로 하고 명의신탁자가 다른 법률관계에 기하여 등기회복 등의 권리행사를 하는 것까지 금지하지는 않는 대신, 명의신탁자에 대하여 행정적 제재나 형벌을 부과함으로써 사적자치 및 재산권보장의 본질을 침해하지 않도록 규정하고 있으므로, 위 법률이 비록 부동산등기제도를 악용한 투기·탈세·탈법행위 등 반사회적 행위를 방지하는 것 등을 목적으로 제정되었다고 하더라도, 무효인 명의신탁약정에 기하여 타인 명의의 등기가 마쳐졌다는 이유만으로 그것이 당연히 불법원인급여에 해당한다고 볼 수 없다'는 취지로 판시하여 명의신탁자의 반환청구를 불법원인급여로 보지 않고 있고, 최근 대법원 2019. 6. 20. 선고 2013다218156 전원합의체 판결도 이와 동일한 결론을 유지하였는데, 그 근거로 '① 부동산실명법은 부동산 소유권을 실권리자에게 귀속시키는 것을 전제로 명의신탁약정과 그에 따른 물권변동을 규율하고 있는 점, ② 부동산실명법을 제정한 입법자의 의사는 신탁부동산의 소유권을 실권리자에게 귀속시키는 것을 전제로 하고 있는 점, ③ 명의신탁에 대하여 불법원인급여 규정을 적용한다면 재화 귀속에 관한 정의 관념에 반하는 불합리한 결과를 가져올 뿐만 아니라 판례의 태도나 부동산실명법 규정에도 합치되지 않는 점(명의신탁자로부터 부동산에 관한 권리까지 박탈하는 것은 일반 국민의 법감정에 맞지 않는다), ④ 명의신탁을 금지하겠다는 목적만으로 부동산실명법에서 예정한 것 이상으로 명의신탁자의 신탁부동산에 대한 재산권의 본질적 부분을 침해할 수는 없는 점, ⑤ 비록 이 사안은 농지법에 따른 제한을 회피하고자 명의신탁을 한 사안이어서 부동산실명법뿐만 아니라 농지법도 위반한 결과가 되기는 하지만, 그렇다고 하더라도 부동산실명법과 농지법의 규율 내용, 제재수단의 정도와 방법 등을 고려하면, 부동산실명법 위반이 농지법 위반보다 위법성이 더 크다고 할 것이므로, 불법원인급여 규정의 적용 여부를 달리 판단할 이유는 없는 점' 등을 들고 있다.

생각건대, 부동산 차명거래의 경우 이러한 '급여'의 원인에 불법이 있다고 하여 곧바로 불법원인급여에 해당한다고 보아 명의신탁자의 반환청구를 부인하면 오히려 정의 관념에 배치될 수 있다. 불법원인급여 제도는 불법적인 급여의 반환청구를 부인함으로써 정의의 관념에 부합하는 측면이 있으나, 반면 수익자에게 급부물을 귀속하도록 하여 반사적 이익을 주어 공평의 관념에 반하는 모순적인 요소를 가지고 있기 때문이다. 불법원인급여 규정(민법 제746조)[14]을 엄격히 해석하면, 당사자의 일방에만 불법이 있는 경우에만 적용되여야 할 것인데, 차명거래의 경우에는 당사자 쌍방에게 모두 불법원인이 있는 경우가 대부분이어서 명의수탁자만을 깨끗한 손(clean hands)의 주인이고, 명의신탁자는 더러운 손(dirty or unclean hands)의 주인이라고 볼 수는 없다.[15] 또한 판례[16]와 같이 '불법원인급여를 규정한 민법 제746조 소정의 "불법의 원인"이라 함은 재산을 급여한 원인이 선량한 풍속 기타 사회질서에 위반하는 경우를 가리키는 것'으로 보면, 차명거래나 명의신탁만으로 선량한 풍속 기타 사회질서에 위반된다고 보기도 어렵다. 따라서 차명부동산에 있어서, 명의신탁자의 명의수탁자에 대한 물권의 반환청구권 행사를 불법원인급여로 보기는 어렵다고 보아야 한다. 그러므로 차명부동산이 무효로 됨으로 인하여 명의신탁자가 명의수탁자에 대하여 부당이득반환을 청구하는 것을 막을 수는 없을 것이다.

요컨대 부동산실명법은 차명거래에 대하여 민사상 제재로서 (사적 자치의 원칙에 불구하고) 차명계약의 효력을 인정하지 않는다는 내용을 정하고 있다. 이는 다른 유형의 재산에서는 인정되지 않는 중요한 차이점이다.

2. 주식, 사채

현행법상 주식, 사채에 대하여는 그 차명거래를 무효로 하는 규정이 없고, 주식의 경우에는 차명거래가 유효함을 전제로 실질주주(명의신탁자)는 형식주주(명의수탁자)와 연대하여 주금납입책임이 있다는 규정이 있다(상법 제332조 제2항).

여기에서 주식, 사채에 관하여 차명계약을 통하여 차명거래(명의신탁)가 이루어질 경우 차명계약 및 이로 인한 차명거래의 효력을 무효화하는 입법을 할 필요가 있는지 생각해볼 필요가 있다.

앞에서 본 규제의 실효성과 공익과 사익의 조화라는 측면에서 사법상 거래 무

---

14) 민법 제746조(불법원인급여) 불법의 원인으로 인하여 재산을 급여하거나 노무를 제공한 때에는 그 이익의 반환을 청구하지 못한다. 그러나 그 불법원인이 수익자에게만 있는 때에는 그러하지 아니하다.
15) 정상현·최원준, "불법원인급여의 제도적 취지와 제한적 해석원리", 비교사법 제14권 제4호, 한국비교사법학회(2007), 389.
16) 대법원 1994. 4. 15. 선고 93다61307 판결.

효라는 입법을 도입할지를 판단해보자.

먼저 주식, 사채에 관하여 차명계약을 통하여 차명거래(명의신탁)가 이루어질 경우 차명계약 및 이로 인한 차명거래의 효력을 무효화하는 입법을 하면 그 수단은 차명거래를 억제하려고 하는 공익이 달성될 수는 있다. 그러나 회사에 관한 법률관계는 사인 간의 일반적 거래와는 달리 관련 당사자가 다수인 경우가 많은 만큼 그 법률관계로부터 발생되는 효력이 미치는 범위도 광범위할 뿐 아니라, 회사 법률관계에 문제가 발생하면 많은 피해자가 생기고 국가 경제 전체에도 많은 피해가 발생한다. 따라서 회사 법률관계를 규율하는 데에는 단체법적 성질과 당사자가 다수라는 점을 고려하여야 한다.[17] 주식, 사채의 경우는 단체법적 법률관계라는 특성상 회사가 여러 명의 주주, 사채권자와 관련되는 주식, 사채거래의 효력을 차명거래라는 이유만으로 무효로 할 경우에는 거래 안전성을 해치게 되고 이로 인하여 달성하려고 하는 공익이 침해되는 거래 안전(사익)보다 반드시 더 중요하다고 보기는 어렵다.

따라서 규제의 실효성과 공익과 사익의 조화라는 측면에 비추어 보면, 차명주식, 사채의 경우 이로 인한 사법상의 효력을 무효로 할 수는 없다고 생각한다.

3. 예금(금융거래 포함)

가. 무효로 볼 것인지 여부

현행법상 차명예금 및 차명금융거래가 이루어질 경우 이를 무효로 하는 규정은 없다.

대법원[18]은 실지명의에 의한 금융거래를 의무화하는 금융실명법 제3조 제1항을 위반하더라도 위 금융거래가 무효가 아니라고 보아 위 규정을 단속규정으로 해석하고 있다.

여기에서 예금(금융거래 포함)에 관하여 차명계약을 통하여 차명거래(명의신탁)가 이루어질 경우 차명계약 및 이로 인한 차명거래의 효력을 무효화하는 입법을 할 필요가 있는지 생각해볼 필요가 있다.

규제의 실효성과 공익과 사익의 조화를 기준으로 살펴보자.

먼저 예금에 관하여 차명계약을 통하여 차명거래(명의신탁)가 이루어질 경우 차

---

17) 이철송, 앞의 책, 7−8.
18) 대법원 1998. 1. 23. 선고 97다35658 판결 등 참조.

명계약 및 이로 인한 차명거래의 효력을 무효화하는 입법을 하면 어떤 현상이 벌어지는지 살펴보자.

우선 차명예금 및 차명금융거래를 금지하고 이것이 적발될 경우 차명예금행위나 차명금융거래는 무효가 될 것이다. 예컨대 명의수탁자가 은행에 예금을 개설한 후 위 예금계좌를 명의신탁자에게 대여해준 경우에 명의신탁자가 위 계좌에 돈을 입금한 경우, 그리고 위 경우에 위 입금행위를 무효로 한다고 가정해보자. 우선 앞서 第1章 第4節 1. 다.에서 본 바와 같이 차명예금의 경우 특별한 사정이 없는 한 명의수탁자를 금융회사와의 계약당사자인 예금주로 보아야 하므로, 은행에 대하여 예금한 돈의 반환을 요구할 수 있는 예금주는 명의수탁자라고 보아야 한다. 만약 아래 第2節 3.에서 보듯이 차명예금에 대하여 과징금을 부과한다면 금융회사 등에게 과징금에 대한 원천징수의무를 부과할 수도 있고,[19] 그럴 경우 금융회사 등은 예금주에게 과징금 상당액의 원천징수 분을 제외한 예금액만을 예금계약 무효를 원인으로 하여 부당이득으로 반환해 줄 것이다. 이 경우 예금주인 명의수탁자의 이자 지급 청구를 배척할 특별한 법리는 없으므로 반환 금원에 대한 이자 지급 청구를 막을 수는 없을 것이다. 그리고 위 사례에서 명의신탁자가 돈을 입금한 후 제3자에게 이체하여 제3자에게 금원이 입금된 경우, 즉 제3자와의 법률행위가 개입할 경우에는 부동산실명법 제4조 제3항과 마찬가지로 선, 악의를 불문하고 제3자에게 대항하지 못하도록 규정하여야 한다.

위와 같이 예금에 관하여 차명계약을 통하여 차명거래(명의신탁)가 이루어질 경우 차명계약 및 이로 인한 차명거래의 효력을 무효화하는 입법을 하면 그 수단은 차명거래를 억제하려고 하는 입법목적에는 부합한다. 금융실명제는 금융거래의 투명성과 진정성을 확보하고 조세포탈, 재산은닉, 자금세탁, 비자금 조성 등 탈법행위의 방지에 필요하여 시행한 것인데, 차명거래는 이러한 금융실명제를 잠탈할 수 있기 때문이다. 그리고 차명예금이나 차명금융거래의 경우에는 주식, 사채와 같은 단체법적 거래의 안전을 생각할 필요가 없고(개별적으로 금융거래가 무효화되면 이는 개별적 거래 안전의 문제이지 그 파급효과가 큰 유통성을 가진 주식이나 사채와 같은 단체법적 거래의 안전 문제라고 보기는 어렵다)[20] 금융거래 정상화와 사회적, 경

---

19) 차명예금과 관련하여, 금융기관에 대하여 과징금에 대한 원천징수의무를 부담지울 경우를 가정한 경우이다.

20) 예금이 전전유통되지는 않으므로 부동산보다는 그러한 의미에서 거래 안전의 문제가 작다고 말할 수 있을 것이다.

제적 정의 실현 및 지하경제 양성화를 위하여 그 사법상의 효력을 부인하는 것이라면 침해되는 거래의 안전보다 이로 인하여 달성하려고 하는 공익이 더 크다고 할 것이다.

규제의 실효성의 측면에서 살펴건대, 차명예금 내지 차명금융거래에 대하여는 현행법상으로는 공법상의 제재로 불법재산의 은닉, 자금세탁행위 등의 목적으로 차명금융거래를 할 경우에 형사처벌을 하는 것(금융실명법 제6조 제1항, 제3조 제3항) 이외에는 별다른 제재가 없다. 차명예금이나 차명금융거래에 대하여 과징금을 부과하더라도 차명예금이나 차명금융거래의 사법상 효력을 부인하지 않으면 금융거래의 투명성과 진정성을 확보하고 조세포탈, 재산은닉, 자금세탁, 비자금 조성 등 탈법행위의 방지를 목적으로 하는 금융실명제의 입법목적이 제대로 달성될 수 없을 것이다.

따라서 차명예금의 경우 이로 인한 사법상의 효력을 무효로 할 수 있다고 생각한다. 거래자에게 실명으로 금융거래를 하는 의무를 부과하는 것 이외에, 명의자와 실권리자 사이의 명의신탁약정이나 차명약정과 위 약정에 따라 명의자와 금융기관 사이에 이루어진 차명금융거래나 차명예금을 무효로 취급하여야 한다. 이는 부동산 실명법이 부동산의 명의신탁약정과 그에 따른 부동산 물권변동의 효력을 무효화하는 것과 유사하다. 이로써 명의대여자와 명의차용자 사이의 위임약정이나 둘 사이에 특히 명의대여자가 위약하는 경우 지급할 금전 기타 위약금에 관하여 약정을 하였어도 위 약정 역시 무효가 된다고 할 것이다.

한편, 차명예금에 대한 무효론에 대하여 '이를 무효로 하면 명의수탁자는 명의신탁자에게 차명예금에 예입된 원금 및 이에 대한 법정이자(연 5%[21] 또는 연 6%[22]) 상당액을 부당이득으로 반환해야 하는데, 이는 시중 금융기관의 이자보다 많은 액수를 반환하는 결과가 되어 차명거래를 무효로 하는 것이 유효로 하는 것보다 명의신탁자에게 더 유리한 결과가 되어 불합리하다'는 비판론이 있을 수 있다.

물론 예금주인 명의수탁자가 금융회사 등에 대하여 부당이득 반환 청구를 할 경우에 앞서 본 연 5%나 연 6%(예금계약이 상행위인 경우)의 법정이자 상당액이 붙게 되고, 만약 명의신탁자가 명의수탁자에게 부당이득반환 청구를 하면서 원금에 민법

---

21) 민법 제379조(법정이율) 이자있는 채권의 이율은 다른 법률의 규정이나 당사자의 약정이 없으면 연 5분(分)으로 한다.

22) 만약 예금주가 상인이고 예금행위가 상행위로 행하여진 것이라면 상법 제54조 상의 6%의 이자가 붙는다고 볼 수 있다.

이나 상법 소정의 연 5% 또는 연 6%의 이자 상당액을 청구할 수 있을 것이다. 그런데 위 이자 상당액의 성격은 지연손해금으로 보아야 하는데, 부당이득반환의무는 이행기한의 정함이 없는 채무이므로 그 채무자는 이행청구를 받은 때에 비로소 지체책임을 지게 되고(민법 제387조 제2항), 실제 소송에서 명의수탁자에게 소장부본 송달일 다음날부터 지연손해금을 지급할 의무가 발생한다고 볼 경우가 많을 것이다.23) 또한 연 5% 또는 연 6%의 이자 상당액을 악의의 수익자로서의 손해배상책임(민법 제748조 제2항)24)으로 보더라도 판례는 명의수탁자의 '악의'가 추정된다고 보지 않고 명의신탁자가 이를 입증해야 한다는 입장이므로, 명의수탁자가 '악의'임을 증

---

23) 대법원 2010. 1. 28. 선고 2009다24187, 24194 판결도 같은 취지이다. 위 판례에서 원고(반소피고, 이하 '원고'라 한다)는 명의수탁자로서 부동산실명법 시행 이후에 명의신탁자인 피고(반소원고, 이하 '피고'라 한다)로부터 부동산을 명의신탁받았고 그 형태는 매도인이 선의인 계약명의신탁이었다. 위 소 중 반소 부분과 관련하여 원심은 '원고는 피고에게 1억 1,300만 원 및 이에 대하여 원고 앞으로 소유권이전등기가 경료된 1997. 11. 13.부터 원심 판결선고일인 2009. 2. 12.까지는 민법이 정한 연 5%, 그 다음날부터 다 갚는 날까지는 소송촉진 등에 관한 특례법이 정한 연 20%의 비율에 의한 지연손해금을 지급할 의무가 있다'고 보았다. 그러나 대법원은 '① 피고는 위 부당이득금에 대하여 원고가 피고로부터 위 매수자금을 수령한 날로부터 다 반환할 때까지의 기간에 관한 지연손해금을 청구하고 있다. 만일 그 청구가 원고의 이행지체로 인한 손해배상을 구하는 취지라고 한다면, 원래 부당이득반환의무는 이행기한의 정함이 없는 채무이므로 그 채무자는 이행청구를 받은 때에 비로소 지체책임을 진다(민법 제387조 제2항). 그런데 기록에 의하면, 원고 소송대리인이 위와 같이 지연손해금의 지급을 구하는 취지가 담긴 피고의 반소청구취지정정신청서 부본을 수령한 것은 2008. 12. 24.임을 알 수 있고, 달리 그 전에 피고가 원고에게 위 매수자금의 반환을 청구하였다는 자료를 찾을 수 없다. ② 나아가 만일 피고의 위와 같은 지연손해금청구를 부당이득반환의무를 부담하는 원고에 대하여 악의 수익자로서의 손해배상책임(민법 제748조 제2항 참조)을 인정하는 취지라고 하더라도, 부당이득반환의무자가 악의의 수익자라는 점에 대하여는 이를 주장하는 측에서 입증책임을 진다고 할 것이다. 또한 여기서 악의라고 함은, 민법 제749조 제2항에서 악의로 의제되는 경우 등은 별론으로 하고, 자신의 이익 보유가 법률상 원인 없는 것임을 인식하는 것을 말하고, 그 이익의 보유를 법률상 원인이 없는 것이 되도록 하는 사정, 즉 부당이득반환의무의 발생요건에 해당하는 사실이 있음을 인식하는 것만으로는 부족하다. 따라서 단지 원고가 수령한 이 사건 매수자금이 명의신탁약정에 기하여 지급되었다는 사실을 알았다고 하여도 그 명의신탁약정이 부동산실명법 제4조 제1항에 의하여 무효임을 알았다는 등의 사정이 부가되지 아니하는 한 원고가 그 금전의 보유에 관하여 법률상 원인 없음을 알았다고 쉽사리 말할 수 없다. … 그럼에도 불구하고 원심이 위에서 본 대로 원고가 위 부당이득금 1억 1,300만 원에 대하여 피고가 구하는 대로 이 사건 부동산이 원고 앞으로 등기된 1997. 11. 13.부터 다 갚는 날까지의 기간에 대하여 지연손해금을 지급할 의무가 있다고 판단한 것에는 우선 피고의 이 부분 청구원인을 명확하게 밝혀 석명하지 아니하였고 나아가 부당이득반환의무의 지체책임 또는 그 악의의 수익자에 관한 법리를 오해하였거나 필요한 심리를 다하지 아니하여 판결 결과에 영향을 미친 위법이 있다고 할 것이다'고 판시하면서 원심 판결을 파기하였다.

24) 민법 제748조(수익자의 반환범위) ② 악의의 수익자는 그 받은 이익에 이자를 붙여 반환하고 손해가 있으면 이를 배상하여야 한다.

명하지 않는 이상 명의신탁자는 연 5%나 연 6%의 이자를 청구할 수 없다.[25] 또한 명의수탁자가 선의의 수익자라면 현존하는 것만 반환하면 되고(민법 제748조 제1항),[26] 여기에 반환청구를 받은 때부터 연 5%나 연 6%의 금원을 지급할 의무가 있을 수 있으나, 현존하는 이익이 원금보다 적은 경우에는 현존하는 이익에 연 5%나 연 6%를 더한 금원이 원금에다가 시중 은행이자를 더한 금액보다 반드시 크다고 단정할 수는 없다. 따라서 위 비판이 일반적으로 타당하다고 할 수 없으므로, 차명예금을 무효로 보더라도 유효인 경우보다 명의신탁자에게 유리하다고 볼 수는 없다.[27]

나. 사법상 효력을 부인할 경우의 비판론에 대하여

한편, '차명금융거래를 사법상 무효라고 할 경우에는 상증세법 제45조 제4항에 의하여 차명예금에 대한 증여추정을 할 수 없어서 위 규정의 적용범위가 크게 줄어들게 되며, 증여세로 인한 제재나 조세범 처벌법상의 제재를 할 수 없어서 차명금융거래에 대한 과세를 통한 세수증대를 기대할 수 없다'는 견해[28]가 있다.

그러나 상증세법 제45조 제4항은 금융실명법에 따라 실명이 확인된 계좌에 보유하고 있는 재산은 명의자가 그 재산을 취득한 것으로 추정할 뿐, 위 계좌가 차명계좌라는 것을 입증하면 그 명의자는 증여추정에서 벗어날 수 있어서, 현행법상으로도 계좌를 개설하여 다른 사람에게 그 계좌를 대여하여준 명의대여자 입장에서는 위 계좌가 차명계좌임을 입증함으로써 증여세 부과의 위험으로부터 벗어날 수 있다. 그리고 이러한 결과는 설령 차명예금 및 차명금융거래의 효력을 부인하는 금

---

25) 또한 위 대법원 2009다24187, 24194 판결에서 "부당이득반환의무자가 악의의 수익자라는 점에 대하여는 이를 주장하는 측에서 입증책임을 진다. 여기서 '악의'라고 함은, 민법 제749조 제2항에서 악의로 의제되는 경우 등은 별론으로 하고, 자신의 이익 보유가 법률상 원인 없는 것임을 인식하는 것을 말하고, 그 이익의 보유를 법률상 원인이 없는 것이 되도록 하는 사정, 즉 부당이득반환의무의 발생요건에 해당하는 사실이 있음을 인식하는 것만으로는 부족하다. 따라서 계약명의신탁에서 명의수탁자가 수령한 매수자금이 명의신탁약정에 기하여 지급되었다는 사실을 알았다고 하여도 그 명의신탁약정이 부동산 실권리자명의 등기에 관한 법률 제4조 제1항에 의하여 무효임을 알았다는 등의 사정이 부가되지 아니하는 한 명의수탁자가 그 금전의 보유에 관하여 법률상 원인 없음을 알았다고 쉽사리 말할 수 없다"고 판시하였음은 앞서 본 바와 같다.
26) 민법 제748조(수익자의 반환범위) ① 선의의 수익자는 그 받은 이익이 현존한 한도에서 전조의 책임이 있다.
27) 이러한 비판론이 우려하는 상황과 관련하여서는 이자 지급에 관한 명확한 규정을 두어 입법으로 해결할 필요가 있을 것이다.
28) 최성근, "지하경제 양성화를 위한 차명금융거래 규제방안", 2013. 8. 9. 한국증권법학회 하계 세미나 발표자료, 18－19.

융실명법의 개정이 있어서 차명예금임이 입증되어 차명예금에 예입된 예금과 관련하여 거래의 사법상의 효력이 부인되는 결과 위 예금을 명의대여자의 소유로 볼 수 없고 실권리자인 명의차용자의 예금 상당의 반환청구권이 인정된다고 하더라도 증여세 부과의 위험이 발생하지 않는다는 결론은 달라지지 않는다. 따라서 위 견해가 생각하는 차명예금 또는 차명금융거래의 사법상 효력을 부인할 경우에 관한 세수 감소의 우려는 타당하지 않은 것으로 생각한다.[29]

다. 네거티브 방식, 제3자 보호

다만 차명금융거래인 차명예금은 법령의 제한 위반이나 강제집행면탈, 조세회피 등 부정한 목적으로 이루어지는 경우에만 무효로 하되, 위와 같은 목적이 없는 경우에는 유효로 하고(네거티브 규제 방식), 차명예금을 기초로 이루어지는 거래의 제3자에 대해서는 무효를 대항할 수 없도록 할 필요가 있다. 이에 대하여는 '선의의 제3자'에게 대항하지 못한다는 방법이 타당하다는 견해[30]가 있다.

그러나 거래의 안전과 선의의 입증문제로 인하여 발생하는 소송비용 등을 고려하면 선의·악의를 불문하고 제3자에 대하여는 위와 같은 명의대여 약정 등의 무효를 대항할 수 없다고 하는 것이 타당할 것이다. 부동산실명법 제4조 제3항도 명의신탁약정 및 이로 인한 등기의 각 무효는 선의·악의를 불문하고 '제3자'에게 대항하지 못하도록 규정하고 있다.

라. 불법원인급여와 관련하여

그리고 차명예금에 의한 거래가 무효가 되는 경우 명의차용자의 출연금을 불법원인급여로 보아 반환청구권을 부인하는 방안도 고려해 볼 수는 있다. 그러나 앞서 본 바와 같이 부동산 차명거래에서의 불법원인급여 문제와 마찬가지로 판례[31]의 입장처럼 '민법 제746조 소정의 "불법의 원인"은 재산을 급여한 원인이 선량한 풍속 기타 사회질서에 위반하는 경우를 가리키는 것'으로 보면, 예금에 관한 차명거

---

29) 국세청 발간 2017년 국세통계 연보에 의하면, 국세청의 2016년도 한해 총 수납액 233,329,122 백만 원 중 증여세의 수납액은 3,355,142백만 원으로 약 1.43%에 불과하다. 즉 우리나라의 증여세수의 세수비중은 그다지 높지 않다고 할 것이다. 국세청, "2017년 국세통계 연보"(2017) 중 2-1-1 참조.
30) 최성근, 앞의 논문, 7.
31) 대법원 1994. 4. 15. 선고 93다61307 판결.

래나 명의신탁만으로 선량한 풍속 기타 사회질서에 위반된다고 보기도 어렵다. 따라서 차명예금에 있어서 명의차용자의 출연금 반환청구권을 불법원인급여로 보기는 어렵다고 생각한다.

따라서 차명금융거래가 무효로 됨으로 인하여 차명 금융자산의 소유권은 명의차용자(실권리자)에게 복귀하고, 당해 금융자산이 제3자에게 이전되어 그에게 귀속이 되었다면 명의차용자는 명의대여자(명의자)에게 부당이득반환을 청구할 수 있을 것이다.[32]

---

[32] 차명예금에 대한 무효론에 대하여 '이를 무효로 하면 명의수탁자는 명의신탁자에게 차명예금에 예입된 원금 및 이에 대한 법정이자(연 5% 또는 연 6%) 상당액을 부당이득으로 반환해야 하는데, 이는 시중 금융기관의 이자보다 많은 액수를 반환하는 결과가 되어 차명거래를 무효로 하는 것이 유효로 하는 것보다 명의신탁자에게 더 유리한 결과가 되어 불합리하다'는 상정 가능한 비판론이 부당함은 앞서 본 바와 같다.

제 2 절   행정적 규제 – 과징금과 관련하여

1. 부동산

가. 일반론

행정적 제재로서 과징금과 관련하여, 앞서 본 바와 같이, 현행 부동산실명법은 부동산에 관한 차명거래의 경우 명의차용자(명의신탁자)에게만 과징금을 부과하고, 과징금 산정기준은 부동산평가액(5억 원 이하, 5억 원 초과 30억 원 이하, 30억 원 초과)을 기준으로 한 과징금 부과율(5%, 10%, 15%)과 의무위반 경과기간(1년 미만, 1년 이상 2년 미만, 2년 초과)을 기준으로 한 과징금 부과율(5%, 10%, 15%)을 더한 과징금 부과율에 부동산평가액을 곱하여 산정하는 방식이다. 여기에서 의무위반 경과기간이 길수록 차명거래의 위반 정도가 높다고 할 수 있으므로 현행 부동산실명법상 과징금의 산정기준은 차명거래의 경중 정도를 어느 정도 고려한 것으로 평가할 수 있다.

한편 부동산실명법상 과징금은 부동산평가액이 커질수록 이에 비례하여 과징금을 많이 부과하게 설계되어 있는데 이는 앞서 본 차명거래로 인한 이익이나 세금 등 지급의무가 있는 비용의 실제 회피 결과를 고려한 것이 아니라 위와 같은 회피의 위험을 기준으로 설계된 것으로 타당하지 않다고 할 것이다.[33] 다만, 부동산실명법이 위와 같이 부동산평가액과 차명기간을 기준으로 과징금을 산정한 것은 현실적으로 과징금 산정의 명확성과 예측가능성, 편리성 때문일 것이다.

그리고 부동산 평가와 관련하여 그 평가시점에 관하여 부동산실명법 제5조 제2항은 부동산 가액의 기준시점은 '과징금을 부과하는 날 현재'로 하되, '과징금을 부과 받은 날 이미 명의신탁관계를 종료하였거나 실명등기를 하였을 때에는 명의신탁관계 종료시점 또는 실명등기시점'을 그 기준시점으로 하는 것으로 규정하고 있다.

---

33) 다만 앞서 第3章 第2節 4. 나. 2) 나) (4)에서 본 바와 같이 부당이득액의 계산이 현실적으로 어려운 경우에는 차명거래의 재산평가액 및 차명기간 등을 부당이득액 계산에 활용할 수도 있을 것이다.

한편, 앞서 본 바와 같이 명의대여자(명의수탁자)에게도 과징금을 부과할 필요가 있고, 과징금의 구체적인 액수를 산정함에 있어서는 부당이득 환수적 성격과 제재적 성격을 모두 고려하여야 하며, 조세회피 결과를 기준으로 과징금 액수를 결정하되 조세회피 위험 억제적 측면을 고려하여 실제 부당이득의 일정 배수로 그 액수를 결정하여야 한다. 부당이득 환수적 측면과 관련하여, 명의신탁자가 명의수탁자보다는 명의신탁으로 인한 이익을 더 많이 얻는 경우가 많으므로, 부당이득 환수적 측면에서 명의수탁자보다 명의신탁자에게 보다 많은 양의 과징금을 부과해야할 것이다. 제재적 측면과 관련하여 보더라도, 명의신탁자가 명의수탁자를 명의신탁 약정 체결이 되도록 유인하여 차명거래를 조장하는 경우가 많으므로 이러한 경우에는 명의신탁자가 명의수탁자보다 그 불법성이 크다고 할 것이고, 그로 인하여 명의수탁자보다 명의신탁자에 대하여 보다 큰 액수의 과징금을 부과할 필요성이 있다.

나. 명의차용자(명의신탁자)

우선 명의신탁자에 대한 과징금과 관련하여 현행법은 단순히 부동산평가액을 기준으로 한 비율(5%, 10%, 15%)과 의무위반 경과기간을 기준으로 한 비율(5%, 10%, 15%)을 더한 과징금 부과율(10%에서 30%까지)에다가 부동산평가액(원칙 : 과징금 부과시 가액, 예외 : 과징금 부과 전에 명의신탁 종료하였거나 실명등기한 경우에는 명의신탁 종료시 또는 실명등기시 가액)을 곱하여 과징금을 산정하고 있으나, 단순히 부동산 가액이 높을수록 또는 의무위반 경과기간이 장기간일수록 명의신탁자가 실제 얻는 부당이득 결과가 위 가액 및 위 기간에 비례하여 증가한다고 볼 근거는 부족하다. 따라서 현행 부동산실명법상 명의신탁자에 대하여 부과하는 과징금은 실제 조세회피 결과나 다른 부당이득 결과 등을 제대로 반영하지 못하고 있다. 물론 위 부동산 가액이 높을수록 또는 위 의무위반 경과기간이 장기간일수록 조세회피 위험이 높아져서 명의신탁자를 제재할 필요성은 증가한다고 볼 여지는 있다.

따라서 현행 과징금 산정기준은 차명거래로 인한 실제 조세회피 등 결과를 기준으로 하되, 위험 억제를 위하여 부당이득 환수적 측면과 제재적 측면을 모두 고려하는 것으로 개정할 필요가 있다.

즉 과징금 부과기관(부동산실명법 시행령 제3조 제1항에 의하면 특별자치도지사·특별자치시장·시장·군수 또는 구청장 등이 과징금 부과기관이다)은 과징금 부과시 명의신탁자와 관련되는 ① 차명거래의 지속기간(차명거래 이후 차명거래를 해소하려고 노력하였는지 여부 포함)과 차명거래의 빈도 내지 횟수, ② 차명거래로 인한 이익이나 세금 등 지급의무가 있는 비용의 실제 회피 결과의 규모, ③ 차명거래가 세금 회피나 다른 법령행위 등 탈법목적으로 이루어졌으면 그 의도 내지 목적 여부, ④ 당사자의 차명거래 전적 내지 적발 건수 등을 고려하여 과징금 액수를 정할 수 있도록 부동산실명법을 개정하여야 할 것이다.

다만 실제 과징금 액수를 정함에 있어 자의적인 판단이 되지 않도록 앞서 본 통고처분 기준과 같이 과징금액 산정시 기계적으로 적용할 수 있는 기준을 미리 마련할 필요도 있다. 다만 과징금의 부당이득 환수적 측면과 제재적 측면을 모두 기계적, 수학적으로 적용하는 것은 현실적으로 무리가 있으므로, 제재의 부과기관에게 부과기준을 고려하여 법에 과징금의 일반적 부과기준을 정하고 시행령, 시행규칙에서 구체적 기준을 마련하여 과징금 부과기관이 구체적 요소를 고려하여 부과하는 것이 타당할 것이다.[34)]

그리고 앞서 살펴본 환경범죄단속법상의 과징금[35)]과 같이 실제 발생한 조세회피 결과 등 부당이득 환수적 결과를 기초로 하되(부당이득 환수적 측면) 제재적 측면을 고려하여 실제의 부당이득의 일정 배수(예컨대, 2배 이상 5배 이하)[36)]에 해당하는 금액을 과징금으로 부과할 수 있을 것이다.

만약 명의신탁자에게는 실제로 발생한 부당이득을 정확하게 측정할 수 없는 경우에는 부당이득 환수적 측면과 제재적 측면을 모두 고려하여 第3章 第2節 4. 나. 2) 라) (2)에서 본 바와 같은 구체적인 과징금 산정요소를 감안한 일정 금액(예컨대 2억 원) 이하의 과징금을 부과할 수 있도록 규정할 필요도 있다.[37)]

---

34) 다만 앞서 본 바와 같이 과징금 부과기관의 권한은 비례의 원칙에 의한 제한을 받으므로, 재량권 남용에 대해서는 사법부의 엄격한 통제를 받는다고 할 것이다.

35) 앞서 본 바와 같이 환경범죄단속법 제12조 제1항, 같은 법 시행령 제4조에 의하면, 환경부장관은 특정오염물질을 불법배출한 사업자에 대하여 불법배출이익(불법배출한 때부터 적발된 때까지 특정오염물질을 불법배출함으로써 지출하지 아니하게 된 해당 특정오염물질의 처리비용)의 2배 이상 10배 이하에 해당하는 금액과 특정오염물질의 제거 및 원상회복에 드는 비용(정화비용)을 과징금으로 부과·징수하되, 불법배출이익의 2배 이상 10배 이하에 해당하는 금액(가중치)의 부과기준은 위반 횟수별 부과계수와 지역별 부과계수를 곱하여 산출하되, 가중치가 불법배출이익의 10배를 초과하는 경우에는 10배로 정하고 있다.

36) 구체적으로 실제의 부당이득의 몇 배를 부과하여야 하는지에 관하여는 심층 연구가 필요할 것으로 생각한다.

37) 실제로 발생한 부당이득을 정확하게 측정할 수 없어 과징금을 부과하지 못하는 경우를 방지하기 위한 조치이다. 앞서 본 바와 같이 자본시장법 제429조의2 소정의 시장질서 교란행위에

다. 명의대여자(명의수탁자)

다음으로 명의수탁자에 대한 과징금과 관련하여 현행법은 이에 관한 과징금 규정이 별도로 존재하지는 않는다. 그러나 앞서 본 바와 같이 명의수탁자에 대하여도 과징금이라는 행정적 제재를 가할 필요가 있고, 다만 구체적인 과징금 산정기준은 차명거래로 인한 실제 조세회피 등 결과를 기준으로 하되, 위험 억제를 위하여 부당이득 환수적 측면과 제재적 측면을 모두 고려하는 것으로 입법화할 필요가 있다.

앞서 본 명의신탁자에 대한 현행 부동산실명법 시행령상의 과징금 부과기관인 특별자치도지사 등은 과징금 부과시 명의수탁자와 관련되는 앞서 본 차명거래의 지속기간(차명거래 이후 차명거래를 해소하려고 노력하였는지 여부 포함)과 차명거래의 빈도 내지 횟수 등을 고려하여 과징금 액수를 정할 수 있도록 부동산실명법을 개정해야 할 것이다.

그리고 명의신탁자와 마찬가지로 앞서 살펴본 환경범죄단속법상의 과징금과 같이 실제 발생한 명의수탁자의 조세회피 결과 등 부당이득 환수적 결과를 기초로 하되(부당이득 환수적 측면) 제재적 측면을 고려하여 실제의 부당이득의 일정 배수(예컨대, 2배 이상 5배 이하)에 해당하는 금액을 과징금으로 부과할 수 있을 것이다.

만약 명의수탁자에게는 실제로 발생한 부당이득이 없는 경우에는 부당이득 환수적 측면의 과징금은 부과할 수 없고 제재적 측면의 과징금만을 부과하여야 할 것인데, 이러한 경우에는 명의신탁자에게 부과되는 과징금 중 일정 비율 상당의 과징금을 부과하기보다는 구체적인 과징금 산정요소를 감안하여 명의신탁자보다는 적은 일정한 금액(예컨대 1억 원)[38] 이하의 과징금을 부과할 수 있도록 규정할 필요가 있다.

라. 과징금 부과기관

第3章 第2節 4. 나. 5)에서 본 바와 같이, 부동산 명의신탁자에 대한 현행 과징

대한 과징금의 경우 자본시장조사 업무규정(2016. 12. 28. 금융위원회 고시 제2016－46호로 개정된 것) 별표 제2호에 의하여 위반행위로 얻은 이익(미실현이익 포함)이나 회피한 손실액을 객관적으로 산출하기 곤란한 경우 등에는 3천만 원을 기준금액으로 하고, 여기에 부과비율을 곱하여 기본과징금을 산출하는바 이와 유사한 방식이라고 할 수 있다.

38) 명의수탁자의 불법성이 명의신탁자의 그것보다는 작은 경우가 일반적이므로 명의수탁자에 대한 과징금의 상한도 명의신탁자의 그것보다 낮게 설정함이 옳다.

금 부과기관은 지방자치단체인데, 부동산 명의신탁은 국세청 세무조사 과정에서 발견되는 경우가 많고, 과세관청에게 과징금 부과권한을 부여할 경우 업무처리 기간 단축, 과징금 대상자에 대한 추적 용이, 국세 조사시 과징금까지 부과 가능 등의 장점이 많으므로, 부동산실명법상의 과징금 부과주체를 지방자치단체에서 국세청으로 변경하여야 한다.39) 이럴 경우 국세청에서 구체적인 과징금 산정요소를 조사하고 감안하여 과징금을 부과하게 될 것이다.

마. 과징금의 부과 제척기간

부동산실명법 제5조 제7항,40) 같은 법 시행령 제3조 세5힝,41) 지방세기본법 제38조 제1항 제3호,42) 같은 법 시행령 제19조 제1항 제2호43) 등에 비추어 보면, 부

---

39) 얼핏 보면 부동산실명법이 국세청과는 별로 관계가 없어 보이기는 하나, 국세청은 부동산과 관계되는 국세인 양도소득세를 취급하고 있고, 그 구성원이 현행 지방자치단체의 구성원보다 조세 분야에 더 많은 전문성을 가지고 있다고 할 것이므로, 국세청이 부동산 차명거래와 관련된 과징금을 부과, 징수하는 역할을 하는 것이 타당하다고 할 것이다.

40) 부동산 실권리자명의 등기에 관한 법률 제5조(과징금) ① 다음 각 호의 어느 하나에 해당하는 자에게는 해당 부동산 가액의 100분의 30에 해당하는 금액의 범위에서 과징금을 부과한다.
  1. 제3조 제1항을 위반한 명의신탁자
  ⑦ 제1항에 따른 과징금의 부과 및 징수 등에 필요한 사항은 대통령령으로 정한다.

41) 부동산 실권리자명의 등기에 관한 법률 시행령 제3조(과징금의 부과·징수등) ① 특별자치도지사·특별자치시장·시장·군수 또는 구청장은 법 제5조 제1항에 따라 위반행위를 한 자에게 위반사실이 확인된 후 1개월 이내에 다음 각 호의 사항을 기재한 서면으로 과징금을 납부할 것을 고지하여야 한다.
  1. 납부의무자의 성명(법인인 경우에는 명칭) 및 주소
  2. 위반행위의 종별
  3. 과징금의 금액 및 산출근거
  4. 납부기한 및 수납기관
  ⑤ 제1항 내지 제4항 외에 과징금의 부과 및 징수에 관하여 필요한 사항은 지방세입징수의 예에 의한다.

42) 지방세기본법 제38조(부과의 제척기간) ① 지방세는 대통령령으로 정하는 바에 따라 부과할 수 있는 날부터 다음 각 호에서 정하는 기간이 만료되는 날까지 부과하지 아니한 경우에는 부과할 수 없다. 다만, 조세의 이중과세를 방지하기 위하여 체결한 조약(이하 "조세조약"이라 한다)에 따라 상호합의절차가 진행 중인 경우에는 「국제조세조정에 관한 법률」 제25조에서 정하는 바에 따른다.
  1. 납세자가 사기나 그 밖의 부정한 행위로 지방세를 포탈하거나 환급·공제 또는 감면받은 경우 : 10년
  2. 납세자가 법정신고기한까지 과세표준 신고서를 제출하지 아니한 경우 : 7년. 다만, 다음 각 목에 따른 취득으로서 법정신고기한까지 과세표준 신고서를 제출하지 아니한 경우에는 10년으로 한다.

동산실명법 제5조 제1항에 따른 과징금 부과의 제척기간은 5년이고, 그 기산일은 명의신탁관계가 해소된 때라고 할 것인데,[44] 여기에서 '명의신탁관계가 해소된 때' 란 관련 규정의 문언 및 체계에 비추어 볼 때 부동산실명법 제5조 제2항 단서[45]의 '명의신탁관계 종료 시점 또는 실명등기 시점'과 같은 뜻이다.[46]

그런데 지방세기본법 제38조 제1항에서는 '지방세는 대통령령으로 정하는 바에 따라 부과할 수 있는 날부터 일정한 기간이 만료되는 날까지 부과하지 아니한 경우에는 부과할 수 없다'고 규정하고 있고, 그 위임에 따라 지방세기본법 시행령 제19조 제1항 제2호에서는 '제1호에 따른 지방세 외의 지방세의 경우'에는 '해당 지방세의 납세의무성립일'로 규정하고 있다. 위 규정만 살펴보면 부동산실명법 제5조에 의한 과징금의 부과 제척기간은 이를 부과할 수 있는 날인 '의무위반'이 있게 되면 바로 진행하는 것으로 볼 여지는 있다.

가. 상속 또는 증여를 원인으로 취득하는 경우
나. 「부동산 실권리자명의 등기에 관한 법률」 제2조 제1호에 따른 명의신탁약정으로 실권리자가 사실상 취득하는 경우
다. 타인의 명의로 법인의 주식 또는 지분을 취득하였지만 해당 주식 또는 지분의 실권리자인 자가 제46조 제2호에 따른 과점주주가 되어 「지방세법」 제7조 제5항에 따라 해당 법인의 부동산등을 취득한 것으로 보는 경우
3. 그 밖의 경우 : 5년
43) 지방세기본법 시행령 제19조(부과 제척기간의 기산일) ① 법 제38조 제1항 각 호 외의 부분 본문에 따른 지방세를 부과할 수 있는 날은 다음 각 호의 구분에 따른다.
 1. 법 또는 지방세관계법에서 신고납부하도록 규정된 지방세의 경우 : 해당 지방세에 대한 신고기한의 다음 날. 이 경우 예정신고기한, 중간예납기한 및 수정신고기한은 신고기한에 포함되지 아니한다.
 2. 제1호에 따른 지방세 외의 지방세의 경우 : 해당 지방세의 납세의무성립일
44) 대법원 2006. 1. 13. 선고 2004두2776 판결.
45) 부동산 실권리자명의 등기에 관한 법률 제5조(과징금) ① 다음 각 호의 어느 하나에 해당하는 자에게는 해당 부동산 가액의 100분의 30에 해당하는 금액의 범위에서 과징금을 부과한다.
 1. 제3조 제1항을 위반한 명의신탁자
 2. 제3조 제2항을 위반한 채권자 및 같은 항에 따른 서면에 채무자를 거짓으로 적어 제출하게 한 실채무자(實債務者)
 ② 제1항의 부동산 가액은 과징금을 부과하는 날 현재의 다음 각 호의 가액에 따른다. 다만, 제3조 제1항 또는 제11조 제1항을 위반한 자가 과징금을 부과받은 날 이미 명의신탁관계를 종료하였거나 실명등기를 하였을 때에는 명의신탁관계 종료 시점 또는 실명등기 시점의 부동산 가액으로 한다.
 1. 소유권의 경우에는 「소득세법」 제99조에 따른 기준시가
 2. 소유권 외의 물권의 경우에는 「상속세 및 증여세법」 제61조 제5항 및 제66조에 따라 대통령령으로 정하는 방법으로 평가한 금액
46) 대법원 2013. 6. 14. 선고 2012두20021 판결 등 참조.

그러나 명의신탁 등기는 그 등기를 그대로 유지하고 있는 한 의무위반이 계속되는 일종의 형사범의 종류 중 繼續犯[47]과 유사한 경우이므로 명의신탁 위반으로 인한 과징금은 의무위반 상태가 계속되는 한도 내에서는 언제든지 과징금을 부과할 수 있고, 부과 제척기간의 기산점은 명의신탁 등기가 해소된 때라고 봄이 상당하다.[48]

그리고 '명의신탁관계가 해소된 때'란 앞서 본 바와 같이 부동산실명법 제5조 제2항 단서 소정의 '명의신탁관계 종료 시점 또는 실명등기 시점'으로 볼 수 있다.[49] 그리고 부동산실명법 제5조 제2항 단서의 '명의신탁관계 종료시점'은 '명의신탁자와 명의수탁자 사이에 대내적으로 명의신탁을 해지한 시점이 아니라,[50] 대외적으로도 명의신탁관계가 종료되어 위반상태가 해소된 시점인 실명등기를 할 필요가 없거나 실명등기를 한 것으로 볼 수 있는 시점'[51]이다.[52]

---

47) 계속범이란 구성요건적 행위가 위법상태의 야기뿐 아니라 시간적 계속을 요하므로 행위의 계속과 위법상태의 계속이 병행하는 범죄를 말한다. 이재상·장영민·강동범, 앞의 책, 73. 이에 반하여 상태범 또는 즉시범은 구성요건적 결과의 발생과 동시에 범죄도 완성되는 범죄를 말한다. 이재상·장영민·강동범, 앞의 책, 73.

48) 위광하, "반사회적인 법률행위에 해당하여 원인무효인 제3자 명의의 등기가 말소된 후 당초의 명의신탁자 명의로 등기가 회복된 경우, 과징금 부과 제척기간의 기산일(2013. 6. 14. 선고 2012두20021 판결 : 공2013하, 1246)", 대법원판례해설 제95호, 법원도서관(2013), 990-991.

49) 대법원 2013. 6. 14. 선고 2012두20021 판결 등 참조.

50) 따라서 명의신탁자가 명의수탁자를 상대로 명의신탁의 해지를 원인으로 하여 소를 제기하였다거나 그 소송에서의 승소판결이 확정되었다는 사정만으로는 그때 위 법상의 명의신탁관계가 종료되었다고 할 수 없다(대법원 2008. 1. 17. 선고 2007두21563 판결 등 참조).

51) 공용징수·판결·경매 기타 법률의 규정에 의하여 명의수탁자로부터 제3자에게 부동산에 관한 물권이 이전되거나 또는 명의신탁자가 당해 부동산에 관한 물권에 관하여 매매 기타 처분행위를 하고 그 처분행위로 인한 취득자에게 직접 등기를 이전하거나 명의신탁자가 당해 부동산의 소재지를 관할하는 시장·군수 또는 구청장에게 매각을 위탁하거나 한국자산관리공사에 매각을 의뢰한 시점 등으로 보아야 한다(위 대법원 2007두21563 판결 등 참조).

52) 판례는 매도인이 선의인 계약명의신탁에서 '명의수탁자가 부동산의 소유권을 완전하게 취득하더라도 명의신탁자에 대하여 부당이득반환의무를 부담하므로, 명의수탁자가 당해 부동산의 소유권을 완전하게 취득하게 되더라도 명의수탁자는 명의신탁자에 대하여 부당이득반환의무를 부담하게 되므로, 그러한 사정만으로 바로 부동산실명법상 명의신탁관계가 종료되었다고 단정할 수 없다'고 보아, 명의수탁자가 부동이득반환의무를 모두 이행한 때에 비로소 명의신탁관계가 종료되어 그 때부터 과징금 부과 제척기간이 기산된다는 입장이고(대법원 2012. 4. 26. 선고 2011두26626 판결), 명의신탁자가 명의수탁자에게 부동산을 명의신탁을 하였다가 처에게 부동산을 증여하고 증여에 따른 소유권이전등기를 경료한 시점을 명의신탁관계의 종료시점으로 보았으며(대법원 2007. 7. 12. 선고 2006두4554 판결), 명의수탁자가 제3자와 공모하여 명의신탁자와 상의 없이 임의로 제3자 명의로 소유권이전등기를 경료하여 명의신탁된 부동산을 횡령한 경우, 반사회적인 법률행위에 해당하여 원인무효인 제3자 명의의

2. 주식, 사채

가. 일반론

행정적 제재로서 과징금과 관련하여, 앞서 본 바와 같이, 현행법은 주식, 사채에 관한 차명거래의 경우 과징금을 부과하지 않고 있고 명의신탁 증여의제로 인한 증여세를 부과하는 제재 방식을 택하고 있다. 그러나 위 명의신탁 증여의제로 인한 증여세는 아래 第6章에서 보는 바와 같이 여러 문제점이 있으므로 廢止할 필요가 있다. 따라서 이하에서는 위 명의신탁 증여의제로 인한 贈與稅를 廢止함을 前提로 課徵金에 관한 논의를 하려고 한다.

한편, 앞서 본 바와 같이 주식, 사채에 관한 차명거래의 당사자에게도 과징금이 부과될 필요가 있다. 그리고 과징금의 구체적인 액수를 산정함에 있어서 부당이득 환수적 성격과 제재적 성격을 모두 고려해야 한다는 점, 조세회피 결과를 기준으로 하되 위험 억제적 측면을 고려하여 과징금 액수를 결정해야 한다는 점, 명의수탁자보다 명의신탁자에 대하여 보다 큰 규모의 과징금을 부과하여야 한다는 점 등은 앞서 1. 가.에서 본 차명부동산의 논의와 동일하다.[53]

나. 명의차용자(명의신탁자) 및 명의대여자(명의수탁자)

과징금 부과기관은 차명주식, 사채의 경우에도 부동산 명의신탁과 유사한 기준을 고려하여 과징금 액수를 정할 수 있도록 입법하여야 할 것이고, 앞서 살펴본 환경범죄단속법상의 과징금을 참고하여 실제 발생한 조세회피 결과 등 부당이득 환수적 결과를 기초로 하되 제재적 측면을 고려하여 실제의 부당이득의 일정 배수에 해당하는 금액을 과징금으로 부과할 수 있을 것이다. 만약 실제로 발생한 부당이득을 정확하게 측정할 수 없는 경우에는 차명부동산의 경우와 유사하게 명의신탁자에 대하여 일정한 금액(예컨대 2억 원) 이하의 과징금을 부과할 수 있도록 규정하여야 할 것이다. 그리고 명의수탁자에 대한 과징금은 명의신탁자보다는 적은 일정한

등기가 말소된 후 당초의 명의신탁자 명의로 등기가 회복된 경우에는 제3자 명의로의 등기 시점(횡령시점)이 아닌 명의신탁자 앞으로의 실명등기 시점(등기 회복시점)이 과징금 부과 제척기간의 기산점이라고 보았다(대법원 2013. 6. 14. 선고 2012두20021 판결).

53) 부동산과 통합하여 차명거래 대상별로 특성에 맞게 과징금을 통일적으로 부과할 수 있는 법을 만드는 방안도 검토해볼 만하다.

금액(예컨대 1억 원) 이하의 과징금을 부과할 수 있도록 규정하여야 할 것이다.

다. 과징금 부과기관

부동산실명법상의 과징금 부과주체를 지방자치단체에서 국세청으로 바꾸어야 한다는 점은 앞서 본 바와 같다. 그렇다면 차명주식, 사채에 관한 과징금의 부과기관을 차명부동산과 같이 국세청으로 정하여야 하는지 살펴보자.

생각건대, 명의신탁 증여의제로 인한 증여세 부과 주체는 지금까지 국세청이었고, 앞서 본 바와 같이 국세청은 2006. 10.경 국세행정시스템 엔티스(NTIS)의 정보분석 기능을 기반으로 여러 유형의 명의신탁을 찾아내 체계적으로 검증하기 위한 '차명주식 통합분석시스템'을 구축하기도 하였다. 그리고 국세청은 지금까지 주식 및 사채에 관한 명의신탁 분석시스템과 전문 인력을 통하여 주식 등에 대한 명의신탁의 적발, 이에 대한 제재에 대하여 노하우를 쌓아왔다. 따라서 위와 같은 노하우를 적극 활용하는 차원에서 차명주식, 사채에 대한 과징금 부과 주체도 국세청이 되어야 할 것이다.

라. 과징금의 부과 제척기간

앞서 본 바와 같이 부동산에 대한 과징금의 부과 제척기간은 5년이고, 그 기산일은 명의신탁관계가 해소된 때이며, 명의신탁관계가 해소된 때란 '명의신탁관계 종료 시점 또는 실명등기 시점'과 같은 뜻이다. 그리고 명의신탁 등기는 그 등기를 그대로 유지하고 있는 한 의무위반이 계속되므로 명의신탁 위반으로 인한 과징금은 의무위반 상태가 계속되는 한도 내에서는 언제든지 과징금을 부과할 수 있고, 부과 제척기간의 기산점은 명의신탁 등기가 해소된 때이다.

그렇다면 차명주식, 사채에 관한 과징금의 부과 제척기간을 부동산과 같이 5년으로 보아야 하는지 문제된다. 그런데 명의신탁 증여의제로 인한 증여세의 부과 제척기간은 국세기본법 제26조의2 제1항 제4호[54]에 의하여 일반적으로 부과할 수 있

---

54) 국세기본법 제26조의2(국세 부과의 제척기간) ① 국세는 다음 각 호에 규정된 기간이 끝난 날 후에는 부과할 수 없다. 다만, 조세의 이중과세를 방지하기 위하여 체결한 조약(이하 "조세조약"이라 한다)에 따라 상호합의 절차가 진행 중인 경우에는 「국제조세조정에 관한 법률」 제25조에서 정하는 바에 따른다.
   4. 상속세·증여세는 제1호, 제1호의2, 제2호 및 제3호에도 불구하고 부과할 수 있는 날부터 10년간. 다만, 다음 각 목의 어느 하나에 해당하는 경우에는 부과할 수 있는 날부터 15년간으로 한다.

는 날부터 10년이고, 부정행위로 증여세를 포탈한 경우 등에는 부과할 수 있는 날부터 15년이 된다. 만약 부동산실명법 시행령 제3조 제5항처럼 과징금의 부과 및 징수에 관하여 필요한 사항을 '지방세입징수의 예'에 따르게 한다면 그 부과 제척기간은 지방세기본법 제38조 제1항 제3호, 같은 법 시행령 제19조 제1항 제2호에 의하면 '과징금의 납부의무성립일'부터 5년이 될 것이다.

생각건대, 주식 및 사채 명의신탁에 대하여 증여세 제재의 폐지를 전제로 과징금을 도입하는 입장이라면, 그 과징금에 대하여도 기존 명의신탁 증여의제로 인한 증여세의 부과 제척기간(10년, 15년)에 대한 규정을 준용하기보다는 부동산실명법상의 부동산 명의신탁으로 인한 과징금의 부과 제척기간(5년)에 대한 규정을 준용하는 것이 타당하다. 그리고 주식 및 사채 명의신탁으로 명의수탁자 명의로 주주명부, 사채원부 등에 주주 및 사채권자로 등재가 될 경우에는 주주명부나 사채원부에 명의수탁자 명의를 그대로 유지하고 있는 한 의무위반이 계속되므로 명의신탁 위반으로 인한 과징금은 의무위반 상태가 계속되는 한도 내에서는 언제든지 과징금을 부과할 수 있고, 부과 제척기간의 기산점은 명의신탁이 해소된 때로 보아야 할 것이다.

3. 예금(금융거래 포함)

가. 일반론

행정적 제재로서 과징금과 관련하여, 앞서 본 바와 같이, 현행법은 예금이나 금융거래에 관한 차명거래의 경우 과징금을 부과하지 않고 있다.[55]

그러나, 앞서 본 바와 같이 차명주식, 예금과 마찬가지로 예금이나 금융거래에

가. 납세자가 부정행위로 상속세·증여세를 포탈하거나 환급·공제받은 경우
나. 「상속세 및 증여세법」 제67조 및 제68조에 따른 신고서를 제출하지 아니한 경우
다. 「상속세 및 증여세법」 제67조 및 제68조에 따라 신고서를 제출한 자가 대통령령으로 정하는 거짓 신고 또는 누락신고를 한 경우(그 거짓신고 또는 누락신고를 한 부분만 해당한다)

55) 다만 금융실명법 제5조에 의하여 비실명 금융소득에 대하여는 90%(2014. 1. 1. 지방세법이 개정되기 전까지는 지방소득세까지 포함하면 99%가 되었고, 현행 지방세법 제92조 제1항에 의하더라도 지방소득세까지 포함하면 90%가 넘게 된다)가 세금으로 부과된다. 차명거래도 비실명거래에 포함된다고 보아야 한다는 점은 앞서 第1章 第4節 2. 나. 3)에서 본 바와 같으므로, 차명예금이나 차명금융거래의 경우에도 그 금융소득에 대하여는 위와 같이 과세가 된다고 볼 수 있다.

관한 차명거래의 당사자에게도 과징금이 부과될 필요가 있다. 그리고 과징금의 구체적인 액수를 산정함에 있어서 부당이득 환수적 성격과 제재적 성격을 모두 고려해야 한다는 점, 조세회피 결과를 기준으로 하되 위험 억제적 측면을 고려하여 과징금 액수를 결정해야 한다는 점, 명의수탁자보다 명의신탁자에 대하여 보다 큰 규모의 과징금을 부과하여야 한다는 점 등은 앞서 1. 가.에서 본 차명부동산의 논의와 동일하다.

나. 명의차용자(명의신탁자) 및 명의대여자(명의수탁자)

과징금 부과기관은 차명예금의 경우에도 부동산 명의신탁과 유사한 기준을 고려하여 과징금 액수를 정할 수 있도록 입법하여야 할 것이고, 앞서 살펴본 환경범죄단속법상의 과징금을 참고하여 실제 발생한 조세회피 결과 등 부당이득 환수적 결과를 기초로 하되 제재적 측면을 고려하여 실제의 부당이득의 일정 배수에 해당하는 금액을 과징금으로 부과할 수 있을 것이다. 만약 실제로 발생한 부당이득을 정확하게 측정할 수 없는 경우에는 차명부동산의 경우와 유사하게 명의신탁자에게 일정한 금액(예컨대 2억 원) 이하의 과징금을 부과할 수 있도록 규정하여야 할 것이다. 그리고 명의수탁자에 대한 과징금은 명의신탁자보다는 적은 일정한 금액(예컨대 1억 원) 이하의 과징금을 부과할 수 있도록 규정하여야 할 것이다.

다. 과징금 부과기관

그리고 차명예금에 관한 과징금의 부과기관을 차명부동산, 주식 및 사채와 같이 국세청으로 정하여야 하는지 살펴보자. 현재 금융지주회사, 은행, 보험회사 등 금융 관련 회사가 일정한 의무를 위반한 경우 과징금을 부과할 수 있는 주체는 금융위원회이다.56) 금융지주회사법 제64조,57) 은행법 제65조의3,58) 보험업법 제196

---

56) 금융위원회는 2008. 3. 3. 설립되어 금융정책 및 금융제도에 관한 정책의 수립, 금융기관 감독 및 관련 규정의 제·개정, 금융기관의 설립, 합병, 영업 양수·도 등 관련된 인·허가, 증권·선물시장의 관리·감독 및 감시 등의 업무를 담당한다. 금융위원회는 국내 금융정책을 총괄하는 국내 금융 분야 최고 의사결정 기구이다. 금융위원회 산하에 설치되어 있는 금융정보분석원은 자금세탁 행위 및 공중협박자금조달행위 규제 등에 관한 업무를 수행한다.
57) 금융지주회사법 제64조(과징금) 금융위원회는 금융지주회사등이 제6조의3, 제6조의4, 제34조, 제36조, 제44조, 제45조, 제45조의2, 제45조의3, 제48조 또는 제62조의2 제1항을 위반하거나 주요출자자가 제45조의4를 위반하는 경우에는 다음 각 호의 구분에 따라 과징금을 부과할 수 있다.
　　1. 제6조의3 또는 제6조의4를 위반하여 주식을 소유한 경우 : 위반하여 소유하는 주식의 대

조,[59] 여신전문금융업법 제58조,[60] 자본시장법 제428조[61] 등이 그 근거이다.

그리고 공정거래위원회는 공정거래법 제6조[62] 등에 의하여 시장지배적사업자 등의 의무위반에 대한 과징금 부과 주체이고, 방송통신위원회는 정보통신망 이용촉진 및 정보보호 등에 관한 법률 제64조의3 제1항[63]에 의하여 위 법상의 의무위반에 대한 과징금 부과 주체이다. 위와 같이 금융위원회, 공정거래위원회, 방송통신위원회가 자신의 업무와 관련한 과징금의 부과 주체인 이유는 그 업무에 관하여 전문성을 가지고 있기 때문이다. 같은 이유로 차명예금에 대한 과징금 부과주체도 예금 및 금융거래 분야에 대한 업무에 전문성을 가진 행정기관이 되어야 할 것인데, 예금 등 분야에 대한 전문기관은 금융위원회라 할 것이다. 따라서 차명예금에 대한

통령령으로 정하는 대차대조표상 장부가액의 합계액(이하 생략)
58) 은행법 제65조의3(과징금) 금융위원회는 은행이 제35조, 제35조의2, 제35조의3, 제37조, 제38조 또는 제62조를 위반하거나 대주주가 제35조의4를 위반한 경우에는 다음 각 호의 구분에 따라 과징금을 부과할 수 있다.
　1. 제35조 제1항·제3항·제4항 또는 제37조 제3항 제1호·제6항 제3호에 따른 신용공여한도를 초과한 경우 : 초과한 신용공여액의 100분의 30 이하(이하 생략)
59) 보험업법 제196조(과징금) ① 금융위원회는 보험회사가 제95조의4, 제98조, 제99조, 제105조, 제106조, 제110조, 제111조, 제127조, 제127조의3, 제128조의3, 제131조를 위반한 경우에는 다음 각 호의 구분에 따라 과징금을 부과할 수 있다.
　1. 제95조의4 제1항부터 제3항까지를 위반하여 광고하는 경우 : 해당 보험계약의 연간 수입 보험료의 100분의 50 이하(이하 생략)
60) 여신전문금융업법 제58조(과징금) ① 금융위원회는 여신전문금융회사가 제46조(제57조 제1항 각 호 외의 부분에서 정하는 업무에 관한 규정으로 한정한다)를 위반한 경우에는 대통령령으로 정하는 바에 따라 3억원 이하의 과징금을 부과할 수 있다.(이하 생략)
61) 자본시장과 금융투자업에 관한 법률 제428조(금융투자업자에 대한 과징금) ① 금융위원회는 금융투자업자가 제34조 제1항 제1호·제2호와 같은 조 제2항 및 제77조의3 제9항을 위반한 경우에는 그 금융투자업자에 대하여 다음 각 호의 구분에 따른 위반금액을 초과하지 아니하는 범위에서 과징금을 부과할 수 있다.
　1. 제34조 제1항 제1호를 위반한 경우에는 취득금액(이하 생략)
62) 독점규제 및 공정거래에 관한 법률 제6조(과징금) 공정거래위원회는 시장지배적사업자가 남용행위를 한 경우에는 당해 사업자에 대하여 대통령령이 정하는 매출액(대통령령이 정하는 사업자의 경우에는 영업수익을 말한다. 이하 같다)에 100분의 3을 곱한 금액을 초과하지 아니하는 범위안에서 과징금을 부과할 수 있다. 다만, 매출액이 없거나 매출액의 산정이 곤란한 경우로서 대통령령이 정하는 경우(이하 "매출액이 없는 경우등"이라 한다)에는 10억원을 초과하지 아니하는 범위안에서 과징금을 부과할 수 있다.
63) 정보통신망 이용촉진 및 정보보호 등에 관한 법률 제64조의3(과징금의 부과 등) ① 방송통신위원회는 다음 각 호의 어느 하나에 해당하는 행위가 있는 경우에는 해당 정보통신서비스 제공자등에게 위반행위와 관련한 매출액의 100분의 3 이하에 해당하는 금액을 과징금으로 부과할 수 있다.
　1. 제22조 제1항(제67조에 따라 준용되는 경우를 포함한다)을 위반하여 이용자의 동의를 받지 아니하고 개인정보를 수집한 경우(이하 생략)

과징금 부과주체는 금융위원회가 되어야 한다.

라. 과징금의 부과 제척기간

또한 차명예금에 관한 과징금의 부과 제척기간을 정하는 문제를 살펴보자. 만약 부동산실명법 시행령 제3조 제5항처럼 과징금의 부과 및 징수에 관하여 필요한 사항을 '지방세입징수의 예'에 따르게 한다면 그 부과 제척기간은 지방세기본법 제38조 제1항 제3호, 같은 법 시행령 제19조 제1항 제2호에 의하여 '과징금의 납부의무성립일'부터 5년이 될 것임은 앞서 본 바와 같다.

한편 공정거래법 제49조 제4항[64]에 의하면 부과 제척기간은 공정거래법 위반행위에 대하여 조사를 개시한 경우 조사개시일부터 5년, 위 조사를 개시하지 아니한 경우 해당 위반행위의 종료일부터 7년이 된다. 반면 금융위원회가 과징금 부과주체인 금융지주회사법, 은행법, 보험업법, 여신전문금융업법, 자본시장법 등 및 방송통신위원회가 과징금 부과주체인 정보통신망 이용촉진 및 정보보호 등에 관한 법률에는 제척기간에 관한 규정이 없다.

생각건대, 차명부동산, 주식 및 사채와 같이 통일적으로 차명예금에 관하여도 부과 제척기간을 5년으로 하고, 부동산실명법상의 부동산 명의신탁으로 인한 과징금의 부과 제척기간(5년)에 대한 규정을 준용하는 것이 타당하다. 그리고 예금 명의신탁으로 인하여 명의수탁자 명의로 예금계좌가 개설된 경우에는 그 예금자 명의를 그대로 유지하고 있는 한 의무위반이 계속되므로 명의신탁 위반으로 인한 과징금은 의무위반 상태가 계속되는 한도 내에서는 언제든지 과징금을 부과할 수 있고, 부과 제척기간의 기산점은 명의신탁이 해소된 때로 보아야 할 것이다.

---

[64] 독점규제 및 공정거래에 관한 법률 제49조(위반행위의 인지·신고등) ④ 공정거래위원회는 다음 각 호의 기간이 경과한 경우에는 이 법 위반행위에 대하여 이 법에 따른 시정조치를 명하지 아니하거나 과징금을 부과하지 아니한다. 다만, 법원의 판결에 따라 시정조치 또는 과징금부과처분이 취소된 경우로서 그 판결이유에 따라 새로운 처분을 하는 경우에는 그러하지 아니하다.
  1. 공정거래위원회가 이 법 위반행위에 대하여 조사를 개시한 경우 조사개시일부터 5년
  2. 공정거래위원회가 이 법 위반행위에 대하여 조사를 개시하지 아니한 경우 해당 위반행위의 종료일부터 7년

4. 네거티브 규제 방식

그리고 앞서 본 바와 같이 네거티브 규제 방식으로 규제함이 타당하므로, 과징금을 차명거래에 대하여 원칙적으로 부과하지는 않고, 법령상의 제한 회피나 강제집행 면탈, 조세 포탈 등을 목적으로 하는 부정한 목적의 차명거래의 경우에만 예외적으로 과징금을 부과하여야 할 것이다.

<h1 style="text-align:center">제3절   형사적 규제</h1>

1. 부동산

형사적 제재와 관련하여, 앞서 본 바와 같이, 현행 부동산실명법은 부동산에 관한 차명거래의 경우 명의차용자(명의신탁자)와 명의대여자(명의수탁자)를 모두 형사처벌하고 있다. 다만 명의신탁자는 '5년 이하의 징역 또는 2억 원 이하의 벌금'에, 명의수탁자는 '3년 이하의 징역 또는 1억 원 이하의 벌금'에 처하도록 규정하고 있어서 명의차용자(명의신탁자)보다 명의대여자(명의수탁자)를 경하게 처벌하고 있다.

그리고 형사벌은 행정벌로서의 과징금이 억제 내지 제재로서의 실효적인 효과를 거두지 못할 경우에만 이를 부과해야 하는 최후수단적 성격(ultima ratio)과 보충적 성격을 가진다는 점은 앞서 본 바와 같다.

그런데 부동산에 관한 차명거래에 관하여는 1990. 8. 1. 구 부동산등기특별조치법 시행 당시에는 '조세부과를 면하려 하거나 다른 시점 간의 가격변동에 따른 이득을 얻으려 하거나 소유권등 권리변동을 규제하는 법령의 제한을 회피할 목적으로 타인의 명의를 빌려 소유권이전등기를 신청한 때'(구 부동산등기특별조치법 제8조 제3호, 제7조 제1항)에는 형사처벌(3년 이하의 징역 또는 1억 원 이하의 벌금)을 하였을 뿐 별도로 과징금을 부과하는 규정은 없었다가, 1995. 3. 30. 부동산실명법을 제정하면서 구 부동산등기특별조치법 제7조 제1항, 제8조 제3호를 삭제함과 동시에 부동산실명법에 명의신탁자와 명의수탁자에 대한 과징금 규정(부동산실명법 제5조)과 형사처벌 규정(부동산실명법 제7조)을 두었다. 이와 같은 입법 연혁을 살펴보면, 입법자는 부동산 차명거래에 관하여 최초 1990년경에는 형사처벌만으로 부동산 명의신탁을 억제하려고 하였다가 위 억제가 실패하자 1995년 부동산실명법을 제정하면서 위 명의신탁을 억제하기 위하여 형사처벌뿐만 아니라 과징금 규정까지 신설한 것으로 보인다.

위와 같은 입법 연혁에 비추어 보면 우리 사회에는 부동산 차명거래가 만연하여 과징금만으로는 차명거래를 실효적으로 억제 내지 제재하기 어렵다고 봄이 상당하므로 형사벌의 최후수단적 성격(ultima ratio)과 보충적 성격을 고려하더라도 차

명부동산에 대하여는 현행 부동산실명법과 같이 형사처벌 규정을 두는 것이 타당한 것으로 보인다.[65)]

다만 벌금형과 과징금은 모두 부당이득 환수를 하는 측면이 있으므로 과징금을 납부한 경우에 벌금형을 감경해줄 필요가 있을 것이고, 불법성이 큰 예외적인 경우에는 징역형을 선고하되 부당이득환수를 위하여 과징금도 동시에 부과할 수 있게 하여야 함은 앞서 본 바와 같다.

이러한 측면에서 현행 부동산실명법을 보면, 부동산실명법은 부동산 명의차용자(명의신탁자)와 명의대여자(명의수탁자)를 모두 형사처벌하고 있다. 다만 명의신탁자는 '5년 이하의 징역 또는 2억 원 이하의 벌금'에, 명의수탁자는 '3년 이하의 징역 또는 1억 원 이하의 벌금'에 처하게끔 되어 있어서 명의차용자(명의신탁자)보다 명의대여자(명의수탁자)를 보다 경하게 처벌하고 있다. 앞서 본 바와 같이 명의대여자, 명의차용자 양자를 모두 처벌하되, 불법성의 정도 내지 경중의 측면에서 명의신탁자가 차명거래로 인한 이익을 취득하는 경우가 많고 불법성이 명의수탁자보다 큰 경우가 많으므로 구체적인 형사처벌 수준을 정함에 있어서는 명의수탁자를 명의신탁자보다 경하게 처벌하여야 함이 타당하다고 보인다는 점에서 현행 부동산실명법의 태도는 적절하다고 할 것이다.

또한, 현행 부동산실명법은 징역형을 부과할 수 있게끔 입법이 되어 있어서 행위불능화(incapacitation)의 측면에서도 타당하다. 다만, 실무상 징역형이 거의 선고되지 않고 거의 벌금형만이 선고되고 있는데, 과징금을 납부한 경우 벌금형을 감경할 수 있는 규정을 신설할 필요가 있고, 의무위반기간이 길고, 부동산평가액이 매우 큰 예외적인 경우에는 벌금형이 아닌 징역형만을 선고할 수 있도록 입법하되 과징금은 동시에 부과할 수 있도록 입법하는 방안을 생각해볼 수 있다.

---

65) 부동산실명법이 1995년 제정되면서 형사처벌 규정이 도입되었고 현재 약 24년이 도과되었다. 앞서 본 바와 같이 부동산 명의신탁으로 인한 부동산실명법위반만으로 징역형의 實刑을 선고받고 확정된 예는 극소수였다. 그렇더라도 형사처벌 규정을 삭제할 수는 없을 것으로 보인다. 아래에서 보는 바와 같이, 과징금과 벌금형의 중복 부과는 지양되어야 하지만, 차명거래와 관련하여 불법성의 정도가 큰 예외적인 경우(의무위반기간이 길고, 부동산평가액이 매우 큰 예외적인 경우)에는 벌금형이 아닌 징역형만을 선고할 수 있도록 형사처벌을 강화할 필요가 있기 때문이다.

2. 주식, 사채

주식, 사채에 관한 차명거래에 관하여 현행법은 과징금은 물론 형사처벌을 부과하는 규정은 없지만, 과징금을 부과하는 방향으로 입법화할 필요가 있음은 앞서 본 바와 같다.

또한 주식, 사채에 관하여 단체법적 질서가 적용되어 거래의 안전이 문제가 된다고 하더라도, 앞서 본 바와 같이 다양한 목적으로 다양하게 차명거래가 만연해 있는데 단순한 행정상의 제재인 과징금 부과만으로는 차명거래를 실효적으로 억제 내지 제재하기 어렵다고 봄이 상당하므로 형사벌의 최후수단적 성격(ultima ratio)과 보충적 성격을 고려하더라도 차명주식, 사채에 대하여는 과징금뿐만 아니라 형사처벌 규정까지 두는 것이 타당한 것으로 보인다.

다만 벌금형과 과징금은 모두 부당이득 환수를 하는 측면이 있으므로 과징금을 납부한 경우에 벌금형을 감경해줄 필요가 있을 것이고, 의무위반기간이 길고, 주식, 사채의 가액이 매우 큰 예외적인 경우에는 행위불능화(incapacitation)의 측면에서 징역형을 선고하되 부당이득환수를 위하여 과징금은 동시에 부과할 수 있도록 입법화하여야 한다.

그리고 차명주식, 사채의 경우에도 차명부동산의 경우와 마찬가지로 명의수탁자를 명의신탁자보다 경하게 처벌함이 타당하다.

3. 예금(금융거래 포함)

예금이나 금융거래에 관한 차명거래에 관하여 현행법은 과징금은 물론 형사처벌을 부과하는 규정은 없지만, 과징금을 부과하는 방향으로 입법화할 필요가 있음은 앞서 본 바와 같다.

또한 예금이나 금융거래에 관하여 거래의 안전이 문제가 된다고 하더라도, 앞서 본 바와 같이 차명예금은 거래의 기초여서 다양한 목적으로 다양하게 차명거래가 만연해 있는데 단순한 행정상의 제재인 과징금 부과만으로는 차명거래를 실효적으로 억제 내지 제재하기 어렵다고 봄이 상당하므로 형사벌의 최후수단적 성격(ultima ratio)과 보충적 성격을 고려하더라도 차명예금이나 금융거래에 대하여는 과징금뿐만 아니라 형사처벌 규정을 두는 것이 타당한 것으로 보인다.

다만 벌금형과 과징금은 모두 부당이득 환수를 하는 측면이 있으므로 과징금을 납부한 경우에 벌금형을 감경해줄 필요가 있을 것이고, 의무위반기간이 길고, 예금이나 금융거래의 가액이 매우 큰 예외적인 경우에는 행위불능화(incapacitation)의 측면에서 징역형을 선고하되 부당이득환수를 위하여 과징금은 동시에 부과할 수 있도록 입법화하여야 한다.

그리고 차명예금이나 차명금융거래의 경우에도 차명부동산의 경우와 마찬가지로 명의수탁자를 명의신탁자보다 경하게 처벌함이 타당하다.

4. 네거티브 규제 방식

그리고 앞서 본 바와 같이 네거티브 규제 방식으로 규제함이 타당하므로, 차명거래에 대하여 원칙적으로 형사처벌을 하지 않고, 법령상의 제한 회피나 강제집행 면탈, 조세 포탈 등을 목적으로 하는 부정한 목적의 차명거래의 경우에만 예외적으로 형사처벌을 하여야 할 것이다.

제 4 절 조세적 규제

1. 가산세를 중과하는 방안(명의차용자에 대하여)

가. 일반론

차명거래를 세재힘에 있어서 실질과세원칙만을 이용할 경우에는 명의차용자
(명의신탁자)가 실명거래를 하는 것 이상으로 조세상의 제재가 없는 것과 같으므
로,66) 여기에 일종의 제재를 가하여 차명거래를 억제하기 위하여는 국세기본법상
부당무신고가산세, 부당과소신고가산세로 중과하는 부정행위(국세기본법 제47조의2
제1항 제1호의 '부정행위로 법정신고기한까지 세법에 따른 국세의 과세표준 신고를 하지 아
니한 경우'의 '부정행위', 국세기본법 제47조의3 제1항의 '부정행위로 과소신고하거나 초과
신고한 경우'의 '부정행위')의 개념에 차명거래(명의신탁)의 경우를 명시적으로 추가하
는 방안을 강구할 필요가 있다. 이는 일본의 중가산세와 유사한 제재가 될 것이다.

그럴 경우 차명거래(명의신탁)의 경우는 본세의 40%에 해당하는 부당무신고가
산세가 일종의 제재로서 실질과세원칙상 조세를 부담하는 명의차용자(명의신탁자)
에게 가해질 것이다.

나. 도입의 전제

다만, 주식, 사채에 관한 명의신탁 증여의제 규정은 아래 第6章 第1節에서 보듯
이 문제가 많으므로67) 이에 관한 廢止를 前提로 명의차용자(명의신탁자)에게 가산세
중과를 도입하여야 할 것이다.

그리고 앞서 본 바와 같이 부동산, 주식, 사채, 예금에 관한 차명거래에 대하여
일반적으로 과징금을 도입하고, 과징금 산정시 위험보다는 결과 측면을 중시하여
부당이득 결과를 중심으로 하되 부당이득 환수적 측면과 제재적 측면을 고려하여

---

66) 물론 일반무신고가산세, 납부불성실가산세의 제재는 가해진다.
67) 앞서 보았듯이 명의신탁자는 2018. 12. 31. 개정 전 구 상증세법 하에서는 주식 및 사채 명의
신탁 증여의제로 인한 증여세에 대하여 연대납세의무를 부담하였고, 현행 상증세법 하에서
는 연대납세의무가 아니라 본래의 증여세 납세의무를 부담한다.

과징금 액수를 정하여야 할 것이다. 또한 명의차용자(명의신탁자)에게 과징금을 부과하기로 하였음에도, 명의차용자(명의신탁자)에게 실제 조세회피 결과가 발생하였다고 하여 재차 가산세 중과의 제재까지 가하는 것은 이중처벌의 측면이 있음을 부인하기 어렵다. 따라서 명의차용자(명의신탁자)에 대한 위와 같은 가산세 중과 조치는 위와 같이 실제 부당이득액을 중심으로 과징금 액수를 계산하여 과징금을 부과하는 방안이 도입되지 않을 경우[68]를 前提로 도입을 주장하는 바이다.

2. 제2차 납세의무를 부과하는 방안(명의대여자에 대하여)

가. 비교법적 고찰 – 일본

영미법계에서는 제2차 납세의무가 발달하지는 않았으나, 대륙법계인 일본에서는 국세징수법에서 제2차 납세의무를 규정하고 있다.

그 중 차명거래와 관련하여 명의대여자의 제2차 납세의무와 유사하다고 볼 수 있는 것은 일본 국세징수법 제36조[69] 소정의 소위 '법률상 귀속자 등의 제2차 납세

---

[68] 비록 현행 부동산 명의신탁의 경우 명의신탁자에게 과징금을 부과하고 있기는 하다. 그러나 현행 부동산 명의신탁자에 대한 과징금과 관련하여서는, 부당이득 결과를 중심으로 과징금 액수를 결정하는 것이 아니므로 가산세 중과를 도입한다고 하여 특별히 문제가 되지는 않는다고 생각한다. 실제로 현행 제재 체계 하에서도 부동산 명의신탁이 '부정행위'나 '적극적 소득은닉행위'에 해당할 경우 명의신탁자에게는 부당무신고가산세나 부당과소신고가산세가 부과될 수 있다.

[69] 일본 국세징수법 제36조(실질과세액 등의 제2차 납세의무) 체납자의 다음 각 호의 국세에 대하여 체납 처분을 집행하여도 여전히 그 징수해야 할 금액이 부족하다고 인정되는 때에는 제1호에서 정하는 자는 같은 호에서 규정하는 수익이 발생한 재산{그 재산의 이동에 의해 취득한 재산 및 이들 재산에 기인하여 취득한 재산(이하 이 조 및 다음 조에서 "취득 재산"이라 한다)을 포함한다}, 제2호에서 정하는 자는 같은 호에서 규정하는 대부에 따른 재산(취득 재산을 포함한다), 제3호에서 정하는 자는 그 받은 이익액을 한도로 그 체납에 따른 국세의 제2차 납세 의무를 진다.
　1. 소득세법 제12조(실질 소득자 과세의 원칙) 또는 제158조(사업소 소득의 귀속 추정) 또는 법인세법 제11조 (실질 소득자 과세의 원칙)의 규정에 의하여 부과된 국세 : 그 국세 부과의 원인이 된 수익이 법률상 귀속하는 것으로 보여지는 자
　2. 소비세법(1988년 법률 제108호) 제13조(자산의 양도 등 또는 특정 매입을 행한 자의 실질 판정)의 규정에 의하여 부과된 국세{동법 제2조 제1항 제8호(정의)에 규정하는 대부에 관계되는 부분에 한한다} : 그 국세의 부과의 원인이 되는 당해 대부를 법률상 행한 것으로 보여지는 자
　3. 소득세법 제157조(동족 회사 등의 행위 또는 계산의 부인 등) 또는 제168조의2(비거주자의 항구적 시설의 귀속 소득에 따른 행위 또는 계산의 부인), 법인세법 제132조(동족 회사 등의 행위 또는 계산의 부인), 제132조의2(조직 재편성에 관계되는 행위 또는 계산의 부

의무' 제도이다. 일본 국세징수법 제36조 제1호는 일본 소득세법 제12조(실질 소득자 과세의 원칙) 또는 제158조(사업소 소득의 귀속 추정) 또는 일본 법인세법 제11조(실질 소득자 과세의 원칙)의 규정에 의하여 부과된 국세의 경우에는 그 국세 부과의 원인이 된 수익이 법률상 귀속하는 것으로 보여지는 자에게 수익이 발생한 재산을 한도로 제2차 납세의무를 부담하도록 규정하고 있다. 예컨대, 이는 남편이 그 소유 주택을 아내 명의로 등기하고 이를 임대하여 부동산 소득을 얻고 있는 경우 그 소득은 실질 소득자 과세의 원칙에 따라 남편의 소득으로 과세가 되지만 등기가 아내 명의로 이루어지고 있기 때문에 그 주택에 대해서는 남편의 재산으로 보아 체납 처분을 할 수 없으므로, 이에 대한 체납 처분을 가능하게 하기 위하여 아내가 제2차 납세의무자가 되는 것이다.[70]

일본 국세징수법 제36조 제2호는 '소비세법(消費稅法) 제13조(자산의 양도 등 또는 특정 매입을 행한 자의 실질 판정)의 규정에 의하여 부과된 국세{동법 제2조 제1항 제8호(정의)에 규정하는 대부에 관계되는 부분에 한한다}의 경우에는 그 국세의 부과의 원인이 되는 당해 대부를 법률상 행한 것으로 보여지는 자가 대부에 따른 재산(취득 재산을 포함한다)을 한도로 제2차 납세의무를 부담한다'고 규정하고 있다.

위 규정은 실질과세원칙에 의하여 수익의 귀속자에게 과세가 되어 만약 실질상의 귀속자가 체납을 하여 체납처분을 집행해도 징수 금액에 부족이 생길 경우에는 수익의 법률상 귀속자 또는 법률상 행위자가 실질상 귀속자의 체납세액에 대하여 제2차 납세의무를 부담하는 것을 의미한다.[71]

일본에서 실질과세원칙을 정한 규정으로는 일본 소득세법 제12조(실질소득자 과세의 원칙), 제158조(사업소 소득의 귀속 추정), 일본 법인세법 제11조(실질 소득자 과세의 원칙) 등이 있는데, 법률상 귀속자 또는 법률상 행위자가 부담하는 제2차 납세의무는 수익이 발생한 재산 또는 수익과 관계되는 재산 가액 등을 한도로 한다.

인), 제132조의3(연결 법인에 관계되는 행위 또는 계산의 부인) 또는 제147조의2(외국 법인의 항구적 시설의 귀속소득에 관계되는 행위 또는 계산의 부인), 상속세법 제64조(동족 회사 등의 행위 또는 계산 부인 등) 또는 지가세법(地價稅法)(1991년 법률 제69호) 제32조(동족 회사 등의 행위 또는 계산의 부인 등)의 규정에 따라 부과된 국세 : 이러한 규정에 의해 부인된 납세자의 행위(부인된 계산의 기초가 된 행위를 포함한다)에 대해서는 이익을 받은 것으로 보여지는 자

70) 金子 宏, 앞의 책, 154.
71) 김진수·김정아·조진권, "주요국의 제2차 납세의무제도 연구", 세법연구 10-09, 한국조세연구원(2010), 27.

나. 현행법과 관련하여

조세법적인 측면에서 실질과세원칙만을 강조하고 명의대여자에게 조세채무를 인정하지 아니하면 명의대여자를 억제하기에 부족하여 규제에 한계가 있다고 판단된다.[72]

따라서 차명거래는 명의차용자가 주도하여 이루어지지만 필수적으로 명의대여자의 협조가 요구되므로 차명거래를 방지하기 위해서는 명의차용자와 동시에 명의대여자에 대한 제재도 포함해야 함은 앞서 본 바와 같다. 따라서 조세의 측면에서도 명의차용자(명의신탁자)뿐만 아니라 명의대여자(명의수탁자)에게도 납세의무를 부담시키는 규정을 두어야 한다. 그리고 명의대여자에 대한 납세의무는 명의차용자의 그것보다 적은 것이 바람직하므로 명의대여자는 명의차용자에 대한 제2차 납세의무의 형태로 규정하는 것이 바람직할 것이다.[73]

제2차 납세의무는 조세징수의 확보를 위하여 원래의 납세의무자의 재산에 대하여 체납처분을 하여도 징수하여야 할 조세에 부족이 있다고 인정되는 경우에 그 원래의 납세의무자와 특수관계에 있는 제3자에 대하여 원래의 납세의무자로부터 징수할 수 없는 액을 한도로 하여 보충적으로 납세의무를 부담하게 하는 제도로서, 형식적으로 제3자에 귀속되어 있는 경우라고 하더라도 실질적으로는 원래의 납세의무자에게 그 재산이 귀속되어 있는 것으로 보아도 공평을 잃지 않는 경우 등 형식적 권리의 귀속을 부인하여 사법질서를 어지럽히는 것을 피하면서 그 권리귀속자에게 보충적으로 납세의무를 부담케 하여 징수절차의 합리화를 아울러 도모하려는 제도이다(대법원 1982. 12. 14. 선고 82누192 판결 등 참조).

국세기본법 제38조 내지 제42조에는 청산인, 출자자, 법인, 사업양수인의 제2차

---

72) 명의차용자에게 실질과세원칙을 적용하여 회피된 세금을 부과하고 여기에 가산세를 더하여 부과할 경우, 명의대여자는 세금과 관련하여 부과받는 것이 없게 된다. 따라서 현행 조세 제재만으로는 명의대여자를 억제하기에 부족하다고 생각한다. 물론 명의대여자는 차명거래에 대하여 별로 얻는 것이 없다는 견해도 있을 수 있다. 그러나 명의대여자도 차명거래를 통하여 얻는 이익이 있다고 할 것이다. 그 이익은 금전적 대가일 수 있고, 명의차용자의 차명 요구에 응함으로 얻는 개인적인 이익일 수도 있을 것이다. 따라서 위와 같은 견해에는 찬동할 수 없다. 명의대여자가 차명거래로 얻는 이익이 있다면 차명거래 억제를 위하여 명의대여자에게도 조세적 제재가 가해져야 할 것이다.

73) 사업자 명의대여에 관하여 명의대여자에게 제2차 납세의무를 부과하자는 주장으로는 이중교, "사업자 명의대여의 세법상 취급—명의대여 방지를 위한 해석론과 입법론을 중심으로—", 세무학연구 제26권 제3호, 한국세무학회(2009), 131.

납세의무를 규정하고 있다. 과세관청의 입장에서는 조세징수 측면에서 제2차 납세의무제도는 유용하나, 납세의무자의 입장에서는 다른 사람이 체납한 조세에 대하여 책임을 진다는 측면에서 부당하다고 볼 수 있다. 한편 헌법새판소[74]는 제2차 납세의무의 취지 자체는 위헌이 아니라고 판시하였다. 명의대여자는 명의차용자의 차명거래에 응하여 차명거래가 이루어지도록 도와준 사람이므로 제2차 납세의무를 부담하더라도 부당하다고 보기는 어려울 것이다.

　　일본 국세징수법 제36조와 같이 법률상 명의자인 명의대여자에게 그 재산액 등을 한도로 제2차 납세의무를 부담시키는 규정을 두고 차명부동산 또는 주식, 사채의 가액, 차명금융거래의 대상이 되는 금액을 한도로 명의대여자에게 제2차 납세의무를 부담하게 하되, 독일 조세기본법 제71조[75]와 같이 명의대여자에게 책임이 있

---

74) 국세기본법 제39조는 과점주주의 주식의 소유 정도 및 과점주주 소유의 주식에 대한 실질적인 권리의 행사 여부와 법인의 경영에 대한 사실상의 지배 여부 등 제2차 납세의무의 부과를 정당화시키는 실질적인 요소에 대하여는 고려함이 없이, 소정 과점주주 전원에 대하여 일률적으로 법인의 체납액 전부에 대한 무제한의 납세의무를 인정함으로써, 과점주주에 대한 조세형평이나 재산권 보장은 도외시한 채 조세징수의 확보만을 지나치게 강조하여 실질적 조세법률주의에 위반되고 재산권을 과도하게 침해하며 또 과점주주들 간에 불합리한 차별을 하여 평등의 원칙과 그 조세분야에서의 실현형태인 조세평등주의에도 위반된다. 그러나 과점주주에 대하여 제2차 납세의무를 부과하는 것 자체가 모두 위헌이라고는 볼 수 없으므로, 실질적 조세법률주의의 원칙에 비추어 제2차 납세의무를 부담하는 과점주주의 범위를 적절하게 제한하거나 과점주주의 책임의 한도를 설정하면 그 위헌성이 제거될 수 있을 것인데, 입법부는 이미 과점주주의 범위를 제한하는 방법으로 법률을 개정함으로써 제도의 입법목적인 조세징수의 확보라는 공익적인 요청과 과점주주의 재산권 보장이라는 요청을 조화시키려는 시도를 하였고, 또 그러한 방법으로 위헌성을 제거하는 것이 가장 합리적이라 보여지는 바, 이에 제2차 납세의무를 부과함이 상당하다고 인정되는 과점주주의 범위에 대하여 살펴보면, 그 입법목적에 비추어 이를 주식회사를 실질적으로 운영하면서 이를 조세회피의 수단으로 이용할 수 있는 지위에 있는 자, 즉 법인의 경영을 사실상 지배하거나 과점주주로서의 요건, 즉 당해 법인의 발행주식총액의 100분의 51 이상의 주식에 관한 권리를 실질적으로 행사하는 자로 제한함이 상당하다 할 것이다(헌법재판소 1997. 6. 26. 선고 93헌바49, 94헌바38 · 41, 95헌바64(병합) 전원재판부 결정).

75) 독일 조세기본법 제71조에서는 탈세(Steuerhinterziehung)나 조세장물범(Steuerhehlerei)을 범하거나 그와 같은 행위에 참가한 자는 면탈된 조세나 불법하게 얻은 조세이익 및 제235조, 제233a조 등에 의한 이자에 대하여 책임을 진다고 규정하고 있다. 위 규정은 탈세나 조세장물범에 대하여 면탈된 조세나 불법하게 얻은 조세이익 및 그에 대한 이자 책임을 부담하게 하는 규정이다. 이것은 탈세나 조세장물범에 의하여 입은 국가의 손해를 변상시키기 위한 납부책임을 규정한 것이다(BFH BStBl. 95, 198). 이 규정에 의하면, 범행자나 참여자는 탈세나 조세장물로 인하여 발생한 국가의 손실에 대하여 납부책임을 진다고 한다(Rüsken/Klein, Abgabenordnung—einschließlich Steuerstrafrecht—, 13. Aufl., Verlag C.H. Beck München, 2016, §71 Rn. 2.).
　　위 규정에 의한 납부책임을 물으려면 포탈죄와 조세장물죄의 입증이 요구되므로 위 범죄의

는 경우에만 명의대여자에게 제2차 납세의무를 부과하여야 할 것이다. 이렇게 한다면 차명거래 억제에 도움이 될 것으로 보인다.

다만, 주식 및 일부 사채에 관한 명의신탁 증여의제 규정의 경우에 2018. 12. 31. 개정 전 구 상증세법 하에서는 명의수탁자에게 증여세가 부과되었으므로 위와 같은 경우에는 위 규정의 廢止를 前提로 명의수탁자에게 제2차 납세의무를 부과하여야 한다고 주장하는 바이다.

한편 2018. 12. 31. 개정된 현 상증세법 하에서는 명의신탁자만이 증여세를 납부할 의무가 있도록 변경되었는데, 상증세법 제4조의2 제9항이 신설되어 위 규정은 '실제소유자가 제45조의2에 따른 증여세·가산금 또는 체납처분비를 체납한 경우에 그 실제소유자의 다른 재산에 대하여 체납처분을 집행하여도 징수할 금액에 미치지 못하는 경우에는 「국세징수법」에서 정하는 바에 따라 제45조의2에 따라 명의자에게 증여한 것으로 보는 재산으로써 납세의무자인 실제소유자의 증여세·가산금 또는 체납처분비를 징수할 수 있다'고 규정하고 있어, 명의신탁자가 증여세를 납부하지 못하는 경우에는 보충적으로 명의신탁 대상 재산에 대하여 증여세 등을 징수할 수 있는 규정이 신설되었다.

위와 같은 현 상증세법의 태도는 명의수탁자에게 일정 부분 부담을 지우도록 한다는 점에서는 제2차 납세의무를 부과하는 것과 유사하다고 할 것이나, 명의신탁 대상 재산을 한도로 한다는 점에서 엄밀한 의미에서의 제2차 납세의무라기보다는 일본의 '법률상 귀속자 등의 제2차 납세의무'와 유사한 것으로 보인다.

다. 도입의 전제

다만, 주식, 사채에 관한 명의신탁 증여의제 규정은 아래 第6章 第1節에서 보듯이 문제가 많으므로 이에 관한 廢止를 前提로 명의대여자(명의수탁자)에게 제2차 납세의무를 도입하여야 할 것이다.

그리고 앞서 본 바와 같이 부동산, 주식, 사채, 예금에 관한 차명거래에 대하여 일반적으로 과징금을 도입하고, 과징금 산정시 위험보다는 결과 측면을 중시하여 부당이득 결과를 중심으로 하되 부당이득 환수적 측면과 제재적 측면을 고려하며

고의에 대한 입증이 필요하며, 입증책임은 과세관청이나 조세법원이 부담한다는 측면에서 제2차 납세의무의 성립요건으로 고의나 과실을 요구하지 않는 우리나라 제도와는 다르다(김진수·김정아·조진권, 앞의 논문, 55).

과징금 액수를 정하기로 하며 명의대여자에게 과징금을 부과하기로 하였음에도, 명의대여자에게 제2차 납세의무까지 가하는 것은 이중처벌의 측면이 있음을 부인하기 어렵다. 따라서 명의대여자에 대한 위와 같은 제2차 납세의무 부과 조치는 위와 같이 실제 부당이득액을 중심으로 과징금 액수를 계산하여 과징금을 부과하는 방안이 도입되지 않을 경우를 前提로 도입을 주장하는 바이다.

3. 네거티브 규제 방식

그리고 앞서 본 바와 같이 네거티브 규제 방식으로 규제함이 타당하므로, 차명거래에 대하여 원칙적으로 가산세 중과(명의차용자)나 제2차 납세의무(명의대여자)를 부과하지 않고, 법령상의 제한 회피나 강제집행 면탈, 조세 포탈 등을 목적으로 하는 부정한 목적의 차명거래의 경우에만 예외적으로 가산세 중과, 제2차 납세의무를 부과하여야 할 것이다.76)

---

76) 비록 앞서 본 바와 같이 현행 상증세법 제4조의2 제9항이 신설되어 명의신탁자가 증여세 등을 체납한 경우에 명의신탁자의 다른 재산에 대하여 체납처분을 집행하여도 징수할 금액에 미치지 못하는 경우에는 명의수탁자에게 증여한 것으로 보는 재산으로써 납세의무자인 명의신탁자의 증여세 등을 징수할 수 있게 되기는 하였으나, 네거티브 규제 방식 등 저자가 주장하는 명의수탁자의 제2차 납세의무와 현행 상증세법 상의 명의수탁자의 일부 조세 부담은 차이가 있다고 할 것이다.

명의신탁 증여의제에서 과징금으로

제재적 조세[1]와 관련하여 현행법은 앞서 본 바와 같이 주식, 사채에 관하여 명의신탁 증여의제로 인한 증여세를 부과하는 제재 방식을 택하고 있다. 이는 부동산 명의신탁에 부과되는 과징금을 대신하는 역할을 한다. 그러나 위 명의신탁 증여의제로 인한 증여세는 아래에서 보는 바와 같이 여러 문제점이 있으므로 廢止해야 하고, 과징금으로 통일적으로 규율하는 것이 낫다는 점은 지금까지 확인하였다.

다만 이 증여의제 조항은 第1章 第7節 3.에서 살펴본 대로 여러 차례의 위헌 시비에 불구하고 지금까지 살아남아 왔고, 계속하여 논란의 대상이 되고 있다. 이 章에서는 특히 실무적으로 문제가 되고 있는 이 증여의제 조항의 당부에 관하여, 지금까지 살펴본 것과 중복되지 않는 범위 내에서 간략하게 살펴보고 저자의 견해를 밝히는 것으로 한다.

제 1 절   증여의제

1. 현행법

현행법은 차명부동산에 대하여는 더 이상 세법에서 별다른 규정을 두고 있지 않다. 그러나 차명주식과 사채의 경우에는 상증세법이 2018. 12. 31. 개정되기 전 구 상증세법 하에서는 제45조의2 제1항 소정의 명의신탁 증여의제 조항에 의하여

---

[1] 제재적 조세는 제재의 성격을 띠는 조세, 제재와 관계된 조세 또는 제재의 상태로 된 조세를 아우르는 의미라고 개념 정의된다. 류지민, "제재적 조세의 규범적 한계에 관한 연구−기업소득 환류세제를 중심으로−", 박사학위 논문, 이화여자대학교(2015), 9.

명의대여자(명의수탁자)에게 증여세를 부과하는 동시에 명의차용자(명의신탁자)에게
는 증여세에 대한 연대납세의무를 부담시켰다. 한편 현행 상증세법이 2018. 12. 31.
개정되면서 제4조의2 제2항에서 '제1항에도 불구하고 제45조의2에 따라 재산을 증
여한 것으로 보는 경우(명의자가 영리법인인 경우를 포함한다)에는 실제소유자가 해당
재산에 대하여 증여세를 납부할 의무가 있다'고 규정하여 명의신탁자만이 증여세
납세의무를 부담하게 되었다.

　　한편 1차적인 주식의 명의신탁이 있은 다음 이를 바탕으로 다시 명의신탁이 이
루어지는 경우 그러한 명의신탁이 있을 때마다 계속하여 증여세를 부과할 것인지
의 문제가 있음은 이미 第1章 第7節 6.에서 살펴본 대로이다.

2. 증여의제에 대한 비판

　　이미 여러 번의 헌법재판소 결정(第1章 第7節 3.)이 나온 데에서도 보았듯이 상
증세법 제45조의2의 문제점들에 관하여는 많은 비판이 제기되어 왔다.

가. 실질은 증여세가 아님에도 증여세로 부과되고 있는 점

　　이 증여의제 조항 자체가 전제하듯이 이 조항은 실질과세원칙과 무관하고, 이
는 곧 이 증여세가 원래 의미의 세금, 즉 담세력에 따라 부과되는 것이 아님을 의미
한다. 이미 第1章 第7節에서 말한 대로 이는 차명거래를 한 데 대한 제재의 성격을
갖고 있다고 볼 수밖에 없다. 그렇다면 이러한 제재를 왜 세금의 형식으로 부과하
여야 하는지에 관한 의문이 생긴다. 앞서 본 헌법재판소 2004헌바40 등 결정의 반
대의견에서, '증여의 실질이 없음이 명백함에도 불구하고 일률적으로 증여로 보아
증여세를 부과하는 것은 지나치게 과세행정 편의주의적인 발상이고 다른 종류의
조세의 회피행위임이 명백함이 입증되는데도 증여세를 부과한다는 것은 국가행위
형식의 부당한 결부로서 그 남용에 해당한다'라고 한 것이 바로 이러한 시각에 따
른 것이다.

나. 정당화되지 않는 지나치게 가혹한 제재의 가능성

　　과징금을 세금의 형식으로 부과하는 것이 꼭 잘못되었다고 말할 수는 없더라
도, 차명거래에 동원된 주식 자체의 가액에 따라, 그것도 특히 높은 명목세율을 적

용하는 증여세로 부과하는 것은 경우에 따라 지나치게 가혹하다고 말할 수밖에 없는 과세로 이어질 우려가 있다. 이 점은 증여의제 조항이 갖는 가장 큰 문제점이라고 할 것이다. 앞서 본 헌법재판소 2004헌바40 등 결정의 반대의견에서도 '조세회피의 목적이 없었다는 것을 납세자가 적극적으로 입증할 경우 과세대상에서 제외될 수는 있으나, 실제에 있어서는 모든 경우 조세회피의 목적이 있는 것으로 추정되는 것으로 해석되는 점에 비추어 보면, 모든 명의수탁자²⁾에게 증여세를 부과할 수 있는 결과가 되고 그 재산가액이 큰 경우에는 명의수탁자가 그 납세의무를 도저히 감당할 수 없게 된다. 경우에 따라서는 막중한 금전적인 부담을 담세능력이 전혀 없는 명의수탁자에게 지우게 되는 과중한 결과를 초래하게 되어 법익 간의 균형성을 잃고 있다고 할 것이다'라고 판시하여 같은 시각을 보이고 있다.

3. 비례의 원칙

이미 언급한 대로 명의신탁에 대한 증여의제는 차명거래에 대한 제재로서의 성격을 가지므로, 여기에는 담세력에 따른 과세가 아니라 일반적인 행정법상 의무 위반행위에 대한 제재에 대하여 보통 적용되는 '비례의 원칙'이나 '과잉금지의 원칙'을 적용해야 할 것이다.³⁾ 그렇기 때문에 앞서 2.에서 언급한 대로 이 제도에 따른 증여세가 간혹 정당화될 수 없을 정도로 지나치게 제재를 부과하는 것이 문제가 되는 것이다. 예컨대, 상증세법상 명의신탁 증여의제와 관련하여 동원된 차명재산의 크기에 비례하여 위 증여세의 크기를 정하면 실제로 회피되는 세금(예컨대 1,000만 원)은 얼마 되지 않음에도 동원된 차명재산의 크기(예컨대 20억 원)가 크다는 이유로 상대적 비율로나, 절대적 크기로나 엄청나게 큰 증여세(예컨대 10억 원, 가산세 포함)가 부과될 가능성이 생기는 것이다.⁴⁾

---

2) 2018. 12. 31. 개정 전 구 상증세법 하에서는 명의수탁자가 명의신탁 증여의제로 인한 증여세 납세의무자였다는 점은 계속 주지하는 바이다.

3) 윤지현, 앞의 논문("주식 명의신탁에 관한 증여의제 규정의 적용요건에 관하여 – 대법원 2004 두7733 판결, 2006. 5. 12. 선고 및 대법원 2004두132936 판결, 2006. 5. 25. 선고를 중심으로 –"), 81.

4) 저자가 서울행정법원 조세전담부에서 근무할 당시 담당했던 사건 중에는 원고의 남편(甲)이 홍콩에 특수목적법인(수익적 소유자는 甲)을 설립하여 그 특수목적법인에게 명의신탁을 하여 국내 상장회사가 발행한 전환사채를 취득하였고 전환권을 행사하여 주식을 취득하였는데, 甲이 수익적 소유자로서 위 법인에게 전환사채와 주식을 모두 명의신탁하였다고 보고, 甲이 사망하자 원고가 甲을 상속하였다는 이유로, 甲에 대한 전환사채에 대한 증여세 약 100

가. 제재로서의 성격과 관련하여

명의신탁에 대하여 증여의제를 하여 증여세를 과세하는 것의 *성격*을 제재라고 본다면, 명의신탁 즉 차명거래가 부정하고 위법한 행위라는 것이 전제되고, 이러한 위법행위가 얼마나 중대한지와 관련되는 위법행위의 중대성, 얼마동안 위법행위를 하였는가와 관련되는 위법행위의 위반기간 등을 고려해야 할 것이다.5) 하지만 현행법 하에서는 이러한 점이 고려되지 않고, 특히 조세회피 목적의 차명거래만을 제재의 대상으로 삼음에도 회피하거나 회피하고자 하는 조세의 크기와 무관하게 제재의 크기가 정해지는 것에 대한 비판이 많다.6)

그리고 第1章 第7節 5.에서 살펴본 바와 같이 명의대여자(명의수탁자)의 경우는

억 원(가산세 포함), 주식에 대한 증여세 약 300억 원(가산세 포함)을 원고에 대하여 부과한 사건(서울행정법원 2018. 1. 11. 선고 2017구합63610 판결)도 있었다(물론 위 처분의 당부는 논외로 한다).

5) 앞서 본 바와 같이, 명의신탁자(명의차용자)는 부동산실명법에 의하여 부동산 가액의 30%의 범위 내에서 과징금을 부과받는다(부동산실명법 제5조 제1항). 과징금은 소득세법 제99조 소정의 기준시가에다 부과율을 곱하여 계산하는데, 부과율은 부동산평가액 기준(부동산평가액이 5억 원 이하, 5억 원 초과 30억 원 이하, 30억 원 초과의 경우, 과징금 부과율은 각 5%, 10%, 15%이다)과 의무위반경과기간 기준(의무위반 경과기간이 1년 이하, 1년 초과 2년 이하, 2년 초과의 경우, 과징금 부과율은 각 5%, 10%, 15%이다)의 두 가지 기준을 합산하여 계산한다(부동산실명법 시행령 제3조의2 및 별표).

6) 그러나 거액의 주식을 명의신탁하더라도 실제로 회피될 수 있는 세금 액수는 그리 크지 않고, 실제로 명의신탁으로 회피할 수 있는 조세는 주식과 관련하여 배당소득에 대한 누진세 적용을 회피하는 것, 과점주주의 간주취득세 적용을 회피하는 것, 과점주주에 대한 제2차 납세의무 적용을 회피하는 것, 주식 보유자가 나이가 많은 경우 상속세 회피가 문제될 정도이다. 그런데, 배당소득에 대한 누진세 적용을 회피하는 경우에 소득세법 제55조 제1항에 의하면, 종합소득 과세표준이 5억 원을 초과하는 구간은 42%의 세율이 적용되기 때문에, 배당소득이 5억 원을 초과하는 자가 자신의 주식을 명의신탁하여 줄일 수 있는 소득세액은 대략 최대 3,540만 원에 불과하다. 왜냐하면 5억 원을 초과하는 구간에서는 명의신탁 여부에 관계없이 최고 세율인 42%가 적용되는데, 명의수탁자에게 다른 소득이 없을 경우, 명의수탁자에게 이전된 배당소득 5억 원에 대하여는 소득세법상 1억 7,460만 원이 부과되고, 위 5억 원이 명의신탁되지 않아 최고세율 42%를 적용받으면 소득세액은 2억 1,000만 원이므로 결국 그 차이는 3,540만 원에 불과하게 되기 때문이다. 물론 실제로는 이보다 더 많은 세금이 회피될 가능성은 있다. 이상 윤지현, "주식의 명의신탁에 대한 증여세 과세에 있어서의 몇 가지 문제점에 관한 소고", 조세법연구 제9권 제2호, 한국세법학회(2003), 145-146 참조. 또한, 과점주주의 간주취득세는 해당 법인이 부동산을 취득하여야 생기는 문제이고, 과점주주의 제2차 납세의무도 법인이 세금을 납부하지 못할 경우에야 비로소 문제되는 것이므로, 일반적으로 주식 명의신탁으로 회피될 수 있는 현실성이 높은 세금은 명의수탁자 1명당 최대치가 3,540만 원이다.

주식(일부 사채 포함) 명의신탁 증여의제 조항과 관련하여서는 증여세 부담에서 벗어나기 위하여 명의차용자(명의신탁자)에게 조세회피목적이 없었음을 입증하여야 하는데, 일반적으로 부존재의 증명이 존재의 증명보다 어렵고 명의차용자(명의신탁자)의 주관적 요소를 입증하는 것은 매우 어려우며,[7] 대법원 판례 기준[8]과 관련하여, 명의대여자(명의수탁자)가[9] 명의신탁 당시를 기준으로 명의차용자(명의신탁자)에게 조세회피와 상관 없는 뚜렷한 목적이 있었다는 것을 입증하기는 어렵고, 주식은 배당의 가능성이 있어서 조세부담이 없었음을 입증하기도 쉽지 않다.[10]

나. 부동산 명의신탁에 대한 제재와의 형평성 결여

이미 앞에서 살펴본 대로 차명거래의 주된 대상인 부동산, 주식, 사채, 예금 등에 관한 취급이 달라야 할 이유가 없다. 그런데 이미 앞의 第1章 第7節 2. 라. 1)에서 살펴본 대로 부동산실명제의 도입 이후 상증세법은 증여의제의 대상에서 부동산을 제외하였고, 현행법은 부동산 명의신탁에 대해서는 과징금을 부과하고 있다. 그런데 주식 또는 사채 명의신탁에 따른 증여세의 부담이 부동산의 명의신탁에 따른 부담금의 부담보다 무겁기 때문에 형평성을 잃고 있다고 지적되고 있다.[11]

이는 앞서 본 헌법재판소 2004헌바40 등 결정의 반대의견도 '심판대상조항들에 의하여 입게 되는 명의수탁자의 불이익은 조세정의와 조세공평의 실현이라는 공익에 비해 훨씬 크다고 아니할 수 없다. 증여세의 회피행위에 대하여 고율의 증여세를 부과하는 것은 납득할 수 있으나, 증여세가 아닌 다른 조세의 회피행위에 대하여서까지 고율의 증여세를 부과하는 것은 지나치게 과다하다. 왜냐하면 부동산실명법에서 규정하는 과징금은 10% 내지 30%에 해당되고, 국세기본법상 가산세는 10%

---

7) 주해진, 앞의 논문, 336.
8) 대법원 2006. 9. 22. 선고 2004두11220 판결. 대법원은 위 판결에서 '조세회피의 목적이 없었다는 점을 조세회피의 목적이 아닌 다른 목적이 있었음을 증명하는 등의 방법으로 입증할 수 있으나, 입증책임을 부담하는 명의자로서는 명의신탁에 있어 조세회피 목적이 없었다고 인정될 정도로 조세회피와 상관없는 뚜렷한 목적이 있었고, 명의신탁 당시에나 장래에 있어 회피될 조세가 없었다는 점을 객관적이고 납득할 만한 증거자료에 의하여 통상인이라면 의심을 가지지 않을 정도로 입증하여야 한다'고 본다.
9) 앞서 본 바와 같이 2018. 12. 31. 개정되기 전 구 상증세법 하에서는 명의신탁 증여의제로 인한 증여세 납세의무자는 명의수탁자였다.
10) 주해진, 앞의 논문, 336-337.
11) 전영준, 앞의 논문, 303-304; 김정훈·정래용, "명의신탁 증여의제 과세에 대한 연구", 홍익법학 제15권 제1호, 홍익대학교(2014), 765-766.

내지 30%에 해당되는데 반하여, 증여세율은 10% 내지 45%[12])에 해당되기 때문이다'라고 지적하고 있다.

　즉 앞의 第4章 第2節 1. 나. 3)에서 이미 살펴본 대로 부동산 명의신탁의 경우에는 부동산평가액의 크기와 의무위반 경과기간을 감안하여 결국 부동산 가액의 30%의 범위 내에서 과징금을 부과받는 데에 그친다. 하지만 주식 또는 사채 명의신탁의 경우에는 주식 또는 사채평가액에 최고 50%의 세율을 곱하여 산정한 증여세 산출세액에 무신고가산세와 미납일수에 따른 납부지연가산세를 부과받기 때문에 그 차이가 클 수 있는 것이다.

　부동산실명법은 명의신탁 그 자체를 금지하고(부동산실명법 제3조 제1항), 이에 위반하는 행위를 제재의 대상으로 삼고 있기 때문에 같은 법 제5조에서 명의신탁한 부동산가액을 과징금 부과의 기준으로 하고 있다.

　이와는 달리 주식 또는 사채의 명의신탁의 경우에는 명의신탁 자체를 금지하는 것이 아니라 주식 또는 사채의 명의신탁을 통한 조세회피행위를 규제하려는 것이므로 부동산실명법과는 달리 명의신탁자가 회피하려고 한 조세의 크기를 기준으로 하여 제재의 크기를 정하는 것이 제재의 일반적 법리에 부합한다는 비판[13])이 있다. 위 견해는 현행 제도는 명의신탁자가 회피하려고 한 조세의 크기를 기준으로 하지 않고 조세회피의 수단이 된 명의신탁 주식 또는 사채의 가액을 기준으로 제재의 크기를 정하도록 함으로써 주식의 명의신탁에 대하여 지나치게 높은 증여세 부담을 지우고 있다고 비판한다. 앞서 본 바와 같이 실제로 회피된 조세의 결과를 고려하여 제재 크기를 산정함이 타당하므로 위 견해는 타당하고, 다만 명의신탁 증여의제 규정의 규제 수단으로서의 성격 및 차명거래를 억제하는 것을 그 입법목적으로 하는 점을 감안하면, 차명거래를 사전에 억제하기 위하여는 증여세 제재의 크기를 정함에 있어서는 위험 억제적 측면을 고려할 필요가 있다고 할 것이다.

다. 명의수탁자에 대한 증여세 과세(2018. 12. 31. 개정 전 구 상증세법 관련)

　기존(현행 상증세법이 시행된 2019. 1. 1. 이전에 증여로 의제되는 분)에는, 실질적인 권리 내지 이익을 취득하지 아니하고 단순히 권리의 외양만을 취득한 명의수탁자는 증여세를 부담할 수 있는 담세능력이 없음에도 불구하고, 이러한 담세능력의 유

---

12) 현행 상증세법상 최고 세율은 50%이다(상증세법 제56조, 제26조).
13) 윤지현, 앞의 논문("상속세 및 증여세의 간주·추정규정의 한계"), 182.

무를 고려하지도 아니하고 최고세율이 50%[14]인 고율의 증여세를 부과하는 것은 조세를 담세능력 내지 경제적 급부능력에 따라 배분해야 한다는 조세평등주의에도 위배된다는 비판[15]이 있었다.

또한 '제재수단으로서의 주식 또는 사채 명의신탁의 증여의제에 따른 증여세는 주식 또는 사채의 명의신탁행위 자체를 제재의 대상으로 삼는 것이 아니고 주식 또는 사채의 명의신탁을 통한 조세회피행위를 제재의 대상으로 삼는 것이므로 주식 또는 사채 명의신탁의 증여의제에 따른 증여세는 제재에 관한 법리인 자기책임의 원칙 또는 책임원칙에 따라 자신에게 부과될 조세를 회피하려고 하는 명의신탁자에게 부과해야 한다. 그럼에도 세부담을 회피하려고 한 명의신탁자가 아닌 명의수탁자에게 부과하는 제재로서의 증여세는 위반행위에 대한 책임의 소재와 전혀 상관없이 이루어지는 것으로서 자기책임의 범위를 벗어나는 제재에 해당하여 그 정당성이 결여된다'는 비판[16]도 있었다.

이러한 점은 앞서 본 헌법재판소 2004헌바40 등 결정의 반대의견에서도 지적되어 있다.

한편, 상증세법은 2018. 12. 31. 법률 제16102호로 개정되어 2019. 1. 1. 시행되면서 '제45조의2에 따라 재산을 증여한 것으로 보는 경우(명의자가 영리법인인 경우를 포함한다)에는 실제소유자가 해당 재산에 대하여 증여세를 납부할 의무가 있다'는 규정이 신설되었다(제4조의2 제2항). 이로써 기존에는 명의수탁자가 증여세 납세의무를 부담하고 명의신탁자는 이에 대하여 연대납세의무를 부담하는 형태였으나, 위와 같은 법 개정으로 인하여 이제는 실제소유자인 명의신탁자만이 증여세를 납부할 의무가 있도록 변경되었다. 그리고 상증세법 제4조의2 제9항을 신설하여 '실제소유자가 제45조의2에 따른 증여세·가산금 또는 체납처분비를 체납한 경우에 그 실제소유자의 다른 재산에 대하여 체납처분을 집행하여도 징수할 금액에 미치지 못하는 경우에는 「국세징수법」에서 정하는 바에 따라 제45조의2에 따라 명의자에

---

14) 한계세율이 50%이면 신고불성실가산세와 납부불성실가산세까지 고려하면 실효세율은 70-80%에 가까울 수 있다.

15) 전영준, 앞의 논문, 305; 헌법재판소 2005. 6. 30. 선고 2004헌바40, 2005헌바24(병합) 결정, 헌법재판소 2004. 11. 25. 선고 2002헌바66 결정, 헌법재판소 1998. 4. 30. 선고 96헌바87, 97헌바5·29(병합) 결정의 각 반대의견도 동일하다.

16) 정주백, "2004년도 조세관련 헌법재판소 결정례 회고", 조세법연구 제11권 제1호, 한국세법학회(2005), 342; 김완석, "주식 명의신탁에 따른 증여의제재도의 개선방안", 조세와 법 제9권 제1호, 서울시립대학교 법학연구소(2016), 15-16.

게 증여한 것으로 보는 재산으로써 납세의무자인 실제소유자의 증여세·가산금 또는 체납처분비를 징수할 수 있다'고 규정하여, 명의신탁자가 증여세를 납부하지 못하는 경우에는 보충적으로 명의신탁 대상 재산에 대하여 증여세 등을 징수할 수 있는 규정도 신설되었다.

그런데 위와 같은 개정 규정은 상증세법 부칙 <제16102호, 2018. 12. 31.> 제3조에 따라 위 법 시행 이후 증여로 의제되는 분부터 적용하므로, 현행 상증세법이 시행된 2019. 1. 1. 이전에 증여로 의제된 분에 대하여는 여전히 명의수탁자가 증여세를 부담하는 문제가 발생한다.

한편, 현행 상증세법이 시행된 2019. 1. 1. 이전의 증여와 관련하여, 명의수탁자가 증여세를 전부 부담한 경우 연대납세의무자[17]인 명의신탁자에 대하여 구상권을 행사할 수 있고, 이때 그 구상권의 범위는 특별한 사정(당사자들 사이에 증여세 분담에 관하여 별도로 약정하였거나 명의수탁자가 배당금 등 경제적 이득을 취득하였다는 등)이 없는 한 명의수탁자가 부담한 증여세액 전부에 대하여 미치므로(대법원 2018. 7. 12. 선고 2018다228097 판결) 명의수탁자가 증여세를 모두 부담한 후 명의신탁자에게 증여세 납부분을 모두 구상할 수 있지만, 명의수탁자도 일단은 증여세 납세의무가 있다는 점에서 위와 같은 문제(명의수탁자가 증여세를 부담하는 문제)는 여전히 유지된다고 할 것이다.

라. 소결

명의신탁 증여의제에 따른 贈與稅는 조세회피행위의 한 유형인 명의신탁에 대한 제재로서 실질적으로 課徵金에 해당한다. 이를 굳이 증여세의 형식으로 부과하는 것 자체가 합리성과 설득력을 결여하고 있다는 주장도 있다. 또한 그렇지는 않다 하더라도 증여세 부과의 형태를 취함으로써 생기는, 지나치게 가혹한 과세의 가능성이라는 문제점은 분명 존재한다. 그렇게 보면 증여세가 아닌 다른 형식으로 제재할 가능성을 찾아보는 편이 분명 나을 것이며, 이는 여러 차례 인용한 헌법재판소 2004헌바40 등 결정의 반대의견에서도 지적되어 있다.

---

17) 구 상속세 및 증여세법(2018. 12. 31. 법률 제16102호로 개정되기 전의 것) 제4조의2 제5항. 앞서 언급하였듯이, 기존에는 상증세법상 명의신탁 증여의제로 인한 증여세 납세의무는 명의수탁자가 부담하고 명의신탁자는 여기에 연대납세의무를 부담하였다가 상증세법이 2018. 12. 31. 개정되면서 명의신탁 증여의제로 인한 증여세 납세의무는 명의신탁자만이 부담하게 되었다(상증세법 제4조의2 제2항).

현행법상 조세회피목적의 존부가 증여세 부과의 요건을 이루기 때문에 아무리 거액의 주식 또는 사채를 명의신탁한다고 하더라도 조세회피목적이 없다면 증여세를 과세할 수 없기 때문에, 주식 또는 사채 명의신탁의 증여의제 규정은 명의신탁 자체를 제재의 대상으로 삼는 것이 아니고 명의신탁을 통한 조세회피행위를 제재의 대상으로 삼는 것이다.[18] 따라서 제재에 관한 고유한 법리에 따라 자신에게 부과될 세부담을 회피하려고 하는 자에게 제재를 부과해야 하며, 회피한 세부담의 크기에 상응하여 제재를 부과해야 한다.

2018. 12. 31. 개정 전 구 상증세법 하에서는, 세부담을 회피하려고 한 명의신탁자가 아닌 명의수탁자에게 증여세를 과세하고, 명의신탁자가 회피하려고 한 조세회피의 크기가 아닌 명의신탁한 주식 또는 사채의 가액을 기준으로 하여 증여세를 부과하여서 제재에 관한 일반적인 법리를 벗어난 것으로서 합리적이지 않다는 비판[19]도 있었다. 물론 현행 상증세법은 명의신탁자에게 증여세를 부과하는 것으로 개정되었으므로 이러한 불합리는 개선되었으나, 부동산 명의신탁의 제재와의 형평성이 결여되는 등의 문제는 여전히 존재한다.

따라서 현행 증여의제 규정은 납세의무자에게 가혹하므로 廢止되는 것이 바람직하다. 대신 조세법적으로는 아래에서 보는 바와 같이 課徵金을 부과하는 것이 타당하다. 그리고 조세회피에 대한 조세적 규제로서 앞서 살펴본 실질과세원칙, 가산세 중과, 제2차 납세의무 등도 고려하는 것이 타당하다.

---

18) 윤지현, 앞의 논문("상속세 및 증여세의 간주·추정규정의 한계"), 182.
19) 윤지현, 앞의 논문("상속세 및 증여세의 간주·추정규정의 한계"), 182–183; 정주백, 앞의 논문, 342; 김영심, "주식명의신탁 과세연구—외국의 입법례와 문제점 중심—", 비교사법 제15권 제4호(통권 43호), 한국비교사법학회(2008), 330; 김정훈·정래용, 앞의 논문, 764.

제2절　주식, 사채 명의신탁 증여의제로 인한 증여세의 개선방안

이 글이 제시하는 방안은 기본적으로 증여의제 조항을 廢止하고 일반적인 과징금 체계의 일부로 편입시키는 것이다. 다만 이 글이 한 것처럼 차명거래 규제의 체계를 전체적으로 조망하지 않고 증여의제 조항만을 독립된 논의 대상으로 삼아 그 개선방안을 논한 글들이 많다. 이하에서 간략하게 소개하고 저자의 견해를 밝히기로 한다.

1. 학설들이 제시하는 방안

가. 명의신탁 증여의제 규정을 폐지하는 방안

위 견해는 명의신탁 증여의제 규정에 위헌적 소지가 있으므로 이를 폐지해야 한다는 견해[20]이다. 증여의 실질이 없음에도 불구하고 증여세를 부과한다는 점에 그 논거가 집중된다. 위 견해는 명의신탁 증여의제 규정을 폐지하는 대신, 주식 등의 명의신탁에 대하여 부동산실명법에서 규정하는 정도의 과징금을 부과하거나 이러한 명의신탁을 방지하기 위하여 형사처벌 규정을 도입할 수도 있다고 주장한다.

나. 조세회피목적의 범위를 줄이는 방안

명의신탁 증여의제 규정의 폐단을 줄이기 위해서는 증여로 의제되지 않는 '조세회피목적이 없는 경우'의 범위를 늘리는 것, 즉 조세회피목적의 범위를 줄이는 방법도 있을 수 있다. 특히 조세회피목적은 추정되고 그 추정을 번복하는 것이 실무상 어렵다는 데에 문제가 있으므로, 그러한 번복을 좀 더 쉽게 인정하는 방안도 여기에 포함된다. 그러기 위해서는 조세회피와 상관없이 명의신탁을 하는 다른 의도가 있고, 부수적으로 조세가 일부 줄어들 뿐이라면 조세회피목적을 인정하지 않는 방안이 있을 수 있다.[21]

다른 방안으로는 조세회피목적이 없는 경우를 구체화하여 법령에 예시하는 방

---

20) 김영심, 앞의 논문, 332－333.
21) 김영심, 앞의 논문 333.

안이 있는데, 이럴 경우는 명의신탁 증여의제 규정이 적용되지 않는 경우가 어떤 경우인지 미리 알 수 있어서 국민의 조세부담에 대한 예측가능성을 높여 줄 수 있다. 예를 들어 '관련 법령상의 제한을 회피하기 위한 경우'를 조세회피목적이 없는 경우라고 규정할 수 있다.[22]

다. 회피의 대상으로 보는 조세의 범위를 줄이는 방안

현행 규정은 조세회피목적이 있는 주식 또는 사채 명의신탁에 대하여만 증여의제를 하여 증여세를 부과하도록 규정하고 있는데, 상증세법 제45조의2 제6항은 위 '조세'에는 국세 및 지방세, 관세를 말한다고 규정하여 증여세 아닌 다른 종류의 세금을 회피할 목적이 있는 경우에도 증여세를 부과하게끔 규정되어 있다. 그런데 증여세를 부과할 경우라면 증여세의 회피 목적이 있는 명의신탁에 대해서만 증여의제를 하는 것이 타당하다고 생각되므로, 증여세 아닌 다른 조세의 회피 목적이 있는 경우는 증여의제를 해서는 아니 되어 이러한 내용으로 법을 개정할 필요가 있다는 견해[23]가 있다. 그런데 증여세의 회피목적을 가진 명의신탁이란 것은 실제로는 증여를 하면서도 외관상으로는 명의신탁이라는 법률형식을 취한 경우라고 보아야 할 것인데, 그러한 경우는 생각하기 어렵다.[24] 그리고 위 견해에 의할 경우 증여의제 조항은 사실상 증여추정 조항으로 바뀌게 되고, 이때의 증여세는 더 이상 차명거래에 대한 제재로서 성격을 갖지 않는다는 점에 유의할 필요가 있다.

라. 부동산의 명의신탁과 마찬가지로 과징금을 부과하는 방안

부동산의 명의신탁과 마찬가지로 과징금을 부과하도록 개정하여야 한다는 주장[25]도 있다. 그리고 주식 등의 명의신탁에 대하여 증여로 의제하는 규정은 폐지하는 것이 바람직하고, 대신 주식 등에 관한 차명거래를 금지하고, 이에 위반하여 주

---

22) 김영심, 앞의 논문, 334., 조세회피목적이 없다는 것을 입증하는 것이 사실상 불가능하고, 판례에서는 조세회피목적이 아닌 다른 목적을 입증함으로써 조세회피목적이 없다는 것을 입증해야 하므로, 조세회피목적이 있는 것으로 추정하는 규정을 신설하면 추정이 번복되는 경우에 관한 예시 규정을 둘 수 있다는 견해로는 박훈·허원, "판례에 나타난 명의신탁증여의제 규정의 해석상 논란과 입법적 개선방안", 입법과 정책 제6권 제2호, 국회입법조사처(2014), 166.
23) 이전오, 앞의 논문("명의신탁재산의 증여의제 규정상 조세회피 목적의 범위"), 145.
24) 이창희, 앞의 책, 1154.
25) 김완일, "비상장주식의 명의신탁에 대한 증여의제 적용의 형평성", 조세연구 제8권 제2집, 한국조세연구포럼(2008), 286.

식 등을 차명으로 거래한 실질주주에 대하여 과징금으로 처벌하는 규정을 신설하며, 과징금은 차명주식 등의 가액에 일정한 부과율을 곱하여 산정하는 방식으로 하자는 견해26)도 있다. 위 견해는 과징금의 산정기준이 되는 차명주식 등의 가액 산정과 관련하여, 차명주식 등의 가액의 크기가 증감하는 경우에 차명주식 등의 가액의 누계액 기준인지, 위 가액의 평균액 기준인지, 위 가액의 잔액 기준인지와 관련하여 평균액을 기준으로 하되, 평균액이 차명주식 등의 가액의 잔액에 미달하면 그 잔액에 의하는 것이 바람직하다고 한다.

이러한 주장들은 이 글에서 주장하는 내용과 유사하며, 그렇게 보아야 하는 이유는 이미 상세히 살펴보았다.

마. 증여의제를 증여추정으로 바꾸는 방안

주식 또는 사채에 관한 명의신탁 증여의제 규정을 증여추정 형식으로 바꾸어야 한다는 견해27)도 있는데, 이는 반증을 제시할 수 있도록 하여 증여세를 부과받지 않을 수 있는 기회를 확대하기 위한 것으로 보인다. 그러나 명의신탁을 증여로 추정한다는 말은 명의신탁이 있다고 하더라도 증여가 아님을 입증한다면 증여세를 부과할 수 없다는 말인데, 명의신탁과 증여는 동시에 성립할 수 없는 전혀 다른 법률행위이고, 명의신탁이 입증된 이상 증여는 아니므로, 명의신탁에 증여세를 부과하는 것은 자동적으로 불가능하게 된다. 즉 명의신탁이라는 사실을 확정하면, 이를 증여로 추정한다는 것은 애시 당초 있을 수 없는 모순이 된다.28) 따라서 위 견해는 타당하지 않다고 할 것이다.29)

그리고 명의신탁을 증여로 추정한다고 할 때 조세회피목적에서의 '조세'는 증여세가 될 것이다. 그렇다면, 앞서 다.에서 본 회피의 대상으로 보는 조세의 범위를 증여세로 한정하자는 주장에 대한 비판이 여기에도 적용된다.

---

26) 김완석, "차명금융거래의 문제점과 개선방안", 중앙법학 제6집 제3호, 중앙법학회(2004), 94.
27) 박훈, "명의신탁 증여의제규정의 개선방안", 2006년 조세개혁 심포지엄 및 춘계학술발표대회 발표 논문집, 한국세무학회(2006), 24−25.
28) 이상 이창희, 앞의 책, 1155−1156.
29) 위와 같은 모순점 때문에 앞서 第1章 第7節 2. 마.에서 본 바와 같이 상증세법은 기존의 명의신탁 증여추정 규정을 1998. 12. 28.경 다시 증여의제 규정으로 개정하였다.

바. 가산세로 해결하는 방안

국세기본법상 가산세를 중과하는 사유에 명의신탁을 명시적으로 추가하는 방안을 생각할 수 있다는 견해(예컨대 국세기본법 제47조의2 제1항 제1호 소정의 '부정행위'에 명의신탁을 포함하는 방안)[30]가 있다.

또한 명의신탁 증여의제 규정을 폐지하되 주식 등 명의신탁으로 인하여 조세를 회피할 경우 그 조세에 가산세를 현행법상의 가산세 이외에 추가로 부과하여 대응하자는 견해[31]도 있다.

사. 국세의 부과제척기간을 보완하는 방안

명의신탁에 대한 국세부과 제척기간을 현행보다 늘려서 15년 이상으로 연장하거나 국세부과 제척기간을 폐지하자는 견해[32]가 있다. 위 견해는 명의신탁행위에 대하여는 국세의 부과제척기간 경과 이후에도 조세회피가 불가능하도록 하기 위하여 명의신탁을 해지하는 시점에 그 재산을 환원받은 명의신탁자에게는 행정벌 성격의 제재금을 증여세 부과의 예에 따라 부과하자고 한다.

아. 조세범 처벌법을 통한 제재방안

명의신탁 증여의제 규정을 현행의 상증세법보다는 조세범 처벌법으로 이관하여 조세범으로 처벌하되, 명의신탁 전체를 조세형벌로 다루기보다는 명의신탁의 목적, 규모, 조세회피 금액의 많고 적음을 고려하여 주식의 경우에 자본금 규모 일정 기준 미만인 비상장법인 중 명의신탁자인 주주의 조세회피금액이 적은 경우에는 과태료를 부과하고 나머지의 주식 명의신탁 행위에 대해서는 조세형벌로 처벌하자는 견해[33]가 있다.

자. 증여세의 납세의무자를 증여자로 전환하는 방안

현행 명의신탁 증여의제 규정을 그대로 유지하되 입법상 이를 보완하여 문제점

---

30) 윤지현, 앞의 논문("상속세 및 증여세의 간주·추정규정의 한계"), 185–186.
31) 전영준, 앞의 논문, 319–320.
32) 김정훈·정래용, 앞의 논문, 769–770.
33) 김정훈·정래용, 앞의 논문, 770–771. 위 견해는 구체적으로 조세형벌의 종류 중 어떠한 형벌을 도입하여야 하는지에 관하여는 별도로 언급하지 않고 있다.

을 해결하고자 한다면 납세의무자를 증여자로 전환하는 방안[34]이 있었고, 이는 2018. 12. 31. 개정된 현행 상증세법에 반영되었다고 볼 수 있다.

2. 명의신탁에 대한 과징금 제도 도입

앞서 第5章 第2節에서 살펴본 바와 같이, 행정법상 의무위반에 대한 '제재'로서의 성격을 가지는 명의신탁 증여의제로 인한 증여세에 대하여는 과징금을 도입하여야 한다.[35] 그리고 앞서 第3章 第2節 4. 나.에서 살펴본 바와 같이 과징금을 도입함에 있어서는 실제 회피된 부당이득을 근거로 하되(부당이득 환수적 요소, 결과적 측면) 위 부당이득에 대하여 일정한 배수 상당의 과징금을 가하게 되면 차명거래의 억제 내지 제재라는 목적(위험 억제적 측면)도 달성할 수 있을 것이다.

그리고 과징금 규제 방식은 네거티브(Negative) 규제 방식이 되어야 할 것이다. 따라서 원칙적으로 과징금을 부과하지 않고, 법령상의 제한 회피나 강제집행 면탈, 조세 포탈 등을 목적으로 하는 부정한 목적의 차명거래의 경우에만 예외적으로 과징금의 제재를 하는 네거티브 방식을 입법화하여야 할 것이다.

또한 명의신탁자 및 명의수탁자에 대하여 위 과징금을 부과함에 있어서도 제재의 성격을 고려하여 불법성의 정도 내지 경중, 부당이득 환수로서의 측면을 고려하여 과징금의 크기를 정하여야 할 것이다.

그리고 앞서 본 바와 같이 과징금과 벌금형의 양자 간의 역할분담을 위하여 과징금을 부과할 경우에는 벌금형을 선고할 수 없게 하거나 실제로 과징금 납부가 이루어진 경우에는 벌금형을 감경해줄 필요가 있다. 그리고 거래의 불법성이 큰 예외적인 경우에는 앞서 본 바와 같이 과징금을 부과하고, 제재로서 징역형 제재(가급적 실형)를 부과할 수 있도록 하여야 한다. 만약 불법성이 큰 경우에 징역형만 선고한다면 불법이익이 불법행위자에게 그대로 남아 있는 불합리가 존재할 수 있기 때문에 징역형 이외에 과징금도 동시에 부과할 수 있게 하여야 할 것이다.

또한 앞서 第5章 第2節 2. 다.에서 본 바와 같이, 차명주식, 사채에 대한 과징금 부과 주체는 국세청으로 바뀌어야 한다.

---

34) 김정훈·정래용, 앞의 논문, 772–773.
35) 주식, 사채의 경우에는 명의신탁 증여의제 규정의 폐지를 전제로 위 과징금 제도를 도입하는 것이 타당함도 앞서 살펴보았다.

그리고 앞서 第5章 第2節 2. 라.에서 본 바와 같이, 주식 및 사채 명의신탁에 대하여 증여세 제재의 폐지를 전제로 과징금을 도입하는 입장이라면 그 과징금에 대하여도 기존 명의신탁 증여의제로 인한 증여세의 부과 제척기간(10년, 15년)에 대한 규정을 준용하기보다는 부동산실명법상의 부동산 명의신탁으로 인한 과징금의 부과 제척기간(5년)에 대한 규정을 준용하는 것이 타당하다. 그리고 주식 및 사채 명의신탁으로 명의수탁자 명의로 주주명부, 사채원부 등에 주주 및 사채권자로 등재가 될 경우에는 주주명부나 사채원부에 명의수탁자 명의를 그대로 유지하고 있는 한 의무위반이 계속되므로 명의신탁 위반으로 인한 과징금은 의무위반 상태가 계속되는 한도 내에서는 언제든지 과징금을 부과할 수 있고, 부과 제척기간의 기산점은 명의신탁이 해소된 때로 보아야 할 것이다.

3. 소결

이상의 논의를 요약하면 다음과 같다.

명의신탁 증여 의제 규정은 앞에서 본 바와 같이 많은 비판이 가해지고 위헌적 소지가 있으므로 廢止하는 것이 바람직하다. 위 조항의 폐지를 전제로 차명거래에 과징금 제도를 도입하여야 한다. 과징금 액수 산정시에는 결과를 기초로 하되 위험 억제적 측면을 고려하여야 하고, 명의신탁자 및 명의수탁자에 대한 과징금을 부과함에 있어서도 제재의 성격을 고려하여 불법성의 정도 내지 경중, 부당이득 환수로서의 측면을 고려하여 과징금의 크기를 정하여야 할 것이다.

결론

지금까지 부동산, 주식, 사채 및 예금에 관한 차명거래와 현행법상의 규제와 그 문제점, 이에 대한 개선방안 및 입법론에 관하여 살펴보았다. 지금까지 검토한 내용을 정리하면 다음과 같다.

이 글에서는 차명거래의 대상을 부동산, 주식, 사채, 예금의 경우로 한정하여 살펴보았고, 조세회피목적의 차명거래를 포함하여 법령상의 제한을 회피하거나 강제집행을 면탈하려는 등의 부정한 목적의 차명거래와 용인할 수 있는 목적의 차명거래를 살펴보았다.

차명거래는 그 자체로 성질상 위법하지는 않다.

차명거래를 하는 이유를 실증적으로 분석해 보면 민사상, 형사상, 행정상, 조세상의 규제 회피를 위한 부정한 목적과 용인할 수 있는 목적으로 나눌 수 있다. 그 결과 법령상의 제한 회피 목적 등 부정한 목적으로 이루어지는 차명거래의 경우에는 규제 대상이 되고, 용인할 수 있는 목적으로 이루어지는 차명거래는 규제 대상이 되지 않는다고 할 것이다.

한편 차명거래에는 정보의 비대칭성 문제가 있고, 부정한 목적의 차명거래와 관련하여 정보의 비대칭 문제를 해결하기 위하여 사후적 계약법적 접근을 하기보다는 사전적 규제를 가하는 방법을 사용해야 한다. 그리고 금전적 규제와 비금전적 규제 중 금전적 규제를 부과하는 것이 비금전적 규제를 부과하는 것보다 효율적이다. 차명거래를 규제함에 있어서도 금전적 규제가 비금전적 규제보다는 효율적이고, 과징금은 벌금형보다는 효율적이므로, 우선적으로 규제의 형식으로 과징금을 부과하되, 벌금형, 징역형 순으로 규제 순서를 정할 수 있다. 다만 불법의 정도가 큰 경우에는, 행위불능화 측면에서 징역형과 같은 비금전적 제재가 가해져야 할 경우도 있을 것이다.

또한 차명거래에 대한 규제는 명의차용자뿐만 아니라 명의대여자에 대한 규제를 포함해야 차명거래 억제에 효과적이다. 위법성의 정도 측면에서 명의차용자가 명의대여자를 부정한 목적의 차명거래로 유인하는 측면이 크고, 실제로 얻는 부당이득 정도의 크기 측면에서도 명의차용자가 명의대여자보다 차명거래로 인한 실질적인 이익을 많이 가지는 것이 일반적이다. 따라서 위 두 가지 측면에서 볼 때, 명의차용자에 대한 규제의 크기가 명의대여자의 그것보다 커야 한다. 또한 대상의 특성에 맞는 효율적인 규제 수단을 사용하여야 한다.

그리고 차명거래에 대하여는 일반적으로 이를 허용하되 예외적으로 금지하는 네거티브 방식을 채택하는 것이 방법론적으로 타당하다. 예외적으로 금지하는 차명거래는 그 목적이나 의도, 자산이나 행위의 종류를 근거로 판단하여야 한다.

차명거래 규제의 일반적 방법론은 다음과 같다.

우선 민사적 규제로서 차명거래의 사법상 효력을 무효로 하는 방안과 관련하여, 어떠한 규제 규정이 존재하고 이에 위반한 경우 그 사법상 효력을 부인하여 무효라고 보기 위하여서는 규제의 실효성이 있는지, 거래 무효로 인한 공익이 사익보다 큰 지 여부를 판단기준으로 삼아야 한다.

다음으로 행정적 규제로서 과징금 부과와 관련하여, 과징금은 부당이득 환수적 성격과 제재적 성격을 동시에 가지는데 부당이득 환수적 성격의 과징금은 부당이득의 정도에 의하여 그 크기를 결정해야 하고, 제재적 성격의 과징금은 위반행위의 경중에 의하여 그 크기를 결정해야 한다. 또한 조세회피의 위험과 실제 조세회피의 결과 중에서는 결과를 기초로 과징금의 액수를 결정하되 그 액수를 정함에 있어서는 과징금 부과가 위험을 억제하여야 한다는 측면을 고려하여야 한다. 한편 과징금과 벌금형은 같은 금전적 제재라는 측면에서는 동일하므로 양자 사이에 역할 분담이 이루어져야 하므로, 과징금을 부과할 수 있는 행위에 대하여는 해당 행정기관장의 고발이 있어야 공소제기가 가능한 것으로 친고죄화하거나, 과징금에 대하여 실제 납부가 이루어진 경우에는 벌금형을 감경하고, 예외적으로 법령위반행위의 정도가 중한 차명거래의 경우에는 과징금 부과와 함께 징역형의 실형을 선고할 필요가 있다.

형사적 규제와 관련하여, 형사벌은 다른 법적 제재 수단을 동원해보고 이것만
으로 부족하다고 판단될 때에 사용해야 한다는 최후수단적 성격과 보충적 성격을
가진다. 차명거래와 관련하여 명의차용자와 명의대여자에 대한 형사처벌 수준을 정
함에 있어서도 불법성의 정도 내지 경중을 고려하여야 하는데, 일반적으로 명의차
용자의 불법성이 명의대여자의 그것보다 큰 경우가 많다.

조세회피에 대한 규제와 관련하여, 명의차용자(명의신탁자)에게 실질과세원칙을
적용하여 회피하려고 한 조세를 부과·징수하고, 명의차용자에게 가산세를 중과하
여야 하며, 차명거래의 조력자인 명의대여자(명의수탁자)에게도 조세상의 불이익을
주어야 할 것이다.

또한 위와 같은 규제는 부정한 목적의 차명거래에만 도입해야 하고, 네거티브
방식으로 도입해야 할 것이다.

차명거래 규제의 구체적 방법론은 다음과 같다.

민사적 규제와 관련하여, 현행법은 부동산 차명거래의 경우에 부동산 명의신탁
약정을 무효로 하고 이로 인한 등기까지 무효로 하고 있는데, 이는 타당한 입법이
다. 주식, 사채의 경우는 거래 안전성 때문에 차명주식, 사채의 경우 이로 인한 사
법상의 효력을 무효로 할 수는 없다. 차명예금이나 차명금융거래의 경우에는 주식,
사채와 같은 단체법적 거래의 안전을 생각할 필요가 없으므로 차명금융거래나 차
명예금을 무효로 취급하여야 한다. 다만, 차명부동산과 차명예금을 사법상 무효로
하되, 부정한 목적의 차명거래만을 무효로 하여야 하고 그 방법은 네거티브 방식이
되어야 한다.

또한, 행정적 규제인 과징금과 관련하여, 차명부동산과 관련하여 현행법은 명
의신탁자에게만 과징금을 부과하고 있는데, 명의수탁자에게도 과징금이 부과될 필
요가 있다. 그리고 현행 명의신탁자에 대한 과징금 산정기준은 차명거래로 인한 실
제 조세회피 등 결과를 기준으로 하되 위험 억제적 측면을 고려하고, 부당이득 환
수적 측면과 제재적 측면을 모두 고려하는 것으로 개정될 필요가 있으며, 명의수탁
자에 대한 과징금 제도를 신설하되 그 산정기준도 이와 같아야 할 것이다. 차명주
식, 사채, 예금(금융거래 포함)과 관련하여서는 현행법상 과징금 부과 규정이 없으나
과징금 부과 규정을 신설할 필요가 있다. 다만 차명주식, 사채에 관하여는 현행법
상 명의신탁 증여의제로 인하여 증여세가 폐지됨을 전제로 과징금 부과를 논의하

여야 한다. 그리고 부정한 목적의 차명거래에 대해서만 과징금을 부과하여야 하고 그 방법은 네거티브 방식이 되어야 한다.

그리고, 형사적 규제와 관련하여, 차명부동산의 경우는 현행 부동산실명법과 같이 형사처벌 규정을 두는 것이 타당하다. 그리고 현행법상 명의신탁자와 명의수탁자를 모두 형사처벌하고 있는데 명의신탁자가 명의수탁자보다 불법성의 정도가 더 큰 경우가 많으므로 이들 양자를 모두 처벌하되, 명의수탁자를 명의신탁자보다 경하게 처벌하여야 함이 타당하다는 입장에서 현행법은 적절하다. 또한, 징역형을 부과할 수 있게끔 입법이 되어 있어서 행위불능학의 측면에서도 타당하다. 다만 과징금이 납부될 경우 벌금형을 감경하거나 부동산 차명거래의 불법성이 매우 큰 경우에는 징역형만을 선고할 수 있도록 입법하되 과징금을 동시에 부과할 수 있도록 하여야 할 것이다. 차명주식, 사채, 예금(금융거래 포함)의 경우는 현행법상 명의차용자와 명의대여자를 형사처벌하는 규정이 없으나, 형사처벌 규정을 두는 것이 타당하다. 그리고 부정한 목적의 차명거래에 대하여만 형사처벌을 가해야 하고 그 방법은 네거티브 방식이 되어야 한다.

또한, 조세적 규제와 관련하여, 일반적으로 명의신탁자에게 실질과세원칙을 적용하여 조세를 부과하되 부정한 목적의 차명거래에 대하여 명의신탁자에게 가산세를 중과하고 명의수탁자에게 제2차 납세의무를 부과하여야 하며, 그 방법도 부정한 목적의 차명거래에 대하여만 규제를 하는 네거티브 방식이 되어야 한다. 다만, 가산세 중과 및 제2차 납세의무 부과는 명의신탁 증여의제를 폐지하고 앞서 본 과징금 부과 방안이 도입되지 않을 경우를 전제로 주장하는 바이다.

그리고 주식 및 일부 사채에 대한 명의신탁 증여의제 규정은 여러 문제점이 있으므로 폐지해야 하고, 대신 과징금 규정을 도입해야 한다. 그리고 과징금 액수를 산정함에 있어서는 결과를 기초로 하되 위험 억제적 측면을 고려하여야 하고, 부정한 목적의 차명거래에 대하여만 과징금을 부과하여야 하며 그 방법은 네거티브 방식이 되어야 한다.

이상으로 이 글에서 논의한 내용을 정리하여 보았다. 부정한 목적의 차명거래를 효율적으로 억제하기 위하여는 규제 체계를 체계적으로 개선할 필요가 있다고 할 것이다. 이 글이 차명거래, 명의신탁의 규제에 관한 연구에 자그마한 도움이 될 수 있기를 바라면서 글을 마친다.

참고문헌

Ⅰ. 국내문헌

1. 단행본

고상룡, 민법총칙 전정판, 법문사(2001)

곽윤직, 물권법 신정판, 박영사(1992)

곽윤직·김재형, 민법총칙[민법강의 Ⅰ] 제9판, 박영사(2013)

_____, 물권법[민법강의 Ⅱ] 제8판, 박영사(2015)

박세일, 법경제학 개정판, 박영사(2013)

사법연수원, 부동산등기법(2016)

소순무·윤지현, 조세소송 개정8판, 영화조세통람(2016)

송옥렬, 상법강의 제7판, 홍문사(2017)

신동운, 형법총론 제10판, 법문사(2017)

양창수, 독일민법전 2018년판, 박영사(2018)

이영준, 물권법 전정신판[민법강의 Ⅱ], 박영사(2009)

이영준, 민법총칙 개정증보판, 박영사(2007)

이은영, 물권법 제4판, 박영사(2006)

_____, 민법총칙 제5판, 박영사(2009)

이재상·장영민·강동범, 형법총론 제8판, 박영사(2015)

이창희, 세법강의 제16판(2018년판), 박영사(2018)

이철송, 회사법강의 제26판, 박영사(2018)

임상엽, 세법개론 제23판, 상경사(2017)

임승순, 조세법 2018년도판(제18판), 박영사(2018)

정동윤 집필대표, 주석상법 제5판[회사 (Ⅴ)](윤영신 집필부분), 한국사법행정학회(2014)

지원림, 민법강의 제12판, 홍문사(2014)

2. 논문

가정준, "정보의 비대칭과 협상력의 불균형 완화를 위한 연구", 외법논집 제31집, 한국외국
　　어대학교 법학연구소(2008)

강석훈, "명의신탁 주식의 증여의제에 관한 판례의 태도 및 해석론", 특별법연구 제8권, 박영
　　사(2006)

고상룡, "단속법규위반과 사법상의 효력 – 대법원 전원합의부 1985년 11월 26일 선고, 85다카
　　122 판결", 판례월보 제184호, 판례월보사(1986)

공순진, "명의신탁법리에 관한 연구", 동의법정 제22집, 동의대학교(2006)

곽종훈, "명의대여에 의한 대출약정과 통정허위표시 – 대법원 2001. 5. 29. 선고 2001다11765
　　판결을 중심으로", 민사재판의 제문제 제12권, 민사실무연구회(2003)

구욱서, "양도소득세에 관한 몇 가지 검토", 재판자료(제115집), 법원도서관(2008)

구해동, "명의신탁과 조세", 조세법연구 제6권, 한국세법학회(2000)

국세청, "2017년 국세통계 연보"(2017)

권오곤, "명의신탁에 관한 판례의 동향", 민사판례연구 제10권, 민사판례연구회(1988)

금융위원회 보도참고자료, "삼성 차명계좌 관련 과징금 및 차등과세 문제", 은행과(2017. 10.
　　30.), 2. http://www.fsc.go.kr 참조.

금융투자협회, "개정 금융실명법 안내"(2014. 11.)

기획재정부 · 고려대학교, 2015 경제발전경험모듈화사업 : 한국의 금융실명제 도입 경험
　　(2015)

김근재 · 정영훈, "명의신탁이 거듭된 경우 증여의제의 요건인 조세회피목적은 개별적으로
　　판단하여야", 월간 조세 357호, 영화조세통람사(2018)

김동수, "차명예금에 대한 증여추정 과세 제도에 관한 소고", 계간 세무사 2013년 봄호, 한국
　　세무학회(2013)

김상용, "부동산실명법 규정의 제모순점", 고시계 제42권 제2호, 국가고시학회(1997)

김성환 · 심규찬, "2016년 조세 분야 판례의 동향", 특별법연구 제14권, 사법발전재단(2017)

김세진, "토지거래규제 위반행위의 사법적 효력에 관한 판례의 변천 연구", 토지법학 26 – 1
　　호, 한국토지법학회(2010)

김세현, "명의수탁자의 부동산 임의 처분시 양도소득세의 납세의무자", 행정판례연구 제20권
　　제1호, 박영사(2015)

──────, "명의신탁에 관한 세법상 쟁점", 2016년도 법관연수 어드밴스 과정 연구논문집 : 전
　　문 분야 소송의 주요쟁점(조세/지식재산권/노동), 사법연수원(2017)

──────, "타인 명의를 이용한 행위에 관한 조세법적 연구", 사법논집 제64집, 사법발전재단
　　(2017)

김승정, "농지취득자격증명을 발급받지 못한 채 농지를 공매절차에서 매수하여 매각대금을 납부한 경우 매수인은 농지의 소유권을 취득하는지 여부(2012. 11. 29. 선고 2010다 68060 판결 : 공2013상, 4)", 대법원판례해설 제93호, 법원도서관(2013)

김양곤, "자금세탁방지법 상의 실제 소유자의 확인 및 검증에 관한 소고", 경희법학 제53권 제2호, 경희대학교 경희법학연구소(2018)

김영심, "주식명의신탁 과세연구 - 외국의 입법례와 문제점 중심 -", 비교사법 제15권 제4호 (통권 43호), 한국비교사법학회(2008)

김완석, "차명금융거래의 문제점과 개선방안", 중앙법학 제6집 제3호, 중앙법학회(2004)

_____, "주식 명의신탁에 따른 증여의제재도의 개선방안", 조세와 법 제9권 제1호, 서울시 립대학교 법학연구소(2016)

김완일, "비상장주식의 명의신탁에 대한 증여의제 적용의 형평성", 조세연구 제8권 제2집, 한국조세연구포럼(2008)

김일중, "법경제학 연구 : 핵심이론과 사례분석", 한국법제연구원(2008)

김자봉, "금융실명제 시행 20년의 성과와 향후 과제", KIF 정책보고서 2016 - 01, 한국금융연 구원(2016)

김재형, "법률에 위반한 법률행위 - 이른바 강행법규의 판단기준을 중심으로 - 대법원 2002. 9. 4. 선고 2000다54406, 54413 판결", 민사판례연구 제26권, 민사판례연구회(2004)

_____, "금융거래의 당사자에 관한 판단기준", 저스티스 제93호, 한국법학원(2006)

_____, "금융거래의 당사자에 관한 판단기준", 판례실무연구 제9권, 박영사(2010)

김정기, "주식 명의신탁 증여의제의 위헌성과 개선방안", 법학논총 제29권 제3호, 국민대학 교 법학연구소(2017)

김정중, "건축물대장 변경행위 등의 처분성", 재판자료 제120집 : 행정재판실무연구 Ⅲ, 법원 도서관(2010)

김정훈·정래용, "명의신탁 증여의제 과세에 대한 연구", 홍익법학 제15권 제1호, 홍익대학교 (2014)

김중곤, "특수목적법인(SPC)의 권리능력", BFL 제13호, 서울대학교 금융법센터(2005)

김지원, "부동산등기의 공신력 - 독일법을 중심으로 -", 법학논집 제16권 제2호, 이화여자대 학교 법학연구소(2011)

김진수·김정아·조진권, "주요국의 제2차 납세의무제도 연구", 세법연구 10 - 09, 한국조세 연구원(2010)

김형천, "부동산실권리자명의등기에관한법률 제10조 제1항 단서 소정의 '등기를 신청하지 못할 정당한 사유가 있는 경우'의 의미", 대법원판례해설 제41호, 법원도서관(2002)

김호정, "새로운 행정제재수단으로서의 과징금제도", 외법논집 제9집, 한국외국어대학교 법

학연구소(2000)

김행순, "부동산의 중간생략등기, 명의신탁과 관련한 양도소득세의 몇 가지 문제", 조세법
　　　실무연구 Ⅱ, 재판자료 제121집, 법원도서관(2010)

노영훈, "부동산실명제의 평가와 향후 정책과제", 한국조세연구원(1997)

노혁준, "전자증권법의 상법상 쟁점에 관한 연구－주식관련 법리를 중심으로－", 비교사법
　　　제24권 제4호, 한국비교사법학회(2017)

류지민, "제재적 조세의 규범적 한계에 관한 연구－기업소득 환류세제를 중심으로－", 박사
　　　학위 논문, 이화여자대학교(2015)

민형기, "단속법규 위반행위의 사법상의 효력", 대법원판례해설 제12호, 법원도서관(1990)

박경래·강우예·고학수·이종인·이종한·최성락·김대근, "범죄 및 형사정책에 대한 법경제
　　　학적 접근(Ⅰ)", 한국형사정책연구원(2009)

박달현, "형법상 보충성원칙에 관한 연구", 박사학위논문, 고려대학교(1996)

박영도·박수헌, "과징금제도의 현황과 개선방향", 한국법제연구원(1993)

박재완·김찬동, "부동산 실권리자명의 등기에 관한 법률의 문제점 및 개선안 연구", 2012년
　　　도 법무부 연구용역 과제보고서, 한양대학교 법학전문대학원 법학연구소(2012)

박철영, "전자등록제도 하에서의 사채관리에 관한 검토", 상사법연구 제30권 제2호, 한국상
　　　사법학회(2011)

_____, "전자단기사채제도의 법적 쟁점과 과제", 상사법연구 제32권 제3호, 한국상사법학회
　　　(2013)

박해식, "공정거래법상 부당지원행위를 한 자에게 부과하는 과징금의 법적 성격", 경쟁법연
　　　구 제8권, 한국경쟁법학회(2002)

박　훈, "명의신탁 증여의제규정의 개선방안", 2006년 조세개혁 심포지엄 및 춘계학술발표대
　　　회 발표 논문집, 한국세무학회(2006)

_____, "금융재산 관련 증여추정규정의 체계 정립 및 입증에 관한 소고－「상속세 및 증여세
　　　법」제45조 제4항을 중심으로－", 조세와 법 제7권 제2호, 서울시립대학교 법학연구
　　　소(2014)

박훈·허원, "판례에 나타난 명의신탁증여의제 규정의 해석상 논란과 입법적 개선방안", 입
　　　법과 정책 제6권 제2호, 국회입법조사처(2014)

손철우, "금융실명제와 예금주 확정", 민사판례연구 제32권, 박영사(2010)

송덕수, "타인의 명의를 빌려 체결한 토지분양계약의 효력", 민사판례연구 제14권, 민사판례
　　　연구회(1992)

_____, "타인의 이름을 임의로 사용하여 체결한 계약의 당사자 결정", 법률신문 제2521호
　　　(1996)

신기선, "주식의 포괄적 교환과 과세문제-증여세를 중심으로-", 특별법연구 제13권, 사법
　　발전재단(2016)

심인숙, "회사분할시 유로본드 투자자의 법적 지위", 민사판례연구 제32권, 박영사(2010)

양경승, "법률행위의 요건과 농지매매증명 및 농지취득자격 증명의 성질", 사법논집 제48집,
　　법원도서관(2009)

양민호, "타인의 승낙을 얻어 그 명의로 주식을 인수하거나 양수한 경우 주주권을 행사할 수
　　있는 자(대상판결 : 대법원 2017. 3. 23. 선고 2015다248342 전원합의체 판결)", 사
　　법 제41호, 사법발전재단(2017)

양창수, "부동산실명법 제4조에 의한 명의신탁의 효력-소위 등기명의신탁을 중심으로-",
　　서울대학교 법학 제38권 제1호, 서울대학교(1997)

_____, "부동산실명법의 사법적 규정에 의한 명의신탁의 규율-소위 계약명의 신탁을 중심
　　으로-", 민법연구 제5권, 박영사(1999)

_____, "명의신탁에 대한 규율 재고-부동산실명법 시행 5년의 평가와 반성-", 민법연구
　　제6권, 박영사(2007)

양화식, "형법 제20조의 사회상규에 위배되지 아니하는 행위에 대한 고찰", 형사법연구 제19
　　호, 한국형사법학회(2003)

오승규, "부동산실명법상 지방자치단체의 과징금 부과에 대한 법적 검토", 법조 통권 제675
　　호, 법조협회(2012)

오　윤, "명의신탁재산의 증여의제 규정의 본질에 비추어 본 폐지 필요성에 관한 소고", 세
　　무와 회계 연구 통권 제9호, 한국조세연구소(2016)

우인성, "명의신탁 부동산의 처분과 재산범죄의 성립 여부", 형사판례연구 제24호, 박영사
　　(2016)

위광하, "반사회적인 법률행위에 해당하여 원인무효인 제3자 명의의 등기가 말소된 후 당초
　　의 명의신탁자 명의로 등기가 회복된 경우, 과징금 부과 제척기간의 기산일(2013.
　　6. 14. 선고 2012두20021 판결 : 공2013하, 1246)", 대법원판례해설 제95호, 법원도서
　　관(2013)

유병로·조현구, "환경갈등 완화를 위한 환경영향평가제도 역할 연구 : 정보비대칭을 중심으
　　로", 한국행정논집 제25권 제3호, 한국정부학회(2013)

윤동호, "행정제재와 형사제재 병과의 이론과 현실", 형사정책연구 제17권 제1호, 한국형사
　　정책연구원(2006)

윤인성, "행정처분의 당연무효 사유와 취소 사유의 구별기준에 대한 소고-중대명백설에 대
　　한 비판적 검토를 중심으로-", 특별법연구 제9권, 사법발전재단(2011)

윤지현, "주식의 명의신탁에 대한 증여세 과세에 있어서의 몇 가지 문제점에 관한 소고", 조

세법연구 제9권 제2호, 한국세법학회(2003)

_____, "주식 명의신탁에 관한 증여의제 규정의 적용요건에 관하여 – 대법원 2004두7733 판결, 2006. 5. 12. 선고 및 대법원 2004두132936 판결, 2006. 5. 25. 선고를 중심으로 –", 조세 제219호, 조세통람사(2006)

_____, "상속세 및 증여세의 간주·추정규정의 한계", 조세법연구 제16권 제1호, 한국세법학회(2010)

_____, "명의신탁 또는 차명거래와 '사기 그 밖의 부정한 행위'", 계간 세무사 제35권 제1호, 한국세무사회(2017)

_____, "채권자 취소권과 후빌직 경징칭구", 특별법연구 제14권, 사법발전제단(2017)

윤진수, "계약 당사자 확정에 관한 고찰 – 특히 예금계약을 중심으로 –", 민법논고 Ⅰ, 박영사(2007)

_____, "차명대출을 둘러싼 법률문제 – 대법원 2005. 5. 12. 선고 2004다68366 판결 –", 민법논고 Ⅱ, 박영사(2008)

_____, "법의 해석과 적용에서 경제적 효율의 고려는 가능한가", 서울대학교 법학 제50권 제1호, 서울대학교 법학연구소(2009)

윤철홍, "토지거래의 규제에 관한 사법적 고찰", 토지법학 27 – 1호, 한국토지법학회(2011)

이계정, "차명대출과 대환의 법률관계", 경기법조 제17호, 수원지방변호사회(2010)

이동진, "차명계약의 법리 – 차명예금 및 차명대출을 중심으로 –", BFL 제46호, 서울대학교 금융법센터(2011)

이민호, "공동행위의 위법성 판단에 관한 판례상 법리 고찰", 사법 제39호, 사법발전재단(2017)

이봉의, "공정거래법의 실효적 집행", 경쟁법연구 제10권, 한국경쟁법학회(2004)

_____, "독점규제법상 경제적 제재의 체계적 조망 – 부당이득 환수의 관점에서 –", 경쟁법연구 제26권, 한국경쟁법학회(2013)

이상철, "과징금법제 연구 – 입법례를 중심으로 –", 법제연구총서 4집, 법제처(1997)

이승철, "비대칭정보와 규제완화", 규제연구 제1권, 한국규제학회(1992)

이원우, "규제개혁과 규제완화 : 올바른 규제정책 실현을 위한 법정책의 모색", 저스티스 통권 제106호, 한국법학원(2008)

이윤정, "부동산실명법상 과징금에 관한 판례 분석", 강원법학 제46권, 강원대학교 비교법학연구소(2015)

이은영, "규제법령에 위반된 법률행위의 무효", 민사재판의 제문제 : 송천 이시윤 박사 화갑기념 논문집 상, 박영사(1995)

이의영, "타인명의 예금의 법률관계와 보전처분", 저스티스 제109호, 한국법학원(2009)

이재호, "차명거래의 과세문제", BFL 제46호, 서울대학교 금융법센터(2011)

이재호·이경호, "조세범 처벌법상 '사기나 그 밖의 부정한 행위'의 해석기준에 관한 소고", 조세와 법 제6권 제2호, 서울시립대학교 법학연구소(2013)

이전오, "명의신탁재산의 증여의제 규정상 조세회피 목적의 범위", 계간 세무사 제24권 제2호, 한국세무사회(2006)

_____, "조세의 징표로서의 담세력", 조세논총 제1권, 한국조세법학회(2016)

이중교, "사업자 명의대여의 세법상 취급－명의대여 방지를 위한 해석론과 입법론을 중심으로－", 세무학연구 제26권 제3호, 한국세무학회(2009)

_____, "부동산 명의신탁에 따른 양도소득세와 취득세 과세에 관한 연구－사법과 세법의 관계를 중심으로－", 법조 통권 667호, 법조협회(2012)

이철송, "회사분쟁의 단체법적 해결원칙의 제시", 선진상사법률연구 통권 제78호, 법무부(2017)

재정경제원, 부동산실명법 해설 : 부동산실권리자명의등기에 관한 법률(1995)

전국경제인연합회, "네거티브 규제방식 추진동향과 활성화 방안", 규제개혁 시리즈 15－04(2015)

전영준, "차명주식에 관한 명의신탁 증여의제 규정의 운용현황 및 개선방안에 대한 소고", 조세연구 제8권 제1집, 한국조세연구포럼(2008)

정경영, "주식회사와 형식주주, 실질주의 관계－대법원 2017. 3. 23. 선고 2015다248342 판결에 대한 평석", 비교사법 제24권 제2호, 한국비교사법학회(2017)

정대익, "타인명의 주식인수 시 주주결정에 관한 새로운 해석론", 비교사법 제21권 제1호(통권 제64호), 한국비교사법학회(2014)

정상현·최원준, "불법원인급여의 제도적 취지와 제한적 해석원리", 비교사법 제14권 제4호, 한국비교사법학회(2007)

정주백, "2004년도 조세관련 헌법재판소 결정례 회고", 조세법연구 제11권 제1호, 한국세법학회(2005)

조명연, "공공사업에 관한 보유과세의 문제점", 법학논고 29집, 경북대학교 출판부(2008)

조민혜, "예금명의신탁계약에 대한 사해행위취소와 원상회복 방법", 민사판례연구 제39권, 박영사(2017)

조윤희, "무효인 주식 명의신탁과 증여의제－대법원 2011. 9. 8. 선고 2007두17175 판결－", 자유와 책임 그리고 동행 : 안대희 대법관 재임기념 논문집, 사법발전재단(2011)

조일영, "주식 명의신탁에 대한 증여의제에 있어 조세회피목적(2006. 5. 12. 선고 2004두7733 판결 : 공2006상, 1063)", 대법원판례해설 제61호, 법원도서관(2006)

조해근, "종중의 농지 명의신탁에 따른 법률관계", 청연논총 제8집, 사법연수원(2011)

조홍식, "기후변화의 법정책-녹색성장기본법을 중심으로-", 법제 제631호, 법제처(2010)

주해진, "명의신탁의 증여의제 제도의 문제점 및 개선방안", 조세법연구 제19권 제1호, 한국세법학회(2013)

최성근, "지하경제 양성화를 위한 차명금융거래 규제방안", 2013. 8. 9. 한국증권법학회 하계세미나 발표자료

최성진, "차명거래와 자금세탁방지제도-고객확인제도를 중심으로-", BFL 제46호, 서울대학교 금융법센터(2011)

최승필, "규제완화에 대한 법적 고찰-인·허가 및 신고, 등록제도와 네거티브 규제를 중심으로-", 공법학연구 제12권 제1호, 한국비교공법학회(2011)

최영찬, "과징금제도에 관한 고찰-현황 및 문제점을 중심으로-", 법제 제527호, 법제처(2001)

최유성 외, "규제등록 및 관리제도 개선방안에 관한 연구", 한국행정연구원(2007)

최정학, "일수벌금제도의 도입에 관한 연구", 형사정책 제25권 제2호, 한국형사정책학회(2013)

한국법제연구원, "원칙허용 인허가 제도 관련 법리적 심화연구를 통한 법령 입안심사 기준의 도출", 법제처 연구용역 최종보고 자료(2012)

한국예탁결제원 홈페이지 http://www.ksd.or.kr 참조 (2018. 3. 29. 방문)

홍준호·송옥렬, "지배주주의 주식양도시 소수주주의 보호", 재판자료 : 증권거래에 관한 제문제(하) 91집, 법원도서관(2001)

황태희, "네거티브 규제와 규제 방식의 개선", 성신법학 제10호, 성신여자대학교 법학연구소(2011)

Richard A. Posner(정영진·주진열 공역), 미국 독점규제법 제2판, 다산출판사(2003)[Antitrust Law, 2nd ed., University of Chicago Press (2009)]

연합뉴스 홈페이지 참조 http://www.yonhapnews.co.kr/society/2016/04/29/0701000000AKR 20160429173500004.HTML (2018. 3. 18. 방문)

금융정보분석원 홈페이지 참조 https://www.kofiu.go.kr/index.jsp (2018. 4. 30. 방문)

2016. 10. 18.자 연합뉴스 홈페이지 참조 http://www.yonhapnews.co.kr/bulletin/2016/10/18/ 0200000000AKR20161018086400002.HTML (2018. 4. 30. 방문)

2018. 1. 24.자 이데일리 홈페이지 참조 http://www.edaily.co.kr/news/news_detail.asp?newsId= 01216886619081000 (2018. 6. 21. 방문)

Ⅱ. 외국문헌

1. 영문서

Garoupa, Nuno and Fernando Gomez-Pomer, "Punish Once or Punish Twice : A Theory of the Use of Criminal Sanctions in Addition to Regulatory Penalties," 6 Am. L. & Econ. Rev. 410(2004)

Gary S. Becker, "Crime and Punishment: An Economic Approach," Journal of Political Economy, 76(1968)

Hal R. Varian, Intermediate Microeconomics : A Modern Approach 8th edition, W. W. Norton & Company(2010)

Herbert Hovenkamp, Antitrust Policy After Chicago, 84 Mich. L. Rev. 213(1985)

Jonathan Baert Wiener, "Global Environmental Regulation : Instrument Choice in Legal Context," 108 Yale Law Journal 677(1999)

Richard A. Posner, Antitrust Law : An Economic Perspective, The University of Chicago Press(1976)

Robert D. Cooter and Thomas Ulen, Law & Economics 6th edition, Addison Wesley(2016)

Steven Shavell, "Liability for Harm versus Regulation of Safety," 13 J. Legal Stud. 357(1984)

_____, "The Optimal Structure of Law Enforcement," 36 J.L. & Econ. 255(1993)

William Landes, "Optimal Sanctions for Antitrust Violations," 50 University Chicago Law Review 652(1983)

2. 일본서

가. 단행본

金子 宏, 租税法 第21版, 弘文堂(2016)

佐伯仁志, 制裁論, 有斐閣(2009)

山口厚編, 経済刑法, 商事法務(2012)

나. 논문

杉村和俊, "金融規制における課徴金制度の抑止効果と法的課題", 金融研究 34(3), 日本銀行金融研究所(2015. 7.)

大村敦志, "取引と公正－法令違反行爲效力論の再檢討(上)", ジュリスト 第1023号, 有斐閣(1993)

_____, "取引と公正－法令違反行爲效力論の再檢討(下)", ジュリスト 第1025号, 有斐閣(1993)

品矢 一彦, "租税逋脱罪の構成要件－解釈論から立法論への新たな提唱－", 税に関する論文入選
　　　論文集 9, 納税協会連合会(2010)
申告所得税及び復興特別所得税の重加算税の取扱いについて(事務運営指針) http://www.nta.go.jp/
　　　law/zeiho－kaishaku/jimu－unei/pdf/02.pdf 참조 (2018. 4. 30. 방문)
相続税及び贈与税の重加算税の取扱いについて(事務運営指針) http://www.nta.go.jp/law/zei
　　　ho－kaishaku/jimu－unei/sozoku/170111_2/01.htm 참조 (2018. 4. 30. 방문)
http://www.kfs.go.jp 참조 (2018. 7. 3. 방문)

3. 독일서

Tipke/Lang, Steuerrecht, 21. Auflage, Köln : Schmidt, 2013

Armbrüster, Münchener Kommentar zum Bürgerlichen Gesetzbuch, 7. Aufl., 2015

Rüsken/Klein, Abgabenordnung－einschließlich Steuerstrafrecht－, 13. Aufl., Verlag C.H.
　　　Beck München, 2016

Schubert, Münchener Kommentar zum Bürgerlichen Gesetzbuch, 7. Aufl., 2015

https://beck－online.beck.de 참조

판례색인

사항색인

저자약력

2004년 서울대학교 법과대학 법학부 학사 졸업
2008년 서울대학교 대학원 법학과 석사 졸업(법학석사, 민법 전공)
2016년 서울시립대학교 세무전문대학원 박사과정 수료(조세법 전공)
2018년 서울대학교 대학원 법학과 박사 졸업(법학박사, 세법 전공)

2003년 사법시험 제45회 합격
2006년 사법연수원 35기 수료
2006년 ~ 2009년 육군법무관

2009년 ~ 2019년 서울행정법원 조세전담부 판사, 인천지방법원 부천지원, 대전지방법원 등
    판사 역임
현재 서울남부지방법원 판사로 재직 중

국제조세협회(IFA) YIN 부회장
한국지방세학회 청년위원회 위원
한국행정판례연구회 회원

차명명의신탁규제론

초판발행	2019년 8월 10일
지은이	김세현
펴낸이	안종만·안상준
편 집	김선민
기획/마케팅	조성호
표지디자인	이미연
제 작	우인도·고철민
펴낸곳	(주) 박영사
	서울특별시 종로구 새문안로3길 36, 1601
	등록 1959. 3. 11. 제300-1959-1호(倫)
전 화	02)733-6771
f a x	02)736-4818
e-mail	pys@pybook.co.kr
homepage	www.pybook.co.kr
ISBN	979-11-303-3414-1 93360

copyright©김세현, 2019, Printed in Korea

정 가   33,000원